Kleine Westfälische Geschichte

KLEINE WESTFÄLISCHE GESCHICHTE

Von Wilhelm Kohl

Patmos Verlag Düsseldorf

Mit freundlicher Unterstützung der Stiftung Kunst und Kultur des Landes NRW und des Landschaftsverbandes Westfalen-Lippe.

Die Deutsche Bibliothek – CIP-Einheitsaufnahme
Kohl, Wilhelm: Kleine westfälische Geschichte
von Wilhelm Kohl. [Stiftung Kunst und Kultur des Landes NRW]. –
1. Aufl. – Düsseldorf : Patmos-Verl., 1994
ISBN 3-491-34231-7

© 1994 Patmos Verlag Düsseldorf
Alle Rechte vorbehalten
1. Auflage 1994
Umschlagbild: Femegericht in Westfalen, © Stadtarchiv Soest
Gesamtherstellung: Offizin Andersen Nexö, Leipzig
ISBN 3-491-34231-7

Inhalt

Vorwort von Ministerpräsident Johannes Rau 7
Grundlagen 9
   Raum und Zeit 9
   Bewohner und Sprache 10
Frühe Zeiten 12
   Die Vorzeit 12
   Römer und Germanen 18
   Franken und Sachsen 23
Das Mittelalter 27
   Eingliederung Sachsens in das Fränkische Reich 27
   Das hohe Mittelalter 35
   Das 13. und 14. Jahrhundert 55
   Die vorreformatorische Zeit 71
Die frühe Neuzeit 77
   Zeit der Glaubenskämpfe 77
   Altkirchlicher Neuanfang 91
   Der frühe Absolutismus 122
   Das 18. Jahrhundert 139
   Auswärtige Politik und Kriege des 18. Jahrhunderts 148
   Der Zustand Westfalens um 1800 154
   Die französische Zeit 163
   Kunst und Literatur im 17. und 18. Jahrhundert 166
Das 19. Jahrhundert 186
   Die Gründung der Provinz Westfalen 186
   Das Fürstentum Lippe in der ersten Hälfte des 19. Jahrhunderts . 198
   Der Selbstverwaltungsgedanke in der Provinz Westfalen 201
   Kirchen und Religionsgemeinschaften 203
   Kultur und Kunst 207
   Vormärz, Revolution und Restauration 210
   Die Wirtschaft in der ersten Hälfte des 19. Jahrhunderts 215
   Restauration und Reichsgründungszeit 223
   Kulturkampf und soziale Fragen 229
   Die Industrialisierung 241
Vom Ersten zum Zweiten Weltkrieg 251
   Der Erste Weltkrieg und die Nachkriegszeit 251
   Die Weimarer Republik 258
   Die Zeit der nationalsozialistischen Herrschaft 272

Westfalen im Lande Nordrhein-Westfalen 292
    Die politische Neuordnung nach dem Zweiten Weltkrieg 292
    Westfalen im Lande Nordrhein-Westfalen 310
    Die westfälische Selbstverwaltung nach dem Zweiten Weltkrieg . . . 313
    Die Kirchen nach dem Zweiten Weltkrieg 318
    Die Kunst seit dem Kriegsende 322
    Wirtschaft und Verkehr 324

Rückblick und Vorausschau 340

Literaturhinweise 345

Nachweis der Abbildungen 347

Abkürzungen 348

Vorwort

Nordrhein-Westfalen galt lange Jahre als ein »Bindestrich-Land«, zumal es bei manchen anfangs starke Vorbehalte gegen ein gemeinsames Land von Westfalen und Rheinländern gab. Vor allem in Westfalen war man oft skeptisch. Ich erinnere mich zum Beispiel noch gut an den von namhaften Persönlichkeiten getragenen »Westfalenkreis für öffentliche Angelegenheiten«, der 1955 für eine Teilung Nordrhein-Westfalens in zwei eigenständige Länder warb. Andere hielten Nordrhein-Westfalen bestenfalls für ein unverbundenes »Doppelland«.

Allen Skeptikern zum Trotz entwickelte sich der Bindestrich zwischen Westfalen und dem Rheinland sehr bald zu einem »Verbindungsstrich« (Heinz Kühn). Das Leben unter einer gemeinsamen Verfassung, die Arbeit des Landtages, der Landesregierungen und der Parteien, aber auch die gemeinsame Erfahrung wirtschaftlicher Erfolge und Krisen hatten prägende Kraft und haben schließlich ein festes nordrhein-westfälisches Landesbewußtsein geschaffen. Nicht ohne Grund geht uns heute der Slogan »Wir in Nordrhein-Westfalen« leicht und mit Überzeugung von den Lippen.

Unser Landesbewußtsein schließt natürlich das Wissen um die Geschichte und um die Traditionen der Landesteile und der Landschaften Nordrhein-Westfalens ein. Um so mehr freue ich mich über das Erscheinen der »Kleinen Westfälischen Geschichte« von Professor Dr. Wilhelm Kohl, die uns die Entwicklung Westfalens von den frühesten Anfängen bis in die Gegenwart in lebendiger Weise vor Augen führt und die dabei das typisch Westfälische ebensowenig vergißt wie die mit dem Rheinland verbindenden Elemente.

Ich wünsche diesem Buch viele interessierte Leserinnen und Leser – westfälische wie nichtwestfälische – und hoffe, möglichst bald auch eine »Kleine Rheinische Geschichte« in Händen halten zu können.

Ministerpräsident des Landes Nordrhein-Westfalen

Grundlagen

Raum und Zeit

Eine »Kleine Westfälische Geschichte« will auf einer begrenzten Zahl von Seiten eine Einführung für die historisch Interessierten in und außerhalb Westfalens bieten, die nicht gleich zu der umfangreicheren »Westfälischen Geschichte in drei Textbänden mit einem Bild- und Dokumentarband« (Schwann Verlag Düsseldorf 1982–1984) greifen mögen. Sie soll das Schicksal der Menschen und das von ihnen gestaltete Geschehen in dem geographischen Raum darstellen, der seit Ende des achten Jahrhunderts »Westfalen« genannt wird.

Das in diesen wenigen Worten umrissene Ziel läßt sich freilich nicht so leicht erreichen, wie es klingt. Wertung und Auswahl der zu berücksichtigenden oder mit Schweigen zu übergehenden Fakten und Ereignisse stellen ein fast unüberwindbares Problem dar. Selbstverständlich verdient Dauerhaftes Vorrang vor dem Vergänglichen, aber gerade die langlebigen und das Dasein der Menschen zutiefst beeinflussenden Traditionen in Religion, Sitte und täglichem Broterwerb erweisen sich, besonders in der Frühzeit, als schwer faßbar.

Leichter läßt sich der zeitliche Anfang der westfälischen Geschichte umreißen. Sie beginnt frühestens mit dem Zeitpunkt, an dem das Land »Westfalen« schriftlich erwähnt wird. Das geschah im Jahre 775. Jedoch soll die Vorgeschichte nicht ganz übergangen werden. In den unvorstellbar langen Zeiten bis zu dem genannten Jahr sind Grundlagen geschaffen worden, auf denen die westfälische Geschichte aufbaute und ohne die sie schwer verständlich bleiben würde.

Schwieriger erweist sich die Umschreibung des geographischen Raumes Westfalen. Heute versteht man allgemein darunter den östlichen Landesteil des Bundeslandes Nordrhein-Westfalen, der das Gebiet der früheren preußischen Provinz Westfalen und das Land Lippe umfaßt. Jedoch war das nicht immer so. Ja, abgesehen von dem unbedeutenden, bis zum Jahre 1803 bestehenden kurkölnischen Nebenländchen »Herzogtum Westfalen« im Sauerland oder gar dem vorwiegend aus nichtwestfälischen Territorien zusammengeflickten Königreich Westphalen von Napoleons Gnaden hat es niemals eine staatliche Einheit dieses Namens gegeben. Erst die preußische Provinz von 1815 bediente sich der Bezeichnung »Westfalen«.

Auch über die Grenzen Westfalens herrschte weithin Unklarheit. Keinen Zweifel gab es darüber, daß das Land an keiner Stelle die Nordsee berührte. Dazwischen schob sich das Siedlungsgebiet der Friesen. Im Westen fand man die Grenze zum fränkisch geprägten Rheinland meist auf der märkisch-bergischen Wasserscheide, manchmal sogar am Rhein, im Süden auf dem Rothaargebirge. Die Grenze des sächsischen Stammesteils Westfalen gegen Engern verlief ursprünglich von Werl im Süden in nordöstlicher Richtung nach Wiedenbrück und wandte sich dann nach Norden zur Hunte. Nach dem Zerfall Engerns im zwölften Jahrhundert wurde die Weser als Grenze Westfalens betrachtet. Der Westfälische Reichskreis des 16. Jahrhunderts griff sogar weit über die Weser nach Osten hinaus. Erst im Jahre 1815 erfolgte, wie erwähnt, eine exakte Grenzziehung in Verbindung mit der Errichtung der preußischen Provinz Westfalen, die im Süden wenig später auch die bisher dem naussauisch-hessischen Bereich zugehörigen Länder Siegen und Wittgenstein einbezog. Dagegen blieb der Norden mit den ausgedehnten Territorien Osnabrück, Emsland, Cloppenburg und Vechta, bisher stets als westfälisch betrachtet, außerhalb der Provinz. Er wurde aus politischen Gründen dem Königreich Hannover und dem Großherzogtum Oldenburg zugeschlagen und seitdem immer enger mit dem niedersächsischen Raum verwoben. Er gehört heute zum Land Niedersachsen. Nur das »Oldenburger Münsterland« erinnert an die alte Verbindung mit Westfalen. In der historischen Darstellung bleibt es also unumgänglich, die wechselnden Grenzen des Landes zu berücksichtigen.

Die schwimmenden Grenzen des Landes Westfalen beruhen auf einer geographischen Gegebenheit: Westfalen war zu allen Zeiten ein ausgesprochenes Durchgangsland. Zwischen den früh ausgebildeten kulturellen Zentren an Rhein, Maas und Schelde im Westen sowie den ganz anders gearteten Brennpunkten im Norden und Osten bildete es selber keinen eigenen Schwerpunkt aus. Uralte Straßen von Utrecht, Köln, Frankfurt und Mainz durchliefen das offene Land hin zu den Nord- und Ostseehäfen, auf dem sogenannten Hellweg nach Magdeburg und weiter in den Osten. Das Flachland bereitete dem weiträumigen Verkehr keine Hindernisse, aber auch die Mittelgebirge südlich der Lippe und an der Weser waren so wenig abweisend, daß sie eher zur grenzüberschreitenden Verbindung einluden, als sie abzuschneiden.

Bewohner und Sprache

Gern wird den Einwohnern Westfalens die Eigenschaft des Urwüchsigen und Bewahrenden zugeschrieben, Antityp zum beweglicheren Rheinländer und Hessen. Generalisieren läßt sich diese Feststellung sicherlich nicht, doch mögen Grundzüge in der Wesensart der Menschen dieser Länder zutreffen. Römischgallische Einflüsse auf die fränkisch geprägten Rheinländer und Hessen stehen germanisch-skandinavischen Strömungen im sächsisch-norddeutschen Raum gegenüber. Ursprünglich bestand der Gegensatz wohl nicht. Franken und Sachsen gehörten ethnisch zu der relativ homogenen Völkergruppe der Germanen zwischen Rhein und Elbe.

Die vom Volk gebrauchte Sprache läßt nur in bedingtem Umfang Rückschlüsse auf die ethnische Zugehörigkeit zu. Unterworfene Völker nehmen leicht die Sprache der Eroberer an. Die Gallier blieben Gallier, auch nachdem sie die lateinische Sprache zur ihren machten. Umgekehrt übernahmen die Franken nach der Eroberung Galliens die Sprache der kulturell und organisatorisch überlegenen galloromanischen Bevölkerung. So läßt sich für Westfalen nur feststellen, daß seine Einwohner zu dem Zeitpunkt, als das Land ins Licht der Geschichte rückte, einen oder mehrere altsächsische Dialekte sprachen, aus denen sich das moderne Niederdeutsch entwickelte. Seit dem 16. Jahrhundert befindet sich das hergebrachte Idiom unaufhaltsam auf dem Rückzug vor der hochdeutschen Schriftsprache. Als Sprache der bäuerlichen Bevölkerung galt den gebildeten Städtern Niederdeutsch als minderwertig. Unter dem nivellierenden Einfluß der städtisch bestimmten Neuzeit fristet die alte Sprache nur noch ein schwaches Leben. Liebevolle Bemühungen, sie zu erhalten oder gar neu zu beleben, verdienen Anerkennung.

Andererseits läßt sich nicht verkennen, daß bestimmte sprachliche Eigenheiten des Niederdeutschen in die heutige – hochdeutsche – Umgangssprache eingeflossen sind. Ein echter Westfale geht in die »Kierche« und kennt seinen eigenen »Weert«. Die germanische Neigung zur Überlängung der Vokale hat überlebt.

Nicht zum alten niederdeutschen Sprachraum gehören die Länder Siegen und Wittgenstein. Ihre Bewohner bedienen sich einer hessischen, oberdeutschen Mundart. Leichte fränkische Einflüsse machen sich auch im westlichen Münsterland, besonders um Bocholt, bemerkbar. Insgesamt bildeten die Dialekte Kernwestfalens aber doch einen relativ homogenen Block, in den sich erst im 19. Jahrhundert infolge der Zuwanderung fremder Arbeiter in das Ruhrgebiet ein andersgearteter Keil schob, die durch Jürgen von Manger gutmütig persiflierte Kumpelsprache, eine höchst interessante Neubildung eines deutschen Dialektes.

Frühe Zeiten

Die Vorzeit

Wann Menschen zum ersten Mal das Gebiet des heutigen Westfalen betraten, wird auf ewige Zeiten verborgen bleiben. Sollte das Ereignis vor den Eiszeiten liegen, so wären alle Spuren unwiederbringlich durch die abschleifende Einwirkung der Gletscher vernichtet. Erst für das Ende der letzten Eiszeit läßt sich die Anwesenheit von Jägern und Sammlern vermuten. Auch ihre Werkzeuge, meist aus Holz und Knochen gefertigt, wie der in den Alpen gefundene, im Eis konservierte Jäger sie bei sich trug, sind längst vergangen. Nur Messer und Beile aus Stein haben die Zeiten überdauert und zu der irreführenden Bezeichnung der Epoche als »Steinzeit« geführt. Ein schiefes Bild von der Lebensweise dieser Menschen entstand auch durch die Tatsache, daß ihre Spuren meist in Höhlen entdeckt wurden, nur weil die Bedingungen für ihren Erhalt dort besonders günstig waren. Überwiegend wohnten die Jäger und Sammler aber natürlich in Hütten und Zelten, die sie sorgfältig aus Zweigen, Blättern, Fellen und anderen Baustoffen zum Schutz gegen die Unbillen der Witterung errichteten.

Mögen sich die pflanzensammelnden und die Tiere ihrer Welt jagenden Gruppen an günstigen Stellen gelegentlich länger aufgehalten haben, zu wirklichen Besiedlern des Landes wurden sie nicht. Von Siedlung kann erst die Rede sein, als der Mensch mit der Bearbeitung des Bodens begann, etwa um das Jahr 5000 vor Christi Geburt. Bevorzugt wurden gute, nicht zu schwere Lößböden, die mit den einfachen Werkzeugen bewältigt werden konnten und lohnenden Ertrag versprachen, wie im Hellweggebiet. Man kannte verschiedene Getreidesorten und Hülsenfrüchte. Mit der Einführung des Ackerbaus ging auch die erste Töpferei einher, deren wechselnde Formen dem Archäologen eine ungefähre Datierung gestatten. Gleichzeitig begann man mit der Viehzucht. Rinder, Schweine und andere Kleintiere wurden gehalten. Heimische Wurzeln für den Anbau der Feldfrüchte gibt es sowenig wie für die gezüchteten Tiere. Für beides muß ein Import aus den vorderasiatischen Ländern angenommen werden, der eigentlichen Heimat bäuerlicher Tätigkeit.

Nach den Verzierungen auf den einfachen Tontöpfen dieser Epoche nennt man sie die Zeit der »Bandkeramiker«. Ihre Siedlungen bestanden aus wenigen, aber recht großen, rechteckigen Häusern mit drei inneren Pfostenreihen. Einige Häuser weisen eine Länge von dreißig Metern auf. Wie dicht das Land von den Siedlungen der Bandkeramiker besetzt war, läßt sich nicht sagen. Zweifellos war die Bevölkerungsdichte noch sehr gering. Man vermutet, daß die Siedler, angezogen von den guten Hellwegböden, aus dem Rheinland oder über die nordhessische Senke in Westfalen eingewandert sind. Anziehend wirkten auf sie besonders günstige, hochwasserfreie Lagen an Flüssen und Bächen sowie an warmen Südhängen.

Die um die Mitte des fünften Jahrtausends folgende »Rössener Kultur« zeichnet sich durch feinere Tonware aus. Die eingestochenen Muster waren zur Aufnahme von Farbe bestimmt. Die Häuser besaßen nun, im Gegensatz zu denen der Bandkeramiker, Außenpfosten, die einen Teil der Dachlast abfingen. Sie wurden so ausgerichtet, daß die starken Winde aus West und Nordwest nicht auf die langen Seiten trafen. Die Rössener bevorzugten dieselben Siedlungsräume wie ihre Vorgänger, zogen aber auch weiter auf die Höhen hinauf, möglicherweise wegen zunehmender Viehzucht, doch fehlen dafür Beweise. So läßt sich auch nicht sagen, ob mit dem Beginn der Rössener Kultur eine Einwanderung anderer Stämme verbunden war, doch ist das eher unwahrscheinlich. Ziemlich deutlich zeichnet sich ab, daß die Bandkeramiker und Rössener die alten Gebiete der Sammler und Jäger unberührt ließen. Ackerbauer und Jäger lebten wahrscheinlich lange Zeit friedlich nebeneinander und tauschten ihre Erzeugnisse oder Ausbeute aus.

Ob die durch spitzbödige, nach oben weit offene »Tulpenbecher« ausgezeichnete »Michelsberger Kultur« nur eine neue, aus dem Westen übernommene Stilrichtung darstellte oder ob eine westliche Einwanderung stattfand, bleibt unklar. Die Spuren dieser Kultur sind in Westfalen zu wenig untersucht. In der Nähe von Coesfeld scheint eine größere Michelsberger Siedlungskammer bestanden zu haben, die in den Anfang des vierten Jahrtausends datiert wird.

Vorwiegend im Norden war dagegen die »Trichterbecherkultur« beheimatet, die um die Mitte des vierten Jahrtausends bis etwa an die Lippe vordrang. Ihre charakteristischen Gefäße mit trichterartig aufgebogenem Rand, ähnlich den »Tulpenbechern«, und die »Kragenflaschen« sind reicher verziert als die Erzeugnisse der Michelsberger Kultur. Tiefe Einstiche waren mit Farben gefüllt. Man nennt diese Kultur deshalb auch »Norddeutsche Tiefstichkeramik«. Ihr Verbreitungsgebiet deckt sich weitgehend mit dem nordöstlichen Ausläufer der Megalithgräberkultur, deren gewaltige Zeugen, leider heute auf wenige Beispiele geschrumpft, das Erstaunen jedes Betrachters erregen. Die zu ihrer Errichtung erforderlichen technischen Fähigkeiten sind bewundernswert. Die Großsteingräber wurden aus großen aufrechtstehenden Tragsteinen und darübergelegten, ebenso großen Decksteinen errichtet. Alle Steine waren unbehauen. Sie standen über dem Erdboden und wurden nachträglich mit einem Erdhügel bedeckt. Stets waren sie für ganze Sippen als letzte Ruhestätte bestimmt. Ihre Größe wechselt. Die Grabkammer der »Sloopstene« von Wersen bei Tecklenburg mißt 18 mal zwei Meter, die von Wechte, ebenfalls bei Tecklenburg, ist fast vierzig Meter lang. Das südlichste Beispiel der Großsteingräber wurde bei Altlünen an der Lippe entdeckt. Stets wurden den Toten reiche Gaben mitgegeben: Gefäße, Steinbeile, Pfeilspitzen und andere Geräte, aber auch Schmuck aller Art. Auffällig ist die große Zahl von Keramikbeigaben in den westfälischen Gräbern zum Unterschied von norddeutschen Beispielen.

Neben den Megalithgräbern gab es aber auch Erdbestattungen, bei denen die Toten in Hockerstellung lagen. Das Bild der Beigaben ist hier wie dort uneinheitlich. Kupfer scheint für die Anfertigung von Schmuckstücken schon eine größere Rolle gespielt zu haben, jedoch bedeutet das nicht, daß man für andere Gegenstände kein Kupfer verwendet hätte. Vielleicht benutzte man diese

Gegenstände weniger im Totenkult, sondern schmolz sie zur Wiederverwendung ein. Immerhin war das Material kostbar. Mitteleuropa wies wenig Kupfervorkommen auf. Das Metall mußte vom Balkan oder von der iberischen Halbinsel, vielleicht sogar aus Kleinasien importiert werden.

Fast gleichzeitig mit der Megalithkultur herrschte südlich der Lippe die Sitte vor, die Toten in Steinkistengräbern beizusetzen, die genau so groß wie die Megalithgräber waren, aber eben aus großen Steinplatten bestanden, die in die Erde eingegraben wurden. Auch sie hat man nach der Errichtung mit einem großen Erdhügel bedeckt. Beigaben finden sich nur spärlich und gestatten keine genaue Datierung. Die Steinkisten waren bis in die Gegend von Fulda und an der Lahn verbreitet. An einigen Stellen gibt es Übergangsformen zur verwandten Megalithkultur.

Die Toten wurden in diesen Gräbern in gestreckter Lage beigesetzt, übereinandergelegt oder durcheinandergeworfen. Zuweilen lagerte man die Köpfe an gesonderter Stelle. Unter den Beigaben finden sich Tierzähne, teils durchbohrt, Knochenperlen, Flintspitzen und Klingen, aber nur wenige Beile. Die Keramik steht der norddeutschen Tiefstichware nahe.

Wiederum läßt sich nicht sagen, ob es sich bei den Trägern dieser Kulturen um bestimmte Völkerschaften oder ob es sich nur um Verbreitungsgebiete bestimmter Stile und Gebräuche handelt. So bleibt auch im Dunkeln, ob das nahende Ende der Steinzeit durch das Eindringen fremder Siedler eingeleitet wurde, die sich in Einzelgräbern unter aufgeschütteten Hügeln begraben ließen. Kennzeichnend für diese Funde ist die Beigabe von kleinen Bechern und Streitäxten. Dagegen fehlen Metallgegenstände fast ganz. Vieles spricht dafür, daß damals Volksgruppen aus dem Osten in die Gegend südlich der Aller und an die Weser gelangten, die sogenannten »Schnurkeramiker«, andere von Norden, die man als Träger der »Einzelgrabkultur« ansieht, aber auch die »Glockenbecher«-Leute, die von den üblichen abweichende Pfeilspitzen und Armschutzplatten gebrauchten. Insgesamt verbergen diese Gruppen ihre Ähnlichkeit miteinander nicht. Es ist deshalb erlaubt, von ihnen zusammenfassend als »Becherkultur«-Träger zu sprechen.

Die Becherkultur setzte wohl schon im ersten Drittel des dritten Jahrtausends ein. Allmählich und ohne Umbruchserscheinungen trat noch vor dem Ende des Jahrtausends die Bronze ihre Herrschaft an. In der Bevölkerung scheint es keine Veränderungen gegeben zu haben. Sie maß wahrscheinlich der Viehzucht eine größere Bedeutung als dem Ackerbau zu, wenn auch weiterhin gute Böden für die Siedlungen bevorzugt wurden. So bieten sich der Hellwegraum und der Weserraum bei Minden als Gebiete mit großer Bevölkerungsdichte dar. Neben die bisher gehaltenen Haustiere tritt nun auch das Pferd. Die anfangs üblichen Streitäxte verloren im Laufe der Zeit ihren Vorrang und wurden durch lange Dolche aus mittelfranzösischem Feuerstein und durch Bogen ersetzt.

Neben den stark besiedelten Räumen jener Epoche erscheint das Westmünsterland als offensichtlich neu besetztes Land, während Zentral- und Ostmünsterland verhältnismäßig leer blieben.

Westfalen bietet so um die Mitte des zweiten Jahrtausends ein einheitliches

Bild. Die früher zu beobachtende Zweiteilung des Landes in Großsteingräberkultur nördlich und Steinkistenkultur südlich der Lippe, wenn es sich auch vielleicht nur scheinbar um eine Zweiteilung handelt, bestand nicht mehr. So gab es wahrscheinlich auch unter den Bewohnern keine ins Gewicht fallenden Unterschiede. Sie bildeten Volksgruppen oder »Stämme«, die als Vorstufen zu den späteren Germanen und Kelten bezeichnet werden können. Mit Recht ist gesagt worden, daß ihre Sprache »so wenig keltisch wie germanisch«, aber auch »soviel keltisch wie germanisch« gewesen sein dürfte (Hachmann/Kossack/Kühn). Eine in dieser Landschaft später spürbar werdende Germanisierung breitete sich nach Süden, eine gleichzeitige Keltisierung nach Norden aus, ein komplizierter Vorgang der Angleichung, der im einzelnen nicht bekannt ist.

Noch immer bedienten sich die Menschen bis in die Eisenzeit hinein steinerner Geräte und Waffen, neben den bis in die Neuzeit stets an Zahl überwiegenden hölzernen Gegenständen. Fast ein Jahrtausend dauerte es, bis das schon früh in Westfalen zu beobachtende Kupfer sich voll durchgesetzt hatte, nun allerdings als Bronze in einer Mischung mit Zinn verwendet wurde. Bronze wies größere Härte und Beständigkeit auf als Kupfer. Da Westfalen keine Kupferlager besaß, mußte das Land importieren. Ein schon hoch entwickelter Handel brachte Kupfer und Bronze aus sehr fernen Ländern herbei. Gold kam von den britischen Inseln. Westfalen war damals ein nehmendes Land.

Die Menschen lebten in den alten Siedlungsräumen wie bisher. Schwer bearbeitbare Böden – das zeigt das Beispiel des Zentral- und Ostmünsterlandes – blieben leer. Streusiedlung herrschte vor. Die großen Grabhügel, unter denen der einzelne Tote, Mann oder Frau, ruhte, bekleidet und mit Waffen oder Schmuck, wurden manchmal mit Steinsetzungen umgeben, sogenannten »Hegekreisen«, wie sie von den britischen »Henges« bekannt sind. Die große Offenheit des Landes gestattet allen möglichen Kulturströmungen freien Zutritt. Sie riefen zahlreiche Sonderentwicklungen hervor, ohne daß dadurch das Bild großer Kontinuität in Siedlungsform und in den Sitten wesentliche Störungen erlitt. Mit der Einfuhr herrlich verzierter Vollgriffschwerter aus dem Balkanraum, die ihren Besitzern erhebliche Überlegenheit über den Gegner verliehen, neigte sich die »Steinzeit« endgültig ihrem Ende zu. Vereinzelt kam es unter südlichem Einfluß schon zu eigener Anfertigung von Kurzschwertern, Dolchen und Beilen, wie etwa im Sögeler Kulturkreis. Die Verschiedenartigkeit der Waffen spiegelt sich auch in der bereits bestehenden ständischen Gliederung der Bevölkerung wider: Neben Schwerbewaffneten standen leichter Bewaffnete und schließlich Krieger, die nur mit Dolch oder Beil ausgerüstet waren. Aber auch die Unterschiede im den Frauen beigegebenen Schmuck lenken den Blick in diese Richtung. Sie lassen eine gegliederte, bereits hoch entwickelte Gesellschaft erkennen.

Überhaupt bieten die Grabbeigaben den besten Einblick in Denken und Handeln unserer Vorfahren, wenn auch vielleicht einen einseitigen. Zentrale Bedeutung hatte der Totenkult aber zu allen Zeiten. In den Beigaben spiegelt sich die Sorge der Überlebenden für das jenseitige Dasein der Toten. Die Sorge um die Sicherheit der Grabstätte findet ihren Ausdruck in schweren Steinkammern und kultischen Steinsetzungen, die den Störer abhalten sollen. Riesige Erdhügel erschweren den Zugang zum eigentlichen Grab.

Man wird wohl niemals entdecken, aus welchem Grunde die Menschen der jüngeren Bronzezeit von der üblichen Bestattungsform abgingen und zur Verbrennung der Leichname schritten. Am geringeren Aufwand kann es nicht gelegen haben, denn die Gräber wurden deswegen nicht kleiner. Die hergebrachten Kreisgräber von zweieinhalb bis zehn Metern Durchmesser wurden sogar noch durch einen rechteckigen Vorraum erweitert. Der Grundriß nahm die Form eines Schlüssellochs an. Man spricht deshalb von »Schlüssellochgräbern«. Vermutlich diente der angesetzte Vorraum kultischen Handlungen. Die Brandasche wurde im Grabe auf der Erde oder in einer Urne beigesetzt. Selten findet sich eine Tasse oder ein Becher als Beigabe, sonst nichts. Spuren lassen erkennen, daß am Grabe Totenmahlzeiten gehalten wurden, nach denen man das verwendete Geschirr zerschlug. Die neue Sitte kam nicht plötzlich. Übergangsformen verdeutlichen den langsamen Wandel.

Der Handel breitete sich in der Bronzezeit weiter aus. Importe aus der Lausitz und von der Saale nahmen erheblich zu, standen aber hinter denen aus den norddeutschen Kultkurkreisen zwischen Ems und Weser zurück. Nordische Rasiermesser überschwemmten geradezu Westfalen.

Südlich der Lippe herrschte die Urnenfelderkultur vor. Einflüsse aus dem Rhein-Main-Gebiet lassen sich nicht übersehen. Dieser Kulturkreis erreichte eine weite Ausdehnung. Er erstreckte sich von Böhmen und Galizien bis nach Bayern und kannte nur die Verbrennung von Toten als Bestattungssitte. Der Jenseitsglauben gehörte wohl in den Bereich des Sonnenkultes, der damals Mitteleuropa eroberte. Am Hellweg traf die Urnenfelderkultur auf den nördlichen Kreis. Ob Wanderungen mit diesen Veränderungen verbunden waren, läßt sich nicht beweisen.

Zur Urnenfelderkultur gehört die berühmte Bronzeamphore von Gevelinghausen, ein Weingefäß des achten vorchristlichen Jahrhunderts, das zuletzt den Leichenbrand einer jungen Frau, eingehüllt in ein Leinentuch, bewahrte. Das darauf dargestellte Sonnenbarken- und Vogelsonnenbarkenmuster offenbart die Glaubenswelt der damaligen Bewohner Westfalens in Nord und Süd. Etrurische Anklänge auf dem wahrscheinlich aus dem Nordalpengebiet stammenden Kessel verraten weitreichende Handelsverbindungen bis in die mittelmeerische Welt.

Neben der im Gebirge vorherrschenden Einzelsiedlung überwog, wie aus den großen Friedhöfen mit Hunderten von Gräbern zu erschließen ist, das Dorf. Große, dreischiffige Wohnhäuser, oft über zwanzig Meter lang und viereinhalb Meter breit, bildeten die heutige Form des niedersächsischen Bauernhauses vor. In ihrem Innern befanden sich im Nordosten die Wohn-, im Westen die Stallräume. Südliche Einflüsse in der Latènezeit bewirkten eine Hinkehr zu zweischiffigen Häusern. Kleine Speicher und Wirtschaftsgebäude waren den größeren Bauten zugeordnet. Daneben verbreitete sich ein kleinerer rechteckiger Haustyp südlich einer Linie von der Rheinmündung bis Münster weit nach Westfalen hinein.

Über die Gestalt der Ackerfluren herrscht Unklarheit. Wahrscheinlich wurden einzelne Blockfluren im Wechsel von Acker mit Wiese oder Brache bearbeitet.

Recht gut läßt sich die »Prägermanisierung« des Landes beobachten. Sie wird mit der Ausbreitung des Wellenrandrauhtopfes vom Harpstedter Typ in Verbindung gebracht, einer großen Vorratstonne mit hoher Schulter und ausladendem Rand. Um die Mitte des letzten vorchristlichen Jahrtausends ist die Gefäßform am Rhein angelangt. Ein Mitwandern kleinerer nordischer Verbände läßt sich weder ausschließen noch beweisen. Die zunehmende sprachliche Angleichung der Bevölkerung kann auch ohne Wanderungen erfolgt sein.

Natürlich gab es neben den angeführten großen Entwicklungslinien auch andere Einflüsse. Zahlreiche Bernsteinfunde weisen auf Handelsbeziehungen zur Ostsee hin. Auch zum Mittelrhein bestanden enge Beziehungen. Von dem von vorkeltischen Hallstattleuten beherrschten Siegerland liefen Wirkungen weit nach Norden. Gewinnung und Verarbeitung von Eisen verdichtete die Bevölkerung im südlichen Westfalen. Auch die Salzquellen am Hellweg zogen die Hallstattleute an. Ihre Spuren konnten in Werl und an anderen Salzstätten entdeckt werden. Austausch von Eisen gegen Bernstein belebte den Handel in starkem Maße.

Das Bild erstaunlicher Kontinuität des Siedlungsbildes nahm damit in der Latènezeit eine andere Wendung. Während die wirtschaftlich begünstigten Gebiete im Süden sich mit einem engeren Netz von Siedlungen überzogen, verdünnte sich die Bevölkerung auffällig stark in den nördlichen Agrarlandschaften Westfalens. Mit einer Klimaverschlechterung erlitten die Böden eine Vernässung. Sie wurden schwerer bearbeitbar. In die Leere drang die Sitte der Urnenbestattung auf Flachgräberfeldern ein.

Unter den höherentwickelten Ländern nahm das Siegerland eine Vorrangstellung ein, ein Industriezentrum mit Eisengewinnung und -verarbeitung unter keltischer Herrschaft. Allerdings folgten die Bewohner, abweichend von den Kelten, der Sitte der Urnenbestattung. Möglicherweise war die Urbevölkerung also nicht keltisch. Schon setzt aber die germanische Einwanderung aus dem Norden ein. Handelsaustausch vermittelt keltische Waren in den Norden, germanische nach Süden. Grabbeigaben verlieren nunmehr weithin ihre Aussagekraft hinsichtlich ethnischer Deutungsversuche.

Viele Funde aus dieser Zeit um etwa 250 v. Chr. stammen aus den großen Fliehburgen, die damals eine zentralortähnliche Funktion ausübten. Aus dem keltischen Süddeutschland sind klassische Beispiele bekannt. Vielleicht waren Teile der Burg ständig besiedelt. Auf jeden Fall bildeten die Burgen Herrschaftsmittelpunkte, an denen sich auch Handwerker zur Versorgung eines bestimmten Gebietes niederließen, für einen »Gau« oder eine Siedlungskammer. In gefährlichen Zeiten floh die Bevölkerung mit ihrer Habe in diese Burgen. Die Fliehburgen lagen deshalb im Verborgenen, für die Verteidigung nur im begrenzten Umfang geeignet. Nach dem Vorbild des Berglandes scheint die Sitte der Fliehburgen etwas später auch im Flachland um sich gegriffen zu haben. Immer ist mit der Burg auch Herrschaft, religiöser Kult und Gericht verbunden, eine Gemeinsamkeit, die im christlichen Westfalen bis in die Neuzeit erhalten blieb.

Eine Welle der Zerstörung traf die Burgen im Bergland, als die Germanen von der Unterelbe nach Hessen vorstießen. Jedoch wurden die meisten von ihnen sofort wieder aufgebaut.

Es scheint demnach so gewesen zu sein, daß ein gegliedertes Herrschafts- und Sozialsystem vor allem in Gegenden wirtschaftlich höherer Entwicklung ausgebildet wurde und von da aus in agrarische Gegenden ausstrahlte, auf welchem Wege nun auch immer. Ethnisch scheinen damals keine Änderungen eingetreten zu sein. Die Römer sahen Westfalen jedenfalls als einheitlich germanisches Land, wenn auch im strengeren Sinne von »Germanen« erst nach Christ Geburt gesprochen werden kann, als »trotz regionaler Dialekte die sprachliche Einheit und auch die in archäologischen Relikten faßbare kulturelle Gemeinsamkeit der Rhein-Weser-Germanen (Ingwäonen) klar sichtbar wird« (W. Bleicher).

Römer und Germanen

Nach der Eroberung Galliens durch Caesar und Organisation des Landes, einschließlich der Anlage eines vorbildlichen Fernstraßensystems, rückte die römische Herrschaft bis an den Rhein vor. Legionen aus dem Inneren Galliens bezogen am Fluß Stellung. Der gallische Aufstand des Jahres 12 v. Chr. offenbarte die Brüchigkeit der römischen Präsenz. Germanische Usipeter und Tenkterer überschritten den Rhein und brachten der 5. Legion eine vernichtende Niederlage bei. Drusus gelang es, die Eindringlinge zu verdrängen, mußte aber, um Ruhe zu schaffen, zur Offensive übergehen. Ein fast dreißigjähriges Ringen begann, das über die Zugehörigkeit der Nordwestgermanen entweder zum mittelmeerischen oder zum germanisch-skandinavischen Kulturraum entscheiden mußte.

Die Ausgangspositionen der Parteien waren denkbar ungleich: Sechs kampfgeschulten Legionen mit rund 36 000 Soldaten, dazu Auxiliartruppen, mit vorbildlichen Nachschubstraßen an Nieder- und Mittelrhein standen locker organisierte Germanen mit rückständiger Kriegstechnik gegenüber, oft untereinander verfeindet. Als Vorteil verbuchten die Germanen nur die Undurchdringlichkeit ihres Landes. Zwar kannten die Römer Straßen und Wege im freien Germanien aus den Berichten reisender Kaufleute; die Möglichkeit, sich in Wäldern und Mooren zu verbergen, blieb den Germanen aber trotzdem. Angriffen aus dem Hinterhalt konnte die in straffer Ordnung marschierende Truppe an Engpässen und anderen ungünstigen Stellen nichts entgegensetzen. Die Vorteile der gewohnten Schlachtordnung und schweren Bewaffnung verloren hier ihren Wert.

Die rechtsrheinischen Nebenflüsse dienten den Germanen als Ausfalltore, konnten aber auch den Römern zum Einfall in das freie Germanien zur Verfügung stehen. Umsichtig errichteten die Römer deshalb gegenüber den Mündungen von Lippe und Ruhr Kastelle. Die Lippe sollte zur Hauptlinie ihres Angriffs werden. Von Norden konnten andere Legionen die Germanen über Ems und Weser in die Zange nehmen.

Die zuweilen den Römern nachgesagte strategische Planung, die Reichsgrenze an die Elbe vorzuverlegen, um die Grenze zu verkürzen, hat wenig Wahrscheinlichkeit für sich. Ihr nächstes Ziel richtete sich jedenfalls auf die »Befriedung« der rechtsrheinischen Germanenstämme, um die Rheingrenze zu sichern. So überfiel Drusus im Jahre 12 v. Chr. die kurz vorher über den Rhein vorgedrungenen Sugambrer in einem Aufklärungs- und Strafzug ohne weitergehende Bedeutung. Er mußte sogar in Kauf nehmen, daß sich daraufhin die größeren Stämme der Cherusker und Sueben mit den Sugambrern zu einem Bündnis zusammenschlossen, das mit dem Opfertod von zwanzig gefangenen römischen Centurionen besiegelt wurde.

Drusus hatte keine Wahl. Wollte er seinen Ruf wahren, so mußte er gegen die Cherusker vorgehen. Im Jahre 11 v. Chr. rückte er an die Weser vor, begünstigt durch einen Krieg, den die Chatten gegen die Sugambrer begonnen hatten. Mehrmals geriet er mit seinem Heer in eine tödliche Bedrohung, konnte aber doch ein Lager am Zusammenfluß von Lippe und Seseke errichten und die Sugambrer niederwerfen. Eine gewisse Schwächung der Germanenkoalition war erreicht.

Nachdem er die Chatten und Markomannen geschlagen hatte, rückte Drusus abermals gegen den letzten großen Germanenstamm, der sich nicht unterworfen hatte, vor, die Cherusker. Diesmal griff er durch die Wetterau von Süden an. Über die Weser drang er sogar bis an die Elbe bei Magdeburg vor. Angeblich soll ihn eine germanische Seherin vor dem Überschreiten des Stroms gewarnt und seinen baldigen Tod vorausgesagt haben. Jedenfalls kehrte Drusus um und kam, wohl an der thüringischen Saale, neunundzwanzigjährig, bei einem Sturz vom Pferde ums Leben. Sein Bruder Tiberius folgte ihm und demonstrierte römische Präsenz durch Anwesenheit von Truppen, ohne daß es zu größeren Kämpfen kam.

Die unterworfenen Sugambrer wurden auf das linke Rheinufer umgesiedelt und unter den Toren von *Castra Vetera* (Xanten) in Schach gehalten. Das römische Lager Oberaden verlor als Aufsichtsstelle seine Bedeutung und wurde geräumt. Das Lippetal konnte als gesicherter Raum gelten. Vom Erfolg begeistert schrieb der Schriftsteller Florus: »In Germanien herrschte endlich solch ein Friede, daß die Menschen wie verwandelt, das Land verändert und sogar das Klima milder und erträglicher als vorher zu sein schienen«. Kastelle und Wachtposten bis an die Elbe sicherten das Erreichte.

Als der Oberkommandierende der Rheinarmee, L. Domitius Ahenobarbus, im Jahre 3 v. Chr. sogar die Elbe überschritt und am Flußufer einen Augustusaltar errichtete, schien Germanien endgültig der Romanisierung anheimzufallen. Doch es kam anders!

Im Jahre 1 n. Chr. brach ein schwerer Aufstand der Germanen aus, gegen den M. Vinicius, der Statthalter Galliens, in einem »ungeheuren Kriege« vorgehen mußte. Umstände und Ausgang des dreijährigen Ringens liegen im Dunkel. Erst Tiberius gelang es nach der Rückkehr aus Rom, die Germanen bis an die Weser zur Ruhe zu zwingen. Auch die Cherusker mußten sich beugen. Demonstrativ verbrachte der Feldherr mit seinen Truppen an den Lippequellen mitten im Feindesland den Winter der Jahre 4 auf 5 n. Chr. Im folgenden Jahr wurde auch das Land bis an die Elbe »befriedet«. Nur die Markomannen entzogen sich noch der Herrschaft Roms. Ein Feldzug gegen sie brach im Jahre 6 zusammen, als Pannonien und Dalmatien sich gegen Rom erhoben.

Als im folgenden Jahre der hochbefähigte Verwaltungsbeamte P. Quintilius Varus die Statthalterschaft in Germanien übernahm, gab es hier keine militärischen Probleme mehr. Der Kaiser gedachte Varus zweifellos die Aufgabe zu, das unterworfene Germanien nun in die Zivilverwaltung zu überführen. Aber mit der beabsichtigten Einführung des römischen Rechts und Steuersystems fühlten sich die Germanen zutiefst getroffen. Eine lange geheim gehaltene Verschwörung unter Leitung des Cheruskerfürsten Arminius brach im Jahre 9 n. Chr. offen aus.

Arminius, dessen germanischer Namen unbekannt ist, hatte als hoher Offizier im römischen Heer gedient und dessen Taktik und Bewaffnung genau kennengelernt.

Der Aufruhr traf den ahnungslosen, von Arminius in Sicherheit gewiegten Varus im Lager an der Weser. Der Cherusker gaukelte Varus den Aufstand germanischer Stämme, wahrscheinlich im Hase- und Emsgebiet, vor und lockte ihn mit drei Legionen und Auxiliartruppen in die den Römern wenig vertraute Gegend um Lübbecke und nördlich des Wiehengebirges. Neuere Ausgrabungen haben mit großer Sicherheit den Engpaß bei Kalkriese nördlich von Osnabrück als einen der Kampfplätze erschlossen, an dem die Germanen das römische Heer zersprengten und zu gemeinsamem Handeln unfähig machten. Die Schlacht im »Teutoburger Walde« zog sich aber wahrscheinlich über eine längere Strecke hin. In verzweifelter Lage nahm Varus sich das Leben. Versprengte Teile fielen den Germanen in die Hände. Nur wenige Römer entkamen über den Rhein.

Die Niederlage war vollkommen. Der Verlust eines kampfgeübten Heeres von mehr als 20 000 Mann konnte aber nur eintreten, weil man in Rom die Lage völlig verkannte. Germanien war in Wirklichkeit nicht unterworfen und zur Eingliederung in die Zivilverwaltung vorbereitet. Nur punktuell bestand im Umkreis der römischen Lager ein befriedeter Herrschaftsraum. Arminius erkannte diesen verhängnisvollen Irrtum und überzeugte offensichtlich mit Erfolg die Cherusker, Marser, Chatten und Brukterer, daß Rom besiegbar sei. Mit der Wahl des unwegsamen Geländes nützte er den Hauptvorteil der germanischen Kriegsführung aus, der zur Verfügung stand. Das Grabmal des M. Caelius, eines 53jährigen, hochdekorierten Centurios, das bei Xanten aufgefunden wurde, erwähnt dessen Tod bei der Niederlage des Varus, ein bewegendes Denkmal für den Zusammenbruch der römischen Herrschaft rechts des Rheins. Alle römischen Lager fielen der Zerstörung durch die Germanen anheim. Nur Aliso ließ sich noch kurze Zeit halten.

Arminius, ein politischer Kopf ersten Ranges, bemühte sich nun um ein Bündnis mit dem mächtigen Markomannenfürsten Marbod. Eine Bedrohung der Rhein- und Donaugrenze, ja Italiens deutete sich an. Doch Marbod wählte die Neutralität. Arminius' Erfolg blieb auf den Nordwesten beschränkt. Unbehindert konnte Tiberius die römische Stellung am Niederrhein durch Verstärkung der Truppen auf acht Legionen erneut ausbauen. Sein Neffe Germanicus löste ihn ab und begann, keineswegs im Sinne seines Oheims, mit Rachezügen gegen die Germanen. Tiberius, der 14 n. Chr. den Kaiserthron bestiegen hatte, kannte die germanischen Verhältnisse gut genug, um zu wissen, daß grausame Rache zu keinem Ergebnis führte. Viel erfolgreicher war es, dem Hilfeersuchen des Cheruskerfürsten Segestes gegen seinen Schwiegersohn Arminius zu folgen. Die Burg, in der Segestes belagert wurde, konnten die Römer entsetzen und dabei dessen Tochter Thusnelda, Arminius' Gemahlin, gefangen nehmen.

Ein Gegenschlag des Arminius traf auf zwei Heersäulen des Germanicus im Bruktererland und an der Ems. Der Römer besuchte bei dieser Gelegenheit das Schlachtfeld des Jahres 9 n. Chr. und sorgte für eine Bestattung der noch immer herumliegenden Reste der Gefallenen. Auf dem Rückweg erlitt er schwere Verluste, die ihn schon eine Niederlage wie die Varus' befürchten ließ. Auch ein dritter Feldzug brachte nicht den angestrebten Erfolg einer Gefangennahme des Arminius. Tiberius setzte schließlich die Einstellung der Kämpfe gegen den Willen des Germanicus durch, mit der weisen Begründung, es sei besser, die Germanen ihren inneren Streitigkeiten zu überlassen.

Tatsächlich zerbrachen die Stammesbündnisse bald darauf. Uneinigkeit der Germanen, selbst innerhalb der Stämme, bescherte den Römern eine ruhige Rheingrenze. Sie vermochten sogar ein Vorfeld auf der rechten Flußseite zu kontrollieren.

Die folgenden Jahrhunderte brachten ein friedliches Nebeneinander, aber auch gespannte Zeiten im Verhältnis der Römer zu den freien Germanen mit sich. Die damals von römischer Seite ausgehenden kulturellen Einflüsse auf das rechtsrheinische Gebiet sind wahrscheinlich gar nicht hoch genug einzuschätzen. Gebrauchswaren, Schmuckstücke und Waffen aus gallischen und italischen Werkstätten fanden ihren Weg bis ins Innere Germaniens. Andere, schwerer feststellbare geistige Einflüsse begleiteten zweifellos diese Importe, ja selbst in der Religion scheint eine Harmonisierung durch Gleichsetzung mittelmeerischer mit germanischen Gottheiten erfolgt zu sein. Zudem zwang der wachsende Druck germanischer Stämme auf die Rheingrenze die Römer, immer größere Gruppen germanischer Krieger in Dienst zu nehmen. Die aus Germanen gebildeten Auxiliarverbände stellten einen idealen Nährboden für eine römisch-germanische Mischkultur dar.

Aber auch im Stammesgefüge der germanischen Völkerschaften rechts des Rheins gingen tiefgreifende Veränderungen vor sich. Im ersten nachchristlichen Jahrhundert begegnen in den Quellen die Chamaven und Tubanten – ihre Namen leben in den Landschaften Hamaland und Twente fort –, die Brukterer an der Ems, die Cherusker an der Weser, die Marser am Hellweg, Chattuarier an der unteren Lippe, Usipeter und Tenkterer an der Lippemündung, Angrivarier an der mittleren Weser. Merkwürdig schnell verschwindet der große Stamm der Cherusker nach einer Niederlage gegen die Chatten aus der Geschichte. Dieser Vorgang ist nicht vereinzelt und läßt sich nur damit erklären, daß die »Stämme« keine ethnischen Einheiten darstellten, sondern Herrschaftsbereiche, vielleicht sogar ein bestimmtes herrschendes Geschlecht bezeichneten. Nur so wird die sehr unterschiedliche Größe der »Stämme« und ihre Vergänglichkeit verständlich. Ethnisch bildeten die Germanen des heutigen Nordwestdeutschland insgesamt dagegen sehr wohl eine verhältnismäßig homogene Bevölkerung. Nicht zuletzt spricht auch dafür die Gleichmäßigkeit der archäologischen Funde.

Wie germanische Herrschaft aussah, läßt sich nicht sagen. Im ersten Jahrhundert scheint, wie etwas früher schon im Süden, eine Verschärfung der sozialen Unterordnung bestimmter Schichten unter den Herrschenden eingetreten zu sein. Im Süden wird keltischer, im Norden römischer Einfluß vermutet.

Große Bedeutung besaß bei den Germanen das Gefolgschaftswesen. Kriege und Beutezüge wurden von einzelnen Edelingen in beinahe unternehmerisch zu nennendem Geiste organisiert. Eine wechselnde Zahl von Kriegern gelobte einem Herrn auf bestimmte Zeit Gefolgschaft. Noch im achten Jahrhundert erinnert die auf begrenzte Zeit erfolgende Wahl eines Oberbefehlshabers im Kriege durch die Sachsen an diese Gewohnheiten. Zum Oberbefehl konnte freilich niemand aufsteigen, der nicht der Führungsschicht angehörte. Mit Demokratie hatte das nichts zu tun. Eher handelte es sich um ein oligarchisches Herrschaftssystem. Die Führungsschicht, nicht das Volk, kontrollierte und begrenzte die Funktion des Herrschenden.

Hierin lag auch der Grund für das Scheitern des in römischen Vorstellungen geschulten Arminius, eine Dauerherrschaft seines Geschlechtes aufzubauen. Das widersprach der germanischen Sitte allzu sehr. Waren es nicht die Römer gewesen, die bei den Cheruskern und Bruktern gelegentlich »Könige« oder »Königlein« einsetzten?

Germanischem Denken näher stand der kultische Bund mehrerer Stämme über ihre Grenzen hinweg, wie etwa der der Istaevonen im Nordwesten, dem fast alle westfälischen Stämme angehörten. Er spiegelt neben der kultischen sicherlich auch eine ethnische Einheit. Germanisch in seinem Verständnis war auch der Bund der Franken, dem ebenfalls die meisten hiesigen Stämme beitraten, ein politischer Kampfbund, dem die Herausforderung durch die römische Reichsgrenze vielleicht Geburtshilfe leistete. Die frühesten Nachrichten sprechen von Raubzügen kleinerer Gefolgschaften der »Franken« über den Rhein. Erlahmender Widerstand auf römischer Seite und Erfolg der Raubzüge ermunterte immer größere Gruppen zu immer tieferen Einfällen in das reiche Gallien, bis sich schließlich ganze Stammesteile in Bewegung setzten, um im Zielland unter günstigeren klimatischen Verhältnissen für immer zu bleiben.

Die Siedlungen aus dieser Epoche gleichen denen der vorhergehenden Zeit in auffälliger Weise. Das längliche Rechteckhaus mit verschieden vielen Schiffen, begleitet von Spinn-, Web-, Handwerks- und Wirtschaftsgebäuden, herrschte wie früher. Wie ehdem standen die Häuser in West-Ost-Richtung, um dem Wind zu entgehen. Man lebte in kleinen Dörfern oder auf Einzelhöfen. Noch waren die Verhältnisse agrarisch bestimmt. Mit dem Hakenpflug wurden die verhältnismäßig kleinen Blockfluren bearbeitet. Viehzucht und der Wald lieferten Nahrung und Rohmaterialien zur Weiterverarbeitung. Auf den Höfen wurden Tonwaren hergestellt und Textilien gefertigt. Hier und da gab es Schmieden, die in komplizierten Verfahren Eisen verarbeiteten. Bronze diente nur zur Herstellung von Schmuckstücken. Im wesentlichen herrschte die Eigenversorgung vor. Töpfer und Schmiede arbeiteten aber auch für überörtlichen Bedarf. Ein innergermanischer Handel dürfte damals schon bestanden haben, trat indessen gegenüber dem römischen Handel, besonders was die Vielfalt betrifft, erheblich zurück. Auch römisches Geld floß in zunehmendem Maße ins Land, nicht nur durch den Handel, sondern eher noch als Beute und aus den Löhnen der im römischen Sold dienenden Krieger. Ein bisher nicht gekannter Reichtum an Gold breitete sich aus. Ein Schatzfund aus dem Dortmunder Stadtgebiet enthielt nicht weniger als 444 römische Goldmünzen und drei Goldringe aus weiteren 66 Solidi.

Der Bestattungsritus der Rhein-Weser-Germanen beschränkte sich auf die feierliche Verbrennung der Toten in voller Tracht nach bestimmten, ständisch unterschiedlichen Regeln. Der eigentlichen Beisetzung widmete man dagegen keine große Aufmerksamkeit. Die Brandreste wurden, meist nur notdürftig oder gar nicht geschützt, in sogenannten »Brandgrubengräbern« bestattet. Aus diesem Grunde ist der gesellschaftliche Rang des Bestatteten meist nicht mehr feststellbar, es sei denn, ihm wurden haltbare Importwaren oder Waffen beigegeben, doch treten letztere außerordentlich selten auf.

Franken und Sachsen

Schon in der späten Kaiserzeit bildete sich in Norddeutschland ein zweiter germanischer Stammesbund, der der Sachsen, von dem eben solche Raubzüge und Vorstöße nach Süden ausgingen, wie wir sie bei den Franken beobachten konnten. Auch hier handelte es sich um gentile Verbände oder Gefolgschaften.

Ein Teil der Altsachsen wanderte in der ersten Hälfte des fünften Jahrhunderts nach Britannien aus. Die Grafschaften Wessex und Essex (Westsachsen und Ostsachsen) erinnern noch an ihre Landnahme. Die weiter südlich wohnenden Stammesteile nahmen an der Übersiedlung aber nicht teil. Sie behielten dadurch ihre Kraft, auf dem Festland nach Süden vorzudringen. Im Jahre 531 brachen sie in das Thüringerreich an der Elbe ein, 556 überfielen sie Deutz gegenüber von Köln. Nachdem sie das fast menschenleere Münsterland besetzt hatten, gelang es den Westsachsen, gegen Ende des siebenten Jahrhunderts die Lippe zu überschreiten und das zum fränkischen Stammesverband gehörige Brukterland zu unterjochen. Im Jahre 715 mußten die ebenfalls fränkischen Hattuarier an der unteren Ruhr die sächsische Herrschaft anerkennen. Im Westen standen sächsische Gruppen an der Issel. Alle Versuche der Franken, das verlorene Land zurückzugewinnen, scheiterten. Die Sachsen erreichten schließlich eine Linie, die von der Issel über die märkisch-bergische Wasserscheide bis auf die Höhen des Rothaargebirges führte. Auf ihr verläuft noch heute die niederdeutsche Sprachgrenze gegen die mitteldeutschen Dialekte.

Die aus Westfalen abgezogenen Franken hatten inzwischen das römische Gallien erobert und ein Reich errichtet, das, lediglich von einer germanischen Oberschicht beherrscht, weitgehend romanisiert war und sich der politischen und militärischen Organisationskräfte aus römischem Erbe bedienen konnte. An wirtschaftlichen Ressourcen und Volkszahl übertraf das Frankenreich den Sachsenbund um ein Vielfaches. Die Annahme des Christentums durch die

Franken im sechsten Jahrhundert trug ein weiteres wichtiges Moment in die bevorstehende Auseinandersetzung der beiden Großstämme.

Mit der Bildung und Ausdehnung des Sachsenstammes nach Süden ist die »Geburt« Westfalens verbunden. Der Stamm gliederte sich nämlich in drei »Heerschaften«: die Ostsachsen, die Engern und die Westsachsen oder Westfalen. Ostfalen dehnte sich an der Elbe und nördlich des Harzes aus, Engern beiderseits der Weser und Westfalen westlich einer Linie von Werl über Wiedenbrück nach Norden. Die Anordnung der drei Heerschaften in nordsüdlichen Streifen spiegelt wahrscheinlich den Gang der Eroberung innerhalb dieser Bereiche, geleitet von adeligen Familien, deren Nachkommen noch lange Zeit ihre führende Rolle innerhalb des jeweiligen Stammesteils behaupteten. So spielte die Familie Widukinds eine beherrschende Rolle in Westfalen. Obgleich Widukind im Kampf mit Karl dem Großen unterlag, lebte er in der Erinnerung als Volksheld fort.

Was sich im einzelnen in diesen Jahrhunderten ereignete, hat keine schriftliche Aufzeichnung festgehalten. Nur in den Sagen finden sich Erinnerungsfetzen, so in der im 13. Jahrhundert aufgezeichneten Snorra-Edda, deren Prolog berichtet: Odin habe Saxland beherrscht und die Herrschaft seinen drei Söhnen übertragen, Vegdeg in Austr-Saxaland, Beldeg in Westfalen und Sigi in Franken. Zweifellos handelt es sich bei dem aus dem Rahmen fallenden Namen »Westfalen« um einen späteren Einschub. Trotzdem muß die Tradition älter sein, denn seit dem sechsten Jahrhundert herrschte Odin oder sein Sohn nicht mehr in Franken, sondern der Christengott.

Erst im sechsten Jahrhundert beginnen schriftliche Quellen zu sprechen. Sie lassen eine allgemeine Unruhe in den Ost- und Nordseeländern erkennen, die vielleicht durch die zunehmende Überschwemmung von Küstenstreifen hervorgerufen wurde. Der Einfall des Gautenkönigs Hygelac am linken Niederrhein im Jahre 520 steht als einer für viele Züge von Nordleuten dieser Zeit. Möglicherweise waren es diese Einfälle, die die Bildung des Sachsenbundes als Verteidigungsmaßnahme beförderten, wie bei den Franken gegen die Römer. Bald war der fränkische Bund zu einem Offensivbund geworden. Bei den Sachsen sollte es nicht anders laufen. Auch sie wandten sich offensiv gegen ihre südlichen Nachbarn. Schon zu Anfang des fünften Jahrhunderts tauchten die ersten Sachsenscharen im nördlichen Ostwestfalen aus und breiteten sich schnell über das menschenleere Münsterland aus. An der Lippe stießen sie, wie schon gesagt, auf den ersten fränkischen Stamm, die Brukterer, bald darauf die Hattuarier.

Die Grabfunde dieser Epoche weisen eine verwirrende Vielfalt auf. Neben vereinzelten Brandgräbern stehen die nordsüdlich ausgerichteten Gräber heidnischer Tradition, oft mit reichen Waffenbeigaben, aber auch christlich beeinflußte Gräber in Ostwestrichtung mit manchmal künstlerisch hochqualifizierten Gegenständen, zuweilen aber auch ohne Beigaben. Worauf das seit dem fünften Jahrhundert zu beobachtende Übergewicht der Körperbestattung zurückgeht, läßt sich nicht sagen. Im sechsten und siebenten Jahrhundert überlagern Nordsüdgräber nicht selten Ostwestgräber. Zugeordnete Pferdegräber machen deutlich, daß hier Sachsen in bereits christliches Land vorstießen, besser gesagt, sächsische Herrschaft errichteten. Denn niemand wird sagen können, wie zahlreich die zur Ansiedlung kommenden sächsischen Gruppen und andererseits die bleibende, ansässige Bevölkerung waren.

Besonders gut läßt sich die sächsische Besiedlung im Münsterland verfolgen, weil das Land vorher kaum Einwohner aufwies. In den Gräbern von Beckum und Warendorf treten uns Angehörige der sächsischen Führungsschicht entgegen. Ihre Gräber weisen eine so kostbare Ausstattung auf, wie sie sonst nur von den britischen Inseln bekannt ist. Dem Toten wurde sein gezäumtes Reitpferd mitgegeben. Die kultische Bedeutung des Pferdes bei den Sachsen erscheint in den Sagen von Hengist und Horsa (engl. *horse*, Pferd). Die Verehrung des Pferdes bildet einen Teil des Wodankults, den die Sachsen nach Süden trugen.

Tiefe Einblicke in das Leben der damaligen Menschen öffnete die Ausgrabung einer großen sächsischen Siedlung am Emsufer westlich von Warendorf. Zahlreiche länglich-rechteckige Häuser von 14 bis 29 Meter Länge traditioneller Bauweise bildeten eine ältere Schicht, eine jüngere dagegen Häuser, deren Längsseiten wie bei einem Schiff nach außen gebogen waren. Dieser Baustil war in den nördlichen Ländern üblich. Daneben standen kleinere Häuser für Abhängige (?) und Wirtschaftsgebäude. Grubenhäuschen dienten als Spinn- und Webkammern. Auch Schmelzöfen für Eisen wurden gefunden. Silberverzierte Gürtel und feingearbeitete Schnallen lassen »den Reichtum des Alltags der Kriegerbauern« erkennen (W. Winkelmann).

Auffällig sind besonders die Beisetzungen jüngerer Hengste ohne Verbindung zu einem Kriegergrab. Die Tiere liegen in Holzkammern mit unter dem Leib angewinkelten Beinen, den Kopf in einer erhöhten Nische gebettet. Ihre Opferung fand an den herbstlichen Totenfesten statt. Auch Stieropfer lassen sich nachweisen. So heißt es im Lied von der Sachsenbekehrung aus dem Jahre 777, die Sachsen hätten »auf befleckten Kultplätzen heidnische Gaben geopfert, die heiße Flammen im Brand verzehrten, und schlachteten vor blutigen Altären Stiere ..., ja nach schändlichen Riten für die Dämonen beugten sie den Rücken und verehrten demütig ihre Adligen, ihre Stammes- und Hausgötter« (nach der Übers. v. K. Hauck).

Als die westlichen Sachsen (Westfalen) um 700 die Lippe erreichten, waren ihre engrischen Stammesgenossen östlich von ihnen bereits über die Ruhr vorgedrungen. Der Zeitunterschied erklärt die südlich der Lippe weit nach Westen ausgreifende Heerschaft der Engern. In Werl trafen sich beide Heerschaften. Beide waren an den lebensnotwendigen Salzquellen beteiligt. Die Sorge vor einem weiteren Vordringen der Engern drückt sich in der Anlage fränkischer Burgen und Befestigungen in Nordhessen aus. Damals wurden Amöneburg, der Christenberg und Büraburg ausgebaut. Auch die Engern errichteten Burgen: die Brunsburg über der Weser, die Skidrioburg bei Lügde und die Eresburg (Marsberg), in der das zentrale Heiligtum der Irminsul seinen Platz hatte.

Spätestens im frühen achten Jahrhundert begannen christliche Missionare meist angelsächsischer Herkunft ihr dornenreiches Wirken im Sachsenlande. Das in germanischer Sitte verankerte Gastrecht jedes Fremden schützte die Missionare innerhalb der Häuser und Siedlungen vor Verfolgung. Dagegen fehlte auf den beschwerlichen Wegen durch Wald und Flur jeder Schutz, es sei denn, der letzte Gastgeber gab bis zum nächsten Ziel eine Wache mit. Den Missionaren war bewußt, daß sie nur dann auf Erfolg rechnen konnten, wenn sie die Führungsschicht für das Christentum gewannen. Tatsächlich scheint ihnen das in gewissem Umfang gelungen zu sein. Ob adelige Familienbande in bereits christliche Lande nach Süddeutschland oder Gallien den Boden vorbereitet hatten oder ob allein die Einsicht in die Überlegenheit der neuen Lehre ihren Entschluß lenkte, läßt sich nicht sagen. Es mochte auch so sein, daß den Edelingen das soziale System des christlichen Frankenreiches bekannt war, das dem Adel eine weitgehendere Herrschaftsfunktion gegenüber Freien und Unfreien einräumte, wie es dem römischen Recht entsprach. Die Aussicht auf Verbesserung der eigenen sozialen Stellung barg für den Adel eine Verlockung. Zumindest war die Haltung der sächsischen Edelinge gegenüber den Missionaren gespalten, anders als die der unteren Schichten, die in viel höherem Maße mit den alten Naturgöttern verbunden waren als der Adel. Die Bauern standen der Mission ablehnend gegenüber, wie noch erörtert werden wird.

Beispiele für die jeweilige Haltung gibt es viele: Der Totschlag an den beiden Ewalden im Westmünsterland zeigt die erbitterte Ablehnung, die den Missionaren vielerorts entgegenschlug. Die Zerstörung eines Dorfes durch einen sächsischen Edeling ahndete das gebrochene Gastrecht an einem Missionar. Die Rettung des Missionars Liafwin auf der sächsischen Stammesversammlung in Marklo durch einen Edeling aus dem Münsterland bezeugt zumindest die Offenheit mancher Adeliger für die Annahme der neuen Lehre.

Allerdings blieben auch diejenigen, die das Christentum annahmen, in Sitten und Gebräuchen der alten Zeit verhaftet. Vor allem sah man darauf, daß die christlichen Gräber weiter in unmittelbarer Nähe zu den Gräbern der heidnischen Vorfahren blieben. Vereinzelt behielt man auch die Sitte der Grabbeigaben bei, die der christliche Kult nicht kennt. Diesen Punkt hatte die Entwicklung erreicht, als der Kampf zwischen Franken und Sachsen in seine entscheidende Phase trat.

Das Mittelalter

Eingliederung Sachsens in das Fränkische Reich

Vergeblich hatten die schwachen fränkischen Hausmeiner lange Zeit versucht, dem Vordringen der Sachsen nach Süden Einhalt zu gebieten. Erst Karl Martell leitete mit einem Rachefeldzug, der bis an die Weser führte, im Jahre 718 die Gegenoffensive ein, wenn auch ohne bleibenden Erfolg. Der Feldzug des Jahres 738 scheint dagegen schon zu einer Unterwerfung der Westfalen geführt zu haben. Bonifatius berichtete triumphierend von der Taufe einer sehr großen Zahl von Heiden. Aber auch dieser Erfolg blieb ohne Dauer. Im Jahre 751 mußte Pippin erneut gegen die hartnäckig Widerstand leistenden Sachsen vorgehen. Selbst Mord, Zerstörung der Wohnungen und Verschleppung vieler Menschen vermochten nicht, das schwer geprüfte Volk zur Unterwerfung zu bewegen. Nur einzelne Stammesteile versprachen Treue und verpflichteten sich zu Tributen, wie damals bei Rehme an der Weser, in der Nähe eines zentralen sächsischen Versammlungsortes südlich von Minden, oder 759 bei Sythen. Es handelte sich stets nur um Teil- oder gar Scheinerfolge, die den Franken vielleicht größer erschienen, als sie es in Wirklichkeit waren. Ob die Sachsen oder Westfalen sich 759 verpflichteten, christlichen Missionaren freien Zugang zu gewähren, ist nicht zu klären.

Die Verfassung des sächsischen Stammes läßt sich nur unvollständig beschreiben. Berichte darüber stammen aus späterer Zeit oder sind tendenziös gefärbt. Soviel läßt sich aber sagen, daß eine ständische Gliederung Edelinge, Freie und Liten (Laten, »Minderfreie«) unterschied, die für Totschlag, Verwundung usw. mit gestaffelten Bußgeldern verbunden waren, etwa im Verhältnis von vier zu zwei zu eins. Nach der Eroberung des Landes durch die Franken verschärften sich die sozialen Unterschiede erheblich. Die Bußgelder staffelten sich nun von zehn zu zwei zu eins, während die Unfreien *(servi)* nur mit einem Bruchteil des letzten Satzes veranschlagt wurden. Die Frage nach der Stärke der Adelsschicht läßt sich nicht beantworten. Grabfunde geben dazu keine zuverlässigen Hinweise, doch dürfte die Schicht nicht ganz dünn gewesen sein.

Auch die räumliche Gliederung des Stammesgebietes läßt sich nicht zufriedenstellend darstellen. Zweifellos bezeichnete das Wort »Heerschaft«, mit dem die drei Stammesteile definiert wurden, einen Personalverband. Im Laufe der fortschreitenden Eroberung des Landes in südlicher Richtung setzten sich die Heerschaften mehr und mehr voneinander ab und handelten stets getrennt. Insgesamt repräsentierten sie aber den sächsischen Gesamtstamm. Ein fränkisches Geiselverzeichnis junger Sachsen, die 803/804 in Mainz zur Heimreise zusammentrafen, nennt zehn Westfalen, fünfzehn Ostfalen und zwölf Engern. Trotz der genauen Trennung der Sachsen in drei Heerschaften darf man hinter diesen aber keine ethnischen Einheiten vermuten.

Die Stammesteile setzten sich aus Gauen *(pagi)* zusammen, »untersten Bezirken des politischen Lebens« (K. H. Schulze) und »von natürlichen Grenzen bestimmten politischen Siedlungsgemeinschaften« (J. Prinz), die jedoch im Laufe der Zeit durchaus Veränderungen unterworfen sein konnten. Innerhalb der Gaue darf wahrscheinlich den Fluchtburgen eine zentrale Bedeutung zugeschrieben werden, ohne daß es Beweise gäbe.

In enger Verbindung zur Adelsherrschaft stand der religiöse Kult mit dem Hauptgott Odin oder Wodan, daneben den Göttern Donar (Thunaer) und Saxnot, dem »Genossen der Sachsen«, und vielen Kleingöttern. Der adlige Anführer im Kampf galt den Sachsen als götterbeseelter Priesterfürst und wurde mit einem Kultnamen belegt. Einem Gotte gleich schrieb man ihm magische Kräfte zu.

Ein »altsächsisches Taufgelöbnis« des ausgehenden achten Jahrhunderts führt alle heidnischen Kulte auf, denen sich der Täufling nunmehr zu enthalten habe: Totenopfer und -mähler auf den Gräbern der Verstorbenen, Totenbeschwörungen, Donar- und Wodanopfer, Amulettglaube, Quellen- und Hainkulte, Zaubersprüche und Mantik, Los- und Rauchorakel, »Notfeuer«, Wetterzauber, Pflug- und Laufrituale, Ahnen- und Heroenkult, Götterbilder und Votivgaben, Hexenglauben (E. Freise). Plastisch steht damit die heidnische Glaubenswelt vor unsern Augen, an der die bäuerliche Bevölkerung so hartnäckig hing, daß auch die drakonischen Strafen, die die Capitularien Karls des Großen vorsahen, sie nicht ausrotten konnten. Auch das Gebot, christliche Gräber nicht mehr im Verband mit den Gräbern der heidnischen Vorfahren anzulegen, zeigte wenig Wirkung.

Kulte und Kultstätten standen bei den Sachsen unter strengen Schutzbestimmungen. Verstöße wurden schwer geahndet, auch solche aus dem moralischen Bereich. Menschenopfer, aber auch Selbstaufopferung waren üblich. So mußte den Sachsen die Zerstörung der Irminsul auf der Eresburg durch die Franken als ein himmelschreiender Frevel an ihrem Heiligtum erscheinen. Die Folge war der religiös motivierte Rachefeldzug der Engern im Jahre 772.

Es ist bereits angedeutet worden, daß das Sachsenland damals bereits Bekanntschaft mit der christlichen Religion gemacht hatte. Ende des siebenten Jahrhunderts setzte die angelsächsische Mission auf dem Festland ein, zuerst bei den Friesen an den Rheinmündungen, dann auch bei den Sachsen. Geschickt beriefen sich die Missionare auf ihre Stammesverwandtschaft mit den Festlandssachsen. Um 691 betraten die beiden Ewalde, irische Missionare, den Boden des Münsterlandes, wahrscheinlich in der Nähe von Bocholt. Ihre Absicht, vor dem führenden Adelsgeschlecht der Gegend zu predigen, mißlang aber. Heidnische Bauern erschlugen die Boten einer fremden Religion auf dem Wege. Ihre Leichname wurden in St. Kunibert in Köln beigesetzt.

Der Missionar Suitbert wandte sich dem Ruhr- und Lipperaum zu, um die dort ansässigen Brukterer zu bekehren, mußte aber 695 vor den aufständischen Sachsen fliehen und zog sich nach Kaiserswerth, damals noch eine Insel im Rhein, zurück, ohne weitere Bekehrungsversuche zu unternehmen. Dagegen beschränkte sich Willibrord auf die Mission der Friesen. Sein neues Bistum Utrecht und seine Abtei Echternach sollten allerdings später für Westfalen größte

Bedeutung erlangen, wenn auch der heidnische Aufstand in Friesland 715/716 vorerst sein Werk zunichte machte. Willibrords Helfer Winfrid-Bonifatius nahm 719–722 die Mission in Friesland wieder auf, verfolgte aber als Hauptziel die Gewinnung der Sachsen für das Christentum. Jedoch mußte er wegen seiner Aufgaben in Nordhessen und Thüringen auf sein Lieblingswerk verzichten. Die damals von ihm berichtete Taufe von etwa einhunderttausend Sachsen bezieht sich wohl – die Zahl ist gewiß übertrieben – auf Bewohner von Grenzgebieten, die unter sächsische Herrschaft geraten waren.

Vielleicht verband Bonifatius mit der Gründung von Amöneburg, Ohrdruf, Fritzlar, Hersfeld und in besonderer Weise Fulda den Gedanken, hiermit Stützpunkte für die Sachsenmission zu schaffen. Bedeutenderen Rang hierfür gewann aber Utrecht, wo der Franke Gregor, ein Schüler des Bonifatius, spätestens seit 742 als Abt von St. Martin eine hervorragende Schule leitete, in der Angehörige der verschiedensten Stämme und Völker christliche Bildung einsogen. Zu den Sachsen entsandte Gregor hauptsächlich Angelsachsen, schon wegen der Sprachverwandtschaft. In Deventer und Wilpe an der Issel errichteten sie als vorgeschobene Bastionen gegen die Heiden Kirchen, die mehrmals angegriffen und zerstört wurden. Einer dieser Angelsachsen, Liafwin/Lebuin, predigte sogar um 770 auf der sächsischen Stammesversammlung in Marklo (wohl bei Herford). Er riet den Sachsen, sich freiwillig dem stärkeren Christengott zu unterwerfen, wenn sie nicht von einem fremden König unter schrecklichen Verheerungen des Landes angegriffen und unterworfen werden wollten. In dem Angebot, das Land friedlicher Mission zu öffnen, sahen die Sachsen aber nur eine Lästerung ihrer Götter. Nur durch ein »Wunder« entging Liafwin dem Tode, offensichtlich unter dem Schutze eines westfälischen Edelings.

Die Prophezeiung des Missionars ging grausam in Erfüllung. Der fränkische König Karl, erst einundzwanzigjährig im Jahre 768 auf den Thron gelangt, zeigte seine feste Absicht, auf die sächsischen Rachezüge mit äußerster Härte zu antworten. Seinem Ansturm fielen 775 die sächsische Sigiburg (Hohensyburg) über Ruhr und Lenne und die im Vorjahr an die Sachsen verlorene Eresburg über der Diemel zum Opfer. Am Brunsberg bei Höxter erzwang er den Übergang über die Weser. Bald unterwarfen sich die Engern, dann auch die Westfalen. Zahlreiche friedenswillige Sachsen versammelten sich an den Lippequellen und gelobten, sich taufen zu lassen. In der Nähe – an der Stelle des späteren Paderborn – errichtete der König zum Zeichen des Triumphes die »Karlsburg«, an der 777 die erste Reichsversammlung auf sächsischem Boden stattfand. Das Ereignis spiegelt sich in emphatischen Würdigungen durch die zeitgenössische Dichtung. Im fränkischen Machtbereich mußte man der Überzeugung sein, ganz Sachsen habe sich dem König gebeugt.

Wie schon einmal in römischer Zeit scheint es die Absicht der Sieger gewesen zu sein, nach der militärischen Entscheidung im eroberten Lande die Zivilverwaltung einzurichten, was den Widerstand des Volkes erneut entfachte. Bewußt sollte der einheimische Adel berücksichtigt werden, als es um die Einführung der fränkischen Grafschaftsverfassung ging. Die Edelinge wurden damit nicht nur für den Verlust etwaiger älterer Herrschaftsrechte entschädigt, sondern auch als Grafen und örtliche Vertreter des Königs zu Gliedern der

Reichsverwaltung gewandelt. Ein großer Teil des Volkes sah sich durch den Adel verraten. Ein Aufstand brach aus, an dem sich aber nicht alle beteiligten. Die königstreuen Adeligen und friedliebenden Sachsen lieferten die Aufrührer aus. Karl ließ sie als Treubrüchige, nach germanischem Recht durchaus legal, bei Verden an der Aller hinrichten. Die Zahl von 4500 Opfern ist umstritten.

Viele Priester und Beamte hatten in den Kämpfen ihr Leben verloren, viele Sachsen waren gefallen. Ihr Führer Widukind war nach Dänemark entkommen und schürte den Widerstand erneut. Nach dem Paderborner Reichstag von 785 verfolgte Karl der Große die Aufständischen bis an die Elbe. Endlich gab Widukind den Kampf auf. Gegen das Versprechen der Straflosigkeit begab er sich zur Pfalz Attigny und ließ sich dort taufen. Papst Hadrian erkannte die weltpolitische Bedeutung des Vorgangs und ordnete für das Jahr 786 in der gesamten christlichen Welt ein dreitägiges Dankfest an. Sachsen, der Vorposten der heidnisch-skandinavischen Welt, war gefallen und in die fränkisch-römische Sphäre christlicher Prägung eingegliedert.

Von Widukind war seitdem nicht mehr die Rede. Allem Anschein nach bekleidete er noch zu Anfang des neunten Jahrhunderts ein Grafenamt.

Trotzdem gab es immer wieder Rückschläge. Pfalz und Kirchen in Paderborn erlitten mehrmals das Schicksal der Zerstörung. Besonders die bisher unbekannte Zehntpflicht scheint es gewesen zu sein, die den Zorn der Bevölkerung erregte. Vielleicht waren daran auch einzelne Geistliche mitschuldig, die durch ihre rigiden Erhebungsmethoden den Unwillen der Zehntpflichtigen erregten. Wirtschaftliche Motive und religiöse Anhänglichkeit an die alten Götter standen in einem unzertrennbaren Zusammenhang und verhinderten jahrhundertelang eine völlige Durchsetzung des Christentums in den Herzen der Menschen. Die manchmal vertretene These von einer schnellen Gewinnung der Sachsen für den neuen Glauben wird weder dem dornenvollen Wirken christlicher Glaubensboten noch dem Charakter der Sachsen gerecht. So schnell vergaß man den hergebrachten Glauben nicht. Noch lange sollten die Klagen kirchlicher Instanzen über das Weiterleben der Wald- und Baumkulte erklingen, Reste des »Aberglaubens«, der, bis heute nicht überwunden, immer wieder neue Blüten treibt.

Wie die innere Mission nach der offiziellen Unterwerfung Sachsens organisiert war, läßt sich recht gut an den Kirchenpatrozinien ablesen. An der oberen Weser wirkten Mönche aus dem großen Bonifatiuskloster Fulda. Auch von Mainz gingen hierhin Wirkungen aus, die aber für westfälisches Gebiet nicht näher zu bestimmen sind. Dagegen richtete sich die Würzburger Mission auf das Paderborner Land. Priester aus Lüttich wirkten in Osnabrück und im Emsland. Das Münsterland war dem Angelsachsen Beornrad anvertraut, der wahrscheinlich mit dem gleichnamigen Abt von Echternach und späteren Erzbischof von Sens identisch ist. Ob er überhaupt hier gewirkt hat oder gar Erfolge erzielte, ist indessen zweifelhaft. Seine Nachfolge trat in den Jahren 792 oder 793 der Friese Liudger an, der schließlich zum ersten Bischof von Münster aufstieg. Im südlichen Westfalen und im Hellweggebiet wirkten Missionare aus Köln. Wittgenstein und Siegen gehörten zum Mainzer Bereich.

Mit der Einführung des Christentums im Lande ist die Frage der Entstehung der ersten Kirchen verbunden. Ganz allgemein gilt die Erkenntnis, daß Kirchen nur an den Stellen gegründet werden konnten, an denen Stiftungsgut zur Verfügung gestellt wurde, etwa aus königlichem, ehemals konfisziertem sächsischen Gut, aber auch auf dem Grunde von christlichen Edelingen. Für den Unterhalt des Priesters und seines Gesindes sorgte dann die Ausstattung mit dem im Volke verhaßten Zehnten, wie es die Capitularien vorschrieben. Dieser Weg der Kirchengründungen schließt die Vorstellung aus, im Lande sei schon in der Anfangszeit ein geordnetes Pfarrsystem entstanden, das gern mit dem ungeeigneten Begriff der »Urpfarreien« umschrieben wird. Kirchen entstanden im Gegenteil in einer ganz ungeordneten Weise, einmal nahe beieinander, an anderer Stelle sehr weit voneinander entfernt, je nachdem, wo ein Stifter tätig wurde. Alle Kirchen blieben »Eigentum« der Stifterfamilie. Sie zog die Einkünfte ein, präsentierte dem Bischof einen Geistlichen zur Anstellung oder sorgte für die Abberufung ungeeigneter Pfründeninhaber. Erst Jahrhunderte später gelang es, das beherrschende Laienelement im sogenannten »Eigenkirchenwesen« zurückzudrängen und allmählich ein einigermaßen gleichmäßiges Netz von Pfarrkirchen in der Diözese zu schaffen. Alle »Pfarreien« oder Kirchspiele stellten von Anfang an Personalverbände dar, zuerst wahrscheinlich aus den Hintersassen des Kirchenherren gebildet. Eine bestimmte geographische Ausdehnung nahmen die Kirchspiele erst im elften oder gar zwölften Jahrhundert an, und auch dann noch ohne festumschriebene Grenzen. Entscheidend blieb bis in die Neuzeit immer die persönliche Zugehörigkeit zu einer Kirche, ein Verhältnis, wie es heute unter ganz anderen Bedingungen wieder zum Leben erwacht.

Die westfälischen Bistümer Münster, Osnabrück, Paderborn und Minden entstanden in einem langwierigen, komplizierten Prozeß. Ihren institutionellen Ursprung nahmen diese kirchlichen Bezirke in der römischen Stadtverfassung, an deren Spitze der *episcopus*, der Bischof, ein weltlicher Beamter, stand. Deshalb durften nach kanonischem Recht Bistumssitze auch nur in Städten errichtet werden. Da es in Sachsen keine Städte gab, wählte man andere hervorragende oder in gewissem Umfang bewohnte Stätten dafür aus. So bot sich die Örtlichkeit der Reichstage von 777, 785 und 799 von selbst als Bischofssitz an. Im Münsterland scheint der Hügel über dem Flüßchen Aa, den man Mimigernaford – Furt der Leute des Mimigern – nannte, schon in vorfränkischer Zeit ein herrschaftliches Zentrum mit einer Handwerkersiedlung gewesen zu sein, an die eine Neubesiedlung nach der Zerstörung in den letzten Kriegen anknüpfen konnte. Wahrscheinlich lagen die Verhältnisse in Osnabrück ähnlich. Auch in Minden muß an der Weserfurt eine irgendwie geartete ältere Siedlung vorhanden gewesen sein. Ob auch im Vorort der Engern, in Soest, für das südliche Westfalen ein Bischofssitz geplant war, läßt sich nicht sagen. Wenn das der Fall war, so kam er wegen des übermächtigen Einflusses des Missionszentrums Köln nicht zur Entfaltung.

Wenn nicht alles trügt, so fiel die Entscheidung über die Einrichtung von Bistümern im westlichen Sachsen auf dem Paderborner Reichstag von 799, an dem Papst Leo III. teilnahm. Natürliche Grenzen sollten die neuen Diözesen teilen. Zwischen Münster und Osnabrück lag der Osning (heute Teutoburger Wald genannt), Paderborn grenzte im Osten an die Weser, im Westen an die Senne, ein unbesiedeltes Ödland. Die Lippe bildete die Scheidelinie zwischen Münster und Köln. Im Süden trennte das Rothaargebirge Köln von Mainz. Weniger ausgeprägt war die Grenze zwischen den Diözesen Paderborn und Minden sowie Minden und Osnabrück. Doch dürften auch dort alte Siedlungskammern als Grundlage der Grenzziehung gedient haben.

Noch waren die Bistümer unbesetzt. Gut informiert sind wir über die Vergabe des Bistums Mimigernaford (Münster) an einen Bischof. Karl der Große hatte dafür den seit 792/93 im Münsterland tätigen Missionar Liudger ausersehen, doch weigerte sich dieser, das Amt zu übernehmen. Er hatte schon vorher das Bistum Trier ausgeschlagen. Wahrscheinlich lag der Grund für die Ablehnung darin, daß Liudger auch weiterhin Missionar und Diener am Seelenheil der Menschen bleiben wollte. Als Bischof wurde er unwiderruflich ein Glied der fränkischen Reichskirche, damit aber zum Instrument der fränkischen Herrschaft. Nur widerstrebend nahm er schließlich das Bistum an, blieb aber auch danach seiner missionarischen Pflicht auf unablässigen Reisen treu. Ihm schwebte sogar vor, über die engen Grenzen seiner Diözese hinaus das Christentum in Ostfalen bis an die Elbe, an der Nordsee und bei den heidnischen Dänen zu predigen. Mit seinem Bruder Hildigrim, Bischof von Châlons-sur-Marne, gründete er das Kloster Helmstedt und errichtete mit diesem Kirchen in Halberstadt und wohl auch in Magdeburg. Als rückwärtiger Stützpunkt für die Ostsachsenmission diente ihm das Kloster Werden an der Ruhr, das Liudger selber gegründet hatte. Es wurde das Familienkloster der »Liudgeriden«, jener einzigartigen »Bischofssippe« (K. Schmid), die nicht durch Blutsbande, sondern durch ihre gemeinsame geistliche Aufgabe zusammengehalten wurde. Eine ganz ähnliche Rolle spielte das von Karl dem Großen Liudger geschenkte Kloster Leuze in Brabant als Stütze für die Friesenmission.

Nach dem Ende der blutigen Kriege Karls des Großen gegen die Sachsen verschwindet Westfalen aus der Geschichte. Schneller als sich die bäuerliche Bevölkerung mit dem Christentum anfreundete, gelang es dem Adel, sich in die neuen Verhältnisse zu finden. Der Eintritt in den fränkischen Staatsdienst als Inhaber von Grafschaften und eine gegenüber den unteren Schichten wesentlich verbesserte soziale Stellung machten es den Edelingen leicht, sich vom Alten zu trennen. Sie nahmen Ehebeziehungen zur fränkischen Aristokratie bis in das Königshaus hinein auf. So heiratete der sächsische Adelige Ekbert, dem Karl die Grafschaft zwischen Weser und Rhein verliehen hatte, schon vor 790 die einer karolingischen Seitenlinie entstammende Ida, die später als Witwe im Rufe der Heiligkeit als Einsiedlerin in Herzfeld gestorben ist. Die Nachfahren des Ehepaars waren die Ekbertiner, die besonders im östlichen Münsterland eine beherrschende Stellung einnahmen.

Ähnliche Fälle ließen sich mehrere nennen. Aus Franken, Sachsen, Alemannen und Bayern bildete sich in verhältnismäßig kurzer Zeit eine homogene Reichsaristokratie, die in ganz Deutschland und im westlichen Teil des Frankenreichs die Herrschaft in Händen hielt. Ihren einzelnen Mitgliedern war zwar die eigentliche Stammeszugehörigkeit bewußt, sie spielte aber praktisch keine große Rolle mehr. Die Reichsaristokratie übernahm auch die Herrschaft in der

Kirche. Niemand konnte ein hohes kirchliches Amt übernehmen, der ihr nicht angehörte. Politische, wirtschaftliche und kirchliche Herrschaft lagen in ein und denselben Händen.

Der Plan zur Gründung des ersten sächsischen Männerklosters soll von einem Verwandten Karls des Großen, Abt Adalhard von Corbie an der Somme, ausgegangen sein, in dessen Kloster mehrere junge Sachsen christlich erzogen wurden. Sein jüngerer Nachfolger, ebenfalls Adalhard genannt, und der mit ihm verwandte Wala, früher ein hoher weltlicher Würdenträger, aber nach dem Regierungsantritt Ludwigs des Frommen gestürzt, begannen 815 am Orte Hethis – vielleicht unweit der Externsteine (W. Matthes) – mit der Gründung einer *Nova Corbeia*. Wegen der ungünstigen Lage entschloß man sich 821 zur Umsiedlung auf einen Königshof bei Höxter an der Weser. Das neue Corbie, hier Corvey genannt, nahm einen schnellen Aufschwung. Das Kloster empfing schon 826 die Königskapelle auf der Eresburg als Geschenk, 834 die Zelle Meppen im Emsland und 866 Visbek nördlich von Vechta. Das Geschlecht der Ekbertiner gewann bald einen beherrschenden Einfluß auf das große Kloster, ebenso wie auf das ältere Frauenkloster Herford, das der engrische Edeling Waltger auf eigenem Grunde gestiftet hatte.

Deutlicher als bisher zeichnen sich nun neben den Ekbertinern auch andere große Geschlechter ab: die Billunger mit einem sächsischen und fränkischen Zweig, die auch im Münsterland eine vielfach übersehene, bedeutende Stellung einnahmen, vor allem aber in Engern von großem Einfluß waren; in Westfalen die Sippe Widukinds mit Schwerpunkten um Wildeshausen, Vreden und Enger. In der letzteren Kirche stiftete Mathilde, Gemahlin König Heinrichs I., eine Nachfahrin des Sachsenführers, ein *monasterium*. Die Stiftskirche in Enger gilt als Grabeskirche Widukinds. Ausgrabungen haben vor wenigen Jahren dafür die Bestätigung erbracht. Ein Grab enthielt das Skelett eines etwa Sechzigjährigen mit einem Rückenschaden – Widukind war bekanntlich bei einem Sturz von seinem Pferde schwerverwundet worden – und ein kostbares Bursenreliquar aus der Zeit um 800, das dem Sachsenführer gehört haben könnte (U. Lobbedey).

Nach 850 folgt eine ganze Reihe von Klostergründungen, alle für Frauen. Dazu gehört das Kloster Nottuln, angeblich schon zur Zeit Liudgers (805–809) gestiftet, aber mit Sicherheit erst unter Bischof Liudbert (849–870) entstanden, der auch, wenigstens von einer Elternseite, zu den Nachfahren Widukinds gehörte. Freckenhorst und Liesborn stellten dagegen Stiftungen der Ekbertiner dar. Vreden wird schon 839 genannt und gehört zu den Gründungen der widukindischen Familie. Im zehnten Jahrhundert gehörte es den Billungern.

Entgegen den Angaben der Gründungslegenden für die einzelnen Klöster läßt sich nachweisen, daß diese ausnahmslos an belebten Straßen, sozusagen mitten im Leben, errichtet wurden. Ihre Größe und prachtvolle Ausstattung sollten bewußt auf die an steinerne Großbauten nicht gewohnte Bevölkerung wirken. Die Ausstattung der Kirchen mit Reliquien tat ihr Übriges. Durch die von ihnen ausgehenden Wunder ließen sich die Menschen jener Zeit mehr in den Bann schlagen als durch theologische Erörterungen, so gut sie auch sein mochten.

Der Adel zog aus den Kirchen- und Klosterstiftungen reichen Gewinn. Die in seinem Besitz befindlichen Einrichtungen erhöhten seinen Ruhm. Das Volk sah den Stifter in die Nähe der Heiligen gerückt, deren Reliquien der Adelige erworben hatte und die Kirche und Kloster schützten. Doch ging es dem Stifteradel im Grunde um etwas anderes: Zu heidnischer Zeit dreht sich das Denken der Adeligen in hohem Maße um die Erhaltung des Geschlechtes auch über den Tod hinaus. In Walhall fanden sich alle Angehörigen der Familie zu Kampf und fröhlichem Gastmahl zusammen. Damit war es in christlicher Zeit nun vorbei. Die Getauften bedrückte die Sorge, getrennt von ihren heidnischen Vorfahren in einem Himmel leben zu sollen, der keine Standesunterschiede kannte. Die Entscheidung des Friesenfürsten Radbod vor der Taufe, für diesen Fall lieber Heide zu bleiben, um bei seinen Vorfahren sein zu können, mag erfunden sein, kennzeichnet aber die Vorstellungswelt des Adels. In der Stiftung von Klöstern erblickte man nun eine Möglichkeit, den Abgrund zwischen heidnischer Hölle und christlichem Himmel überbrücken zu können. Das ständige Gebet der im Kloster lebenden Jungfrauen, die zudem meist der eigenen oder einer verwandten Familie entstammten, sollte die im Heidentum Verstorbenen ebenfalls des ewigen Lebens im christlichen Himmel teilhaftig machen. Zwar ist theologisch nirgends festgelegt, daß das Gebet Lebender den Toten behilflich sein könne, aber der Glaube trug den Gedanken damals und weit darüber hinaus. An keiner Stelle konnten solche Gebete andauernder an Gott gerichtet werden als in einem Kloster.

Selbstverständlich bildeten darüber hinaus Männer- und Frauenklöster Zentren geistig-geistlicher Bildung für die adelige Jugend, nicht nur die, die in ein Kloster eintreten wollte. Vor allem wurde das Schreiben und Lesen geübt. Über die biblischen Bücher hinaus wurden antike Schriftsteller und Dichter kopiert, deren Werke sonst der Nachwelt verloren gegangen wären. Ein besonders eindrucksvolles Beispiel ist das wahrscheinlich in Corvey niedergeschriebene, um die Mitte des neunten Jahrhunderts in kaiserlichem Auftrag entstandene niederdeutsche Gedicht, das das Leben des »Heliand« beschrieb. Es war für Zuhörer gedacht, die nicht in der Lage waren, die lateinischen Evangelien zu lesen, denen auch das Verständnis für die ganz andersgeartete Welt Palästinas zur Zeit Christi fehlte. Das Gedicht bediente sich daher solcher Bilder, wie sie den Menschen der damaligen Zeit, besonders dem Adel, vertraut waren.

Wie wenig andererseits die politischen Verhältnisse konsolidiert waren, zeigen die Kämpfe der Söhne Ludwigs des Frommen um die Herrschaft im Reich. Lothar I. versuchte nach der schweren Niederlage bei Fontenoy im Jahre 841, mit allen Kräften Verbündete zu gewinnen. Die unteren Stände der Sachsen wollte er damit auf seine Seite ziehen, daß er ihnen gestattete, die religiösen Sitten ihrer Vorfahren »nachzuahmen«, was nichts anderes bedeutete, als daß die heidnischen Kulte wieder zugelassen wurden. Auch wurde ihnen die Wiedereinführung des alten, d. h. sächsischen Rechtes zugesagt. Der Adel des Landes erkannte, daß sich die Versprechungen des Königs gegen ihre eigenen Interessen richteten. Er schlug sich sofort auf die Seite Ludwigs des Deutschen und nahm an den »Stellinga« (Genossenschaft, Mehrheit) blutige Rache. Unverkennbar waren Unzufriedenheit mit der verschlechterten sozialen Stellung gegenüber dem Adel und mit der kirchlichen Zehntpflicht die Gründe für diesen Aufstand der unteren Volksschichten. Die Herrschaft hatte sich indessen als die stärkere Kraft erwiesen.

Das hohe Mittelalter

Das Zerbrechen des mächtigen Reichs Karls des Großen mochte von vielen Zeitgenossen nicht als endgültig angesehen werden. Das Ostreich Ludwigs des Deutschen trug den Stempel des Provisoriums, doch änderte sich dieses Bild nach der Aufteilung Lotharingiens im Vertrage von Mersen 870. Hinzugewinne verbanden die bisher weithin isolierten Besitzungen Ludwigs des Deutschen in Nord und Süd so vorteilhaft, daß das Ostreich eine Basis zu kräftiger Entfaltung erhielt.

Westfalen spielte in den Überlegungen Ludwigs allerdings kaum eine Rolle. Sein Stammland war Bayern. Nur einmal durchritt der König das ganze Land auf dem Wege von Köln nach Minden (852), um sich auf einem allgemeinen Gerichtstag die Klagen des Volkes über die zum Himmel schreienden Ungerechtigkeiten der Grafen und Richter anzuhören, die nach dem Einschlafen des vom König kontrollierten Amtes der Königsboten nunmehr nach eigenem Ermessen schalteten und walteten. Die Amtsinhaber hatten es zudem verstanden, die Macht über die ihnen verliehenen Grafschaften und Gerichte mehr und mehr zu einem erblichen Besitz in ihrer Familie zu machen. Die Oberhoheit des Königs war auf einen reinen Formalakt herabgesunken.

Im östlichen Sachsen deutete sich unter dem Druck der unruhigen Slawenstämme, die an vielen Orten die Elbe weit überschritten hatten, die Ausbildung einer neuen Ordnungsgewalt an. Hier wurde ein Herzog eingesetzt, der auch in Abwesenheit des Königs die Sicherheit im Lande gewährleisten sollte. Der erste Inhaber des Amtes, Herzog Liudolf († 866), wurde der Stammvater der späteren sächsischen Könige und Kaiser. Für das westliche Sachsen erlangte das Amt aber keine Bedeutung. Westfalen blieb den lokalen Gewalten überlassen. An ihrer Spitze standen die Ekbertiner, die uns bereits begegnet sind, ferner die Nachfahren Widukinds, die Esikonen, Bardonen und andere Geschlechter, alle vielfältig untereinander versippt und verschwägert, aber nichtsdestoweniger unablässig bemüht, die eigene Macht auf Kosten des andern auszubauen.

Wen wundert es, daß auch die Bistümer Westfalens zum Spielball der großen Geschlechter wurden? Um in ihren Besitz zu gelangen, bedurfte es eines geeigneten Sohnes, wobei die geistliche Begabung nicht einmal die höchste Qualifikation darstellte. Wichtiger waren Beziehungen zum Königshof aufgrund verwandtschaftlicher Beziehungen oder geleisteter, wertvoller Dienste. Dazu gehörte auch der Dienst des Anwärters auf ein Bistum in der königlichen Hofkapelle. Gegenüber dieser vom König ausgeübten Besetzungspraxis spielte die Wahl eines Bischofs durch das Domkapitel und Teile des Volkes kaum eine Rolle, bestenfalls als Bemäntelung des königlichen Aktes.

Wenn das Schweigen der Quellen für das neunte Jahrhundert nicht lediglich auf dem Mangel an Nachrichten oder Verlust der Überlieferung beruht, könnte darin ein Zeichen für eine verhältnismäßig ruhige Epoche liegen. Zwar zitterten die Küstenländer zwischen Seine und Elbe ständig vor den grausamen Einfällen der Normannen und entsandten die Kunde auch in das Innere des Landes, aber wirklich gefährlich wurde für Westfalen nur einer der schrecklichen Vorstöße der Räuber im Ems- und Osnabrücker Nordland in den Jahren 884/85.

Ruhe war höchst erforderlich, um die tiefen Wunden der sächsisch-fränkischen Kriege heilen zu lassen. Nur unter friedlichen Umständen konnten die zarten Wurzeln des Christentums in den steinigen Boden der innerlich ablehnenden Sachsenherzen eindringen. Welche Wege dazu beschritten wurden, ist bereits kurz geschildert worden. Unübersehbar war es hauptsächlich der Wunderglaube, der die größte Wirkung ausgeübt hatte. Mit aller Kraft bemühten sich deshalb die Kirchenherren, aus Rom, Italien und Frankreich weitere wundertätige Reliquien zu beschaffen. Der spätere münsterische Bischof Dodo (969–993), ein Liudolfinger, schreckte als Kaplan Kaiser Ottos I. in Italien nicht davor zurück, selbst Gewalt und List anzuwenden, um in den Besitz wertvoller Überbleibsel von Heiligen zu gelangen, nicht ohne dabei selber in Lebensgefahr zu kommen. Unübersehbar lang würde die Liste der im neunten und zehnten Jahrhundert aus den Mittelmeerländern nach Westfalen gelangten Reliquien sein, wollte man sie zusammenstellen. Und trotzdem würden nur die bekannten Fälle erfaßt.

Unverkennbar besaßen die Reliquientranslationen dieser Epoche für die Festigung des Christentums und den Ausbau der Kirche größte Bedeutung. Immer erfolgten solche Übertragungen auf feierlichste Weise unter dem Staunen des Volkes und in Verbindung mit umfangreichen Schenkungen, sei es an Liegenschaften oder Einkünften, an die ausgezeichnete Kirche. Die Reliquie gewährte der Kirche und allen, die zu ihr hielten, Schutz und Schirm in einer Welt, die kaum eine öffentlich geschützte Sicherheit kannte. Manchmal schenkte der Kirchenherr auch wertvolle Kunstwerke zur Aufbewahrung der Heiltümer und zum Schmuck der Altäre, die das Staunen der Gläubigen über eine ihnen unbekannte Pracht nur noch vermehrte. Nur ein verschwindend kleiner Teil dieser Kunstwerke hat bis heute die Ungunst der Zeiten überdauert. Fehden und Brände, Bilderstürmer, aufständische Niederländer wie katholische Spanier, der Tolle Christian von Braunschweig ebenso wie die katholischen Truppen der Liga und schließlich die napoleonischen Heere haben ganze Arbeit geleistet. Manches herrliche Kunstwerk fiel auch dem einfachen Geldbedarf oder gar dem Unverständnis zum Opfer. Den kleinen Rest bewundern wir in Kirchen, Museen und auf großen Ausstellungen.

Wenig Spuren blieben auch von den großen Bauwerken jener Zeit. Nur das im Jahre 855 geweihte Westwerk der Abteikirche in Corvey ist im wesentlichen erhalten geblieben. Die an ihm angebrachte beschwörende Inschrift: »Umwalle, o Herr, diese Stadt und laß Deine Engel ihre Mauern beschützen«, vielleicht etwas jünger, hat sich wenigstens für diesen Teil der Klosterkirche bewährt. Weitere karolingische Baureste in beachtlichem Umfang finden sich sonst nur noch in Meschede.

Vergänglicher sind noch die Überreste literarischer Tätigkeit. Der reiche

Schatz an antiken und mittelalterlichen Werken, den die Klosterbibliothek von Corvey ehedem verwahrte, läßt sich nur noch erahnen. Ein wenig Schuld daran mag die dem kontemplativen Geist der Benediktiner zuwiderlaufende Erwartung des Reiches auf missionarische Wirksamkeit der Mönche im Heidenland tragen. Allein fünf Konventualen besetzten das Erzbistum Hamburg-Bremen. Jedoch gestaltete sich die geistliche Einstellung im Kloster dadurch zwiespältig.

Große Bedeutung für die Geschicke der Klöster und Kirchen erlangte ihre rechtliche Herausnahme aus der sonst allgemein gültigen Grafschaftsverfassung. Solche Privilegien, die der König verlieh, bewirkten freilich auch, daß dieser nicht mehr für den Schutz der jeweiligen Institution zuständig war. Dafür mußte ein Ersatz geschaffen werden, da Bischöfe, Äbte, Pröpste und andere Geistliche zur Wahrung der Rechte ihrer Einrichtung nicht in der Lage waren, zu den Waffen zu greifen. Blutvergießen ließ sich mit dem geistlichen Stand nicht vereinbaren. So beauftragte man mit der Wahrnehmung des Schutzes einen weltlichen Herrn, meist aus der Familie, die die Gründung der Einrichtung vollzogen hatte, oder aus dem Kreise von deren Nachfahren. Das Amt des »Vogtes« (aus lat. *advocatus*) entwickelte sich aber in vielen Fällen zu einer reinen Einnahmequelle des Besitzers, der argumentierte, daß ihm für den gewährten Schutz und die damit verbundenen Aufwendungen eine angemessene Gegenleistung zustehe. Das Maß des Entgelts nahm jedoch vielfach solchen Umfang an, daß die Vogtei zu einem Werkzeug der Unterdrückung und Ausbeutung der anvertrauten Kirchen wurde. Das wiederum gebar den verständlichen Wunsch der Bedrängten, die Vogtei abzuschütteln, doch davon später.

In ein helleres Licht der Geschichte rückte Westfalen erst, als der Liudolfinger Heinrich I. die Nachfolge des letzten ostfränkischen Karolingers im Jahre 919 antrat. Erstmals durchquerte der König drei Jahre später Westfalen auf dem Hellweg, dem als uralter Handels- und Heerstraße vom Rhein bei Duisburg bis nach Magdeburg an der Elbe nun die Rolle der Hauptachse des Reiches zufiel. Der Hellweg verband die Zentren der Liudolfinger nördlich des Harzes mit den alten Handels- und Herrschaftsplätzen im Westen. König Heinrich kannte Westfalen übrigens schon seit seiner Brautwerbung um die Nachkommin Widukinds, Mathilde, im Jahre 909. Die junge Dame genoß ihre Erziehung im Kloster Herford.

Der Konflikt zwischen den fränkischen Konradinern und den sächsischen Liudolfingern, ein Nachbeben der großen Auseinandersetzung vor 150 Jahren, führte zu kriegerischen Zusammenstößen im Grenzgebiet an der Diemel und griff nach Westfalen über. Wie früher trat die Eresburg in den Mittelpunkt der Kämpfe, und dann noch einmal im Jahre 938, als es die Nachfolge im Erbe der Egbertiner ging. König Heinrich scheint es gelungen zu sein, seine Erbansprüche im wesentlichen durchzusetzen. Herzfeld findet sich später in liudolfingischem Besitz. Auch die Besitzungen aus dem Brautschatz Mathildes, vor allem im westlichen Münsterland, wurden von ihm erfolgreich verteidigt.

Hinter den knappen und nüchternen Worten verbergen sich unsägliche Leiden der Bevölkerung. Auseinandersetzungen der großen Geschlechter, und das blieb auf Jahrhunderte so, spielten sich weniger in Schlachten als in der Verwüstung des Besitzes des Feindes ab. Hauptbesitz aller Herren der damaligen

Zeit waren aber die Bauernhöfe. Wenn man sie niederbrannte und die Felder verwüstete, traf man seinen Feind an der empfindlichsten Stelle. Man entzog ihm die wirtschaftliche Grundlage.

Mit diesem Unglück allein war es nicht genug. Eine noch schlimmere Geißel der Menschheit traf das Volk seit 906 in regelmäßigen Abständen in Gestalt der unvorstellbar grausamen Heimsuchung des Landes durch die Reiterscharen der Ungarn. Kleine Gruppen auf schnellen Pferden tauchten immer wieder unerwartet auf, machten Frauen, Männer und Kinder nieder und verschwanden mit ihrer Beute, bevor eine Gegenwehr aufgebaut werden konnte. Die Klöster Herford und Enger wurden von den Ungarn niedergebrannt. Auch in Herzfeld an der Lippe sollen sie erschienen sein, aber vergeblich versucht haben, die Kirche zu zerstören.

Die Gefährdung ganz Sachsens durch ungarische Überfälle, gegen die kein Kraut gewachsen schien, soll Heinrich I. bewogen haben, im ganzen Land Burgen anzulegen. Nach 926 habe er mit der Verwirklichung des Planes begonnen. Man glaubt auch, hier und da in Ortsbezeichnungen und Namen Spuren dieses Burgennetzes entdecken zu können. Doch steht die wissenschaftliche Untersuchung dieses Komplexes aus.

Ohnehin trat wenige Jahre danach ein Umschwung ein. Im Jahre 933 erlitten die Ungarn an der Unstrut eine vernichtende Niederlage. Nur noch einmal, 936, versuchten sie, nach Sachsen vorzudringen. Auch hier erlitten sie schwere Verluste und zeigten sich nun in Norddeutschland nicht mehr.

Noch im zehnten Jahrhundert bahnten sich Entwicklungen an, die das politische und soziale Bild Westfalens bis zur napoleonischen Zeit prägen sollten. Die Erfahrungen Kaiser Ottos I. mit den widersetzlichen Stammesherzögen veranlaßten ihn dazu, bestimmte Reichsaufgaben den ohnehin von ihm eingesetzten Bischöfen zu übertragen. Die den mächtigsten Familien entstammenden und hoch gebildeten Kirchenfürsten qualifizierten sich durch ihre am Hof und in der königlichen Kanzlei geleisteten Dienste in ganz besonderem Maße für eine Teilnahme am politischen Geschehen. Die Bischöfe brachten aber noch ein weiteres Positivum mit: Sie besaßen keine leiblichen Nachkommen mit Erbrecht, kamen also nicht in Verdacht, eine erbliche Herrschaft ihres Geschlechtes aufbauen zu wollen. Der Nachteil der erblichen Herzogtümer für die Reichsgewalt hatte sich gerade zur Genüge erwiesen.

Westfalen gehörte zu den deutschen Landschaften, in denen die weltliche Gewalt der Bischöfe in einem solchen Maße zunahm, daß am Ende der Entwicklung mehr als zwei Drittel des Landes aus sogenannten Fürstbistümern oder Fürstabteien bestand, weltlichen Herrschaften, an deren Spitze ein Bischof oder Abt (Äbtissin) stand. Der Weg dahin gestaltete sich freilich langwierig, verwickelt und keinesfalls überall gleichmäßig.

Auf der Suche nach den Grundlagen der Ausbildung der Territorien der Bischöfe stößt man zuerst auf die aus karolingischer Zeit stammende Güterausstattung der Bistümer, doch scheint hierin nur ein schwacher Ansatz zu liegen. Größere Bedeutung gewann schon die Erwerbung von Go- oder Landgerichten aus der Hand einzelner Adeliger. Diese Gerichte besaßen einen räumlich begrenzten Zuständigkeitsbereich und boten damit am ehesten die Grundlage für ein geographisches, räumliches Gebilde, wie es der spätere Territorialstaat darstellte. Das über die Herzogtümer auf die Bischöfe überkommene, ehedem allein in den Händen des Königs befindliche Recht zum Burgenbau leistete treffliche Hilfe bei der Festigung der Landesherrschaft. Feste Häuser, wie man hierzulande die Burgen nannte, bildeten Kristallisationspunkte der Herrschaft. Der Landesherr besetzte sie mit adeligen Burgmannen, die ihm für Verteidigung und Angriff zur Verfügung standen. Er entlohnte sie dafür durch leihweise Überlassung von Besitzstücken, insbesondere bäuerliche Höfe, aus denen der Burgmann seinen Lebensunterhalt bestritt. Damit besaß der bischöfliche Landesherr eine jederzeit verfügbare Streitmacht von Berufskriegern, die in Friedenszeiten den weiträumig um die Landesburgen liegenden Herrschaftsbereich ihres Herrn kontrollieren und organisieren konnten. Solche Burgmannschaften gab es mehrere im Lande. Sie stützten die Autorität des geistlichen Landesherrn, waren korporativ zusammengeschlossen und vermochten durchaus gelegentlich, den Bischof für ihre eigenen Zwecke einzuspannen. Besonders in abgelegenen Gebieten, wie etwa im Emsland oder in Vechta, entwickelten sie eine weitgehend selbständige Stellung, die dem Bischof nur eine schwache Oberherrschaft ließ.

Das Funktionieren von Herrschaft zu dieser Zeit hing in kompliziertester Weise von einem Bündel von Faktoren ab, die gegen- und miteinander wirkten. Eine Beschreibung auf knappem Raum ist unmöglich. Noch war es nicht soweit, daß dem werdenden Staate bestimmte Zuständigkeiten zufielen. So lag das Gerichtswesen, heute ein unbestrittenes Attribut des Staates, noch weitgehend in der Hand von Privatpersonen, ebenso die Polizei- und Ordnungskraft. Das Gebiet der Finanzen war ohnehin noch rein privatrechtlich bestimmt. Das Recht zur Fehde und Selbstverteidigung konnte jeder in Anspruch nehmen, der dazu die Kraft hatte. Das unentwirrbare Knäuel von Pflichten und Rechten, mit denen alle an der Herrschaft Teilhabenden miteinander verknüpft waren, gestattete freilich auch dem größten Territorialherrn keine völlige Handlungsfreiheit und verhinderte damit das Entstehen allzu großer Übermacht an irgend einer Stelle. Jedoch lag darin auch der Anlaß zu ständiger Auseinandersetzung und Streit über die richtige Interpretation gegenseitiger Rechte und Pflichten, für deren Entscheidung es keinen Richter gab. Vermochte man nicht, sich auf einen Schiedsmann zu einigen, so blieb nur die Gewalt zur Durchsetzung eines Anspruchs.

Der Schwächere war in einer solchen Fehde von vornherein zum Untergang verurteilt, wenn er sich nicht vorsorglich der Hilfe eines Stärkeren versichert hatte. Dafür gab es einen erfolgversprechenden Weg: Man übergab seinen bisherigen Eigenbesitz, seien es Burg, Bauernhöfe, Rechte und Einkünfte, an einen Mächtigeren, der dem bisherigen Eigentümer dieselben Stücke als Leihgabe, Lehen, zurückgab und den nunmehrigen Lehnsträger in seinen Schutz nahm. Für diesen verband sich mit dem Akt des Lehnsauftrags zwar ein ständischer Abstieg. Er war nicht mehr frei in seinen Entscheidungen, konnte auch über sein bisheriges Eigentum nur noch mit Erlaubnis des Lehnsherrn verfügen. Trat nach dessen Tod der Nachfolger die Herrschaft an, mußte er seinen Besitz neu von diesem gewinnen, auch wenn der Lehnsträger selber starb. Jedesmal war die Erneuerung des Lehnsverhältnisses mit einer Abgabe verbunden, die allerdings nicht besonders hoch war. Dem Lehnsherrn lag weniger an diesem Einkommen als an dem Hilfs- und Beistandsversprechen seines Lehnsmannes, der ihm in den meisten Fällen auch freien Zugang zu seiner Burg gestattet. Für den Lehnsträger wiederum fiel der Verlust der Freiheit weniger ins Gewicht, zumal er den vollen Nutzen seiner bisherigen Eigengüter behielt. Daß er im Notfalle auf den Schutz eines mächtigen Herrn rechnen konnte, war ihm nicht nur willkommener, sondern in einer Zeit härter werdender Kämpfe um Hoheitsrechte lebensnotwendig.

Die Schicht der altfreien Edelinge geriet dadurch in einen Strudel, in dem sie entweder aufgrund ihrer eigenen Schwäche zugrundezugehen drohte oder sich durch Unterordnung und Verzicht auf die Freiheit versuchte, das sichere Ufer in Gestalt eines Lehensverhältnisses mit einem Mächtigeren zu erreichen. Im letzteren Falle überlebte der Edeling doch wenigstens wirtschaftlich.

Zu den großen Herren gehörten auch, es ist bereits gesagt worden, die Bischöfe. Schon früh hatten diese sich mit Dienstmannen (Ministerialen) umgeben, um sich gegen fremde Gewalt schützen zu können. Mit diesen Kriegern wurden die Landesburgen besetzt. Je höher die Zahl der Ministerialen anwuchs, um so stärker scheint der Sog für Außenstehende geworden zu sein, in diese Gemeinschaften einzutreten. Die Nähe zur Herrschaft versprach höheres Ansehen und gesichertere Lebensbedingungen, als sie ein auf sich gestellter Edeling erwarten durfte. Aus diesen Schichten kamen denn wohl auch viele der neuen Dienstmannen. Aber auch andere, den unfreien Volksschichten entstammende Personen traten in die Ministerialität ein. Ein ganz neuer gesellschaftlicher Stand begann seinen Aufstieg: das Rittertum als tragende Herrschaftsschicht und Nachfolger der wie Schnee in der Sonne zusammenschmelzenden Schicht der Altfreien. Nur abseits der politischen Brennpunkte konnten einige Edelinge ihre Selbständigkeit noch über mehrere Jahrhunderte retten.

Der neue Stand der Ministerialen im Dienste der Grafen und Bischöfe blühte dagegen auf. Mochte auch der unfreie Stand anfangs ein negatives Kennzeichen sein, die Nähe zum großen Herrn, Übernahme von Herrschafts- und Verwaltungsaufgaben und nicht zuletzt das von den Dienstleuten berufsmäßig ausgeübte Kriegshandwerk verliehen diesen auf die Dauer ein solches Ansehen, daß sie zum privilegierten Adelsstand, dem Ritterstand, wurden. Von ihm stammt der gesamte Adel späterer Zeit ab. Nur ein einziges Geschlecht, die Edelherren und späteren Fürsten zur Lippe, überlebte aus dem Kreise der Edelfreien alter Zeit in Westfalen. In manchem Ministerialengeschlecht mag freilich eine altfreie Familie ihre Fortsetzung gefunden haben, die sich aus den genannten Gründen in die Unfreiheit begeben hatte.

Mit dem Entstehen der Ministerialität und dem eng damit verbundenen Lehnswesen stehen zwei maßgebliche Faktoren vor uns, die das öffentliche Leben im Hochmittelalter bestimmten und in ihren Nachwirkungen bis in die jüngste Neuzeit fortwirkten.

Die oberste Sphäre der Herrschaft, die sich dieser Elemente bediente, blieb freilich noch Jahrhunderte in der Hand der wenigen Angehörigen hochadeliger Familien, die aus den altfreien Edelingen hervorgegangen waren. Sie bauten nicht nur die allmählich zur Ausbildung kommenden Territorien aus, sondern besetzten auch die Bischofsstühle. Bis zum Ende des Mittelalters ist wohl kein nicht dem Hochadel angehöriger Geistlicher in den Besitz eines westfälischen Bistums gekommen. Bistümer stellten genauso wie die Territorien in weltlicher Hand Säulen der hochadeligen Herrschaft dar.

Doch wäre die Rolle der Bistümer in der Geschichte des Mittelalters zu einseitig charakterisiert, wollte man nicht auch die wachsende Bedeutung der Diözesen für das geistlich-geistige Leben berücksichtigen. Gerade der Ausbau des Klosterwesens, bisher fast ausschließlich eine Angelegenheit des Adels, geriet in die Sphäre der Bischöfe. Maßgeblich dafür waren die kräftigen Ströme kirchlicher Erneuerungsbestrebungen, die von den lothringischen Klöstern, insbesondere von Cluny, ausgingen, die ganze damalige Welt durchdrangen und besonders beim letzten Sachsenkaiser Heinrich II. (1002–1024) auf fruchtbaren Boden fielen. Der erschreckenden Verweltlichung der alten Klöster und ihrem äußeren Niedergang sollte ein Riegel vorgeschoben werden. Die Zeitstimmung kam den Reformen entgegen. Das Überschreiten der Grenze vom ersten zum zweiten Jahrtausend hatte allgemein den Menschen eine stärkere Öffnung zu religiösen Bereichen beschert. Reformen trafen überall auf offene Ohren und bereite Hände.

So gründete Bischof Meinwerk von Paderborn, ein Angehöriger des immedingischen Geschlechts, im Jahre 1015 das Kloster Abdinghof im Schatten der Domkirche von Paderborn. Die Mönche kamen aus Cluny. Bischof Bruno von Minden berief dagegen, als er auf einer Weserinsel vor seiner Stadt im Jahre 1042 das Kloster St. Moritz stiftete, die Mönche aus dem Kloster Berge bei Magdeburg, dessen früherer Abt, Siegfried von Walbeck, von 1022 bis 1032 als Vertreter der Reform das Bistum Münster regiert hatte. Dreißig Jahre später begründete Erzbischof Anno II. von Köln mit Mönchen aus dem Reformkloster Siegburg das Kloster Grafschaft im Sauerland. Bischof Benno II. von Osnabrück beschloß den Reigen mit der Stiftung des Klosters Iburg, in das Mönche aus Siegburg und St. Pantaleon in Köln einzogen.

Von den weltlichen Familien trat in Westfalen besonders eine hervor, deren Anfänge im Dunkeln liegen. Die Entfaltung der Herrschaft der Grafen von Werl, später auch Grafen von Arnsberg genannt, vollzog sich im elften Jahrhundert überraschend schnell. Den Grafen gelang es, in ihrer Hand eine ganze Reihe von Grafschaften zwischen dem Sauerland und der Nordsee zu vereinigen. Auf dieser Basis bot sich die Möglichkeit, ein Territorium zu schaffen, das den Bistümern in Westfalen nur wenig Platz gelassen hätte. Doch entschied das Schicksal dagegen, wie wir sehen werden.

Wenn das Bild nicht trügt, erfreute sich Westfalen zu Anfang des elften Jahrhunderts einer verhältnismäßigen Ruhe. Sie wich jedoch nur allzu bald wieder dem Waffenlärm. Den seit 1024 im Reich regierenden Saliern fränkischer Herkunft war es nicht gelungen, ein vertrauensvolles Verhältnis zu den Sachsen zu finden, mochte die Schuld auch nicht allein bei ihnen liegen. Um den Erzbischof von Magdeburg, den Bischof von Halberstadt und dem machtbewußten Grafen Otto von Northeim, der das Herzogtum Bayern besaß und durch seine Ehe mit der Witwe des Grafen Hermann von Werl auch Beziehungen zu Westfalen unterhielt, baute sich eine Bastion des Widerstands gegen den jungen Heinrich IV. auf. Der offene Zusammenstoß drohte auszubrechen. Er kündigte sich anläßlich des Besuchs des Königs in Minden 1062 in blutigen Schlägereien an. Sachsenfreundliche Bewohner der Stadt gerieten mit den Königlichen aneinander. Der Dom und fast alle Häuser gingen in Flammen auf. Die Lage verschärfte sich, als Heinrich IV. dem an die Spitze des Aufstandes getretenen Otto von Northeim das Herzogtum Bayern absprach (1070). Nach Ausbruch der Kämpfe eroberten die Kaiserlichen den befestigten Desenberg bei Paderborn und verwüsteten die Gegend. Die Feindseligkeiten spielten sich auch weiterhin mehr in der Wesergegend ab, doch konnten die westfälischen Bischöfe nicht unbeteiligt abseits stehen. Friedrich von Wettin, Bischof von Münster (1064–1085), fühlte sich nach seiner Herkunft zwar den Sachsen verbunden, warf aber aus Treue zum Kaiser sein diplomatisches Geschick in die Waage, um den Brand zu dämpfen. Paderborn und Minden standen eindeutig auf Seiten des Kaisers.

In unabsehbare Ferne rückte der Friede aber, als sich der erbitterte Kampf Papst Gregors VII. gegen den Kaiser mit diesem Konflikt vermischte. Es ging dem Papst um Zurückdrängung des übermächtigen Einflusses des Laienelementes in der Kirche. Unter dem Motto von der »Freiheit der Kirche« trat er damit gegen das von den Ottonen ausgebaute Reichskirchensystem an, das dem Kaiser fast die unumschränkte Gewalt in der deutschen Kirche sicherte. Er allein setzte die Bischöfe nach seinem Gutdünken ein. Reformgedanken von der inneren Reinigung der Kirche bereiteten das Feld für den Angriff aus Rom vor. Mit ihren anderen deutschen Amtsbrüdern waren auch die westfälischen Bischöfe aufgerufen, sich für die eine oder andere Seite zu entscheiden. Sollten sie den Kaiser, dem sie ihr Bistum verdankten und Treue geschworen hatten, verlassen, oder sollten sie sich dem berechtigten Anliegen Gregors, die Kirche von der tödlichen Umklammerung durch den Kaiser zu befreien, versagen? Der Gewissenskonflikt war schwer. Der Gegensatz verhärtete sich noch insoweit, als der Kaiser den päpstlichen Angriff auf das Reich schlechthin bezog, der Papst aber die Vergabepraxis des Kaisers als einen simonistischen Mißbrauch brandmarkte. Beide Seiten konnten stichhaltige Gründe für ihre Haltung vorbringen. So fiel denn auch die Entscheidung der Bischöfe keineswegs einheitlich aus. Angehörige der großen Adelsgeschlechter fanden sich sowohl auf kaiserlicher wie auf päpstlicher Seite. Das Volk verstand allerdings von dem Streitpunkt nicht allzu viel. Für den einfachen Mann bedeutete das Ziel der »Freiheit der Kirche« nichts. Garant für Ordnung und Ruhe im Reich war ihm der Kaiser. Oft standen so die Bewohner von Stadt und Land gegen ihren Bischof, wenn dieser meinte, sich für die kirchliche Reform entscheiden zu müssen.

Natürlicherweise überwogen im östlichen Sachsen die päpstlichen Anhänger, wohl weniger aus kirchlicher Überzeugung, sondern aus Empörung über die Maßnahmen Heinrichs IV., die auf einen Ausbau der königlichen Macht im Lande abzielten. In Westfalen war das Reichsgut dagegen schon lange durch Schenkungen in den Besitz von Klöstern und Kirchen gelangt. Eine Basis für eine bemerkenswerte königliche Position bestand damit nicht mehr. Es gab deshalb auch keine ernsten Streitpunkte mit dem Kaiser. Außer dem Paderborner Imad standen alle westfälischen Bischöfe im Lager Heinrichs IV. Sie ließen sich auch durch die Gegenkönige Rudolf von Rheinfelden († 1080) und Hermann von Salm nicht von ihrer Treue gegenüber dem Reichsoberhaupt ablenken.

Die Gegensätze der Parteien reichten bis in die einzelnen Familien. Überall geschahen Gewalttaten, deren ursächlicher Zusammenhang meist nicht mehr erkennbar ist. Bischöfe wurden vertrieben und willkürlich eingesetzt. Verwüstung des Landes und zahllose Mordtaten begleiteten die Auseinandersetzung, die an sich einem hehren Ziel, der Reinigung der Kirche, galt. Erst im Jahre 1122 fand man einen Kompromiß im sogenannten Wormser Konkordat, indem der Kaiser sich nunmehr mit der Überreichung des Zepters an die Bischöfe als Symbol für die Verleihung der Regalien begnügen und auf eigenmächtige Einsetzung von Bischöfen verzichten wollte. Doch sollte die Regalienverleihung in Deutschland vor der kanonischen Wahl durch die Domkapitel und das Volk erfolgen, womit die Bedeutung des Wahlaktes zumindest eine Minderung erfuhr. Von einer Trennung von Staat und Kirche, von der manchmal in diesem Zusammenhang gesprochen wird, konnte also nicht die Rede sein. Nach wie vor behielt der Kaiser seinen sakralen Charakter und genügend Möglichkeiten, die Bischofswahlen in seinem Sinne zu beeinflussen.

Ein Jahr vor dem Wormser Tage erschütterte ein Ereignis Westfalen, dessen Folgen bis zum Ausgang des Alten Reiches bemerkbar blieben. Seit 1115 versuchte der sächsische Herzog Lothar von Süpplingenburg, noch in Zusammenhang mit dem Investiturstreit, seinen auf Ostsachsen beschränkten Einfluß auf Westfalen auszudehnen. Darüber geriet er mit dem damals auf kaiserlicher Seite stehenden, als wild und kampfeslustig geschilderten Grafen Friedrich dem Streitbaren von Arnsberg-Werl aneinander. Gegen den im Lande gefürchteten Grafen fand der Herzog Unterstützung bei den zu jener Zeit im Westmünsterland und im Osnabrücker Nordland begüterten Grafen von Ravensberg und den mächtigen Grafen von Cappenberg, obgleich der ältere Graf von Cappenberg, Gottfried, mit Jutta, der einzigen Tochter Friedrichs, vermählt war. Nach den politischen Vorstellungen des Arnsbergers sollte die angeschlagene Position seines Hauses durch die Heirat neu belebt und abermals zu einer Westfalen zwischen Sauerland und Nordsee beherrschenden Macht ausgebaut werden.

Dem trat aber nun Herzog Lothar entgegen. Die Verwirklichung der Arnsberger Pläne hätte sein Herzogtum links der Weser zu einem Schemen gemacht. Im Jahre 1120 gelang es Lothar, Friedrich die Burg Rüdenberg abzunehmen. Darauf zog er vor das kaiserlich gesinnte Münster, das den vom Herzog eingesetzten Bischof Dietrich von Winzenburg vertrieben hatte. Die beiden Grafen Gottfried und Otto von Cappenberg sollen die Haupttreibenden zum Angriff auf die widersetzliche Stadt gewesen sein. Mehr aus Unachtsamkeit als aus Vorsatz geriet die Stadt in Brand. Alle Häuser einschließlich des Doms und der anderen Kirchen lagen in Asche. Doch diente dieses schreckliche Ereignis nur als Auslöser des folgenden Umbruchs.

Angeblich beeindruckte der Untergang der herrlichen Domkirche den Grafen Gottfried so tief, daß er in seiner Erschütterung den Entschluß faßte, sich aus dem weltlichen Leben zurückzuziehen und seine Burg in ein Kloster zu verwandeln. Sein Bruder Otto verstand ihn nicht. Seine Ministerialen glaubten gar, er habe den Verstand verloren. Am schlimmsten fühlte sich aber sein Schwiegervater Friedrich von Arnsberg getroffen, der sein Lebensziel wie ein Kartenhaus in sich zusammenbrechen sah. Als sich Gottfried an Norbert von Xanten, den Gründer des Prämonstratenserordens, wandte, um die Klostergründung in die Wirklichkeit umzusetzen, bedrohte Friedrich den Kirchenmann mit einem schmachvollen Tode.

Doch ließ sich das Geschick nicht aufhalten. Gottfried trat in das Kloster ein. Seine Frau mußte ebenfalls in dem am Fuße des Berges gegründeten Frauenkloster den Schleier nehmen, wider Willen, wie sich bald zeigte. Sie floh und heiratete später einen Edelherrn von Kuik, der die Erbschaft in der verwaisten Grafschaft Arnsberg antrat. Die umfangreiche Ministerialität der Grafen, man sprach von 105 Mann, ging in den Dienst des Bischofs von Münster über, eine ungeheure Verstärkung der münsterischen Stellung an der Lippe gegenüber Köln und den Grafen von Altena-Mark. Dagegen schied die alte Grafschaft Arnsberg aus der Geschichte aus. Sie bestand noch einige Zeit, bis sie im Kurfürstentum Köln aufging. Das politische Bild Westfalens erhielt einen ganz neuen Inhalt.

Ein Machtvakuum ruft stets andere Mächte auf den Plan, um es auszufüllen. Friedrich von Arnsberg hatte die Ausbildung eines starken Territoriums in Westfalen im Auge. Mit der Cappenberger Katastrophe brach der Plan zusammen und hinterließ weithin eine Leere. Fast aus dem Nichts traten Geschlechter ins Licht des Geschehens, die denselben Vorstellungen huldigten wie der streitbare Graf, wenn auch auf einer unteren Ebene. Im Nordland zeichneten sich Ansätze der Herrschaften ab, die sich nach den Grafen von Tecklenburg, Ravensberg und Oldenburg nannten. Im Sauerland faßten die Grafen von Berg und die von ihnen abstammenden Linien von Altena, Isenberg und von der Mark Fuß. Im Osten breiteten die Grafen von Schwalenberg, Schaumberg, Everstein und Sterneberg ihre Macht aus. Dazwischen bemühten sich die Edelherren zur Lippe, bei Minden die Edelherren zum Berge um die Gründung eines Territoriums. Manche von den neuen Familien waren landfremd, vielleicht im Gefolge eines Bischofs oder auf andern Wege nach Westfalen gelangt, wie etwa die Edelherren von Steinfurt, deren Herkunft sich im Nordharzgebiet vermuten läßt.

Die Weichen, die Friedrich der Streitbare in Richtung auf ein einheitliches, großes westfälisches Territorium gestellt hatte, waren infolge des Cappenberger Ereignisses gründlich umgelegt worden. Statt in die Einheit führte der Weg in Zersplitterung und Kleinräumigkeit.

Der damit vorgezeichnete Pfad der westfälischen Geschichte verhieß gewisse Vorteile: Im Windschatten der großen Politik ließ sich ruhiger leben. Die Kräfte konnten stärker auf geistige und kulturelle Fortschritte gerichtet werden. Andererseits bedrohte die Vielzahl emporstrebender Mächte die Zukunft mit einer Verzettelung in endlosen Bagetellstreitigkeiten. Statt Teilhabe an den wichtigen Strömungen der Zeit beherrschte dann Provinzialität das Leben. Unter allen politischen Kräften verfügten allein die Bistümer über die Qualität, überörtliche Bedeutung zu erlangen und an der Reichspolitik im Rahmen ihrer Möglichkeiten teilzuhaben. Insgesamt führte die Atomisierung des Landes Westfalen in die Bedeutungslosigkeit. Nur wenige Persönlichkeiten überschritten die enge Grenze nach oben. So weilten Bischof Egbert von Münster (1127-1132) und sein nächster Nachfolger Friedrich von Are (1152-1164) wiederholt am kaiserlichen Hofe. Bischof Werner von Münster (1132-1152) nahm als Befehlshaber einer Heeresabteilung sogar an einem Slawenzug teil, erntete allerdings geringen Ruhm. Weniger aus Neigung als aus Pflicht beteiligten sich westfälische Bischöfe und weltliche Herren an den wiederholten Italienzügen Friedrich Barbarossas.

Nur schwer läßt sich ein Bild von den Zuständen jener Zeit gewinnen. Es mag sein, daß der von den Chroniken vermittelte Eindruck, seit dem Regierungsantritt Lothars von Süpplingenburg (1125) sei in Sachsen Ruhe eingekehrt, zutrifft. Vielleicht entsteht dieser Eindruck aber auch nur deshalb, weil die Chronisten die Aufnahme der zahlreichen Minimalstreitigkeiten für unwert hielten. Die vielen berichteten Grausamkeiten und persönlichen Streitigkeiten zeigen nämlich eine sittliche Verrohung an, die auch vor den höchsten Kreisen nicht halt machte. Bischof Werner klagte in einer Urkunde des Jahres 1144: »Die Welt liegt im Argen. Fast alle Menschen, die sie nährt, läßt sie von Tag zu Tag im Bösen fortschreiten, so daß sie Betrug der Wahrheit vorziehen und Zank und Streit in alle Geschäfte bringen«. Es ist schwer vorstellbar, daß diese Geisteshaltung sich nicht auch in ständigen Fehden äußerte, wenn auch nur von lokaler Bedeutung.

Sogar vor den Klostermauern machte der Sittenverfall nicht Halt. Von den Reformideen erfaßte Kreise sahen freilich die Mißstände schärfer, als sie in Wirklichkeit waren. Ihnen blieb das hergebrachte, relativ freie Leben der westfälischen Stiftsdamen, ohne Klausur und mit eigenem Vermögen, ein unverständlicher Verstoß gegen die strengen Ordensregeln, von denen man hier nichts wußte. Es muß Versuche gegeben haben, die Frauenstifte in Klöster strengerer Observanz zu verwandeln. Der Bischof stieß dabei auf den erbitterten Widerstand der Damen. Als in Liesborn alle Bemühungen scheiterten, verwandelte der Ordinarius das Kloster in einen Benediktinerkonvent und wies die Frauen aus (1131). Ähnlich geschah es 1147 in Kemnade. Zur Rechtfertigung der harten Maßnahmen wurden die Stiftsdamen als »wilde wyff und nunnen« getadelt, die von ihrem unsittlichen Tun nicht lassen wollten. Doch dürften tatsächliche Verstöße gegen das Keuschheitsgebot nur in wenigen Fällen vorgekommen sein. Ziel war es, die den Klosterreformern verdächtigen Frauenstifte unter den Willen des Bischofs zu beugen, um ihnen eine strengere Lebensform aufzuzwingen. Die angestrebte »Freiheit der Kirche« verlangte solche Schritte.

Zur Freiheit der Kirche gehörte auch die Beseitigung der Kloster- und Stiftsvogteien. Längst hatte sich die Schutzfunktion der Vögte über die geistlichen Institutionen zu einem Stein auf dem Schachbrett verformt, auf dem die großen Geschlechter des Landes um die politische Macht spielten. Eine Vogtei stellte nicht einmal den schlechtesten Stein dar. Wenn es sich um ein wohlhabendes Kloster handelte, flossen aus ihr erhebliche Einkünfte an den Vogt. Meist waren den Vögten schon bestimmte Güter angewiesen worden, ausgegliedert aus dem allgemeinen Klostervermögen, aus dem sie ihre Ansprüche befriedigten. Eine Kontrolle durch den Klostervorstand fand kaum noch statt. Unerträgliche und überhöhte Forderungen der Vögte führten zu ständigen Beschwerden der Betroffenen. Kloster oder Stift befanden sich gegenüber dem Vogt aber in einer allzu schwachen Stellung. Mit seinen Kriegsleuten vermochte er jeden Anspruch durchzusetzen. Schon die jährlichen Besuche der Vögte im Stift, nicht ohne große Begleitung, verursachten durch »angemessene« Bewirtung der ungebetenen Gäste erhebliche Belastungen. Überall regte sich deshalb der Wunsch, der lästigen Bürde ledig zu sein. In manchen Fällen gelang es, den Vögten ihre Befugnisse teuer abzukaufen, in anderen nicht. Das Bistum Münster konnte sich in mehreren Schritten von der Schutzherrschaft der Grafen von Tecklenburg befreien.

Waren es friedlichere Zeiten, die angeblich seit 1125 herrschten, oder hatte es andere Gründe: Jedenfalls schwollen die Bevölkerungszahlen gegen Mitte des zwölften Jahrhunderts plötzlich und stark an. Das knappe Kulturland und die schon schwer belasteten Marken konnten die Menschen nicht mehr ernähren. Nur in sehr begrenztem Umfange ließen sich auf Markenland oder durch Teilung von Althöfen neue Höfe mit minderen Rechten ansetzen. Die Mehrzahl der Töchter und Söhne eines Bauern sah sich gezwungen, anderswo eine Lebensgrundlage zu suchen. Ein großer Teil von ihnen fand in den wenigen alten Städten, mit Ausnahme von Soest und Dortmund alles Bischofssitze, Unterschlupf.

Seitdem Europa sich zur Ostsee hin geöffnet hatte, eroberten die Kaufleute ganz neue Märkte. Noch immer besuchten sie die althergebrachten Märkte der Champagne, in Flandern und England, jedoch versprach der beginnende Handel mit dem Osten weit höheren Gewinn. Nicht nur, daß der Bedarf nach den hochwertigen Produkten des Westens, besonders nach feinem Tuch, in den baltischen und slawischen Ländern unermeßlich schien, das höhere Risiko des Kauffahrers über die Ostsee und in den Wäldern Rußlands berechtigte zu ganz anderen Gewinnspannen als bisher. Tuche für den Osten, Pelze für den Westen, beides versprach hohe Handelsgewinne und erbrachte sie auch.

Sehr schnell entstand so in den alten Städten, die sich fast ganz auf die Domburg beschränkten, eine reiche Führungsschicht von Fernhandelskaufleuten, die die Geschicke in die Hand nahm. Wohl gab es auch vorher in den Städten schon Handwerker und Tagelöhner, die für den örtlichen Bedarf arbeiteten, nun aber nahmen die Kaufleute Handwerker in ein Vertragsverhältnis und bestimmten, was zum Export hergestellt werden sollte. Viele Tagelöhner fanden im Dienst der Kaufleute ihr Brot.

Die Städte wirkten damals wie ein Magnet auf das Land. Es kamen mehr Menschen, als gebraucht wurden. Nur die Tüchtigen fanden eine Bleibe und ihr Auskommen. Zahllose Zuwanderer blieben ohne jede Unterkunft und ohne Einkommen. Wie hoch der Anteil der Unglücklichen an der städtischen Bevölkerung war, läßt sich nicht sagen. Niemand hat ihre Namen und ihre Zahl verzeichnet. Strenge Ordnungen seitens der Stadtobrigkeit sollten verhindern, daß auf diesem Beet des Elends Bettelei, Diebstahl und Unzucht überhandnahmen.

Ordnung zu schaffen und aufrecht zu erhalten, war von altersher allein die Aufgabe des Stadtherrn, hier zu Lande also des Bischofs. Nur in Dortmund hatte der deutsche König das Sagen. Polizei und Gericht gehörten dem Stadtherrn. Mit zunehmendem Reichtum wuchs nun aber das Selbstbewußtsein der Stadtbewohner. Die Kaufleute forderten Beteiligung am Marktgericht und an anderen städtischen Angelegenheiten. Aus den rheinischen Städten kam die Kunde, daß ihre Bürger in schweren Revolten gegen die bischöflichen Herren Rechte erstritten hatten, die ihnen größere Freiheit in Entscheidungen bescherte, bei denen es sich um das Wohl der Stadtgemeinde drehte. Es hatte blutige Rückschläge gegeben, aber insgesamt ließ sich der Weg zu stärkerer Selbstbestimmung der städtischen Bürger nicht aufhalten. Die westfälischen Städte waren kleiner und unbedeutender als die rheinischen, die ihre Anfänge bis in die römische Zeit zurückführten, aber im allgemeinen verlief der Prozeß der Verselbständigung in beiden Fällen ähnlich. Freie Wahl von Bürgermeistern aus dem Kreise der führenden Kaufmannsgeschlechter, Beteiligung an der städtischen und Marktpolizei, aber auch am bischöflichen Gericht, schließlich die Aufsicht über die Befestigungen und das Recht, eine eigene Besatzung zu halten, führten zu merklichen Beschränkungen der landesherrlichen Rechte in der Stadt. Noch im 13. Jahrhundert kam es soweit, daß die Oberhoheit der Bischöfe über ihre Hauptstädte zu einem bloßen Titel zusammenschrumpfte, von Ort zu Ort in verschieden starker Ausprägung.

Das Übergewicht der Städter nahm solche Ausmaße an, daß sich der Bischof in den Mauern seiner Stadt nicht mehr sicher fühlte. Die Handlungsfreiheit des Landesherrn war in unerträglichem Maße eingeschränkt, wenn er jederzeit als Geisel genommen werden konnte. Die Bischöfe verließen deshalb ihre Städte und nahmen auf einer Landesburg Residenz; der münsterische Bischof in Wolbeck, der Mindener in Petershagen, der Paderborner in Neuhaus. Damit bahnte sich eine Entwicklung an, an deren Ende das Hochstift nicht mehr allein durch den Bischof repräsentiert wurde, sondern durch das Domkapitel, die Ritterschaft und die Städte gemeinsam. Diese »Landstände« bildeten die eigentliche Vertretung des Stifts. Ihr gegenüber stand der Landesherr.

Weitschauende Landesherren erkannten die wachsende Bedeutung der Städte in einer von weiträumigem Handel und Verkehr bestimmten Welt. Aus Handel und Verkehr ließ sich mehr Gewinn erzielen als aus der herkömmlichen Landwirtschaft und lokalem Handwerk. Das hatten die Kaufleute eindeutig unter Beweis gestellt. So beteiligten sich die Landesherrn gern an der Gründung neuer Städte. Günstige Lage an Straßen beförderte die Entwicklung der Stadt. Besondere Vorrechte für die Bürger, von den Landesherren verliehen, zielten in dieselbe Richtung. Meist richteten sich diese »Privilegien« nach denen der Hauptstadt, wie sie sich in einem langwierigen Prozeß widerstreitender Interessen von Landesherr und Bürgerschaft gebildet hatten.

Besonders wertvoll erschien den zuziehenden Menschen die persönliche Freiheit des Stadtbürgers, eine Unabhängigkeit, die auf dem Lande nur ganz wenige kannten. »Stadtluft macht frei!« lautete das Schlagwort, das sich aber nicht auf die Atemluft bezog, sondern auf die »lofte«, das Gelöbnis des Neubürgers bei seiner Aufnahme als Mitglied der Stadtgemeinde. Mit der »lofte« erlangte er seine volle Freiheit, auch wenn er als Unfreier in die Stadt gekommen war, sofern sein alter Grundherr nicht binnen Jahr und Tag – worunter man den Zeitraum von einem Jahr und sechs Wochen verstand – ihn als sein Eigentum beansprucht hatte.

Mit der Neugründung von Städten verfolgte die Landesherrschaft aber noch ein zweites Ziel. Städte erhielten grundsätzlich Befestigungen – anfangs in Gestalt von Wällen, Gräben und Palisaden, später mit Mauern und Türmen –, um auch als militärischer Stützpunkt gegen feindliche Einfälle zu dienen. In einigen Städten wurden Burgmannschaften angesetzt, im wesentlichen oblag die Verteidigung der Städte aber ihren eigenen Bürgern. Damit standen dem Landesherrn neben den offensiv einsetzbaren Dienstmannschaften auch rein defensive Kräfte, gebildet aus den Bürgerschaften, zur Verfügung. Daß auch hierin für ihn ein Risiko lag, braucht nicht verschwiegen zu werden. Mit dem Falle einer Empörung gegen den Landesherrn mußte, wenn die Stadt nur stark genug war, gerechnet werden. An derartigen Fällen sollte es später nicht fehlen.

Ein zweites Ventil für die Ableitung des Überdrucks der Bevölkerung bot die Auswanderung in den Osten. An ihr beteiligten sich alle Bevölkerungsschichten. An Havel, Spree, Oder und im Baltikum erschienen sowohl Adelige als Landnehmer als auch Angehörige des Bauernstandes als Siedler. In den schnell aufblühenden Städten an der Ostsee, wie eine Perlenkette von Lübeck bis Riga und Reval aufgereiht, ließen sich Ministerialen und Kaufleute nieder, die mit ihren alten Verbindungen in den Westen ein umfassendes Handelsnetz aufbauten, das von England bis in das Innere Rußlands reichte. Zum gegenseitigen Schutz verbanden sich die Kaufleute in einem Verband, den sie »Hanse« nannten. In der ländlichen Siedlung wie im städtischen Kaufmannsbereich standen die Westfalen an der Spitze. In Lübeck führten die vornehmen Geschlechter westfälische Namen. In Riga versammelten sich die Kaufleute in der »Münsterschen Stube«.

Das frühe zwölfte Jahrhundert brachte nicht nur eine Belebung der Wirtschaft. Gleichzeitig kündigte sich eine religiöse Blüte an, die aber in Westfalen, im Gegensatz zu Oberdeutschland, von der Mystik unbeeinflußt blieb. Dem nüchternen Wesen der Bewohner entsprachen wohl mehr die Ziele, die die Orden der Prämonstratenser und Zisterzienser auf ihre Fahnen geschrieben hatten. Von der aufsehenerregenden Gründung des Prämonstratenserklosters Cappenberg im Jahre 1122 war bereits unter politischem Vorzeichen die Rede. Dieses erste deutsche Kloster des Ordens strahlte weit nach Deutschland aus. In wenigen Jahren folgten die Klöster Varlar (1126), Clarholz (1133), Scheda (1143) und die Frauenklöster Lette bei Clarholz (1133), Flaesheim (1166), Bredelar (1179), Oelinghausen (1174), Rumbeck (1193), Elsey (um 1223) und Kappel (1239). Wieder waren es, wie in karolingischer Zeit, die großen Geschlechter, die als Gründer der Klöster auftraten. Als Hauptanliegen des Ordens galt die Seelsorge in der Bevölkerung, vor allem durch gute Predigten.

Etwas anders richteten sich die Zisterzienser aus. Sie wollten das alte benediktinische Ideal des »Ora et labora!« in der Weise beleben, daß der zweite Teil des Wahlspruchs, die Handarbeit, wieder mehr zu Ehren komme. Als Gründungsstätten wurden deshalb vorzüglich solche Stellen ausgesucht, an denen unbebautes Land kultiviert werden konnte. Zuerst ließen sich die Zisterzienser in Westfalen in Hardehausen nieder (1140). Das Kloster wurde mit Mönchen aus dem rheinischen Kamp besetzt. Von Hardehausen aus erfolgte die Gründung von Marienfeld (1185). An ihr war der bekannte Edelherr Bernhard zur Lippe beteiligt, ein Kampfgefährte Heinrichs des Löwen, im Alter Mönch in Marienfeld, dann Abt von Dünamünde und Bischof von Selonien, Vater mehrerer Bischöfe. Beteiligt war auch der münsterische Bischof Hermann von Katzenelnbogen. Neben den geistlichen Zielsetzungen der Zisterzienser interessierten ihn wohl auch die Möglichkeiten, die die Klostergründung im öden Gebiet der Senne ausschöpfen konnte. Hier trafen die Grenzen der Bistümer Münster, Osnabrück und Paderborn zusammen. Als münsterischer Stützpunkt konnte Marienfeld hier eine entscheidende Rolle für die endgültige Gestaltung des Grenzverlaufs spielen.

Bischof Hermann betonte die Bedeutung des Klosters durch seinen Wunsch, in ihm bestattet zu werden, wie es auch geschah. Ein schneller Aufschwung führte zu großem Wohlstand, aber auch zu großer geistiger Blüte. Das Kloster verfügte über eine der bedeutendsten Bibliotheken Westfalens. Seine Mönche gingen regelmäßig zum Studium auf die Universitäten, besonders nach Paris.

Aber auch andere Orden fanden sich nun ein. Im Verlauf der Kreuzzüge waren im Heiligen Land die Orden des Täufers Johannes und der dem Hl. Georg unterstellte Deutsche Orden entstanden, beide in erster Linie für die Pflege kranker und armer Pilger eingerichtet. In zweiter Linie sollten sie auch die Vorbedingungen für die Rückgewinnung Palästinas von den Ungläubigen schaffen und dabei mithelfen. Die Johanniter erschienen erstmals in Burgsteinfurt, wo ihnen der Edelherr von Steinfurt eine Kommende stiftete (vor 1222). Von dort aus gingen weitere Kommendegründungen in Westfalen aus, die aber neben Steinfurt keine Bedeutung erlangten. Auffällig viele kleine Kommenden, im Grunde nur ein Gutshof, fanden sich in Ostfriesland.

Der 1192 vor Akkon als Hospital gegründete Deutsche Orden kam etwas später nach Westfalen. Zwischen 1230 und 1240 gelang ihm eine Gründung in Münster auf bischöflichem Gelände. Ihr folgten weitere Kommenden in allen westfälischen Bistümern. Aber auch sie blieben, wie die Johanniterkommenden, ohne Bedeutung. In allen Fällen handelte es sich mehr um Güterverwaltungen. Welche Rolle die Deutschordens-Kommenden für die Entsendung von jungen Rittern in das Deutschordensland an der Ostsee gespielt haben, läßt sich nicht sagen.

Von größerem Einfluß auf die Umwelt als die Ritterkommenden waren die Klöster der Bettelorden. Ihr Siegeszug beginnt mit dem Anfang des 13. Jahrhunderts. Sie sind Kinder der Armutsbewegung jener Zeit. Die Franziskaner, vom Kaufmannssohn Franz von Assisi 1209 gestiftet, strebten nach der Verwirklichung des Lebens nach »der Form des Evangeliums«. Sie wollten selber ihren Mitmenschen darin Vorbild sein, und zwar in Wort, also durch die Predigt, als auch durch die Tat, nämlich in einem persönlich der Armut unterworfenen Leben.

Demgegenüber setzten die Dominikaner vor allem auf die Wirkung der Predigt. Das mußte zwangsläufig zu Konflikten mit der Pfarrgeistlichkeit führen, die darin eine Minderung ihres Einflusses, aber auch eine Bedrohung ihrer wirtschaftlichen Grundlagen erblickte. Dasselbe galt auch für die Franziskaner. Die Klostergründungen der Mendikanten vollzogen sich daher in vielen Fällen unter großen Schwierigkeiten. Wenn es nicht gelang, in einer Stadt Fuß zu fassen, so bemühte man sich doch wenigstens um die Einrichtung einer »Terminei«. Diese Absteigequartiere ermöglichten den Bettelmönchen dann wenigstens den regelmäßigen Besuch der Stadt zur Predigt und zum Betteln. Die Dominikaner zeichneten sich durch besondere Gelehrsamkeit aus. Sie waren weithin Träger der modernen theologischen Wissenschaft. Sie stützten sich auf ihre Hochburg Köln, die von ihrem Ordensbruder Albertus Magnus († 1280) aufgebaut worden war.

Ihren ersten Konvent errichteten sie 1231 in Soest. 1236 folgten Minden, gegen Ende des Jahrhunderts Warburg, Osnabrück und Dortmund. Eine Konzentration auf die großen Städte ist unübersehbar. Die Entwicklung bei den Franziskanern verlief ähnlich. Zuerst in Herford (1223?), dann in Höxter (1229), Herford, Paderborn, Soest und Dortmund, Münster und Osnabrück, bevorzugten sie ebenfalls die großen Städte. Auffällig bei den Franziskanern ist ihre Förderung durch den Hochadel, mehr als die Dominikaner sie erfuhren, andererseits aber ihre große Beliebtheit bei den einfachen Leuten. Ihr in ehrlicher Armut gelebtes Leben sprach die Bürger in den Städten, und sie erreichten die Minoriten vor allem, ebenso an wie die volkstümliche Predigt. Die Pfarrgeistlichkeit zeigte sich über die Konkurrenz nicht gerade beglückt. Mangelhafte Ausbildung der Weltgeistlichen und Routine in der Seelsorge gaben berechtigten Klagen der Bevölkerung genügend Nahrung.

In den Predigten der Dominikaner fand sich dagegen mehr Gelehrsamkeit und theologischer Scharfsinn. Empfänglich dafür war aber nur ein kleiner Kreis unter den Gläubigen. Anders als die Franziskaner bezogen die Söhne des Hl. Dominicus in der großen Politik klar Stellung. Sie zeigten sich während des Investiturstreites unbedingt und zuverlässig als päpstlich. Als der Thronstreit im Reiche ausbrach, setzten sie sich nachdrücklich für den »Pfaffenkönig« Wilhelm von Holland ein. Sein Berater Johann von Diest, der sich besondere Verdienste in dieser Hinsicht erwarb, gehörte allerdings dem Franziskanerorden an. Johann wurde Bischof von Lübeck. Er sorgte dafür, daß sein Neffe Everhard von Diest Bischof von Münster wurde.

Der weibliche Zweig der Bettelorden war merkwürdig schwach ausgebildet. Zu Bedeutung gelangten nur die Klöster Paradies bei Soest (1252) und Lahde an der Weser (1265), letzteres, da es sich auf dem Lande nicht halten konnte, im Jahre 1306 nach Lemgo verlegt. Der Nachwuchs dieser Häuser kam fast ausschließlich aus dem Adel. Vorwiegend suchten fromme Frauen, die in einer Gemeinschaft leben wollten, ihr Ideal aber in einem Beginenhaus zu erfüllen, von denen es in den Städten eine große Zahl gab. Ohne Klausur und ewige Gelöbnisse versuchten dort Jungfrauen und Witwen, ein gottgefälliges Leben in Anlehnung an eine Pfarrkirche zu führen, argwöhnisch beobachtet von den Ordenshäusern, die in den offenen Gemeinschaften Mißbrauch und Unsittlichkeit vermuteten, im allgemeinen sicherlich ohne Grund. Trotzdem hielten es die meisten Beginenhäuser später für geraten, sich einer bestimmten Regel, etwa der dritten Regel des Hl. Franziskus, zu unterstellen, um allen Verdacht zu vermeiden.

Während die Klöster der Bettelorden so ein reges Leben zeigen, offenbart sich die Geistigkeit in den Domstiften und alten Klöstern weniger beeindruckend. Zieht man Größe und Reichtum dieser Einrichtungen in Betracht, so muß geradezu von einer Totenstille gesprochen werden, die in ihren Mauern herrschte. Abgesehen von einigen Lebensbeschreibungen berühmter Bischöfe und Kirchenmänner, wie beispielsweise Bischof Meinwerks von Paderborn († 1036), Bischof Bennos von Osnabrück († 1088) und Gottfrieds von Cappenberg, den Drei Büchern sächsischer Geschichte des Corveyer Mönches Widukind sowie einiger anderer chronikalischer und annalistischer Darstellungen sind keine bemerkenswerten literarischen Leistungen zu verzeichnen. Und auch sie sind nur noch für den Historiker von Interesse.

Erst im 13. Jahrhundert erwacht wirkliches literarisches Leben, möglicherweise aufgrund der Berührung mit auswärtigen Universitäten, denn die beiden Hauptvertreter unter den Dichtern der Zeit tragen den Magistertitel. In seinem Palpanista (Der Schmeichler) beschäftigt sich Bernhard von der Geist mit dem Vor- und Nachteil des Hof- und Privatlebens. Magister Justinus singt in seinem Lippiflorium das Lob des Edelherrn Bernhard zur Lippe, des Gründers von Marienfeld.

Die alten Domschulen, früher Stätten der Bildung, hatten bereits ihre Bedeutung verloren oder traten gerade jetzt in den Hintergrund. Mit den Bildungsmöglichkeiten, die die neuen Universitäten boten, konnten sie nicht Schritt halten. Um eine umfassende juristische Ausbildung zu erfahren, mußte man nun nach Bologna, zum medizinischen Studium nach Salerno und zum theologischen nach Paris gehen. Die meisten besuchten die berühmte Rechtsschule von Bologna. Von ihr drang ganz allmählich das römische Recht in Deutschland ein, in Westfalen noch später als in Süddeutschland. Mit großer Beharrlichkeit verteidigten die altdeutschen Rechtsanschauungen ihre Stellung. Bis in das 16. Jahrhundert behielt der alte Grundsatz der Mündlichkeit bei Rechtshandlungen seine Gültigkeit. Die schriftliche Urkunde galt daneben nur als Erinnerungshilfe. Der Rechtsakt selber wurde durch das gesprochene Wort und die damit verbundenen symbolischen Handlungen begründet. Letzte Reste überleben in Westfalen noch beim Pferdekauf, der mit Wort und Handschlag abgeschlossen wird.

Mochten auch die spektakulären Veränderungen in den letzten Jahrhunderten in der Stadt und den mit ihr verbundenen Einrichtungen stattgefunden haben, so war doch das Land nicht von jeder Entwicklung ausgeschlossen geblieben. Natürlich war hier die Bindung an das hergebrachte soziale System und an die Formen landwirtschaftlicher Tätigkeit stärker ausgeprägt. Umstürzende Neugestaltungen wie in den Städten konnten im ländlichen Bereich nicht vor sich gehen.

Seit der fränkischen Eroberung war umfangreiches, vorher unbearbeitetes Land in Bewirtschaftung genommen. Verbesserte Pflüge gestatteten eine Ausweitung des Ackerlandes. Anstelle der alten Blockfluren war man dazu übergegangen, den Ackerboden in Langstreifenfluren aufzuteilen. So konnte das umständliche Wenden mit dem Pflug auf ein Mindestmaß begrenzt werden. Die Langstreifenfluren bildeten zusammen einen sogenannten Esch. An ihm waren mehrere Bauernhöfe beteiligt, die jeweils mehrere Streifen in immer derselben Reihenfolge über den ganzen Esch bearbeiteten. So war die Gewähr geboten, daß jeder Hof gleichmäßig an den guten und schlechten Abschnitten des Eschs beteiligt war. Diese Ackerform machte ein Einverständnis aller Beteiligten über den Zeitpunkt der Bearbeitung und der Ernte notwendig. Angebaut wurde alljährlich wiederkehrend nur Roggen.

Die Einseitigkeit hätte den Boden nach kurzer Zeit unfruchtbar gemacht, wenn nicht ständig eine Bodenverbesserung durchgeführt worden wäre. Da Stallwirtschaft nur in sehr beschränktem Umfang bekannt war und Viehdung also nicht zur Verfügung stand, mußte Waldboden auf den Esch aufgefahren werden, um seine Qualität zu erhalten. Auf alten Eschen kann eine bis zu einem Meter dicke Humusschicht beobachtet werden, die allein durch die sogenannte Plaggendüngung zustande gekommen war.

Allerdings verschlechterte die ständige Entnahme guten Bodens die Wälder. Besonders die »fruchtbringenden« Bäume fanden keine Nahrung mehr. Unter den genannten Baumarten verstand man Buche und Eiche, die mit ihren Bucheckern und Eicheln die Ernährung für Schweine und Rinder boten. Die Waldweide stellte die wichtigste Form der Viehzucht dar. Die Qualität des hochgerühmten westfälischen Schinkens beruhte in erster Linie auf dieser Art der Fütterung. Plaggendüngung gefährdete demnach die Viehzucht.

Allmählich bildete sich, um Ersatz zu finden, eine dritte Form der Landbearbeitung aus. Aus den Marken schnitt man rechteckige Flurstücke heraus, die man Kämpe (lat. campus) nannte. Auf ihr entwickelten sich die Anfänge der Weidewirtschaft auf Wiesen. Gelegentlich wurden Kämpe auch umgebrochen und als Ackerland genutzt, doch ließ sich ein ständiger Ackerbau hier nicht verwirklichen, da die Auffahrt von Plaggen nicht gestattet war. Bestenfalls ließ sich eine Art Fruchtfolge mit Brachen durchführen.

Es ist schon erwähnt worden, daß die plötzliche Bevölkerungszunahme im 12. Jahrhundert zu einer Ausweitung der Landwirtschaft führte. Alte Höfe wurden geteilt, wenn das wirtschaftlich möglich war. Auf Markenland setzte man Neuhöfe an, die sogenannten Kötter. Die älteste Schicht dieser Neuhöfe erlangte noch Rechte in der Mark, die denen der Althöfe, der Erben, ähnelten. Sie wurde deshalb auch als Schicht der Erbkötter bezeichnet. Da sie ein eigenes Pferd besaßen, hießen sie auch Pferdekötter. An den Eschfluren konnten sie aber schon nicht mehr beteiligt werden. Dort war alles Land vergeben.

Noch gewährte die Mark der bäuerlichen Bevölkerung die Grundlage ihres Lebens. Das Futter für Pferde, Kühe und Schweine sowie für das Kleinvieh kam hauptsächlich aus dem Walde. Auch das Winterfutter wurde von dort geholt. Für die menschliche Ernährung waren Honig, Pilze, Beeren und manche Wildpflanzen unentbehrlich. Die Ackerwirtschaft auf den räumlich engen Eschen trat demgegenüber zurück. Auch das Baumaterial lieferten die Wälder. Allerdings brachte die zunehmende Bevölkerung eine solche Überbeanspruchung der Mark mit sich, daß die Aufstellung von Regeln für ihre Nutzung unumgänglich wurde. In den »Markenrechten« legten die an einer Mark Berechtigten in immer eingehenderen Bestimmungen fest, wer in der Mark Holz schlagen, Vieh weiden und sonstigen Nutzen ziehen durfte und in welchem Umfang. Zur Überwachung setzte die Gemeinschaft Beauftragte ein, die Verstöße durch Bußen ahndeten. Vieh, das widerrechtlich in die Mark getrieben wurde, verfiel der Beschlagnahmung – es wurde »geschüttet« – und konnte nur gegen ein Lösegeld freigekauft werden. Auch untereinander wurden die Marken durch Grenzen geschieden, heute noch an vielen Stellen als Landwehren erkennbar.

Eine neue soziale Stufenleiter war mit den angedeuteten Wandlungen entstanden. Unter der schmal gewordenen Schicht des Hochadels breitete sich ein umfangreicher Ritterstand aus, hervorgegangen aus der unfreien Ministerialität. Dem sozialen Rang nach gleich, unterschieden sich die Angehörigen des neuen Adels jedoch in wirtschaftlicher Hinsicht stark voneinander. Neben Reichen standen Ritter, die kaum das Brot für ihre Familie erwerben konnten. Unterhalb dieser Schicht bildete sich der Stand der freien Stadtbürger, aus uneinheitlichen Quellen gespeist und auch in sich höchst ungleich. An der Spitze stand das Patriziat der Städte, zum großen Teil aus ministerialischen Familien hervorgegangen, eng verbunden mit den reichen Kaufmannsgeschlechtern durch Heirat und Funktion. Nur das Patriziat hatte bisher das Recht, Magistratsstellen in Anspruch zu nehmen. Unter den Kaufleuten folgten die Handwerker, nicht selten in einem Abhängigkeitsverhältnis zu den Patriziern und Kaufleuten, am Ende die Tagelöhner.

An letzter Stelle auf der sozialen Leiter standen die Bauern, wenn auch keineswegs in wirtschaftlicher Hinsicht. Die Besitzer großer Schultenhöfe konnten es an Wohlhabenheit mit manchem Ritter aufnehmen und ihn sogar übertreffen, aber sie waren eben unfreie Leute, abhängig von einem Grundherrn. Geringeres Ansehen als die Schulten genossen die Besitzer der Althöfe oder Erben, noch weniger die der Halberben, doch gehörten sie alle zur Schicht der Höfe, die an der Nutzung der gemeinen Marken beteiligt waren. Tiefer standen die Erb- oder Pferdekötter, deren Höfe erst im letzten Jahrhundert entstanden waren. Mit geringerer Berechtigung in der Mark ging ihr geringes Ansehen einher. Und schon deuteten sich weitere bäuerliche Gruppen auf einer noch tieferen Ebene an.

In keine dieser Kategorien gehörten die land- und heimatlosen Leute, ohne Obdach und feste Tätigkeit, die die Landstraßen bevölkerten und gelegentlich auch das Land unsicher machten. Sie durchzogen die Welt, auf Speisungen an den Klosterpforten und die Mildtätigkeit der Bauern angewiesen. Wenn beides nicht zur Verfügung stand, griff man zu Raub und Diebstahl. In Notzeiten schwoll die Zahl der Landstreicher plötzlich an, ging aber auch in Hunger- und Seuchenjahren ebenso schnell zurück. Ohne jede ärztliche Hilfe waren die Unglücklichen dem Tode rettungslos verfallen. Keine Statistik weist den Umfang dieser Bevölkerungsschicht aus. Niemand verzeichnete sie. Schätzungen gehen bis zu einem Viertel oder Fünftel der Menschen, zeitweise vielleicht sogar noch mehr. Eine öffentliche Wohlfahrtspflege gab es für sie nicht. Sie waren allein auf persönliches Mitleid angewiesen und fanden es auch im allgemeinen. Auch die in gesicherten Verhältnissen Lebenden wußten nur zu gut, daß sie vor einem solchen Schicksal nicht sicher waren. Der Tod des Ernährers, wirtschaftliche Fehlschläge, ein Stadtbrand oder die Vernichtung der Existenz in einer der vielen Fehden warf manche wohlhabende Familie aus der Bahn. Keine Sicherung hielt sie vom Sturz zurück. Ein Wiedereintritt in ein geordnetes Leben war fast unmöglich. Nicht wenige Tatkräftige, die den bürgerlichen Boden unter den

Füßen verloren hatten, schlossen sich zu Räuberbanden zusammen und versuchten auf diesem Wege, einen Ausweg aus dem Elend zu finden.

Die Städte verschlossen ihre Tore ängstlich vor den Herumstreifern, die es aber trotzdem immer wieder verstanden, in einem Erntewagen oder unter Kaufmannsgut versteckt in die Stadt zu gelangen. Es gab dort Leute, die ihnen Unterkunft einfachster Art gewährten, um sie als billige Arbeitskräfte zu benutzen. Frauen gingen heimlich betteln, betätigten sich als Wahrsagerinnen, gingen aber meist in die Prostitution, von der Obrigkeit scharf, aber doch ohne bleibenden Erfolg verfolgt und bekämpft.

Neben den Ständen, denen man nach seiner Geburt angehörte, gab es einen Stand, der grundsätzlich allen offenstand: die Geistlichkeit. Sie beanspruchte sogar den ersten Rang unter allen Ständen, freilich nur auf dem Papier. Vorbedingung für den Eintritt war die persönliche Freiheit, die man durch Kauf oder Schenkung erwerben konnte, wenn man sie nicht schon besaß. Außerdem bedurfte es einer bestimmten Ausbildung. Vor dem Entstehen der Universitäten konnte man die notwendigsten Kenntnisse auf den Dom- und Klosterschulen erwerben. Für einen einfachen Weltpriester langte aber auch die Unterweisung durch einen älteren Pfarrer. Ordensgeistliche traten durch Ablegung der Gelübde und Absolvierung eines Noviziats in den privilegierten Stand. Ein einheitliches soziales Gefüge bildete die Geistlichkeit aber sowenig wie die anderen Stände. Ein Domherr adeliger oder gehobener Herkunft stellte sich mit einem Weltgeistlichen kaum auf eine Stufe. Ursprünglich stammten die meisten Pfarrer wohl auch aus adeligen Familien, aber schon im Hochmittelalter drängten andere Kreise in diese Laufbahn, die Ansehen und ein gesichertes Einkommen verhieß. Der Kampf um gute Pfründen mit ausreichender Versorgung wurde allerdings bald zu einem Krebsschaden, so verständlich er war. Kleine Pfarreien boten kein Auskommen. Nur ein Wechsel auf eine andere Pfründe konnte aus der Not befreien. Mancher Geistliche war deshalb hauptsächlich damit beschäftigt, den »Stellenmarkt« zu beobachten und sich Anwartschaften und Bestallungen zu sichern. Ein weltlicher Sinn zog weithin in die Pfarrhäuser ein, der der Kirche schweren Schaden zufügte.

Auch an den Dom- und Kollegiatstiften war diese Entwicklung nicht vorbeigegangen. Pfründenjägerei und Kumulation möglichst vieler Präbenden waren an der Tagesordnung. Nur wirkte dieser Mißstand nicht so nachteilig auf die Bevölkerung. Von den Stiftsherren erwartete man ohnehin keine Seelsorge. Um diesen Mangel auszugleichen, hatte man an den Stiften begonnen, Vikarien einzurichten, die die Aufgaben übernahmen, die die Kanoniker vernachlässigten.

Nach dem äußeren Bild unterschieden sich Stadt und Land damals noch wenig. Überall herrschte die Holzbauweise. Nur Kirchen wurden nun schon ausschließlich aus Stein errichtet. Alle übrigen Bauten innerhalb der städtischen Befestigungswerke ähnelten dagegen noch ländlichen Bauernhäusern. Auch war nur ein geringer Teil des städtischen Areals mit Bauwerken besetzt. Überall gab es viel freien Raum, auf dem sich Gärten oder ganz unbenutztes Gelände befand. Viele Bürger hielten Vieh und betrieben eine beschränkte Landwirtschaft. Die Häuser mußten zur Aufnahme der Ernte und zur Viehhaltung geeignet sein. Spuren dieser Betätigung bestimmten das Bild der öffentlichen

Straßen. Nur mühsam konnten städtische Vorschriften der Unsauberkeit Einhalt gebieten. Nur zu gut war allgemein bekannt, welche gesundheitlichen Gefahren damit verbunden waren; von der ständigen Brandgefahr erst gar nicht zu reden, der die Städte in regelmäßigen Abständen zum Opfer fielen.

Wie sollte es auf den Burgen des Adels anders aussehen? Auch sie waren meist aus Holz gebaut, nur daß sie ein Wassergraben und Palisaden schützten. Mit dem Fortschritt der Waffentechnik ging man dazu über, künstliche Hügel zu errichten und auf ihnen eine räumlich enge Burg zu errichten. Vorteilhaft an ihnen war der steile Zugang und die gegenüber dem Angreifer erhobene Lage. Auch eine sehr kleine Schar von Kriegern konnte ein solches Bauwerk leicht verteidigen. In Kauf nehmen mußten die Burgbewohner allerdings den völligen Verzicht auf jeden Komfort. Auch ihnen fiel der Aufstieg zum Eingang, meist noch über eine Treppe zum ersten Stockwerk erreichbar, täglich zur Last. Das Erdgeschoß blieb aus Sicherheitsgründen ohne Fenster. Nur in den Obergeschossen gaben kleine Öffnungen der Luft freien Zutritt. Licht fiel durch sie kaum in das Innere. Nur schwer werden sich die adeligen Damen mit diesen Mißhelligkeiten abgefunden haben, auch wenn sie es seit Kindesbein nicht anders gewohnt waren. Das Wohnen in einem Bauernhaus wird ihnen oft als fernes Ideal erschienen sein. So kam es denn auch, daß die adeligen Familien in Friedenszeiten gern auf den nahe gelegenen Hof eines Hörigen zogen und sich dort in einem eigenen Haus niederließen. Wiederum war es die fortschreitende Waffentechnik, die schließlich den völligen Umzug aus der Hügelburg (franz. *motte*) in eine durch Wasser geschützte Burg in der Ebene bewirkte. Doch bis es soweit kam, verging noch einige Zeit.

Das 13. und das 14. Jahrhundert

Vorerst sollen die Ereignisse und Entwicklungen in Augenschein genommen werden, die zum Spätmittelalter hinüberleiteten.

Es ist bereits gesagt worden, daß die Reichsgewalt in den letzten Jahrhunderten fast ganz aus Westfalen abgezogen war. Den letzten Rest vernichteten die Thronstreitigkeiten in der ersten Hälfte des 13. Jahrhunderts. Mit englischer Geldhilfe und gestützt auf den Erzbischof von Köln und die Stadt Köln war es Otto (IV.), dem jüngsten Sohn Heinrichs des Löwen, gelungen, seine Macht in Nordwestdeutschland gegenüber den Staufern auszubauen. Nur ganz wenige westfälische Fürsten hielten zu seinem Gegner, dem Staufer Philipp von Schwaben († 1208), und seinem Sohn Friedrich, dem späteren Kaiser Friedrich II. Manche schwankten unentschlossen zwischen den Kontrahenten hin und her.

Doch zeigte sich bald, daß die Siegesgewißheit Ottos trügerisch gewesen war. Sein Stern begann zu sinken. Die Entscheidung fiel in der Schlacht vom 27. Juli 1214 bei Bouvines in Nordfrankreich, wo das Heer des mit Friedrich II. verbündeten französischen Königs dem westfälisch-niederrheinischen Ritterheer Ottos IV. eine vernichtende Niederlage zufügte. Nicht wenige westfälische Herren zogen in die Gefangenschaft, unter ihnen Graf Otto von Tecklenburg und der weithin berühmte Kämpe Bernhard Edelherr von Horstmar. Erst nach Jahren konnten sie freigekauft werden.

Eine entscheidende Wendung bereitete sich vor, als König Friedrich II. sich im Sommer 1220 bereit machte, zum Empfang der Kaiserkrone nach Rom zu ziehen. Er übertrug für die Zeit seiner Abwesenheit die Regentschaft über seinen unmündigen Sohn dem Erzbischof Engelbert von Köln aus dem Hause Berg, einem der hochbegabtesten, aber auch rücksichtslosesten Politiker seiner Zeit. Dieser benutzte sofort die ihm übertragene Machtfülle zum Ausbau der kölnischen Stellung im südlichen Westfalen. Brilon erhielt eine Befestigung, Attendorn wurde zur Stadt erhoben, die Hälfte von Burg und Stadt Siegen aus nassauischem Besitz angekauft. Im Osten griff der Erzbischof weit über den bisher als kölnisch geltenden Macht- und Interessenbereich hinaus. Wenn er im Jahre 1217 den Bürgern der Stadt Paderborn seinen Schutz versprach, so konnte das nicht anders als unmittelbar gegen den dortigen Bischof gerichtet angesehen werden, zumal die Erwerbung von Helmarshausen mit der Krukenburg an der Weser im Jahre 1220 und die Errichtung der Neustadt Herford, gemeinsam mit der Äbtissin daselbst, deren Vogt der Erzbischof war, in genau dieselbe Richtung zielten. Das Bistum Paderborn sah sich nicht nur im Zentrum getroffen, sondern auch von Süd und Nord umklammert.

Aber nicht nur das Bistum an der Weser fühlte sich durch die Machtpolitik Engelberts von Berg bedroht. Auch die Grafen von Limburg und Kleve, ja die eigenen Verwandten des Erzbischofs sahen sich in die Enge getrieben. Der Streit um die einträgliche Vogtei über das Damenstift Essen, über die er mit seinem Neffen Friedrich Grafen von Isenberg in Konflikt geriet, war schließlich nur das auslösende Element zum offenen Bruch. Friedrich zettelte eine Verschwörung an, in die sogar seine Brüder Dietrich, Bischof von Münster, und Engelbert, Bischof von Osnabrück, verwickelt wurden. Ein Versuch, die Streitsache auf einem Tag in Soest beizulegen, scheiterte. Auf der Rückreise nach Köln fiel Engelbert, obgleich er gewarnt war, bei Gevelsberg in die Hände der Leute Friedrichs. Wahrscheinlich hatte Friedrich nur eine Gefangennahme seines Oheims geplant. Im heftigen Getümmel wurde der Erzbischof aber vom Pferde gerissen und ermordet.

Das Aufsehen im Reich war ungeheuer. Gegen die Verschworenen, unter ihnen auch viele rheinische Herren, wurde Anklage erhoben. Die Isenberger Brüder Friedrich, Dietrich und Engelbert zogen nach Rom, um die Verzeihung des Papstes zu erlangen. Dietrich wurde abgewiesen. Offensichtlich war er tatsächlich in die Verschwörung verwickelt. Er starb auf ungeklärte Weise auf der Rückreise und fand erst viel später sein Grab im münsterischen Dom. Gnädigere Ohren gewann Engelbert von Osnabrück. Der Papst ordnete an, daß er eine Reihe von Pfründen zurückerhielt. Später trat er auch wieder das Bistum Osnabrück an. Auch Friedrich scheint verhältnismäßig glimpflich davongekommen zu sein. Seine Beteuerung, nicht vorsätzlich auf den Tod seines Oheims hingesteuert zu haben, fand wohl Glauben. Doch nützte ihm das wenig. Nach der Rückkehr nach Deutschland wurde er von erzbischöflichen Mannen entdeckt und in Köln öffentlich aufs Grausamste vom Leben zum Tode gebracht.

Damit brach die Herrschaft der Isenberger, eines Zweiges der Grafen von

Berg, an Ruhr und Lenne, aber auch im südlichen Münsterland, zusammen. Nur einen Teil konnte Graf Adolf von Altena-Mark aus einer Nebenlinie der Isenberger durch behenden Übertritt auf die kölnische Seite für die Familie retten. Planmäßig ging er daran, das Verbliebene zu einem Territorium auszugestalten. Mit der Gründung der Stadt Hamm, unmittelbar neben der Burg Mark, im Jahre 1226 und der im folgenden Jahr erbauten Burg Blankenstein an der Ruhr zeichneten sich die Konturen der kommenden Grafschaft Mark deutlich ab.

Mit ihr erschien ein neuer Konkurrent des Erzbischofs von Köln in Südwestfalen auf dem Plan. Dieser erkannte die gefährliche Situation auch sofort und bestand aufgrund seiner angeblichen Rechte wiederholt darauf, die Städte Unna, Kamen und Iserlohn zu entfestigen. Er leitete diese Rechte aus seiner herzoglichen Stellung südlich der Lippe ab, jedoch stand die Begründung auf tönernen Füßen. Längst befand sich das Burgenbaurecht in der Hand der Territorialherren. Die Forderungen Kölns stießen deshalb auch auf taube Ohren. Alles drängte auf einen Zusammenstoß hin.

Vertraten die Märker hartnäckig ihre Territorialrechte, so fanden sie in Konrad von Hochstaden, damaligem Erzbischof von Köln, einen unerbittlichen Gegner. Trotz seines geistlichen Amtes vertrat Konrad mehr den Typ eines Kriegsmannes. Ein Chronist schildert ihn zutreffend so: »Er nahm der Welt den Frieden und säte allerwärts ewige Kriege«. Konrad wurde zum Hauptvertreter einer offensiven Politik Kölns in Westfalen.

Zu einem ersten Zusammenstoß kam es, als Konrad die von Bischof Simon von Paderborn befestigte Stadt Salzkotten eigenmächtig schleifen ließ. Simon wandte sich daraufhin empört an seine Verwandten aus dem Hause Lippe, darunter seinen Bruder Otto, Bischof von Münster, aber auch an die Grafen von Jülich, von der Mark und von Arnsberg, die alle wie er die Bedrohung durch Konrad erkannten. In einem Treffen bei Brechten geriet Simon aber in kölnische Gefangenschaft.

Die Rücksichtslosigkeit des Kölners bewirkte noch eine andere Reaktion: Mit gutem Grunde fürchteten die Städte, da keine friedenstiftende Reichsgewalt in Sicht war, eine Beeinträchtigung ihres Handels. Nicht zufällig vereinigten sie sich im Jahre 1246 in einem Bunde zur Wahrung ihrer Interessen durch Selbsthilfe. Sieben Jahre darauf folgte ein zweiter Bund, diesmal auf der Werner Brücke geschlossen, und 1254 der große Rheinische Städtebund, an dem sich nun auch die drei rheinischen Erzbischöfe und zahlreiche Bischöfe beteiligten. Ihm schlossen sich im folgenden Jahre die westfälischen Städte an. Durchaus erfolgreich setzte der Bund in der Folgezeit seine Kräfte zur Schlichtung lokaler Streitigkeiten ein.

Unbeirrt setzte freilich Konrad von Hochstaden seine rücksichtslose Politik fort. Die Verleihung von Stadtrechten an Dorsten stärkte seine Stellung an der Lippe (1251). Im sauerländischen Grenzgebiet, in Lügde und an der Weser kaufte er Rechte und gründete mehrere kleine Städte zur Sicherung seines Besitzstandes. Im Jahre 1260 wurde in einem Vertrage des Erzbischofs mit dem Herzog von Braunschweig die Weser als Grenze der beiderseitigen Interessengebiete festgelegt, jedoch blieb die Übereinkunft geschriebenes Wort ohne Wirkung, denn schon fünf Jahre später erwarb der Herzog unbekümmert die halbe

Vogtei über Höxter. Gegenüber dem Bistum Minden fühlte er sich ohnehin ungebunden, da es nicht zum Herzogtum des Erzbischofs rechnete. Er entwand dem Bischof die halbe Lehnshoheit über Hameln.

Auch unter den Nachfolgern Konrads von Hochstaden hörten die ständigen Kämpfe nicht auf. Erzbischof Engelbert II. geriet 1267 in der Schlacht von Zülpich gegen Bischof Gerhard von Münster aus dem Hause Mark und den Grafen von Jülich in Gefangenschaft des Grafen. Sein Verbündeter, Bischof Simon von Paderborn, fiel in die Hände Bischof Gerhards. Selbst päpstliche Bannsprüche konnten die Sieger nicht bewegen, ihre Gefangenen freizulassen. Erst nach Jahren kehrten beide hohen Geistlichen in die Heimat zurück. Der Neffe Simons, Graf Friedrich von Rietberg, der die Herrschaft Horstmar durch Heirat erworben hatte, mußte das ansehnliche Territorium an den Münsteraner herausgeben. Die münsterische Landesherrschaft westlich der Hauptstadt machte einen gewaltigen Sprung nach vorn.

Mochte auch seit 1273 im Reich mit Rudolf von Habsburg wieder ein deutscher König regieren, der Nordwesten blieb weiterhin ein gefährlicher Unruheherd. Eine Zeitlang sah es so aus, als ob Erzbischof Siegfried von Westerburg (1275–1297) sich mit viel Glück gegen seine westfälischen Feinde durchsetzen würde, besonders als es ihm gelang, Graf Everhard von der Mark zu zwingen, die Befestigungen von Kamen und Iserlohn niederzulegen, dazu Lüdenscheid von Köln als Lehen zu nehmen. Die erzbischöfliche Oberherrschaft über die Mark schien bereits gesichert.

Doch es kam anders. Zwar tobten die Fehden mit ständig wechselnden Fronten weiter, wobei die westfälischen Fürsten niemals gemeinsam auf einer Seite standen. Sie fanden sich aber mit vielen rheinischen Herren zusammen, als es um die Erbschaft des niederrheinischen Herzogtums Limburg ging. Alle Nachbarn, die aus irgend einem Grunde dem Erzbischof grollten, verbanden sich, um gegen ihn Stellung zu beziehen. Nur die Bischöfe von Münster, Osnabrück und Minden – Suffragane des Kölners –, der Abt von Corvey und die Äbtissin von Herford hielten sich zurück, mit ihnen alle Städte, denen die eine Seite so unsympathisch wie die andere war.

In der Entscheidungsschlacht von Worringen standen am 5. Juni 1288 die Grafen von der Mark, von Waldeck und der Edelherr zur Lippe gegen Siegfried von Westerburg. Der Erzbischof erlitt eine vernichtende Niederlage und fiel selber in Gefangenschaft, aus der er sich erst nach Anerkennung harter Bedingungen lösen konnte: Verzicht auf alle herzoglichen Rechte gegenüber den westfälischen Herren, darunter vor allem auf das Befestigungsrecht in der Grafschaft Mark. Damit rückte der Märker in die Reihe der unbestritten reichsunmittelbaren Fürsten auf. Mochte der Erzbischof auch weiterhin eine Oberherrschaft beanspruchen, durchsetzen konnte er sie nicht mehr. Die Vormachtstellung im südlichen Westfalen war unwiederbringlich an den Grafen von der Mark übergegangen. Der Erzbischof konnte in Zukunft nur noch seine Stellung im sogenannten »Herzogtum Westfalen« festigen, einem trotz seinem bombastischen Namen höchst unbedeutenden Ländchen im Sauerland.

Es hatte sich erwiesen, daß auch der mächtige Erzbischof von Köln gegen den Widerstand der westfälischen Fürsten keine übergeordnete Gewalt im Lande errichten konnte, die den lokalen Rahmen gesprengt hätte. Westfalen schritt vielmehr unbeirrt auf seinem Wege der Territorialisierung bei größtmöglicher Zersplitterung und Verzettelung seiner Kräfte in engräumigen Auseinandersetzungen fort. Die Politik im spätmittelalterlichen Westfalen bot wahrlich kein strahlendes Bild. Das hat die Historiker verleitet, diese Epoche, nicht nur in unserem Lande, als eine Verfallszeit zu schildern.

Das ist sie aber sicherlich nicht gewesen. Wie kaum ein anderes Zeitalter führte das Spätmittelalter Ansätze vorhergehender Zeiten konsequent zur Reife, gestaltete aber auch Neuansätze, die bis heute wirksam wurden. Die Menschen des zwanzigsten Jahrhunderts haben zudem hinreichend gelernt, daß zukunftsträchtige Entwicklungen besser in ruhigen, glanzlosen Zeiten gedeihen als in »glorreichen«, großen Epochen.

Schwere Erschütterungen warteten auf die Bevölkerung des Landes. Die Vermehrung der Menschen wurde nicht mehr wie bisher von den Städten und durch die Auswanderung absorbiert. In beiden Fällen war eine gewisse Sättigung eingetreten. Die landwirtschaftliche Produktion konnte zwar in begrenztem Rahmen verbessert werden, blieb aber hinter der erforderlichen Steigerung zur Ernährung der überbevölkerten Länder zurück. In den Jahren 1315 und 1316 kam es zur Katastrophe. In ganz Europa brach eine beispiellose Hungersnot aus, die viele Opfer forderte.

Jedoch war das nur ein Vorspiel einer weit schlimmeren Plage. In den vierziger Jahren wanderte aus dem Orient über die Mittelmeerhäfen die Beulenpest nach Europa ein. Im Jahre 1350 erreichte der Schwarze Tod Westfalen. Wieviele Menschen damals starben, läßt sich nicht feststellen. Chronistische Angaben wirken häufig übertrieben und dürfen auch nicht verallgemeinert werden. Die Auswirkungen der Seuche unterschieden sich sowohl örtlich als auch nach dem sozialen Stand erheblich. Am gefährdetsten erwiesen sich die größeren Städte mit verhältnismäßig eng beieinander wohnender Bevölkerung und an großen Verkehrswegen. Das flache Land blieb dagegen vereinzelt ganz unberührt. Vermögendere Kreise unter den Stadtbürgern besaßen eher die Möglichkeit, vor der Pest in unberührte Gegenden zu fliehen, doch nützte das nicht immer. Für Europa muß mit einer Todesrate gerechnet werden, die bei etwa 30% liegt. Je nach Gelegenheit dürfte sie in Westfalen mit zehn bis sechzig Prozent anzusetzen sein.

Die seelischen Erschütterungen der Menschen lassen sich kaum richtig einschätzen. Angst und Verzweiflung in aussichtsloser Lage wirkten je nach Charakter der Betroffenen verschieden. Wenn der eine Kraft im Glauben fand, stürzte sich der andere in Ausschweifungen der schlimmsten Art und warf alle moralischen Bedenken über Bord. Schöne Zeugnisse vorbildlicher Fürsorge für Kranke und Sterbende wurden besonders den Minoriten ausgestellt, die ohne Rücksicht auf ihr eigenes Leben geistlichen und materiellen Beistand leisteten, wenn die Pfarrgeistlichkeit längst die Flucht ergriffen hatte. Die meisten der Minderen Brüder bezahlten ihre Selbstlosigkeit mit dem Leben. Manche Klöster starben ganz aus. Dem Schwarzen Tod von 1350 folgten in Abständen von zehn bis fünfzehn Jahren weitere Pestepidemien mit mehr oder weniger schweren Folgen für die Bevölkerung. Man gewöhnte sich an das Verhängnis und fand Abwehrmaßnahmen, doch konnte man nicht verhindern, daß die schwere Drohung bis in das 18. Jahrhundert ständig über den Köpfen der Menschen schwebte.

Unausbleiblich bewirkte das große Sterben um die Mitte des 14. Jahrhunderts Umstürzungen im wirtschaftlichen und sozialen Gefüge. In den Städten standen zahlreiche Häuser leer. Kein Erbe erhob auf sie Anspruch. In manchen Gewerbezweigen waren die Menschen weggestorben. Hier boten sich für Auswärtige neue Erwerbsmöglichkeiten. Wieder einmal bildeten die Städte als Zentren politischen und wirtschaftlichen Lebens Magnete, die auf das Land anziehend wirkten. Besonders aus landwirtschaftlich und klimatisch ungünstigen Landstrichen strömte die Bevölkerung in die Städte. Ganze Gegenden verödeten, so Bezirke im Sauerland und auf der Paderborner Hochfläche.

Jedoch ließ sich dieser Weg nicht endlos fortsetzen. Die nächste Pestwelle fraß den Zuzug in die Stadt schnell auf. Vom ausgebluteten Land blieb aber die Ergänzung aus. Die städtische Aufwärtsentwicklung stieß erstmals an ihre Grenzen.

In der Politik der Zeit hinterließ der Schwarze Tod kaum Spuren. Der Widersinn der kleinräumigen Fehden kam den Menschen nicht zum Bewußtsein. Selbst die Ansätze einer überregionalen Friedensordnung entsprangen nicht besserer Einsicht, sondern gingen auf egoistische Spezialinteressen zurück.

Wir hatten gesehen, daß der Erzbischof von Köln nach der Schlacht von Worringen (1288) seine territorialpolitischen Ziele in Westfalen und am Niederrhein begraben mußte. Auch der Erwerb der zur Bedeutungslosigkeit herabgesunkenen Grafschaft Arnsberg im Jahre 1368 konnte daran nichts ändern. Und doch versuchte der Erzbischof auf der Basis der schemenhaften Herzogsgewalt über Westfalen, eine neue übergreifende Rolle in den aufkommenden Landfriedensbündnissen zu spielen. Diese Landfriedensbünde, wie zum Beispiel Kaiser Karl IV. 1371 einen bestätigte, sollten nämlich Instrumente erhalten, die in der Lage waren, die Einhaltung des Friedens zu kontrollieren und zu gewährleisten. Dazu gehörten Regulierungen des Münzwesens, die Aufstellung einer Friedenstruppe und geldliche Beiträge der Bundesgenossen. Zweifellos lagen darin Elemente, deren sich der Repräsentant des Friedensbündnisses für eigene Zwecke bedienen konnte. Sie standen aber auch den Interessen der Territorialfürsten entgegen. Das Scheitern der Bündnisse war deshalb voraussehbar.

Ebensowenig von Erfolg gekrönt zeigte sich der Versuch des Erzbischofs, die von Geheimnissen umwobene westfälische Feme in das System der Landfriedensbündnisse einzubinden. Die Femegerichte verbreiteten mit der angedrohten Strafe des Erhängens mit einem Weidenstrang weithin Schrecken und hatten mit Erfolg ihre Kompetenz auf alle Rechtsbereiche ausgedehnt. Sie waren dadurch in den Ruf eines dem Reiche zugeordneten Gerichts gelangt. Dem Kaiser stand die Einsetzung von Freigrafen und die Errichtung von Freigerichten zu. Gewissermaßen als Statthalter des Reichsoberhauptes beanspruchte der Erzbischof von Köln diese Rechte für sich. Er verlieh den Königsbann und betätigte sich bei der Revision der Urteile der Femegerichte. Sein Versuch, die Gerichte in den Dienst seiner Territorialpolitik zu stellen, mußte aber scheitern. Das Mißtrauen der benachbarten Fürsten erwies sich als unüberwindbar. Damit sank das geplante überörtliche Friedens- und Rechtssystem in Händen des Kölners ins Grab.

Eine andere Kraft, die diese Aufgabe übernehmen konnte, stand nicht zur Verfügung. Seit langem hatte sich die Reichsgewalt aus dem Nordwesten zurückgezogen. Als Kaiser Karl IV. im Herbst 1377 unter großem Gepränge von Tangermünde nach Paris zog und auf dem Wege Westfalen berührte – er zog von Minden über Herford, Soest, Dortmund und Essen – machte sich wohl niemand die Hoffnung, nun werde das Reich die hoffnungslos verschlungenen Fäden der westfälischen Politik entwirren. Man wußte, daß der Kaiser ganz andere Gedanken hegte. Ihm lag daran, die eigene, luxemburgische Dynastie in ihrem Bestande zu sichern und dazu eine Verbindung mit dem französischen Königshaus zu suchen.

Es blieb also dabei: Westfalen setzte sich aus größeren und kleineren Territorien zusammen, die alle auf Konsolidierung im Innern und Abrundung im Äußeren drängten. Den vorläufigen Endpunkt sah man dann erreicht, wenn innerhalb des Territoriums fremde Rechte möglichst weitgehend ausgeschaltet und der eigene Herrschaftsbereich nach außen durch Grenzen festgelegt waren.

Erst gegen Ende des 14. Jahrhunderts wurde dieses Ziel annähernd erreicht. Das Territorium, bisher ein Konglomerat aus Allodialbesitz, Lehen, Burgen, Städten, Gerichten, Zöllen, Einkünften der verschiedensten Art und mannigfachen Rechten, ohne jede geographische Grenze, nahm jetzt eine festere Gestalt an, die sich nun auch auf einer Karte darstellen ließ. Trotzdem blieb es weiterhin auf vielfältige Weise durchlöchert von fremden Rechten und Ansprüchen bei umstrittenen Grenzziehungen, die erst durch Konventionen auf eine bestimmte Linie festgeschrieben wurden.

Ein Wesenszug Westfalens war es, daß es keine Hegemonialmacht kannte. Zwar unterschieden sich die Territorien nach Größe, innerer Kraft und Ausbildung erheblich voneinander, alle aber standen sie argwöhnisch gegenüber ihren Nachbarn auf Wahrung ihres Bestandes und stets auf Gewinn von Vorteilen zum Nachteil des andern bedacht. Lassen wir das Bild der bunten Landkarte des 14. Jahrhunderts vor unsern Augen vorbeiziehen: Nach der Schwächung des Erzstifts Köln (1288) stand in Südwestfalen der Graf von der Mark als eindeutiger Sieger da. Ihm gelang es, die kölnischen Städte Werl und Menden, die Burgen an Ruhr und Lenne sowie die Vogtei über Essen und Werden in seine Hand zu bringen. Besser hatte sich der Erzbischof am Hellweg um die alte Stadt Soest und unmittelbar südlich der Lippe behaupten können. Im Jahre 1294 zwang er den Bischof von Paderborn, Geseke an das Erzstift abzutreten. Auch um Olpe, 1311 als Stadt gegründet, und Waldenburg behielt er ausbaufähige Stützpunkte in Besitz. Abgetrennt von diesen Ländern lag weiter nördlich das Vest Recklinghausen, alter Kölner Besitz aus der Missionszeit. Dazwischen schob sich wie ein Keil die Grafschaft Mark.

Da sah es nach der Mitte des 14. Jahrhunderts noch einmal so aus, als wollte der Erzbischof seine westfälische Position wieder zur Blüte führen. Gerade war es den Märkern gelungen, den Erzstuhl mit Adolf, einem Bruder Graf Engelberts III. von der Mark (1263), und ein Jahr darauf mit Engelbert, einem Oheim der Genannten, zu besetzen. Graf Engelbert III. glaubte die günstige Gelegenheit nutzen zu sollen, um seinen Nachbarn, den kinderlosen Grafen Gottfried von Arnsberg, aus dem westfälischen Marschallamt zu verdrängen (1265) und damit selber die Statthalterschaft über die westfälischen Länder des Erzstifts zu gewinnen. Schon schien der Übergang der gesamten Grafschaft Arnsberg an den Märker bevorzustehen.

Die Enttäuschung konnte nicht größer sein, als Graf Gottfried, mit Recht empört über die Unbill, die ihm Engelbert III. zugefügt hatte, seine Grafschaft an das Erzstift Köln übertrug, das wenige Tage zuvor durch Tod Erzbischof Engelberts in die Hände des Erzbischofs von Trier, Kunos von Falkenstein, eines Gegners der Märker, gekommen war (1268). Als Gottfried 1371 starb und mit großem Gepränge im Kölner Dom bestattet wurde, war er in dem Bewußtsein gestorben, den weiteren Aufstieg der Mark im Sauerland nachdrücklich verbaut zu haben.

Das Erzstift rundete dagegen seinen südwestfälischen Besitz in günstiger Weise ab und konnte, wenn nicht als Vormacht, so doch als gleichwertiger Kontrahent des Märkers auftreten. Der Gegensatz beider Mächte durchzieht wie ein Grundthema die weitere Geschichte des südlichen Westfalen. Nur einmal fanden sich beide im selben Lager, als nämlich eine große Koalition von mehr als vierzig Fürsten, zahlreichen Städten und 1200 Rittern gegen die Reichsstadt Dortmund zog (1388/89). Es scheint wie ein Wunder, daß die Bürgerschaft sich gegen die Übermacht verteidigen konnte, doch führte die Überanstrengung zuerst zu einem wirtschaftlichen, dann auch politischen Niedergang, von dem sich die Stadt erst nach vielen Jahrzehnten erholte.

Einen kleinen Rest des nach der Ermordung Erzbischof Engelberts (1225) zusammengebrochenen isenbergischen Besitzes bildete die Grafschaft Limburg, von allen Seiten von der Grafschaft Mark eingeschlossen. Sie blieb ohne politische Bedeutung und kam nach dem Aussterben der Isenberger im Jahre 1511 an die Grafen von Bentheim. Ungeachtet ihrer Schwäche behauptete die Grafschaft ihre Selbständigkeit als Bentheimer Nebenland bis zum Ende des Alten Reiches.

Kleine selbständige Herrschaften bildeten auch die Abteien Essen und Werden. Sie verdankten das dem märkisch-kölnischen Gegensatz. Köln besaß die geistliche Obrigkeit, der Graf von der Mark die Vogtei.

Ein Hauptziel der aggressiven kölnischen Politik stellte stets das Bistum Paderborn dar. Der braunschweig-kölnische Vertrag von 1260, in dem die Interessengebiete beider Mächte durch die Grenze auf der Weser geschieden wurden, überantwortete praktisch das kleine Bistum dem Erzstift Köln. Nach vielen Auseinandersetzungen kamen Köln und Paderborn überein, ihre Grenzen zwischen dem zu Paderborn geschlagenen Salzkotten und dem Köln überlassenen Geseke festzuschreiben (1294). Gegen den von Süden vordringenden Landgrafen von Hessen mußte der Bischof von Paderborn manche Rückschläge hinnehmen, konnte aber im Norden ein Viertel des Territoriums der ausgestorbenen Grafen von Schwalenberg in Besitz nehmen (1358). Der andere, größere Teil fiel den Edelherren zur Lippe zu. Auch in Lügde, das sich bisher in kölnisch-pyrmontischem Besitz befand, konnte der Bischof seine Hoheit durchsetzen. Der bedeutendste Zuwachs bestand aber in dem schrittweisen Anfall der Herrschaft Büren (bis 1382). Insgesamt hätte die Bilanz positiv aussehen können, wenn nicht die Konsolidierung des Bistums im Innern schwere Störungen erlitten hätte. Besonders unter schwachen Bischöfen, wie unter Simon von Sterneberg (1380/89), erwachten anarchische Lokalkräfte. Damals terrorisierte der aus Rittern bestehende Kampfbund der »Bengler« in unerträglicher Weise das Land.

Zwischen das Bistum Paderborn und die Weser schob sich das nur die Stadt Höxter und wenige Dörfer einschließende Territorium der Abtei Corvey. Ihre Selbständigkeit verdankte sie eigentlich nur dem kölnischen Interesse an einem Stützpunkt gegen Paderborn und Braunschweig. Als das Erzstift nach der Schlacht von Worringen seine politischen Ziele neu definierte und sich von Ostwestfalen abwandte, mußte Corvey schwere Verluste an seine Nachbarn hinnehmen. Die Reichsunmittelbarkeit konnte es nur durch Anerkennung der Schutzherrschaft der Herzöge von Braunschweig und der Landgrafen von Hessen in gewissem Umfange retten.

Eine kräftige Aufwärtsentwicklung wies dagegen die Landesherrschaft der Edelherren zur Lippe auf. Durch den Erwerb von zwei Dritteln der ausgestorbenen Grafschaft Schwalenberg verlagerte sich der Schwerpunkt ihrer territorialen Bestrebungen von Lippstadt in das Osninggebirge mit den Mittelpunkten Lemgo und Detmold. Auch Teile der Grafschaft Spiegelberg fielen den Lippern zu. Im südlichen Bereich traten dagegen Verluste ein. Sogar die Stadt Lippstadt mußte im Jahre 1376 zur Hälfte als Pfandbesitz an den Grafen von der Mark abgetreten werden. Der drohenden Gefahr einer Schwächung der lippischen Stellung durch Erbteilungen baute man durch das *Pactum unionis* von 1368 erfolgreich vor. Lippe sollte immer nur durch einen Herrn regiert werden.

Nördlicher Nachbar der Lipper war der Bischof von Minden, allseits von weltlichen Herrschaften umgeben und oft auch in Bedrängnis gebracht. Dazu gehörten vor allem die Herzöge von Braunschweig, die Grafen von Hoya und von Diepholz. Die Ausbildung eines umfangreicheren Territoriums, wie es den Bischöfen von Osnabrück und Münster gelungen war, vermochten die Bischöfe von Minden deshalb nicht zu verwirklichen. Es blieb bei einem kleinen Ländchen, das im Norden mit der 1335 errichteten Schlüsselburg gegen ein weiteres Abbröckeln geschützt werden sollte. Aber auch im Innern erlangte das Stift keine Festigkeit. Schon deutete sich das traditionelle Übergewicht des braunschweigischen Herzoghauses an, das nicht nur mehrere Angehörige als Bischöfe stellte, sondern zeitweise auch die weltliche Regierung des Stifts in seine Hände brachte. Um die Eigenständigkeit nicht ganz zu verspielen, sicherte sich das Mindener Domkapitel weitgehende Rechte in der Stiftsregierung. Es wurde so fast mehr als die Bischöfe zur maßgebenden politischen Kraft im Stift. Daneben mischte sich die Stadt Minden nachdrücklich in die Geschäfte ein. Ihre Stärke ließ es den Bischof geraten erscheinen, dem Vorbild seiner Amtsbrüder in Münster und Osnabrück zu folgen und die unsicher gewordene Residenz in den Stadtmauern zu verlassen. Er bezog 1306 die Burg Petershagen. Gegen Ende des 14. Jahrhunderts wuchs dem Stift allerdings noch ein vorteilhafter Gewinn zu. Nach dem Aussterben der Edelherren von dem Berge rundete deren Territorium unmittelbar vor den Toren der Stadt Minden auf der andern Weserseite das Mindener Stiftsgebiet ab.

Zu Westfalen rechneten damals auch die Grafschaften Hoya und Diepholz, die nördlichen Nachbarn von Minden. Untereinander waren beide Herrschaften vielfältig durch familiäre Bande der herrschenden Häuser verbunden. Die Territorien besaßen eine beachtliche Ausdehnung, waren aber schwach besiedelt. Zudem schwächten Erbteilungen besonders die Grafschaft Hoya. Südwestlich des Bistums Minden lagerte sich die Restgrafschaft Ravensberg. Das einst im Westmünsterland und im Osnabrücker Nordland mächtige Grafengeschlecht war 1248 im Hauptzweig ausgestorben. Der weitaus größte Teil seiner Besitzungen fiel durch Kauf an das Stift Münster (s. dort). Die Nebenlinie wurde auf ein kleines Ländchen im Osning zurückgeworfen. Auf Limberg, Vlotho, Sparrenberg und Ravensberg gestützt, regierten die Grafen hier bis zu ihrem Aussterben im Jahre 1346. Danach fiel die kleine Grafschaft an Graf Gerhard von Jülich-Berg und wurde seitdem als Nebenland von Düsseldorf aus regiert.

Mit der Südspitze erstreckte sich Ravensberg in das dünn besiedelte Gebiet der Senne. Ohne feste Grenzziehungen auf der Scheide zwischen den Diözesen Münster, Osnabrück und Paderborn forderte die Gegend geradezu zur Bildung kleiner Territorien heraus. Aufgrund alter Rechte aus der Missionszeit konnte der Bischof von Osnabrück um die Burg Reckenberg ein kleines Land, das Amt Reckenberg, mit der Stadt Wiedenbrück aufbauen. Westlich grenzte die Herrschaft Rheda an, seit dem zwölften Jahrhundert eng mit den Edelherren zur Lippe verbunden, aber 1365 infolge von Erbauseinandersetzungen an die Grafen von Tecklenburg gefallen. Östlich von Reckenberg erstreckte sich dagegen die räumlich ebenfalls kleine Grafschaft Rietberg, die 1237 aus einer Erbteilung der Grafen von Arnsberg hervorgegangen war. Rietberg spielte bei der Besetzung von Bischofsstühlen und bei Heiraten bis in die höchsten Reichsgeschlechter hinein eine Rolle, die weit über die geringe Bedeutung des Ländchens hinausging.

In einer für die Ausbildung eines Territoriums günstigen Lage befanden sich die Bischöfe von Münster. Die großzügige Ausstattung der Diözese zur Zeit der Bistumsgründung, vor allem mit Allodialbesitz im Zentralmünsterland, bot eine feste Grundlage. Der Entschluß der Grafen von Cappenberg zu Anfang des zwölften Jahrhunderts, das weltliche Leben zu verlassen, brachte eine gewaltige Verstärkung der münsterischen Stellung im südlichen Münsterland gegenüber dem Erzstift Köln und den weltlichen Machthabern südlich der Lippe mit sich. Schließlich führte der Erwerb der Stiftsvogtei aus den Händen der Tecklenburger und der Hoheit über Go- wie Freigerichte dazu, daß der Bischof sich 1280 als »Herzog und oberster Freigraf in seiner Diözese« bezeichnen konnte. Einer Ausdehnung des Kölner Anspruchs auf Ausübung herzoglicher Rechte nördlich der Lippe war damit ein Riegel vorgeschoben. In erster Linie dürfte der Bischof dabei an das Burgenbaurecht gedacht haben, das für die Konsolidierung der Landesherrschaft große Bedeutung besaß. Unter diesem Vorzeichen muß der beschleunigte Bau von Landesburgen und die Gründung von Städten, oft in Grenzlage, gesehen werden.

Eine erste, überregionale Ausdehnung des Territoriums fand, wie bereits geschildert, 1267 durch den Erwerb der Herrschaft Horstmar statt. Die Unterwerfung des westlichen Münsterlandes unter die weltliche Hoheit des Bischofs nahm damit ihren Anfang. Kurz vorher hatte sich aber an anderer Stelle ein viel folgenreicherer Landerwerb abgespielt. Er erhob Münster im Nordwesten des Reichs weit über die Grenzen der Diözese hinaus zur territorial stärksten Macht. Das kam so: Die im Osnabrücker Nordland feindlich gegeneinander stehenden Grafen von Tecklenburg und von Ravensberg beschlossen in der Erkenntnis, sich durch ständige Fehden nur zu schaden, durch eine Heirat den alten Zwist auszuräumen. Noch im Kindesalter wurde die Erbtochter Jutta von Ravensberg mit dem ebenfalls minderjährigen Grafen Heinrich von Tecklenburg vermählt (1238). Zwei Jahre nach Vollzug der Ehe kam jedoch Heinrich ums Leben (1248). Jutta schloß eine zweite Ehe mit dem Edelherrn Walram von Monschau aus der Familie der Herzöge von Limburg. Mit Rücksicht auf ihren neuen Wohnsitz in der Eifel beschlossen ihre Mutter Sophia und Jutta, die nur schwer zu haltende Herrschaft Vechta und weitere Besitzungen um Sögel, Oythe und in Friesland zu verkaufen. Angeblich zog sich der Bischof von Osnabrück, dem die Herrschaft angeboten wurde, wegen Geldmangels zurück. Dagegen griff Bischof Otto II. von Münster aus dem Hause Lippe sofort zu und brachte den wertvollen Besitz in einem komplizierten Vorgang mit Verpfändungen und Belehungen an das Stift. Die Herrschaft Vechta stand in keiner Landverbindung mit dem Stift, bildete aber an der großen Handelsstraße nach Bremen einen äußerst bedeutsamen Stützpunkt und einen Schritt auf dem Wege zu einer ungestörten Verbindung der Hauptstadt Münster mit den Ems- und Nordseehäfen. Damit traten auch die seit Liudgers Zeiten zur Diözese Münster gehörigen friesischen Gause links und rechts der Emsmündung in eine nähere Beziehung zum territorialen Schwerpunkt des Stifts.

Ebenso wichtig wie der Anfall von Vechta an Münster stellte sich das Ausscheiden der Ravensberger aus der Politik im Nordland dar. Die Restgrafschaft im Osning besaß keinerlei Bedeutung für Münster. Gleichzeitig sahen sich die Tecklenburger durch das Stift Münster in ihrem Hauptgebiet um Cloppenburg in die Zange genommen. Sowohl im Emsland westlich von ihnen wie in Vechta im Osten hatte sich der Bischof von Münster festgesetzt. Das hohe Ansehen, das dieser in jenen Gegenden genoß, spiegelt sich wohl am besten in dem Beschluß der Kirchspiele des Westerwoldingerlandes östlich von Groningen, sich der Hoheit des münsterischen Bischofs zu unterstellen (1316).

Freilich entsprach der innere Zustand des Stifts nicht dem äußeren, glänzenden Bild. Die großen Ministerialengeschlechter im Münsterland, allen voran die Herren von Lüdinghausen und die Korff zu Harkotten, hatten noch längst nicht ihr Streben nach Ungebundenheit aufgegeben. In wechselnden Bündnissystemen mit dem Erzstift Köln und den Grafen von der Mark versuchten sie immer wieder, die Oberhoheit des Bischofs abzuschütteln. Auf die Dauer blieben sie ohne Erfolg, wenn es auch zeitweise so ausgesehen hatte, als ob es den Märkern gelingen sollte, mit ihrer Hilfe das Stift Münster in das märkische Schlepptau zu nehmen. Graf Engelbert III. hatte seinen Bruder Adolf auf den Stuhl des Hl. Liudger befördert (1357–1363). Mit Florenz von Wevelinghoven (1364–1378) übernahm abermals ein ausgesprochener Parteigänger des Grafen die Regierung in Münster.

Doch blieb die märkische Vormachtstellung im Stift eine Episode. Der einheimische Bischof Heidenreich Wolf von Lüdinghausen (1381–1392) und der diesen an Energie noch übertreffende Otto von Hoya (1392–1424) zwangen die unruhigen Geschlechter des Münsterlandes zum Verzicht auf ihre traditionelle Opposition. Mit Otto begann die längere Zeit während Hauspolitik der Grafen von Hoya, die sich auf die westfälischen Bistümer richtete, aber auch Ziele der klevisch-burgundischen Politik in Nordwestdeutschland verfocht.

Im 14. Jahrhundert brachten die münsterischen Bischöfe den Ausbau ihres Territoriums zum Abschluß. Bischof Ludwig von Hessen gelang es im Jahre 1316, die Herrschaft Lohn – Stadtlohn und Bredevoort – vom Edelherrn von Ahaus anzukaufen. Die Herrschaft Ahaus selber kam erst im Jahre 1400 als Pfand, acht Jahre später durch Kauf an das Stift, gleichzeitig mit der kleinen, dicht dabei liegenden Herrschaft Solms-Ottenstein. Damit hatten die Bischöfe im Westen die Territorial- mit der Diözesangrenze gegen Utrecht zur Deckung gebracht. Einige kleine Herrschaften im Westmünsterland – wie Anholt, Steinfurt, Gemen und Werth – bewahrten zwar ihre Selbständigkeit, verloren aber politisch jede Bedeutung.

Den folgenreichsten Erfolg errang Bischof Otto von Hoya im Bunde mit seinem Osnabrücker Nachbarn gegen den gefährlichsten Gegner beider Stifte, Graf Nikolaus von Tecklenburg. Nach einer schweren militärischen Niederlage sah sich der Graf gezwungen, im Norden die Burg Cloppenburg und im Süden die Burg Bevergern an Münster abzutreten. Damit erreichte der münsterische Bischof sein lange angestrebtes Ziel, das Oberstift Münster um die Hauptstadt mit einer nur durch eigenes Gebiet laufenden Verbindungsstraße zu den friesischen Häfen und nach Bremen zu verbinden, wenn auch die Landbrücke zwischen Lingen und Bentheim auf wenige Kilometer zusammenschrumpfte. Mehr symbolischen Charakter trug die hiermit gelungene engere Anbindung der aus liudgerischer Zeit stammenden münsterischen Gaue links und rechts der Emsmündung an das Oberstift.

Nachdem zuerst die Grafen von Ravensberg und nun auch die Grafen von Tecklenburg aus dem Osnabrücker Nordland verdrängt worden waren, schienen die Weichen für längere Zeit in Richtung auf eine unbestrittene münsterische Vorherrschaft in diesem Bereich gestellt. Osnabrück, obgleich geistlicher Oberherr im Nordland, brachte nicht die Kraft auf, dem Vordringen Münsters Einhalt zu gebieten. Münster besaß den flächengrößten geistlichen Staat in Deutschland.

Bei einem Blick auf die Territorialentwicklung des Bistums Osnabrück deuten sich ähnliche Grundzüge an, wenn auch in engerem Rahmen. Die Grundlagen aus der Missionszeit zeichnet sich in etwa gleicher Größe ab. Mit Burgen sollte das Land gegen mißgünstige Nachbarn geschützt werden, deren es in Gestalt der Grafen von Tecklenburg, Ravensberg, Diepholz, Hoya und der Edelherren zur Lippe reichlich gab. Weit stärker als in Münster drohte hier die Gefahr eines völligen Verlustes der Landeshoheit an die Stiftsvögte, die Tecklenburger. Nur ein übermächtiges Bündnis der Stifte Münster, Osnabrück und Paderborn sowie der Städte Münster und Osnabrück konnte das Verhängnis im Jahre 1379 abwenden. Die endgültige Niederlage Graf Nikolaus' im Jahre 1400 befreite Osnabrück endgültig von dem ständigen Alpdruck.

An letzter Stelle der zu betrachtenden Territorien Westfalens steht die Grafschaft Bentheim, in geistlicher Hinsicht je zur Hälfte zu den Diözesen Münster und Utrecht gehörig. Den Schwerpunkt des nur schwach besiedelten Ländchens bildete, neben der Burg Bentheim, die Stadt Schüttorf. Regiert von einer Nebenlinie der Grafen von Holland, konnte Bentheim in den stürmischen Jahrhunderten des Mittelalters seine Selbständigkeit wahrscheinlich nur deshalb bewahren, weil die Bischöfe von Münster und Utrecht sich gegenseitig die Beute nicht gönnten.

Damit ist der Rundgang auf der bunten Territorialkarte beendet, und es soll noch kurz auf die Folgen des Prozesses eingegangen werden. Die Territorialisierung brachte nämlich eine den lokalen Gewalten übergeordnete Institution hervor, die wir in ihrer Vollendung »Staat« nennen. Die Anfänge für die monopolisierte Machtanwendung zum Durchsetzen von Rechtsansprüchen und die alleinige Handhabung von Rechtsprechung und Gericht lag zwar noch in weiter Ferne, aber der Anfang war gemacht. Die bisher an ihr Faustrecht zur Vertretung ihres Rechtsstandpunktes gewohnten Adeligen mußten erkennen, daß es einen Mächtigeren gab, der sie daran hindern konnte. Auch er verfuhr nicht anders als sie, nämlich mit willkürlicher Gewalt, Mord, Raub und Brand. Trotzdem erschien die Verhinderung der vielen örtlichen Streitigkeiten durch den Fürsten als ein gewaltiger Fortschritt.

Die fürstliche Gewalt fand hierbei eine starke Stütze: Städte und Bürgertum waren im Interesse ihres Handels und Wandels an Ruhe und Frieden im Lande für eine Stärkung der überörtlichen Macht. Nur der Fürst konnte die Sicherheit auf den Landstraßen erhöhen und die adelige Willkür einschränken. Hand in Hand gingen damit aber auch Veränderungen innerhalb der Adelsschicht selber. Ständiger Geldverfall minderte in nicht wenigen Fällen die Einkünfte aus der Grundherrschaft so stark, daß ganze Familien in Gefahr des Untergangs gebracht wurden. Dazu trat die militärische Bedeutung des Rittertums zurück. Fürsten und Städte bedienten sich in zunehmendem Maße der Söldner, die nicht nur billiger zu entlohnen, sondern auch bequemer zu handhaben waren als die selbstbewußte Ritterschaft. Selbst an den Höfen sahen sich die Adeligen hier und da von studierten Rechtsgelehrten bürgerlichen Standes verdrängt.

Damit ist jedoch keineswegs gesagt, daß die Zeit der Adelsherrschaft ihrem Ende zuging. Im Gegenteil: Sie verlagerte sich nur. Auf Jahrhunderte blieb der Adel die tonangebende gesellschaftliche Schicht und erreichte, nach dem Verlust hergebrachter Domänen, erst jetzt seine größte Machtvollkommenheit.

So setzten sich die Domkapitel ursprünglich aus Edelfreien, dann an deren Stelle aus ritterbürtigen Mitgliedern zusammen. Nur gelegentlich drang ein Rechtsgelehrter in ihre Reihen ein, bis der Adel es durchsetzte, daß vom Papst Edikte erlassen wurden, die die Ausschließlichkeit der adeligen Abstammung als Vorbedingung zum Eintritt in die Domkapitel festlegten. Da in dieser Epoche auch das alleinige Recht der Domkapitel zur Wahl eines Bischofs verwirklicht wurde, errang der Ritterstand damit einen kaum zu überschätzenden Einfluß auf die Besetzung der Bistümer. Nur ihnen genehme Kandidaten hatten Aussicht, gewählt zu werden.

Im weltlichen Bereich bildeten sich die Landstände heraus, die in den geistlichen Staaten wiederum aus dem Domkapitel und der Ritterschaft bestanden, beide Gremien aus genau denselben Familien rekrutiert. Sie berieten auf den alljährlichen Landtagen mit dem Landesherrn über die Politik des nächsten Jahres und gewannen durch ihre starke Stellung im Lande immer weitere Rechte. Die wichtigste Zuständigkeit war die der Steuerbewilligung. Mit ihr konnten die Bischöfe an die Kette gelegt werden. In sogenannten »Wahlkapitulationen« mußten diese bereits vor der Wahl versprechen, nichts gegen den Willen der Landstände zu unternehmen.

Sollte die Verlagerung adeliger Machtausübung in die Gremien der Landesregierung eine unmittelbare Folge des Verlustes des Fehderechtes gewesen sein? Ausgesprochen wird dieser Zusammenhang an keiner Stelle, und doch spricht vieles dafür, daß der Adel hier einen Ersatz für dahingegangene Rechte gesucht und gefunden hat.

Der fürstliche Hof wurde umfangreicher und gewann an Gewicht. An Stelle der »Räte von Haus aus«, die nur im Bedarfsfalle beim Fürsten erschienen, umgab sich der Landesherr mit ständigen Beratern. Eine zentrale Güter- und Finanzverwaltung zeigte ihre ersten Keime. Ein oberstes Gericht erschien unvermeidlich, um die Rechtssicherheit im ganzen Lande zu gewährleisten. In den geistlichen Territorien erforderten die Zeitumstände eine noch größere Verwicklung des Bischofs in die weltlichen Angelegenheiten, als es bisher schon der Fall gewesen war. Die geistlichen Aufgaben traten in den Hintergrund. Um sie nicht zu vernachlässigen, mußte ein Generalvikar angestellt werden. Die bisher wichtigste Befugnis des Diözesanbischofs, die Weihetätigkeit, ging auf einen oder mehrere Weihbischöfe über, meist Angehörige der Mendikantenorden. Ihr geringes Ansehen bei Hofe war dem Amte wenig zuträglich. Das Gericht hätten die Landstände um liebsten in eigener Regie geführt. Nur gegen harten Widerstand konnten die Bischöfe Offiziale einstellen, die in weltlichen und geistlichen Dingen Recht sprachen.

An den weltlichen, kleineren Höfen verlief die Entwicklung in denselben Bahnen, aber in engerem Rahmen. Ihnen blieb der Charakter einer zentralen Güterverwaltung im großen und ganzen erhalten.

In der sozialen Verfassung des Bauernstandes und in der Landwirtschaft lassen sich in dieser Epoche keine umwälzenden Entwicklungen entdecken, dagegen vollzog sich im Städtewesen ein vorläufiger Abschluß. Die Landesherren gründeten in ihren Territorien eine Vielzahl von neuen Städten, von denen freilich nicht wenige niemals über ein höchst bescheidenes Gemeinwesen hinauskamen. Alle Möglichkeiten, überörtliche Bedeutung zu erlangen, waren längst vergeben. Manche der neuen Städtchen ähnelten mehr einem größeren Dorf und bestanden auch überwiegend aus Bauernhäusern. Viele konnten nur mühsam am Leben erhalten werden oder gingen bald wieder ein. In der Einsicht, die Grenzen städtischer Neugründungen erreicht zu haben, beschränkten sich die meisten Landesherren deshalb im 14. Jahrhundert darauf, »Freiheiten« oder »Wigbolde« zu errichten, stadtähnliche Gebilde mit geringeren Rechten, die die Stadtgeschichtsforschung deshalb als »Minderstädte« (H. Stoob) bezeichnet. Die stärksten Impulse zur Städtegründung gingen noch von den geistlichen Landesherren aus. Merkwürdig schwache Anstöße kamen dagegen aus den weltlichen Ländern. Selbst die Edelherren zur Lippe, die sich früher auf diesem Gebiete eifrig betätigt hatten, hielten sich zurück.

Diese »Kümmerstädte« hatten kaum etwas gemeinsam mit den großen alten Bischofsstädten, die sich sämtlich zu Hauptstädten der Territorien entwickelt hatten, aber auch zu den nichtgeistlichen Städten Dortmund und Soest. Soest stellte den Hauptort des kölnischen Westfalen, Dortmund den Mittelpunkt eines alten Reichsgutkomplexes dar. So verschieden sie untereinander aussahen, war ihnen doch gemeinsam, daß sie eine verhältnismäßig weitgehende Unabhängigkeit vom Landesherrn errungen hatten. Sie wählten ihre Magistrate mit Bürgermeistern an der Spitze selber, übten die Wehrhoheit innerhalb der Stadtmauern aus, beaufsichtigten die Märkte, schrieben Steuern aus und hielten das Niedergericht in Händen. Am Hoch- oder Blutgericht hatten sie zumindest eine Beteiligung neben dem Landesherrn erstritten.

Dortmund und Soest war es sogar gelungen, ihre Rechte über die Mauern hinaus auszudehnen. Die erstgenannte Stadt gewann das Gericht in der umliegenden Grafschaft gleichen Namens, Soest unterwarf gleich 49 Dörfer in seinem Umfeld und bildete daraus eine Art Territorium. In Osnabrück blieb die Entwicklung in den Anfängen stecken. Die Stadt konnte nur einige Gerichtsbefugnisse in seiner Umgebung an sich ziehen.

Mochten die Hauptstädte der geistlichen Territorien auch weitgehende Unabhängigkeit vom Landesherrn erringen, so blieben sie doch stets Hauptstadt und Mittelpunkt des Stiftes. In ihren Mauern residierten die Domkapitel und siedelten sich die landesherrlichen Behörden an. Wenigstens zum Regierungsantritt und zum Lehentag erschien in ihnen der Bischof. In den Landständen vertraten die Hauptstädte meist auch die Anliegen der übrigen Stiftsstädte. Besonders ausgeprägt war diese Entwicklung in den großen Bistümern Münster und Osnabrück, weniger in Paderborn und Minden.

Die Vorrangstellung der sogenannten »Vierstädte« Münster, Osnabrück, Dortmund und Soest spiegelte sich auch in ihrer Rolle als Vororte der Hanse. Sie setzten damit in der nunmehr voll ausgebildeten Städtehanse das fort, was sie früher in den Städtebünden des 13. Jahrhunderts für Freiheit und Sicherheit des Handels geleistet hatten und was in der Kaufmannshanse von den Kaufleuten dieser Städte vertreten worden war. Kein Wunder, daß die führenden Schichten dieser großen Städte ein hohes Selbstbewußtsein zur Schau trugen. Prächtige Rathäuser und schöne Bürgerhäuser waren Ausdruck dieser Haltung.

Dicht neben dem Reichtum saß wie ehedem der Hunger. Früher war die Armenpflege ausschließlich Angelegenheit kirchlicher Stellen gewesen. Jetzt richtete sich der Sinn der wohlhabenden Bürger auf diese Aufgabe. Ihnen stand das Elend am nächsten vor Augen. Allerdings galt die Sorge zuerst einmal den hilfsbedürftigen Gliedern ihrer eigenen Familien. Die überall entstehenden Armenhäuser nahmen nur solche Personen auf, für die von Verwandten eine »Präbende« wie in einem geistlichen Stift bezahlt wurde. Doch war wenigstens der Anfang einer institutionalisierten Armenpflege gemacht.

Repräsentanten des Stadtregiments, auch der Wohlfahrtspflege, waren im Hochmittelalter die Patrizier, eine adelsähnliche Schicht, die ihren Reichtum zumeist dem Fernhandel verdankte. In einigen Fällen mag auch der Besitz von

Grundbesitz in der entstehenden Stadt eine Rolle gespielt haben, doch bezieht sich die Bezeichnung »Erbmänner«, wie man die Patrizier in Münster bezeichnete, doch wohl mehr auf das erbliche Recht auf Mitgliedschaft im Rat und damit auf das Recht, die politische Linie der Stadt mitzubestimmen. Meist waren die Mitglieder der Schicht in exklusiven Klubs zusammengefaßt, die noch auf ihre Fernhändlertätigkeit Bezug nahmen, wie die »Schleswicker« in Soest. Der Zahl nach war die Schicht dünn.

Bald zeigte sich jedoch, daß auch andere Teile der städtischen Bevölkerung Anspruch auf Mitwirkung am Regiment der Stadt beanspruchten. Nicht zufällig traten als erste die Gilden in der den Rheinlanden am nächsten gelegenen Stadt Dortmund auf den Plan. Im Westen waren derartige Bestrebungen seit langem an der Tagesordnung. In den Gilden vereinigten sich Handwerker und Gewerbetreibende unter religiösen Zielsetzungen als Gebetsbruderschaft und zu gegenseitiger Hilfe in der Not, aber auch zu rein geselligen Zwecken. Sie erkämpften im Jahre 1260 das aktive Ratswahlrecht für sich. Im selben Jahre setzten die Soester den Grundsatz durch, daß jeder Bürger in den Rat wählbar sei. Wie eine Lawine wälzte sich die Bewegung in allen westfälischen Städten fort, wenn auch mit unterschiedlicher Intensität, im allgemeinen in friedlichen Bahnen, vereinzelt aber auch unter Einsatz von Gewalt.

Ungeachtet der schließlich überall durchgedrungenen Beteiligung von Handwerkern und anderen Bürgern am Stadtregiment behielten die alten patrizischen Familien einen erheblichen Einfluß. Sie genossen den unschätzbaren Vorteil, aufgrund ihres Reichtums unbesorgt um den Broterwerb öffentliche Aufgaben wahrnehmen zu können.

Abseits der Bürgergemeinden standen in den Städten einige Gruppen, denen noch ein Blick gelten soll. In den Bischofsstädten machte die Geistlichkeit mit ihrem Hausgesinde einen hohen Prozentsatz der Einwohnerschaft aus, von den Bürgern nicht immer neidlos mit Wohlwollen betrachtet, genossen sie doch Steuerfreiheit. Dasselbe galt für die klösterlichen Niederlassungen, die in einigen Fällen durch gewerbliche Tätigkeit den Bürgern unwillkommene Konkurrenz machten.

Vor allem in den südlichen und südwestlichen Städten Westfalens gab es außerdem jüdische Gemeinden. Ihre Mitglieder erwarben durch Geldverleih, Pfandgeschäfte, Viehhandel und ähnliche Betätigungen ihr Brot. Einige Gemeinden verfügten sogar über eine Synagoge und einen Friedhof, so in allen Bischofsstädten. Wie überall in Deutschland zog mit dem Schwarzen Tod um 1350 für die Juden ein Verhängnis herauf, das sich in schrecklichen Pogromen äußerte. Der Neid auf erfolgreiche Geschäfte, die unbekannte, rätselhafte Religionsausübung, aber auch Ratlosigkeit im Suchen nach den Ursachen des großen Sterbens lenkten die Blicke der Menschen auf die Juden, denen man als »Schuldige am Tode Christi« alles Böse andichtete. Für anderthalb Jahrhunderte war das Judentum in Westfalen völlig vernichtet.

Im kirchlich-geistlichen Bereich steht das Spätmittelalter unter dem Zeichen eines beispiellosen Verfalls. Jedoch zeigten sich an einigen Stellen Erkenntnisse der Mängel, die zur Besserung führten. »Die gegenseitige Durchdringung von Kirche und Welt erzeugte weitverbreitete Kritik, rief die Forderung nach Reformen »an Haupt und Gliedern« einer Ecclesia hervor, deren Bild als lebendiger »Leib Christi« immer mehr hinter dem Bild einer Rechtsinstitution, ... eines allumfassenden, durchorganisierten Verwaltungsgefüges verblaßt war« (K. Scholz).

Exkommunikationen und Interdikte, früher von allen gefürchtete Zuchtmittel der Kirche, sanken zum Spielball politischer Kräfte herab, die sich ihrer rücksichtslos im eigenen Interesse bedienten. Niemand achtete sie, selbst Bischöfe trotzten unberührt der päpstlichen Exkommunikation. Zudem stellte Geld in der Kirche ein Mittel dar, mit dem alle Hürden übersprungen werden konnten. Der früher sinnvoll zur Unterstützung größerer kirchlicher Vorhaben, besonders von Kirchbauten, eingesetzte Ablaß uferte maßlos aus, wurde verspottet und verachtet. Auf die Einstellung der Menschen zur Kirche mußte all das negativ wirken. Verstärkt wurde die Wirkung durch den langanhaltenden Streit zwischen Papst und Kaiser, in dem die Bischöfe sowohl auf der einen wie auf der andern Seite stritten. Dem Ansehen der Hierarchie war das nicht gut bekommen. Schädlich wirkte auch das große Schisma seit 1378, in dem die westfälischen Konvente im allgemeinen auf der Seite des römischen Papstes standen, nicht immer im Einklang mit ihren Bischöfen.

Das Ansehen der Geistlichkeit unterschied sich stark in ihren einzelnen Zweigen. Die Kollegiatkanoniker waren seit langem aus dem geistlichen Leben ausgeschieden. Bei ihnen stand das Versorgungsdenken ganz im Vordergrund. Hin und wieder befand sich unter ihnen ein Rechtsgelehrter. Das Volk erwartete auch von ihnen nicht mehr. Auf die Klöster in den Städten blickten die Magistrate mißtrauisch. Jeder neue Konvent entzog der Stadt Steuerkraft und fiel bei der Wahrnehmung der bürgerlichen Pflichten aus. Doch genossen die Bettelmönche beim Volk hohe Beliebtheit.

In vielen Klöstern auf dem Lande war Unordnung eingezogen. Die Prämonstratenser, die in Westfalen kräftig vertreten waren und Seelsorge betrieben, betrachteten sich mehr als Stiftsherren denn als Mönche und lebten entsprechend. Dagegen befanden sich die Zisterzienser um die Mitte des 14. Jahrhunderts auf einem Höhepunkt ihrer geistigen Kraft. Der Marienfelder Altar des Johann Koerbecke stellt eine der schönsten Früchte jener Zeit dar. Auch das benediktinische Liesborn erlebte damals eine hohe Blüte. Nicht weniger zählten die Bettelorden eine ganze Reihe großer Gelehrter in ihren Reihen.

In solchen Kreisen müssen die Mißstände in der Kirche erkannt worden sein. Sichtbare Ansätze zu Reformen vermißt man aber in Westfalen, als in den benachbarten Niederlanden schon eine Bewegung erwachte, die auf eine Abwendung vom weltlichen Sinn, hin zur stärkeren Verinnerlichung drängte.

Die vorreformatorische Zeit

In geradezu klassischer Ausprägung erwies sich Westfalen im 15. Jahrhundert als das, was es immer gewesen war, ein Land des Durchgangs. Das politische Leben stand ganz unter dem Vorzeichen auswärtiger Kräfte.

Im Jahre 1414 hatte einer der größten politischen Köpfe des Mittelalters, Dietrich von Moers, den Kölner Stuhl erstiegen, offensichtlich mit dem Ziel, seiner Familie die Vorherrschaft im Nordwesten zu sichern. Noch im selben Jahre übernahm er die Administration des Bistums Paderborn und ließ sich 1415 diese auf Lebenszeit zuschreiben. Dann sorgte er 1424 dafür, daß sein Bruder Heinrich das Bistum Münster erhielt. Seit 1433 besaß sein Bruder Walram, wenn auch umstritten, das Bistum Utrecht. 1441 übertrug er dem Bruder Heinrich außerdem die Verwaltung des Bistums Osnabrück. Nur das kleine Bistum Minden entzog sich noch der Umklammerung durch das Haus Moers. Niemals seit den Zeiten der Grafen von Werl hatte eine einzige Familie eine derartige Machtkonzentration in Westfalen ausgeübt.

Dietrich konnte von Glück sagen, daß der traditionelle Gegner Kölns, der Herzog von Kleve, Adolf, damals durch einen Erbstreit mit seinem Bruder Gerhard, der den größten Teil der Grafschaft Mark beherrschte, geschwächt war. Zudem trat Gerhard auf die Seite des Erzbischofs von Köln. Doch konnte dieser nicht übersehen, daß sich hinter Kleve das diesem Hause verwandtschaftlich verbundene Herzogtum Burgund als ernste Bedrohung erhob. Zur Abwehr schloß Dietrich von Moers 1447 ein Bündnis mit Frankreich.

In eigentümlicher Weise deckte sich mit der geschilderten politischen Konstellation auch die kirchliche Einstellung der Vertragschließenden. Der Erzbischof war ein Hauptrepräsentant der konziliaren Idee und entschiedener Anhänger des Basler Konzils. Kleve und Burgund standen ebenso entschieden auf der Seite Papst Eugens IV.

Der Entscheidungskampf der beiden Machtblöcke setzte an einer kaum erwarteten Stelle ein. Im Jahre 1444 erklärte die Stadt Soest, sie sehe sich nicht mehr an die Oberhoheit des Erzbischofs von Köln gebunden und unterstelle sich dem Herzog von Kleve. Ausgelöst war dieser Entschluß durch die übertriebenen Steuerforderungen Dietrichs und die Furcht, dieser werde in nächster Zeit daran gehen, der Stadt ihre Selbständigkeit zu nehmen. Junker Johann von Kleve zögerte nicht, das Angebot der mächtigen Handelsstadt anzunehmen, bestätigte alle ihre Privilegien und Rechte und nahm ihre Huldigung entgegen.

Der Hilferuf der Stadt an die westfälischen Städte zeitigte ein klägliches Echo. Der moersische Einfluß war so stark, daß nur wenige wagten, sich auf die Seite von Soest zu stellen. Neben Paderborn erklärten sich nur einige märkische Städte, noch dazu im Gegensatz zu ihrem Landesherrn Gerhard, bereit zur Hilfe. Außerdem sagten Lippstadt und die Edelherren zur Lippe tatkräftige Unterstützung zu.

Die Fehde schleppte sich wie üblich mit gegenseitigen Verwüstungen des Landes hin, bis der Erzbischof zu einem entscheidenden Schlage ausholte. Er warb ein böhmisch-sächsisches Heer von 12 000 Mann an, das Herzog Wilhelm von Sachsen befehligte und das nach der erwarteten schnellen Eroberung von Soest zur Durchsetzung von Erbansprüchen Wilhelms nach Luxemburg weitermarschieren sollte. Der Anmarsch des für damalige Begriffe ungeheuer großen Heeres über die Weser und durch das Land Lippe – eine grausam-drastische Strafe für die lippische Parteinahme auf Seiten der Stadt Soest – verbreitete weithin Angst und Schrecken. Die Grausamkeit, mit der die fremden Söldner in

Westfalen hausten, sollte wohl auch die moralische Widerstandskraft der Soester schwächen und zu einer schnellen Übergabe verleiten. Aber das Gegenteil trat ein. Als das große Heer im Sommer 1447 vor den Stadtmauern erschien, wehrten die Verteidiger alle Angriffe ab. Der Hauptsturm am 19. Juni mißlang kläglich. Im ausgemergelten Land konnte das riesige Heer sich nicht länger ernähren. Eine der bedeutendsten militärischen Unternehmen des Mittelalters brach in sich zusammen. Das Heer Herzog Wilhelms von Sachsen zog ab.

Erzbischof Dietrich war tief getroffen. Unter Vermittlung des Kardinals Nikolaus von Cues bequemte er sich am 27. April 1449 zum Frieden, indem er seine konziliaren Ideen aufgab und sich Papst Nikolaus V. unterwarf. Die Stadt Soest verblieb beim Herzog von Kleve. Als Trostpflaster wurden Köln die Herrschaften Fredeburg und Bilstein zuerkannt. Die mißlungene Angliederung des Herzogtums Berg einschließlich der Grafschaft Ravensberg an das Erzstift mußte Dietrich von Moers endlich die Augen dafür öffnen, daß seine Großmachtpolitik im Interesse seines Hauses ihre Grenzen überschritten hatte.

Doch erwartete ihn eine weitere folgenreiche Niederlage. Sein Bruder Heinrich, Bischof von Münster, konnte während der Soester Fehde die moersische Politik in seinem Stift gegen den Widerstand der Landstände und der Stadt Münster nicht durchhalten. Im Jahre 1446 mußte er aus dem Kriege ausscheiden. Als er 1450 starb, traten sowohl die kölnische wie die klevisch-burgundische Partei auf den Plan, um die Nachfolge für sich zu sichern. Kleve stellte seinen Parteigänger, Graf Erich von Hoya, als Kandidat auf, Dietrich von Moers dagegen seinen Bruder Walram, der in Utrecht gescheitert war. In Münster stieß der moersische Vertreter sogleich auf scharfen Widerstand. Die Landstände und die Stadt Münster hoben Erich von Hoya auf den Schild, der Gründe genug anführen konnte, dem Hause Moers gram zu sein. Heinrich von Moers hatte ihn 1442 aus dem Bistum Osnabrück verdrängt. Erichs Bruder Johann, der eigentlich führende Kopf der Partei, betrieb seine Ernennung zum Stiftsverweser. Er ließ sich als Gildemitglied aufnehmen und stützte sich als wahrer Volkstribun auf die Masse der Bevölkerung, unbekümmert um seinen gräflichen Stand. Im selben Jahr erlangte sein Bruder Albert von Hoya, der schon das Bistum Minden besaß, auch das Bistum Osnabrück. Damit lagen die Geschicke von drei westfälischen Bistümern in der Hand des Hauses Hoya. Eine kräftige Gegenposition zur Stellung der Grafen von Moers schien im Entstehen.

Walram gab aber in Münster das Spiel nicht verloren. Das Domkapitel, durch Bestechungen gefügig gemacht, wählte ihn zum Bischof. Papst Nikolaus V. zeigte sich für den Übertritt Erzbischof Dietrichs zur päpstlichen Partei erkenntlich und bestätigte dessen Bruder Walram. Nur fehlte es dem durch die hohen Kosten der Soester Fehde erschöpften Erzbischof an Kraft, die erneute Kriegslast zu tragen. Er veranlaßte deshalb Walram, für den Fall des zu erwartenden Sieges über Kleve-Hoya auf das Bistum Münster zugunsten von Konrad von Diepholz, eines Neffen des Utrechter Bischofs Rudolf von Diepholz, zu verzichten. Dafür wollte dieser die Lasten der Kriegführung namens der moersischen Seite auf sich nehmen.

Seine Überlegenheit erwies sich in der Schlacht von Varlar (1454), in der die Brüder von Hoya und ihre Verbündeten eine schwere Niederlage einstecken mußten. Viele münsterische Bürger verloren das Leben. Sie fanden ihr Grab bei der Minoritenkirche in Münster, an der noch heute eine damals angebrachte Gedenktafel an das Ereignis erinnert. Obgleich Johann von Hoya inzwischen durch sein selbstherrliches Wesen viele Sympathien im Stift verspielt hatte, gelang es dem Sieger unverständlicherweise nicht, die Entscheidung zu erzwingen. Der Konflikt schleppte sich weiter hin. Im Jahre 1455 starben Rudolf von Diepholz und Walram von Moers. Konrad von Diepholz erhielt das Bistum Osnabrück. Auch in Münster entschied sich eine Mehrheit im Domkapitel für ihn, während eine Minderheit an Erich von Hoya festhielt. Der Streit schien noch einmal an Schärfe zu gewinnen, als Papst Calixt III. 1457 den Knoten durchschlug und einen bisher Unbeteiligten, den Pfalzgrafen Johann bei Rhein, als Bischof von Münster einsetzte. Immerhin stand der Neuernannte der klevisch-burgundischen Partei nahe. Erich und Johann von Hoya erhielten im Vertrag von Kranenburg Geldabfindungen, um ihnen den Verzicht zu versüßen. Schmerzlicher war die Erkenntnis für Dietrich von Moers, seine ehrgeizigen Pläne endgültig begraben zu müssen. Kleve hatte gegen Köln den Sieg davongetragen.

Die in Johann von der Pfalz gesetzte Hoffnung, das Stift Münster aus der inneren Zerstrittenheit zur Ruhe zurückzuführen, erfüllte sich. Auch sein Nachfolger und Neffe, Heinrich von Schwarzburg (1466–1497), setzte die klevisch-burgundische Politik fort. Gleichzeitig besaß er das Erzstift Bremen und verfügte so über eine hervorragende Stellung in Nordwestdeutschland. Aber gerade deshalb kam es zum Konflikt mit Herzog Karl dem Kühnen von Burgund, als dessen aggressive Politik den Plan eines friesischen Königtums gebar. Eine Verwirklichung solcher Ideen hätte den münsterischen Besitz im Emsland und in Friesland vernichtet. Schon jetzt drohte das burgundische Übergewicht in Geldern und Overijssel, die münsterische Vorrangstellung in Nordwestdeutschland zum Einsturz zu bringen. Das führte Heinrich von Schwarzburg in das Lager der Feinde Karls des Kühnen. Er übernahm die Führung des niederdeutschen Kontingents im Reichsheer, das den Herzog 1475 zwang, die Belagerung von Neuß abzubrechen und damit seinen Untergang einleitete. Zur Belohnung für seine Verdienste verlieh der Kaiser dem münsterischen Bischof eine goldene Fahne als »Beschützer des Römischen Reiches«, eine ganz außergewöhnliche Auszeichnung.

Die Gewinne Heinrichs waren beträchtlich. Für einige Jahre übernahm er die Verweserschaft des Herzogtums Geldern. Wichtiger erwies sich die Beute, die der Bischof dem Anhänger Karls des Kühnen, Graf Gerhard von Oldenburg, abjagte. Harpstedt und Delmenhorst kamen an das Stift Münster. Mit dem schon seit 1428 als Pfandbesitz in münsterischer Hand befindlichen Wildeshausen schob sich das Bistum damit territorial bis an die Weser und unmittelbar vor die Tore der Stadt Bremen vor. Da auch Heinrichs Nachfolger, Konrad von Rietberg (1497–1508), schon vor seiner Wahl Bischof von Osnabrück, das Zeug zu besitzen schien, seiner Aufgabe als Herr der stärksten Vormacht in Nordwestdeutschland gerecht zu werden, eröffnete sich für Münster eine glänzende politische Zukunft, vorausgesetzt, die folgenden Bischöfe brachten die Kraft auf, die errungene Position zu halten. Aber daran sollte es mangeln.

Im 15. Jahrhundert erfaßte die niederländische Frömmigkeitsbewegung der

Devotio moderna Westfalen. Sie richtete sich gegen die Verweltlichung der Geistlichkeit und versuchte, in freieren Vereinigungen, die sich als »Brüder und Schwestern vom gemeinsamen Leben« bezeichneten, mitten in der Welt und ihrem Getriebe ein gottgefälliges Leben in der Christusnachfolge zu führen. Gefordert wurde nur persönliche Armut und Gehorsam gegen die freiwillig anerkannte Obrigkeit. Das Leben der Devoten erfüllte sich in Kontemplation und Askese. So lautete denn auch der Titel des nach der Bibel am meisten gelesenen christlichen Betrachtungsbuches des Devoten Thomas von Kempen *Imitatio Christi*.

Das erste deutsche Brüderhaus entstand im Jahre 1401 in Münster auf Betreiben des münsterischen Domvikars Heinrich von Ahaus, der die Bewegung bei seiner Tante, die als Äbtissin in Diepenheim lebte, kennengelernt hatte. Das Haus »Zum Springborn« in Münster entwickelte sich zum Ausgangspunkt für viele weitere Gründungen von Fraterhäusern und zu einem Mittelpunkt der devoten Bewegung.

Doch entstanden bereits zu Anfang der *Devotio moderna* gewisse Schwierigkeiten, die hauptsächlich auf das Mißtrauen und den Konkurrenzneid der alten Orden zurückgingen. Die relative Freiheit, in der die Devoten ihr Gemeinschaftsleben gestalteten, gab den Orden Anlaß, mit den kirchlichen Grundsätzen unvereinbare Mißbräuche zu argwöhnen. Die Devoten zogen daraus die Konsequenz, einen klösterlichen Zweig zu entwickeln, der sich unter die Augustinusregel stellte. Darin lag nicht unbedingt eine Abkehr von den bisherigen Grundsätzen, hatten die Devoten doch immer das Klosterleben als die in der Welt höchste Lebensform betrachtet, sich ihrer nur als unwürdig erachtet. Zur besseren Absicherung ihrer kirchenrechtlich nicht einwandfreien Definierung schlossen sich die Augustiner-Chorherren zu einer Kongregation zusammen, die sich nach ihrer ersten Gründung, dem Kloster Windesheim bei Zwolle, bezeichnete. Ihre erste Gründung auf deutschem Boden erfolgte in Frenswegen in der Grafschaft Bentheim. Größere Bedeutung als Frenswegen erlangten die Augustiner-Chorherren von Böddeken bei Paderborn. Die von dort betriebenen Reformen und eine vorbildliche Wirtschaftsführung übten auf viele Klöster entscheidenden Einfluß aus.

In den Sog der *Devotio moderna* gerieten auch manche alten Beginenhäuser, in denen inzwischen die Gebote der Keuschheit, der Eintracht und des Gehorsams gegen die Oberin in Vergessenheit geraten waren, soweit sie sich nicht dem Dritten Orden des Hl. Franziskus anschlossen.

Außerdem gründeten die Devoten auch Schwesternhäuser, die sie den Fraterhäusern oder den Augustiner-Chorherren von Windesheim unterstellten. Besonders im nördlichen Westfalen blühten solche Schwesternhäuser mächtig auf und erreichten in der zweiten Hälfte des 15. Jahrhunderts Konventsstärken, von denen die Klöster der alten Orden nur träumen konnten. Merkwürdig schnell erlosch jedoch der Impuls wieder. Die Fraterherren versanken in Routine und ließen sich von einem richtigen Kloster nicht mehr unterscheiden; die Schwesternhäuser verfielen der Bedeutungslosigkeit und fristeten ihr Dasein mit geringen Mitgliederzahlen, Jahrzehnte bevor die lutherische Reformation Westfalen erfaßte.

Darin offenbart sich eine Schwäche der *Devotio moderna*. Trotz ihrer ehrlichen, starken Ansätze und hohen geistlichen Blüte blieb sie im wesentlichen auf die gebildeteren städtischen Schichten beschränkt, oder vielleicht gerade wegen dieser Eigenschaften. Aber auch die Schwesternhäuser, die sich ganz auf Schlichtheit der Lebensführung und Verzicht auf jede höhere geistige Bildung konzentrierten, konnten ihre Anziehungskraft auf die einfache Bevölkerung nicht aufrecht erhalten, so verheißungsvoll die ersten Jahrzehnte ihrer Existenz verlaufen waren.

Vielleicht entsprach die vergeistigte Lebensführung der echten Devoten mit intensiver Kontemplation und völligem Aufgehen im Leben und Leiden Christi doch nicht ganz den religiösen Bedürfnissen der Zeitgenossen. Deren Sorge um das persönliche Seelenheil, die ständige Furcht vor der Hölle hatten zu einer durchgehenden Individualisierung der religiösen Praxis geführt, die in allen möglichen religiös-kultischen Handlungen ihren Ausdruck fand: Meßfeiern mit den verschiedensten Intentionen, spezielle Heiligenkulte, Wallfahrten und Prozessionen wurden von einzelnen sozialen Gruppierungen, aber auch Einzelpersonen getragen. Daneben äußerte sich ein starker Drang zur Verkörperlichung des Übersinnlichen. Er brachte die liebevolle und innerliche Verehrung der Jungfrau und Mutter Maria ebenso zur Blüte wie die überaus naturalistischen Wunden- und Blut-Christi-Kulte, die Hostienwunder. Materialistisches Massendenken verband den Erfolg der Gebete und liturgischen Handlungen mit ihrer Zahl und stellte Forderungen, die ohne Sinnentleerung nicht erfüllbar waren, wie etwas das fünfzigfache Rezitieren des gesamten Psalters an einem einzigen Tage. Recht deutlich treten in solchen Vorstellungen magische Momente zutage. Sakramente und heilige Handlungen nahmen den Charakter von Zaubermitteln an, mit denen göttliche Mächte zu Leistungen gezwungen werden konnten, uralte, aus der Vorzeit weitergegebene Überzeugungen, die mit dem christlichen Glauben wenig zu tun hatten. Besonders schlimm wirkte sich dieser Irrglaube im Ablaßwesen aus, wurde aber auch hier als erster als solcher erkannt.

Beschwörende Wirkung schrieben die Menschen auch den Geißlerzügen zu, die seit den schlimmen Pestzeiten in wechselnden Abständen die Lande durchzogen, ja der Verbrennung von angeblichen Hexen, einem Wahn, der in Westfalen erstmalig im Jahre 1490 in der Stadt Osnabrück auftauchte.

Die frühe Neuzeit

Zeit der Glaubenskämpfe

Was das 15. Jahrhundert trotz aller Kritik an den Zuständen und manchen Ansätzen zur Besserung nicht erreicht hatte, stand nach der Jahrhundertwende zur Entscheidung an. Die Auseinandersetzung um den »rechten Glauben« trat in ihre entscheidende Phase und wurde in Westfalen mit höchster Erbitterung auf beiden Seiten geführt. Trotzdem war Westfalen nicht das Ursprungsland der Reformation. Auch fiel innerhalb seiner Grenzen nicht die Entscheidung über die konfessionelle Zukunft des Landes. Beides geschah an anderer Stelle.

Nach dem sogenannten Thesenanschlag Luthers in Wittenberg (1517), der in dieser Form wahrscheinlich gar nicht stattgefunden hat, drangen die lutherischen Reformgedanken auf mehreren Wegen nach Westfalen. Die junge Buchdruckerkunst begünstigte eine schnelle Verbreitung unter der des Lesens kundigen Geistlichkeit und dem gehobenen Bürgertum. Nur diese Kreise vermochten auch, theologische Gedankengänge zu begreifen. Gerade in ihnen bestanden aber die engsten Bindungen an kirchliche Einrichtungen. Sie gehörten ihnen entweder persönlich an oder rechneten mit ihnen als Versorgungseinrichtungen für ihre Söhne und Töchter, wie sie in den Stiften und Klöstern geboten wurden. Pfründen- und Meßstiftungen kamen ausschließlich aus den vermögenden Schichten. Es war nicht ihre Schuld, daß die Versorgung mancher Geistlicher trotzdem nicht zu einem sorgenfreien Leben hinreichte. Steter Geldverfall hatte die Geldeinkünfte stark dezimiert. Nur der Besitz mehrerer Präbenden oder aber eine Nebentätigkeit als Schreiber oder Notar half dem schlecht versorgten Kleriker aus der Not. Lagen die Pfründen weit voneinander entfernt, konnte der Besitzer beim besten Willen die geistlichen Obliegenheiten, die damit verbunden waren, nicht erfüllen. Um diesem vielfältig kritisierten Mißstand der Pfründenhäufung abzuhelfen, wußte man damals kein Mittel. Zentrale Diözesankassen, die einen Ausgleich hätten leisten können, gab es nicht.

Besonders deutlich traten die kritisierten Mißstände in den Städten zutage, die eine Vielzahl kirchlicher Einrichtungen aufwiesen. In ihnen wohnten aber auch die Menschen, die am ehesten verstanden, was die auf Reform der Zustände bedachten Kritiker meinten. Patrizier und Honoratioren waren indessen aus den erwähnten Gründen auf den Erhalt der Institutionen bedacht und standen einem Umsturz des Bestehenden reserviert gegenüber. Solche Bedenken gab es unter den Handwerkern und Gewerbetreibenden nicht. Unter ihnen herrschte seit eh und je eine Abneigung gegen die privilegierte Geistlichkeit und die Klöster, die Steuerfreiheit genossen, ohne sich an den bürgerlichen Lasten zu beteiligen. Manche Klöster standen im Verdacht, durch Konkurrenz den Handwerkern das Leben schwer zu machen, ein Verdacht, der sich meist als weit übertrieben herausstellte.

Auf dem Lande fanden die Reformatoren kaum Gelegenheiten, das Ohr des Volkes zu erreichen. Der Bauer verstand nicht, worum es ging. Sein mühevolles Tagewerk ließ ihm keine Zeit, sich mit reformatorischem Gedankengut zu befassen. Der Adel begegnete der neuen Lehre mit Mißtrauen in der Befürchtung, Veränderungen in der Kirche könnten einen Umsturz des gesamten politisch-sozialen Systems nach sich ziehen. Damit wäre die bevorrechtigte Stellung des Adels ein für allemal dahin gewesen.

Am frühesten drang die Kunde aus Wittenberg in die westfälischen Klöster der Augustiner-Eremiten, der Ordensbrüder Martin Luthers. Ihre Klöster in Herford, Osnabrück und Lippstadt gaben die Ideen an das Bürgertum weiter. So wechselte der Osnabrücker Prior Gerhard Hecker mit Luther selber Briefe. Hecker gewann den Herforder Ordensbruder Johannes Dreier für den neuen Glauben, dieser zog wiederum das in der Stadt befindliche Fraterhaus auf die Seite der Reformation. Das war außerordentlich folgenreich, da der dortige, hochgebildete Fraterherr Jakob Montanus, ein Brieffreund des Humanisten Willibald Pirkheimer, über großes Ansehen verfügte und zu einer der Eckfiguren in der Reformationsgeschichte Westfalens wurde.

Auch in Lippstadt war es ein Augustiner-Eremit, Johannes Westermann, früher Student zu Füßen Luthers in Wittenberg, der 1524 das erste evangelische Buch Westfalens, eine Fastenpredigt, zum Druck brachte. Mit seiner schlichten und volkstümlichen Sprache gewann das Büchlein weite Verbreitung. Unter Westermanns Einfluß widerstand der Lippstädter Konvent allen landesherrlichen Drohungen, blieb bei der lutherischen Lehre und löste sich schließlich auf.

Nur vereinzelt kam es in Westfalen in Verbindung mit der Reformation zu Unruhen und Gewalttaten. Eine durchgehende Verknüpfung mit sozialen Bewegungen, wie sie in Mittel- und Süddeutschland zu beobachten ist und in den Bauernkriegen zum Ausbruch kam, fehlte hier. Möglicherweise hängt das damit zusammen, daß die Lage der bäuerlichen Bevölkerung in Westfalen nicht so drückend war wie anderwärts. Die meist geistlichen Grundherren gingen glimpflicher mit den Hörigen um als die selber in wirtschaftliche Bedrängnis geratenen Ritter. Das in Westfalen länger als im Süden bewahrte altdeutsche Recht begünstigte die Bauern gegenüber denen in den südlichen, unter das römische Recht getretenen Ländern. Lediglich in Osnabrück und Minden kam es zu Gewaltanwendung gegen Geistliche und Klöster, die mit einer Buße durch den Bischof geahndet wurden. Die münsterischen Tumulte um das Fraterhaus und das Schwesternhaus Marienthal genannt Niesing, in dem man eine überaus hohe Zahl von Webstühlen vermutete, endeten wie eine Posse unter dem Gespött der Menge.

Von den geistlichen Landesherren, die den weitaus größten Teil Westfalens beherrschten, konnte keine Vorreiterrolle in der Reformation erwartet werden. Aber auch die weltlichen Fürsten verhielten sich anfangs abwartend. Als erster trat Graf Jobst von Hoya unter dem Einfluß der benachbarten Herzöge von Braunschweig-Lüneburg 1525 zum lutherischen Bekenntnis über. 1528 folgte ihm sein Nachbar, Graf Friedrich von Diepholz. Dagegen machte sich der Einfluß des Landgrafen von Hessen bemerkbar, als 1526 und 1528 die Grafen von Waldeck mit den Linien zu Wildungen und Eisenberg sich zum Anschluß an die

Reformation entschieden. Dasselbe gilt für den mit Landgraf Philipp verschwägerten Grafen Konrad von Tecklenburg, einen im Grunde religiös wenig interessierten Mann. Sein altkirchlicher, noch lebender Vater, aber auch Ungeschicklichkeiten bei der Einführung der Reformation im Lande, wie bei der Zerstörung der als wundertätig gerühmten Margarethenstatue in Lengerich (1535/39), zwangen Konrad mit Rücksicht auf die Empörung des Volkes, seinen Reformator Johannes Polhenne (Pollius) zu größter Behutsamkeit anzuweisen. Dagegen ging der Graf nach der Besitzergreifung von Lingen im Jahre 1541 mit größter Rücksichtslosigkeit gegen Andersdenkende vor. Ihm lag wohl mehr an dem Erwerb von Klostergütern als an Glaubensdingen.

Als Letzter trat, wiederum unter hessischem Einfluß, der Graf von Rietberg im Jahre 1535 zum Luthertum über. Die Reformation stützte sich nun auf eine ganze Reihe von stärkeren und schwächeren Säulen in Westfalen, doch war nicht zu übersehen, daß die kleinen weltlichen Territorien, fast ganz ohne Städte und rein ländlich orientiert, wenig Gewicht in die Waagschale werfen konnten.

Folgenreicher erwies sich das Eindringen Wittenberger Gedanken am Hofe Herzog Johanns von Jülich-Kleve-Berg in Düsseldorf, seitdem dessen Tochter Sibylla den Beschirmer Luthers, Kurprinz Johann Friedrich von Sachsen, geheiratet hatte. Schon im Jahre 1530 versprach der Herzog seinen ausgedehnten Ländern zwischen Maas und Weser eine allgemeine Reformation. Er verstand darunter allerdings eine innere Reformation der Kirche nach den Ideen des Erasmus von Rotterdam, um auf alle Fälle eine Glaubensspaltung zu vermeiden. Die herzogliche Kirchenordnung von 1532 erkannte in diesem Sinne zwar die Lehren Luthers als im wesentlichen richtig an, verbot aber alle Veränderungen in den kirchlichen Ordnungen und Gebräuchen. Luther verdammte Johanns Kirchenordnung als kleinmütig und unentschieden, die altkirchliche Seite hielt sie für viel zu weitgehend in ihren Zugeständnissen an die Reformatoren.

In den herzoglichen Ländern Mark und Ravensberg versuchten nun die Beamten, der Kirchenordnung Gehorsam zu verschaffen. Jedoch stellte sich heraus, daß die Anteilnahme der Bevölkerung an der lutherischen Reform unerwartet stark verankert war. So ging die vom Volke getragene Bewegung schnell über das vorsichtige Taktieren des Herzogs hinaus und geriet außer Kontrolle.

Ein Zusammenstoß konnte nicht ausbleiben. Als der entschieden auftretende Reformator Gerhard Oemeken seine Tätigkeit in der Stadt Lippstadt aufnahm, widersetzten sich die Gilden dem Gebot Herzog Johanns, der gemeinsam mit dem Grafen zur Lippe Stadtherr war, Oemeken auszuweisen. Im Gegenteil, diese vertrieben die altgläubigen Ratsmitglieder. Die Bürger erklärten, sie wollten der Obrigkeit gern in allen weltlichen Dingen Gehorsam leisten. In geistlichen Angelegenheiten unterlägen sie aber allein ihrem eigenen Gewissen. Der Herzog verlor die Geduld, schloß gemeinsam mit dem Lipper die widersetzliche Stadt ein und zwang sie zur Übergabe. In der Kapitulation vom 13. Juli 1535 verlor Lippstadt seine städtische Freiheit. Die Prädikanten wurden ausgewiesen. Herzog Johann führte seine Kirchenordnung ein, doch verbreitete sich die lutherische Lehre unter ihrer weitmaschigen Unverbindlichkeit weiterhin in der Stadt und herrschte bald uneingeschränkt.

Gerhard Oemeken wirkte damals längst an anderer Stelle. Zu Anfang des Jahres 1532 überbrachte der berühmte Kupferstecher Heinrich Aldegrever ihm einen Ruf der Stadt Soest. Die alte Handelsstadt, stolz auf ihren vor 75 Jahren errungenen Sieg über den Erzbischof von Köln, befand sich in einer wirtschaftlich keineswegs beneidenswerten Lage. Ihre errungene Selbständigkeit hatte ihr nämlich eine eng um die Börde gezogene Grenze und damit die Abschnürung vom Hinterland beschert. Die Stimmung in der Stadt war gereizt. Die alte Kirche stützte sich auf das Patroklistift und einige Klöster. Der Kölner gelehrte Dominikaner Johann Host von Romberg hatte bereits vergeblich versucht, seinen zur Reformation übergetretenen Ordensbruder Thomas Borchwede aus Osnabrück in einer Disputation bloßzustellen. Die Erregung in der Stadt stieg so hoch, daß der konservative Stadtrat es für geraten hielt, den Gilden größere Zugeständnisse zu machen. Sie gingen zumeist zu Lasten der Geistlichkeit (15. Oktober 1531). Bei einer Predigt des zwielichtigen Prädikanten Johann Wulff von Kampen kam es schließlich am 21. Dezember des Jahres zu einem offenen Aufruhr. Die altgläubigen Bürgermeister fanden sich, von der Menge ergriffen, im Kerker wieder. Die Patroklikirche erlitt Verwüstungen. Ihre Kanoniker wurden mißhandelt. Außer St. Patrokli gingen alle Pfarrkirchen der Stadt an die Prädikanten über.

In dieser heiklen Lage berief der Rat Gerhard Oemeken, um eine neue Kirchenordnung zu entwerfen und damit dem Abgleiten in das Chaos vorzubeugen. Empört mußte Herzog Johann mitansehen, daß der verhaßte Prediger, der ihm schon in Lippstadt Schwierigkeiten bereitet hatte, in wenigen Wochen eine *Ordinanz* aufsetzte, die sich in den Hauptpunkten nach der braunschweigischen Kirchenordnung Johannes Bugenhagens richtete. Unerwartet fand die *Ordinanz* aber nicht den Beifall der Bürger. Oemeken wurde mit freundlichen Worten verabschiedet. Schnell dehnte sich die Reformation nun auch über die Bördedörfer aus, in der Stadt hielt die erregte Stimmung an. Die Bürger machten dem Rat zum Vorwurf, daß er ihrer Meinung nach nicht energisch genug gegen die verbliebenen Papisten an St. Patrokli vorging. Aus nichtigen Anlässen erhoben sich im Frühjahr 1533 Tumulte, bei denen der städtischen Obrigkeit das Gesetz des Handelns entglitt. Um ein Exempel zu statuieren, wurden fünf Schuldige, sämtlich Anhänger der Reformation, zum Tode verurteilt. Als der Schwerthieb des Henkers nur die Schulter des ersten traf, erzwang das empörte Volk die Begnadigung aller Verurteilten. Zwar starb der Verletzte am folgenden Tage, aber die Reformation besaß nun in Soest einen Märtyrer.

Ahnungsvoll verließen die meisten Honoratioren die unruhige Stadt. Alle Vermittlungsangebote Herzog Johanns trafen auf brüske Ablehnung. Erst dem Schwiegersohn des Herzogs, Kurfürst Johann Friedrich von Sachsen, gelang es, die Bürger zur Anerkennung der Oberhoheit des Herzogs zu bewegen, während dieser die bestehenden religiösen Verhältnisse in Soest bestätigte.

Ruhiger verlief die reformatorische Bewegung in der ebenfalls Herzog Johann gehörigen Grafschaft Ravensberg. Hier stand sie ganz unter dem Einfluß des Herforder Fraterherrn Jakob Montanus, eines Freundes Melanchthons, und des Augustiner-Eremiten Johann Dreier. Am 16. April 1531 nahm dieser von der Münsterkirche Besitz, ohne daß Gegenwehr erfolgte. Ein Jahr später trat

Dreiers Kirchenordnung in Kraft. Die Stadt Herford entwickelte sich, nicht zuletzt durch die von ihrer Lateinschule ausgehende Wirkung, zu einem Mittelpunkt der Reformation.

Die Reichsstadt Dortmund lag zwar auch mitten in der Grafschaft Mark, die Herzog Johann unterstand, ging aber ihren eigenen Weg. Das mag daran liegen, daß in ihr die Geistlichkeit nicht die Rolle spielte wie in den anderen großen Städten Westfalens. Im Jahre 1527 forderten die Gilden offen die Zulassung der lutherischen Prädikanten, doch konnte der Rat unter Hinweis auf den zu erwartenden Zorn des Kaisers das Ansinnen zurückstellen. Erst 1532 gab er die Kanzeln für die Prediger frei. Trotzdem blieb die konfessionelle Zukunft der Stadt weiterhin in der Schwebe.

Ähnlich verlief die Entwicklung in der Stadt Lemgo, die nicht reichsfrei war, sondern dem Grafen zur Lippe unterstand. Dieser bekannte sich zur alten Kirche, beugte sich aber der Warnung seines Lehnsherrn Philipps von Hessen, nichts gegen die Reformatoren zu unternehmen. Im Jahre 1537 verabschiedete der Rat eine *Ordinanz*, die wiederum aus der Feder Gerhard Oemekens stammte.

Um diese Zeit sah es so aus, als habe die alte Kirche ihre Rolle in Westfalen endgültig ausgespielt. Zwar besaß sie noch zahlreiche Anhänger hohen und niederen Standes, doch standen alle wie gelähmt gegenüber den ihre Umwelt treffenden Veränderungen. Mit Recht wiesen sie daraufhin, daß Mängel im Kirchenwesen und in der persönlichen Eignung der Kirchenmänner keineswegs allein in der alten Kirche zu finden seien. Gut und Böse waren gleichmäßig auf beiden Seiten verteilt. Im Grunde ging es auch nicht hierum, auch nicht um eine bessere Organisation der Kirche, sondern um Besinnung auf die biblischen Grundlagen einer hoffnungslos in Philosophie und juristischem Beiwerk verstrickten Kirche, um eine Erneuerung der Glaubensinhalte. Nicht allzu viele der Zeitgenossen mögen das klar vor Augen gesehen haben.

In dieser Lage trat eine Katastrophe ein, die alles bisher von der Reformation in Westfalen Erreichte in Frage stellte. In der größten Stadt des Landes, in Münster, nahm die reformatorische Bewegung einen tumultuarischen Verlauf, der wohl in allen Einzelheiten bekannt ist, aber letzten Endes ein Rätsel bleibt. Nur das schicksalhafte Zusammentreffen unglücklicher Umstände, äußerer Einflüsse und die Demagogie einiger weniger Rädelsführer, weniger dagegen der Volkscharakter der münsterischen Bürger, können wahrscheinlich machen, wie es zu einem solchen Sturzbach schrecklicher Ereignisse kommen konnte.

Eine Schlüsselfigur im Geschehen bildete der Kaplan Bernhard Rothmann an der außerhalb der Stadtmauern gelegenen Stiftskirche St. Mauritz, ein Mann hoher Bildung und hinreißender Beredsamkeit, aber auch hemmungslos in der Selbstdarstellung mit immer neuen verblüffenden Gedankengängen. Seit 1530 lockte er mit seinen Predigten mehr und mehr Bürger in seine Kirche, wurde vom Bischof mit Redeverbot und Landesverweis belegt, siedelte aber 1532 unbeeindruckt in die Stadt über und bestieg unter dem Jubel der Bürger die Kanzel der Hauptkirche St. Lamberti. Begeistert wurde das von ihm verfaßte Glaubensbekenntnis von der Bürgerschaft angenommen. Rothmann fand Wohnung bei dem reichen Wandschneider Bernhard Knipperdolling, der sich mit dem

Bischof überworfen und durch seine Ausfälle gegen die höhere Geistlichkeit den Beifall des Volkes gefunden hatte. Pathetisch beschlossen die Gilden, beide Männer bis zum letzten Blutstropfen gegen alle Feinde zu verteidigen. Der Rat ließ einen »Ausschuß« zur Mitregierung zu. Bald befanden sich alle Pfarrkirchen der Stadt in lutherischer Hand. Nur der Dom und die Klöster blieben beim alten Glauben. In böser Vorahnung verließen viele Angehörige der vornehmen Geschlechter die unruhige Stadt.

Der seit kurzem regierende Fürstbischof Franz von Waldeck warnte die Bürger vor weiteren Veränderungen, verstärkte damit aber nur deren Widerstandswillen. Dem vermittelnden Einfluß Landgraf Philipps von Hessen, der mit dem Bischof verwandt war, gelang es schließlich in dem aufkeimenden Konflikt, einen Vertrag zwischen Stadt und Bischof aufzurichten (14. Februar 1533), in dem der Stadt die freie Religionsübung zugestanden wurde. Alle sechs Pfarrkirchen blieben in der Hand der Prädikanten. Dafür versprachen die Bürger, dem lutherischen Schmalkaldischen Bunde beitreten zu wollen. Die größte Stadt Westfalens, Münster, war damit evangelisch geworden.

Rothmanns unbeständigem Geist ist es wahrscheinlich zuzuschreiben, diesen Erfolg verspielt zu haben. Zunächst wandte er sich den Auffassungen Zwinglis vom Abendmahl zu und leugnete die leibliche Gegenwart Christi beim Herrenmahl. Statt der herkömmlichen Oblaten verwandte er Brot, sogenannte Stuten, was ihm den Beinamen »Stutenbernd« eintrug. Warnungen Luthers und Melanchthons vor dem eingeschlagenen Irrweg beeindruckten Rothmann nicht. Im Gegenteil: Bald sympathisierte er mit radikalen Erweckungsbewegungen, die von Süddeutschland vordrangen und die Gültigkeit der Kindertaufe leugneten. Damit trennten sich die »Täufer«, wie sie sich selber bezeichneten, von der Kirche. Höher als alle Kirchenlehre stand ihnen die innere Offenbarung. Angeblich nach dem Vorbild der Apostel forderten sie für ihre Anhänger weitgehende Gütergemeinschaft und verweigerten dem Staat das Recht, von ihnen Eidesleistung und Kriegsdienst zu fordern.

Vor den Verfolgungen in ihrer Heimat hatten diese höchst friedfertigen »Melchioriten«, wie sie nach ihrem Anführer Melchior Hoffmann genannt wurden, in Wassenberg den Schutz Herzog Johanns von Jülich-Kleve-Berg gefunden, mußten aber nach dessen Kirchenordnung von 1532 das Land verlassen. Die Nachrichten von den Ereignissen in Münster lockten sie an den Tätigkeitsort Rothmanns. Ihr Einfluß offenbarte sich schon in seiner Kirchenordnung von 1533. Sie atmete nur noch wenig lutherischen Geist. Die Vorstellungen Zwinglis und der Wassenberger hatten eindeutig das Übergewicht gewonnen. Die Folgen ließen sich handgreiflich am Bildersturm vom April des Jahres ablesen. Zahllose Kunstwerke in den Kirchen lagen zerschmettert am Boden.

Die zaghafte Gegenwehr besonnener lutherischer Bürger brach unter den demagogischen Ausfällen Rothmanns zusammen. Immer mehr Bürger verfielen seinen verführerischen Worten. Allein die Gemeinde sollte Basis des Glaubens sein. Schon drang die gefährliche Kunde weit über die Grenzen Westfalens hinaus. Da gelang es noch einmal dem rechtsgelehrten Lutheraner Johann von der Wieck, der damals der Stadt Bremen als Syndikus diente, die Ruhe wiederherzustellen. Nach dem am 6. November 1533 geschlossenen Vergleich sollten alle

Prädikanten die Stadt verlassen. Rothmann wurde das Bleiberecht zugestanden, jedoch die Predigt verboten. Eine Kirchenordnung des Lutheraners Dietrich Fabricius stellte scheinbar auch die religiöse Ruhe wieder her.

In Wirklichkeit war es längst zu spät. Im Dezember nahm Rothmann seine Predigten wieder auf, gestützt auf eine starke Anhängerschaft in der Stadt und auf viele holländische und friesische Zuwanderer. Die vorübergehend ausgewiesenen Wassenberger fanden sich ebenfalls wieder ein und nahmen unter den Anweisungen des Fanatikers Jan Mattysz aus Haarlem gewalttätige Züge an, die ihnen bisher ganz fremd waren. Als angeblich von Gott Gesandter verkündete Mattysz die bevorstehende Verwirklichung des Tausendjährigen Reiches gegen jeden Widerstand. Offenbarungen erkannten die Täufer nun als einzige Richtschnur ihres Handelns an. Am 5. Januar 1534 trafen zwei seiner Apostel in Münster ein, fanden den Boden für ihre Lehren wohl vorbereitet und tauften Rothmann mit angeblich 1400 seiner Anhänger. Wenige Tage darauf erschien Jan Bockelszoon aus der Nähe von Leiden und übernahm die Führung der Verführten.

In den Straßen der unglücklichen Stadt verbreitete sich eine unwirkliche Stimmung. Überall riefen Täufer in Verzückung zur Buße auf. Am 9. Februar besetzten sie das Rathaus. Lutheraner und Altkirchliche bezogen bewaffnet Stellung auf dem Überwasserkirchhof. Ein erneuter Vergleich war nicht mehr wert als das Papier, auf dem er geschrieben war. Von allen Seiten strömten den Täufern Fremde zu, darunter viel zwielichtiges Gesindel. Endlich zog der unheilvolle Jan Mattysz persönlich in der Stadt ein. Das Spiel war für die Besonnenen verloren. Selbst die adeligen Jungfern von St. Marien Überwasser und die Nonnen von St. Ägidii schlossen sich den Schwärmern an.

Die Bahn lag vor den Radikalen frei da. Bei der Ratswahl vom 23. Februar 1534 gelangten ausschließlich Täufer in den Rat. Eines der Bürgermeisterämter übernahm Bernhard Knipperdolling. Wie in einem Rausch überantworteten die Schwärmer Archive und Bibliotheken dem Feuer. Schon sprang der gefährliche Funke auf andere Stiftstädte und sogar das platte Land über. Die Grenze dessen, was der Bischof als Landesherr geduldig mitansehen konnte, ohne mit dem Reich in Konflikt zu geraten, war überschritten. Er bot die Osnabrücker und münsterischen Lehnsmannschaften auf und warb Landsknechte. Doch reichten die Kräfte kaum aus, um die Zufahrtswege in die Stadt zu kontrollieren. Den Täufern bot sich aber ein Anlaß, die Bürger zum äußersten Widerstand aufzuhetzen und ihre volle Solidarität gegen die Bedrohung durch den Bischof zu verlangen. Ungestört bauten Jan Mattysz, Jan Bockelszoon und ihre Spießgesellen in der Stadt ein Schreckensregiment auf. Ohne gerichtliche Verfahren verfielen Hab und Gut Andersdenkender der Beschlagnahme. Kritiker wurden erbarmungslos dem Tode überantwortet. Die Kirchen verloren jede Bedeutung, da das Tausendjährige Reich nach Auffassung der Täufer seinen Sitz allein in den Herzen der Menschen habe. Alle kirchlichen Bauten wurden zu »Steinbrüchen« erklärt. Nur ihre Standfestigkeit bewahrte sie vor dem völligen Abbruch.

Eine schwere Krise entstand am Ostertage 1534, als der Prophet Jan Mattysz, überzeugt von seiner göttlichen Sendung, mit wenigen Anhängern den Belagerern entgegenging, um sie nur durch sein Wort in die Flucht zu schlagen. Auf die

Landsknechte machte der seltsame Zug nicht den geringsten Eindruck. Alle Teilnehmer wurden niedergemacht, Mattysz grausam zerstückelt. Aufkommende Zweifel der Bürger, ob sie nicht vielleicht doch Betrügern aufgesessen seien, begegnete Jan Bockelszoon äußerst geschickt mit der Deutung, Jan Mattysz habe zu selbstherrlich auf Gottes Hilfe gepocht und ihn damit gelästert. Deshalb habe er sterben müssen. Der fünfundzwanzigjährige Bauernsohn aus Leiden machte sich damit zum unumstrittenen Anführer der Täufer, eine jener faszinierenden und schillernden Figuren, teils Scharlatan, teils Ungeheuer, die von Zeit zu Zeit die Menschheitsgeschichte beunruhigen, aber auch glaubensstark und standhaft, wie seine letzten Stunden erweisen sollten.

Sogleich ergriff Jan von Leiden organisatorische Maßnahmen. An die Stelle des Stadtmagistrats setzte er einen Ältestenrat der Zwölf Stämme Israel. Mit Umsicht ordnete er das Verteidigungswesen neu. Seine Stellung gewann an Gewicht, als ein Sturm der Belagerer am 25. Mai, ein zweiter am 31. August scheiterte. Man jubelte über die Nachrichten, die davon sprachen, die Landsknechte des Bischofs drohten enttäuscht auseinanderzulaufen. Tatsächlich sah es so aus, als ob Gott auf Seiten der Täufer kämpfte. Um die Gemeinde zu stärken, führte Jan Bockelszoon die Vielweiberei ein, da ein großer Frauenüberschuß in der Stadt bestand. Widerstrebende Frauen gerieten in den Kerker, Männer, die den Spuk nicht mitmachen wollten, wurden kurzerhand niedergehauen. Jan von Leiden ließ sich als König des gesamten Erdreichs ausrufen, das im Neuen Zion, Münster, seinen Anfang nahm. Er umgab sich mit einer prächtigen Hofhaltung, die gar nicht im Einklang mit der bisherigen Einfachheit der Täufer stand, nahm Divara, die Witwe Jan Mattysz', als Frau und Königin, und umgab sie mit fünfzehn Nebenfrauen.

Der äußere Glanz des Täuferreiches konnte aber nicht darüber hinwegtäuschen, daß sein Höhepunkt überschritten war. Die ausgesandten vierundzwanzig Apostel fanden nur in Warendorf eine freundliche Aufnahme. In allen anderen Städten war der Empfang kühl und ablehnend. Trotz leerer Kassen hatte der Bischof inzwischen das Belagerungsheer verstärkt und dabei lebhafte Unterstützung anderer Fürsten gefunden. Diese waren nämlich nicht nur über die drohende Ausbreitung des Täuferreiches beunruhigt. Viel stärker ängstigten sie Gerüchte, die hartnäckig behaupteten, Kaiser Karl V. beabsichtige, das Fürstbistum Münster Franz von Waldeck abzukaufen, um damit sein geplantes niederländisch-westfälisches Nebenland aufzubauen. Ziel des Habsburgers war es, damit die Umklammerung Frankreichs zu vollenden. Im Süden stand Spanien, im Osten Burgund bereits als Wacht an der französischen Grenze. Für Franz von Waldeck hätte der Plan manche Vorteile gebracht. Er wäre aller Sorgen um die Täufer ledig gewesen. Aber die deutschen Fürsten horchten auf. Auf keinen Fall mochten sie die alte Teutsche Libertät gegen die Hispanische Servitut eintauschen, die ihnen das Haus Habsburg androhte. Unerwartet schnell und umfangreich stellten sie deshalb dem Bischof Mittel zur Verfügung, um den Verlockungen besser widerstehen zu können.

In der Stadt verbesserte sich die Lage nicht gerade. Hunger und Seuchen plagten die Einwohner. In Anschlägen auf Jan von Leiden zeigten sich die ersten Anzeichen erwachender Unzufriedenheit mit den Anführern. Eine riesige

Fluchtwelle setzte ein, die einerseits die Stadt schwächte, andererseits aber die Sorge um viele Esser erleichterte. Die erbitterten Landsknechte kannten keine Gnade. Sie machten alle aus den Toren fliehenden Männer nieder. Frauen und Kinder ließen sie tagelang zwischen den Wällen und ihren Posten herumirren, bis sie endlich Gnade fanden.

Verrat machte dem bösen Treiben ein Ende. Am 25. Juni 1535 drangen die Belagerer in die Stadt ein. Vor »das grob Teufelsspiel in Münster« (Martin Luther) wurde der Vorhang gezogen. Fast alle noch in der Stadt befindlichen Bewohner fielen dem Schwert der Landsknechte zum Opfer. Jan von Leiden, Bernhard Knipperdolling und einige andere Täufer gerieten in Gefangenschaft. Bernhard Rothmann blieb verschollen. Wie wilde Tiere wurden die Mächtigen des Tausendjährigen Reichs durch die Lande geführt und am 22. Januar 1536 auf dem münsterischen Prinzipalmarkt, wo der Thron des »Königs« gestanden hatte, mit glühenden Zangen unter den Augen des Bischofs grausam zu Tode gezwickt. Sie starben ohne einen Laut der Klage. Zur Abschreckung wurden die Leichen in Käfigen am Lambertiturm aufgehängt.

Mochten sich Martin Luther und andere Reformatoren auch noch so unmißverständlich von den Schwarmgeistern und ihren Verirrungen distanziert haben, die altkirchliche Partei konnte doch mit einem gewissen Recht behaupten, daß der münsterische Teufelsspuk auf dem Boden reformatorischer Ideen gewachsen war. Drohten den Reformatoren nicht weitere, vielleicht noch schlimmere Irrwege?

Münster verlor alle seine städtischen Freiheiten und Rechte. Nur langsam kehrte das Leben in die schwer geprüfte Stadt zurück. Da katholische wie evangelische Fürsten an der Ausrottung des Täuferreichs beteiligt gewesen waren, schien es selbstverständlich, daß beide Konfessionen in ihren alten Rechten vor dem Ausbruch des Aufstandes wieder hergestellt wurden. Jedoch beschlossen die Reichsstände unter dem Protest der Evangelischen die uneingeschränkte Einführung des katholischen Kirchenwesens in Münster. Franz von Waldeck, innerlich mehr den Lutheranern zuneigend, fühlte sich zu schwach, dem Reichsbeschluß zu widersprechen. So fielen alle Pfarrkirchen der Stadt wieder an die alte Kirche zurück. Damit starb das evangelische Bekenntnis in Münster aber keineswegs aus. Relativ unangefochten lebte es bis in das 17. Jahrhundert in der Stadt fort und flammte sogar noch einmal unter ganz anderen Umständen erneut auf.

Auch das Täufertum erstarb mit dem Ende des münsterischen Reichs nicht. Nur seine politische Rolle war ausgespielt. Die in die alten friedlichen Bahnen zurückgekehrten Mennoniten – so nannten sie sich nun nach ihrem Anführer Menno Simons – trotzten allen behördlichen Verfolgungen im Stift Münster und hielten ihre Stellung besonders in den westlichen Gebieten, in denen jederzeit die Flucht über die niederländische Grenze möglich war. Mancher Stadtmagistrat, aber auch viele Adelige, ja sogar die Äbtissin von Freckenhorst hielten die schützende Hand über die wegen ihres Gewerbefleißes geschätzten und nutzbringenden Täufer. Erst unter den schärferen Winden der katholischen Erneuerung strichen die Mennoniten die Segel und zogen in evangelische Territorien ab.

Der Fall der Stadt Münster erschütterte den Ruf aller Städte in Westfalen erheblich. Ihre Rolle als ordnungswahrende und friedensstiftende Kraft geriet ins Zwielicht. Dagegen gingen die Landesherren insgesamt gestärkt aus dem Kampfe hervor. Gerade in der konfessionellen Auseinandersetzung, wie sie sich nun verstärkte, trat der Landesherr in seiner Bedeutung vor die bisher tonangebenden Städte. Nur der Fürst vereinigte politische und militärische Gewalt in seinen Händen, die zum Siege erforderlich waren. Nicht nur in den geistlichen Territorien beanspruchte er auch die Entscheidung in kirchlichen Angelegenheiten. Das Landeskirchentum trat seinen Siegeszug an.

Kurze Zeit nach der Beendigung des münsterischen Trauerspiels zogen am Niederrhein düstere Wolken auf, die ihre Schatten auch auf Westfalen warfen. Die bereits erwähnten habsburgischen Pläne zur Errichtung eines niederländisch-westfälischen Nebenlandes trafen auf die Politik Herzog Wilhelms des Reichen von Jülich-Kleve-Berg, dem zu allen seinen vielen Territorien zwischen Maas und Weser gerade das Herzogtum Geldern zugefallen war. Die geldrischen Länder erstreckten sich von der Stadt Geldern im Süden über Venlo bis nach Zutfen und bis an die Zuidersee. Sie bildeten gewissermaßen einen Graben, der die habsburgischen Besitzungen in den südlichen Niederlanden vom Stift Utrecht trennte, das 1525 an den Kaiser gekommen war. Die Ausbildung des niederländischen Nebenlandes schien ernsthaft bedroht. Der Herzog erkannte die habsburgische Verbitterung wohl, vertraute aber auf seinen Verbündeten, König Franz I. von Frankreich, und glaubte dem Kaiser trotzen zu können. 1541/42 trat er zum lutherischen Bekenntnis über und beantragte seine Aufnahme in den Schmalkaldischen Bund evangelischer Fürsten.

Das Schicksal stand gegen ihn. Der Führer der Lutheraner im Reich, Landgraf Philipp von Hessen, befand sich in einer gefährlichen Lage. Wegen einer Doppelehe drohte ihm ein reichsgerichtliches Verfahren. Um sich das Wohlwollen des Kaisers zu sichern, versprach der Landgraf dem Reichsoberhaupt, Herzog Wilhelm weder zu unterstützen noch in den Schmalkaldener Bund aufzunehmen. Des Erfolges sicher, griff Karl V. im Sommer 1542 zu den Waffen. Der Herzog stand allein auf weiter Flur, unsäglich enttäuscht über das Verhalten seiner evangelischen Glaubensgenossen. Nach anfänglichen Waffenerfolgen beugte er sich im Lager vor Venlo der kaiserlichen Übermacht, verzichtete auf das Herzogtum Geldern, kehrte zur alten Kirche zurück und versprach, eine Nichte des Kaisers zu heiraten. Die Niederlage war vollkommen. Der mächtigste Fürst Nordwestdeutschlands schied als erhoffte Stütze des Luthertums im Nordwesten des Reiches aus dem Rennen.

Unverzüglich wandte sich der Kaiser nun gegen den Kurfürsten von Köln, Hermann von Wied, der ihm gerade erst den Durchmarsch gegen Herzog Wilhelm gestattet hatte. Auch der Kurfürst stand der Reformation nahe. Im Jahre 1542 hatte er eine evangelische Kirchenordnung durch Philipp Melanchthon ausarbeiten lassen, die für das Erzstift Köln gedacht war. Damit war es nun vorbei. 1547 wurde Hermann von Wied abgesetzt. An seine Stelle trat der streng altkirchliche Adolf von Schaumburg. Das Hermann von Wied ebenfalls gehörige Stift Paderborn fiel dem katholischen Bischof Rembert von Kerssenbrock zu. In Köln begannen die Jesuiten ihre Wirksamkeit und bauten ihre Stellung zur stärksten Bastion der alten Kirche am Niederrhein aus. Sie wirkte weit nach Westfalen hinein.

Franz von Waldeck, Herr dreier Stifte, stand an Umfang seiner Länder Herzog Wilhelm dem Reichen wenig nach, wohl aber an Macht und Geld. Das gräfliche Haus Waldeck bekannte sich längst zum Luthertum. Auch der Bischof neigte diesem Bekenntnis zu, wagte aber mit Rücksicht auf seine in den Wahlkapitulationen abgelegten Versprechen keine offene Entscheidung. Erst am 1. Januar 1541 nahm er, nach zwölfjähriger Regierung in Minden, die Bischofsweihe, zweifellos in der Überzeugung, damit einen festeren Stand gegenüber den Domkapiteln und den Landständen zu gewinnen, wie sich bald zeigen sollte: Im Herbst des Jahres forderte er den münsterischen Landtag auf, im Stift die Reformation einzuführen. Er berief sich dabei auf das soeben vom Reichstag den Fürsten verbriefte Recht, Stifte und Klöster nach eigenem Ermessen reformieren zu dürfen. Erschreckt über die den altkirchlichen Kräften in ihren Reihen schädliche Entscheidung des Bischofs und eingedenk der wenige Jahre zurückliegenden Täuferherrschaft, drohten Domkapitel und Ritterschaft dem Bischof mit der Absetzung, falls er seinen Willen durchzusetzen versuche. Vielleicht ahnten sie auch, daß Franz von Waldeck in persönlichem Interesse an die Möglichkeit dachte, seine drei Hochstifte in erbliche Herrschaften zu verwandeln, um damit seine Kinder aus der eheähnlichen Verbindung mit einer Einbecker Bürgerstochter zu versorgen. Argwöhnisch riet Philipp der Großmütige von Hessen dem Bischof von der Verfolgung solcher Pläne ab. Die waldeckischen Nebenländer hätten sonst die Landgrafschaft Hessen womöglich an Größe in den Schatten gestellt.

Im Hochstift Osnabrück stieß Franz von Waldeck auf weniger hohe Hindernisse. In seinem Auftrage verfaßte der aus Quakenbrück stammende Reformator Hermann Bonnus für Stadt und Stift Osnabrück eine Kirchenordnung. Bonnus reformierte auch die Grafschaft Bentheim und die Herrschaft Steinfurt.

Mühelos drang die Reformation auch im Hochstift Minden durch, doch geriet die Hauptstadt auf die Klage der vertriebenen Geistlichkeit vor dem Reichskammergericht in die Reichsacht (1538). Gar zu gern hätte nun der katholische Herzog Heinrich von Braunschweig-Lüneburg-Wolfenbüttel die Reichsexekution gegen Minden übernommen, um sich auf diesem Wege des Stiftes zu bemächtigen, das ihm früher entgangen war, doch gebot ihm der »Frankfurter Anstand« Einhalt; eine bittere Enttäuschung für den Herzog, der inzwischen auch sein Land Wolfenbüttel verloren hatte.

Die Plänkeleien gingen einer größeren Auseinandersetzung voraus, die sich im Jahre 1546 mit dem Eintreffen des kaiserlichen Befehls an die münsterischen Landstände ankündigte, alle kirchlichen Neuerungen rückgängig zu machen. Im Sommer erschienen bereits kaiserliche Truppen in Westfalen, um dem kaiserlichen Willen Nachdruck zu verleihen. Das Stift Münster kam glimpflich davon, da es dem Schmalkaldener Bund nicht angehörte. Der ganze Zorn Karls V. traf dagegen Graf Konrad von Tecklenburg. Er mußte 15 000 Taler an den Kaiser zahlen und dafür die Herrschaft Lingen als Pfand stellen. Nach kurzer Gegenwehr unterwarfen sich der Graf von Rietberg, der Graf zur Lippe und die Stadt Minden. Nach der Niederlage der Schmalkaldener bei Mühlberg an der Elbe

(24. April 1547) stand der Kaiser mächtiger da als je. Die Säulen des Luthertums waren zusammengebrochen, auch in Westfalen.

Die territorialen Folgen wirkten lange nach. Lingen kam über den kaiserlichen Feldherrn Maximilian von Büren-Egmont später an das Haus Oranien. So blieb bis in das 18. Jahrhundert die Frage unentschieden, ob die Herrschaft Lingen einen Stand des Heiligen Römischen Reiches bilde oder den Vereinigten Niederlanden zuzurechnen sei.

Auch das Stift Münster verbuchte, obgleich es am Kriege ganz unbeteiligt war, herbe Verluste. Die seit langem mit dem Bistum verbundene Grafschaft Delmenhorst fiel bei der Belagerung der Stadt Bremen dem mit dem Kaiser verbündeten Grafen Anton von Oldenburg in die Hände. Weder er noch seine Nachfolger gaben die Grafschaft jemals zurück.

Das harte und entschlossene Auftreten des Kaisers in Westfalen jagte dem Osnabrücker Domkapitel Angst ein. Es drängte Franz von Waldeck, die Reformation im Stift rückgängig zu machen, und drohte ihm sogar, wenn er sich widersetze, mit einer Klage vor dem Papst. Ob nun aus Schwäche oder aus taktischen Überlegungen, jedenfalls widerrief Franz von Waldeck 1548 seine Reformation, kein Beispiel fürstlicher Großherzigkeit. Auf jeden Fall entzog er damit allen Klagen gegen sich den Boden. In Rom hatte er sogar die Unterstützung des Domkapitels von Münster gefunden, das seine Verdienste um die Ausrottung der täuferischen Seuche im Stifte rühmte.

Gestärkt durch seine Erfolge verkündete der Kaiser auf dem geharnischten Reichstag von Augsburg am 30. Mai 1548 eine »Erklärung, wie es der Religion halber im Heiligen Reich bis zum Ausgang des gemeinen Concilii gehalten werden solle«, kurz unter dem Namen »Interim« bekannt. Die Erklärung stellte praktisch die alte Kirche in allen ihren Einrichtungen im Reiche wieder her, machte jedoch einige wesentliche Zugeständnisse in der Abendmahlsfrage und wegen der Priesterehe. Von keiner Seite hallte ihr ein positives Echo entgegen. Die Evangelischen beklagten den gewaltsamen Eingriff in ihren Besitzstand, die Katholiken haderten mit den ihnen zu weitgehend erscheinenden Konzessionen an die andere Seite. An der Basis führte das Interim zu großen Gewissenskonflikten. Das Provisorium verlockte dazu, Zeit bis zur endgültigen Entscheidung des Konzils zu gewinnen und bei Visitationen die Unwahrheit zu sagen, um nicht die Pfründe zu verlieren, bevor etwas entschieden war.

Da ereignete sich etwas ganz Unerwartetes: Kurfürst Moritz von Sachsen setzte sich an die Spitze einer Fürstenverschwörung gegen den Kaiser, der sich in eiliger Flucht nach Oberitalien rettete. Das Konzil in Trient löste sich in panischer Angst auf. Für Westfalen brachte die neue Unsicherheit schwere Zeiten mit sich. Philipp Magnus, ein Sohn des Wolfenbütteler Herzogs Heinrich, des alten Feindes Franz' von Waldeck, sah den Augenblick gekommen, die Rechnung aufzumachen. Zur Entschädigung dafür, daß der Bischof 1542 geholfen hatte, seinen Vater aus Wolfenbüttel zu vertreiben, forderte er kurzerhand die Zahlung von 80 000 Talern. Er stieß auf taube Ohren. Wahrscheinlich hätte der Bischof auch bei gutem Willen die große Summe nicht aufbringen können. In einem niederträchtigen Rachezug verwüstete Philipp Magnus die Grafschaft Lippe, das Stift Osnabrück und den Ostteil des Münsterlandes, um damit ein

Lösegeld von 100000 Talern zu erpressen. Franz von Waldeck sah sich in die Enge getrieben. Er verzichtete auf das Stift Minden zugunsten eines Bruders des herzoglichen Räubers. Selbst ganz unbeteiligte Länder wie das Hochstift Paderborn mußten große Beträge in die Wolfenbütteler Kasse entrichten, um Schlimmerem zu entgehen.

Der ruchlose Überfall Philipp Magnus' ließ Franz von Waldeck gedemütigt zurück. In dieser Lage setzten ihm die münsterischen Landstände zu, indem sie ihm Vernachlässigung der Landesverteidigung vorwarfen, obgleich sie doch die Hauptschuld an dem Dilemma trugen. Ihre restriktive Steuerpolitik verbot dem Fürsten jede großzügige Maßnahme. Die Entfremdung zwischen beiden Seiten nahm ein derartiges Ausmaß an, daß der Bischof die Landstände nicht einmal fragte, als er der Hauptstadt ihre 1535 eingebüßte freie Verfassung erneut verlieh (17. Mai 1553). Zwei Monate später verstarb der Fürst auf der Landesburg Wolbeck (16. Juli 1553), ein gütiger und großherziger Landesherr, dessen Kräfte jedoch nicht ausgereicht hatten, um seine drei westfälischen Hochstifte unbeschadet durch die stürmischen Wogen seiner Zeit zu steuern.

Wenige Tage vorher verlor sein Erzfeind Philipp Magnus von Wolfenbüttel das Leben in der blutigen Schlacht von Sievershausen (9. Juli 1553). An den im Ringen erlittenen Wunden starben auch Kurfürst Moritz von Sachsen und der schlimmste aller fürstlichen Räuber jener Zeit, Markgraf Albrecht von Brandenburg-Kulmbach. Für einige Jahrzehnte kehrte nach ihrem Tode in Norddeutschland ein Zustand der Ruhe ein.

Der Augsburger Religionsfrieden von 1555 brachte dem Reich zwar nicht den konfessionellen Frieden, wie der Name vermuten läßt, aber doch einen Waffenstillstand der Konfessionen. Den Lutheranern stand von nun an die ungestörte Ausübung ihres Glaubens zu. Ihre Fürsten erhielten das *Ius reformandi*, das Recht, in ihren Ländern die Konfession der Untertanen zu bestimmen, Klöster und Stifte nach freiem Gutdünken zu reformieren. Nur die Reformierten, Anhänger Zwinglis und Calvins, blieben vom Frieden ausgeschlossen. Gerade sie waren es aber, denen in Westfalen in der Folgezeit eine bedeutende Rolle zufiel.

Wenden wir uns von den großenteils abstoßenden Bildern der politischen Welt der geistigen Kultur jener Zeit zu, in der Hoffnung, dort Erfreulicheres vorzufinden. Mehrfach tauchte in Verbindung mit der Reformation der Humanismus auf, jene ganz anders geartete, aus Italien nach Deutschland gekommene Bewegung, der es an einer Besinnung auf das klassische Altertum in allen Bereichen geistigen Lebens ging. Schon vor dem Einzug der lutherischen Reformideen vertrat in Münster der Domherr Rudolf von Langen den Humanismus und erneuerte in dessen Geist die alte Domschule, das heutige Gymnasium Paulinum. Neben diesem bedeutendsten Humanisten Westfalens wirkten Hermann Buschius aus Sassenberg, Ortwin Gratius (von Graes), der Pfälzer Jakob Montanus, Fraterherr in Herford, und manche andere. Die münsterische Domschule entsandte in humanistischem Geiste erzogene Jünglinge in alle Winkel Norddeutschlands, die überall, wo sie wirkten, »die Barbarei ausrotteten« (Hermann Hamelmann). Es lag nicht an der Qualität der Schule, daß ihre Blüte nach kurzer Zeit durch den Täuferaufstand unterbrochen wurde.

In Minden, Herford, Soest, Osnabrück und Dortmund entstanden etwas später ebenfalls humanistische Schulen, die gleichzeitig der Verbreitung der Reformation verpflichtet waren. Es dauerte nicht lange, daß auch die altkirchliche Seite die wichtige Rolle der Gymnasien als Motoren der Glaubensverbreitung erkannten und ihrerseits denselben Weg wie die Lutheraner einschlug. Besonders die Jesuiten errangen mit ihren Schulen womöglich noch weitreichendere Erfolge als die Reformatoren.

An der Gründung von Universitäten beteiligten sich die westfälischen Fürsten und Städte nicht. Nur Herzog Wilhelm der Reiche beschaffte sich 1566 ein kaiserliches Universitätsprivileg, jedoch unterblieben in den unruhigen Zeitläuften die nächsten Schritte zur Gründung einer Hochschule. Fürstbischof Franz von Waldeck schenkte der Anregung des aus Emsbüren stammenden Rostocker Professors Arnold Warwick gen. Burenius, in Münster eine lutherische Universität zu errichten, keinerlei Beachtung.

Dagegen verliehen die evangelischen Kirchenordnungen dem Volksschulwesen starke Anstöße. Die Ordnungen schrieben die Einrichtung derartiger Schulen für alle Städte und das platte Land vor. Aber woher sollte man geeignete Lehrer nehmen? So blieb das Volksschulwesen doch im wesentlichen auf die Städte beschränkt. Auf den Dörfern versuchten die Küster je nach Befähigung, den Kindern Lesen und Schreiben und die Anfangsgründe religiösen Wissens zu vermitteln. Gegenüber den katholischen Landesteilen erreichten die evangelischen einen höheren Stand des Volksschulwesens.

Von der Bedeutung der Druckkunst für die Verbreitung der Reformation war schon die Rede. Dieselbe Wirkung erlangte die Schwarze Kunst auch für den Humanismus. Vorübergehend seit 1485, ständig seit 1507 bestand in Münster eine Druckwerkstatt unter Leitung des humanistisch gebildeten Dietrich Tzwyfel. Er druckte lateinische Klassiker, aber auch religiöse und andere Schriften. Tzwyfel geriet beim Aufkommen des Täufertums in Verdacht, mit den Sektierern zu sympathisieren. Nach dem Zusammenbruch des Täuferreiches setzten Gottfried und Dietrich Tzwyfel d. J. seine Wirksamkeit fort. Sie hielten sich aber streng von reformatorischen Büchern fern. Auf ihre Druckerei geht die noch heute bestehende Regensberg'sche Druckerei in Münster zurück.

Zwar lebten auch in Soest, Lippstadt und Minden Druckbetriebe auf, konnten sich aber allesamt nicht behaupten. Nur in Dortmund gelang es dem Kölner Melchior Soter (Heil), eine Druckerei für etwas längere Zeit über Wasser zu halten. Die Druckerei in Lemgo erwarb sich durch Verbreitung der geschichtlichen Werke Hermann Hamelmanns einen bekannten Namen.

Damals bildeten sich die ersten modernen Bibliotheken neben den aus dem Mittelalter überlieferten Klosterbibliotheken. Stadtmagistrate und Landesherren bemühten sich um ihren Aufbau, um am geistigen Fortschritt der Zeit mitwirken zu können. Die Tragik wollte es, daß gerade zu dieser Zeit großen Bildungshungers unersetzliche Verluste an Bibliotheksgut eintraten. So verbrannte die berühmte Dombibliothek zu Münster, die im Obergeschoß des Paradieses lagerte, durch Unachtsamkeit von Handwerkern (1526). Acht Jahre später warfen die bildungsfeindlichen Täufer die umfangreiche Bibliothek des Domherrn und Humanisten Rudolf von Langen auf den Scheiterhaufen.

Sucht man nach Werken der Dichtkunst im Westfalen des 16. Jahrhunderts, so stößt man auf keine bedeutenden Funde. Werke, die über Gelegenheitspoesie hinausragen, finden sich nicht. In satirischen Gedichten warfen sich die Konfessionen gegenseitig Mißstände und Mängel im Kirchenwesen vor. Auf feines Versmaß oder gepflegte Wortwahl legte keiner der »Dichter« größeren Wert. Ihnen ging es allein darum, den Gegner in drastischer Form zu verhöhnen.

Dagegen leistete Westfalen einen nicht allzu umfangreichen, aber bleibenden Beitrag zur deutschen Choraldichtung. Vom Osnabrücker Reformator Hermann Bonnus, einem Schüler Luthers, stammen die Lieder »O, wir armen Sünder! Uns're Missetat« und »Mein Seel, o Herr, muß loben dich«, das letztere aufgebaut auf dem mittelalterlichen Magnificat. Der 1525 in Allendorf an der Werra geborene Georg Niege verbrachte nach einem wechselvollen Landsknechtsleben sein Alter als Amtmann in Herford und Minden. Er starb 1589 in Rinteln. Von ihm stammt der Choral »Aus meines Herzens Grunde«. Größere Bekanntheit erlangte erst der einer jüngeren Generation zuzurechnende Philipp Nicolai aus dem waldeckischen Mengeringhausen, der in Unna als Pastor wirkte und 1606 als Hauptpastor zu St. Katharinen in Hamburg starb. Seine Choräle, unter ihnen vor allem »Wie schön leuchtet der Morgenstern« und »Wachet auf, ruft euch die Stimme«, erfreuen sich noch heute größter Beliebtheit.

Altkirchlicher Neuanfang

In erster Linie muß es der menschlichen Unzulänglichkeit zugeschrieben werden, daß die Atempause in der konfessionellen Auseinandersetzung nach dem Augsburger Religionsfrieden von 1555 nicht genutzt wurde, die Einheit der Kirche zu retten. Anstatt die aufgerissenen Gräben zuzuschütten, vertiefte man sie und fügte neue hinzu. Theologen beider Seiten beteiligten sich an der schädlichen Kontroverse mit gleicher Intensität. Der aus Iserlohn stammende Göttinger Rechtsgelehrte und Professor Johann Stephan Pütter (1725–1807) nannte diese Epoche »Gegenreformation«, eine Bezeichnung, die die Neubelebung der katholischen Kräfte als Reaktion auf die lutherische Reformation einstuft. Die Charakterisierung paßt nicht schlecht, wenn auch im Wiedererstarken des altkirchlichen Kirchenwesens sehr viel mehr wirksam wurde als bloße Reaktion.

Nach den ersten Erfolgen der lutherischen Reformation hatte es eine Zeitlang so ausgesehen, als seien die bewahrenden Kräfte in der Kirche paralysiert, unfähig, sich den neuen Ideen zu stellen. Wie erstarrt sah man mit an, daß gerade die geistig beweglicheren Menschen scharenweise den Reformatoren folgten. Gewiß durch diese Vorgänge aufgeweckt, aber auch aus eigener Kraft besann sich schließlich die alte Kirche auf dem großen Konzil von Trient (1545–1563) auf eine Neuformulierung ihrer zentralen Glaubensaussagen und auf ihre Organisation, eine beispiellose und heroische Kraftanstrengung, die höchste Achtung vor den Verantwortlichen forderte. Ein hervorragend ausgebildeter päpstlicher Behördenapparat begünstigte die Bekanntmachung aller konziliaren Beschlüsse auf schnellstem Wege über unzählige Kanäle bis zur letzten Landgemeinde. Den evangelischen Kirchen fehlte ein ähnliches Mittel völlig. Ohne einheitliche Leitung und zentrale Autorität, entwickelten sich die einzelnen Landeskirchen eher auseinander, als daß sie zur Gemeinsamkeit fanden.

Blickt man dagegen auf den Jesuitenorden, so konnte das Bild nicht kontrastreicher erscheinen. Nach militärischen Grundsätzen erarbeitete Organisationsformen garantierten größte Geschlossenheit. Opferbereitschaft, Geduld und Klugheit gab es auf allen Seiten, aber die »Väter Jesu« verstanden sie so einzusetzen, daß keine unnötigen Energieverluste den Erfolg schmälerten. Als bestorganisiertes Instrument des Glaubenskampfes konnten seine Träger gewiß sein, auf evangelischer Seite nichts Entsprechendes vorzufinden. Die protestantischen Bastionen waren im Angriff entstanden, aber unvollkommen ausgebaut und unzulänglich verteidigt. Vielfach benutzten die Jesuiten als gelehrige Schüler der Reformatoren eben die Mittel, die denen zum Erfolg verholfen hatten: Predigt in der Volkssprache, Berücksichtigung sozialer Belange und Errichtung guter Bildungsstätten für die Jugend auf allen Ebenen.

Westfalen gehörte, wie wir gesehen haben, nicht zu den Landschaften, die sich als erste zu den Lehren Luthers bekannten. Andererseits erzielten diese hier noch Erfolge, als andere Gegenden im reformatorischen Fortschritt schon zur Stagnation oder gar zum Rückzug übergegangen waren. Seit den sechziger Jahren des 16. Jahrhunderts wandte sich nämlich der bisher zurückhaltende Adel dem neuen Glauben zu, nicht selten unter dem Einfluß niederländischer Verwandter, aber auch in der politischen Erkenntnis, daß abweichende Konfession die Stellung der adligen Landstände gegenüber dem Landesherrn stärke. Allerdings bekannte sich der Adel nunmehr nicht zum Luthertum, sondern zu dem in den Niederlanden vorherrschenden, aggressiveren Kalvinismus. Da die *Declaratio Ferdinandea*, von der noch die Rede sein wird, den Landständen in den geistlichen Staaten Freiheit im religiösen Bekenntnis gewährleistete, stand der schnellen Ausbreitung des Kalvinismus in Westfalen kein Stein im Wege. Über die westfälischen Adelshäuser drang er in die Hütten der Bauern vor, die vom Adel abhängig waren, aber auch in die allein von Angehörigen des Adels besetzten Domkapitel. In einigen Domkapiteln errang der Kalvinismus sogar die Mehrheit, vor allem unter den jüngeren Kapitularen.

Für die Ausbreitung der Reformation in Westfalen beinhaltete diese Entwicklung nicht nur positive Momente. Rivalitäten zwischen den unter dem Schutz des Augsburger Religionsfriedens stehenden Lutheranern und den reichsrechtlich nicht anerkannten Kalvinisten schwächten die Abwehr gegen die von katholischer Seite einsetzenden Versuche, verlorenes Terrain zurückzugewinnen.

Noch war die Zeit nicht gekommen, in der man sagen konnte, hie evangelisch, hie katholisch. Selbst im Bewußtsein der einzelnen Personen mischten sich Anschauungen aller Färbungen. Der Leser lutherischer Bücher fand in ihnen ganz neue, überraschende Glaubensaspekte, trennte sich deswegen aber noch lange nicht von der hergebrachten Kirche und ihrer vertrauten Liturgie. Keiner der verheirateten Pastoren betrachtete sich allein deshalb als ein von der Kirche Getrennter. Schließlich gestand ihm das Interim sogar die Priesterehe zu. Allenfalls konnte er sich der Reformation anschließen, die kein Zölibat kannte. Der verbreitete Wunsch nach Genuß des Heiligen Abendmahls in beiderlei Gestalt ließ sich auch in altkirchlichen Gemeinden erfüllen, ohne daß damit katholische Grundpositionen aufgegeben wurden.

Zur scharfen Unterscheidung der Konfessionen hätte es eines hohen theologischen Kenntnisstandes bedurft. Der war aber bei der Masse der Weltgeistlichkeit und gar den Laien nicht vorhanden. Auf die Fragen der Visitatoren konnten die Geistlichen manchmal nicht die einfachsten Glaubenssätze definieren. Liturgische Regeln waren weithin unbekannt. Dem einfachen Gläubigen lag ohnehin nicht an theologischer Genauigkeit. Viele schätzten den Erhalt liebgewordener kirchlicher Gebräuche oder die Gemeinsamkeit beim Gesang schöner Choräle, deren Inhalt man nun verstand, höher als theologische Erkenntnis. Allzu radikale Reformatoren mußten gelegentlich erkennen, daß sie die Gefühle der Menschen verletzten. Besonders auf dem Lande stand volkstümliche Frömmigkeit höher im Kurs als biblische Textkritik und theologischer Scharfsinn.

Neuer Konfliktstoff ergab sich aus dem im Augsburger Religionsfrieden enthaltenen »Geistlichen Vorbehalt«. Nach ihm sollten alle der altkirchlichen Seite bis zum Jahre 1555 erhalten gebliebenen Hochstifte für alle Zeiten verbleiben. Ein zum Protestantismus übertretender Erzbischof oder Bischof mußte auf sein Fürstbistum verzichten, das Domkapitel einen katholischen Nachfolger wählen. Zum Ausgleich gewährte man den Landständen in den geistlichen Fürstentümern die *Declaratio Ferdinandea*. Sie gewährleistete den Ständen uneingeschränkte religiöse Bekenntnisfreiheit. Darin lag Sprengstoff, der nicht zuletzt Westfalen, das fast ganz aus geistlichen Staaten bestand, zu einem der Hauptschauplätze kriegerischer konfessioneller Auseinandersetzungen in den nächsten einhundert Jahren machte. Verschärfend wirkte der Ausbruch des niederländischen Freiheitskampfes gegen die Spanier, dessen Wogen bald über die Grenzen herüberschwappten.

Ganz so hoffnungslos, wie es nach der Niederlage der protestantischen Schmalkaldener bei Mühlberg ausgesehen hatte, stand es um den neuen Glauben in Westfalen nicht. Einige Städte und die Grafschaft Lippe wagten es, das Interim unbekümmert um den kaiserlichen Zorn abzuschaffen, und kehrten zu ihren evangelischen Kirchenordnungen zurück. Auch Herzog Wilhelm der Reiche erhob vorsichtig wieder das Haupt und liebäugelte mit dem Modell einer Kirchenreform in teils erasmianischen, teils lutherischen Bahnen, möglichst aber ohne direkte Einwirkung Roms und Wittenbergs. Beobachter registrierten aufmerksam seinen vertraulichen Umgang mit protestantischen Kurfürsten und Fürsten auf dem Reichstag von Worms (1555) und dem evangelischen Fürstentag von Frankfurt (1557). Am herzoglichen Hofe in Düsseldorf wirkte bereits ein Prädikant, die Töchter des Herzogs wurden evangelisch erzogen.

Die Wirkung im Lande blieb nicht aus. Die märkischen Städte traten offener für das Luthertum ein. Zurückhaltender verfuhr die Obrigkeit der mitten in der Grafschaft Mark gelegenen Reichsstadt Dortmund. Sie paßte sich 1554 lutherischer Praxis an, ohne den Bruch mit der alten Kirche zu vollziehen. Erst der angesehene Humanist Johann Lambach drängte 1564 auf volle Anerkennung des lutherischen Bekenntnisses. Nur die Klöster in der Stadt verblieben unbehelligt den Katholiken.

Selbst im Fürstbistum Münster faßte der Protestantismus nach dem Rückschlag von 1535 wieder Fuß. Nach dem Tode des Fürstbischofs Franz von Waldeck (1553) übernahm der klevische Rat und münsterische Domherr Wilhelm Ketteler aus einer alten westfälischen Adelsfamilie die Nachfolge. Im Herzen lutherischer Überzeugung, konnte er sich nicht zum Treueid an den Papst entschließen, dankte 1557 ab und zog sich zuerst auf seine Ratsstelle am Hofe Herzog Wilhelms des Reichen, dann ins Privatleben nach Coesfeld zurück. Seinem Nachfolger Bernhard von Raesfeld, der mehr als er der alten Kirche zuneigte, ging es nicht besser. Als Feind aller Gewaltanwendung in Glaubenssachen waren ihm im Bistum die Hände gebunden. Außenpolitisch zeigte sich seine Machtlosigkeit beim Überfall Herzog Erichs von Braunschweig-Calenberg (1563), eines zweiten Philipp Magnus, und veranlaßte ihn zur Abdankung.

Im Bistum Minden ließ der humanistisch und weltmännisch ausgerichtete Herzog Georg von Braunschweig-Lüneburg (1544–1566) die Zügel schleifen. Die Reformatoren konnten ungehindert wirken. Umgekehrt regierte in Paderborn Bischof Rembert von Kerssenbrock in streng katholischem Sinne (1547–1568).

Eine folgenschwere Wendung vollzog sich nach Franz' von Waldeck Tode im Hochstift Osnabrück. Dort kam der erst 24 Jahre alte Jurist und bisherige Präsident des Reichskammergerichts, ein Günstling des Kaisers, Johann von Hoya, Sohn des schwedischen Statthalters im finnischen Wiborg, zum Zuge. Über seine Konfession gab es keinen Zweifel. Er war katholisch getauft. Doch erfüllte er die von altkirchlicher Seite auf ihn gesetzten Hoffnungen nicht. Von Anfang an hielt er diplomatisch alle Verbindungen sowohl zu den Protestanten wie Katholiken offen. In Münster fand man angeblich an seinem mit König Philipp von Spanien 1555 geschlossenen Vertrag soviel Gefallen, daß man ihn 1563 auch dort zum Bischof postulierte, seitens der Katholiken wohl in der Hoffnung auf einen scharfen Kurs gegen alle Andersdenkenden im Stift. 1568 erhielt Johann von Hoya auch noch das Stift Paderborn. Der unerlaubten Kumulation von drei Hochstiften sah der Papst in der Erwartung zu, in Nordwestdeutschland einen festen Block katholischer Länder gegenüber den ketzerischen Niederlanden in der Hand eines zuverlässigen Mannes zu wissen.

Von einem verschärften konfessionellen Kurs war jedoch nach dem Regierungsantritt Johanns in keinem der drei Stifte etwas zu bemerken. Johann von Hoya lehnte jede gewaltsame Veränderung des kirchlichen Besitzstandes von vornherein ab. Aber auch aus politischen Rücksichten lag ihm nicht daran, sich mit seinen vorwiegend protestantischen Nachbarn zu überwerfen. Er war sicherlich interessiert an kirchlichen Reformen, vielleicht am ehesten in einem vermittelnden Sinne, wie sie am Düsseldorfer Hofe angestrebt wurden, mehr innere Anteilnahme legte er jedoch für die Verbesserung der Verwaltungseinrichtungen und eine Neuordnung des Gerichtswesens an den Tag. In Osnabrück und Münster stellte er die unzulänglichen Finanzverwaltungen, die Grundlage staatlicher Wirksamkeit, auf eine neue Basis. In Münster schuf er eine Hofgerichtsordnung und errichtete neben dem Offizialat (Geistlichem Hofgericht) ein

Weltliches Hofgericht, merkwürdigerweise ohne den Versuch, die Kompetenzen klar abzugrenzen. Präsidenten der Gerichte waren stets Domherren.

Niemand konnte Johann von Hoya, einem Mann von großer körperlicher Schwäche, vorwerfen, er sei untätig gewesen. Nur an einem Punkt mangelte es, wenn man auf die katholische Partei hörte: Er trat nicht für deren Belange ein. Der viel willensstärkere Domdechant Gottfried von Raesfeld drängte den Fürstbischof schließlich zu der Erklärung, keine religiösen Neuerungen im Stift dulden zu wollen, aber Johann von Hoya schränkte deren Wirkung sofort durch den Zusatz ein, sie sei von einer »christlichen, katholischen, guten Reformation bei den Geistlichen« abhängig. Von den Laien in der Diözese, an die der Domdechant zweifellos auch gedacht hatte, war keine Rede.

Im Paderborner Domkapitel warf man dem Fürsten sogar allzu große »Konnivenz und Negligenz« in Religionssachen vor und machte ihn für den schlechten Zustand des Stifts verantwortlich. Es kam zu einem tiefen Zerwürfnis, aus dem der Bischof auf seine Weise lautlos die Konsequenz zog, indem er den Kalvinisten Johann von Büren zum Statthalter des Stifts und drei Lutheraner zu Räten ernannte, eine unverhohlene Provokation für die katholische Partei, aber gleichzeitig auch ein politisches Signal an den benachbarten und einflußreichen Protestanten und Landgrafen von Hessen. In einem Briefe deutete Johann von Hoya diesem an, er werde in einem möglichen zukünftigen Religionskrieg auf seiten der Augsburger Konfessionsverwandten stehen, trotzdem aber persönlich bei der römischen Kirche verbleiben.

Halbherzig ließ er der vom Domdechanten ertrotzten Visitation des Stifts Münster in den Jahren 1571–1573 ihren Lauf. Er behielt sich die Visitation des Domstiftes vor, unternahm aber nicht das Geringste. Dem lutherisch gesinnten Domscholaster Konrad von Westerholt übertrug er kurz darauf die Statthalterschaft des Stiftes, eine auffällige Parallele zu den Paderborner Vorgängen. Mit Rücksicht auf seine schwankende Gesundheit nahm Johann dann den neunjährigen Sohn Herzog Wilhelms des Reichen, Johann Wilhelm von Jülich-Kleve-Berg, zum Koadjutor mit dem Recht der Nachfolge an und schnitt damit einem ausgesprochen katholischen Bewerber – vielleicht dachte er an Gottfried von Raesfeld! – den Weg ab, ebenso aber auch einem überzeugten Lutheraner. Daß Johann Wilhelm die Nachfolge nicht antreten würde, konnte er nicht ahnen.

Mit dem Tode Johanns von Hoya im Jahre 1574 verloren abermals drei westfälische Stifte gleichzeitig ihren Herrn, einen hochgebildeten, juristisch und diplomatisch erfahrenen Lenker, der trotz seiner Jugend – er starb mit 45 Jahren – seine Länder vor vielfältig drohenden Gefahren bewahrt hatte. Nur die Rolle eines Vorkämpfers der katholischen Sache, die man ihm von dieser Seite zugedacht hatte, konnte oder wollte er nicht erfüllen. Als er starb, hatte sich in den konfessionellen Machtverhältnissen in Westfalen nicht viel geändert. Alles blieb in der Schwebe.

Die Lage ähnelte der nach dem Tode Franz' von Waldeck, doch standen die Zeichen stärker auf Sturm als damals. In Osnabrück postulierte das überwiegend altkirchliche Domkapitel überraschend den lutherischen Administrator des Erzstifts Bremen, Herzog Heinrich von Sachsen-Lauenburg. Wie viele große

Herren im Grunde gleichgültig gegenüber religiösen Fragen, legte er, um in Osnabrück zur Regierung zu gelangen, ohne jede Bedenken das Versprechen ab, sich katholisch zu halten. Niemals machte er auch nur den Versuch, eine päpstliche Bestätigung zu erlangen. Ja, er schloß eine heimliche Ehe. Solange er nichts gegen das katholische Kirchenwesen unternahm, hielt sich das Domkapitel ruhig und sah dem Spiele zu.

Das Paderborner Kapitel entschied sich dagegen für den Kurfürsten von Köln, Graf Salentin von Isenburg, der zwar äußerlich katholische Formen beachtete, aber als Gegner des Tridentinums bekannt war. Für sich persönlich lehnte er alle Weihen ab. Den noch von Johann von Hoya eingesetzten Statthalter Johann von Büren, einen Kalvinisten, bestätigte er in seinem Amte und ließ ihn ungestört schalten und walten. Im Jahre 1577 verzichtete Salentin plötzlich auf alle seine Bistümer, heiratete und übernahm die Regierung seiner angestammten Grafschaft. Ihm folgte Herzog Heinrich von Sachsen-Lauenburg, der uns schon in Osnabrück begegnet ist. Unbedenklich schwor er zu den Heiligen, alle Ketzerei im Lande ausrotten zu wollen, überließ aber den Lutheranern uneingeschränkt das Feld.

Gefährlicher als in diesen beiden Hochstiften verlief die Entwicklung in Münster. Das Domkapitel war konfessionell gespalten. Es setzte sich aus einer Minderheit von älteren Kapitularen katholischen Bekenntnisses und einer Mehrheit aus jüngeren Herren zusammen, die den Lutheranern oder Kalvinisten nahestanden. Darin lauerte die Gefahr, daß bei einem Wahlgang, in dem die Minderheit unterlag, von dieser die These aufgestellt würde, sie sei die *pars sanior* (der weisere Teil), um den Sieg für sich zu beanspruchen. Nach damaliger Auffassung war das durchaus üblich.

Beide Parteien verfügten über vorzügliche Lenker: An der Spitze der Katholiken stand der tatkräftige Domdechant Gottfried von Raesfeld, während der Domscholaster Konrad von Westerholt den Protestanten den Weg wies. Konrad konnte zudem sein Statthalteramt im Stift in die politische Waagschale werfen. Sollte die Entscheidung allerdings dem römischen Stuhl zufallen, besaß Gottfried von Raesfeld die besseren Karten.

Johanns von Hoya Absicht war darauf gerichtet gewesen, durch die Annahme des Koadjutors Johann Wilhelm von Jülich-Kleve-Berg keinen Wahlkampf eintreten zu lassen, doch konnte er nicht voraussehen, daß Johann Wilhelm nach dem Tode seines älteren Bruders die Rolle des Erbfolgers im Herzogtum übernehmen mußte (1575) und damit als zukünftiger Fürstbischof von Münster ausschied.

Über die Bedeutung der bevorstehenden Wahlentscheidung herrschte in allen Kreisen Einigkeit. Ging Münster als vorgeschobener Posten der katholischen Kirche verloren, so geriet die Hauptstellung Köln in die erste Schußlinie. Außerdem entfiel den Spaniern im Kampf mit den aufständischen Niederländern eine wichtige Stütze. Nachdrücklich hob deshalb die altkirchliche Partei den Sohn des mächtigsten deutschen Fürsten nach dem Kaiser im katholischen Lager, Albrechts V. Herzog in Bayern, auf den Schild. Dieser, Ernst von Bayern, zeigte zwar wenig Neigung zu einer geistlichen Laufbahn und benahm sich auch danach, besaß aber schon die Bistümer Freising und Hildesheim. Als

Vetter Johann Wilhelms von Jülich-Kleve-Berg konnte er auf das Wohlwollen dieses herzoglichen Hauses rechnen.

In Düsseldorf hatten sich die Räte Johann Wilhelms ausgedacht, die Resignation ihres Herrn in Münster mit der Nachfolge Ernsts zu koppeln, ein rechtlich ganz unzulässiges Verfahren, da der Verzicht auf das Bistum ohne Bedingungen erfolgen mußte. Also blieb Johann Wilhelm als Koadjutor im Amt. Damit war der protestantischen Mehrheit im Domkapitel der Weg verbaut, ihren Kandidaten, Herzog Heinrich von Sachsen-Lauenburg, durchzubringen. Als aber schließlich der erste Wahlgang am 12. November 1575 erfolgte, zeichnete sich ein klarer Sieg Heinrichs über seinen Gegner Ernst ab, aber der Domdechant brach behende vor Abschluß des Aktes die Wahl ab und machte sie damit ungültig. Der zweite Wahlgang am 23. Februar 1577 brachte kein anderes Ergebnis. Wiederum machte der Domdechant durch seine Praktiken die Wahl ungültig.

Um zum Ziel zu kommen, mußte die katholische Partei sich etwas anderes einfallen lassen. Der Anführer der Protestanten, Konrad von Westerholt, wurde nach Rom zitiert, um ihn vorläufig auszuschalten. Johann Wilhelm erhielt eine neue päpstliche Ernennung als Administrator des Stifts Münster, ein unerhörter Eingriff des Papstes in kaiserliche Rechte (Ende 1579), die nur wegen der am kaiserlichen Hof herrschenden verwirrten Verhältnisse ohne Erwiderung blieb. Im Bewußtsein nunmehriger Überlegenheit bereitete die katholische Partei einen dritten Wahlgang für den 25. April 1580 vor. Überraschend zog aber an diesem Tage Herzog Heinrich von Sachsen-Lauenburg unter dem Jubel der Bürger in die Stadt Münster ein, neben ihm Graf Johann von Nassau als Repräsentant des niederländischen Statthalters Wilhelm von Oranien, ein deutlicher Fingerzeig auf das Interesse der Vereinigten Niederlande am Ausgang der Wahl. An der Westgrenze des Stifts marschierten staatische, d. h. niederländische, Truppen auf. Für die Katholiken blieb keine andere Wahl, wenn sie eine erneute Niederlage vermeiden wollten, als den Wahltag zu verschieben. Die Nachfolgefrage blieb weiter in der Schwebe. Wieder einmal sollte eine für Westfalen wichtige Entscheidung nicht im Lande, sondern außerhalb seiner Grenzen fallen.

Das kam so: Dem Kölner Kurfürsten Salentin von Isenburg war es vor seiner Abdankung nicht gelungen, seine Nachfolge zu regeln. Das Domkapitel hatte seine Mitwirkung versagt. Geplant war von seiten Salentins, Ernst von Bayern als Koadjutor anzunehmen. Das Kapitel entschied sich aber am 5. Dezember 1577 für den schwäbischen Grafensohn Gebhard Truchseß von Waldburg. Er war ein Neffe des Kardinals Otto Truchseß von Waldburg, der im Jahre 1555 als Fürstbischof von Augsburg als einziger aller Reichsfürsten gegen den Augsburger Religionsfrieden Einspruch erhoben hatte, ein Beweis für die katholische Gesinnung des Hauses. So schien auch für Gebhard die Annahme berechtigt, er werde im Erzstift Köln die altkirchliche Stellung stärken.

Jedoch wirkte sich nun aus, daß Gebhard seine Wahl in Köln zu einem Teil dem Wetterauer Grafenkollegium verdankte, einer protestantischen Gruppe, der weniger an der Religion, als am Erhalt des rheinischen Erzstifts in der Hand eines gräflichen Hauses gelegen war, um den hochfürstlichen Häusern Gegenpart zu bieten, die schon soviele Hochstifte zu Sekundogenituren ihrer Geschlechter gemacht hatten. Religiöse Beweggründe spielten auch keine Rolle, als Gebhard 1582 plötzlich zum Kalvinismus übertrat. Der Anlaß lag vielmehr in einer Liebschaft mit der Gräfin Agnes von Mansfeld, Stiftsdame zu Gerresheim, deren Verwandte nun den Kurfürsten drängten, die Ehre der Dame durch Heirat wiederherzustellen. Der Religionswechsel zielte schon in diese Richtung. Nun hätte Gebhard nach den Bestimmungen des Geistlichen Vorbehalts auf sein Erzstift verzichten müssen, um einem katholischen Nachfolger Platz zu machen. Doch davor scheute er zurück. Seine finanziellen Verhältnisse erlaubten nicht, auf die ihm als Erzbischof und Kurfürst zufließenden Einkünfte zu verzichten. So machte er sich den Vorschlag der Wetterauer Grafen zu eigen, das Erzstift Köln zu säkularisieren, um es als weltliches Kurfürstentum weiter zu regieren.

Einem solchen Schritt konnten Kaiser und Reich unter keinen Umständen untätig zusehen. Der Geistliche Vorbehalt wäre mit Füßen getreten worden. Weitere Umwandlungen von geistlichen Fürstentümern würden nach dem Niederfall der Barriere folgen. Am Kaiserhof sah man noch eine weitere verhängnisvolle Konsequenz: Wurde das Kurfürstentum Köln ein protestantischer weltlicher Staat, so schwand die katholische Mehrheit im Kurfürstenkolleg dahin. Vier Protestanten hätten dann drei Katholiken gegenübergestanden. Wie die nächste Kaiserwahl ausschlagen würde, konnte nicht zweifelhaft sein. Dem jetzigen habsburgischen Kaiser würde ein Protestant folgen.

Für Gebhard bedeutete die peinliche Liebesaffäre eine Schwächung seiner Position. Sie erinnerte zu sehr an die Doppelehe Landgraf Philipps des Großmütigen mit allen ihren schlimmen Folgen für die evangelische Sache im Reich. Deshalb zeigten sich auch die protestantischen Reichsfürsten zurückhaltend gegenüber dem Kölner. Dieser gestaltete durch seine hinhaltende, unentschiedene Politik die Lage keineswegs günstiger für ihn.

So stieß er bei der Suche nach Helfern bei den meisten evangelischen Fürsten auf taube Ohren. Kurfürst Ludwig von der Pfalz ließ ein gewisses Entgegenkommen erkennen, ohne sich zu binden.

Ohne Einschränkung stellten sich nur die kalvinistischen Pfalzgrafen von Zweibrücken auf die Seite Gebhards. Ihr Lohn fiel auch hoch genug aus: Der Kurfürst von Köln mußte ihnen für ihre Waffenhilfe das gesamte Erzstift verpfänden.

Wirkliche Rettung hätte Gebhard nur von einer Seite erhalten können. Aber der mächtige Statthalter der Niederlande, Wilhelm von Oranien, trug Gebhard eine frühere Unfreundlichkeit nach und war auch auf die Pfalzgrafen von Zweibrücken nicht gut zu sprechen. So wirkten persönliche Animositäten, Eigennutz, aber auch ernster Friedenswille der lutherischen Fürsten zusammen, um die größte Chance der Protestanten in Nordwestdeutschland zu verspielen, die Bastion des Katholizismus, Köln am Rhein, aus den Angeln zu heben. Für Gebhard mochte niemand einen Religionskrieg entfesseln.

Dagegen handelte die römische Kurie klar und entschlossen. Mit riesigen Geldgeschenken an den Kaiser, mit der Entsendung mehrerer Legaten an den Rhein und Schreiben an die geistlichen Kurfürsten sowie die Herzöge in Bayern und von Jülich-Kleve-Berg bereitete der Papst um die Jahreswende 1582/83 den entscheidenden Schlag gegen Gebhard Truchseß vor.

Er traf einen bereits sinkenden Stern. Die Stadt Köln stand dem Kurfürsten schon immer ablehnend gegenüber. Jetzt erhob sie Klage gegen ihn wegen Zulassung evangelischer Prediger. Im Domkapitel wandte sich die Stimmung gegen ihn, nachdem er sich durch seine prekäre Finanzlage verleiten ließ, Eingriffe in die domkapitularischen Einkünfte vorzunehmen. Schon marschierten spanische Truppen bei Aachen auf. Am 22. März 1583 sprach der Papst die Absetzung des Kurfürsten aus und empfahl, Herzog Ernst als Nachfolger zu wählen. Mit Geld und spanischen Drohungen ließen sich die noch widerstrebenden Domkapitularen gefügig machen. Ohne Komplikationen wurde Ernst am 23. Mai 1583 zum Erzbischof und Kurfürsten von Köln gewählt.

Gebhard gab nicht sogleich auf. Er flüchtete in das südliche Westfalen, wo er die meisten Anhänger wußte. In den Grenzgebieten gegen Hessen hielten sich viele Protestanten. Der westfälische Landtag in Arnsberg trat am 12. März 1583 mehrheitlich auf seine Seite. Auch das Vest Recklinghausen schloß sich nach einigem Hin und Her an. Um seine westfälischen Untertanen noch fester an sich zu binden, gestand er ihnen volle Religionsfreiheit zu und machte den kuriosen Vorschlag, sämtliche Kirchen je zur Hälfte zwischen Katholiken und Evangelischen zu teilen, damit jeder den ihm genehmen Gottesdienst feiern könnte. Gutgemeint, erzeugte die undurchführbare Maßnahme nur Verbitterung. Der Wunsch des Kurfürsten, den Kalvinismus zuzulassen, traf zudem bei altkirchlichen und lutherischen Gläubigen gleichermaßen auf Ablehnung. Die einsetzende Bilderstürmerei und immer neue Steuerforderungen des jeder Finanzmittel entblößten Erzbischofs brachten den Rest seiner früheren Beliebtheit wie Schnee an der Sonne zum Schmelzen.

Am Rhein marschierten inzwischen die Heere Ferdinands von Bayern, des Oheims Ernsts, einerseits, und des auf Gebhards Seite stehenden Pfalzgrafen Johann Kasimir von Zweibrücken, andererseits, auf. Ausbleibende Hilfe und Geldmangel veranlaßten den Pfalzgrafen aber, sich im Herbst 1583 aus der Sache zurückzuziehen. Dagegen verstärkte der Bayer seine Truppen und eroberte Anfang 1584 Bonn, die Residenz des Kurfürsten. Vor dem drohenden Anmarsch Ferdinands floh Gebhard Truchseß in die Niederlande. Sein restliches Heer wurde am 31. März des Jahres von Ferdinand eingeholt und bei Terborg aufgerieben. Damit war Gebhards Rolle endgültig ausgespielt. Niemand hatte noch Interesse daran, sich für ihn einzusetzen. Er zog sich nach Straßburg zurück, wo er bis zu seinem Lebensende als evangelischer Domherr ein ruhiges Dasein führte.

Noch immer sträubten sich einige Städte im südlichen Westfalen gegen die Unterwerfung unter den Willen Ernsts von Bayern. Ohne eigentliche Schlachten schleppte sich der Krieg dahin und richtete große Schäden an. Noch im Februar 1586 gelang es Martin Schenk von Blyenbeck, einem Parteigänger Gebhards, die kurkölnische Stadt Werl zu überrumpeln und das Landwehraufgebot beim Dorfe Bremen zu vernichten.

Mit dem Siege Ernsts von Bayern in Köln entschied sich praktisch auch die Nachfolgefrage in Münster. So ging die Wahl am 18. Mai 1585 ohne Komplikationen zu seinen Gunsten aus. Doch wagte der Kurfürst es nicht, in Münster die Regierung anzutreten. Mit aller Deutlichkeit hatten die Vereinigten Niederlande ihm zu verstehen gegeben, daß sie darin einen feindlichen Akt erblicken würden. So blieb es im Stift bei der bereits bestehenden Statthalterschaft. Ernst nahm die Kränkung in dem Bewußtsein hin, daß es genüge, wenn sein Haus in Nordwestdeutschland über das Erzstift Köln sowie die Stifte Lüttich, Münster und Hildesheim in seiner Hand verfügen könne. Die Kumulation so vieler Stifte stellte eine so starke Basis für den Erhalt der katholischen Kirche in dieser Region dar, daß auch der Papst dazu gute Miene machte. Gleichzeitig schuf Bayern damit ein Gegengewicht gegen seinen katholischen Konkurrenten im Reich, das Haus Habsburg, dem diese Lösung nicht nur angenehme Gefühle erweckte.

Die letzte Phase des Kölner Krieges mit der Flucht Gebhard Truchseß' in die Niederlande und dem Untergang seiner Truppen bei Terborg lenkt den Blick auf das dramatische Geschehen, das schon seit einigen Jahren die Niederlande zwischen der französischen Grenze und Friesland erschütterte. In einer ungeheuren Anstrengung hatten sich die Einwohner der habsburgischen Provinzen gegen die spanische Fremdherrschaft erhoben. Politische Beweggründe mischten sich mit religiösen. Holländer, Flamen und Friesen hatten sich fast vollständig auf die Seite des Kalvinismus geschlagen.

In Westfalen und am Niederrhein sah man dem niederländischen Freiheitskampf mit gemischten Gefühlen zu. Zwar empfanden protestantische Reichsstände Sympathie für die aufständischen »Geusen«, und viele westfälische Adlige zogen ihnen als Freiwillige zu. Doch beunruhigte die Härte der Auseinandersetzung und die Gefahr von unwillkürlichen Verwicklungen in den Konflikt. Auch die deutschen Katholiken hegten gegen das absolutistische System Spaniens tiefe Abneigung. Sie fürchteten wie ihre protestantischen Mitstände den Untergang der Teutschen Freiheit durch die Hispanische Servitut, wobei sie den Freiheitsbegriff freilich immer nur für die Fürsten, nicht für die Untertanen angewendet wissen wollten. Andererseits konnten sie als Katholiken den Verlust der spanischen Stütze gegen den Protestantismus nicht ernstlich wünschen.

Die unwiderstehliche Gewalt des Kriegsgeschehens enthob die meisten Fürsten der Entscheidung. Mochten sie sich für diese oder jene Partei entscheiden, ihre Länder wurden Opfer der sich bekämpfenden Mächte. Weite Teile der Niederlande waren durch den Krieg jeder Mittel zum Unterhalt der Heere entblößt. Notgedrungen mußten diese ihre Verpflegung außerhalb der niederländischen Grenzen in neutralen Ländern suchen. Immer häufiger durchzogen »streifende Parteien« wider alles Recht Westfalen und die Länder am Niederrhein, um alles zu rauben und zu erpressen, was ihnen dienlich sein konnte. Spanier und Holländer sahen nur darauf, daß sie die ersten am Platze waren, um die beste Beute zu machen. Sie interessierten sich überhaupt nicht dafür, ob ihre Heimsuchung Katholiken oder Protestanten traf. Spanier plünderten die evangelischen Bauern eines Dorfes ebenso gründlich aus wie ein wohlhabendes Kloster. Die Geusen verfuhren nicht anders.

Verhängnisvoll wirkte sich nun aus, daß die überfallenen Länder über keinerlei Gegenwehr verfügten, um die räuberischen Horden fernzuhalten. Ratlos sahen die Fürsten dem Treiben zu. Proteste nützten nichts. Versuche verzweifelter Landbewohner, dem Unwesen Einhalt zu gebieten, brachten zwar einigen Landsknechten den Tod, zogen aber nur noch schlimmere Folgen nach sich.

Meist handelte es sich um kleinere, auf eigene Faust vorgehende Gruppen von Soldaten. Erstmals im Jahre 1587 erschien ein größeres spanisches Heer, das die Grafschaft Mark, das Vest Recklinghausen und das südliche Münsterland auspreßte. Im Norden besetzten die Spanier die Stadt Lingen, einen strategisch wichtigen Punkt an der großen Handelsstraße von den Niederlanden nach Osten. Von dort aus hielten sie das Emsland und das Stift Osnabrück in ihrer Gewalt und erpreßten durch Brandandrohungen gewaltige Geldsummen. Moritz von Oranien nahm ihnen 1597 die Festung ab, verfuhr nun aber in den Nachbarländern nicht viel anders als seine Vorgänger. Nur der Name der Quälgeister hatte sich geändert.

Viel Aufsehen erregte der Überfall auf den damals bekannten Grever Markt im Jahre 1589, der an einem ungeschützten Orte stattfand. Ein Teil der Beute konnte den Räubern wieder abgejagt werden.

Sonst hatten die fremden Truppen kaum mit einer Gegenwehr zu rechnen. Ihnen lag auch nicht an einem ernsten Zusammenstoß, am wenigsten mit dem Feind. Geflissentlich gingen sich Spanier und Niederländer aus dem Wege. Nur einmal stießen sie bei Lippramsdorf 1589, wahrscheinlich aus Versehen, zusammen, wobei die Spanier hohe Verluste erlitten.

Die Gründe für das Debakel in den deutschen Ländern an der niederländischen Grenze lagen auf der Hand. Mit ihrer altertümlichen Wehrverfassung, die die Anwerbung von Landsknechten nur nach einer Vereinbarung des Fürsten mit den Landständen erlaubte, waren sie den modernen, stets auf den Beinen stehenden Berufsheeren der Spanier hoffnungslos unterlegen. Aber auch den unvermittelt auftauchenden Geusen, die ebenso schnell mit ihrer Beute verschwanden, konnten die Territorien nichts entgegensetzen. Einmal angeworben, ernährten sich die spanischen Truppen von selbst aus ihren Quartierländern. Die niederländischen Aufständischen waren ohnehin auf die Versorgung aus dem Lande angewiesen. Gerade diese Umstände bewirkten, daß der spanisch-niederländische Krieg sehr bald nach seinem Ausbruch auf die Nachbarländer übergriff, und zwar da, wo die Gegenwehr am schwächsten war. Immer wieder mußten die Bewohner eines Landes mitansehen, daß die räuberischen Horden längst wieder abgezogen waren, wenn der Landtag Mittel für die Anwerbung von Söldnern bewilligte. Nur die Wälle und Mauern der Städte gewährten in diesen Zeiten einen leidlichen Schutz gegen Überfälle. Noch war die Artillerie nicht soweit entwickelt, daß auch dieser Schutz wertlos wurde. Dagegen lag das platte Land schutzlos der fremden Soldateska preisgegeben. Man fühlte sich damals, wie ein Zeitgenosse es ausdrückte, in Westfalen »nicht anders, als ob man auf der Unchristen und Türken Grenze gelegen wäre« (1591).

Die schlimmsten Leiden der Bevölkerung brachen an, als ein für die damaligen Verhältnisse riesiges spanisches Heer von 24000 Mann unter dem Kommando des Admirals Francisco de Mendoza über den Niederrhein in das Oberstift Münster, die Grafschaft Mark, das Vest Recklinghausen und das Herzogtum Kleve einbrach. Die verwahrlosten, seit langem nicht mehr besoldeten Truppen, zusammengesetzt aus Bösewichten aller europäischen Nationen, mißhandelten die Menschen in so grausamer Weise, wie man es bis dahin niemals erlebt hatte. Das alles geschah unter den Augen des als sehr fromm bekannten Heerführers. Er sah dem teuflischen Treiben ungerührt zu. Ihm stand nur das hohe Ziel der Ausrottung aller Ketzerei vor Augen. Das Leiden der Menschen war ihm gleichgültig.

Um Mendoza von einem Weitermarsch in die Niederlande abzuhalten, marschierte im Westmünsterland ein oranisches Heer von 7000 Mann auf. Es verschlimmerte die Lage der Bevölkerung nur. Um den Schrecken auf die Spitze zu treiben, folgte den Heeren, wie immer, eine Seuche. 1599 brach im Lande die Pest aus und forderte mehr Tote als alle Kriegshandlungen zuvor.

Kaiserliche Proteste bei der spanischen Regierung in Brüssel bewirkten nicht das Geringste. In umständlichen Verhandlungen brachten die Fürsten des Niederrheinisch-Westfälischen Reichskreises endlich mit Mühe ein Heer von 16 000 Mann auf die Beine, als Mendoza längst abmarschiert war. Die Katholiken argwöhnten, das Kreisheer könne jetzt gegen sie eingesetzt werden und zogen ihre Unterstützung zurück. Man begann, die noch von Spaniern besetzte Festung Rees zu belagern, doch endete das Unternehmen mit einem Fehlschlag. Die demoralisierten Landsknechte liefen in Scharen davon und durchzogen das Land, um es nach dem Vorbild der Spanier auszurauben, statt es zu beschützen. Die Mängel der Reichsverfassung und die Schwäche der Reichsstände lagen allzu deutlich vor jedermanns Augen.

Lenken wir den Blick auf das östliche Westfalen und seine Geschicke seit dem Jahre 1585. In diesem Schicksalsjahr schlug das Pendel kräftig zugunsten der Katholiken aus, auch im Bistum Paderborn. Fürstbischof Heinrich von Sachsen-Lauenburg, erst 35 Jahre alt, starb an einem Sturz vom Pferde. Das Domkapitel wählte den bisherigen Dompropst Dietrich von Fürstenberg zu seinem Nachfolger, einen als festen Anhänger der alten Kirche bekannten Mann. Doch stellten sich ihm unerwartete Widerstände entgegen. Als er daran ging, die Rechte der Landstände zu beschneiden (1590), schlossen sich Ritterschaft und Stiftsstädte zusammen. Alle bekannten sich zum Protestantismus, einige unter ihnen sogar zum Kalvinismus. Die einzigen Stützen, auf die sich der Fürstbischof verlassen konnte, waren die katholische Partei im Domkapitel und die Jesuiten, die seit 1580 in der Hauptstadt eine Residenz unterhielten. Die Väter Jesu hatten sogar in der Bürgerschaft eine gewisse Anerkennung gefunden. Sie hatten das Gymnasium auf eine beachtliche Höhe geführt, aber auch zu einem scharfen Instrument der Glaubensauseinandersetzung gemacht. Dietrich von Fürstenberg handelte sehr vorausschauend, dem Gymnasium seine ganze Unterstützung zuteil werden zu lassen. Ungewöhnlich schnell gelang es den Jesuiten, Erfolge vorzuweisen. 1599 konnten sie den Warburger Bürgermeister Herbold von Geismar zum Übertritt zur katholischen Kirche bewegen. Nach und nach folgten ihm alle Bürger der Stadt an der hessischen Grenze.

Schwierigkeiten fand der Fürstbischof besonders bei der Durchsetzung der tridentinischen Beschlüsse. Der Geistlichkeit schärfte er nachdrücklich ein, das Abendmahl nur unter einerlei Gestalt zu verabreichen und endlich von dem fest verwurzelten Konkubinat zu lassen. Ungehorsame Kleriker wanderten in den Kerker. Trotzdem war dem Bischof kein durchschlagender Erfolg beschieden. Die Hauptstadt, in der die größten Hindernisse zu befürchten waren, blieb überhaupt von seinen Maßnahmen ausgespart. Ja, Dietrich sah geduldig zu, als die

Lutheraner ihre Ende 1598 geschlossene Marktkirche bald darauf wieder in Besitz nahmen und ihren Pastor im Triumph durch die Stadt führten.

Dagegen gelang es dem Bischof, im Jahre 1600 einen Keil in die Bürgerschaft zu treiben. Die Bauerschaften, eine Art Sondergemeinden in der Hauptstadt, hatten bittere Klagen über das Regiment der alten Ratsgeschlechter geführt. Diese riefen in Furcht vor einem Aufruhr die Hilfe des Bischofs an, der sich dafür den bisher in Händen des Magistrats befindlichen Teil der Hochgerichtsbarkeit in der Stadt übertragen ließ.

Am 1. Februar 1602 erneuerte der wegen seiner Kritik am Stadtmagistrat bereits bekannte Lohgerber Liborius Wichart die Klagen über finanzielle Mißwirtschaft des Rates und bat seinerseits um eine bischöfliche Entscheidung. Damit wurde dem Fürstbischof ein unverdächtiger Vorwand zum Eingriff in die städtischen Belange an die Hand gegeben. Viele Angehörige der Ratsgeschlechter mußten vor Gericht erscheinen, doch nahm der Prozeß einen höchst eigenartigen Verlauf: Kläger wie Angeklagte wurden von der Teilnahme an der Ratswahl von 1603 ausgeschlossen. Die Stadt stand führerlos da.

Liborius Wichart, unterstützt vom Syndikus Wolfgang Günther, stand als mächtigster Mann in Paderborn an der Spitze der Bürgerschaft. Das konnte nicht in der Absicht des Bischofs gelegen haben, ebensowenig wie die Vereinigung der paderbornischen Stiftsstädte mit der Ritterschaft vom 15. November 1603, die sich vor allem gegen die neue Kirchenagende Dietrichs wandte. Die Gefangennahme des Syndikus durch den Bischof gab Liborius Wichart einen vielleicht willkommenen Anlaß, im Rat ein Statut durchzusetzen, wonach Klagen des Landesherrn gegen Bürger der Stadt nur noch vor einem städtischen Gericht abgehandelt werden durften. Nach einem Volksauflauf wurde der Lohgerber am 31. Dezember des Jahres zum Bürgermeister von Paderborn gewählt. Günther trat erneut das Amt als Syndikus an.

Besonnen hielt sich das neue Stadtregiment sorgfältig in den rechtlichen Bahnen. Sein Verbot, weiterhin Bürgersöhne auf das Jesuitengymnasium zu schicken, enthielt zwar eine unübersehbare Unfreundlichkeit gegenüber dem Bischof, konnte aber juristisch nicht beanstandet werden. Trotzdem verbreitete sich in der Stadt das Gefühl, der Bischof plane einen Gewaltschlag gegen sie.

Sofort wurden die Verteidigungseinrichtungen verstärkt. Sie galten offiziell als Vorsichtsmaßnahmen gegen die Spanier, die gerade unter den Delbrücker Bauern ein Blutbad angerichtet hatten, zumal auch der Bischof aus demselben Grunde unter dem Befehl des Konvertiten Graf Johann von Rietberg Truppen sammelte. Verdacht erregte nur die Tatsache, daß der Fürst den Landtag nicht um seine Zustimmung gefragt hatte, doch mochte das, da die Zeit drängte, übersehen worden sein. Bürgermeister Liborius Wichart betrachtete die Lage aber doch als so gefährlich, daß er dem Landgrafen von Hessen die Schutzherrschaft über die Stadt antragen ließ. Stiftsstädte und Ritterschaft schlossen sich dem Schritte an. Nach der aus dem Mittelalter überkommenen Vorstellung von der Vogtei lag in dem Ansinnen der Antragsteller kein Landesverrat. Die Antwort Landgraf Moritz', eines gelehrten, aber wenig entschlußfreudigen Fürsten, lautete enttäuschend. Er ließ lediglich ein Heer an der Paderborner Stiftsgrenze aufmarschieren.

Für die Stadt Paderborn waren alle Maßnahmen ohnehin zu spät gekommen. Ein schwerer Zusammenstoß Wicharts mit Angehörigen der alten Ratsfamilien am 23. April 1604 gab dem Bischof die Gelegenheit an die Hand, Graf Johann von Rietberg mit seinen Landsknechten gegen die Stadt zu schicken. Der Versuch einer Überrumpelung mißlang. Beide streitenden Parteien entsandten Vertreter zum Fürstbischof nach Neuhaus, der ihnen den Erhalt aller Privilegien versprach, gleichzeitig aber verlangte, seine Feinde auf dem ordentlichen Rechtsweg belangen zu können. Die Bürger schöpften noch keinen Verdacht, als der Bischof einige der Gesandten in Neuhaus festhalten ließ. Als dann mehrere dem Fürsten ergebene Abgesandte eine Urkunde vorlegten, in der sich die Stadt dem Landesherrn auf Gnade und Ungnade ergab und versprach, Wichart lebend auszuliefern, war es zu spät. Fast zur selben Stunde marschierte Graf Johann von Rietberg durch das von innen geöffnete Westerntor in die betrogene Stadt ein. Wichart wurde an den Pranger gestellt, gefoltert und zum Tode verurteilt. In Gegenwart des Bischofs brachte man ihn grausam zu Tode und hängte den viergeteilten Leichnam zur Abschreckung an den Stadttoren auf. Die Stadt verlor ihre bisherige freiheitliche Verfassung.

Zwei Jahre später ging der Stadt Paderborn auch die Bekenntnisfreiheit verloren. Von nun an mußten evangelische Bürger zum Gottesdienst in die lippische Grenzgemeinde Schlangen oder über die Grenze eines anderen protestantischen Landes ziehen. Bequemlichkeit und Anpassung führten schließlich dazu, daß die lutherische Konfession in Paderborn ausstarb. Im Jahre 1608 mußten die Evangelischen auch aus der benachbarten Herrschaft Büren weichen, nachdem die Witwe des kalvinistischen Edelherrn Joachim von Büren zur katholischen Kirche übergetreten war.

Diese Erfolge Dietrichs von Fürstenberg und seiner Helfer ließen sich nicht übersehen. Dagegen stieß der Fürstbischof bei der Durchsetzung der tridentinischen Beschlüsse auf die größten Hindernisse. Hartnäckig hielt die Geistlichkeit an den alten Sitten und Gewohnheiten fest, die ihrer Meinung nach zu Unrecht von den »Neuerern« als Mißbräuche gebrandmarkt wurden. Besonders im Domkapitel wehrte man sich standhaft gegen eine konsequente Durchführung des Tridentinums, so daß der Papst noch im Jahre 1605 »die sehr verdorbenen Sitten der Paderborner Domherren« beklagen mußte. Gerade gegenüber den Domherren konnte der Fürstbischof am wenigsten ausrichten, hatte er sich doch selber die Hände gebunden, indem er den Plan verfolgte, das Hochstift im Besitze seiner Familie zu erhalten. Ohne Zustimmung und Mithilfe des Kapitels ließ sich ein solches Vorhaben nicht verwirklichen. Trotz aller Bemühungen blieb Dietrich hierin der Erfolg versagt.

Mit Dietrich von Fürstenberg ging 1618 ein hochbegabter Landesherr zu Grabe, dessen große Verdienste wohl mehr in der Bildungssphäre zu suchen sind. Mit der Förderung der Jesuiten und ihres Gymnasiums in Paderborn sowie der Gründung einer Theologisch-Philosophischen Hochschule im Jahre 1616 hat er der neuerstarkenden alten Kirche ungewöhnlich wertvolle Dienste geleistet. Dagegen belasteten sein Fürstentum zu hohe Steuern und eine schlechte Rechtspflege, ein schweres Erbe seiner dreiunddreißigjährigen Regierung.

In der benachbarten Fürstabtei Corvey verliefen die Geschicke in entsprechenden Bahnen. Die einzige Stadt, Höxter, bekannte sich seit 1553 zur evangelischen Konfession. Die Landeshoheit des Fürstabtes stand im übrigen auf schwachen Füßen. Überall übten die Herzöge von Braunschweig-Lüneburg und die Landgrafen von Hessen Rechte aus, die die Befugnisse des Abtes einschränkten. Im Schicksalsjahr 1585 wurde in Corvey ein streng katholischer Abt gewählt, Dietrich von Beringhausen. Ähnlich wie in Paderborn lieh ihm die Mißwirtschaft des Rates in Höxter 1601 eine Handhabe, sich in die städtischen Angelegenheiten einzumischen. Die Lage spitzte sich zu, als Landgraf Moritz sich auf die Seite der Bürger stellte. Nun war aber die Bürgerschaft in zwei Lager gespalten. Die eine Seite bekannte sich zum Luthertum, die andere zum Kalvinismus. Die Lutheraner stützten sich auf Herzog Heinrich Julius von Braunschweig-Wolfenbüttel, vertrauten aber auch dem Abt mehr als ihren kalvinistischen Mitbürgern. So kam es dazu, daß Corveyer und braunschweigische Landsknechte am 18. Januar 1604 die Stadt überrumpelten und den kalvinistischen Bürgermeister gefangennahmen. Auf Bitten des Abtes verfügte der Kaiser die Rückgabe der Pfarrkirchen St. Kilian und St. Peter an die Katholiken, jedoch sorgte Herzog Heinrich Julius dafür, daß die Maßnahme ungeschehen blieb. Die Lutheraner behielten beide Kirchen. Nur auf dem Lande gelangten fast alle Pfarrkirchen wieder in den Besitz der alten Kirche.

Ebenso siegte die katholische Kirche in der kleinen Grafschaft Rietberg an der Westgrenze des Stifts Paderborn. Durch Heirat war das Ländchen an den Konvertiten Graf Johann von Ostfriesland-Rietberg gefallen, der Dietrich von Fürstenberg bei der Niederwerfung der Stadt Paderborn wertvolle Dienste geleistet hatte. Sofort nahmen die Jesuiten in Rietberg ihre Wirksamkeit auf und führten die Untertanen des Grafen innerhalb eines einzigen Jahrzehnts zum römisch-katholischen Bekenntnis zurück.

Auch die anderen weltlichen Territorien standen allesamt im protestantischen Lager, als die Gegenbewegung einsetzte. Maßgebend für die weitere Entwicklung war immer die Haltung des Landesherrn. So war der bedeutende, im Geist Philipp Melanchthons erzogene Graf Simon VI. zur Lippe als Freiwilliger in den Kampf der Niederländer gegen die Spanier gezogen und hatte dort den Kalvinismus kennengelernt. Bei den Pastoren seiner Grafschaft und beim Volk fand er aber mit seiner Vorliebe für diese Konfession wenig Gegenliebe. So zögerte er mit dem offiziellen Übertritt, bis Landgraf Moritz sich im Jahre 1605 dem Kalvinismus anschloß. Ungeachtet seines persönlichen Schrittes ließ er aber die lutherische Kirchenordnung im Lande bestehen. Den größten Widerwillen hegte das Kirchenvolk gegen die Entfernung der Bilder aus den Kirchen und gegen die Ablegung der noch immer von den lutherischen Predigern getragenen Meßgewänder. Nur unter dem Druck der Obrigkeit beugten sich bis zum Jahre 1612 die meisten lippischen Gemeinden dem Konfessionswechsel. In der Stadt Lippstadt herrschten wegen der Doppelherrschaft mit dem Herzog von Jülich-Kleve-Berg besondere Verhältnisse. In der Grafschaft blieb nur die Stadt Lemgo unbeirrt beim lutherischen Glauben. Im Jahre 1617 gestand ihr Simon VII. offiziell die Bekenntnisfreiheit zu.

Graf Arnold II. von Bentheim-Steinfurt-Tecklenburg hatte den Kalvinismus schätzen und lieben gelernt, als er in Straßburg seinen Studien nachging. 1575 trat er mit seiner ganzen Familie zu diesem Bekenntnis über, zögerte aber, seine zwischen Rhein und Weser verstreuten Territorien auf diesem Wege nachzuziehen. Erst im Jahre 1587 wurde in seiner Gegenwart in der Tecklenburger Pfarrkirche der erste reformierte Gottesdienst gehalten. Nach und nach folgten seine anderen Territorien. Die Klöster Frenswegen und Wietmarschen in der Grafschaft Bentheim ließ der Graf unbehelligt, verordnete ihnen aber Auflagen, die ihr Aussterben in nächste Nähe rückten. Im Bewußtsein der hohen Bedeutung des Schulwesens für die religiöse Entwicklung gründete Graf Arnold im eingegangenen Schwesternhaus Schüttorf 1588 eine reformierte Lateinschule, die drei Jahre später nach Burgsteinfurt verlegt wurde. Der Graf baute die Schule, die nach ihm »Arnoldinum« benannt wurde, mit einer theologischen, einer juristischen und einer philosophischen Fakultät zu einer Hohen Schule aus und gliederte ihr schließlich eine medizinische Fakultät an. Damit besaß Westfalen zum ersten Mal eine »Universität« mit allen vier Fakultäten. Doch erreichte die Anstalt niemals höhere Schülerzahlen, obgleich sie in Nordwestdeutschland und in den benachbarten Niederlanden als Gegengewicht gegen die Jesuitenschulen zeitweise keine unbedeutende Rolle spielte.

Auch im südlichen Westfalen drang der Kalvinismus über die Fürstenhäuser ein. Graf Johann VI. von Nassau-Dillenburg († 1606), ein jüngerer Bruder Wilhelms von Oranien, lernte diese Konfession beim Studium in Straßburg kennen. 1573 berief er einen kalvinistischen Superintendenten für die Grafschaft Nassau-Siegen. Im folgenden Jahr trat der Graf persönlich über und legte 1578 der Generalsynode das »Nassauische Bekenntnis« zur Annahme vor. Mit der Einführung der reformierten Agende der Kurpfalz und des Heidelberger Katechismus schloß die Umgestaltung des Fürstentums Siegen zu einem kalvinistischen Lande ab. Da die bisherige reformierte Vormacht, die Kurpfalz, zum lutherischen Bekenntnis zurückkehrte, fiel Johann VI. die Rolle eines Führers des deutschen Kalvinismus zu, gleichzeitig auch aller antispanischen Kräfte, nachdem König Philipp II. die Güter Wilhelms von Oranien beschlagnahmt hatte. Maßgeblich beteiligte sich der Graf an der Abfassung der Utrechter Union der niederländischen Provinzen von 1579. Auch bei den Reformationsversuchen des unglücklichen Kurfürsten Gebhard Truchseß von Waldburg hatte er seine Hände im Spiel.

Unter denselben süddeutsch-kalvinistischen Einflüssen wie Graf Johann von Nassau stand auch Graf Ludwig d. Ä. von Sayn-Wittgenstein. Nach kurpfälzischem Vorbild erließ er 1573 eine Polizei- und Eheordnung für die Grafschaft Wittgenstein als Vorstufe zur Einführung des reformierten Bekenntnisses. Die kurpfälzische Kirchenordnung und der Heidelberger Katechismus folgten. Als führender Kopf bei der Einführung des neuen Bekenntnisses wirkte der Theologe Kaspar Olevian.

In den nördlichen Randgebieten Westfalens machten sich ebenfalls kalvinistische Strömungen bemerkbar. Sie liefen über die Stadt Bremen und blieben schwächer als im Süden. Die von dem streng lutherischen Herzog Wilhelm von Braunschweig-Lüneburg ausgehende Gegenwirkung behielt schließlich in der Grafschaft Diepholz das Übergewicht.

Tragische Züge begleitete das Geschehen in den Territorien des Herzogs von

Jülich-Kleve-Berg. Mit zunehmendem Alter verfiel Herzog Wilhelm der Reiche mehr und mehr der Entschlußlosigkeit. Sein katholischer Sohn Johann Wilhelm, ehemals Administrator des Fürstbistums Münster, heiratete 1585 die ebenfalls katholische Markgräfin Jakoba von Baden, doch zeigten sich kaum vier Jahre später beim Jungherzog die ersten Anzeichen geistiger Verwirrung. Noch bevor Herzog Wilhelm starb (6. Januar 1592), übernahm eine Regentschaft die Leitung der Staatsgeschäfte in Düsseldorf. Niemandem blieb verborgen, daß die Regenten bloße Marionetten der spanischen Regierung in Brüssel waren. Jakoba versuchte, dem Lande die Selbständigkeit zu retten, und verbuchte auch einen Erfolg, als der Kaiser ihr einen Teil der Regierungsbefugnisse übertrug. Durch die Intrigen ihrer Gegner in der Regentschaft, aber auch einer Tochter Herzog Wilhelms, sah sich Jakoba plötzlich des Ehebruchs angeklagt und gefangengesetzt. Eines Morgens fand man die Unglückliche tot im Bett. Der Fall wurde niemals aufgeklärt, aber schon damals zweifelte niemand daran, daß die Markgräfin einem Mordanschlag zum Opfer gefallen war.

Um den Bestand des herzoglichen Hauses zu sichern, verheiratete man den in völlige geistige Umnachtung verfallenen Herzog mit der Herzogin Antonia von Lothringen, ein unwürdiges Spiel, das niemand besser durchschaute als Antonia selber. Empört über die ihr zugemutete unwürdige Rolle gelang es ihr, den Drahtzieher allen Übels, den Marschall Wilhelm von Waldenburg gen. Schenkern, das Haupt der Regentschaft, zu stürzen. Jedoch ließ sich der Untergang des Hauses Jülich-Kleve-Berg damit nicht abwenden. Kinder waren aus beiden Ehen Johann Wilhelms nicht entsprungen.

In den Ländern stießen die Rekatholisierungspläne der Regentschaft überall auf harten Widerstand. Die Lage für die Obrigkeit gestaltete sich besonders deshalb schwierig, weil sich die evangelischen Gemeinden, vor allem in der Grafschaft Mark, ohne jedes Zutun der Landesherrschaft gebildet hatten. Sie repräsentierten reine Ergebnisse der Reformation von unten. Eine einheitliche Leitung gab es deshalb nicht. Jede Gemeinde entwickelte sich nach eigenem Gutdünken. Selbst eine kleine Stadt wie Neuenrade konnte im Jahre 1564 eine eigene Kirchenordnung verabschieden. Dem Landesherrn blieben unter solchen Umständen wenig Eingriffsmöglichkeiten.

In der Grafschaft Ravensberg, noch weiter vom Düsseldorfer Hof entlegen, hatte sich das lutherische Bekenntnis vollkommen durchgesetzt. Unangefochten blieb jedoch in Bielefeld das Observantenkloster bestehen, von der Bürgerschaft durchaus anerkannt. Auf dem Lande hielten sich einige Adelsfamilien beim alten Glauben.

In diesem Zustand befanden sich die westfälischen Territorien des Hauses Jülich-Kleve-Berg, als der umnachtete Herzog Johann Wilhelm am 25. März 1609 die Augen schloß. Ein gewaltiges Erbe stand zur Disposition. Seit langem schauten die benachbarten Fürsten mit Spannung auf den zu erwartenden Erbstreit, der wegen des märkischen und ravensbergischen Besitzes des herzoglichen Hauses auch für Westfalen unmittelbare Bedeutung besaß. Abwartend standen auf der einen Seite die katholischen Mächte Habsburg, Spanien und Bayern, auf der andern Seite die Vereinigten Niederlande, Kurbrandenburg und ihre Verbündeten, hinter den zuletzt genannten Mächten der König von Frankreich.

Als nächste Verwandte über die weibliche Linie traten zunächst Kurfürst Sigismund von Brandenburg und Pfalzgraf Johann Wilhelm zu Neuburg auf den Plan. Ihre Ansprüche waren berechtigt, da im klevischen Hause das weibliche Erbrecht gültig war. Bis zu einer allseits anerkannten befriedigenden Lösung nahm Kaiser Rudolf II. die herzoglichen Länder in Verwaltung und setzte sich mit einer Garnison in der Festung Jülich fest. Sofort zog König Heinrich IV. von Frankreich ein Heer zusammen, um eine Stärkung der kaiserlichen Macht an der Ostgrenze seines Königreiches im Keim zu ersticken. Doch einigten sich beide das Erbe beanspruchende Fürsten am 10. Juni 1609 auf eine gemeinsame Regierung aller jülich-klevisch-bergischen Länder. Seitdem bezeichneten sie sich als »Possidierende«. Die Lage schien beruhigt, doch hätte es noch zum Zusammenstoß der Blöcke kommen können, wenn nicht Heinrich IV. unvorhergesehen am 10. Mai 1610 einem Mordanschlag erlegen wäre. Nach kurzer Belagerung nahm Prinz Moritz von Oranien am 2. September des Jahres die kaiserliche Festung Jülich in Besitz. Die »Possidierenden« konnten sich ungestört ihres Besitzes erfreuen.

Jedoch gerieten beide in dem Bestreben, möglichst das gesamte Erbe für sich zu sichern, bald in Streit. Um Bundesgenossen zu gewinnen, wechselten beide die Konfession. Sie verließen ihr lutherisches Bekenntnis. Der Kurfürst wandte sich den Kalvinisten zu, der Pfalzgraf den Katholiken. Kurfürst Sigismund dachte dabei in erster Linie an die Vereinigten Niederlande und das Haus Oranien, der Pfalzgraf hoffte, sich den Kaiser zu verpflichten. Schon setzten spanische und niederländische Heere zum Marsch an den Niederrhein an, als die »Possidierenden«, von den Großmächten ein wenig unter Druck gesetzt, in Xanten einen Vertrag unterzeichneten (12. November 1614), der zwar grundsätzlich die Gemeinsamkeit ihrer Besitzrechte betonte, aber praktisch das Gesamterbe in zwei etwa gleichwertige Komplexe aufteilte. Der Pfalzgraf erhielt die rheinischen Herzogtümer Jülich und Berg, der Kurfürst das Herzogtum Kleve, die westfälischen Grafschaften Mark und Ravensberg sowie die kleine Herrschaft Ravenstein in den Niederlanden. Da beide »Possidierende« zu schwach waren, ihren Besitz militärisch zu sichern, legten die Niederländer Garnisonen in die kurfürstlichen, die Spanier Garnisonen in die pfalzgräflichen Lande. Das eigentlich in Xanten vorgesehene Provisorium verfestigte sich dadurch zu einer Dauerlösung, wenn auch die endgültige Teilung erst viel später im Vertrage von 1666 verwirklicht wurde.

Vorbedingung für den ruhigen Fortbestand der Teilung bildete das Zugeständnis der »Possidierenden«, auf einseitige konfessionelle Lösungen verzichten zu wollen. Beide übten sich in Duldsamkeit gegenüber andersgläubigen Untertanen und erklärten, in Religionssachen »niemand in seinem Gewissen und Exercitio zu turbieren, zu molestieren, noch zu betrüben« (14./20. Juli 1609). Die Deklaration besaß ungeheure Bedeutung. Erstmals in der deutschen Reformationsgeschichte gingen Landesherren von dem Grundsatz ab, unabhängig über das Bekenntnis ihrer Untertanen befinden zu können. Am meisten Nutzen zogen aus der Entscheidung die Kalvinisten, auch in den pfalzgräflichen Ländern. Auf der Duisburger Generalsynode vom 6./7. September 1610 vereinigten sich die Reformierten aller drei rheinischen Herzogtümer. Sogar die Kalvinisten der

Grafschaft Mark traten dem Verbund bei. Eine kraftvolle kirchliche Organisation war begründet, die vom Landesherrn unabhängig bestand. Unter diesem Eindruck schlossen sich auch die niederrheinischen Lutheraner auf der Synode von Dinslaken 1612 zusammen. Unverkennbare Auswirkungen zeigten sich auf der reformierten Synode der Grafschaft Mark in Unna (1611) und auf der lutherischen Synode ebenda im folgenden Jahre. Nirgends war von einer Mitwirkung des Landesherrn die Rede.

Plänkeleien um das klevische Erbe blieben in den nächsten Jahren nicht aus. Spanische und niederländische Heere mischten sich ein. Um aber den im Jahre 1609 mit großen Mühen erzielten Waffenstillstand beider Großmächte nicht aufs Spiel zu setzen, schlossen die »Possidierenden« unter diplomatischem Druck von außen den schon erwähnten Xantener Vergleich von 1614. Trotzdem kam es 1615 zu einem Zusammenstoß, als ein niederländisches Kontingent, das eigentlich zur Entsetzung der von ihrem Landesherrn belagerten Stadt Braunschweig bestimmt war, in der Grafschaft Ravensberg Quartier nahm. Sogleich marschierten die Spanier lippeaufwärts und erschienen vor Soest. Die Stadtmauern hielten dem Beschuß der modernen spanischen Artillerie nicht stand. Die Stadt kapitulierte (8. April 1616). 700 spanische Söldner marschierten ein und fielen den solchen Drucks ungewohnten Bürgern ungemein lästig. Auch Lippstadt mußte sich ergeben und den Pfalzgrafen als alleinigen rechtmäßigen Oberherrn anerkennen. Über den eher lokalen Zwistigkeiten bemerkte niemand, daß sich im fernen Böhmen ein neues Gewitter zusammenbraute, das ganz Deutschland in den Abgrund zu reißen drohte.

Kehren wir zu den westfälischen Bistümern zurück! In Münster war 1585 die eindeutige Entscheidung für Ernst von Bayern gefallen, doch lag, wie geschildert, die Regierung in den Händen einer Statthalterschaft. Nur einmal versuchte der Kurfürst, in Münster zu erscheinen. Er fand den Weg zum Domhof versperrt. Für die Herstellung eines geordneten altkirchlichen Kirchenwesens blieben ihm deshalb wenig Möglichkeiten. Diese Aufgabe mußte er ganz den seit 1588 in Münster ansässigen Jesuiten überlassen, die ihre Residenz planmäßig ausbauten. Eine sichere finanzielle Grundlage stand ihnen aus dem bedeutenden Nachlaß des zwei Jahre zuvor verstorbenen Domdechanten Gottfried von Raesfeld zur Verfügung. In kurzer Zeit erblühte das Gymnasium Paulinum unter ihrer Ägide in solchem Maße, daß seine Ausstrahlung in ganz Norddeutschland wirkte.

Weniger Glück begleitete das Wirken des von Kurfürst Ernst 1602 eingesetzten Geistlichen Rates. Er konnte nicht verhindern, daß noch immer Protestanten in der Hauptstadt wohnten, ja sogar im Rat vertreten waren, vom kalvinistischen Landadel ganz zu schweigen. Nur den Mennoniten rückte man energisch zu Leibe. Sie wanderten größtenteils in die Niederlande aus, kehrten aber nicht selten in ihre alten Wohnorte zurück, sobald der Druck nachließ. Als der Kurfürst versuchte, gegen Protestanten im münsterischen Stadtrat vorzugehen, erlebte er eine Solidarisierung aller 14 Stiftsstädte gegen Eingriffe des Landesherrn in die städtische Selbstverwaltung, »zur Defension ihrer Frei-, Recht- und Gerechtigkeiten«.

Charakterlich und geistig nur mittelmäßig begabt, zeigte sich Kurfürst Ernst seinen Aufgaben im Interesse der katholischen Erneuerung in keiner Weise gewachsen. Mit ganz anderen Fähigkeiten ausgestattet war aber sein Neffe und Nachfolger Ferdinand von Bayern. Schon früh hatte er die Koadjutorei in Köln erhalten, 1611 auch in Münster, ein Jahr darauf in Paderborn. Eine langfristige Herrschaft des wittelsbachischen Hauses über die westfälischen Hochstifte zeichnete sich ab. Darin lagen jedoch Gefahren. Die Stifte drohten in die internationalen Verwicklungen hineingezogen zu werden, an denen die Wittelsbacher beteiligt waren. Der Anschluß des Stifts Münster an den Bund katholischer Fürsten, die sogenannte Liga, im Jahre 1609 gab bereits eine Ahnung davon, zu welchen Konsequenzen die Verbindung führen konnte.

Als Kurfürst Ernst am 12. Februar 1612 in Arnsberg starb, folgte ihm Ferdinand, wie es vorausbestimmt war. Ein gewaltiger Block nordwestdeutscher Stifte – Köln, Lüttich, Münster, Hildesheim und seit 1618 auch Paderborn – befanden sich in bayerischer Hand. Anstatt des von Kaiser Karl V. seinerzeit geplanten niederländisch-westfälischen Nebenlandes war ein ähnliches Gebilde unter der Herrschaft des katholischen Rivalen Habsburgs, der Wittelsbacher, entstanden, nicht nur ein Anlaß der Freude für den Kaiser.

Klar und zielbewußt ergriff Kurfürst Ferdinand sofort die ihm notwendig erscheinenden Maßnahmen. Der wirkungslose, schwerfällige Geistliche Rat wurde abgeschafft. Stattdessen beauftragte Ferdinand den tüchtigen Generalvikar Dr. Johannes Hartmann, die tridentinischen Beschlüsse im Stift Münster zur Anerkennung zu bringen. Hartmann traf aber bei der Durchführung seines Auftrags auf die größten Hindernisse. Der eigenwillige und machtbewußte Domdechant Bernhard von Mallinckrodt hegte ganz andere Vorstellungen als der neue Ordinarius. Ihm stand die Wahrung des Hergebrachten und der Eigenständigkeit des Domkapitels vor allen anderen Idealen. Den Generalvikar und seine Anhänger beschimpfte er als »bartlose, italienische Komödianten«, die die alten Sitten der deutschen Geistlichkeit zu verderben trachteten. Tatsächlich trafen in den Kontrahenten zwei Welten aufeinander. Stellte sich der Domdechant und die Archidiakonen, sämtlich Domherren, gegen die Reformen, konnte nicht mit deren Gedeihen gerechnet werden. Der Ruf der Reformer verbesserte sich auch nicht dadurch, daß sie im ganzen Lande ein System der Überwachung und Bespitzelung einrichteten. Angst und Mißtrauen waren schlechte Weggefährten einer noch so gutgemeinten kirchlichen Erneuerungsbewegung.

Im Niederstift Münster, also im Emsland und den Ämtern Vechta und Cloppenburg, das nicht einmal zur Diözese Münster gehörte, sondern der Osnabrücker kirchlichen Jurisdiktion unterstand, kam es sogar zu schweren Gewalttaten gegen Andersgläubige durch die Obrigkeit. Evangelische Pastoren und angesehene Bürger wurden rücksichtslos ausgewiesen. Die meisten zogen in die Niederlande. Der Abzug so vieler, meist wohlhabender Bürger bedeutete für das Land einen Aderlaß, von dem es sich lange nicht erholte.

Dagegen arbeiteten die Jesuiten, später auch die Kapuziner und Observanten, ausschließlich mit friedlichen Mitteln der Überzeugungskunst. Die von den Ordensleuten unterhaltenen Schulen bildeten die besten Pflanzstätten für den Glauben. Das münsterische Gymnasium befand sich sogar auf dem Wege, sich zu einer Volluniversität zu entwickeln. Doch kam der Plan nicht zur Durchführung. Vielleicht stand die Eifersucht der Kölner Universität im Wege. Schließlich schob die Ungunst der Zeiten das Vorhaben für fast zwei Jahrhunderte beiseite.

Erstmals seit der lückenhaft gebliebenen Visitation unter Bischof Johann von Hoya (1571/73) fand unter Kurfürst Ferdinand wieder eine Visitation des gesamten Stifts Münster statt, ohne Zweifel ein Verdienst Hartmanns. Sie erzielte weit genauere Ergebnisse als ihre Vorgängerin und ließ sehr deutlich erkennen, wieviel noch zu tun blieb, um der katholischen Kirche zur Alleingültigkeit im Stift und zur Durchsetzung des Tridentinums zu verhelfen. Überall gab es noch Protestanten, manchmal an führenden Stellen. Der Landadel hielt unter Berufung auf die *Declaratio Ferdinandea* von 1555 unbeirrt am Kalvinismus fest, bestärkt durch ständig neue Impulse aus den benachbarten Niederlanden. Die konfessionelle Spaltung bis in die einzelnen Familien hinein, Mißtrauen und Opposition gegen die Obrigkeit und ihre Maßnahmen, starrsinnige Wahrung überlieferter Rechte gegen jeden Neuansatz lähmten die staatliche und kirchliche Wirksamkeit in solchem Maße, daß kein wirklicher Fortschritt zu erzielen war. Über dem Hin und Her bemerkte kaum jemand, daß dem Stift Münster ein ansehnliches Stück verloren ging. Das nach dem Aussterben des Hauses Bronckhorst dem Stift anheimgefallene Lehen Borculo (1579) wurde von der gräflichen Familie Limburg-Styrum in einem Prozeß vor dem nicht einmal zuständigen Gerichtshof Gelderland für sich erstritten und, da Kurfürst Ferdinand nicht reagierte, 1616 von niederländischen Truppen besetzt. Das Land, heute als Achterhoek bezeichnet, kam nie wieder an Münster zurück.

Allerdings ist dem Kurfürsten zugute zu halten, daß ganz andere Sorgen das politische Theater beherrschten. Im Februar 1619 hatte Kurfürst Maximilian von Bayern, sein Bruder, von ihm Geld zur Unterstützung des Kaisers im Kampf gegen die aufständischen Böhmen unter ihrem König, Pfalzgraf Friedrich von der Pfalz, gefordert. Niemals hätten die münsterischen Landstände dieser Bitte entsprochen. Deshalb wandte sich Ferdinand allein an das Domkapitel. Nach anfänglichem Zögern, da die Generalstaaten sie gewarnt hatten, schlossen die Kapitularen mit dem Kurfürsten einen Geheimvertrag, demgemäß im Ausland heimlich Geld aufgenommen und an die katholische Liga weitergeleitet werden sollte, ein die Landesverfassung mit Füßen tretendes Verfahren. Freilich blieb es bei diesem Beitrag Westfalens zum Böhmischen Kriege.

Die Niederländer hatten im Verlaufe des Jahres 1620 größere Truppenkontingente geworben, aber nicht verhindern können, daß der »Winterkönig« Friedrich V. von der Pfalz am 6. November 1620 am Weißen Berge eine vernichtende Niederlage erlitt und aus Böhmen flüchten mußte. Graf Friedrich Wilhelm von Limburg-Styrum war schon auf dem Wege durch das Stift Münster, die Grafschaft Lippe und das Stift Paderborn, um Friedrich zu Hilfe zu eilen. Auch Herzog Johann von Sachsen-Weimar warb eine Schar an. Beide richteten auf ihren Märschen beträchtlichen Schaden an, doch lehnten die Landstände der betroffenen Territorien engherzig die Aufstellung von Truppen zur Landesverteidigung ab, vielleicht auch, weil sie fürchteten, in erneute Feindseligkeiten der Spanier mit den Niederländern hineingezogen zu werden, da deren Waffenstillstand von 1609 nach den vereinbarten zwölf Jahren zu Ende ging.

Beim niederländischen Heer befand sich der zweiundzwanzigjährige Herzog Christian von Braunschweig-Lüneburg-Wolfenbüttel, seit 1616 Administrator des Hochstifts Halberstadt, das ihn aber herzlich wenig interessierte. Seine Leidenschaft war der Krieg. Mutig bis zur Selbstaufgabe, unempfindlich gegen Strapazen, aber auch unbeherrscht und rücksichtslos, manchmal auch wieder edelmütig, verdiente er seinen Beinamen »Der tolle Christian« zu vollem Recht. Für Westfalen wirkte sich verhängnisvoll aus, daß er im September 1621 begann, auf eigene Faust für den Kurfürsten von der Pfalz zu kämpfen, romantisch beflügelt durch die Verehrung für dessen Gemahlin Elisabeth Stuart. So lautete sein Wahlspruch: *Tout avec Dieu et pour Elle!* Ähnlich verfuhren Graf Ernst von Mansfeld und Markgraf Georg Friedrich von Baden-Durlach. Zuerst unmerklich, dann aber mit zunehmender Härte zog der sogenannte Dreißigjährige Krieg nun auch in Westfalen ein.

Zuerst rückte Christian von Braunschweig mit seinen Truppen im Herbst 1621 weseraufwärts nach Franken. Die Disziplinlosigkeit seiner Landsknechte brachte manchen Landesherrn gegen ihn auf. Ein Teil der Heere ging verloren. Mit der Reiterei quartierte er sich in der Grafschaft Ravensberg ein, füllte die gelichteten Reihen seiner Regimenter wieder auf und setzte sich abermals nach Süden in Bewegung. Bei Gießen erlitt er eine schwere Niederlage, nach der er sich in die Winterquartiere in Westfalen begab. Die geistlichen Staaten sollten seine Verbände ernähren und ihnen zu neuer Stärke verhelfen, getreu seinem andern Wahlspruch: Gottes Freund, der Pfaffen Feind!

Unfähig zur Gegenwehr, sahen Kurfürst Ferdinand und die Landstände der Hochstifte zu, wie der Tolle Christian das Bistum Paderborn besetzte und am 2. Januar 1623 die Stadt Lippstadt eroberte, mit der er nun einen festen Stützpunkt zur Verfügung hatte. Kurz darauf wurde Soest erstürmt und, um die Generalstaaten nicht zu verstimmen, für diese in Besitz genommen. In Soest fiel Christian der geflüchtete Paderborner Domschatz zum Opfer, aber auch der Erbschatz des Fürstbischofs Dietrich von Fürstenberg. Ende Januar ereilte die Stadt Paderborn ihr Schicksal. Der berühmte Liborischrein und andere Kunstwerke des Doms wanderten in die Schmelztiegel. Die Protestanten übernahmen wieder die Marktkirche.

Das gesamte Hellweggebiet, der reichste Teil Westfalens, befand sich in der Hand des Tollen Christian. Ungehindert erpreßte er mit seinen berüchtigten Brandbriefen – an allen vier Ecken angezündeten Schreiben – von den Einwohnern ungeheure Summen. Ihn kümmerte wenig, ob die Opfer evangelischer oder katholischer Konfession waren. Das Stift Münster hielt ihn durch eine große Geldzahlung von seinen Grenzen fern, doch erlitt die Südostecke, das Amt Stromberg, durch Züge seiner Söldner schwere Schäden.

Um dem Unwesen zu steuern, zog inzwischen der Feldherr der Liga, Graf Johann Jakob von Bronckhorst-Anholt, kurz Anholt genannt, mit vorwiegend bayerischen Regimentern von Süden heran und bezog im Sauerland Stellung. Immerhin fühlte sich die Stadt Dortmund dadurch so gestärkt, daß sie die Forderungen Christians von Braunschweig entschlossen zurückwies. Doch wagte Anholt keinen Angriff. Ihm war bekannt, daß der Braunschweiger starken Zulauf zu seinen Truppen zu verzeichnen hatte. Die Holländer unterstützten ihn mit Geld, aber auch mit Waffen- und Munitionslieferungen auf der Weser. Viele westfälische Adelige traten beim Tollen Christian in Dienste.

Endlich zog der braunschweigische Quälgeist im Mai 1622 nach Süden ab, um dem bei Wimpfen geschlagenen und in Bedrängnis geratenen Grafen von Mansfeld beizuspringen, wurde jedoch am 20. Juni bei Höchst am Main von Tilly selber geschlagen. In Westfalen bekam die ligistische Partei Oberwasser. Soest und die märkischen Städte gingen an die Spanier verloren, zuletzt Lippstadt am 23. Oktober 1623. Im Stift Paderborn verfielen die Protestanten wegen ihrer Sympathien für Christian von Braunschweig der Rache der Obrigkeit. Ein strenges Strafgericht erging über sie. Die Hauptanführer wurden enthauptet. Erneut verlor die Hauptstadt ihre Privilegien und städtischen Freiheiten. Endgültig brach die politisch-religiöse Opposition im Lande zusammen.

Kurfürst Ferdinand meinte richtig zu handeln, wenn er nach dem Abzug des Braunschweigers alle angeworbenen Stiftstruppen entließ, um weder den Spaniern noch den Niederländern einen Vorwand zu liefern, wegen Neutralitätsbruches einzumarschieren. Doch rächte sich seine Kurzsichtigkeit. Am 1. November 1622 brach Ernst von Mansfeld mit seinen zügellosen Horden in das Westmünsterland ein und zog weiter in die Grafschaft Bentheim und das Emsland. In Meppen setzte er sich mit einer Besatzung fest und vertrieb als erstes die Jesuiten. Obgleich er bald nach Ostfriesland weiterzog, blieben die mordbrennenden, undisziplinierten Horden des Mansfelders lange im Gedächtnis des Volkes.

Gegen weitere zu befürchtende Überfälle rief Kurfürst Ferdinand Graf Anholt um Hilfe an, jedoch weigerten sich die münsterischen Stiftsstädte energisch, den ligistischen Truppen in ihren Mauern Winterquartier zu gewähren. Zur Begründung führten sie an, die Truppen hätten 1621 im Sauerland übel gehaust; der eigentliche Grund war aber ein anderer. Nur zu gut wußten die Städte, daß der Einmarsch Anholts durch ihre Tore das Ende ihrer religiösen Freiheit bedeutete. Manche Magistrate sahen wohl die Sinnlosigkeit des Widerstandes gegen das kriegsgeübte Heer, aber die Bürger versteiften sich darauf, sich zu wehren. Es kam, wie es kommen mußte. Zwischen Februar und Juni 1623 streckten alle Städte die Waffen, als letzte Warendorf. Sie verloren das Recht der Akziseerhebung sowie ihre Privilegien und mußten außerdem die Kosten für ihre eigene Unterwerfung zahlen. Das Jahr 1623 bedeutete einen tiefen Einschnitt in der Geschichte des münsterischen Städtewesens.

Ständig die Bedrohung durch die Armee Graf Anholts vor Augen, hüteten sich die kleineren weltlichen Fürsten Westfalens, der protestantischen Union irgendwelche Hilfe zu leisten. Inzwischen hatte sich aber Herzog Christian von Braunschweig nach seiner Teilnahme an der siegreichen Schlacht gegen die Spanier bei Fleurus ermutigt, im Niedersächsischen Reichskreis aufgefrischt und beunruhigte von dort aus die Grafschaften Lippe und Ravensberg.

Den niedersächsischen Kreisständen fiel er dermaßen lästig, daß sie ihn zu verjagen drohten. Gegen sie und gleichzeitig gegen die nach Zahl überlegenen Truppen Tillys konnte Christian nicht wagen anzutreten. Er machte sich auf, um in die Niederlande zu entkommen. Mit 16 000 Mann rückte er durch die Grafschaften Lippe und Ravensberg, eilte schnell nach Westen, doch folgte ihm Tilly mit seinen 21 000 Mann in so raschen Märschen, daß der Braunschweiger sich am 6. August 1623 im Lohner Bruch bei Ahaus zum Kampf stellen mußte. Sein Heer wurde völlig zerschlagen. Mit ganz geringen Resten entkam er über die Grenze nach Bredevoort und mußte sich dort die Vorwürfe der Niederländer wegen seiner unüberlegten Kriegführung anhören.

Das westfälische Land war nun zwar des Tollen Christian ledig, jedoch mußte das Münsterland die Armee Tillys unterhalten. Da die Vorräte nicht ausreichten, kam es zu Plünderungen, wobei die Klöster nicht ausgenommen wurden. Als Tilly in das Emsland weiterzog, blieb Westfalen Anholt überlassen. Der Feldherr nahm sein Hauptquartier in Lübbecke. Überall erlangten unter seinem Schutz die Spanier und Pfalzgräflichen das Übergewicht. Zum Glück verlagerte sich der Kriegsschauplatz in den nächsten Jahren in andere deutsche Landschaften. Westfalen unterlag nur gelegentlichen Durchzügen fremder Heere.

Insgesamt gestattete die für sie günstige militärische Lage den katholischen Fürsten, die Religion in ihrem Sinne zu festigen. Manche gingen dabei zu weit. So verstieß der Pfalzgraf zu Neuburg gründlich gegen seine Abmachungen mit dem Kurfürsten von Brandenburg wegen der konfessionellen Verhältnisse in den klevischen Erblanden. Doch blieben alle getroffenen Maßnahmen von der jeweiligen Besatzung im Lande oder in den Städten abhängig. Trat ein Wechsel ein, konnten die Verhältnisse auf den Kopf gestellt werden. So blieben auch die Rekatholisierungsversuche des unduldsamen Franz Wilhelm von Wartenberg, der seit 1625 das Bistum Osnabrück, seit 1630 auch das Stift Minden besaß, nur eine vorübergehende Episode. Auch das kaiserliche Restitutionsedikt von 1629, das die Rückgabe aller seit 1552 an die Protestanten gefallenen Stifte forderte und mit dessen Durchführung in Westfalen Kurfürst Ferdinand und sein Vetter Franz Wilhelm von Wartenberg betraut waren, brachte keine dauerhaften Ergebnisse zugunsten der Katholiken.

Da erfolgte ein völliger Umsturz der militärischen Lage, als am 6. Juli 1630 König Gustav Adolf von Schweden zur Rettung der bedrängten Protestanten an der pommerischen Küste landete. Seinem wichtigsten Verbündeten in Deutschland, Landgraf Wilhelm von Hessen-Kassel, versprach der König zum Lohn für seine Hilfe die Stifte Paderborn, Münster, Corvey und Fulda, anstelle von Münster später das kurkölnische Westfalen. Nach dem schwedischen Sieg bei Breitenfeld am 17. September 1631 über Tilly lag ganz Deutschland offen vor dem Sieger. Auch nach dem Tode des Königs in der Schlacht von Lützen (16. November 1632) blieb das schwedische Übergewicht bestehen. Unter dem Schatten seines mächtigen Bundesgenossen setzte sich der Landgraf von Hessen im Winter 1632/33 in Besitz der westfälischen Hochstifte, militärisch gesichert durch die Truppen seines Generals Melander. Der Norden Westfalens geriet in die Hände Herzog Georgs von Braunschweig-Lüneburg, der gerade vom Kaiser zu den Schweden übergetreten war, nachdem diese ihm die Stifte Minden und Hildesheim zugesagt hatten. Ein schwedisches Heer unter Dodo von Knyphausen setzte sich im Emsland fest und eroberte Meppen. Gegen geringen Widerstand nahm Melander Dortmund, Unna und Werl am Hellweg, Dorsten, Dülmen, Haltern und Coesfeld. Die Versuche Alexanders von Velen, die Hessen mit dem münsterischen Kriegsvolk abzuhalten, verliefen kläglich. Größere Schwierigkeiten bereiteten Melander die Verbände des gebürtigen Westfalen Lothar Dietrich von Bönninghausen und des Grafen von Gronsfeld in kaiserlichen Diensten. Schließlich mußte der Hesse sich zurückziehen, behielt aber Coesfeld und Dorsten in Besitz. Auf dem Marsch nahm er Paderborn ein, das als Stützpunkt auf dem Wege nach der Landgrafschaft Hessen eine wichtige Rolle spielte. Die Kaiserlichen folgten ihm, stießen unversehens am 8. Juli 1633 bei Oldendorf auf die Verbündeten und erlitten eine schwere Niederlage. Bönninghausen flüchtete in das Sauerland und versuchte von dort aus, die hessischen Stellungen zu belästigen, nahm auch tatsächlich Borken, Bocholt und Rheine ein. Hin- und Herzüge der Armeen schädigten das Land außerordentlich, eigentliche Schlachten ereigneten sich aber nicht. Schlimme Auswirkungen zeitigte ein mit dem langen Krieg fortschreitender Sittenverfall. Zunehmende Ausschreitungen der Soldateska gegenüber den geplagten Landbewohnern, Hunger und Seuchen brachten Bevölkerungsverluste, die in ihrem Umfang schwer abschätzbar sind.

Nach der schwedischen Niederlage bei Nördlingen (6. September 1634) wandte sich das Blatt wieder zugunsten des Kaisers und der Liga. Kursachsen verlor den Mut und verließ seine protestantischen Verbündeten. Der Kurfürst ging schließlich mit dem Kaiser in Prag einen Sonderfrieden ein (30. Mai 1635), der ihm von den Schweden und Verbündeten verübelt wurde. Einige protestantische Fürsten schlossen sich dem sächsischen Schritte an. Dafür stimmte der Kaiser der Auflösung der Liga und der Aufhebung des Restitutionsediktes zu, eine für Kurfürst Ferdinand und Franz Wilhelm von Wartenberg unwillkommene Entscheidung, mußten sie doch nun auf die Rekatholisierung des Hochstifts Minden verzichten. In Verhandlungen mit dem Landgrafen von Hessen-Kassel versuchte der Kurfürst von Köln, wenigstens diesen zum Verlassen Westfalens zu bewegen, indem er ihm eine militärische Basis am Hellweg zugestand. Der Einmarsch kaiserlicher Regimenter in Westfalen unterbrach die Gespräche. Der Landgraf kündigte den Waffenstillstand (20. Mai 1636), worauf er vom Kaiser zum Friedensbrecher erklärt wurde.

Der Versuch Kurfürst Ferdinands, die Schweden und Hessen durch militärische Mittel aus seinen Stiften zu vertreiben, mißlang. Den Truppenführern ging es, je länger der Krieg dauerte, in erster Linie um die Sicherung guter Winterquartiere und Behauptung ihrer Stellungen. Ihnen lag allein daran, in gegenseitigen Verhandlungen die Kontributionsbezirke abzugrenzen. Doch brachte der Tod Landgraf Wilhelms von Hessen-Kassel noch einmal eine Verschärfung der Lage mit sich. Seine Witwe Amelia Elisabeth schloß am 22. August 1639 ein neues Bündnis mit Frankreich und Schweden. Der Oberbefehl des Heeres ging in andere Hände über, um damit eine energischere Kriegführung als unter Melander zu gewährleisten.

Aber auch die Gegenseite entschloß sich zur Offensive. Schon am 11. Mai 1638 nahm Alexander von Velen den Schweden die Festung Meppen ab. Eine weitere Niederlage erlitten diese bei Vlotho im Oktober des Jahres. Danach ging das Kriegsglück wieder an die Hessen über und schwankte noch mehrmals, ohne daß größere Schlachten stattgefunden hätten, hin und her. Jede Seite suchte, ohne großes Risiko seine Rekrutierungs- und Kontributionsgebiete zu verteidigen. Die Aufstellung einer Kreisarmee, für die sich Kurfürst Ferdinand einsetzte, hätte ihm eine selbständigere Stellung gegenüber den fremden Heeren gestattet, jedoch verlief sich der Plan im Sande.

Allerorts nahm das Drängen nach endlichem Frieden überhand. Die Länder waren völlig erschöpft, die Kassen der Fürsten und der kriegführenden Mächte leer. Sogar der im katholischen Lager aktivste Fürst, Herzog Maximilian in Bayern, drängte seinen Bruder Ferdinand von Köln, gemeinsam einen Sonderfrieden mit Frankreich zu schließen. Die Verhandlungen zerschlugen sich. Darauf schloß Maximilian überraschend am 13. April 1647 einen einseitigen Waffenstillstand mit den Franzosen. Schweden stand enttäuscht alleingelassen da. Der Verdacht, daß der Herzog einen Keil zwischen Frankreich und Schweden treiben wollte, lag nahe. Kurfürst Ferdinand trat dem Ulmer Waffenstillstand bei und verpflichtete sich, in seinen Stiften keine Werbungen für die kaiserliche Armee zu gestatten. Das bekam ihm übel. Der Kaiser nahm den Kölnern die Festungen Dorsten und Warendorf ab. Viele Landsknechte traten aus kölnischen in kaiserliche Dienste über oder verliefen sich. Die Landstände traten von sich aus mit den kaiserlichen Heerführern in Verbindung, um die Lasten des Landes zu erleichtern. Der Kurfürst erkannte wohl oder übel den durch seinen Schritt hervorgerufenen Autoritätsverlust und kündigte den Waffenstillstand am 15. August 1647.

Damals hatten die Friedensverhandlungen längst begonnen. In Hamburg kam schon im Jahre 1641 ein Vorvertrag zustande. Den Abschluß sollte ein nach Münster und Osnabrück einberaumter Kongreß bringen, zu dem 1643 die kaiserlichen, im folgenden Jahre die französischen Gesandten erschienen. Zuletzt traf der päpstliche Vermittler Fabio Chigi ein. Am 29. August 1645 lud der Kaiser alle Reichsstände zur Teilnahme ein. Sämtliche Gesandtschaften nahmen ihren Wohnsitz in Münster, nur die Schweden bezogen in Osnabrück Residenz, da sich die gleichzeitige Anwesenheit des päpstlichen Vertreters und der evangelischen Schweden nicht vereinbaren ließ. Allerdings hielten sich auch viele protestantische Gesandte in Osnabrück auf, weil die Reichs- und Konfessionssachen meist dort zur Verhandlung kamen. Vorübergehend erschienen auch kaiserliche und katholische Gesandte in Osnabrück.

Der Andrang der zahlreichen Gesandtschaften und ihres umfänglichen Personals brachte besonders für Münster schwere Probleme mit sich. Die Unterkünfte wurden knapp. Höhere Ansprüche der vornehmen Prinzipalgesandten konnten nicht immer erfüllt werden. Kulturelle Einrichtungen fehlten ganz. Der bisher in Münster unbekannte gesellschaftliche Aufwand verlieh der Stadt einen Glanz, der weit ins Land strahlte. Die Kehrseite der damit für die Einwohner verbundenen Verdienstmöglichkeiten war aber, daß Münster zur damals teuersten Stadt Europas wurde.

Der Gang der äußerst langwierigen und mühseligen Verhandlungen kann hier nicht geschildert werden. Weithin bestimmten Präzedenz- und Verfahrensfragen den Gang der Gespräche. Die Langsamkeit der Postverbindungen gestattete keine Beschleunigung, zumal alle Gesandten weisungsgebunden waren. Nur die Westfalen berührenden Fragen können an dieser Stelle erwähnt werden.

Dazu gehörte in erster Linie das Problem der hessischen Satisfaktionen. Den

Schweden lag sehr daran, daß ihrem treuesten Verbündeten unter den deutschen Protestanten der verdiente und versprochene Lohn zuteil wurde. Dazu gehörte der Erwerb des Stifts Paderborn und von Teilen des Stifts Münster. Das Vest Recklinghausen hatten die Hessen im Verlaufe der Kriegshandlungen besetzt und behandelten es bereits als eigenes Land. Auch Frankreich setzte sich grundsätzlich für die Befriedigung der hessischen Forderungen ein, doch widerstrebten Mazarin Abtretungen von geistlichen Stiften an die kalvinistische Macht. So ließ Landgräfin Amelia Elisabeth allmählich einige ihrer Ansprüche fallen. Vom Stift Münster verlangte sie nur noch das Amt Bocholt, von Paderborn den an die Landgrafschaft grenzenden oberwaldischen Teil. Geschickt wurde von Paderborner Seite aber in Paris darauf aufmerksam gemacht, daß die Hauptreliquie des Domes aus Le Mans stamme. Die Franzosen stellten sich daraufhin schützend vor das Fürstbistum und retteten seine Existenz. Die Landgräfin mußte sich mit Entschädigungen in der Fürstabtei Hersfeld und in der Grafschaft Schaumburg zufriedengeben. Dazu erhielt sie, in schweren Auseinandersetzungen mit den deutschen Reichsständen durchgesetzt, 8000000 Reichstaler zur Abfindung ihrer Armee. Den größten Teil davon sollte Kurfürst Ferdinand aus seinen Hochstiften aufbringen. Er fügte sich in das Unvermeidliche, sträubte sich aber hartnäckig gegen das Verlangen, zum Unterpfand für die Zahlung die Grafschaft Arnsberg und die Warburger Börde zu verschreiben und nicht vor Ablauf von fünfzig Jahren einzulösen. In der Tat hätte das die praktische Abtretung der Länder an die Landgräfin bedeutet. Man gestand den Hessen schließlich die Festungen Neuß, Coesfeld und Neuhaus bei Paderborn als Unterpfand zu, woraus noch manche Konflikte entstehen sollten. Für Kurfürst Ferdinand bedeutete die Pfandschaft eine schwere Belastung, lagen doch alle drei Plätze in den ihm gehörigen Stiften.

Folgenreich für Westfalen gestaltete sich auch die Forderung des Kurfürsten von Brandenburg, in der es nicht wie im hessischen Fall um Ansprüche aus dem Kriege handelte, sondern um die Verwirklichung von Erbrechten. Kurfürst Friedrich Wilhelm stützte sich dabei hauptsächlich auf die Vereinigten Niederlande, seine Glaubensverwandten. Zu der protestantischen Vormacht Schweden unterhielt er dagegen zwiespältige Beziehungen. Die Interessen beider Mächte stießen in Pommern aufeinander. Für den Verzicht auf Vorpommern und Stettin verlangte der Kurfürst eine Entschädigung durch Überlassung der Hochstifte Bremen, Münster und Hildesheim, dazu in Schlesien die Herzogtümer Jauer und Schweidnitz. Die Forderung stieß auf den Widerstand der katholischen Extremisten, die in der Abtretung von Hochstiften an den Kurfürsten, auch wenn die Stifte längst evangelisch waren, einen Verrat an der römischen Kirche erblickten, selbst unter der Voraussetzung, daß der kaiserliche Gesandte Graf von Trauttmansdorff der Überlassung bereits zugestimmt hatte. Schließlich gestand man dem Kurfürsten die Anwartschaft auf das Erzstift Magdeburg, zum Verdruß von Kursachsen, und auf die Stifte Halberstadt und Cammin zu. Damit gab Kurfürst Friedrich Wilhelm sich aber nicht zufrieden. Für den ihm besonders schmerzlichen Verzicht auf die pommerische Haupt- und Hafenstadt Stettin verlangte er das Stift Minden. Die Schwierigkeit bestand nur darin, daß König Gustav Adolf zu Lebzeiten dieses Stift schon den Herzögen von Braunschweig-

Lüneburg zugesprochen hatte. Auch beschäftigten die schwedischen Friedensgesandten sich mit dem Gedanken, Minden dem Herzog von Mecklenburg-Schwerin zum Ausgleich für die Abtretung der Stadt Wismar an Schweden zuzuwenden. Besonders empört zeigte sich Franz Wilhelm von Wartenberg, der sich noch als Administrator des Bistums Minden betrachtete. In der entstandenen Verwirrung lief die Entscheidung schließlich doch darauf hinaus, daß dem Kurfürsten von Brandenburg das Stift Minden überlassen wurde.

Mit äußerster Verbissenheit wurden auf dem Kongreß die religiösen Streitpunkte behandelt. Darin erwies sich, daß diese in dem langen Kriege, obgleich politische und militärische Gesichtspunkte mehr und mehr in den Vordergrund gerückt waren, niemals ihre Bedeutung verloren hatten. Es fiel den Unterhändlern nicht leicht, die anfänglichen, radikalen Positionen der Protestanten und Katholiken einander anzunähern. Letztere konnten selbstverständlich nicht hinnehmen, daß die Protestanten für sich das *ius reformandi* und Gewissensfreiheit, auch in katholischen Territorien, forderten, dasselbe aber der andern Seite nicht zugestehen wollten. Andererseits standen die durch militärische Maßnahmen und obrigkeitliche Gewalt durchgeführten Rekatholisierungsmaßnahmen einer Einigung im Wege.

Einen Durchbruch brachte das protestantische Zugeständnis mit sich, in Zukunft den Geistlichen Vorbehalt hinzunehmen. Demnach sollte es keinem geistlichen Fürsten bei einem Übertritt zum evangelischen Bekenntnis mehr erlaubt sein, sein Stift auf diesem Wege mitzunehmen, es zu »reformieren«. In schweren Verhandlungen setzte der kaiserliche Gesandte Trauttmansdorff schließlich als Kompromiß das »Normaljahr« 1624 durch, nach dem sich der konfessionelle Besitzstand richten sollte. Die Katholiken verzichteten damit auf alle vor 1624 protestantisch gewordenen Hochstifte, ein großes Zugeständnis für sie. Dazu gehörten auch die Stifte Osnabrück und Minden. Beide gehörten zur Kirchenprovinz Köln. Kurfürst Ferdinand geriet in schwere Gewissenskonflikte und mußte erst durch Frankreich und seinen Bruder Maximilian von Bayern mit sanfter Gewalt genötigt werden, sich der Entscheidung zu beugen.

Andererseits drohten den verbliebenen westfälischen Stiften in katholischem Besitz nun keine ernsten Gefahren mehr. Auch wurden ihnen im Friedensvertrag keine schweren Verluste zugemutet. Das Stift Münster mußte lediglich auf das Amt Wildeshausen zugunsten des an Schweden fallenden Erzstifts Bremen verzichten.

In den Jahren der Konferenzdauer entwickelten sich die Städte Münster und Osnabrück zu Städten besonderen Rechtes. Ihnen stand Neutralität zu. Praktisch befanden sie sich im Besitz der unumschränkten Freiheit von ihrem Landesherrn. Daraus entstanden Gedanken, die auf eine weitere Vervollkommnung der Privilegien hinausliefen, wenn nicht gar auf Reichsfreiheit, obgleich dieses Wort sorgfältig vermieden wurde. Doch fanden die Friedensgesandten wenig Geschmack daran, ihre Aufgaben durch ein weiteres Problem zu erschweren. Wenn Schweden sich für die Privilegien der Stadt Minden einsetzte, so geschah das aus Anerkennung für die Leistungen der Stadt im Dienste der evangelischen Sache, vielleicht aber auch, um ihrem neuen Herrn, dem Kurfürsten von Brandenburg, Schwierigkeiten zu bereiten, der im August 1647 Minden unterworfen hatte. Die Schweden vergaßen ungern, daß ihnen Stadt und Stift Minden eigentlich als Satisfaktion zugedacht gewesen waren. Aber auch in der Stadt Münster gerieten die Zeiten der Sonderstellung nicht in Vergessenheit. Sie lebten nach einigen Jahren wieder auf und führten zu einem schweren Konflikt mit dem Landesherrn.

Der Friedensschluß zwischen Spanien und den Vereinigten Niederlanden, unterzeichnet im münsterischen Rathaus am 15. Mai 1648, bedeutete den ersten Schritt auf dem Wege zum allgemeinen europäischen Frieden, wurde aber von den Franzosen übel aufgenommen, die sich nun gegenüber Spanien allein gelassen sahen. Am 24. Oktober desselben Jahres folgten die Verträge zwischen dem Kaiser, Frankreich und Schweden. Nur der Krieg zwischen Spanien und Frankreich dauerte an. Nicht eingeschlossen war auch der Herzog von Lothringen, was sich in vielfältiger Unruhe an den Westgrenzen des Reiches bemerkbar machen sollte. Der Dreißigjährige Krieg erreichte damit sein ersehntes Ende. Es dauerte jedoch noch Jahre, bis alle fremden Truppen abgeführt und abgedankt waren. Die Verhandlungen darüber wurden auf dem Exekutionstag in Nürnberg geführt.

Zu den wichtigsten Folgen des Instrumentum pacis Westfalicae, wie die Verträge offiziell genannt wurden, gehörte die Festschreibung des konfessionellen Besitzstandes nach Maßgabe der Verhältnisse im Jahre 1624. Mochten auch manche Schwierigkeiten aus der Interpretation der Texte erwachsen, eine feste Richtschnur stand zur Regelung von Streitigkeiten zur Verfügung. Ein noch in katholischen Händen befindliches geistliches Fürstentum konnte nun nicht mehr in protestantischen Besitz kommen. Von großem Gewicht waren auch die Bestimmungen über die Gleichstellung des reformierten Bekenntnisses mit den Lutheranern und seine Einbeziehung in den Religionsfrieden, zumal die Kalvinisten in Westfalen über starke Bastionen verfügten.

Wie überall im Reich erfuhren die Landesherren durch den Westfälischen Frieden eine Stärkung ihrer Stellung, auch als Teilhaber an der Reichsgewalt. Sie durften Bündnisse mit auswärtigen Mächten schließen, vorausgesetzt, daß sie nicht gegen Kaiser und Reich gerichtet waren. Von der Befugnis sollte in Westfalen reichlich Gebrauch gemacht werden.

Die während des Dreißigjährigen Krieges in Westfalen angerichteten Schäden lassen sich schwer bestimmen. Mit Sicherheit treffen die in düstersten Farben gemalten Beschreibungen der verübten Greuel und angerichteten Schäden in dieser Verallgemeinerung nicht zu. Es gab Landstriche, die durch häufige Durchzüge von Heeren am Lebensnerv getroffen waren, daneben aber auch andere, die kaum berührt wurden. Die schwersten Schäden wiesen wohl die Gegenden an den großen Heerstraßen auf. Wenn auch die Armeen der damaligen Zeit der Zahl nach nicht sehr groß waren und kaum mehr als 20000 Soldaten umfaßten, so gehörte dazu doch ein Troß, der viel größer sein konnte. Einquartierungen wirkten sich schnell und nachhaltig aus. Die Vorräte zur Ernährung von Mensch und Pferd waren meist in kurzer Zeit aufgebraucht und konnten nicht so schnell, wie erforderlich, durch Importe ausgeglichen werden. Im Handumdrehen brachen deshalb Teuerungen und Hungersnöte über die Bewohner herein, die damit anfällig für Krankheiten und Seuchen wurden. Am schlimmsten wütete die Pest in den Jahren 1635 bis 1637. Insgesamt gesehen erlitt das platte Land wahrscheinlich sehr viel schwerere Schäden als die Städte. Mit einem gewissen Bevölkerungsrückgang muß gerechnet werden, wenn auch wohl nicht in dem erschreckenden Ausmaß wie in anderen deutschen Landen. Viele Bauernhöfe lagen am Ende des Krieges von ihren Bewohnern verlassen, die Äcker unbestellt da.

In den Städten wirkte der Krieg in zwiespältiger Weise. Manche verdienten an Heereslieferungen, an der Herstellung von Waffen und Munition, von Kleidung und Stiefeln sowie anderer Ausrüstungsgegenständen gar nicht schlecht. Die Militärmaschinerie entwickelte einen ungeheuren Bedarf an allen möglichen handwerklich hergestellten Dingen. Ganz ungewöhnlich gut standen die Zeitumstände für Städte wie Münster und Osnabrück. Die zahlreichen Gesandtschaften beschäftigten Kaufleute, Handwerker und Tagelöhner in solchem Umfang, daß das Lohnniveau erheblich anstieg. Die Verdienstmöglichkeiten waren so gut wie noch nie. Freilich mußte für den ausbrechenden Wohlstand auch bezahlt werden. Die Preise für Lebensmittel und andere Bedarfsartikel stiegen steil an. Als Folge des langen Krieges und der Erschöpfung der Staatskassen kam ein unangenehmer Unsicherheitsfaktor hinzu. Die Landesherren versuchten, durch Münzen mit geringerem Silbergehalt oder solche von geringerem Gewicht die Ebbe in der Kasse auszugleichen. Verschlechterte Geldsorten behinderten den Handel.

Am großen Geldgeschäft hatte Westfalen damals noch keinen Anteil. Die Ausstellung von Wechseln durch die Heerführer und Heereslieferanten hatte sich zwar schon eingebürgert, doch liefen diese Verbindungen ausnahmslos über die Bankorte Hamburg oder Amsterdam. Der Wert eines Wechsels richtete sich immer nach der militärischen Lage. In ungünstigen Fällen konnte er kaum eingelöst werden.

Der Handel stand natürlich, da er die Straßen in Kriegsgebieten benutzen mußte, ganz unter dem Vorzeichen des Kriegsgeschehens. Doch hörte er niemals ganz auf. Die feindlichen Parteien besaßen sogar ein Interesse an seinem Funktionieren. Weithin hing die Versorgung der Armeen davon ab. Die Heere zogen aber auch direkten geldlichen Gewinn aus dem Handel. An den Straßen wurden Zollstätten eingerichtet und sogenannte Lizenten erteilt, Erlaubnisscheine für die Kaufleute zur Benutzung bestimmter Wege oder zum Handel mit gewissen Waren. Trotz des im Lande herrschenden Mangels gingen starke Handelsströme in die unter dem Zeichen des Friedens aufblühenden niederländischen Provinzen. Am Hellweg blühte die Salzproduktion auf, da die Einfuhr von Salz über den Rhein behindert war. Da die Salzherstellung den Einsatz von Kohlen forderte, entwickelte sich auch die Kohleförderung in den Gebieten südlich der Ruhr in erstaunlichem Maße, meist noch rein in privaten Händen. Salz und Kohlen brachten viel Geld ins Land. Nur so ist es zu verstehen, daß die Hellwegstädte die immer wieder von den Armeen aller Parteien geforderten hohen Kontributionen bezahlen konnten.

Solche Bilder können nicht verdecken, daß der Krieg die Armut vermehrte. Von Haus und Hof geflohene Bauern, verwundete und ihrem traurigen Schicksal überlassene Soldaten, die großen Scharen mittelloser, oft auch zwielichtiger

Gesellen und Frauen, die ihr Heil im Gefolge der Heere suchten, zogen bettelnd, manchmal auch stehlend und raubend durch Deutschland. Oft machten sie gemeinsame Sache mit entlaufenen oder abgemusterten Soldaten, die nur auf diesem Wege ihren Unterhalt bestreiten konnten. Nicht viel besser waren die Landsknechte dran, denen ihre Offiziere aus Geldmangel seit Monaten den Sold nicht mehr entrichten konnten. Nur zu oft sahen die Kommandeure durch die Finger, wenn ihre ausgehungerten und zerlumpten Soldaten Lebensmittel und Kleidung auf gewaltsame Art von der Bevölkerung erpreßten. Einen anderen Rat wußte niemand.

Unter solchen Umständen war es kein Wunder, daß die hergebrachten Maßstäbe an Moral ihre Wirkung verloren. In allen Schichten der Bevölkerung lockerten sich die sittlichen Bindungen. Sogar die Familien zerfielen, weil die Ernährer in Kriegsdiensten die Sorge für ihre Angehörigen nicht mehr wahrnahmen. Fluchen und Schwören nahm überhand. Übermäßiger Branntweingenuß und Glücksspiele täuschten über die verzweifelte und ausweglose Lage hinweg. Wahrsagerei und viele Formen des Aberglaubens fanden immer mehr Anhänger, auch dessen schlimmste Ausprägung, der Hexenwahn. Unabhängig davon, ob es sich um katholische oder evangelische Gebiete handelte, nahmen die Hexenprozesse, die schon seit einigen Jahrzehnten in Erscheinung traten, stark zu. Westfalen stand in dieser traurigen Entwicklung mit an der Spitze. Besonders tat sich die lutherische Stadt Lemgo hervor, in der zwischen 1628 und 1637, in nur zehn Jahren, etwa neunzig Opfer starben. Noch weit mehr Menschen forderten die Hexenprozesse im kurkölnischen Sauerland zwischen 1628 und 1631. Dort waren unter den Verurteilten ungewöhnlicherweise ebenso viel Männer wie Frauen.

Eine allgemeingültige Erklärung für diese Verirrung menschlichen Geistes gibt es nicht. Egoistische Einzelinteressen, Rachegelüste oder frauenfeindliche Regungen reichen nicht aus, um die Erscheinung verständlich zu machen. Möglicherweise äußerte sich darin nur das Bestreben, unerklärliche und nicht zu bewältigende Lasten auf einen vermeintlich Schuldigen abzuladen. Der Hexenwahn bleibt letztlich ein Rätsel.

Höhere Bildung bewahrte nicht davor, ihm zu verfallen. Selbst Kurfürst Ferdinand gehörte zu seinen Anhängern. Seine revidierte Hexenprozeßordnung von 1628 richtete sich ja nicht gegen den Mißbrauch, sie sollte nur einige Entgleisungen beseitigen. Beteiligt an der Verbreitung des Hexenwahns waren besonders Theologen und Juristen. Ihre Mitwirkung hing den unsinnigen Verfahren das Mäntelchen des Rechts um. Auch die Weltgeistlichkeit trug ein gerüttelt Maß an Schuld. Wahrscheinlich mehr aus Angst als aus Überzeugung rieten sie den unglücklichen Opfern meist zum Eingeständnis ihres Umgangs mit dem Teufel, als ihnen seelischen Beistand zu leisten. Sie wußten nur zu gut, daß das Eintreten für den Beschuldigten den Verteidiger leicht in Verdacht bringen konnte, an dem Teufelstreiben beteiligt gewesen zu sein. Aus diesem Grunde erschien auch das erste Buch, das sich gegen den Irrwahn wandte, die *Cautio criminalis* des Jesuiten Friedrich von Spee, in anonymer Form. Der Druck kam 1631 in Rinteln heraus. Spee hatte von 1629 bis 1631 an der Paderborner Universität Moraltheologie gelehrt und genügend Belege sammeln können, um seine leidenschaftliche Anklage gegen die Hexenverfolgungen zu untermauern. Der erste mutige Schritt gegen den Irrglauben brachte freilich kein Ende der Verfolgungen Unschuldiger zustande. Erst im Zeitalter der Aufklärung kamen sie zum Erliegen.

Der frühe Absolutismus

Mit dem in Münster unterzeichneten Frieden hörten die Kampfhandlungen des großen deutschen Krieges, den man den Dreißigjährigen nennt, auf. Überall im Lande standen aber noch die Heere und warteten auf ihre Abdankung, bis dahin damit beschäftigt, sich gegenseitig die besten Quartiere wegzuschnappen und aus den Quartierländern soviel herauszupressen, wie irgend möglich. An eine durchgreifende Gesundung der Verhältnisse war vorläufig nicht zu denken. Werfen wir dazu einen Blick auf die westfälischen Territorien und ihre Schicksale nach dem Friedensschluß.
In der Grafschaft Mark brach mit dem Jahre 1644 eine neue Epoche ihrer Geschichte an. Damals machte sich Kurfürst Friedrich Wilhelm daran, die bisher mehr auf dem Papier stehende Herrschaft in eine tatsächliche zu verwandeln. Mit 7800 Mann besetzte er einige ihm von den Holländern und Hessen überlassene märkische Festungen. Nur widerwillig stimmten die Landstände der Erhebung dafür erforderlicher Steuern zu. Wie wichtig ihm die westlichen Provinzen waren, zeigte der Kurfürst durch seine fast ununterbrochene Anwesenheit in Kleve während der nächsten Jahre. Mit den kaiserlichen und kurkölnischen Truppen in der Mark, die nicht auf ihre Kontributionen verzichten wollten, focht er mehrmals einen Streit aus. Tatsächlich übergab ihm der Kaiser die Festung Hamm noch vor dem Friedensschluß (1. August 1648). Lippstadt, das die Hessen als Faustpfand für ihre Satisfaktionsforderungen besetzt hielten, übernahm der Kurfürst erst 1652. Ungeachtet münsterischer Proteste verstärkte der Brandenburger die schon vorher beachtlichen Festungswerke der Stadt. Das Mitspracherecht des Grafen zur Lippe im Kondominium Lippstadt ließ der Kurfürst nur in der Zivilverwaltung gelten. Militärisch behielt er allein die Gewalt in Händen.
Augenscheinlich ging das Gesetz des Handelns in den klevischen Erblanden jetzt auf den Kurfürsten von Brandenburg über, nachdem es in der letzten Zeit mehr beim Pfalzgrafen von Neuburg gelegen hatte. Die zwischen den beiden »Possidierenden« strittigen Fragen bestanden aber noch immer. Der Westfälische Frieden ging darauf nicht ein. Besonders in den heiklen konfessionellen Fragen unterschieden sich die Standpunkte. Der Pfalzgraf berief sich auf das im Friedensvertrag festgelegte Normaljahr 1624, der Kurfürst nahm den für die Protestanten günstigeren Konfessionsstand von 1609 oder 1612 zur Richtschnur.
Um den Knoten durchzuhauen, rückte der Kurfürst kurzentschlossen in das Herzogtum Berg ein und eroberte am 14. Juni 1651 Angermund, scheiterte aber vor Düsseldorf. Der Pfalzgraf rief den aus dem Frieden ausgeschlossenen Herzog von Lothringen um Hilfe an, der auch sofort erschien und die Grafschaft Mark verwüstete. Unzufrieden mit dem Vorgehen des Kurfürsten, der ihnen

solche Beschwernisse ins Haus holte, ließen sich die Landstände in Verhandlungen mit dem Lothringer ein und erklärten sich neutral. Sie spielten sogar mit dem Gedanken, den Pfalzgrafen zu Neuburg als Landesherrn anzuerkennen. Nur das Eintreten der Städte, allen voran Soest, verhinderte einen solchen Entschluß. Im Grunde mußte sich Kurfürst Friedrich Wilhelm nach dem mißlungenen Unternehmen glücklich schätzen, durch kaiserliche Vermittlung unbeschädigt durch den Vergleich von Angerort (11. Oktober 1651) aus der Sache herauszukommen.

Die schwache Position Kurbrandenburgs in den Ländern Kleve und Mark lag offen zutage. Sie zeigte ihre Wirkung schon, als der Kurfürst den märkischen Ständen gestatten mußte (9. Oktober 1649), sich auch ohne seine Zustimmung zu versammeln. Außerdem verbriefte er ihnen das Indigenatsrecht, nach dem nur eingeborene Beamte bestallt werden durften, und entließ fremde Amtsträger. Schließlich mußte er versprechen, keine Truppen in die Grafschaft zu führen und keine Festungen zu bauen. Da Kurfürst Friedrich Wilhelm aber mit der Erfüllung seiner Zusagen zögerte, kam es immer wieder zu Konflikten mit den Landständen. Sie bewilligten aus Opposition keine Steuern, worauf der Landesherr ohne ihr Einverständnis Steuern von sich aus ausschrieb. Dabei berief er sich auf den Notfall und erforderliche Eile. Da die klevische Regierung eine vermittelnde Stellung in dem Streit einnahm, entzog ihr der Kurfürst nach und nach die meisten Befugnisse und übertrug diese anderen Behörden. Schließlich stellte die Regierung nur noch eine reine Justizbehörde dar. Verlassen konnte sich der Landesherr nur auf seinen seit 1652 wirkenden Statthalter, Johann Moritz Graf von Nassau-Siegen.

Über die bedrängte Lage des Brandenburgers konnte sich der Pfalzgraf nur freuen. Der Sohn Wolfgang Wilhelms, Philipp Wilhelm, rückte mit dem Fürstbischof von Münster näher zusammen. Auf dem Kreistag von Essen im März 1653 vereinbarten sie, eine Kreisdefension gegen alle fremde Kriegsbeschwer aufzubauen. Der Kaiser unterstützte das Vorhaben. Er forderte den Kurfürsten auf, die märkischen Festungen zu räumen. Schon drohte der münsterische Fürstbischof, Hamm mit Gewalt zu nehmen. Da kam dem Kurfürsten der lothringische Einfall in das Stift Lüttich zu Hilfe. Er unterstützte den Kurfürsten Maximilian Heinrich von Köln, dem Lüttich gehörte. Damit trat Brandenburg aus der politischen Isolierung heraus. Der Reichsabschied vom 17. Mai 1654 billigte sein Verhalten gegenüber den märkischen Landständen. Diese wurden sogar aufgefordert, dem Landesherrn bei der Unterhaltung der Garnisonen behilflich zu sein. Entgegenkommend zog der Kurfürst dafür seine Besatzung aus Hamm ab, doch blieb das eine Episode. Die Gefahr, daß der Prinz von Condé mit seinem Heer das dem Pfalzgrafen gemachte Angebot wahrmachte und in die Mark einfiel, war zu groß. Noch schien es so, als wolle der Pfalzgraf in die Mark einfallen. Der Kurfürst durfte ihm deswegen keine Vorwürfe machen, weil er selber 1654 mit den Franzosen über ein antihabsburgisches Bündnis verhandelt hatte, das ihm als Lohn die Herzogtümer Jülich und Berg in Aussicht stellte.

Außenpolitische Erfolge im Nordischen Krieg und die innere Uneinigkeit der märkischen Stände befähigten den Kurfürsten, nach 1660 energischer mit den Landständen umzugehen. Die Zustimmung zur Einquartierung von Truppen wurde ihnen entzogen. Mit fremden Mächten durften sie nicht mehr verhandeln. Ihr Resident bei den Generalstaaten mußte entlassen werden. Trotzdem stellte der Landesherr grundsätzlich ihre Existenz nicht in Frage. Ihr »Steuerbewilligungsrecht ... bestand« jedoch nun in »einer Steuerbewilligungspflicht« (M. Wolf). Konflikte mit dem Landesherrn konnte es so auf diesem Gebiete nicht mehr geben.

Eine große Aufgabe stellte sich in der Grafschaft Mark, wie übrigens in fast allen deutschen Territorien: die Finanzverhältnisse wieder in Ordnung zu bringen, wie man damals sagte: *die Redressierung des Kammerstaats*. Im Verlaufe des langen Krieges waren die meisten Domänen und Einkünfte verpfändet worden. Um aus der Kalamität herauszukommen, ließ sich die Kammerverwaltung ein wirkungsvolles Mittel einfallen: Die Zinsen wurden auf fünf Prozent gesenkt und außerdem auf sechzig Jahre begrenzt. Anstelle der bisher allein bekannten Ewigrenten trat so eine Amortisierung der Pfandsumme. Ferner verwandelte man alle Natural- in Geldrenten. Ganz neue Geldquellen erschloß die vorher nur in den Städten bekannte Akzise, eine Verbrauchssteuer, die in Form der Mahl- und Schlachtsteuer eingeführt wurde. Zum Leidwesen des Kurfürsten kamen alle diese Reformen durch die Verzögerungstaktik der Landstände nur sehr langsam voran.

Nach Verhandlungen in Kleve gelang es nun auch am 9. September 1666, unter die Streitigkeiten über das klevische Erbe einen Schlußstrich zu ziehen. Man einigte sich darauf, um den gegenseitigen Vorwürfen über die Unterdrückung Andersgläubiger den Boden zu entziehen, in den kurfürstlichen Ländern das Jahr 1609 als Richtschnur, in den pfalzgräflichen Territorien aber das Normaljahr 1624 als Maßgabe für den konfessionellen Besitzstand gelten zu lassen. In beiden Fällen kam man den Wünschen des jeweiligen Possidierenden entgegen. In mehrjähriger Arbeit stellte eine Kommission den tatsächlichen Konfessionszustand für die genannten Jahre fest. Der darauf aufgebaute Religionsvergleich von Cöln an der Spree vom 6. Mai 1672 beendete dann endgültig das unliebsame Kapitel religiöser Streitigkeiten in den zum jülich-klevischen Erbe gehörenden Ländern. Alle Konfessionen galten seitdem als gleichberechtigt.

Auseinandersetzungen der Landstände mit dem Kurfürsten in der ebenfalls seit 1647 unter alleiniger brandenburgischer Verwaltung stehenden Grafschaft Ravensberg drehten sich hauptsächlich um die Einrichtung der Kanzlei als Zentralverwaltung der Grafschaft. Die Behörde bestand aus zwei adeligen und zwei gelehrten Räten. Von den Ständen dazu gedrängt, verstand sich der Kurfürst 1653 dazu, die ungeliebte Behörde wieder aufzuheben. Er begnügte sich hinfort mit einer kollegialisch arbeitenden Amtskammer zur Beaufsichtigung der Domänen, sonst aber mit den in den vier Ämtern unter Aufsicht der Landstände wirkenden Amtsdrosten. Erst 1667 stattete der Landesherr den Drosten auf dem Sparrenberg mit zentralen Befugnissen aus, die ihn über die drei anderen Drosten erhoben, ein Erfolg des Kurfürsten über die Stände.

Höchst unklar lagen die Hoheitsrechte in der mitten in der Grafschaft Ravensberg gelegenen Stadt Herford. Im Jahre 1547 trat die Fürstäbtissin ihre Hoheitsrechte über die Stadt an den Herzog von Jülich-Kleve-Berg als Landesherrn ab, wogegen die Stadt sofort Einspruch erhob. 1631 erlangte sie durch einen Spruch des Reichskammergerichts die Reichsunmittelbarkeit, doch hinderte das den Kurfürsten von Brandenburg nicht, die Stadt im Jahre 1647 militärisch zu besetzen. Um die Bürger nicht unnötig aufzubringen, zog er seine Garnison später wieder ab. Inzwischen war es der Stadt geglückt, ein kaiserliches Mandat zu erwirken, das ihre Rechte als Reichsstadt wieder in Kraft setzte. Kurfürst Friedrich Wilhelm antwortete mit einer Blockade und Handelssperre. Unter den Bürgern entstand ein Aufruhr gegen den Rat, der sie vermeintlich in diese Lage gebracht hatte. Der Kurfürst ergriff die günstige Gelegenheit, ließ Bürgermeister und Rat verhaften und nahm zu Ende September 1651 die Huldigung der Stadt entgegen. Vom Kaiser erfolgte kein Einspruch, da man gerade mit der Vorbereitung der Wahl eines deutschen Königs beschäftigt war. Die Stadt mußte es hinnehmen, von nun an einen festen Bestandteil der Grafschaft Ravensberg zu bilden. In der Bürgerschaft hielt der Groll gegen den Kurfürsten noch lange an.

Tatkräftig nahm die brandenburgische Verwaltung die Hebung von Handel und Gewerbe in Angriff. Sie mußte mit der Tatsache rechnen, daß die kargen Böden des Landes den Anbau von Hanf und Flachs begünstigten. Um den Wohlstand zu fördern, bot sich deshalb eine Entwicklung des schon seit langem ansässigen Garn- und Leinengewerbes an. Umsichtig erfolgte die Einrichtung einer Beschaustelle, einer sogenannten Legge, in der Stadt Bielefeld, die die Qualität des Leinens begutachtete und bestätigte. Der Absatz Ravensberger Leinens in England, Holland und Spanien stieg daraufhin schnell auf bisher nie erreichte Höhen. Auch den Produktionsbedingungen der kleinen und mittleren Webereien und Spinnereien galt die Aufmerksamkeit der Behörden. Dagegen lag der Handel mit diesen Waren ausschließlich in privater, kaufmännischer Hand. Nach dem Kommerzienedikt von 1688 wurde der Handel vom platten Land in die Städte verbannt, die damit ausschließlich daraus Nutzen zogen. Bielefeld lief dabei der Stadt Herford den Rang ab und wurde zum Hauptort des Leinenhandels überhaupt.

Der Friedensvertrag von 1648 sprach dem Brandenburger auch das benachbarte Fürstbistum Minden zu, doch zögerten die Schweden, die seit 1634 militärisch und zivil im Stift regierten, die Räumung des Landes bis in den September 1649, die Aufgabe der Stadt sogar bis in den September 1650 hinaus.

Obgleich Minden seit langer Zeit dem lutherischen Bekenntnis anhing, bestand noch immer ein Domkapitel, in seiner Art ein höchst eigenartiges Gebilde. Es bestand aus elf katholischen und sieben evangelischen Domherren. Dem Landesherrn stand die Ernennung des stets katholischen Dompropstes zu, der für die gottesdienstlichen Angelegenheiten zuständig war, während das Kapitel den stets evangelischen Domdechanten wählte, der die politischen Aufgaben wahrnahm. Das Miteinander, sollte es funktionieren, forderte von den katholischen Herren die Unterordnung unter den Dechanten, während die Evangelischen nur dann ihre Präsenzgelder erhielten, wenn sie an den katholischen Prozessionen teilnahmen. Das Beispiel konfessioneller Gemeinsamkeiten bestand, ohne daß es zu größeren Reibereien gekommen wäre, bis zum Ende des alten

Reiches. Zum Teil lag der Frieden sicherlich auch daran, daß das Kapitel sich mehr und mehr zu einer Versorgungsstelle für verdiente Offiziere und Beamte entwickelte, die fast alle außer Landes beheimatet und an den Angelegenheiten des Stifts ganz uninteressiert waren.

Demgegenüber repräsentierte der zweite Stand, aus Ritterschaft und Prälaten bestehend, die Belange des Fürstbistums. Den dritten Stand bildeten die stets in Opposition zum zweiten Stand stehenden Stiftsstädte.

Einwände gegen die brandenburgische Besitzergreifung brachte nur die Stadt Minden vor, die ihre Eigenständigkeit besser unter der Oberhoheit des weitab gesessenen Königs von Schweden gewahrt vermutete, als unter der des energischen und am Lande stärker interessierten Kurfürsten von Brandenburg. Dieser beruhigte jedoch die Bürger mit der Bestätigung ihrer städtischen Freiheiten und Privilegien. In einem Vertrage regelte er auch den Unterhalt der Garnison in der Stadt (17. Februar 1650).

Mehr als die Landstände der Grafschaften Mark und Ravensberg verstanden es die des Fürstbistums Minden, ihre hergebrachten Rechte zu verteidigen. Das Indigenat galt fast uneingeschränkt, wurde aber von den Mitgliedern der Regierung geschickt umgangen, indem sie Grundbesitz im Stift erwarben und damit nicht mehr als Landfremde galten. Der Fürstbischof hatte als zentrale Verwaltungsbehörde in Petershagen eine Kanzlei unterhalten, die Kurbrandenburg in eine Regierung umwandelte und 1669 nach Minden verlegte. Die Landstände waren in ihr nur schwach vertreten. Deren Unzufriedenheit richtete sich auch nicht hiergegen, sondern hauptsächlich gegen die 1674 eingeführte Akzise, weil diese neue Steuer nicht ihrer Bewilligung unterlag. Aber auch in der Bevölkerung wuchs die Erbitterung über die dadurch erzeugte Verteuerung der Lebensmittel. Auch der Handel litt Schaden. So sah sich der Kurfürst 1677 genötigt, die Beamten und den Adel von der verhaßten Mahl- und Schlachtsteuer zu befreien und fünf Jahre später die Akzise im gesamten Fürstbistum abzuschaffen. Wie vorher lasteten nur noch Kontribution, Vieh- und Hausschatz auf den Einwohnern. Die Aufhebung der Akzise geht hauptsächlich auf die Einsicht zurück, daß das Land zu arm für eine Steuer war, die den Handel und Verbrauch betraf. Schwache Besiedlung, schlechte Böden und ein kaum ausgebildeter Handel bildeten keine Grundlage für die Förderung des Wohlstandes. Selbst auf der Weser bestand kein nennenswerter Handelsverkehr.

Die weit zwischen Memel und Maas verstreuten Länder des Kurfürsten von Brandenburg gaben einen Anstoß zur Entwicklung moderner Postverbindungen, wie sie bis dahin in Westfalen nicht bestanden. Die vorhergehenden Verhandlungen mit dem Reichspostmeister, dem Fürsten von Thurn und Taxis, waren gescheitert. Eine Verlängerung der Postlinie nach Berlin kam nicht zustande. Deshalb begründete das Patent vom 30. Juli 1649 eine eigene kurfürstliche Reitpost, die in Westfalen von Minden über Herford, Bielefeld, Rheda – seit 1651 Lippstadt –, Hamm, Lünen, Dorsten und Wesel nach Kleve verlief. Das längere Zeit vor dem Reichspostmeister geheim gehaltene Unternehmen arbeitete bald mit Gewinn. So erhielt der in Lippstadt sitzende Postmeister Ellinghaus 1663 vom Kurfürsten die Erlaubnis, auf eigene Kosten und Rechnung auf der genannten Linie eine Wagenpost zu eröffnen. Die damit begründete Nachrichtenverbindung und der Personenverkehr zwischen Berlin und den westlichen Provinzen Kurbrandenburgs standen von vornherein unter dem Vorzeichen einer Förderung der Wirtschaft im Sinne des Merkantilismus.

Ein ganz anderes Bild boten die katholischen geistlichen Territorien, denen wir uns nun zuwenden wollen. Kurfürst Ferdinand von Köln war es vor seinem Tode (13. September 1650) nicht gelungen, in allen seinen Stiften einen Koadjutor durchzusetzen. Nur im Erzstift Köln und in den Stiften Lüttich und Hildesheim trat sein Neffe Maximilian Heinrich von Bayern die Nachfolge an. Die Bistümer Münster und Paderborn entglitten vorerst dem Hause Wittelsbach. Der neue Kurfürst gehörte nicht zu den geborenen Politikern und Herrscherfiguren. Zurückgezogen lebte er meist im Kölner Kloster des Hl. Pantaleon und überließ die Staatsgeschäfte seinem jüngeren Studienfreund Franz Egon von Fürstenberg aus der Familie der süddeutschen Grafen von Fürstenberg, die mit der westfälischen Adelsfamilie nicht verwandt ist. In Franz Egon tritt uns ein überaus ehrgeiziger Mann entgegen, intrigant in seinen Plänen, dem die Kölner Domdechanei und Propstei sowenig Befriedigung verschafften wie die Bistümer Metz und Straßburg. Sein jüngerer Bruder Wilhelm Egon, den er zu seiner Arbeit hinzuzog, übertraf ihn noch an ehrgeizigem Streben und Unbedenklichkeit in der Wahl seiner Mittel, was ihm auch schließlich zum Verhängnis wurde. Als Dritter im Bunde wirkte in Kurköln Dietrich von Landsberg als Landdrost im Herzogtum Westfalen. Er bewährte sich vor allem in zahlreichen diplomatischen Abschickungen.

An der inneren Entwicklung der kurkölnischen Territorien nahm der vorwiegend außenpolitisch interessierte Franz Egon von Fürstenberg kaum Anteil. Die Erfahrungen der Kriegsjahre bewogen ihn lediglich dazu, überall die Verteidigungseinrichtungen zu verbessern. Dazu rechnete auch die Errichtung von Pulvermühlen und Bleigruben im Sauerland. Die Festungen wurden weiter ausgebaut.

Die größte Befriedigung fand Franz Egon aber in diplomatischen Verhandlungen. Ihm ging es darum, zur Sicherung des Friedens Bündnissysteme zu errichten, da das Reich in dieser Hinsicht versagte. Seine Bemühungen von 1650 um das Zustandekommen eines Bündnisses Kurkölns mit Kurbrandenburg und dem Pfalzgrafen zu Neuburg unter Einbeziehung der Generalstaaten der Vereinigten Niederlande scheiterte jedoch an dem damaligen Gegensatz des Kurfürsten von Brandenburg zum Pfalzgrafen. Ebenso vergeblich erwiesen sich seine Schritte zur Errichtung einer gemeinsamen Kreisdefension des Kurrheinischen und des Niederrheinisch-Westfälischen Reichskreises, die zur Abwehr der aus dem andauernden französisch-spanischen Krieg drohenden Gefahren gedacht war. Die westfälischen Fürsten hielten sich zurück, da ihnen keine direkte Gefährdung vorhanden zu sein schien. Manche blickten auch ängstlich auf den Kaiser, der allen Kreiseinungen mißtrauisch begegnete, die sich seiner Kontrolle entzogen.

Dagegen kam am 12. Februar 1652 der Hildesheimer Bund zustande, an dessen Spitze die Herzöge von Braunschweig-Lüneburg und der Landgraf von Hessen-Kassel standen. Paderborn, Lippe, Bentheim-Tecklenburg, Oldenburg, Ostfriesland, Rietberg und Waldeck traten hinzu. Das Bündnis richtete sich hauptsächlich gegen Streifzüge lothringischer Truppen. Konfessionell zeigte sich der Bund unverdächtig, da ihm neben den schwedischen Stiften Bremen und Verden auch die katholischen Stifte Hildesheim, das Maximilian Heinrich von Köln gehörte, und Paderborn angehörten.

Immerhin kam im Hildesheimer Bund eine gewisse Gemeinsamkeit norddeutscher evangelischer Fürsten zum Tragen. Sie wurde durch die feindseligen Schritte der Schweden gegen die Reichsstadt Bremen schwer erschüttert. Die Braunschweiger und der Bischof von Münster fühlten sich durch die schwedischen Truppenkonzentrationen unmittelbar bedroht. Besonders bei dem Bischof wirkte das Trauma von der Bedrohung aller katholischen Stifte durch die nordische Vormacht nach. Er schloß deshalb mit dem Kurfürsten von Köln 1654 unter Hintanstellung der aus der letzten Bischofswahl in Münster zurückgebliebenen Verstimmungen ein Bündnis. Vom augenblicklichen Nutzen getragen, hielt es doch lange Zeit allen Gefährdungen zum Trotz. Auch Braunschweig-Lüneburg schloß sich an und vollzog damit einen Schritt in Richtung auf die Bildung einer Gruppierung von Reichsfürsten als einer vom Kaiser unabhängigen Kraft. Köln und Münster fühlten sich berechtigt, mit Pfalz-Neuburg eine Defensivallianz einzugehen (Dezember 1654). Franz Egon von Fürstenberg hielt beide Systeme nebeneinander für vereinbar.

Seit dem Jahre 1655 setzten Bemühungen des Mainzer Kurfürsten Johann Philipp ein, den rheinischen Bund mit dem Hildesheimer Bündnis zu verbinden. Auftrieb gab ihm der Ausgang der Kaiserwahl von 1657 mit einem erneuten Sieg des habsburgischen Kandidaten. Nur eine starke Gruppe von Reichsständen könnte die kaiserliche Übermacht in ihre Schranken verweisen. Der aus den Verhandlungen schließlich entspringende Rheinbund erhielt durch die Einbeziehung von Frankreich eine stark antihabsburgische Färbung. Der Kurfürst von Mainz versuchte den Eindruck dadurch zu mildern, daß er Frankreich als Gegengewicht gegen Schweden für das Bündnis gewinnen müsse. Gleichzeitig schaffe man damit einen starken Schutz für die katholischen Stifte. Dem Bischof von Münster schien das Bündnis mit der antikaiserlichen Vormacht in Europa so verdächtig, daß er lange Zeit den Beitritt hinauszögerte. Erst unter Druck entschloß er sich schließlich zum Beitritt (20. August 1660). Franz Egon von Fürstenberg und sein Bruder konnten sich freuen, ihr Ziel erreicht zu haben. Sie waren schon damals die Hauptantagonisten der französischen Politik in Deutschland und blieben es auch durch alle Wirrungen hindurch. In ihnen treten uns die deutschen Hauptverantwortlichen für den Aufstieg Frankreichs zur europäischen Hegemonialmacht entgegen.

Nicht mehr im Schlepptau Kurkölns befand sich seit 1650 das Fürstbistum Münster. Nach der jahrzehntelangen Verbindung des Stifts mit hochfürstlichen Häusern glaubten die Domkapitularen, dem Lande mehr Ruhe und weniger Verwicklungen in außenpolitische Konflikte verschaffen zu können, wenn sie bei der Wahl einem Mitglied des münsterischen Landadels den Vorzug gäben. Der diplomatisch gewandte und energische Domthesaurar Christoph Bernhard von Galen schien sich ihnen für das hohe Amt besonders zu empfehlen. Daß er diese in ihn gesetzten Erwartungen nicht erfüllen wollte, stellte sich erst später heraus.

Schon der Wahlvorgang stand unter keinem guten Vorzeichen. Während der langen Abwesenheit des Landesherrn hatte sich der Domdechant Bernhard von Mallinckrodt daran gewöhnt, im Stift selbstherrlich zu schalten und zu walten. Er war zutiefst enttäuscht, daß die Domherren nicht ihm ihre Stimme gegeben hatten. Daran trug er aber selber die größte Schuld. Sein schroffes und herrisches Wesen hatten ihm viele Feinde geschaffen. Durch Klagen in Rom verzögerte er nun die päpstliche Bestätigung des Elekten. Schlimmere Folgen zeitigte sein Versuch, die oppositionellen Kräfte unter der münsterischen Bürgerschaft auf seine Seite zu ziehen und gegen den neuen Landesherrn aufzuhetzen.

Der Fürstbischof erkannte, daß es zuerst einmal darum ging, im Stift die volle Handlungsfähigkeit zu erlangen, um seinen Gegner unschädlich machen zu können. Nur so konnte das Fürstbistum, in dem er ein katholisches Malta im Norden Deutschlands sah, gegen die allerseits umgebenden Feinde verteidigt werden. Diese Grundüberzeugung hatte sich in ihm, obgleich evangelisch geboren, auf den Jesuitenschulen unauslöschlich verankert. Die Festigung des Tridentinums im Bistum gehörte dazu. Doch standen der freien Willensentfaltung des Bischofs im Augenblick der Regierungsübernahme fremde Besatzungen ausnahmslos protestantischer Mächte im Stift entgegen. Die Hessen saßen zur Sicherung ihrer Satisfaktionsforderungen noch in Coesfeld, die Schweden aus demselben Grunde in Vechta. Das Haus Oranien unterhielt aufgrund von Kriegsereignissen eine Besatzung auf der Landesburg Bevergern. Die Räumung der ersten beiden Plätze war abhängig von der restlosen Aufbringung der Satisfaktionsgelder, zu der auch kleinere Reichsstände beitragen mußten. Mit äußerster Härte ging der Bischof gegen diese vor. Am 6. Juli 1651 verließen die Hessen Coesfeld. Manchen machte es stutzig, daß der Bischof seine Zusage nicht einhielt, die von der Besatzung angelegten Befestigungswerke zu schleifen. Im Gegenteil: Er verstärkte sie und ließ einen Plan zur Errichtung einer gewaltigen Zitadelle ausarbeiten, die den modernsten Erkenntnissen der Festungsbaukunst Rechnung trug. Unbekümmert um die hohe Staatsverschuldung erhöhte er die Zahl der Landestruppen auf 1500 Mann.

Nichts Gutes ließ die bald darauf von ihm befohlene Erstürmung der Burg Bevergern und die Vertreibung der oranischen Besatzung ahnen (28. August 1651). In den Niederlanden verbreitete sich schnell der Ruf von dem neuen gewalttätigen Nachbarn, dem es mit Vorsicht zu begegnen galt.

Am längsten hielten sich die Schweden in Vechta. Erst nach Zahlung einer großen Summe an Satisfaktionsgeldern rückten sie am 13. Mai 1653 ab.

Nun erst konnte sich der Bischof den immer gefährlicher werdenden Machenschaften des Domdechanten zuwenden. Der Einfluß Mallinckrodts auf seine Standesgenossen in der Ritterschaft erwies sich als so groß, daß diese 1653 alle Beiträge für den Unterhalt der Landestruppen ablehnten. Ein Versuch, den Domdechanten zu verhaften, schlug fehl. Im Triumph führten die Bürger von Münster ihn durch die Straßen. Die Empörung in der Stadt stieg weiter, als der Bischof daraufhin den Landtag nach Horstmar einberief und nicht, wie üblich, nach Münster.

Die heikle Lage des Fürstbischofs verschärfte sich noch durch die gleichzeitigen Truppenbewegungen der Schweden im Stift Bremen. Sie belebten in ihm die Angst vor einem Überfall der alten Feinde aller Katholiken und trieben ihn in das schon erwähnte Bündnis mit dem wenig geliebten Kurfürsten Maximilian Heinrich von Köln und anderen rheinischen Fürsten (15. Dezember 1654). Mit dieser Rückendeckung glaubte Christoph Bernhard sich stark genug, der rebellischen Stadt Münster einen Denkzettel zu verpassen. Der Versuch, sie im Handstreich zum Gehorsam zu zwingen, mißlang jedoch. Im Vertrag von Schöneflieth (25. Februar 1655) wurde dem Bischof zwar die Einlagerung einer kleinen Besatzung zugestanden, doch mußte diese gleichzeitig den Eid auf die Stadt ablegen. Der Mißerfolg des Bischofs war unübersehbar. Bald darauf nahm dieser die Garnison in der Erkenntnis ihres Unwertes wieder aus der Stadt heraus, verlagerte aber gleichzeitig die bischöflichen Behörden aus Münster nach Coesfeld, ein Schritt, der aufhorchen ließ. In Coesfeld begann er gleichzeitig mit dem Bau einer großen Zitadelle, der St. Ludgersburg, um sich einen festen Platz für die bevorstehenden Auseinandersetzungen mit den Stiftsständen zu schaffen.

Fast gleichzeitig fiel der Syndikus der Stadt Münster auf der Rückreise aus den Niederlanden in die Hände des Fürstbischofs. Jener hatte bei den Generalstaaten um Unterstützung für die vom Landesherrn in Bedrängnis gebrachte Stadt gebeten und dabei sogar angeboten, eine niederländische Besatzung aufnehmen zu wollen, der sogar eine kalvinistische Kirche zur Verfügung gestellt werden sollte. Das ging dem Bischof zu weit. Die Stadt wurde zur Übergabe aufgefordert und, nach Verstreichen des Ultimatums, bombardiert. Doch die Bemühungen des Syndikus trugen ihre Früchte. Im Stift erschienen staatische Gesandte und drohten mit einer militärischen Einmischung, wenn der Bischof ihre Vermittlung nicht annehme. Einem Waffengang mit den Niederländern war der Bischof nicht gewachsen. Abermals mußte er sich zu einem Kompromiß bequemen (Haus Geist 21. Oktober 1657), der im wesentlichen den Vertrag von Schöneflieth bestätigte.

Den Bischof schmerzte vor allem, daß die erwartete Unterstützung der rheinischen Verbündeten ausgeblieben war. So setzte er nun auf die Karte des Kaisers. Im Januar 1660 rückten drei kaiserliche Regimenter in das Münsterland ein. Als Preis erwartete das Reichsoberhaupt, daß sich der Bischof nicht dem Rheinbund anschlösse. Da die kaiserliche Haltung in der Frage der Behandlung der Stadt Münster aber zwielichtig blieb, gab der Bischof schließlich dem Drängen der Bundesgenossen nach und schloß sich dem Rheinbund an, wenn auch ohne Einbeziehung Frankreichs (20. August 1660). Jedoch ließ sich eine solche halbherzige Entscheidung auf die Dauer nicht durchhalten. Im Dezember schloß er auch mit Frankreich ab.

Gestützt auf das mächtige Bündnis begann der Bischof mit der Belagerung seiner Hauptstadt. Am 26. März 1661 mußte sie sich unterwerfen, behielt zwar ihre alte Verfassung, doch erlangte der Bischof das Recht, Bürgermeister und Rat zu ernennen und zu bestätigen. Im Westen der Stadt begann er mit dem Bau einer Zitadelle, noch heute in Gestalt des Schloßgartens erhalten.

Um sich bei dem Kaiser in besseres Licht zu setzen, der ihm den Beitritt zum Rheinbund verübelte, entsandte Christoph Bernhard von Galen münsterische

Truppen zur Reichsarmee gegen die in Ungarn vordringenden Türken. Er selber errang sogar den Grad eines Präsidenten des Reichskriegsrates (1663).

Sein ganzes Denken und Trachten richtete sich nun darauf, die ihm von den Generalstaaten zugefügten Unfreundlichkeiten zu rächen. In ihnen erblickte er die Hauptfeinde seines Stiftes. Die Verjagung der münsterischen Besatzung aus der Dieler Schanze an der ostfriesischen Grenze durch niederländische Truppen goß weiteres Öl in das Feuer. Der Bischof brachte nun die Forderung auf Rückgabe der Herrschaft Borculo vor, die dem Stift Münster zu Anfang des Jahrhunderts entfremdet worden war. Hierin ließen die Generalstaaten aber nicht mit sich reden. So faßte der Bischof eine gewaltsame Lösung ins Auge, wußte aber sehr wohl, daß er gegen die starke niederländische Heeresmacht allein nichts ausrichten konnte. In Köln ließ sich Franz Egon von Fürstenberg zweideutig vernehmen. Auf ihn konnte man nicht bauen. Nur England gab zu verstehen, daß es an einem Angriff auf die Vereinigten Niederlande interessiert sei und Hilfe leisten werde. Der Unsicherheitsfaktor Frankreich riet zwar zur Vorsicht, da das Königreich nicht nur mit dem Bischof im Rheinbund zusammenstand, sondern auch mit den Generalstaaten ein Defensivbündnis unterhielt. Doch schätzte der Bischof die französischen Absichten, die sich allein auf einen ungestörten Angriff gegen die Spanischen Niederlande richteten, nicht zutreffend ein. Er glaubte, Frankreich werde seinem Vorgehen ruhig zusehen.

Ohne das Domkapitel um Zustimmung zu bitten, marschierte der Bischof am 20. September 1665 in Overijssel ein und eroberte in schnellem Vordringen Teile von Drenthe und Gelderland. Dann kam der Angriff zum Stocken. Von Süden näherte sich unerwartet ein französisches Heer und nahm eine drohende Haltung ein. Der Kurfürst von Brandenburg bot seine Vermittlung unter der Drohung an, bei einer Ablehnung ins Münsterland einzufallen. Ohne Rücksicht auf seinen Bundesgenossen England schloß der Bischof am 18. April 1666 in Kleve einen demütigenden Frieden mit den Generalstaaten, mußte darin auf Borculo verzichten und zusagen, seine Truppen auf 3000 Mann zu verringern. Die Landstände erhoben bittere Klagen über ihren Landesherrn, der sie in hohe Kosten und in einen unglücklichen Krieg getrieben hatte.

Der ließ sich aber in seinem Vorhaben nicht beirren. Um den Fesseln des Klever Friedens zu entkommen, schloß er am 4. Mai 1667 ein Bündnis mit Ludwig XIV. Der König sagte ihm Subsidien für das Versprechen zu, kaiserliche Durchmärsche in die Spanischen Niederlande zu verhindern, die den französischen Angriff stören könnten.

Ein weiterer Unruheherd entstand an der Weser. Als der Fürstbischof im Jahre 1661 zum Administrator der Abtei Corvey gewählt worden war, führte er sofort die 1651 durch den Herzog von Braunschweig-Lüneburg vertriebenen Fanziskaner in die Stadt Höxter zurück. Bei einem innerstädtischen Streit um Baurechte erhob sich ein Aufruhr der protestantischen Bürger gegen die Mönche. Herzog Rudolf August ließ seine Truppen in die Stadt einrücken. Der Bischof pochte auf seine Rechte als Landesherr und drohte mit einem Angriff. Doch mischte sich Frankreich ein, das keinerlei Störungen seiner niederländischen Pläne durch einen nebensächlichen Krieg in Nordwestdeutschland wünschte. Die Auseinandersetzung endete mit einem Vergleich.

Der Bischof war fest davon überzeugt, daß nur ein großangelegter und besser als der letzte vorbereiteter Krieg gegen die Vereinigten Niederlande die dem Stift Münster ständig drohenden Gefahren beseitigen könnte. Ihm kam zustatten, daß die über die Bischofswahl von 1650 und die Koadjutorwahl von 1667 verstimmten Kurkölner – auch diesmal war Maximilian Heinrich nicht zum Zuge gekommen – sich ihm wieder annäherten. Man beschloß, die Festung Dorsten mit gemeinsamen Kräften auszubauen. Unter dem Deckmantel des Bielefelder Kreistages wurden Angriffsbündnisse der Franzosen mit Kurköln und Münster vorbereitet und geschlossen. Im Mai 1672 brach der Sturm los. Starke französische Verbände fielen von Süden her in die Vereinigten Provinzen ein. Nur durch Überfluten weiter Landstriche konnten die Angreifer vor Utrecht aufgehalten werden. Ende des Monats griffen auch die Truppen des Kurfürsten von Köln und des Fürstbischofs von Münster an. In schnellem Vorstoß brachten sie die Länder bis an die IJssel in ihre Hände. Überall, wo münsterische Truppen standen, wurden katholische Kirchen eingerichtet und münsterische Geistliche eingesetzt. Doch zogen sich im Rücken der deutschen Verbündeten der Franzosen bald dunkle Wolken zusammen. Kaiserliche Regimenter marschierten am Rhein auf, um Teile des französischen Heeres zu binden. Der Kurfürst von Brandenburg drohte abermals mit einem Einfall in das Fürstbistum Münster, wenn der Bischof nicht Frieden schließe. Christoph Bernhard von Galen sah sich gezwungen, zum Schutz des Münsterlandes Garnisonen in die Festungen Vechta, Warendorf und Münster zu werfen. Dadurch schwächte er sein Heer aber dermaßen, daß die Eroberung der Stadt Groningen, des Schlüssels zu Friesland, abgeblasen werden mußte.

In der Mark brach der französische Marschall Turenne ein, um den Brandenburger in seine Schranken zu weisen. Der brandenburgische General von Spaen zog sich auf Lippstadt zurück und hielt von dort aus das südliche Münsterland in Angst und Schrecken. Die Mark seufzte dagegen unter französischen Kontributionsforderungen. Anfang Februar 1673 standen sich kaiserliche und brandenburgische Truppen einerseits, die Armee Turennes andererseits bei der Landwehr am Birkenbaum in der Nähe von Soest gegenüber, doch kam es nicht zur Schlacht. Die Kaiserlichen litten unter Nachschubmangel und marschierten nach Thüringen ab. Die Brandenburger zogen sich nach Niedersachsen zurück. Soest und Hamm mußten sich den Franzosen ergeben. Zu allem Unglück schloß der Kurfürst, enttäuscht über die spärlichen Subsidienzahlungen der Holländer, einen Sonderfrieden mit Frankreich (Vossem 6. Juni 1673). Der Bischof von Münster hatte zuerst einmal den Rücken frei.

Doch ließ der Kaiser sich durch das Verhalten des Kurfürsten nicht von seinem Ziel abbringen. Seine Truppen verstärkten die Angriffe gegen die Franzosen. Gemeinsam mit niederländischen Verbänden eroberte er die kurkölnische Residenz Bonn (12. November 1673) und zwang dadurch Turenne, der seinen Rückweg abgeschnitten sah, zum Rückzug über den Rhein. Die Stifte Köln und Münster blieben ihrem Schicksal überlassen. Dem Bischof schien die Zeit überreif, sich dem Kaiser anzunähern. In Köln schloß er unter kaiserlicher Vermittlung am 22. April 1674 mit den Generalstaaten Frieden unter Verzicht auf alle territorialen Ansprüche. In letzter Minute blieb damit das Stift Münster vor dem

Verderben bewahrt, das dem Erzstift Köln bevorstand. Es wurde vollkommen von kaiserlichen Regimentern besetzt.

Der Bischof von Münster blieb nicht dabei stehen. Er ging ein Bündnis mit dem Kaiser ein und drehte die Waffen gegen seinen bisherigen Bundesgenossen, Frankreich. Münsterische Truppen kämpften im Reichskrieg gegen Ludwig XIV. im Elsaß. Ja, als die Schweden im Dezember 1674 in die Mark Brandenburg einfielen, um den Kurfürsten vom französischen Kriegsschauplatz abzulenken und ihren Verbündeten, Frankreich, zu entlasten, erblickte der Bischof in dem nun ausbrechenden Reichskrieg gegen Schweden ein seinem Geschmack ganz und gar entsprechendes Wirkungsfeld. Beteiligte er sich an der Eroberung der in schwedischem Besitz befindlichen Stifte Bremen und Verden, so bot sich ihm die Möglichkeit, in den völlig zum Luthertum übergegangenen Ländern das Ruder herumzuwerfen und die katholische Religion wieder einzuführen, ein Ziel, das ihm im Kriege gegen die Vereinigten Niederlanden ebenfalls vorgeschwebt hatte, aber mißlungen war. In zügigem Angriff gegen schwache schwedische Verteidigungskräfte eroberten die Verbündeten Münster und Braunschweig-Lüneburg beide Stifte, gerieten aber während der Belagerung von Stade, als es um die Verteilung der Beute ging, miteinander in Streit. Im Frieden von Nimwegen (5. Februar 1679), den der Bischof nicht mehr erlebte, gingen dem Stift Münster alle in Norddeutschland gemachten Eroberungen wieder verloren. Dem ganz anders gearteten Nachfolger Christoph Bernhards von Galen, Ferdinand von Fürstenberg, einer mehr den Künsten und der Wissenschaft zugewandten Persönlichkeit, lag nichts an Gebietserwerbungen und politischen Streitigkeiten.

Westfalen fand jedoch noch immer keine Ruhe. Kurfürst Friedrich Wilhelm von Brandenburg konnte sich nicht damit abfinden, daß die Schweden ihm trotz ihrer Niederlage das heiß ersehnte Vorpommern mit Stettin vorenthielten. Zur Unterstützung ihrer schwedischen Verbündeten fiel ein französisches Heer Ende April 1679 erneut in die Grafschaft Mark ein. Den Brandenburgern blieb nichts anderes übrig, als sich vor dem überlegenen Feind auf Bielefeld und Minden zurückzuziehen. Notgedrungen unterzeichnete der Kurfürst am 9. Juni 1679 den Friedensvertrag von Saint-Germain. Ungeachtet dessen blieben die Franzosen bis in den Februar 1680 in seinen westlichen Ländern stehen.

Die von Kriegsgeschrei erfüllte Regierungszeit Christoph Bernhards von Galen läßt den Eindruck entstehen, daß dem Bischof außerhalb der militärischen Welt keine Ziele am Herzen lagen. Es läßt sich nicht leugnen, daß er seine Hauptenergie auf diesem Gebiet verströmte, doch beschäftigte er sich in Friedenszeiten vielfältig mit der Hebung des katholischen Kirchenwesens. Unablässig befand er sich dann auf Firmungsreisen und visitierte Stifte und Klöster. Kein münsterischer Bischof hat jemals so viele Weihen erteilt wie er. Seit seiner Zeit verschwand das eingewurzelte Konkubinat. Die letzten Widerstände der Geistlichkeit gegen die Durchführung des Tridentinums wurden mit harten Strafen gebrochen.

Überhaupt tragen seine Handlungen, auch im innenpolitischen Bereich, etwas Gewaltsames an sich, worin er sich von anderen Fürsten jener Epoche nur wenig unterschied. Schon in der Wahlkapitulation verstand er es, die dem Landesherrn herkömmlicherweise angelegten Fesseln zu durchschneiden. So behielt er sich vor, in dringender Notlage auch ohne Zustimmung der Stände einen Krieg zu beginnen und die dazu nötigen Maßnahmen zu treffen. Die in einem solchen Falle von ihm geleisteten Vorschüsse zur Landesverteidigung mußten die Landstände ihm zurückzahlen. Da die Entscheidung, ob es sich um einen Notfall handele, beim Fürsten lag, war die Mitwirkung der Stände faktisch ausgeschaltet. In der Stiftsverwaltung verstärkte der Bischof das fürstliche Element zum Nachteil der Landstände. Er stellte Geheime Räte an, die in Konferenzen mit ihm alle anfallenden wichtigen Fragen berieten und seine Entscheidungen vorbereiteten. Eine Ressortaufteilung fand nicht statt. Kameralsachen, außenpolitische Fragen und gerichtliche Fälle wurden in den Konferenzen ohne Unterschied behandelt.

Auffällig ist dagegen das Fehlen jedweden Interesses an wirtschaftlichen Sachverhalten. Der Bischof unternahm keinerlei Schritte zur Hebung von Handel und Gewerbe im Stift. Erklären läßt sich dieses in der Zeit des beginnenden Merkantilismus auffällige Phänomen nicht nur durch die Fesselung aller Kräfte infolge der zahlreichen Kriege und innenpolitischen Schwierigkeiten des Bischofs. Handel, Gewerbe und Verkehrsfragen lagen dem Denken des geborenen westfälischen Landadeligen zu fern. Es mag sein, daß die ihm von den Bürgern der Hauptstadt bereiteten Schwierigkeiten die Abneigung gegen diese Bereiche noch verstärkten. Die Folgen ließen sich schon damals erkennen. Das Stift Münster geriet gegenüber seinen Nachbarterritorien, der Grafschaft Mark und der Grafschaft Ravensberg, in wirtschaftlichen Rückstand. Gefördert vom Landesherrn, dem Kurfürsten von Brandenburg, begann in diesen Territorien ein wirtschaftlicher Aufschwung, der sich bis in unsere Tage auswirkt.

So zeigt das Lebenswerk des bedeutenden münsterischen Fürstbischofs Christoph Bernhard von Galen insgesamt gesehen doch vorwiegend negative Züge. Allein die Hebung und Stärkung des katholischen Kirchenwesens ist eine bleibende Leistung, wenn auch auf diesem Gebiet manche Fehlschläge das Bild verdüstern. Die Bekehrung des charakterlich schwachen Grafen Ernst Wilhelm von Bentheim-Steinfurt vom Kalvinismus zur katholischen Kirche in einem bizarren, der grotesken Züge nicht entbehrenden Husarenstreich zielte darauf hin, die Grafschaft Bentheim und die mitten im Stift Münster liegende Grafschaft Steinfurt zu rekatholisieren, doch machte die Gräfin, eine aus den Niederlanden stammende Bürgerliche, dem Bischof einen Strich durch die Rechnung. Auf die Nachricht vom Übertritt ihres gräflichen Gemahls floh sie mit ihren Kindern augenblicklich in die Niederlande und stellte sich unter den Schutz der Generalstaaten. An ihrem Zufluchtsort machte sie gegen den Bischof Stimmung. Die vom Bischof erzwungene Scheidung der Ehe und die erneute Vermählung des Grafen mit einer katholischen Gräfin stellten keine Ruhmestaten dar. Sie verfehlten auch ihr Ziel, da die zweite Ehe Ernst Wilhelms kinderlos blieb. Letzten Endes war der mit der »Bekehrung« des Grafen angerichtete Schaden sehr viel größer als der Nutzen. Sogar am päpstlichen Hofe sah man den Machenschaften des Bischofs mit gemischten Gefühlen zu.

Schmerzlich berührte den Fürstbischof die ihm durch die *Declaratio Ferdinandea* von 1555 angelegte Fessel. Sie verbriefte, wie erwähnt, die Bekenntnisfreiheit des Adels in den geistlichen Stiften. Die Mehrzahl der münsterländischen Adeligen hing dem Kalvinismus an. Darunter waren auch Familien, die mit dem Bischof nahe verwandt oder verschwägert waren. Durch Verleihung hoher Staatsämter oder Stiftspräbenden gelang es ihm, einige Angehörige dieser Familien zum Katholizismus herüberzuziehen. Zumindest war damit eine Bresche in den Widerstand der Adelsfamilien geschlagen. In den Folgezeiten kehrten fast alle Familien zur alten Kirche zurück. Die hervorragenden Schulen der Jesuiten tragen daran das Hauptverdienst.

Ein anderes Bild als im Stift Münster tritt uns im Stift Paderborn entgegen. Dort war nach dem Tode Kurfürst Ferdinands der Landadelige Dietrich Adolf von der Reck (1650–1661) zum Nachfolger gewählt worden, ein Landesherr, der jeden Streit im Innern und Äußern aus dem Wege ging. Sein Beitritt zum Hildesheimer Bund diente der Festigung des Friedens und brachte keine außenpolitischen Verwicklungen mit sich. Im Innern suchte der neue Landesherr die schweren Kriegsschäden zu beheben, ohne dabei spektakuläre Wege einzuschlagen. Seine in den Jahren 1654 bis 1656 durchgeführte Visitation läßt den Wunsch erkennen, die zum Teil verworrenen Zustände in der Kirche in ordentlichere Bahnen zu lenken. Nur in einem Falle konnte er einem Konflikt nicht ausweichen. Der Edelherr Moritz von Büren hatte nämlich erklärt, seine Herrschaft unterstehe nicht der Landesherrschaft des Bischofs von Paderborn. Dietrich Adolf schritt daraufhin kurzerhand zur Besetzung von Büren. Nach dem Tode Moritz' von Büren kam 1660 durch kaiserliche Vermittlung die Hälfte seines Erbes an die Jesuiten. Daraus wurde der sogenannte Bürener Fonds gebildet, der die finanzielle Grundlage für das Gymnasium und die philosophisch-theologische Lehranstalt in Paderborn sowie das Lehrerseminar in Büren bildete.

Auch Dietrich Adolfs von der Reck Nachfolger, Ferdinand von Fürstenberg (1661–1683), wandelte in friedlichen Bahnen. Er fand seine Befriedigung in Wissenschaft und Kunst, stand mit vielen Gelehrten seiner Zeit im Briefwechsel. Nach seiner politischen Einstellung neigte er eher zum Anschluß an den Kaiser, doch mochte er es auch mit Frankreich nicht verderben, der Macht, die auf dem Friedenskongreß von Münster und Osnabrück 1648 das Stift Paderborn vor dem Untergang bewahrt hatte. Sein Vermögen floß in die Ferdinandeische Stiftung ein, deren Erträge für die Mission in China und Japan gedacht waren. Später dienten sie auch den Nordischen Missionen. Sein Interesse am Kirchenbau offenbart sich noch heute in 24 von ihm im Barockstil einheitlicher Prägung errichteten Kirchen. Zweifellos wegen seiner friedfertigen Gesinnung wählten ihn 1678 nach dem Tode Christoph Bernhards von Galen auch die münsterischen Domherren zu dessen Nachfolger; sicher, damit vorerst dem ständigen Kriege zu entgehen.

Doch starb Ferdinand von Fürstenberg schon fünf Jahre später. Ihm folgte Maximilian Heinrich von Bayern, Kurfürst von Bayern, der sich schon 1650 um das Stift Münster bemüht hatte. Die politischen Geschäfte lagen freilich ganz in den Händen Wilhelm Egons von Fürstenberg, des treuen Statthalters Frankreichs in Deutschland. Der Minister hoffte, nach dem Tode des Kurfürsten den Höhepunkt seiner Laufbahn erklimmen zu können, indem ihm in Köln und

Münster die Nachfolge zufiel. Zähneknirschend mußte er jedoch 1688 dem vom Kaiser begünstigten Clemens Joseph von Bayern weichen, gab das Spiel aber nicht auf. Er rief französische Truppen ins Land, die nach der Kriegserklärung an das Reich (28. September 1688) auch das Vest Recklinghausen und das Herzogtum Westfalen besetzten.

In Münster gelangte 1688 wiederum ein Mitglied des Domkapitels, Friedrich Christian von Plettenberg (1688–1706) auf den Stuhl des Hl. Liudger, ein diplomatisch geschickter Mann, der es verstand, das Stift Münster aus den schlimmsten Stürmen des Reichskrieges herauszuhalten. Angesichts der drohenden französischen Gefahr und des schlechten Zustandes der seit 1678 vernachlässigten Festungen nahm er, ohne die Landstände zu fragen, einhunderttausend Taler auf, um die schwersten Mängel in der Landesverteidigung zu beheben. Am liebsten hätte er sich neutral gehalten, jedoch mußte er sich an der Vertreibung der französischen Regimenter aus Westfalen beteiligen. Unter kurbrandenburgischem Oberbefehl kämpften münsterische Truppen im Reichskrieg in den Rheinlanden. Besonderes Aufsehen erregte die münsterische Artillerie unter ihrem General Lambert Friedrich von Corfey. Auf ihre Entwicklung hatte der Fürstbischof Christoph Bernhard von Galen besonderen Wert gelegt. Um seinem Stift die Kriegslasten zu erleichtern, schloß sich Friedrich Christian von Plettenburg 1695 den Seemächten England und den Vereinigten Niederlanden an. Letztere entrichteten ihre Subsidien in Geld, England in Zinnlieferungen. Auf dem Friedenskongreß von Rijswijk (1697), auf dem Schweden als Vermittler auftrat, achtete der münsterische Gesandte hauptsächlich darauf, daß die geistlichen Staaten keinen Schaden erlitten.

Neben diesen geistlichen Staaten spielten die weltlichen Grafschaften Westfalens in dieser Zeit keine Rolle. Die meisten von ihnen erschöpften ihre Kräfte in Erbteilungsprozessen. Absolutistische Tendenzen zeigten sich am stärksten in der Grafschaft Lippe. Die dortigen Landstände bemerkten die unliebsame Entwicklung sehr wohl, konnten aber eine Minderung ihrer Rechte nicht verhindern. Der kleine Detmolder Hof unterlag in besonderem Maße der Neigung zu barocker Prachtentfaltung, wie sie in der Zeit üblich war, und der Nachahmung des Hofes von Versailles. Freuen konnten sich darüber die Künstler, weniger die Einwohner des Landes. Ihre finanzielle Leistungsfähigkeit wurde auf eine harte Probe gestellt.

Zum Unterschied von dem einflußreichen Wetterauer Grafenkollegium spielten die westfälischen Grafen als Gemeinschaft keine Rolle. Nachteilig wirkte sich aus, daß ihr Zusammenschluß mit den Grafen des Niedersächsischen Kreises ausschließlich unter der Leitung von Protestanten stand. Erst die Einführung der konfessionellen Parität erhöhte ihre Wirkkraft, ohne daß das Kollegium damit zu größerer Bedeutung gelangt wäre.

Es bedarf kaum der Erwähnung, daß die fast unablässig seit dem Ende des 16. Jahrhunderts andauernden Kriege nachhaltige Wirkungen auf die Struktur von Handel und Gewerbe in Westfalen ausübten, wenn auch örtlich in sehr verschiedenem Maße. Der Dreißigjährige Krieg blies der schon lange im Sterben liegenden Hanse endgültig das Lebenslicht aus. Handelsfeindliche Maßnahmen der russischen Großfürsten, aber auch der Könige von Dänemark und Schweden ließen den Ostseehandel über Gotland nach Nowgorod auf ein Minimum schrumpfen. Das Interesse der deutschen Kaufleute erlosch. Allmählich verlagerte sich der Fernhandel wieder in die Nordsüd-Richtung, die er früher einmal eingenommen hatte. Die alten Hansestädte verloren ihren Glanz. An ihre Stelle traten Augsburg und andere süddeutsche Handelsplätze als Zentren des Handels nach Italien und weiter in den Orient oder auch nach Spanien und in die Neue Welt. Den von dort eingehandelten Waren kostbarster Art konnten die westfälischen Kaufleute nichts Gleichwertiges entgegensetzen. Ihr Fernhandel verlor seine Bedeutung.

Merkwürdigerweise geriet der Gedanke der Gemeinsamkeit aller Hansestädte, der in Westfalen keine allzu große Bedeutung erlangt hatte, gerade hier nicht so schnell in Vergessenheit. Als der Bischof von Münster 1660 seine Hauptstadt belagerte, versuchte der Stadtsyndikus Nikolaus Drachter, die Hilfe der Hansestädte zu gewinnen, die als solche nur deshalb einen Wert besaß, als diese Städte einen Defensivbund mit den Vereinigten Niederlanden unterhielten. Immerhin konnte der Aufmarsch der generalstaatischen Truppen den Bischof zum Einlenken bewegen.

Der Niedergang des Fernhandels machte sich soziologisch in den Städten bemerkbar, in denen er früher eine führende Rolle gespielt hatte. Die patrizischen Schichten der Städte Münster, Osnabrück, Soest und Dortmund entstammten ausnahmslos Fernhändlergeschlechtern. Nur sie waren ratsfähig und erlangten im Laufe der Zeit, zumal auch ministerialische Familien unter ihnen waren, einen adelsähnlichen Rang. Der Ritterstand und seine Lebensnormen bildeten für die städtischen Patrizier deshalb auch die sozialen Leitmodelle. Wenn die Patrizier angesichts des Niedergangs des Fernhandels damit beschäftigt waren, außerhalb der Städte Landgüter zu erwerben, so bedeutete das nicht nur die Sicherung des einmal erworbenen Geldvermögens. Damit sollte vor allem die Angleichung an den landsässigen Adel vorangetrieben werden. Nur durch den Erwerb von »Rittergütern« konnten die Patrizier hoffen, endgültig in den Adelsstand aufzusteigen oder gar die Landstandschaft zu erringen. Damit trat der Bezug von Einkünften und Renten aus bäuerlichen Gütern und anderen Besitzungen in ihrer Bedeutung für die Lebensführung vor die Gewinne aus der Handelstätigkeit. Gleichzeitig ging das Interesse der Patrizier an der Wahrnehmung städtischer Ämter zurück. Das Drängen der Handwerker und Gewerbetreibenden auf Beteiligung am Stadtregiment traf deshalb in den westfälischen Städten auf nicht allzu starken Widerstand.

Natürlich bedeutet das alles nicht, daß in Westfalen der Handel ausstarb. Er nahm nur andere Formen an. Anstelle des Fernhandels trat ein regionaler nordwestdeutscher Warenaustausch, der sich im 17. Jahrhundert trotz der Kriegswirren durchaus positiv entwickelte. Besonders trug die nach dem Waffenstillstand mit Spanien beginnende Blüte der nördlichen Niederlande zu seiner Belebung bei. Der Bedarf des rohstoffarmen Landes an Metallen, Holz für den Schiffs- und Hausbau sowie an Getreide war ungeheuer groß. Westfalen kam es zugute, daß die Aufwärtsentwicklung des niederländischen Handwerks mit dem Seehandel nicht Schritt hielt. Dadurch erhöhten sich die Ausfuhrmöglichkeiten für westfälische Produkte erheblich. Hoher Bedarf bestand besonders an Leinenwaren, darunter an grobem Linnen für die Schiffssegel. Das meist im Hause betriebene Leinengewerbe in der Grafschaft Ravensberg, im Stift Osnabrück, aber auch im westlichen Münsterland zog daraus seinen Nutzen. Metallerzeugnisse aller Art kamen dagegen meist aus der Grafschaft Mark und Teilen des kölnischen Sauerlandes. Auch dem Viehhandel boten sich vorzügliche Märkte. Hieran beteiligten sich vor allem die münsterischen Ochsenhändler, die ihre Tiere im Sommer auf den friesischen Weiden mästeten und dann über Köln oder die IJsselmärkte verkauften. Vorwiegend verlief der westfälische Handel auf Landwegen. Die Flüsse Ems, Berkel, Vechte, Lippe und Ruhr ließen sich nur in bedingtem Maße und nicht ganzjährig nutzen. Der Kurfürst von Brandenburg regte zwar gemeinsame Anstrengungen zur Schiffbarmachung der Ems an, traf aber damit auf keine Gegenliebe. Ähnliche Kanalpläne scheiterten schon im vierzehnten Jahrhundert und erfuhren erst im 18. Jahrhundert eine Neubelebung. Die Aufwärtstendenzen im Handel mit den Niederlanden erlitten durch die Pestepidemie von 1660 und die Wirtschaftsrezession in den Niederlanden in den folgenden zwanzig Jahren einen Einbruch, änderten aber nichts an dem allgemeinen Bilde.

Auch das offizielle Ausscheiden der Vereinigten Provinzen aus dem Verband des Heiligen Römischen Reichs im Jahre 1648 sanktionierte nur einen schon lange bestehenden Zustand und brachte deshalb keinen Einschnitt mit sich. Die gegenseitigen Beziehungen mit den westfälischen Nachbarn blieben unverändert. Beiderseits der Grenze sprach man dieselbe Sprache. Nur die Konfession war gegenüber dem Bistum Münster verschieden. Selbst die Angriffskriege Christoph Bernhards von Galen gegen die Niederlande zogen keine längere Verstimmung nach sich. Man erkannte auf niederländischer Seite sehr gut, daß die Kriege nicht auf grundsätzlichen Gegensätzen, auch nicht auf unüberwindbaren, konfessionellen Unterschieden beruhten, sondern ein Ausdruck persönlichen Hasses des Fürstbischofs waren. Dessen tief verwurzelte Angst vor der kalvinistischen Großmacht, die im Verbund mit anderen protestantischen Nachbarn dem Stift Münster das Lebenslicht ausblasen könnte, hatte den Bischof zu der, wenn auch abwegigen Idee gebracht, die Niederlande durch einen Militärschlag ausschalten zu können. Keinerlei Bedeutung spielten dabei Überlegungen wirtschaftlicher Art, wie sie manchmal ganz unzutreffend von niederländischer Seite in die Diskussion gebracht werden. Die Folgezeit gab der Einschätzung recht, es habe sich um eindeutig persönlich bestimmte Angriffskriege gehandelt. Nach dem Tode Christoph Bernhards von Galen (1678) hat es keine Kriege münsterischer Fürstbischöfe gegen die Niederlande mehr gegeben.

Der erwähnte Rückgang des Fernhandels bewirkte auch ein verändertes Bild des westfälischen Städtewesens. Die großen Städte verloren einen Teil ihrer Bedeutung. Ihnen blieb nur die Rolle als Mittelpunkte eines Staates bzw. einer Diözese. Der zunehmende örtliche Kleinhandelsverkehr begünstigte dagegen die kleineren Städte wie Bielefeld, Herford, Iserlohn, Altena, Hagen, Lüdenscheid, Siegen und andere. Auf dem platten Lande breitete sich das Hausgewerbe der Kötter und Heuerlinge aus. Besonders die Nachfrage nach Leinen erhöhte ihre Einkommen. Überhaupt bot das Land dem Gewerbe manche Vorteile gegenüber der Stadt. Außerhalb der Städte bestanden keine Zünfte, in Westfalen Ämter genannt, mit ihren einengenden Statuten. Kein Wunder, daß das Gewerbe zunehmend auf das Land zog. Dem Gewerbe folgte der Handel. Jahrmärkte und Hausierer nahmen an Zahl und Bedeutung erheblich zu. Unter ihnen befanden sich die »Tödden« aus dem nordwestlichen Münsterland, die mit ihren Waren bis weit in die Ostseeländer fuhren und beachtlichen Reichtum erwarben. Einige Familien, wie die Brenninkmeyer, besitzen noch heute große Bedeutung. Mit ihren Waren brachten sie in die vorwiegend protestantischen Länder auch ihren katholischen Glauben. Manche Kirchen im Osten gehen auf Stiftungen der Tödden zurück. Nicht zu verwechseln sind mit dieser späten Form des Fernhändlers die Kiepenkerle, die ihre bäuerlichen Produkte von ihrem Hof in die nahegelegene Stadt brachten und dort verkauften. Bei ihnen handelt es sich um einen ausgesprochenen Kleinhandel ohne größere Bedeutung. Ihr Handel entsprang dem Wunsch, den Zwischenmärkten zu entgehen und die eigenen Produkte direkt zum Verbraucher zu bringen. Die früher für die Agrarprodukte des Hellweggebietes zuständigen Märkte in den Städten Soest und Dortmund gingen dadurch stark zurück. Dagegen verbesserten einige, dem Verbraucher näher gelegene kleine Städte wie Meschede, Arnsberg, Witten und Hattingen ihre Rolle auf diesem Gebiet. Dortmund sank fast auf die Stufe einer kleinen Ackerbaustadt herab, zumal in ihr keine größere geistliche Institution und keine Behörden wirkten. Die weitgehende Nivellierung erfaßte alle Städte, mit Ausnahme der Zentren eines größeren Staatswesens oder Fürstbistums.

Das 18. Jahrhundert

Das letzte Jahrhundert vor der Auflösung des Heiligen Römischen Reiches bescherte Westfalen keine größeren territorialen Veränderungen mehr. Die Verhältnisse waren weitgehend konsolidiert. Neben den Fürstbistümern und Fürstabteien mit fast 20 000 Quadratkilometern standen die bereits in brandenburg-preußischem Besitz befindlichen oder zu Anfang des Jahrhunderts in diesen Besitz gekommenen Territorien mit beinahe 6000 Quadratkilometern. Die kleinen Grafschaften und Herrschaften umfaßten weniger als 4000 Quadratkilometer, das Territorium der einzigen Reichsstadt, Dortmund, verfügte nur über 78 Quadratkilometer. Über die absoluten Zahlen der Bevölkerung läßt sich nichts Sicheres sagen. Im Verhältnis standen sie etwa in denselben Verhältnissen wie die angegebenen Größen der Gebiete.

Am politischen Kartenbild des Landes änderte sich gegenüber den älteren Zeiten kaum etwas. In sich zerrissen, ohne gemeinsames Zentrum, zeigten sich die westfälischen Territorien meist als Spielbälle in den Händen fremder Mächte. Die Fürstbistümer wurden wie eh und je von fürstlichen Häusern begehrt und zu einer Art Sekundogenitur gemacht. An erster Stelle standen die bayerischen Wittelsbacher, in der zweiten Hälfte des Jahrhunderts die Habsburger, im Fürstbistum Osnabrück das Haus Braunschweig-Lüneburg. Nur selten gelang es einem Mitglied einer einheimischen Adelsfamilie, einen westfälischen Bischofsstuhl zu besteigen.

Aber auch die weltlichen Territorien unterlagen fremden Einflüssen. Brandenburg-Preußen nahm bereits mit der Grafschaft Mark, der Grafschaft Ravensberg und dem ehemaligen Stift Minden in Westfalen eine hervorragende Stelle ein. Dazu traten zu Anfang des 18. Jahrhunderts die Grafschaften Tecklenburg und Lingen. Die zuletzt genannte Herrschaft befand sich seit 1648 im Besitz des Hauses Oranien. Im Jahre 1702 beanspruchte König Friedrich I. von Preußen nach dem Tode des letzten Oraniers das Ländchen als Erbgut seiner Mutter und besetzte es, ungeachtet eines Protestes der Generalstaaten. Der Friede von Utrecht (1713) bestätigte den König von Preußen im Besitz. Inzwischen hatte er 1707 die früher mit Lingen territorial verbundene Grafschaft Tecklenburg dem Grafen von Solms-Braunfels abgekauft, der sie vor dem Reichskammergericht vom Grafen von Bentheim-Tecklenburg-Rheda erstritten hatte.

Auch die Grafschaft Bentheim ging im 18. Jahrhundert, wenn auch nicht reichsrechtlich, so doch praktisch in fremden Besitz über. Der Kurfürst von Hannover ergriff 1753 von der ihm verpfändeten Grafschaft Besitz. Dafür übernahm er die hohen Schulden Graf Friedrich Karls von Bentheim und sicherte ihm die Zahlung einer jährlichen Rente zu.

Die Grafschaft Rietberg fiel nach dem Tode des letzten Grafen aus dem Hause Ostfriesland-Rietberg an den Landgrafen von Hessen-Kassel zurück, der sich weigerte, das Lehen neu zu vergeben. In jahrzehntelangen Prozessen focht die Erbin, Maria Ernestina Franziska von Rietberg (1687–1758) den Entschluß des Lehnsherrn an und erzielte schließlich einen Erfolg. Dadurch kam die Grafschaft an den Gemahl der Erbin, den aus Mähren stammenden Grafen Maximilian Ulrich von Kaunitz (1679–1748), der auf diesem Wege den Reichsgrafentitel erwarb. Sein Nachfolger, Wenzel Anton von Kaunitz-Rietberg (1711–1794), wurde als Staatskanzler der Kaiserin Maria Theresia berühmt und errang den Reichsfürstenstand. Die Kaunitz residierten nicht in Rietberg, sondern hielten sich in Brünn oder in Wien auf.

Nur in der Grafschaft Lippe hatte sich ein aus dem Mittelalter stammendes altwestfälisches Haus behauptet, das auch noch im Lande residierte. Mit Preußen teilten sich die Lipper die Herrschaft über Lippstadt, mit Paderborn über das Amt Schwalenberg. Die regierende Linie des Hauses erwarb 1789 den Fürstentitel.

Ohne jede politische Bedeutung blieben die innerhalb der Grenzen des Fürstbistums Münster gelegenen kleinen Herrschaften. Werth bei Bocholt verkaufte der Besitzer, der Herzog von Sachsen-Hildburghausen, 1709 an das Stift Münster. Die Herrschaft schied damit als reichsunmittelbarer Stand aus. Die nach der Burg nördlich von Borken benannte, früher ansehnliche Herrschaft Gemen befand sich im Besitz der Grafen von Limburg-Styrum. Sie fristete ihr Leben bis zum Reichsdeputationshauptschluß, zuletzt auf die Stadt Gemen und zwei Bauerschaften beschränkt. Auch die Herrschaft Steinfurt im Besitz einer Linie der Grafen von Bentheim wurde in einem vertraglichen Vergleich mit dem Stift Münster auf die Stadt Burgsteinfurt und das Kirchspiel eingeengt. Unangefochten selbständig blieb die kleine, in niederländisches Gebiet hineinragende Herrschaft Anholt im Besitz der Fürsten von Salm-Salm.

Alle diese Herrschaften waren im Grunde nicht mehr als beachtliche Grundherrschaften, besaßen aber keine politische Bedeutung. Im Blickpunkt der zeitgenössischen Politik standen allein die Fürstbistümer. Freilich waren auch sie im Kreise der Großmächte zu keiner eigenständigen Handlung fähig, bildeten aber auf dem Schachbrett der Politik wichtige Steine, deren Besitz die Mächtigen reizte.

Ununterbrochen befand sich das Erzstift Köln seit dem Jahre 1583 in der Hand der bayerischen Wittelsbacher. Erst mit dem Tode Kurfürst Clemens Augusts im Jahre 1761 brach die Tradition ab. Dieser bedeutendste Vertreter des Hauses auf den rheinisch-westfälischen Bischofsstühlen besaß seit 1719 schon die Bistümer Münster und Paderborn, bevor er 1721 Erzbischof und Kurfürst von Köln wurde. 1728 fiel ihm auch noch das Stift Osnabrück zu. Man nannte den Kurfürsten deshalb *Monsieur des Cinq Eglises*. In Westfalen konnte ihm, was die Ausdehnung seiner Länder anging, nur der König von Preußen gegenübertreten, doch verfügte dieser noch nicht einmal über die Hälfte des Besitzes Clemens Augusts. Dessen Interessen galten mehr dem höfischen Leben, der Kunst und der Jagd als der Kirche. Kirchliche Fragen bewegten ihn nicht. Politisch stand er Frankreich nahe. Das die preußischen Könige beflügelnde politische Ethos und die in Preußen kultivierte Sparsamkeit und das soldatische Ethos waren nicht seine Sache, »ein denkbar krasser Gegensatz sowohl zwischen den Personen – preußische Könige waren zu dieser Zeit Friedrich Wilhelm I. und Friedrich II. – wie zwischen den politischen Systemen« (A. Hanschmidt).

Der Tod des Kurfürsten (1761) mitten im Siebenjährigen Kriege beschwor für die geistlichen Stifte Westfalens eine fast noch größere Gefahr herauf, als sie zu Ende des Dreißigjährigen Krieges bestand. Die Hochstifte Münster, Paderborn, Osnabrück und Hildesheim waren von den verbündeten Preußen und Hannoveranern besetzt, die auf Säkularisationen drängten. König Georg III. von England-Hannover befand sich bereits im Besitz des Stifts Osnabrück. Schließlich präsentierte er dem Domkapitel seinen erst wenige Monate alten Sohn, Prinz Friedrich von York, der auch tatsächlich gewählt wurde, wohl weil das Kapitel glaubte, nun auf Grund der *Capitulatio perpetua* wegen Minderjährigkeit des Bischofs die Regierungsgewalt zu erhalten, doch erwies sich das als Trugschluß. Der König berief sich auf seine Vormundschaft über den kleinen Prinzen und behielt die Regierung selber in Händen. Erst 1770 konnte der Streit beigelegt werden. Friedrich trat nach Erreichung der Volljährigkeit die Regierung in Osnabrück an, residierte aber zumeist in Hannover oder London.

Das Stift Osnabrück wies eine im Reich einmalige Struktur auf. Die Pfarrkirchen im Lande waren zwischen Katholiken und Lutheranern im Verhältnis von drei zu zwei aufgeteilt. Das Fürstbistum galt als halb säkularisiert. Nach dem Friedensvertrag von 1648 und den auf dem Reichsexekutionstag zu Nürnberg ausgehandelten Bestimmungen sollte nämlich auf einen katholischen Bischof jeweils ein protestantischer Bischof folgen, der aus dem Hause Braunschweig-Lüneburg stammen mußte. Damit wurde der spätere Übergang Osnabrücks an das Königreich Hannover vorbestimmt, gleichzeitig auch sein Ausscheiden aus Westfalen und sein Übergang nach Niedersachsen.

In Münster gedachte man, ähnlich wie im Jahre 1650, das Fürstbistum möglichst aus der bisherigen Verbindung mit einem fürstlichen Hause zu lösen, um weitläufigen politischen Verwicklungen zu entgehen. Jedoch gelang es nicht, sich auf einen eindeutigen Kandidaten aus Mitten des Kapitels zu einigen. So fiel dem Kölner Kurfürsten Maximilian Friedrich von Königsegg-Rothenfels (1718–1784) das Stift als leichte Beute in den Schoß, einem Herrn aus einem schwäbischen Grafenhause. Die Vereinigten Niederlande hatten ihn tatkräftig in der Hoffnung unterstützt, Münster aus der allzu engen Bindung an Bayern oder Habsburg herauszuhalten. Auch der münsterische Domherr Franz Friedrich Wilhelm von Fürstenberg, der spätere Gründer der hiesigen Universität, trat für den Grafen ein. Er widerstrebte der genannten Verbindung aus denselben Gründen und setzte sich eher für eine Annäherung an Preußen ein.

In Paderborn fiel die Wahl auf ein Mitglied des Domkapitels, Wilhelm Anton von der Asseburg. Seine Helfer saßen in Hannover, wo man keinen Sproß eines hohen fürstlichen Hauses vor den Toren des Kurfürstentums sehen wollte. Dasselbe Prinzip wirkte sich bei der Wahl Friedrich Wilhelms von Westphalen zum Bischof von Hildesheim aus, eines Neffen Wilhelm Antons von der Asseburg, der seinem Oheim 1782 auch in Paderborn folgte.

Die große wittelsbachische Sekundogenitur am Rhein und in Westfalen war also im Jahre 1761 zusammengebrochen und konnte auch nicht wieder aufgerichtet werden, bevor das Römische Reich erlosch. An ihre Stelle trat in beschränktem Ausmaß eine habsburgische Vormachtstellung durch die Wahl Maximilian Franz', des jüngsten Sohns der Kaiserin Maria Theresia, zum Koadjutor in Köln und Münster (1780). Sie hielt bis zum Ende des Reiches an. Leicht war sie nicht durchzusetzen gewesen. In Münster verlief die Wahl des Habsburgers stürmisch. Um die Koadjutorei hatte sich auch der münsterische Domherr Franz Friedrich Wilhelm von Fürstenberg beworben. Sein Plan ging dahin, das Stift Münster in ein besseres Nachbarschaftsverhältnis zu seinen Nachbarn Preußen, Hannover und den Vereinigten Niederlanden zu führen. In den beiden Kandidaten verkörperte sich der habsburgisch-preußische Gegensatz, der gerade erst im Bayerischen Erbfolgekrieg (1778/79) zum Ausbruch gekommen war. Ein Sieg Fürstenbergs wäre als schwere Niederlage des Hauses Habsburg vermerkt worden. Mit dem Einsatz gewaltiger finanzieller Mittel, fast einer Million Gulden, konnte die Wahl Maximilian Franz' denn auch in sichere Bahnen gelenkt werden. Dem Fürstbistum bekam die Wahl nicht schlecht. Der Sohn Maria Theresias erwies sich als wohlwollender Landesherr, der in denselben aufgeklärten Kategorien dachte wie sein Gegner Franz von Fürstenberg. Er bemühte sich redlich um innere Reformen in Staat und Kirche, immer den größten Nutzen der jeweiligen Einrichtung für das Wohl der Allgemeinheit im Auge. Von außenpolitischen Wagnissen hielt er sich fern. Allein die Abwesenheit des Landesherrn vom Stift Münster wurde als Nachteil empfunden. Nur zu gern hätte man einen am Ort residierenden Herrn als Fürstbischof gesehen. Ein Ausdruck dieser Sehnsucht offenbarte sich schon unter Maximilian Friedrich von Königsegg-Rothenfels im Bau eines prächtigen Schlosses vor den Toren der Stadt Münster. Verwendet wurden dabei Steine des im Siebenjährigen Krieg von den Franzosen zerstörten Wolbecker Schlosses, ein fast symbolischer Akt zur Wahrung der Tradition, aber auch zur erneuten Heranführung der Residenz an die Hauptstadt des Stifts.

Nur ein kurzes Leben war dem jüngsten der westfälischen Bistümer beschieden. Die Umwandlung der altehrwürdigen Abtei Corvey in ein Fürstbistum richtete sich 1794 einerseits gegen die vom Paderborner Fürstbischof beanspruchte geistliche Jurisdiktion über das Kloster, sollte andererseits aber die Existenz der von Nachwuchssorgen bedrängten Abtei sicherstellen. Nach acht Jahren verfiel das junge Bistum der Auflösung, als Corvey als Entschädigungsland dem Prinzen Wilhelm von Oranien zugesprochen wurde.

Will man das 18. Jahrhundert einem charakteristischen Schlagwort unterordnen, so paßt keines besser als der Begriff des Absolutismus. In der ersten Hälfte des Jahrhunderts erscheint er in seiner klassischen Ausprägung als Lösung des Fürsten aus den Banden der landständischen Mitregierung, in der zweiten Hälfte in seiner aufgeklärten Form, in erster Linie auf Modernisierung und Reform der überkommenen Einrichtungen bedacht. Selbstverständlich verlaufen die Übergänge von der einen zur andern Struktur fließend und je nach Ort zeitlich verschoben. In den geistlichen Territorien konnte der Absolutismus ohnehin keine vollkommene Ausgestaltung erlangen. Die Fürstbistümer stellten Wahlstaaten dar, in denen sich die Landstände bei jeder Neuwahl eines Fürstbischofs ihre hergebrachten Rechte, meist noch in vervollkommneter Ausweitung, verbriefen ließen, um dem neuen Herrn jedes Schlupfloch zu ungebremster Willensentfaltung zu verstopfen. Eine im eigentlichen Sinne »absolute« Regierung war in den geistlichen Fürstentümern deshalb von vornherein nicht möglich. Die Regenten konnten nur die Grundzüge des Absolutismus nachahmen, so etwa die Effizienzbesserung des Staatswesens durch Stärkung der Wirtschafts- und Finanzkraft des Landes, Modernisierung des Militärwesens und ähnliche Maßnahmen. Gerade auf den genannten Gebieten versagten die Landstände häufig ihre Mitwirkung. Die Interessen des Landadels richteten sich mehr auf agrarische Verhältnisse. Sie wußten, daß ein stehendes Heer nicht ihre Autorität, sondern die des Landesherrn stärkte. Am ehesten konnte der geistliche Fürst in seinen Bemühungen um Hebung von Handel und Wandel auf das städtische Bürgertum als Verbündeten rechnen.

Das Bild des Fürsten, sei er nun weltlich oder geistlich, unterlag in dieser Zeit einer grundsätzlichen Wandlung. Früher fühlte er sich nur an den Willen Gottes und an ungeschriebene ethische Maßstäbe gebunden. Jetzt sah er sich hauptsächlich als Verantwortlicher für das Glück und die Wohlfahrt seiner Untertanen, ja in der entwickeltsten Form als Diener des Staates. Die schon immer bestehenden Bindungen an die christlichen Gebote blieben erhalten, traten aber hinter rational-philosophischen Begründungen zurück, wie etwa der, daß die Fürsten »Pflichten gegen ihre Untertanen haben, daß sie schuldig sind, sie zur zeitlichen und ewigen Glückseligkeit nach Kräften zu leiten« (Kurfürst Maximilian Franz von Österreich). An die Stelle der aus dem Mittelalter überkommenen Beschränkung der Handlungsfreiheit des Landesherrn durch die Landstände und ihrem Recht auf Mitregierung, die in den geistlichen Staaten stärker als in den weltlichen bis zum Ende des alten Reiches fortbestand, trat eine von aufklärerischen Einsichten hergeleitete Selbstbeschränkung des Fürsten mit dem Ziel der Modernisierung des ineffektiven Staatswesens im allgemeinen, aber durchaus auch im Interesse des Fürsten.

Aufgrund der Struktur der westfälischen Länder konnte es im 18. Jahrhundert nicht mehr zu schwerwiegenden Konflikten zwischen Fürsten und Landständen kommen. In den geistlichen Staaten fehlten aus den geschilderten Gründen dafür die Voraussetzungen. Aber auch in den preußischen Territorien boten sich keine Gelegenheiten für eine wirksame Opposition der Stände gegen den König mehr. Die Entscheidung im Machtkampf des Monarchen mit den Ständen war längst in den Zeiten Kurfürst Friedrich Wilhelms von Brandenburg gefallen. Trotzdem blieben gewisse graduelle Unterschiede zwischen geistlichen und weltlichen Territorien bis zum Ende des Heiligen Römischen Reiches erhalten. Das ständische Moment blieb in jenen stärker als in diesen. Noch immer war in den Fürstbistümern das Steuerbewilligungsrecht der Landstände ein tief in die Politik eingreifender Faktor. Besonders bei der Aufstellung eines stehenden Heeres konnte der Landesherr nicht darüber hinweggehen. Zwar verpflichtete der Reichsabschied von 1654 alle Landstände in den deutschen Territorien, Beiträge zu Verteidigungsmaßnahmen zu leisten, aber doch nur solche zur Reichsverteidigung. Beabsichtigte der Fürst, zu anderen Zwecken Truppen anzuwerben, so blieb ihm nur die Möglichkeit, in seine eigene Tasche zu greifen oder durch Verträge mit fremden Mächten Subsidien einzuholen.

Die Position der Landstände in einem Konflikt mit dem Regenten, bei dem es sich niemals um grundsätzliche, sondern stets um einen akuten Anlaß drehte, war im allgemeinen gar nicht schlecht, sieht man einmal von den preußischen Ländern ab, in denen ihre Rolle ausgespielt war. Der kaiserliche Hof stand ihnen ausgesprochen freundlich gegenüber.

In den meisten Territorien gliederten sich die Landstände in drei Kurien: die Geistlichkeit (das Domkapitel), die Ritterschaft und die Städte (den Dritten Stand), manchmal auch nur in zwei, und in Tecklenburg-Lingen allein durch die Ritterschaft repräsentiert. Ein Kuriosum bietet die kleine Herrschaft Rheda unter einem kalvinistischen Landesherrn. Dort stellten drei katholische Klöster, Herzebrock, Clarholz und Marienfeld, die Landstände, obgleich Marienfeld außerhalb des Territoriums lag. Die Rolle dieses Zisterzienserklosters läßt sich nur aus der Tatsache erklären, daß die längst ausgestorbenen Edelherren von Rheda an der Gründung des Klosters maßgeblich beteiligt gewesen waren. Der Bauernstand fand sich in keinem westfälischen Landtag vertreten.

In den geistlichen Staaten mit drei Kurien täuscht das Faktum über die wirkliche Verteilung der Macht. Domkapitel und Ritterschaft entstammten weitgehend denselben Adelsfamilien, so daß sich das Übergewicht des landsässigen Adels auf den Landtagen noch erheblich verstärkte. Dieser Gruppe gegenüber standen nur die Städte, noch dazu im Stift Münster allein durch die Hauptstadt vertreten.

Der Landesherr sah sich deshalb einer verhältnismäßig homogenen Adelsgruppe gegenüber. Sein Bestreben lief in erster Linie darauf hinaus, das Steuerbewilligungsrecht der Stände zu durchlöchern, während die Stände mit wechselndem Erfolg bemüht waren, in die Legislative vorzudringen. Eine solche Möglichkeit bot sich in den Fürstbistümern jedesmal nach dem Tode eines Landesherrn und bis zur Neuwahl des Nachfolgers, in der sogenannten Sedisvakanz. In dieser Zeit standen dem Domkapitel Regierung und Verwaltung des Landes zu. Außerdem ermunterte das ausschließlich bei den Domkapiteln liegende Recht der Bischofswahl dazu, sich als Teilhaber an der Stiftsregierung zu betrachten, zumal alle wichtigen Verwaltungs- und Gerichtsposten von Domherren wahrgenommen wurden. In den meisten Fällen besaßen diese Kapitularen auch in anderen Hochstiften Domkanonikate. In ihnen tritt uns eine gleichförmige Führungsschicht entgegen, die neben den Fürstbischöfen in allen verbliebenen katholischen Stiften des deutschen Nordens das Heft in der Hand hatte. Dazu rechneten vor allem die Stifte Münster, Osnabrück, Paderborn und das stark westfälisch bestimmte Hildesheim. Ihr Einfluß reichte soweit, die Politik maßgeblich beeinflussen zu können. Ähnliche Verflechtungen bestanden auch in den Ritterschaften der genannten Stifte.

In krassem Gegensatz zu den in den Landständen stark vertretenen Ritterschaften stand die Repräsentation der Städte auf den Landtagen, die »alle schatzpflichtigen Untertanen repräsentierten« (Clemens August Maria von Kerkerink zur Borg, 1780). Von der Steuer befreit blieben nur die Mitglieder des Domkapitels und der Ritterschaft, so daß der Anteil der steuerpflichtigen Bevölkerung etwa 95% betragen haben dürfte. Diese Schicht hatte aber keinerlei Einfluß auf die Festsetzung der Steuern, während die Nichtsteuerzahler allein über diese Frage entschieden, ein grotesker Zustand.

Wie es in den landständischen Vertretungen der einzelnen Territorien starke Unterschiede gab, so auch in den Verwaltungen der Länder. Am fortgeschrittensten zeigte sich zweifellos der preußische Staat in seinen Provinzen, die allesamt der zentralstaatlichen Spitze unterstanden. Dieser Prozeß der Zentralisierung unter gleichzeitiger Abschaffung der örtlichen Verwaltungseinrichtungen setzte unter Friedrich Wilhelm I. ein. Mit der Errichtung der Kriegs- und Domänenkammern im Jahre 1723 entstanden in allen Provinzen gleichförmige Instrumente moderner Art zur Bewältigung der anfallenden Staatsaufgaben. Je eine Kammer sollte zuständig sein für Minden-Ravensberg-Tecklenburg-Lingen und Kleve-Mark. Bei der Klevischen Kammer erwies sich jedoch bald, daß die zu bearbeitenden Angelegenheiten aus der Grafschaft Mark die aus dem Herzogtum Kleve bei weitem überwogen. So wurde 1767 in Hamm eine Kammerdeputation für die Grafschaft Mark errichtet und 1787 zur Kriegs- und Domänenkammer erhoben. Eine zweite Kammerdeputation für Tecklenburg-Lingen bestand dagegen nur vorübergehend. Im Jahre 1793 übernahm der Reichsfreiherr Karl von und zum Stein die Kammer in Hamm als Präsident. Drei Jahre später wurden ihm auch die Kammern in Minden und Kleve unterstellt. Mit dem Titel Oberpräsident stand Stein nunmehr an der Spitze aller westfälischen Kammern mit dem Dienstsitz in Minden.

Den preußischen Kriegs- und Domänenkammern wurden Steuerräte zugeordnet, deren Hauptaufgabe in der Überwachung der 1716 in den Städten eingeführten Akzise, einer Verbrauchssteuer, bestand. Ein ebenfalls dem Kammerkollegium angehöriger Fabrikenkommissar betätigte sich in der Gewerbeförderung. Dem Steuerrat und dem Fabrikenkommissar untergeordnet arbeiteten die Landräte in den zwischen 1734 und 1753 in den preußischen Provinzen eingerichteten Kreisen. Die Landräte traten an die Stelle der bisherigen Amtmänner oder Drosten. Ihre Zuständigkeiten betrafen die Polizei, worunter man die allgemeine Landesverwaltung verstand, und die Aufsicht über die örtliche Steuererhebung. Auf die Besetzung dieser untersten Verwaltungsstellen behaupteten die Landstände einen gewissen Einfluß, während ihnen keinerlei Mitsprache bei der Vergabe der Stellen in den Kriegs- und Domänenkammern zugestanden wurde. In den Kammern arbeiteten vorwiegend Landfremde. Nur durch diese Stellenbesetzungspraxis konnte es dem preußischen Staat gelingen, allmählich alle Reste der alten Territorialverwaltung auszumerzen.

Damit wandelte sich auch der Typ der Beamten. Der früher ausschließlich von seiner adeligen Schicht getragene Amtsinhaber wich dem meist bürgerlichen, durch Leistung qualifizierten Beamten, wenn auch Verwandtenbegünstigung und Vetternwirtschaft damit nicht ganz ausstarben. Gerade in den geistlichen Fürstentümern bestand eine bürgerliche Beamtenschicht, die über alle Hochstifte hinweg und bis in die Reichsbehörden personell große Ähnlichkeit aufwies und sich aus ihrem eigenen Bestand immer wieder ergänzte.

Einen solchen Grad an Modernisierung wie Preußen kannten die geistlichen Staaten nicht, konnten ihr auch wegen des retardierenden Momentes der ständischen Mitwirkung nicht aufweisen. Die Verwaltungseinrichtungen in den einzelnen Stiften glichen sich nicht an, selbst dann nicht, wenn sie durch Personalunion miteinander verbunden waren, was doch immer nur vorübergehend stattfand. Kurfürst Clemens August von Köln richtete im Jahre 1733 – vielleicht nach preußischem Vorbild? – einen Geheimen Extra-Conferentialrat ein, der dazu bestimmt war, alle seine Territorien nach einheitlichen Gesichtspunkten von der Spitze her zu regieren, doch führte die Maßnahme nur zu einer Erschwerung und Verlangsamung der Verwaltung. Um den Geschäftsgang zu beschleunigen, teilte der Kurfürst den Regierungsrat in mehrere Departements, jeweils für ein Stift, doch brachte auch das keine Besserung.

Kurfürst Maximilian Friedrich von Königsegg-Rothenfels, sein Nachfolger, versuchte es mit einer zentralen Kurfürstlich Hohen Staatskonferenz als Zentralverwaltung in Bonn. Ihr gehörte der mehrfach genannte münsterische Domherr Franz von Fürstenberg als Geheimer Konferenzrat an, zuständig für das Hochstift Münster, gleichsam ein Spezialminister für dieses Fürstbistum. Doch entstand dadurch ein Interessenkonflikt, da Fürstenberg gleichzeitig dem münsterischen Landtag angehörte. Die Landstände bemängelten das Eindringen eines landesherrlichen Ministers in die Sphäre der ständischen Mitregierung und setzten in der Wahlkapitulation für Maximilian Franz von Österreich im Jahre 1780 durch, daß ein landesherrlicher Beamter auf Landtagen weder erscheinen noch seine Stimme abgeben dürfe. Seitdem – Fürstenberg erhielt damals seine Entlassung – fand auch keine Ernennung eines Spezialministers für Münster mehr statt. In Bonn blieb nur eine münsterische Kanzlei am Leben, an der zwei bürgerliche Räte bzw. Referendare wirkten.

Im Stift Osnabrück lagen die Verhältnisse anders. Dort erschien es der Ritterschaft durchaus angebracht, daß ihr Syndikus, Justus Möser (1720–1794), neben diesem landständischen Amt auch eine landesherrliche Aufgabe übernahm, ja eine ganze Reihe »gesammelter Inkompatibilitäten« (R. Renger). Die Landstände gewannen damit die Sicherheit, daß ihr Syndikus nicht ausschließlich in landesherrlichem Sinne arbeitete. Der Gedanke lag nahe, doch wurde übersehen, daß die Anhäufung vieler Ämter in einer Hand nicht nur eine Überlastung des Amtsträgers, sondern auch die klare Trennung von Kompetenzen verhinderte. Wenn auch der Weg zur Trennung von Verwaltung und Rechtsprechung an einigen Stellen beschritten wurde, so erreichte man dieses Ziel bis zum Ende des alten Reiches im allgemeinen nicht mehr.

Westfalen zeigte sich seit der konfessionellen Spaltung zweigeteilt. Das 18. Jahrhundert fügte eine Zweiteilung auch in der Verwaltung hinzu. Durchorganisiert und vielfach effizienter arbeitete die Verwaltung in den preußischen Territorien im Sinne des Monarchen, aber auch zur Förderung des allgemeinen Wohlstandes. Dagegen wirkte in den geistlichen Staaten eine leistungsschwache, von den Landständen gebremste Verwaltung, die von den Untertanen aber auch wenig forderte. Damals entstand das Wort »Unterm Krummstab ist gut leben!« Ein gewisser Schlendrian wurde gern in Kauf genommen. Dafür entging man dem »Geist bürokratischer Gleichschaltung« (R. Vierhaus), der die weltlichen absolutistischen Staaten bedrohte. Drückend empfanden die Einwohner der Fürstbistümer eher die Parteilichkeit der Gerichte. Verwandtschaftliche Beziehungen standen über allem. Einer durchgreifenden Staatsreform, aber auch für die Durchsetzung demokratischer Gleichheitsideen boten die geistlichen Staaten gewiß nicht den geeigneten Boden.

Eine von der Staatsmacht verhältnismäßig unabhängige Stellung nahmen noch immer die Städte ein. Sie genossen nicht mehr die fast völlige Unabhängigkeit, die sie im Mittelalter besaßen, praktizierten in der in Westfalen durchgehend gültigen Ratsverfassung aber noch eine begrenzte Autonomie. Der städtische Rat führte alle Verwaltungsangelegenheiten der Stadt und kontrollierte sich praktisch selber. Er rekrutierte sich aus einer fest umschriebenen Schicht, in die Fremde nicht einzudringen vermochten. Selbst die Rechnung unterlag dieser Selbstkontrolle. Mißwirtschaft ließ sich nur schwer feststellen. Der Landesherr konnte zwar die Verwaltungsführung kontrollieren, aber nur von Punkt zu Punkt eine Verbesserung durchsetzen. Eine durchgreifende Reform unterblieb. Dazu wäre eine Neuordnung der gesamten Ratsverfassung und des Wahlverfahrens unabdingbar gewesen. Die geistlichen Staaten drangen im allgemeinen nur zu Einzelmaßnahmen vor. Den radikalen Weg einer völligen Neuordnung der Stadtverfassung beschritt nur Preußen unter dem Motto, die städtische Mißwirtschaft im Interesse der Bürger abstellen zu wollen. Daran war etwas Wahres, doch lag der Hauptgrund an einer andern Stelle. Die städtische Steuerkraft sollte in einem höheren Maße, als es bisher möglich war, dem Gesamtstaat dienstbar gemacht werden. In einer ganzen Reihe von Gesetzen entstand ein Rathäusliches Reglement, dessen Grundform für alle Städte gleich aussah: Die gewählten Räte wurden abgeschafft und durch einen auf Lebenszeit ernannten und besoldeten Magistrat ersetzt, der aus zwei Bürgermeistern und einer nach Größe der Stadt verschiedenen Zahl von Ratsherren bestand. Die Aufteilung der Verwaltungsaufgaben – allgemeine Verwaltung, Rechtsprechung, Haushalts- und Kassenwesen – spiegelte den nunmehr von Fachleuten wahrgenommenen Aufgabenbereich anstelle des bisherigen Dilettantismus gewählter Räte, einen unzweifelhaften Vorteil, der jedoch mit dem Verlust der städtischen Freiheit bezahlt wurde. Keine von den Bürgern frei gewählten Ratsherren, sondern königliche Beamte entschieden nunmehr über die Geschicke der Städte. Seit der Einführung der Akzise im Jahre 1716 unterlagen diese der Kontrolle der Steuerräte bei den Kriegs- und Domänenkammern. Um das Akziseaufkommen zu erhöhen, schritt man dazu, größere Flecken und Dörfer mit stärkerer Steuerkraft zu Städten zu erheben. Dazu gehörten Halle i.W., Vlotho, Ibbenbüren, Lengerich, Hagen und andere. Nur eine einzige Stadt im preußischen Gebiet, Soest, konnte ihre freie Ratsverfassung noch über einige Jahrzehnte bewahren, bis Friedrich II. den siebenundzwanzigköpfigen Rat durch einen elfköpfigen königlichen Magistrat ersetzte. Besondere Verhältnisse herrschten in Lippstadt, das dem König von Preußen nur zur Hälfte gehörte. Der andere Landesherr, der Graf zur Lippe, verhinderte alle Reformen in der städtischen Verfassung.

Ob das von Preußen auf die Fahnen geschriebene Ziel der Verbesserung der städtischen Finanzen durch diese Maßnahmen tatsächlich erreicht wurde, läßt sich nicht sagen. Auf jeden Fall erhöhte sich die Steuerlast in den Städten, wobei aber die Erträge dem städtischen Haushalt nur in beschränktem Maße zugute kamen. Die Masse der Einkünfte floß in die staatlichen Zentralkassen.

In den geistlichen Staaten wandte sich nur Kurfürst Maximilian Franz gegen Ende des Jahrhunderts der Frage einer Verbesserung der Ratsverfassungen zu, angeregt durch den seit 1781 in den Städten des Herzogtums Westfalen zunehmenden Protest der Bürger gegen die schlechte Verwaltung ihrer Bürgermeister und Räte. Die kurfürstlichen Maßnahmen liefen im wesentlichen auf eine Vereinheitlichung der bisher stark von einander abweichenden Ratsverfassungen hinaus. Die neue Ratsordnung wurde einer Reihe von Städten oktroyiert. Sie schaffte die jährliche Ratswahl ab. Die Ratsmitglieder sollten nunmehr von der gesamten Bürgerschaft geheim und indirekt durch Wahlmänner auf Lebenszeit gewählt werden. Die Aufsicht über die Wahlen unterlag einem kurfürstlichen Beamten. Die bisherige, fast unbeschränkte Finanzgewalt des Rates wurde radikal beschränkt. Neben dem Rat waren von nun an die Bürgermeister und der Landesherr daran beteiligt. Der Einfluß der preußischen Reformgrundsätze auf die Neuordnung Maximilian Franz' lassen sich nicht übersehen, nur daß in den kurkölnischen Städten die Ratswahl, wie geschildert, erhalten blieb. Auch blieben die kurkölnischen Städte von der in Preußen angesetzten Steuerschraube verschont. Die Intensität der Reformen unterschieden sich eben in Preußen und Köln erheblich. Die Zukunft gab eher dem kurkölnischen Verfahren recht. Das rigide preußische Vorgehen lähmte den bürgerlichen Gemeinsinn in beinahe demselben Maße wie die vorhergehende Mißwirtschaft der städtischen Räte. Jedenfalls verankerte der Freiherr vom Stein in seinem Reformwerk wieder ein stärkeres städtisches Selbstverwaltungsprinzip.

Auswärtige Politik und Kriege des 18. Jahrhunderts

Dem Heiligen Römischen Reich war in den Friedensverträgen von 1648 praktisch eine neue Verfassung gegeben worden. In ihm fanden besonders die geistlichen und kleinen weltlichen Staaten, wie sie in Westfalen vorherrschten, ihre geistige und politische Heimat. Dabei ließ sich nicht verkennen, daß der Kaiser weithin seine Autorität verloren und sich zu einer der Großmächte im Reich gewandelt hatte. Als Antipode stand ihm das erstarkte Brandenburg-Preußen gegenüber. Den kleineren Territorien gewährte der Westfälische Frieden durch das Zugeständnis, Bündnisse auch mit auswärtigen Mächten schließen zu dürfen, wenn sie nur nicht gegen Kaiser und Reich gerichtet waren, einen weitaus größeren Spielraum als vorher.

In Westfalen deutete alles darauf hin, daß die vorherrschenden geistlichen Staaten der habsburgischen Partei zuneigen würden, während die in preußischer Hand befindlichen Gebiete selbstverständlich der Politik des Gesamtstaates folgen mußten. Für Minden-Ravensberg, Tecklenburg-Lingen und Kleve-Mark ergab sich daraus eine große Gefahr. In Kriegszeiten konnten sie angesichts der weiten Entlegenheit der rechtselbischen Kernlande nur zu leicht vom Feind überrannt werden. Die kleinen Graf- und Herrschaften waren zwar offiziell ungebunden in ihrer Politik, aber viel zu schwach, um einen eigenen Standpunkt einnehmen zu können. Ihnen blieb meist nur die Wahl, sich entweder an Kaiser und Reich anzulehnen oder »durch Anpassung an die jeweilige Lage durch eine Bündnis- und Beschwichtigungspolitik« (M. Braubach) ihre Existenz zu sichern.

Wieder einmal kam im 18. Jahrhundert die Durchgangslage Westfalens zur Geltung. Seitdem Hannover mit England in Personalunion verbunden war (seit 1714), drohte den westfälischen Ländern angesichts des französisch-englischen Gegensatzes jederzeit der Durchmarsch feindlicher Heere. Dagegen ging von den Vereinigten Niederlanden ein beruhigendes Moment aus. Um ihre eigene militärisch-politische Situation nicht zu gefährden, lag den Generalstaaten an einem guten Verhältnis zu den westfälischen Nachbarn, besonders zum Stift Münster. Sie richteten deshalb stets ihr Absehen darauf, in Münster möglichst kein Mitglied eines großen fürstlichen Hauses zum Zuge kommen zu lassen, und ließen sich dieses Ziel viel kosten. In den ersten Jahrzehnten des 18. Jahrhunderts bestand dieser von den Niederlanden angestrebte Zustand, und Westfalen zog seinen Nutzen daraus. Der Spanische Erbfolgekrieg (1701–1714) zwischen Ludwig XIV. auf der einen, den Seemächten England und Niederlande auf der andern Seite berührte Westfalen nicht. Kein westfälisches Hochstift befand sich damals in Personalunion mit Kurköln, das unter Joseph Clemens von Bayern auf französischer Seite stand und in die Reichsacht geriet. Allerdings kämpften Truppen der westfälischen Hochstifte gemeinsam mit Preußen im Reichsheer an Rhein, Maas und Mosel, in den südlichen Niederlanden und in Nordfrankreich. Bezahlt wurde deren Teilnahme am Kriege durch Subsidienzahlungen aus England und den Niederlanden. Sie hielten auch nach dem Ende des Krieges an.

Stärkere Gefahren führte die frankreichfreundliche Haltung des Kurfürsten Clemens August im Polnischen Thronfolgekrieg (1734/35) herauf. Kaiserliche und dänische Verbände rückten in kurkölnische Länder ein, darunter auch in das Herzogtum Westfalen, während die auf kaiserlicher Seite kämpfenden Preußen die Bistümer Münster, Paderborn und Osnabrück mit Quartieren überzogen, bis der Kurfürst sich bequemte, seine Kontingente der Reichsarmee zur Verfügung zu stellen. Auch im Österreichischen Erbfolgekrieg (1740/48) stand Clemens August auf der Seite Frankreichs, Preußens und Bayerns gegen Habsburg. Seinen größten Erfolg errang er 1742 mit der Krönung seines Bruders zum Kaiser unter dem Namen Karls VII. Das hinderte ihn aber nicht, von den Seemächten Subsidien zu beziehen. Der am Hofe einflußreiche Paderborner Obristjägermeister Hermann Werner von der Asseburg vermochte, den Kurfürsten bis 1755 auf französischer Seite zu halten. Sein Bemühen, ihn auch mit Preußen in ein engeres Verhältnis zu bringen, mußte aber angesichts der grundverschiedenen Gemütsart des preußischen Königs Friedrichs II. und Clemens Augusts scheitern.

Wenn eine gleichbleibende Tendenz des Kölners trotz häufigem Parteiwechsel und trotz seiner zweideutigen Haltung gefunden werden soll, so wäre es sein Bestreben, von den Verbündeten möglichst hohe Subsidienzahlungen zu erreichen, um damit seine die eigenen Finanzen übersteigenden Kosten für die aufwendigen Schloßbauten Augustusburg in Brühl, Clemensruhe in Poppelsdorf, Clemenswerth im Hümmling und andere begleichen zu können.

Die kölnische Schaukelpolitik hörte erst auf, als im Jahre 1756 ein völliger Umsturz der Koalitionen stattfand. Die bisherigen Feinde Österreich und Frankreich schlossen sich zusammen. Ihnen standen Preußen und England-Hannover gegenüber. Kurfürst Clemens August trat der kaiserlich-französischen Partei bei. Die Entscheidung fiel ihm leicht, da der Krieg offiziell als Reichsexekution gegen das friedbrüchige Preußen deklariert wurde, das in Sachsen eingefallen war. Im damit ausbrechenden Siebenjährigen Krieg erging es Westfalen böse. Die angerichteten Schäden übertrafen vielleicht sogar die des Dreißigjährigen Krieges. Betroffen waren alle Territorien, auf welcher Seite sie nun auch standen. Sowohl die Franzosen wie die ihnen gegenüberstehenden Alliierten – England-Hannover, Preußen, Hessen-Kassel und Schaumburg-Lippe – operierten in der gesamten Kriegszeit auf westfälischem Boden. »Westfalen wurde Opfer seiner strategischen Lage« (A. Hanschmidt).

Schon im ersten Kriegsjahr marschierten Franzosen in das Fürstentum Münster ein, Hannoveraner besetzten das Stift Paderborn. Ein erster Zusammenstoß fand im Juni 1757 bei Hastenbeck mit der Niederlage der alliierten Armee unter dem Befehl des Herzogs von Cumberland statt. Die daraufhin geschlossene Konvention von Zeven glich fast einer Kapitulation, wurde aber von König Georg II. nicht anerkannt. Der König löste seinen Sohn, den Herzog von Cumberland, vom Kommando ab und übertrug den Oberbefehl Herzog Ferdinand von Braunschweig-Wolfenbüttel. Ihm unterstand eine ausgezeichnete Artillerieabteilung unter Graf Wilhelm von Schaumburg-Lippe. Dem Feldherrn gelang es im Jahre 1758, die Franzosen aus Westfalen zu verdrängen und bei Krefeld empfindlich aufs Haupt zu schlagen. Die Festung Münster war ohne Kampf in den Besitz der Alliierten übergegangen. Für die Hochstifte Münster, Paderborn und Osnabrück, die als Feindesland behandelt wurden, brachte die alliierte Besetzung schwere Lasten mit sich. Ohne Rücksicht auf die Einwohner wurden hohe Kontributionen und Heereslieferungen aus dem Lande herausgepreßt.

Im folgenden Jahr gelang der französischen Armee ein Vorstoß bis nach Minden, doch konnte sie die Weserfestung nicht halten. Sie mußte nach einer schweren Niederlage vor der Stadt (1. August 1759) wieder aufgegeben werden. In Münster verteidigte sich die französische Besatzung dagegen hartnäckig über drei Monate. Durch das Bombardement der schaumburgischen Artillerie erlitt die Stadt schwere Schäden. Ganze Viertel gingen in Flammen auf. Erst gegen Ende November 1759 kapitulierte die Besatzung gegen freien Abzug. Die Franzosen zogen sich über den Rhein zurück.

Die folgenden Kriegsjahre brachten keine entscheidenden Schlachten in Westfalen mit sich. Ernster Schaden entstand nur bei der Beschießung Arnsbergs durch Erbprinz Karl Wilhelm von Braunschweig im Jahre 1762. Das vor dreißig Jahren vom Kurfürsten Clemens August errichtete prächtige Schloß ging vollkommen zugrunde. Schlimme Folgen zeitigten im Lande inzwischen allzu starke Forderungen des Militärs. Die Landbevölkerung ging der völligen Verarmung entgegen. Seuchen im Gefolge der Heere und Hungersnöte bedrohten alle Volksschichten. Die Maßnahmen der Truppen zur Beschaffung ihres Unterhalts nahmen angesichts der Unfähigkeit des Volkes, ihnen zu entsprechen, an Gewalttätigkeit zu. Auch die mit nicht gerade zimperlichen Methoden betriebenen Rekrutierungen machten viel böses Blut. Versuche der Landstände, die Belastungen zu vermindern, blieben erfolglos. Beide kriegführenden Seiten zeigten sich unerbittlich. Ebenso erfolglos blieb auch der Versuch der Hochstifte nach dem Tode Clemens Augusts (6. Februar 1762), sich neutral zu erklären. Nur das Stift Osnabrück, das nun vertragsgemäß einem welfischen Prinzen zufallen sollte, erlangte von der hannöverischen Besatzung den Erlaß aller Leistungen an die alliierten Truppen.

Die Hoffnungen der Alliierten, nach dem Ende des Krieges einige westfälische Fürstbistümer in einen säkularisierten Zustand überführen und dann behalten zu können, erfüllten sich im Hubertusburger Frieden (15. Februar 1763) nicht. Der Vertrag brachte für Westfalen überhaupt keine territorialen Veränderungen. Als Erbe des Krieges blieb nur die weitgehende Ausblutung der Länder und ein gewaltiger Schuldenberg zurück, der alle Kassen des Staates, der Städte, Klöster und Stifte belastete und bis zum Untergang des Heiligen Römischen Reiches nicht mehr abgetragen werden konnte. Krankheiten bei Mensch und Tier hatten in vielen Teilen Westfalens einen Rückgang der Bevölkerung erzeugt, der erst allmählich ausgeglichen wurde.

War nicht an dem erlittenen Unglück allein die durch Kurfürst Clemens August von Bayern betriebene franzosenfreundliche Politik schuld? Diese Frage stellten sich die Landstände nach seinem Tode. Ähnliche Zweifel an der Zweckmäßigkeit einer Verbindung mit hohen fürstlichen Häusern waren schon 1650 aufgetaucht. Damals wie jetzt suchte man nach Kandidaten aus gräflichen und freiherrlichen Familien, die weniger an der großen Politik interessiert waren. Man verfiel auf den Schwaben Maximilian Friedrich von Königsegg-Rothenfels, der sich, wie schon erwähnt, an die Seemächte anlehnte, gegenüber Frankreich und Habsburg aber zurückhaltend blieb. Weniger aus Herzensneigung als aus praktischen Überlegungen unterhielt er auch zu seinem preußischen Nachbarn gute Beziehungen, in dieser Haltung besonders durch den kurkölnischen Minister Kaspar Anton von Belderbusch bestärkt, aber auch durch den münsterischen Minister Franz von Fürstenberg. Subsidienverträge mit den Seemächten bildeten das Rückgrat seines politischen Systems.

Die Ziele Fürstenbergs waren noch weitergesteckt. Er träumte davon, unter

Einbeziehung Hannovers die seit dem 17. Jahrhundert immer wieder zur Diskussion gestellte »Dritte Kraft« im Reich aus der Taufe zu heben, um eine Milderung des alles beherrschenden österreich-preußischen Gegensatzes zu erreichen. Während des Bayerischen Erbfolgekrieges schien der Zeitpunkt dafür gekommen, doch ließ sich Kurfürst Maximilian Friedrich zu keinen auf Neutralität aufgebauten Bündnissen bewegen, an denen die Vereinigten Niederlande und Hannover beteiligt waren. Unter dem Einfluß des österreichischen Gesandten in Bonn, Graf Franz Georgs von Metternich-Winneburg, hatte der Kurfürst um die Mitte der siebziger Jahre eine politische Wende vollzogen und sich der habsburgischen Partei zugewandt. Den vollkommensten Ausdruck fand seine veränderte politische Orientierung in der Wahl Maximilian Franz' von Österreich zum Koadjutor in Köln und Münster im Jahre 1780. Das politische Programm Franz' von Fürstenberg brach damit in sich zusammen. Mit dem außenpolitischen System mußte er auch seine persönlichen Hoffnungen begraben, selber in Münster Koadjutor zu werden und später einmal den Bischofsstuhl zu besteigen. Enttäuscht zeigten sich auch die Generalstaaten, die einen Sohn der Kaiserin Maria Theresia nur ungern an ihrer Ostgrenze als Nachbarn begrüßten. Im Falle eines Konfliktes mit den Österreichischen Niederlanden mußte das unangenehme Folgen haben. Um ihr Mißfallen an der unwillkommenen Koadjutorei Maximilian Franz' zum Ausdruck zu bringen, kündigten die Generalstaaten den Subsidienvertrag mit Münster.

Der Schritt war unüberlegt und überhastet. So kamen die Generalstaaten bald zu dem Schluß, im Sinne einer langfristig angelegten Politik die Verbindungen zum münsterischen Nachbarn wieder anzuknüpfen. Nach zwei Jahren erfolgte die Verlängerung des Subsidienvertrages. Er wurde sogar, nachdem Maximilian Franz 1784 die Regierung angetreten hatte, auf das dreifache Volumen erweitert. Das geschah zu einer Zeit, als die Niederlande sich gerade mit dem Bruder des Kurfürsten, Kaiser Joseph II., in einem Konflikt befanden. Mit den Subsidien sollte zweifellos ein Keil zwischen die Brüder getrieben werden. Gemeinsames Handeln beider gegen die Generalstaaten erschien so ausgeschlossen. Der Nutzen seines Landes mußte dem Kurfürsten höher stehen als Familienbande.

Die Revolutionskriege trafen Kurköln mit voller Härte. Maximilian Franz beteiligte sich noch an der Niederwerfung des Lütticher Aufstandes von 1789 und an der Reichsexekution gegen Lüttich, doch wendete sich dann das Blatt sehr schnell. Bald mußte er vor den Revolutionsheeren aus seiner Residenz Bonn fliehen. Das linke Rheinufer fiel an die Französische Republik. Kurköln sah sich auf das Herzogtum Westfalen und das Vest Recklinghausen beschränkt. Ein Rückgewinn der verlorenen Länder links des Rheins wurde ganz und gar unwahrscheinlich, nachdem Preußen in Basel einen Sonderfrieden mit den Franzosen geschlossen und auf seine linksrheinischen Besitzungen verzichtet hatte (1795). Dafür garantierten die Franzosen die Neutralität Norddeutschlands hinter einer Demarkationslinie. Fast ganz Westfalen fiel in die nunmehr neutralisierte Zone. Die geistlichen Staaten erlangten damit eine gewisse Sicherheit vor den Revolutionsarmeen, mußten aber die Einquartierung preußischer Truppen hinnehmen, die den Schutz der Demarkationslinie gewährleisten sollten. Praktisch war damit die Souveränität der Fürstbistümer zwischen Preußen und Frankreich zerrieben. Selbständige Entscheidungen waren unmöglich geworden. So blieb auch der Plan Maximilian Franz', die kurfürstliche Würde von Köln auf Münster zu übertragen und gleichzeitig die restlichen kurkölnischen Territorien mit dem Fürstbistum Münster zu vereinigen, eine reine Gedankenspielerei. Seit dem Frieden von Rastatt (1798) konnte sich kein Einsichtiger mehr der Erkenntnis verschließen, alles steure auf die Säkularisierung der geistlichen Fürstentümer hin. Der Friede von Lunéville (1801) nahm die Säkularisierung dann in sein Programm auf. Der Reichsdeputationshauptschluß von 1803 führte sie durch. Maximilian Franz blieb der Untergang seines Kurstaates erspart. Er war am 27. Juli 1801 bei Wien verstorben.

Gewöhnlich wird der Beginn der preußischen Okkupation der Stifte Münster und Paderborn mit dem Einmarsch Blüchers gegen Ende des Jahres 1802 gleichgesetzt, jedoch zu Unrecht. Das militärische Übergewicht der preußischen Truppen in Westfalen geht schon auf den Sonderfrieden von Basel im Jahre 1795 zurück. Die damals errichtete Demarkationsarmee übte praktisch in Westfalen die Macht aus, die die einheimischen Staaten nicht mehr gewährleisten konnten. Am Kaiserhof bestand völlige Klarheit über diese Gegebenheiten. Als das Domkapitel von Münster den Erzherzog Anton Victor von Österreich zum Nachfolger des verstorbenen Maximilian Franz wählte, wagte es der Wiener Hof nicht, dem Gewählten die Erlaubnis zur Annahme der Wahl zu erteilen, um Preußen nicht vor den Kopf zu stoßen. Die einmal eingetretenen Machtverhältnisse ließen sich nicht mehr ändern.

Auch der letzte der noch regierenden Fürstbischöfe, Franz Egon Freiherr von Fürstenberg, seit 1789 in Paderborn im Amt, verschloß sich dieser Erkenntnis nicht. Am 9. Juli 1801 beklagte er seine wenig beneidenswerte Lage mit den Worten: »Preußen will uns haben, Österreich bekümmert sich nicht um uns!«. Das bisher so vielfarbige Kartenbild Westfalens war im Begriff, mit einem einheitlichen Blau überzogen zu werden. Selbst die alte Reichsstadt Dortmund, stolz auf ihre Selbständigkeit, befand sich seit Jahrzehnten unter den Satelliten des preußischen Königs. Als einziger, in Betracht zu ziehender Machtfaktor erwuchs in den nördlichen Teilen Westfalens das Kurfürstentum Hannover. Deutete sich eine weitere Zweiteilung an?

Längst zweigeteilt zeigte sich das westfälische Land in der Militärverfassung. Im Königreich Preußen kam niemand auf den Gedanken, eine erfolgreiche Außenpolitik sei ohne ein schlagkräftiges Heer möglich. Der Unterhalt eines großen Heeres gehörte zu den Selbstverständlichkeiten. Nach dem Siebenjährigen Kriege hielt Friedrich der Große rund 200 000 Mann unter Waffen und, das war etwas Ungewöhnliches, nicht durch Subsidien, sondern aus dem eigenen Lande finanziert. Notwendige Ergänzungen des Personalbestandes der Armee erfolgten mit Hilfe des sogenannten Kantonalsystems: Jedem Regiment wurde ein bestimmter Bezirk zur Rekrutierung zugewiesen. Man wußte im preußischen Heer sehr wohl, daß die Westfalen sich nicht gerade durch Begeisterung für den Militärdienst auszeichneten. Es kam oft zu Widerständen der Bevölkerung gegen Werbekommandos, zumal von den Regimentskommandeuren nicht selten eigenmächtig verfahren wurde. Wenn Rekrutierungen drohten, flohen junge Männer über die Grenzen ins Ausland in solchem Maße, daß eine Entvölkerung des Kantons drohte. Auch die Unterbringung der Soldaten in Privatquartieren – Kasernen kannte man damals noch nicht – bereitete große Schwierigkeiten. Garnisonstädte waren meist hoffnungslos überlastet. So kam in Bielefeld zeitweise auf jeden zweiten Einwohner ein Angehöriger des Militärs.

In den geistlichen Staaten bot sich ein ganz anderes Bild. Das straffe preußische Militärsystem war hier unbekannt. Rekrutierungen durften auf ausdrücklichen Befehl nur auf freiwilliger Basis erfolgen. Dadurch blieb die Bevölkerung von Übergriffen der einheimischen Werber verschont, jedoch litt das Militär demzufolge an Nachwuchsmangel. Um die erforderlichen Personalzahlen zu erreichen, waren die Kommandeure gezwungen, viel zu alte Soldaten und Invaliden bei der Fahne zu halten, was die Schlagkraft der fürstbischöflichen Heere nicht gerade erhöhte. Franz von Fürstenberg plante deshalb, diesen Mißstand durch Einführung einer allgemeinen Dienstpflicht aller Männer zwischen 18 und vierzig Jahren zu beheben und die Einziehungen zum Militärdienst aufgrund eines Losverfahrens durchzuführen. Privilegierte Personen und für die Allgemeinheit wichtige Berufsstände sollten dabei ausgeschlossen bleiben. Jedoch scheiterte der Minister am Widerstand der Landstände und der Bevölkerung. Selbst die Aufstellung einer militärisch kaum einsetzbaren Landmiliz mißlang. Fürstenberg sah sich dem Vorwurf übertriebenen Militärgeistes gegenüber, eine Rüge, die nicht zuletzt zu seinem Sturze führte (1780). Der Gegensatz zu Preußen tritt klar hervor, wenn man die nach dem Kriege in Preußen stehenden 200000 Mann mit den münsterischen 1000 Soldaten vergleicht. In Paderborn begnügte man sich sogar mit 200 Mann, von denen nur ein Drittel dienstfähig war – erheblich weniger, als die Reichsmatrikel forderte.

Der Zustand Westfalens um 1800

Westfalen unter Einschluß von Osnabrück und dem Niederstift Münster mag damals etwa eineinviertel Millionen Einwohner gezählt haben, die sich in sehr verschiedener Dichte über das Land verteilten. Am dünnsten waren das Niederstift Münster und die Grafschaft Bentheim besiedelt (unter 25 Einwohner auf den Quadratkilometer). Zwischen 26 und 40 Einwohnern betrug die Dichte in den Stiften Münster und Paderborn sowie im kurkölnischen Westfalen. Zwischen 40 und 55 Einwohnern zählte man in der Grafschaft Mark und im Vest Recklinghausen, von 56 bis 75 Einwohnern in den Stiften Osnabrück und Minden sowie in der Grafschaft Lippe. Über 90 Einwohner wies die Grafschaft Ravensberg auf. Sie war bei weitem das am dichtesten besiedelte Gebiet Westfalens. In ihr war die Einwohnerzahl von 53700 im Jahre 1722 auf fast 90000 im Jahre 1801 angestiegen, obgleich der Siebenjährige Krieg einen Einbruch von 8320 Einwohnern mit sich gebracht hatte. Auch im Stift Minden stieg die Einwohnerzahl in der genannten Zeitspanne um fast das Doppelte an. Die Gründe für die erstaunliche Blüte liegen sicherlich vor allem in der Entfaltung des Leinengewerbes durch die preußischen Fördermaßnahmen, mögen aber vielleicht noch andere Ursachen haben.

Nur schwer läßt sich etwas über das Zahlenverhältnis zwischen Stadt- und Landbevölkerung aussagen, zumal die Klassifizierung von Stadt- und Landgemeinden von Territorium zu Territorium verschiedenen Grundsätzen unterlag. Manche Städte mit vorwiegend landwirtschaftlichem Charakter stellten eigentlich nur große Dörfer dar, während manche Dörfer aufgrund ihrer vorwiegend gewerblichen Struktur eher zu den Städten gerechnet werden müßten. Unter allen westfälischen Städten des Jahres 1775 zählten nur acht (Osnabrück, Minden, Bielefeld, Paderborn, Soest, Dortmund, Iserlohn und Altena) zwischen 3000 und 7500 Einwohnern. Eine einzige Stadt – Münster – rechnete mit 14 000 Einwohnern zu einer höheren Kategorie.

Der Konfession nach überwogen in Westfalen die evangelischen die katholischen Bewohner, während die von ihnen bewohnten Länder etwa die gleiche Größe aufwiesen. Aber gerade die am dichtesten besetzten Territorien im Nordosten des Landes und in der Grafschaft Mark bekannten sich zum Luthertum oder zum Kalvinismus.

Demgegenüber blieb die Zahl der Juden verschwindend gering. Im Stift Osnabrück, in den Städten Arnsberg, Dortmund und Münster bestand für Juden sogar ein Niederlassungsverbot. An anderen Stellen bezahlten Juden dem Landesherrn Schutzgelder für die Ansiedlungserlaubnis, Gelder, die in den fürstlichen Kassen gern vereinnahmt wurden. Die meisten Juden lebten vom Hausier- und Kramhandel, einige Glückliche unter ihnen als Hoffaktoren und Heereslieferanten, die als Kreditgeber der Landesherren Ansehen erlangten, aber auch dem Neid und der Abneigung der Bevölkerung ausgesetzt waren.

In allen westfälischen Territorien stand damals die Landwirtschaft noch immer als die tragende Wirtschaftskraft vor allen anderen Erwerbszweigen. Gewerbe und Handwerk traten dahinter weit zurück. Größere Veränderungen in der Wirtschaftsweise hatte die Landwirtschaft seit Jahrzehnten nicht verzeichnet. Plaggendüngung auf den ständigen Roggenböden und Kampwirtschaft mit wechselnder Gras- und Feldnutzung beherrschten den bäuerlichen Arbeitstag. Gegenüber dem Mittelalter war zweifellos eine gewisse Ertragssteigerung eingetreten, jedoch stieß eine weitere Erhöhung an Grenzen, die die Düngemethoden setzten. Vermehrung des Dungs hätte sich nur durch Ausweitung der Viehhaltung erzielen lassen, doch ist es dazu nicht gekommen. Möglicherweise hing das mit der Besteuerung des Viehs, aber auch mit den beschränkten Stallungen zusammen.

Erst gegen Ende des Jahrhunderts setzten Bemühungen ein, die Landwirtschaft durch verbesserte Kenntnisse der Anbaumethoden auf einen höheren Stand zu heben. Franz von Fürstenberg räumte in seiner Schulreform dem landwirtschaftlichen Unterricht einen großen Platz ein, doch kam sein geplantes Lehrbuch nicht zustande. Wenig später veröffentlichte der münsterische Universitätsprofessor Anton Bruchhausen eine »Anweisung zur Verbesserung des Ackerbaus und der Landwirtschaft des Münsterlandes«, begleitet von ähnlichen Publikationen in anderen Territorien.

An erster Stelle stand in der Landwirtschaft der Getreideanbau, am Hellweg meist Weizen, in den übrigen Gebieten Roggen auf den Eschen, weniger Gerste und Hafer. Die Kartoffel stand noch am Anfang ihres Siegeszuges und wurde vorläufig im Garten angebaut. In Gebieten mit vorwiegendem Flachsanbau trat der Getreideanbau zurück. Die erzielten Erträge schwankten je nach Wetter von Jahr zu Jahr. Neben guten Erntejahren standen solche mit fast völligem Ausfall der Erträge. Mißernten führten unausweichlich zu Hunger und enormen Preissteigerungen. Ein Ausgleich des Ausfalls durch Importe ließ sich angesichts der damaligen Transportmöglichkeiten nicht bewerkstelligen.

In der Viehhaltung behauptete das Rind den ersten Platz. Schweine fanden ihre Nahrung vorwiegend in der Mark. Schafe konnten nur an den dafür geeigneten Orten gehalten werden, meist im Stift Paderborn und im südlichen Westfalen.

Die Marken oder Gemeinheiten bildeten noch immer, trotz starker Beschneidung und Verwüstung durch ungezügelte Nutzung, das Rückgrat der bäuerlichen Wirtschaft, wenn sie nicht schon in den Zustand der Verheidung oder Versandung geraten waren. Der Wald bot damals allerorts in Westfalen ein klägliches Bild. Bilder aus jener Zeit geben den kahlen Charakter der Landschaft überzeugend wieder. Man erkannte den Mißstand, doch blieben Aufforstungsmaßnahmen im Plan stecken. Die Bauern widersetzten sich solchen Verbesserungen ebenso wie jeder staatlichen Initiative zur Aufteilung und Überführung der Markengünde in Privateigentum, der einzigen Maßnahme, die das Land noch vor dem Untergang retten konnte. Nur in den preußischen Landesteilen gelang es der Energie des Staates, etwa zwei Drittel der Gemeinheiten aufzuteilen. In der Grafschaft Lippe scheiterten solche Pläne ganz.

Allgemein üblich war dagegen in allen Landesteilen der stückweise Verkauf von Markenland durch die Markgenossen zur Ansiedlung kleiner Bauernstätten. Gelegentliche Siedlungsprogramme der Landesherren zur Kultivierung des Landes wurden von den Bauern meist mit großem Mißtrauen beobachtet. Ungeachtet dessen kamen derartige Großsiedlungen zur Durchführung, nicht zuletzt auf dem Gebiet der schwach besiedelten Senne. Der ländliche Bevölkerungsüberschuß konnte jedoch weder durch Einzelmaßnahmen noch durch staatliche Siedlungspläne abgebaut werden. Der größte Teil des ländlichen Nachwuchses ohne eigenen Landbesitz trat daher in die Schicht der Heuerlinge ein, die auf älteren Höfen in Nebengebäuden unterkamen und in einem Arbeits- und Pachtverhältnis zu ihrem Bauern standen. Gelegentlich überließ dieser den Heuerlingen ein Stück Land zur Eigennutzung. Fast völlig vom Bauern abhängig, vermochte der Heuerling nur durch eine gewerbliche Nebenbeschäftigung, meist in der Flachs- und Leinenindustrie, seine kärglichen Einkünfte aufzubessern. Einige Heuerlinge gingen zur Saisonarbeit außer Landes, besonders in der anwachsenden »Hollandgängerei«. Diese unterste Schicht der bäuerlichen Bevölkerung erfuhr im 18. Jahrhundert eine die Verhältnisse umstürzende Vermehrung. Ihre Schicht umfaßte schließlich in den stärker besiedelten Teilen des Landes, im Nordosten, zwei Drittel der Einwohnerschaft und stellte in anderen Landesteilen doch wenigstens eine beachtliche Mehrheit. Nicht zuletzt liegt in diesen im Grunde beklagenswerten sozialen Zuständen die Erklärung für das

Aufblühen der nebenberuflich betriebenen Textilwirtschaft, die später manche Landschaften zu beachtlichem Wohlstand führte.

In der sozialen Ordnung des älteren Bauernstandes ließen sich bis zum Ende des Jahrhunderts keine wesentlichen Veränderungen gegenüber den mittelalterlichen Verhältnissen feststellen. In den nördlichen Gebieten Westfalens herrschte nach wie vor die Eigenhörigkeit, bei der der Bauer trotz persönlicher Freiheit an seinen Hof gebunden war und ihn nur mit Zustimmung seines Grundherrn verlassen durfte. Gutsherrliche Genehmigung brauchte er auch zur Heirat, zur Freilassung seiner Kinder, zur Belastung des Hofes und wesentlichen Veränderungen an seinem Betrieb. Für die Überlassung des Hofes leistete er dem Grundherrn bestimmte Abgaben und Dienste, von denen die meisten regelmäßig in einer festgelegten Höhe anfielen. Ein anderer Teil wurde bei besonderen Anlässen fällig, etwa bei Auffahrt auf den Hof, Heirat und Tod. Gerade diese »ungewissen Gefälle« erregten den Unmut der Bauern, weil sie nicht kalkulierbar waren und bei möglichem schnellen Aufeinanderfolgen zum wirtschaftlichen Ruin führen konnten. Gegen Änderungen in den hergebrachten Verhältnissen wehrten sich aber die Grundherren, besonders die Adeligen, die von den bäuerlichen Leistungen in ihrer Existenz abhängig waren. Der Landesherr und die geistlichen Institutionen hätten sich eher Reformen geöffnet, verfuhren überhaupt milder mit ihren Hintersassen. So stellen die »Eigentumsordnungen« des 18. Jahrhunderts – Osnabrück 1722, Minden-Ravensberg 1741, Münster 1770, Recklinghausen 1781 –, in denen die bisher gewohnheitsrechtlichen Beziehungen zwischen Grundherren und Hörigen kodifiziert wurden, eigentlich keine Erleichterungen für den Bauernstand dar, obgleich sie einige grundherrliche Zugeständnisse enthielten. Sie gehen mehr auf den Wunsch der Grundherren zurück, ihre alten Rechte gegen den wachsenden Widerstand der Bauern zu sichern, indem man ihre schriftliche Fixierung vornahm.

Die von den Grundherren geforderten Leistungen standen aber nicht als einzige Belastung der Bauern da. Neben ihnen forderte der Landesherr staatliche Steuern, die im 18. Jahrhundert schon das Doppelte der grundherrlichen Abgaben ausmachten. Schließlich kamen die Forderungen der Kirche hinzu, in ihrer Höhe aber neben den genannten Belastungen kaum von Gewicht. Der Bauernstand war damit der im Lande bei weitem am stärksten belastete Stand, obgleich er Produzent der Lebensmittel und meisten Gebrauchsartikel war. Es ist erstaunlich, daß die Unzufriedenheit der Bauern über diesen offensichtlichen Mißstand nicht öfters zum Ausbruch von Unruhen führte. Die wenigen bekannten Fälle gehen auf momentane und punktuelle Mißbräuche zurück.

Im südlichen Westfalen standen unter den Bauern die leibfreien Erbpächter im Vordergrund. Beide bäuerlichen Rechtsgebiete waren etwa durch den Lauf der Lippe voneinander getrennt. Im Süden besaß der bäuerliche Hofbesitzer größere Sicherheit als im Norden. Die feststehenden Abgaben und Leistungen erschienen vielen im Bereich der Hörigkeit als erstrebenswert. Doch beschränkte sich die Umwandlung von grundherrlichen Verhältnissen in Pachthöfe auf sehr wenige Fälle, wahrscheinlich aufgrund des Widerstandes der Grundherren.

Weit hinter der Landwirtschaft zurück lagen nach ihrer ökonomischen Bedeutung Gewerbe und Handel. Genaue Zahlen über die im Gewerbe tätigen Bewohner liegen nicht vor, doch scheint der Anteil der in industriellen Betrieben Tätigen an der Gesamtbevölkerung nur in der Grafschaft Mark und in Tecklenburg-Lingen die Fünfprozent-Grenze überstiegen zu haben. Ein zu Buche schlagender Produktionswert wurde ausschließlich in der Grafschaft Mark erwirtschaftet.

Bezeichnend ist die starke Verknüpfung des damaligen Gewerbes mit der Landwirtschaft. Wie bereits erwähnt, wurde Garn- und Leinenherstellung überwiegend in Heuerlingshäusern betrieben. Das geflügelte Wort: »Spinnen am Abend erquickend und labend, Spinnen am Morgen Ärger und Sorgen«, hat nichts mit der nützlichen Spinne zu tun, sondern formuliert nur die Sorgen, die den armen Heuerling schon am Morgen zur Spinnarbeit zwangen, während die reiche Bauersfrau sich dieselbe Beschäftigung am Abend als Freizeitvergnügen leisten konnte.

Noch ganz im ländlichen Bereich angesiedelt, forderte das Metallgewerbe doch eine höhere Spezialisierung und verlor allmählich seine Verbindung zur agrarischen Welt. Besonders in der Grafschaft Mark boten die staatlichen Förderungsmaßnahmen und strukturellen Voraussetzungen der Metallindustrie beste Entwicklungsmöglichkeiten auf dem Lande, ähnlich auch in der Gegend um Olpe. Roheisen und Rohstahl wurden in Hammerwerken produziert, die fast ausschließlich auf dem Lande arbeiteten. Dagegen betrieben die Drahtzieher ihr Gewerbe fast ebenso ausnahmslos in den Städten. In Lüdenscheid spezialisierten sie sich auf grobe, in Altena auf mittlere und in Iserlohn auf feine Drähte. Ob es sich nun um ländliche oder städtische Betriebe handelte, gemeinsam war ihnen, daß sie nur sehr wenige Lohnarbeiter beschäftigten.

Die Einkommen und der allgemeine Lebensstandard lagen in Gebieten der Metallverarbeitung damals schon erheblich höher als in den Regionen bäuerlicher Unterschichten, die sich mit der Leinenproduktion einen Nebenerwerb beschafften. Einen starken Mißstand in diesem märkischen Wohlstandsgebiet stellte jedoch die von staatlicher Seite verbotene Praxis der »Reidemeister«, produzierenden und vermarktenden Unternehmern, dar, ihre Knechte in Waren zu entlohnen, an denen sie selber verdienten, das sogenannte »Trucksystem«.

Ein Hindernis für den Absatz der märkischen Metallwaren in der preußischen Monarchie bestand in dem Ausfuhrverbot in die ostelbischen Provinzen, das übrigens auch für Leinenprodukte galt. Die Verbote sollten die einheimischen Gewerbe in ihrem Bestand schützen. So blieb der Grafschaft Mark im wesentlichen nur die Ausfuhr in das Ausland.

Zur Deckung des Roheisenbedarfs war man auf Einfuhren aus dem Siegerland angewiesen. Um die Abhängigkeit zu mildern, begann man mit der Verhüttung von Raseneisenerzen aus dem Emscher-Lippe-Raum. 1758 entstand die St.-Antoni-Hütte in Osterfeld im Vest Recklinghausen, 1782 die Gute-Hoffnungs-Hütte in Sterkrade im Herzogtum Kleve und 1791 die Hütte Neu-Essen im Stift Essen. Doch blieb die Produktion aller genannten Hütten, hauptsächlich infolge Holzkohlenmangels, so unbedeutend, daß sie für die Versorgung des märkischen Gewerbegebietes keine Rolle zu spielen vermochten.

Der wegen Erschöpfung der Wälder nicht zu behebende Holzkohlenmangel lenkte den Blick auf die seit langem in kleinerem Umfang geförderte Steinkohle. Sie erlangte für die Industrie schnell eine kaum zu erschütternde Machtstellung. Die Märkische Bergordnung von 1766 wies für ihren Abbau die Wege, auch für den nach 1780 in Ibbenbüren aufgenommenen Steinkohlenabbau.

Auffälligerweise fand die erste in Westfalen in Betrieb genommene Dampfmaschine (1797) aber nicht in einer Kohle- oder Erzgrube Aufstellung, sondern im Salzwerk Königsborn bei Unna, ein Indiz für die damals dem Salzhandel zugemessene Bedeutung für den Staat. Auch außerhalb Preußens fand die Salzherstellung große Förderung. So kümmerte sich das Fürstbistum Münster um die Saline Bentlage bei Rheine, das Fürstentum Osnabrück um die Saline Rothenfelde, die Grafschaft Lippe um Salzuflen, das Herzogtum Westfalen um die uralten Salinen Werl und Westernkotten.

In ganz Westfalen verbreitet war die Garn- und Leinenproduktion. Schwerpunkte besaß sie in den nordöstlichen Landesteilen, im Stift Osnabrück und im westlichen Münsterland. Wie schon erläutert, basierte dieser Gewerbezweig hauptsächlich auf der nebenberuflichen Tätigkeit der unterbäuerlichen Schichten. Die Garnherstellung lag fast ausschließlich in diesen Händen. Das gefertigte Garn wurde direkt vom Produzenten an hausierende, meist landfremde Aufkäufer abgegeben. Dem Leinen verschafften verbesserte Bleichverfahren und ein staatliches System der Qualitätskontrolle auf den Leggen einen offenen und sich schnell ausweitenden Markt in den Niederlanden, in England, Spanien, Portugal und ihren Kolonien. Vorwiegend lief die Ausfuhr über den Bremer Hafen. Beteiligt an der Ausfuhr waren aber auch die sogenannten »Tödden«, die meist aus den Kirchspielen Mettingen, Hopsten und Recke stammten und von den Niederlanden bis Rußland ihren Fernhandel betrieben. Einige noch heute bestehende Handelshäuser gehören zu dieser Kaufmannsgruppe, so Hettlage, Brenninkmeyer und andere.

Von geringerer Bedeutung war in Westfalen die Verarbeitung von Wolle, Baumwolle, Seide, Glas, Papier und die Herstellung von Tongefäßen. Manche kleinere Gewerbe wurden unter merkantilistischen Gesichtspunkten ausgebaut, nicht immer mit Erfolg.

Die größte Behinderung von Gewerbe und Handel ging vom Zustand der Straßen aus. Die meisten Verbindungswege bestanden nur aus tief eingefahrenen Wagengleisen. Alle Bemühungen, die Straßen in einen erträglichen Zustand zu versetzen, scheiterten an der Indolenz der unterhaltspflichtigen Bauern. Erst in den achtziger Jahren des 18. Jahrhunderts erfolgte der Ausbau einer Straße von der Siegener Grenze über Olpe nach Meinerzhagen, daran anschließend etwa zehn Jahre später einer Kunststraße von Meinerzhagen nach Steele bei Essen. Sie sollte hauptsächlich dem Transport von Eisenerzen in das Verarbeitungsgebiet dienen. Die Schiffbarmachung der Flüsse und der Bau von Kanälen hätte den Mangel an guten Straßen ausgleichen können, doch gelang auf diesem Gebiet nur selten ein Erfolg. Meist ließen sich die Interessen der an solchen Projekten beteiligten Landesherren nicht unter einen Hut bringen. Der Kanal von Münster zur Ems bei Rheine (1724/30) erreichte bei Maxhafen nicht ganz sein Ziel. Die Schiffbarmachung der Berkel von Stadtlohn nach Zutfen, die den Zugang zur Zuidersee erschlossen hätte, blieb bruchstückhaft liegen (1770). Nur die Ruhr konnte auf nachhaltiges Drängen Preußens nach dem Bau von 25 Schleusen von Unna bis Ruhrort schiffbar gemacht werden. Alle anderen Pläne an Lippe und Ems scheiterten.

Der aufgeklärte absolutistische Staat fühlte sich aber nicht nur für die Entwicklung von Handel und Gewerbe zum materiellen Nutzen seiner Untertanen verpflichtet, er wollte sie auch in moralischer und geistiger Hinsicht auf eine höhere Ebene führen, »auf den Geist und Charakter der Nation würken«, wie sich Franz von Fürstenberg ausdrückte. Der darin ausgesprochene Optimismus von der grundsätzlich guten Natur des Menschen, die nur eine Anleitung zur Entfaltung brauchte, erlitt jedoch schwere Enttäuschungen. Viele wohlgemeinten Verordnungen gegen Trunksucht, Glücksspiele, übertriebene Festgelage und Kleiderluxus erzielten keinerlei Wirkung, wie ihre ständige Wiederholung zeigt.

Ganz besonders ließ sich der aufgeklärte Landesherr aber das Bildungswesen angelegen sein. Es entsprach sowohl der »christlich-patriarchalischen Fürstenverantwortung wie dem naturrechtlich-rational begründeten Bildungsbegriff der Aufklärung, daß der Staat den Untertanen in deren eigenem Interesse Bildung zu ermöglichen habe« (A. Hanschmidt). Aber selbst wenn alle erforderlichen Schritte zur Gründung von Schulen getan wurden, wie es die in Münster schon 1693, in Preußen 1717/36 festgelegte Schulpflicht vorsah, so hieß das noch nicht, daß der regelmäßige Schulbesuch tatsächlich einsetzte. Die Befähigung der Lehrer entsprach kaum den Mindestanforderungen. Wegen ihres geringen Einkommens, zum überwiegenden Teil aus dem von den Eltern widerwillig gezahlten Schulgeld bestehend, waren sie auf Nebenarbeit angewiesen. Schulräume und Lehrmittel lagen im Argen. Unterrichtet wurden im wesentlichen nur Katechismus, biblische Geschichte, Lesen und Schreiben. Das Rechnen beherrschten die meisten Lehrer selber nicht, wie Prüfungen ergaben.

Auf die Behebung der schulischen Misere zielte das in Preußen erlassene Generalschulreglement des aus Werden an der Ruhr stammenden Johann Julius Hecker von 1763. Es galt jedoch nur für lutherische Schulen. 1782 folgte das Reglement für die reformierten Schulen. In der Grafschaft Lippe führte die Gründung eines Lehrerseminars in Detmold (1781) zu Fortschritten, im Fürstbistum Münster die »Provisionalverordnung, die Landschulen betreffend« von 1782, die dem Lehrer für den Fall des Bestehens einer Prüfung ein festes Gehalt zusagte. Die Lehrerbildung wurde durch das 1783 von Bernard Overberg gegründete Institut der »Normalschule« in Münster gesichert, das bis zum Tode seines Gründers (1826) bestand. Overbergs Wirken prägte die katholische Lehrerbildung in Westfalen weit bis in das 19. Jahrhundert hinein.

Auch in den preußischen Landesteilen erkannte man die Notwendigkeit einer guten Lehrerbildung und entsprach ihr durch Gründung von Seminaren in Wesel (1786) für Kleve-Mark und in Petershagen (1792) für Minden-Ravensberg. Allerdings hielten sich die Zahlen der Seminaristen in sehr engen Grenzen, aber die Richtung auf ein festes Berufsbild des Lehrers war doch einmal eingeschlagen.

Schlecht waren auch die Verhältnisse an den westfälischen Gymnasien. Die ehemals ausgezeichneten katholischen Bildungsanstalten der Jesuiten und Franziskaner galten allgemein als in den Methoden erstarrt und reformbedürftig. Die Aufhebung des Jesuitenordens im Jahre 1773 wirkte sich kaum aus, da die Exjesuiten als Lehrer an ihren Gymnasien weiterhin unterrichteten oder durch Franziskaner ersetzt wurden. Neugründungen fanden nur in wenigen Fällen statt, so in Vechta 1714, Recklinghausen 1729 und Rietberg 1743. An ihnen waren ausnahmslos Franziskaner beteiligt, Mitglieder des eigentlichen Schulordens des 18. Jahrhunderts. Die innere Reform der Gymnasien nahm der münsterische Minister Franz von Fürstenberg in den Katalog seiner vornehmlichen Ziele auf. Deutscher Sprachunterricht verdrängte das Griechische. Arithmetik, Geometrie und Geschichte stiegen in den Rang von Hauptfächern auf. Fürstenberg erntete mit seinen Reformen in katholischen wie protestantischen Ländern fast überschwenglichen Ruhm. Der Protestant Justus Möser nannte die münsterische Schulordnung von 1776 »Denkmäler vor die Zeiten«.

Einen anderen als den münsterischen Weg schlug die Gymnasialreform unter dem Landdrosten Franz Wilhelm von Spiegel im Herzogtum Westfalen ein. Der aufklärerische Rationalist beließ nur den Gymnasien in Arnsberg und Geseke den Gymnasialstatus, während Attendorn und Brilon zu Voranstalten herabgestuft und Werl ganz aufgehoben wurden. Zumindest konnte damit eine Konzentration der Kräfte erreicht werden.

Möglicherweise übte die münsterische Gymnasialreform auf die Gymnasien in Hamm (1781) und die höheren Schulen der Länder Kleve und Mark einen Einfluß aus. Das 1756/65 reformierte Gymnasium in Minden und das in Lippstadt paßten sich den modernen, rationalistischen Gesichtspunkten an und blühten auf. Dagegen mißlang der Versuch kläglich, das Dortmunder Gymnasium in den Rang einer Universität zu erheben.

Westfalen stellte seit jeher eine universitätsarme Landschaft dar. Die Academia Theodoriana in Paderborn, gegründet 1614/16, war mit ihren zwei Fakultäten, einer theologischen und einer philosophischen, die einzige katholische Universität im Lande. Die 1630 in Osnabrück gegründete Jesuitenuniversität verfiel 1633 unter der Herrschaft der Schweden schon wieder der Auflösung. In Münster war es bei päpstlichen und kaiserlichen Privilegien für die Errichtung einer Universität geblieben. Die Ungunst der Zeiten, aber auch mangelndes Interesse der Landesherren hatten keine Weiterführung der Pläne gestattet. Die beiden protestantischen Hohen Schulen in Burgsteinfurt (von 1591) und Lingen (von 1697) besaßen kein Promotionsrecht und gehörten deshalb nicht zu den Universitäten. Für die Studenten aus der Grafschaft Mark war die reformierte Universität Duisburg zuständig (seit 1655). Minden und Ravensberg gehörten dagegen zum Einzugsbereich der in der Grafschaft Schaumburg gelegenen Universität Rinteln. Große Anziehungskraft bewiesen auch die nicht allzu weit gelegenen niederländischen Universitäten. Selbst katholische Staatsbeamte aus Münster bevorzugten zur Promotion die Universität Harderwijk, an der nur wenige Tage persönlicher Anwesenheit zur Absolvierung des Verfahrens erforderlich waren.

Neugründungen von Universitäten erforderten in den finanziell schlechten Zeiten eine Anstrengung der Landesherren, wie sie kaum geleistet werden konnte. Auf den Vorschlag von Domkapitel und Ritterschaft des Stifts Münster wurde ein ungewöhnlicher Weg beschritten, wie ihn früher nur protestantische Landesherren einschlugen: Mit der Aufhebung eines Klosters oder Stifts sollten die Grundlagen für eine Schule oder Universität gelegt werden. Ausersehen dazu war das nach aufklärerischer Ansicht unnütze Frauenkloster St. Marien Überwasser in Münster. Kurfürst Maximilian Friedrich nahm den Vorschlag an und stiftete 1771 die hiesige Universität. Päpstliche und kaiserliche Privilegien folgten zwei Jahre später. Die neue Universität wurde mit vier Fakultäten ausgestattet und sollte vorwiegend Priester, Staatsbeamte, Richter, Ärzte und Gymnasiallehrer für den Bedarf des Fürstbistums ausbilden. Ein wissenschaftlicher Rang unter den anderen deutschen Universitäten dachte man ihr nicht zu. Fürstenberg verzichtete daher auf das Promotionsrecht. Damit mußte allerdings eine geringere Anziehungskraft auf die studierende Jugend einkalkuliert werden. Tatsächlich blieben die Studentenzahlen während des Bestehens der alten Universität Münster gering. Sie wies auch kaum berühmtere Namen unter den Professoren auf, abgesehen von dem Mitarbeiter Fürstenbergs, dem Staatsrechtler und Historiker Anton Matthias Sprickmann (1749–1833), der später an den Universitäten Breslau und Berlin eine bedeutende Rolle spielte. Sprickmann war maßgeblich an der Redaktion der münsterischen Schulordnung von 1776 beteiligt.

Fürstenbergs Wirken im Erziehungswesen verschaffte Münster den Ruf eines geistigen Zentrums für den Nordwesten Deutschlands mit starker Ausstrahlung auf die protestantischen Nachbargebiete. Kein anderer als der Freiherr vom und zum Stein spendete 1802 den Verdiensten Fürstenbergs hohe Anerkennung. Stein hatte den Universitätsgründer und Schulreformer bei einer Tätigkeit als Oberpräsident der westfälischen Kammern kennengelernt und wußte um seine bestimmende Rolle im »Kreis von Münster«.

Im sogenannten »Kreis von Münster« bildete Franz von Fürstenberg neben der Fürstin von Gallitzin (1748–1806) die Hauptperson. Die Fürstin war von der Anwendung der Fürstenberg'schen Grundsätze für die Pädagogik bei der Erziehung ihrer Kinder auf den früheren münsterischen Minister aufmerksam geworden. Vorher stand sie unter dem Einfluß des Niederländers Frans Hemsterhuis (1721–1790), eines antirationalistischen Gefühlsphilosophen, und dann des Königsberger Philosophen Johann Georg Hamann (1730–1788), des »Magus des Nordens«, der in Münster starb. Die gläubige und zugleich moderne, rationalistische Haltung Fürstenbergs und Bernard Overbergs standen dazu in starkem Gegensatz. Unter dem Eindruck der beiden Persönlichkeiten trat die Fürstin 1786 zur katholischen Kirche über. Der Kreis von Münster gewann durch die Berührung mit zahlreichen Gelehrten und Künstlern an Tiefe und Ausstrahlung. Sprickmann gehörte dazu. Goethe stattete ihm 1792 einen Besuch ab.

Auch für die Geschichtsschreibung gewann Fürstenberg im Verein mit Sprickmann an Bedeutung. Beider Geschichtsauffassung war »stark von normativen und moralischen Kriterien« geprägt (A. Hanschmidt) und blieb ganz in der Aufklärung verhaftet. Ganz anders dachte dagegen der Osnabrücker Justus Möser, der den Begriff der Entwicklung für die Historiographie in den Vordergrund rückte und ihn exemplarisch seit 1768 in seiner »Osnabrücker Geschichte« vorstellte. In regelmäßigen Beiträgen in den Osnabrücker Intelligenzblättern unterrichtete er die Öffentlichkeit von seinen Anschauungen.

Die damals in Mode kommenden, vereinzelt schon älteren Intelligenzblätter lehnten sich an das seit 1727 in Preußen bestehende Organ an. Sie stellten Amtsblätter mit Anzeigenmonopol dar, enthielten aber auch andere Nachrichten. Nach dem Siebenjährigen Krieg begannen sie ihr Erscheinen in fast allen westfälischen Territorien. Große Bedeutung erlangten auch die »Wöchentlichen Mindenschen Nachrichten« des Jöllenbecker Pastors Johann Moritz Schwager (1734–1804), in denen der Herausgeber in aufklärerischem Sinne gegen den Aberglauben der Landbevölkerung ankämpfte. Ein westfälisches Gesamtbewußtsein wollte dagegen der Bielefelder Gymnasiallehrer Peter Florens Weddingen (1758–1809) durch sein »Westphälisches Magazin zur Geographie, Historie und Statistik« wieder zum Leben erwecken. Viel gelesen wurde neben diesen Blättern auch der »Westphälische Anzeiger« des Dortmunder Publizisten Arnold Mallinckrodt (1768–1825).

Die als Stätten der Philanthropie und Aufklärung geltenden Freimaurerlogen fanden besonders im gewerblichen Raum der Grafschaft Mark leichten Eingang, so in Bochum, Hamm, Hagen, Schwelm und Iserlohn, aber auch in anderen protestantischen Gebieten. Die Loge »Zu den Drei Balken« in Münster blieb in den katholischen Territorien die einzige ihrer Art. Unbestreitbar besaßen die Logen einen hohen gesellschaftlichen Rang. In krassem Gegensatz dazu stand ihre geringe Breitenwirkung.

Die französische Zeit

Die französische Revolution, geführt unter dem Motto von Freiheit, Gleichheit und Brüderlichkeit, rief durch die Unduldsamkeit ihrer Führer und ein beispielloses Schreckensregiment die erste große Fluchtwelle der Neuzeit hervor. Tausende von Franzosen, hauptsächlich Adelige und Geistliche, strömten seit 1792 über die Grenzen in das Heilige Römische Reich und suchten Asyl. Zwei Brüder des französischen Königs erhielten von König Friedrich Wilhelm II. die Erlaubnis, sich in Hamm niederzulassen. Sie errichteten dort vorübergehend eine Exilregierung. Fast überall vollzog sich die Unterbringung der Geistlichen reibungslos. Dagegen erregten die zum Teil mit großer Arroganz auftretenden Adeligen und ihre sittliche Zügellosigkeit vielfach Anstoß in der Bevölkerung. Manche Landesherren sahen die Anwesenheit der adeligen Franzosen nur ungern in ihren Ländern und versuchten, die Flüchtlinge in andere Territorien weiterzuschleusen, darunter Kurfürst Maximilian Franz von Österreich.

Die geistigen Auswirkungen der französischen Revolution auf Westfalen hielten sich in engen Grenzen. Ob ein damals spürbar werdendes, selbstbewußteres Auftreten der Städte gegenüber Domkapitel und Ritterschaft mehr Ausfluß des aufklärerischen Rationalismus oder revolutionärer Ideen war, läßt sich kaum entscheiden. Nur in Paderborn kam es im Oktober 1792 zu einem »revolutionären« Akt, der Aufstellung eines »Freiheitsbaumes« mit der angehefteten

Losung: »Liebe Bürger! Schüttelt endlich Euer Joch von Euch und schwört bei diesem Baum, frei zu sein!« Mehr als ein verständnisloses Kopfschütteln der »lieben Bürger« von Paderborn dürfte der aufrüttelnde Schrei nach Freiheit nicht zur Folge gehabt haben.

Die zu dieser Zeit in Gang kommende Beseitigung der Steuerfreiheit der bisher privilegierten Stände, der Geistlichkeit und des Adels, steht mit den revolutionären Ereignissen jenseits des Rheins wohl nicht in Verbindung. Die hohen steuerlichen Belastungen der westfälischen Länder durch die Unterhaltung der einer fremden Besatzung vergleichbaren Demarkationsarmee aus preußischen und österreichischen Truppen und die Kosten des Reichskriegs gegen die Französische Republik zwangen geradezu, diesen Weg zu beschreiten. Eine andere Möglichkeit, der Schulden Herr zu werden, bestand nicht. Dem münsterischen und Paderborner Vorbild folgten übrigens keine anderen westfälischen Fürsten.

Das Bewußtsein, einer grundlegenden Umgestaltung aller bisherigen Verhältnisse entgegenzugehen, war damals unter allen einigermaßen Einsichtigen verbreitet. Preußen ließ seit 1795 unverhohlen erkennen, daß es eine Vergrößerung der Monarchie durch Einverleibung der besetzten geistlichen Fürstentümer erwartete. Eine österreichische Initiative zum begrenzten Erhalt der geistlichen Kurfürstentümer wurde mit so geringer Energie verfolgt, daß Preußen ohne Furcht der Verwirklichung seiner Ziele entgegensehen konnte.

Viele der durch Verluste auf dem linken Rheinufer betroffenen Fürsten, darunter manche, die nur über eine zweifelhafte Souveränität verfügten, fürchteten die günstige Stunde zu verpassen, in dem entstehenden allgemeinen Chaos nicht nur eine angemessene Entschädigung auf dem rechten Rheinufer, sondern möglichst ein Mehrfaches der Einbußen zu erhaschen. Alle eilten nach dem Frieden von Lunéville nach Paris, um ihre Wünsche in Sonderabmachungen mit den Franzosen durchzusetzen. Alle Mittel waren dazu recht. Im Pariser Vertrag vom 23. Mai 1802 erlangte Preußen den Löwenanteil. Für die nicht sehr umfangreichen klevischen und geldrischen Territorien links des Rheins, die an die Französische Republik gefallen waren, gewann die Monarchie die Fürstbistümer Hildesheim und Paderborn, den östlichen Teil des Fürstbistums Münster einschließlich der Hauptstadt, der Stifte Herford, Essen, Werden und Elten. Wenig später erwarb der Landgraf von Hessen-Darmstadt das kurkölnische Herzogtum Westfalen. Das Haus Oranien-Nassau sicherte sich das Fürstbistum Corvey und die Reichsstadt Dortmund. Hannover bekam das Hochstift Osnabrück, der Herzog von Arenberg das Vest Recklinghausen und das münsterische Amt Meppen. Der Herzog von Croy nahm das münsterische Amt Dülmen in Besitz, der Herzog von Looz-Corswarem einen schmalen, aber um so längeren Landstreifen an der Ems, der aus Teilen der münsterischen Ämter Rheine und Wolbeck bestand, und bildete daraus das Fürstentum Rheina-Wolbeck. Die münsterischen Ämter Vechta und Cloppenburg fielen dem Herzog von Oldenburg zu, das Amt Horstmar den Wild- und Rheingrafen zu Grumbach, die Ämter Bocholt und Ahaus den als gemeinsamen Besitzern auftretenden Fürsten zu Salm-Salm und Salm-Kyrburg.

Die geistlichen Staaten und die einzige Reichsstadt Westfalens waren damit von der Landkarte verschwunden. Bestand hatte nur die heillose Zersplitterung der westfälischen Landschaften unter zahllose Herrschaften, ja, sie war noch stärker ausgeprägt als vorher. Der einzige, dem Umfang nach größere Staat, das Fürstbistum Münster, lag zerschlagen in fünf ungleichmäßig große Splitter da. Zu den schon bestehenden kleinen Herrschaften hatten sich weitere, manchmal kaum lebensfähige Territorien gesellt.

Schon vor der Sanktionierung der territorialen Veränderungen durch den Reichsdeputations-Hauptschluß nahmen die neuen Landesherren von den ihnen zugefallenen Ländern Besitz, allen voran wieder Preußen, das sofort damit begann, die Erwerbungen verwaltungsmäßig der Monarchie einzugliedern. In den Hauptstädten der erworbenen Staaten wurden Provisorische Zivil- und Spezialorganisationskommissionen eingesetzt, deren Leitung der Freiherr vom und zum Stein übernahm. In erstaunlicher Schnelligkeit schufen sich die wenigen an ihnen tätigen Beamten einen außerordentlich zuverlässigen Überblick über den Zustand der Länder, die Grundlage für eine erfolgreiche Verwaltungstätigkeit.

Die Bevölkerung verhielt sich gegenüber den neuen Herren zurückhaltend und abwartend. Von vielen Einwohnern wurde die Einführung einer schnell arbeitenden, effektiven Verwaltung sowie einer unparteiischen, von allen Rücksichten auf Privilegien und Vetternwirtschaft freien Rechtsprechung begrüßt. Drohend erschien vielen aber die ungeheure Militärmaschine des neuen Staates und dessen protestantische Spitze. Welche Anforderungen der Einzelne in Zukunft ertragen mußte, blieb im Dunkeln.

Die höheren Stände und das gebildete Bürgertum in den geistlichen Staaten besaßen in stärkerem Maße Anlaß, dem Verlust mancher alten Bindungen nachzutrauern, die in Jahrhunderten gewachsen waren und zu den selbstverständlichen Lebensgewohnheiten gehörten. Dazu gehörten nicht zuletzt die Versorgungsmöglichkeiten für Söhne und Töchter in Stiften und Klöstern. Für nicht wenige, kinderreiche Familien bedeutete die Unterbringung ihres Nachwuchses in geistlichen Anstalten die Bewahrung vor dem finanziellen Ruin. Freilich ging in den letzten Jahrzehnten des 18. Jahrhunderts unter dem Einfluß aufklärerischer Ideen die Neigung zum Eintritt in ein Stift und noch mehr in ein Kloster erheblich zurück. In fast allen Instituten sank die Mitgliederzahl. Die Altersstruktur zeigte eine Tendenz nach oben.

Merkwürdigerweise erhoben sich keine kritischen Stimmen, als der preußische Staat daran ging, die Hand auf Stifte und Klöster zu legen und sie seiner Kontrolle zu unterstellen. Wie gelähmt schaute die Öffentlichkeit einem Vorgang zu, den sie offensichtlich als unabwendbar und möglicherweise nicht einmal unwillkommen betrachtete. Jedenfalls ließen sich Vorteile und Nachteile der geplanten Aufhebung der geistlichen Institute nicht überblicken. Man hörte doch immer wieder von hohen und höchsten Vertretern der katholischen Kirche Äußerungen über die Nutzlosigkeit derartiger Einrichtungen für Staat und Öffentlichkeit. Kein anderer als Kurfürst Maximilian Franz von Köln malte 1787 ein trostloses Bild von den Frauenstiften, in denen die »Quasinonnen« ihr beklagenswertes Leben »mit nichts als Psalmodieren« zubrächten. Damenstifte brächten »Einrichtungen hervor, die nur in dem übereinstimmen, daß sie die Nutzbarkeit vereiteln«. Man sollte sie besser zu »wahrer Pflanzschule aller ordentlichen Hausmütter« umgestalten. Es erscheine ihm nicht als Wunder, wenn »alle jene sorgfältigst wegeilen, denen Glücksumstände oder bessere Aussichten einen anderweiten Aufenthalt« bieten. »Gott der Herr hat mehr Zufriedenheit, wenn die Stifter brave Mädchen und rechtschaffene Hausmütter ziehen, als wenn sie ohnverstandene Psalme ohne aller Andacht absingen«. Ein eindeutiges Urteil eines geistlichen Aufklärers!

Fast in dieselbe Richtung liefen die Gedanken der preußischen Beamten. Diese dachten ja vorläufig nicht an die völlige Beseitigung der Klöster und Stifte, sondern zuerst einmal an deren Kontrolle durch den Staat zwecks nützlicherer Verwendung. Das konnte durch eine Umwandlung erfolgen. So dachte man 1805 daran, im Stift Freckenhorst alle Privilegien und Hoheitsrechte abzuschaffen und das Damenstift der normalen Staatsverwaltung zu unterwerfen. Dann sollte es als Versorgungsanstalt für hilfsbedürftige adelige Damen aller Konfessionen seinen Sinn erfüllen und dem Staat damit einen Dienst erweisen.

Dieselben Motive beseelten den Staat auch gegenüber den Klöstern. Er unterschied nach nützlichen und unnützen Einrichtungen. Alle nur auf Kontemplation aufgebauten Klöster mußten demnach verschwinden. Die Ordenshäuser, die sich der Krankenpflege oder den Schulen widmeten, verdienten aber, bestehen zu bleiben. Die Mitglieder der Konvente sahen der Entwicklung meist mit Gelassenheit entgegen. Vorläufig griffen die staatlichen Kommissare nur soweit in den jeweiligen Haushalt ein, als die ordentliche Rechnungsführung es erforderte. Dem Zeitgeist war der Gedanke völlig fremd, die Insassen eines Klosters ohne ordentliche Versorgung auszusperren. Solche Unmenschlichkeiten überließ man den französischen Revolutionären. Aber selbst als die Franzosen Besitz von Westfalen ergriffen, hatten sich die revolutionären Wogen soweit geglättet, daß allen Stifts- und Klosterinsassen ausreichende, lebenslängliche Pensionen verschrieben wurden.

Mit den um 1810 einsetzenden Aufhebungen geistlicher Anstalten waren ganz andere Schäden verbunden, von denen später die Rede sein soll.

Kunst und Literatur im 17. und 18. Jahrhundert

Nur mühsam setzte sich in der Baukunst der Barockstil gegenüber noch immer herrschenden Ausläufern der Gotik durch. Beispiele bieten der Neubau der Abteikirche in Corvey, die Jesuitenkirche in Coesfeld und die Minoritenkirche in Zwillbrock bei Vreden. Eher drang der Barock in das Innere der Kirchen ein. Fälle einer völligen Umgestaltung der Einrichtung sind nicht selten. Der Hochbarock stellt sich noch seltener zur Schau. Eins der wenigen Bauten dieser Stilrichtung ist die Dominikanerkirche (heute katholische Universitätskirche) in Münster. Sie wurde von Friedrich Lambert von Corfey errichtet (1708/27).

Sogar der Hauptvertreter barocker Baukunst in Westfalen, Johann Conrad Schlaun – übrigens wie Corfey ein hoher Artillerieoffizier –, bediente sich in seiner Frühzeit noch gotischer Elemente. Erst in der münsterischen Clemenskirche (1745/53) gelang ihm eine »Hochleistung des deutschen Spätbarocks«

(F. Mühlen), deren Gesamteindruck leider heute durch die Zerstörung der Klostergebäude beeinträchtigt ist.

Die Klosterbauten auf dem Lande zeichnen sich im allgemeinen durch große Schlichtheit aus. Die barocke Formenwelt tritt in der Gestaltung der Großbauten zurück. Sie lebten mehr von der Großzügigkeit der Anlage, wie etwa in Marienfeld, Cappenberg, Mülheim an der Möhne und in Büren. Nur in der Fassade der Kirche des Gauklosters in Paderborn treten Stilelemente des Italieners Borromini deutlich hervor. Die evangelischen Kirchenbauten der Zeit weisen eine noch größere schlichte Zurückhaltung auf, ganz und gar im reformierten Bereich. Nur in einigen lutherischen Kirchen hielt der Barock Einzug, so in den Kirchen von Rönsahl, Hohenlimburg und Vörde.

Stärker beherrschte der Zeitstil die Profanbauten. Der Schloßbau des im Dreißigjährigen Krieg zu Reichtum gekommenen kaiserlichen Generalfeldmarschalls Alexander von Velen in Raesfeld, den er sofort nach dem Ende des Krieges begann, setzte ein deutliches Zeichen. Der von dem Kapuziner Michael Gent errichtete asymmetrische Backsteinbau mit schöner Sandsteingliederung ist im wesentlichen erhalten geblieben.

Noch bedeutender war der Ordensbruder Michaels, Ambrosius von Oelde, der Erbauer der Adolphsburg der Familie von Fürstenberg bei Oberhundem in frühbarockem Stil. Wahrscheinlich war Ambrosius auch am Bau der Schnellenburg bei Attendorn und des Schlosses Eringerfeld beteiligt. Sein hervorragendstes Werk blieb aber der Neubau des landesherrlichen Schlosses Ahaus (1696). In der üppigen Verwendung von Werkstein zur Gliederung der Fassaden klingen flämische Vorbilder an. Die Inneneinrichtung fiel im letzten Kriege der völligen Zerstörung anheim.

Das großartigste Wasserschloß Westfalens, das »westfälische Versailles« Nordkirchen entstand auf Initiative Fürstbischof Friedrich Christians von Plettenberg. Die Leitung bei der Errichtung des ausgedehnten Dreiflügelbaus in einem weitläufigen Park hatte der Landingenieur Gottfried Laurenz Pictorius übernommen. Johann Conrad Schlaun setzte den Ausbau fort. Der glanzvolle Repräsentationsbau übertrifft die meisten bescheidenen Adelsschlösser des Münsterlandes um ein Vielfaches. In der Anlage ähnlich gehalten wie Nordkirchen, nur viel kleiner stellen sich die als Winterquartiere gedachten Adelshäuser in den Bischofsstädten dar. Die meisten tragen »eine klassizistische französisch-nordniederländische Prägung« (F. Mühlen). Nur wenige Beispiele haben die Kriegszerstörungen von 1944/45 überlebt. Unter ihnen gehören der Erbdrostenhof und das Schloß in Münster zu den besten Leistungen Schlauns. Sie bilden die Krönung seines Lebenswerkes. Im Hümmling errichtete er für Kurfürst Clemens August das reizvolle Jagdschloß Clemenswerth, für seinen eigenen Bedarf das kleine Haus Rüschhaus bei Nienberge, in dem später die Dichterin Annette Droste-Hülshoff wohnte.

Hinter den genannten münsterischen Bauwerken treten die gleichzeitigen Bauwerke im Fürstbistum Paderborn zurück. Hier prägte der Hofbaumeister Franz Christian Nagel einen barocken Klassizismus, der weit über ihn hinaus seine Wirkung behielt. Jedoch reichten er und seine Kollegen nicht an das Genie Schlauns heran. Schlaun ragte »aus dieser Gruppe durch seine Reiseerfahrungen und durch seine Fähigkeit des nahtlosen Verschmelzens von niederländischem, süddeutschem, römischem und französischem Formgut zu einer ganz individuellen Kunstsprache und Gestaltungsweise heraus« (U. D. Korn).

In dieser Feststellung kommt eindringlich zum Ausdruck, was die vorhergehenden Angaben schon zeigten, daß Westfalen kein abgeschiedenes Inseldasein führte, das die Herausbildung von Sonderformen begünstigt hätte. Genauso wie die politische Geschichte den Eindruck vermittelt, Westfalen sei ein nach allen Seiten offenes Durchgangsland gewesen, so offensichtlich auch in der Baukunst und, wie noch zu zeigen ist, in der Skulptur und Malerei. Gerade in diesen Hinsichten kommt die Abhängigkeit des Landes von fremden Kunstzentren schlagend zum Ausdruck. Als der große Friedenskongreß von 1646/49 in Münster und Osnabrück vielen Künstlern Gelegenheit zu Betätigung und Verdienst gab, folgten dem Ruf ausschließlich Ausländer, vorwiegend aus den nördlichen Niederlanden. Unter ihnen steht Gerard Terborch mit seinem berühmten Gemälde »Einzug des Gesandten Adriaen Pauw in Münster« an der Spitze. Auch der Maler Wolfgang Heimbach aus Oldenburg genoß seine Ausbildung in den Niederlanden und in Italien, bevor er Hofmaler des Fürstbischofs Christoph Bernhard von Galen wurde. Er blieb nur zwei Jahre im Lande. Die Leistungen aller anderen Meister der Zeit unterliegen der Mittelmäßigkeit, wenn auch einige von ihnen als gute Handwerker zu bezeichnen sind. Was für das 17. Jahrhundert gilt, prägt in verstärktem Maße das des 18. Jahrhunderts. Alle einigermaßen befähigten Maler, die in Westfalen tätig waren, entstammten dem Ausland. Erst gegen Ende des Jahrhunderts erreichte Johann Christoph Rincklake (1764–1813) einen höheren Rang. Von ihm stammen ausgezeichnete Porträts aus Adel und Bürgertum.

In der Bildhauerei ragen die Mitglieder der Familie Gröninger in höhere Kunstsphären hinein. Sie betätigten sich in der »Zeit- und Stilspanne vom Manierismus bis zum Spätbarock« (G. Langemeyer). Ihr ältester, bekannter Vertreter Heinrich Gröninger († 1631) schuf das prunkvolle und monumentale Grabmal Fürstbischof Dietrichs von Fürstenberg († 1618) im Paderborner Dom. Heinrichs Ausdrucksmittel gehen auf flämische Vorbilder zurück. Sein in Münster lebender und wirkender Bruder Gerhard († 1652) verband seine Formensprache mit römischen Barockelementen. Sein Pathos blieb im Verhältnis zu süddeutschen Skulpturen eher verhalten. Der jüngere Johann Mauritz Gröninger († 1708) lernte in Antwerpen, Bilder des Malerkönigs Paul Rubens in Skulpturen umzusetzen. Auch Anklänge an Bernini lassen sich feststellen. Das aus schwarzem und weißem Marmor gestaltete Grabmal Fürstbischof Christoph Bernhards von Galen im münsterischen Dom stellt eines seiner vollkommensten Werke dar. Eine größere Ausdrucksstärke findet er in den Chorschranken des Domes. Die Figuren bewegen sich mit hoher Dramatik. Johann Mauritz Gröninger schuf auch den Figurenschmuck für das Schloß Nordkirchen. Witterungseinflüsse ließen jedoch Zerstörungen zurück, die heute den großartigen Eindruck beeinträchtigen.

Das geläufige Wort »Westfalia non cantat« ist viel zitiert worden, doch dürfte das darin enthaltene Urteil allzu schablonenhaft ausgefallen sein. Zumindest in den westfälischen Domen fand die polyphone Musik Italiens Eingang, wenn auch der Gregorianische Choral niemals seine Stellung räumte. Für andere Kirchen wird die Entwicklung entsprechend ihrer jeweiligen Bedeutung verschieden ausgefallen sein. Immerhin fanden in der münsterischen Lambertikirche nach Ausweis einer Rechnung im Jahre 1626 zwölf musikalisch reich gestaltete Gottesdienste allein in der Zeit zwischen Ostern und Mitte September statt, bei denen fremde Musiker mitwirkten. Hofkapellen erreichten selbst an kleineren Höfen ein erstaunliches Niveau, meist aufgrund des persönlichen Interesses des Fürsten, wie es in großem Stil Friedrich der Große in Sanssouci vorbildlich durchgeführt hatte. Um die Mitte des 18. Jahrhunderts entstand in Burgsteinfurt eine Hofkapelle, deren Ruf sich bald verbreitete. Ihre Konzerte standen jedermann offen. Im Schloßgarten ließ der Graf sogar einen eigenen Konzertsaal errichten. Hohe Musikkultur herrschte auch am Hofe des Grafen von Tecklenburg-Rheda im Schlosse Rheda. Das dortige Instrumentarium blieb teilweise bis heute erhalten und wird seit einiger Zeit von der fürstlichen Familie zu öffentlichen Musikaufführungen im Schloß wieder zur Verfügung gestellt.

Natürlich konzentrierte sich die geistliche Musikpflege hauptsächlich auf die katholischen Kirchen. In reformierten Kirchen wurden dagegen Kirchenkonzerte meist verboten. Manchmal wurde sogar das Orgelspiel untersagt. In den lutherischen Kirchen blühte besonders der Gesang von deutschen Liedern. In Westfalen erschienen im 18. Jahrhundert mehrere Gesangbücher »mit der Tendenz zum Erbauungslied und zur rationalistischen Abwandlung ... sogar lutherischer Texte« (R. Reuter). Spezifisch westfälisches Liedgut vermißt man in ihnen ebenso wie in katholischen Sammlungen. Nur der im Jahre 1631 in Münster erschienene »Brautschatz« enthält einiges davon. Derartige Dichtungen konnten aber gegenüber der weitverbreiteten »Trutz Nachtigall oder Geistlichs Poetisch Lust Waldlein« des Jesuiten Friedrich Spee von Langenfeld († 1635) nicht bestehen.

Wahrscheinlich verdiente das lange Zeit im Epigonentum versunkene Westfalen die von Voltaire 1759 in seinem *Candide* über das Land ausgegossene bittere Ironie. Erst mit dem Osnabrücker Justus Möser († 1794) erstand Westfalen ein literarisch hochbegabter Verteidiger, der die überzogene Kritik des Franzosen in ihre Grenzen wies. In der Literaturgeschichte forderte Möser die Abkehr von lexikalischem Überblick zum Prinzip durch eine vom »Volksgeist gelenkte Entwicklung«, wie es vorher schon Herder verlangt hatte.

Auf ähnliche geistige Voraussetzungen in seinen Ideen zur Volkserziehung traf der protestantische Möser bei dem katholischen Domherrn und Minister Franz von Fürstenberg in Münster. Beide waren durch die Lehrschule der Aufklärung gegangen, doch neigte Fürstenberg mehr dem »Geist der gefühlsbetonten Empfindsamkeit« (W. Huge) zu. Er gehörte damit in die Anfänge der katholischen Romantik. Seine vorbildliche Schulordnung von 1776 zog drei Jahre später die Fürstin Amalia Gallitzin, Gemahlin des russischen Gesandten in den Niederlanden und Tochter des preußischen Generals von Schmettau, nach Münster. Die intensive Freundschaft der Fürstin und Fürstenbergs führte zur Bildung eines schöngeistig-literarischen Salons, der aber unter dem Einfluß beider Persönlichkeiten mehr und mehr in das Fahrwasser moralisch-religiöser Gespräche geriet. Die Tendenz wurde durch den Zutritt des Priesters Bernard Overberg

(† 1826), der in Fürstenbergs Auftrag an der Reform des Volksschulwesens im Fürstbistum Münster arbeitete, und des Juristen Matthias Sprickmann, eines Mitarbeiters Fürstenbergs bei der Redaktion der Schulordnung, verstärkt. Anton Matthias Sprickmanns Schauspiel »Tempel der Dankbarkeit« von 1775 schilderte den unausbleiblichen Untergang von Unwissenheit und Aberglauben, die sich in letzter Minute unter religiöser Maske dem Durchbruch der Aufklärung in den Weg stellen. Ihr Versuch, in das Schauspiel einzudringen, scheitert daran, daß in einem dem Kurfürsten geweihten Tempel der Dankbarkeit den Feinden der Aufklärung die Maske der Heuchelei vom Gesicht gerissen wird.

Die Fürstin Gallitzin stammte aus einem Elternhaus, in dem der Vater Protestant, die Mutter Katholikin war. Sie selber wurde katholisch erzogen, fand aber innerlich nicht zum Glauben. Erst unter dem Einfluß Fürstenbergs änderte sich das. Eine romantische Note brachte der »Magus des Nordens«, Johann Georg Hamann, in das Haus der Fürstin an der Grünen Gasse in Münster. Er gehörte zu den Wegbereitern des Sturm und Drangs und vertrat als Gegner Kants eine antirationalistische Einstellung. Hamann starb 1788 im Hause der Fürstin. Auf der Rückreise vom französischen Kriegsschauplatz lernte Goethe den »Kreis von Münster« kennen (1792) und lobte die dort hervortretende Vereinigung von Gefühlsbetontheit, natürlicher, nach den Prinzipien Rousseaus ausgeprägter Weltzugewandtheit und katholischer Frömmigkeit, am meisten aber eine »als die schönste Vermittlung zwischen beiden Welten entsproßte Wohltätigkeit, die mildeste Wirkung einer ernsten Aszetik« (Campagne in Frankreich). Der Kreis trat mit anderen geistig interessierten Persönlichkeiten in Verbindung, nicht zuletzt auch im protestantischen Milieu pietistischer Ausprägung. Der Eindruck der »Familia Sacra« war überall groß, besonders in religiöser Beziehung. Friedrich Leopold Graf zu Stolberg trat im Jahre 1800 unter diesem Einfluß in Münster zur katholischen Kirche über und erregte damit einen Sturm der Entrüstung im evangelischen Lager. Johann Heinrich Voß trat 1819 mit seiner Schrift »Wie ward Fritz Stolberg zum Unfreien?« in großer Schärfe besonders gegen die Fürstin Gallitzin als angeblich Hauptverantwortliche auf.

An der politischen Entwicklung seit 1802 nahm die Familia Sacra keinen Anteil mehr. Ihre Vorstellungswelt fand keinen Zugang zu den Regierungsverhältnissen, mochten sie nun in den Bahnen preußischer Verwaltungspraxis oder, wie etwa im Herzogtum Westfalen, nach badischen, später französischen Vorbildern geführt werden.

Die nach 1802 einsetzende Umgestaltung aller öffentlichen Verhältnisse setzte zuerst in der Verwaltung und im Gerichtswesen ein, wobei in nicht wenigen Fällen die lokale Ebene vorerst unberührt bestehen blieb, wie sie bisher aussah. Erst in zweiter Linie folgten in der Reform Gesetze in Steuer- und Militärwesen, die die Pflichten der neuen Untertanen festschrieben. In die Wirtschafts- und Sozialstruktur der Bevölkerung griffen die neuen Landesherren nicht ein.

Der schwerste Schlag traf die bisher in den geistlichen Fürstentümern fast allmächtigen Landstände. Der Reichsdeputations-Hauptschluß bestimmte in seinem Artikel 60, daß die »dermalige politische Verfassung der zu säkularisierenden Lande ungestört erhalten« bleiben sollte, und keiner der Entschädigungsfürsten konnte wagen, die Landstände aufzuheben. Doch gab es einen anderen Weg, sie zur Machtlosigkeit zu verdammen: Man berief die Landstände einfach nicht mehr ein. Nur im Fürstentum Osnabrück wurden sie noch einmal versammelt, doch ohne die mächtige geistliche Kurie. Aus dem Herzogtum Westfalen und aus dem Fürstentum Salm gingen Klagen der Landstände »wegen Untergrabung der Landesherrschaft« durch die Fürsten an den Reichshofrat in Wien bzw. an das Reichskammergericht in Speyer ab, ein Zeichen, daß man noch immer der ordnenden Gewalt des im Sterben liegenden Reichs vertraute. Tatsächlich veranlaßte das Reichskammergericht in einem speziellen Fall eine Reichsexekution gegen den Fürsten von Rheina-Wolbeck, der ohne triftigen Grund den Anwalt Crone in Rheine inhaftiert hatte. Doch blieb es bei dieser letzten Kraftanstrengung des ehemals so starken Heiligen Römischen Reiches.

Vom Gesichtspunkt des historischen Betrachters aus läßt sich nicht leugnen, daß die Aufhebung der Landstände auch positive Folgen hatte. Endlich fielen die hartnäckigen, meist aus egoistischen Motiven hervorgehenden Widerstände gegen die Reform des Verwaltungswesens fort. Moderne Behörden konnten ihre Tätigkeit aufnehmen. In den preußischen Gebieten kam nach der vorbereitenden Bestandsaufnahme durch die Spezial-Organisationskommission eine Kriegs- und Domänenkammer mit dem Sitz in Münster zur Einsetzung (1803). Sie war für den preußischen Anteil am Fürstentum Münster, das Fürstentum Paderborn und Tecklenburg-Lingen zuständig. Die Justizverwaltung übernahm eine Regierung, ebenfalls mit dem Sitz in Münster, auch für den Rest des Herzogtums Kleve rechts des Rheins und die Grafschaft Mark. Das Fürstentum Paderborn wurde einer Regierungsdeputation unterstellt, die sich aber bald zu einer »Paderbornischen Landesregierung« auswuchs. Endlich war damit die völlige Trennung von Verwaltung und Gerichtswesen verwirklicht.

In der unteren Ebene spielten sich keine bewegenden Szenen ab. Die alten Ämter wurden durch Kreise ersetzt, deren Landräte anstelle der bisherigen Drosten oft dieselben Personen blieben oder doch wenigstens aus dem landsässigen Adel stammten. Damit bot sich das Bild, daß die Landräte einerseits königliche Beamte, andererseits aber auch Vertrauenspersonen ihres kreisangesessenen Adels waren. Am einschneidendsten verliefen die Veränderungen in den Städten. Sie verloren die Reste ihrer alten Selbständigkeit. Die Magistrate aus wenigen Personen wirkten als rein landesherrliche Beamte.

Die Neuerungen im Herzogtum Westfalen unter landgräflich- später großherzoglich-darmstädtischer Verwaltung wichen nur wenig von den preußischen ab. Nur die Namen der Verwaltungsbezirke und der Beamten wandelten sich. In Arnsberg nahm eine »Regierung« die Funktion als oberste Verwaltungsbehörde auf, während eine »Hofkammer« für Steuern und Domänen zuständig war. Ein »Hofgericht« wirkte als oberste Behörde im Rechtswesen. Das Land zerfiel in achtzehn Ämter, deren Leitung meist ehemaligen Drosten übertragen wurde.

In den kleineren Herrschaften blieb fast alles beim Alten. Die neuen Fürsten im Lande interessierten sich wenig für Reformen und wandten ihr Augenmerk mehr der Vergrößerung und dem Glanze ihrer Hofhaltung zu, obgleich sich einige kaum in ihren Ländern aufhielten und Paris als Residenz vorzogen. Nur Herzog Peter Friedrich Ludwig von Oldenburg, an den die münsterischen Ämter Cloppenburg und Vechta gefallen waren, zeigte aus persönlicher Neigung zum Verwaltungswesen größtes Interesse an einer Verbesserung der Behörden zur inneren Verwaltung. Im Herzogtum Arenberg ging man sogar an die Kodifizierung des Rechtswesens, wie sie in Westfalen überall fehlte, doch war die Zeit zu kurz, um Ergebnisse vorweisen zu können.

Wie in sämtlichen Staaten aller Zeiten richteten sich die Augen der Regierenden auf Möglichkeiten, die Staatseinnahmen zu erhöhen. Dabei sollte die möglichst gerechte Verteilung der Steuern auf die Belasteten berücksichtigt werden. Doch kam man nirgends mit den Verbesserungsplänen voran. Nach wie vor wurden die alten Schatzungen erhoben und, wenn sie nicht hinreichten, durch Extraordinarien ergänzt. Die Festsetzung einer gerechten Grundsteuer hätte einer gründlichen Landvermessung und der Anlage eines Grundkatasters bedurft. Über den Anfang der erforderlichen Maßnahmen kam man aber nicht hinaus. Vielleicht hängt der langsame Gang auf diesem Gebiet mit der Hoffnung der Landesherren zusammen, aus dem Verkauf säkularisierten Kirchengutes weit höhere Gewinne erzielen zu können, wie es der § 35 des Reichsdeputations-Hauptschlusses ihnen gestattete. Das wiederum hatte zur Folge, daß die Aufhebungsmaßnahmen zuerst einmal die reichen Klöster und Stifte bedrohten. An den armen Häusern der Bettelmönche und an kleinen Schwesternhäusern bestand kein Interesse.

Wie schon gesagt, kam die Säkularisation geistlicher Einrichtungen in den Entschädigungsländern in der ersten preußischen Epoche von 1802–1806 nicht darüber hinaus, die geistlichen Güter unter staatliche Kontrolle zu stellen. Für die Klosterhörigen änderte sich nichts an ihrer Lage. Sie blieben grundhörig. Nur der Grundherr wechselte. Mobilien wurden nur in wenigen Fällen zum Verkauf gebracht. Die damit verbundenen hohen kulturellen Verluste fallen erst in eine spätere Epoche.

Von weittragender Bedeutung war die Frage, was mit den Domkapiteln geschehen solle. Die dazu erforderliche Neuordnung der deutschen Diözesen war nicht einmal in Angriff genommen worden. Gerade in der zu bestimmenden Zukunft der Domkapitel berührten sich die Interessen von Staat und Kirche am engsten. Den preußischen Beamten war die Vorstellung einer nahen Verbindung von Kirche und Staat geläufig. Ähnliche Gedanken hegte aber auch der münsterische Domdechant Ferdinand August Spiegel zum Desenberg, der später einmal zum Erzbischof von Köln aufsteigen sollte. Beiden Seiten lagen die aufklärerischen Zweckmäßigkeitsvorstellungen nahe. Dagegen mehrten sich die Spannungen zu den mehr und mehr in religiöse Bahnen einschwenkenden Mitgliedern der Familia Sacra, besonders zu Franz von Fürstenberg und Clemens August Droste zu Vischering, der als Nachfolger Ferdinand August Spiegels ebenfalls einmal Erzbischof von Köln wurde. Unter dem Eindruck einer entstehenden Staatsfeindlichkeit in diesen Kreisen verfügte der preußische König am 20. September 1806 die Aufhebung des münsterischen Domkapitels, die jedoch wegen des kurz darauf eintretenden Zusammenbruchs Preußens ohne Wirkung blieb.

Insbesondere warf der Staat der Geistlichkeit vor, die Rekrutierungen für den bevorstehenden Krieg gegen Frankreich zu behindern. Die Anschuldigung traf einen heiklen Punkt. Die Westfalen, niemals an ein irgendwie geartetes System der Wehrpflicht gewöhnt, stemmten sich heftig gegen die Einführung des preußischen Kantonsystems, das jeden Wehrpflichtigen einem Regiment zuwies und jeden, den das Los traf, für zwanzig Jahre unter den Fahnen hielt. Als 1805 die ersten Aushebungen begannen, löste das eine umfangreiche Fluchtwelle aus. Von 150 Aufgerufenen erschienen in den Grafschaften Tecklenburg-Lingen nicht mehr als zwei. Im darmstädtischen Herzogtum Westfalen lagen die Verhältnisse ganz ähnlich, nur daß das Aushebungsverfahren dort eine zehnjährige Dienstzeit vorsah. Natürlicherweise verdrängten die mit solchen Schwierigkeiten verbundenen Vorbereitungen auf den Dritten Koalitionskrieg gegen Frankreich die inneren Reformen in den Entschädigungsländern auf einen bescheideneren Platz. Mit der französischen Eroberung des Landes brachen sie ganz ab.

Die darauf folgende Eingliederung Westfalens in den napoleonischen Machtbereich vollzog sich nicht auf einen Schlag. Nach kurzer Dauer der Friedenszeit setzte im Frühjahr 1803 der Krieg zwischen Frankreich und England mit ganzer Härte wieder ein. Napoleon besetzte sogleich die kontinentalen Besitzungen Englands, das Kurfürstentum Hannover, das Stift Osnabrück und die an Hannover verpfändete Grafschaft Bentheim. Graf Ludwig Wilhelm von Bentheim-Steinfurt sah einen Lichtblick. Sofort entrichtete er die halbe Pfandsumme in die französischen Kassen und versprach weitere Zahlungen. 1804 trat er unter dem Jubel der Bevölkerung wieder die Regierung in Bentheim an.

Der Krieg belastete Westfalen mit den Durchzügen französischer Truppen, wie schon früher oftmals geschehen, ohne daß Preußen den unbeteiligten Staaten ihre Neutralität garantieren konnte. Das Königreich mußte sogar seine eigenen Länder schutzlos den fremden Heeren überlassen. So kam in Berlin der schwächliche Gedanke auf, das preußische Westfalen ganz den Franzosen zu übergeben und dafür als Ersatz das Kurfürstentum Hannover zu fordern.

Inzwischen brach der Dritte Koalitionskrieg aus. Rußland, Österreich und Schweden stellten sich gegen Napoleon. Der suchte und gewann Verbündete unter den süddeutschen Fürsten. Nach der Dreikaiserschlacht von Austerlitz (2. Dezember 1805), in der Russen und Österreicher schwer geschlagen wurden, sah sich das unentschieden hin und her schwankende Preußen jeder Entscheidung enthoben, auf welche Seite es sich stellen sollte. Napoleon war nunmehr durchaus in der Lage, auch in Berlin seinen Willen durchzusetzen. Er billigte im Vertrag von Schönbrunn (10. Dezember 1805) Preußen den Erwerb Hannovers gegen Abtretung des rechtsrheinischen Restes des Herzogtums Kleve, der Fürstentümer Ansbach und Bayreuth sowie des schweizerischen Fürstentums Neuenburg zu und brachte damit, was ein viel größerer politischer Erfolg war, Preußen in Gegensatz zu England und Rußland. Immerhin durfte sich König Friedrich Wilhelm III. des Erwerbs der westfälischen Länder Osnabrück, Hoya und Diepholz erfreuen. Der Zugewinn wurde sofort einer Spezial-Organisationskommission zur Vorbereitung der endgültigen Eingliederung in die Monarchie unterstellt.

Damit erschöpften sich die Veränderungen auf der Landkarte Westfalens aber keineswegs. Abgesehen davon, daß sie nur für ganz kurze Zeit weiteren

Schlägen standhielten, bedeutete die Gründung eines französischen Satellitenstaates rechts des Rheines den Anfang einer engeren Verbindung des Landes mit dem Machtbereich Napoleons: Das Herzogtum Berg, das Bayern im Tausch gegen Ansbach an Napoleon abgetreten hatte, vergrößert durch den rechtsrheinischen Teil des bisher preußischen Herzogtums Kleve, unterstellte Napoleon seinem Schwager Joachim Murat, der damit zum Herzog von Berg aufstieg. Er nahm seine Residenz in Düsseldorf. Umstritten blieb die Zugehörigkeit der Fürstabteien Essen und Werden, die sowohl von Berg wie Preußen beansprucht wurden. Mitten durch Essen verlief die Demarkationslinie. Auf beiden Seiten marschierten Truppen auf.

Nach dem Frieden von Preßburg (26. Dezember 1805) bahnte sich eine noch tiefer eingreifende Umwälzung an. Für sechzehn deutsche Fürsten öffnete sich der Weg, um aus dem Reichsverband auszuscheiden und sich einem napoleonischen Protektorat zu unterstellen. Kaiser Franz II. blieb keine andere Wahl, als auf den Titel des deutschen Kaisers zu verzichten und damit die Auflösung des Heiligen Römischen Reiches einzuleiten. Abgesehen von Preußen und Österreich traten alle deutschen Fürsten dem Rheinbund bei, dessen Akte am 12. Juli 1806 unterzeichnet wurde. Verfassungsrechtlich gewannen die beigetretenen Fürsten damit den Status voller Souveränität. Frankreich schuf sich eine Schutzzone gegenüber Rußland, Österreich und Preußen von hohem militärischen Wert. Zu einem politischen Bund, wie er geplant war, kam es aber nicht, wenn auch in allen Rheinbundstaaten Reformen nach französischen Vorbildern stattfanden, die zu einer »weitgehend homogenen Modernisierung von Staat und Gesellschaft führten« (M. Lahrkamp).

Von den in Westfalen begüterten Fürsten gehörten der Landgraf von Hessen-Darmstadt für das Herzogtum Westfalen, beide Häuser der Fürsten zu Salm und der Herzog von Arenberg zu den ersten Mitgliedern des Rheinbundes. Der Arenberger hatte eine Nichte der Kaiserin Josephine geheiratet und rechnete damit zum weiteren Kreis der napoleonischen Familie. Das Herzogtum Berg erfuhr seine Erhebung zum Großherzogtum und wurde durch die Grafschaft Horstmar, bisher im Besitz der Wald- und Rheingrafen zu Grumbach, das ebenso kurzlebige Fürstentum Rheina-Wolbeck, bisher vom Herzog von Looz-Corswarem regiert, die Herrschaft Steinfurt und die gerade wieder zur Selbständigkeit gelangte Grafschaft Bentheim vergrößert. Die vom Grafen an Frankreich gezahlte Pfandsumme konnte in den Schornstein geschrieben werden. Im Süden Westfalens fielen dem Großherzogtum die siegenschen und wittgensteinischen Länder zu, womit eine, wenn auch sehr schmale Verbindung zwischen den rheinischen und westfälischen Besitzungen des Großherzogtums Berg erzielt wurde. Dem Herzog von Arenberg wurde das münsterische Amt Dülmen zugeteilt, das seit 1803 unter der Regierung des Herzogs von Croy gestanden hatte.

Zwischen der Rheinbundakte und dem Ausbruch des französisch-preußischen Krieges verblieb nur eine kurze Zeitspanne. Die militärische Auseinandersetzung stellte sich als unvermeidlich heraus, nachdem die Gründung des Rheinbundes den preußischen Plan einer unter seiner Führung stehenden norddeutschen Koalition unmöglich gemacht hatte und Napoleon sogar England zugesagt haben sollte, das Kurfürstentum Hannover, das Preußen besaß, zurückgeben zu wollen. Der Feldzug dauerte keine vier Wochen, bis die preußische Armee bei Jena und Auerstedt (14. Oktober 1806) eine vernichtende Niederlage erlitt. Westfalen wurde von den Preußen geräumt, die letzte Festung Hameln von General Lecoq kampflos den Franzosen überlassen. Die Eroberer teilten das ganze Land in zwei Generalgouvernements auf, das erste mit Sitz in Münster, das zweite in Minden. Die bisherigen Behörden arbeiteten unter anderem Namen vorläufig weiter. Das gesamte Interesse der französischen Verwaltung richtete sich darauf, möglichst umfangreiche Gelder und Sachlieferungen für die Armee sicherzustellen. Für die Kriegskontributionen sollte der doppelte Satz des bisherigen Grundsteueraufkommens gelten. Auch die regulären Steuern flossen in die Intendanturkassen. Die Bedürfnisse der besetzten Länder, aber auch die Gehälter und Pensionen der Beamten wie die Zinsen für die Staatsschulden kamen nicht mehr zur Auszahlung. Ludwig Freiherr Vincke, der preußische Oberpräsident, wurde im März 1807 verabschiedet.

Der Friede von Tilsit (7./9. Juli 1807) beendete das Interim. Preußen verlor alle Besitzungen links der Elbe. Aus ihnen bildete Napoleon unter Einbeziehung von Teilen Hannovers, des ganzen Herzogtums Braunschweig und des Kurfürstentums Hessen das Königreich Westphalen und vertraute es seinem jüngsten Bruder Jérôme an. Im Widerspruch zu seinem Namen lag das Schwergewicht des neuen Königreichs nicht in, sondern außerhalb Westfalens. Der Name wurde aus Verlegenheit gewählt, um nicht auf die Napoleon verhaßten Namen Braunschweig oder Hessen zurückgreifen zu müssen. In Altwestfalen gehörte nur das Fürstentum Paderborn, Ravensberg-Minden und Osnabrück dazu, abgesehen von den kleinen Herrschaften Corvey und Rietberg. Der junge König erwarb sich durch seine Frauengeschichten einen schlechten Namen, war aber durchaus an den Regierungsgeschäften interessiert und guten Willens. Auch die meist deutschen Minister arbeiteten mit Ernst daran, das Königreich Westphalen zu einem napoleonischen Musterstaat zu gestalten. Daß die gewaltsamen Eingriffe Napoleons später zur Verbitterung der Einwohner führten und dadurch wiederum ein Zwangs- und Polizeistaat erzeugt wurde, kann dem König und seinen Ministern nicht zur Last gelegt werden.

Aus dem Frieden von Tilsit zog auch das Großherzogtum Berg seinen Nutzen. Napoleon schlug ihm die bisher preußischen Territorien Mark, Tecklenburg-Lingen, das Erbfürstentum Münster und den preußischen Anteil an Lippstadt zu, wenig später die zuletzt in oranischem Besitz befindliche frühere Reichsstadt Dortmund sowie die bentheim-tecklenburgischen Herrschaften Rheda und Limburg. Damit befand sich das Land zwischen Rhein und Elbe so gut wie vollständig in französischer Hand. Abgesehen von den durch die französische Militäradministration verwalteten Gebieten teilten sich das Großherzogtum Berg im Westen und das Königreich Westphalen im Osten den Besitz. Die Regenten beider Länder, Jérôme Napoléon und Joachim Murat, gehörten dem kaiserlichen Hause an.

Im Meer der norddeutschen Satellitenstaaten behaupteten nur noch kleinere Territorien ihre Selbständigkeit, so das Fürstentum Lippe unter der geschickten Leitung der Fürstin Pauline, die alle Gefährnisse der Zeit zu umschiffen verstand, die Fürstentümer Waldeck und Schaumburg-Lippe durch ihre günstige Lage und Protektion am französischen Hofe. Von Süden her schob sich das unter napoleonischem Einfluß stehende Großherzogtum Hessen mit dem früher kurkölnischen Herzogtum Westfalen zwischen das Königreich Westphalen und das Großherzogtum Berg.

Aber auch damit war das Ende der französischen Besitzergreifung Westfalens nicht erreicht. Der bisherige Mißerfolg des Handelskriegs gegen England brachte Napoleon auf den Gedanken, den Zugang zum Kontinent am wirksamsten damit abzuschneiden, wenn er die gesamte holländische und norddeutsche Nordseeküste unmittelbar dem Kaiserreich Frankreich angliederte. Die Zollbeamten der bisherigen Anrainerstaaten hatten die Überprüfung der Grenzen allzu nachlässig wahrgenommen. Im Sommer 1810 fiel zuerst das Königreich Holland der Angliederung an Frankreich zum Opfer. Laut Senatsbeschluß vom 13. Dezember 1810 folgte das ganze norddeutsche Gebiet nördlich einer fast mit dem Lineal gezogenen, auf keinerlei frühere Verbindungen Rücksicht nehmenden Linie von Wesel am Rhein ausgehend und südlich an Münster vorbei, Bielefeld im Norden umgehend, unter Einschluß von Minden in Richtung auf die gleichfalls Frankreich zugeschlagene Stadt Lübeck zulaufend. Das Großherzogtum Berg und das kurz vorher unter Einverleibung Hannovers bis an die Nordsee vorgedrungene Königreich Westphalen verloren ihre nördlich der Linie gelegenen Besitzungen ebenso wie die bisher noch selbständigen Staaten. Der Rest des Herzogtums Arenberg fiel als Entschädigung an das Großherzogtum Berg. Ein erheblicher Teil Altwestfalens mit den Städten Münster, Osnabrück und Minden gehörte nun direkt zum Kaiserreich Frankreich, wenn auch zu »minderem Recht« (R. Wohlfeil), da die norddeutschen »Hanseatischen Departements« von der vollen wirtschaftlichen Integration in das Kaiserreich ausgeschlossen blieben, um die Produktion in den französischen Kerngebieten nicht nachteilig zu beeinflussen.

Mit Recht ist betont worden, daß die Einwohner Westfalens trotz mannigfachem Wechsel ihrer staatlichen Zugehörigkeit innerhalb eines einzigen Jahrzehnts diese Epoche als »die Franzosenzeit« betrachteten (M. Lahrkamp). Ihr Eindruck besaß tiefere Begründungen, als sie wohl selber ahnten. Auch in den Satellitenstaaten galt ja allein der Wille Napoleons, militärischen und materiellen Nutzen aus den Satellitenländern zu ziehen. Selbständige Politik vermochten sogar seine eigenen Verwandten im Königreich Westphalen wie im Großherzogtum Berg nicht zu führen. Das zuletzt genannte Großherzogtum unterstand sogar seit 1808 direkt dem Kaiser, seit Joachim Murat König von Neapel geworden war. Nachdem der vierjährige Neffe Napoleons, ein Sohn seines Bruders Louis, 1809 zum neuen Großherzog erhoben worden war, änderte sich am alleinigen Entscheidungsvermögen Napoleons nichts. Alle politischen Entscheidungen fielen nicht in Düsseldorf, sondern im bergischen Staatssekretariat in Paris.

Der Jubel, mit dem die französischen Armeen nach dem Sieg bei Jena und Auerstedt in den ehemals preußischen, katholischen Gebieten begrüßt wurden, galt der Befreiung von der verhaßten Zugehörigkeit zum protestantischen Preußen, aber gewiß nicht der neuen französischen Obrigkeit. Nicht wenige Münsterländer und Paderborner mögen bei der preußischen Katastrophe hoff-

Prachtvolle Amphore aus der jüngeren Bronzezeit. Sie diente der Brandbestattung einer hochgestellten Dame (1961 bei Gevelinghausen, Hochsauerlandkreis, gefunden).

oben: Modell des Römerlagers bei Haltern
(um Christi Geburt), des bedeutendsten Lagers
auf westfälischem Boden, wie alle anderen am
Lippelauf gelegen
(Ausschnitt: links oben Praetorium)

links: Römischer Bronzehelm mit Nackenschutz
(Fund aus dem Lager von Haltern)

Grabmal des in der Schlacht im Teutoburger Wald (9 n. Chr.) gefallenen römischen Centurio Marcus Caelius von der XVII. Legion (Fund bei Xanten)

oben: Modell eines bei Warendorf
ausgegrabenen sächsischen Dorfes
des 6.–8. Jahrhunderts
(Ausschnitt: Hofanlage)

links: Goldener Beschlag einer
Tasche, gefunden in einem
sächsischen Fürstengrab
bei Beckum
(Anfang 7. Jahrhundert)

oben links: Prachtvolles Taschenreliquiar (Ende 8. Jahrhundert), vermutlich ein Taufgeschenk Karls des Großen für Widukind

oben rechts: Vermutliches Skelett Widukinds aus der Stiftskirche zu Enger, mit quellenmäßig gesichertem und erkennbarem Hüftschaden

unten: An den Paderquellen hielt Karl der Große 777 erstmalig auf sächsischem Boden eine Reichsversammlung ab.

Das 815 als Tochter von Corbie an der Somme gegründete Kloster in Hethis (Lage unbekannt), 822 an die Weser verlegt (Corvey), entwickelte sich zum Zentrum karolingischer Kultur in Sachsen (Westwerk aus der Zeit 873–885).

Westbau der Bonifatiuskirche des von dem Ekbertiner (?) Eburwart/Everword um 856 gegründeten Klosters Freckenhorst

Grabmal Erzbischof Philipps von Heinsberg (†1191) aus dem Kölner Dom, der die kölnische Herrschaft im südlichen Westfalen festigte

Porträtbüste Kaiser Friedrichs I. Barbarossa für seinen Taufpaten Otto Graf von Cappenberg (um 1160)

links: Der um 1200 errichtete Turm der Kirche St. Patrocli in Soest stellt das bedeutendste romanische Bauwerk Westfalens dar.

unten: Der an der Stelle des von Liudger um 793 errichteten Klosters zu Mimigermaford stehende Dom von Münster, 1264 geweiht, mit späteren gotischen Anbauten (Zustand um 1930)

Die Wasserburg Vischering bei Lüdinghausen errichteten die Bischöfe von Münster im 13. Jahrhundert zur Sicherung ihrer Landesherrschaft, besonders gegen die Herren von Lüdinghausen, aber auch gegen den Erzbischof von Köln und den Grafen von der Mark.

Die zu Wohlstand gelangte Reichs- und Hansestadt Dortmund erbaute nach 1232 ihr Rathaus (1943/45 zerstört).

Das aus der 2. Hälfte des 14. Jahrhunderts stammende Rathaus der Stadt Münster stellt das schönste Beispiel westfälischer Rathäuser dar.

Ebenfalls auf dem Fernhandel beruhte der Reichtum der Stadt Attendorn, die sich in derselben Zeit wie Münster ein Rathaus erbaute.

eben den landesherrlichen und städtischen Gerichten gewannen in Westfalen seit dem 14. Jahrhundert, gefördert durch die Deutschen Könige, die Heimlichen oder Femegerichte eine bedeutende, wenn auch vielfach überschätzte Rolle. Das Bild (auch Umschlagbild) zeigt die Sitzung des Soester Femegerichts um 1470, in der Mitte den Freigrafen (Richter) zwischen zwei Schöffen, auf dem Tisch das Schwert als Symbol der Gerichtsbarkeit.

oben links: Jan Bockelsson von Leiden, selbsternannter König der Wiedertäufer zu Münster (1534/35), fügte der reformatorischen Lehre durch sein Willkür- und Schreckensregiment schweren Schaden zu.

oben rechts: Gertrud von Utrecht, zur Königin der Täufer erhobene Frau Jans von Leiden, der die Vielweiberei in Münster einführte

rechts: Bernhard Knipperdollinck, reicher Tuchhändler und Bürgermeister von Münster († 1536), der zum Schwertführer der Wiedertäufer ernannt wurde (Kupferstich Heinrich Aldegrevers)

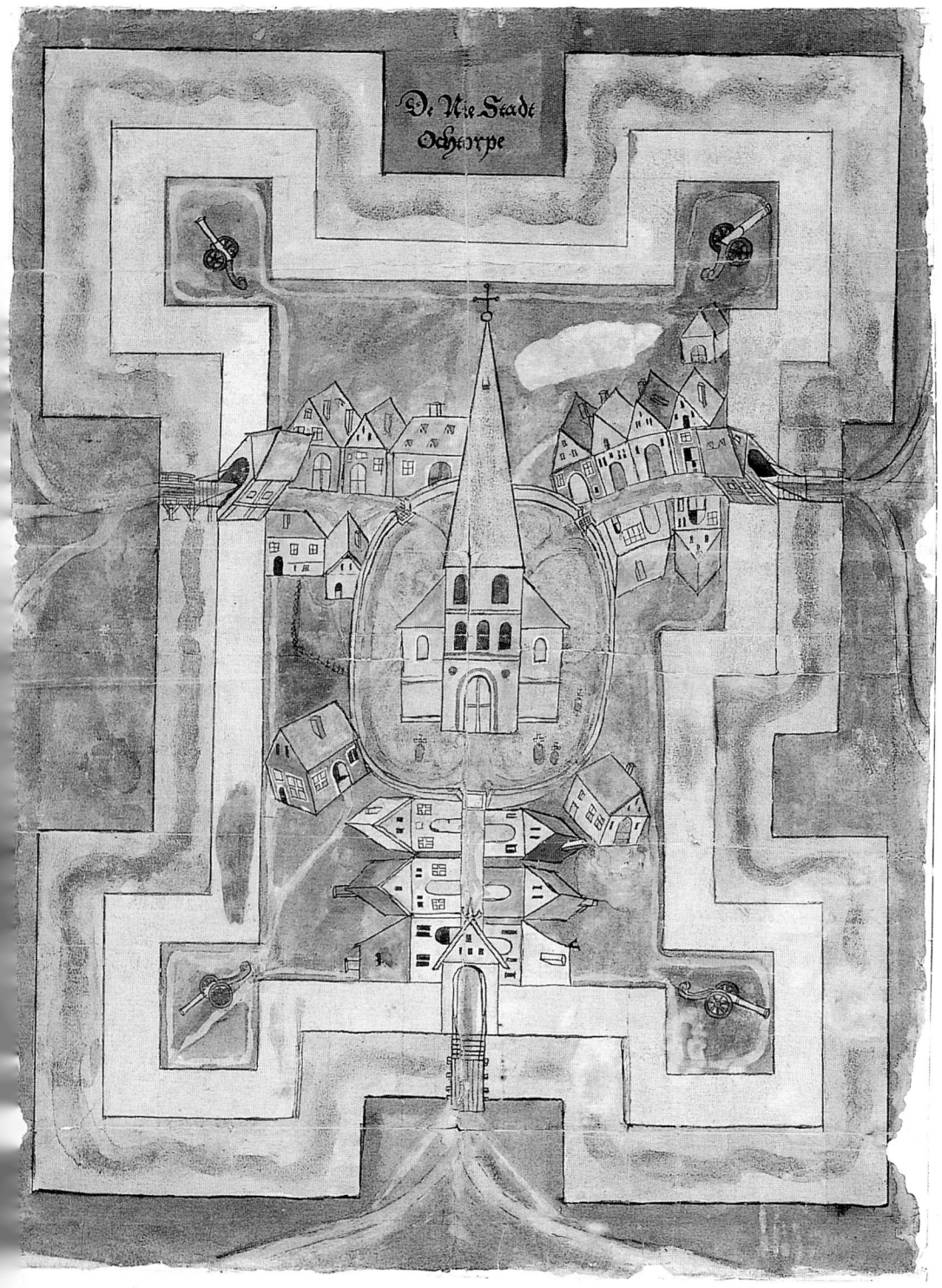

Wegen ständiger Bedrohung durch niederländische und spanische Truppen nach Ausbruch des niederländischen Freiheitskampfes (1566–1609) wurden viele Grenzorte befestigt, darunter Ochtrup im westlichen Münsterland (Schematischer Plan um 1590).

oben links: Johann von Hoya (1529–1574), Bischof von Münster und Osnabrück, Administrator von Paderborn, nimmt eine zwielichtige Haltung zwischen Katholiken und evangelischer Seite ein.

oben rechts: Der münsterische Domdechant Gottfried von Raesfeld (1522–1586) tritt für die Rekatholisierung des Stiftes Münster ein. Er ruft die Jesuiten nach Münster.

rechts: 1585 tritt der Wittelsbacher Ernst, Herzog in Bayern, auch in Münster die Herrschaft an. Unter ihm setzt die sogenannte Gegenreformation in voller Stärke ein.

Im Friedenssaal (Ratsstube des münsterschen Rathauses) beschworen die Gesandten Spaniens und der Vereinigten Niederländischen Provinzen am 15. Mai 1648 einen Teilfrieden.

er Friedenssaal im wiederhergestellten Rathaus von Münster erinnert an den Abschluß es Westfälischen Friedens im Jahre 1648.

Mit Christoph Bernhard von Galen, 1650–1678 Fürstbischof von Münster, zog der Absolutismus in Westfalen ein. In zahlreichen Kriegen gegen seine Hauptstadt Münster, die Vereinigten Niederlande, Frankreich und Schweden errang er den Ruf eines kriegerischen Herrn, brachte seinem Lande aber nur Lasten ein. Seine Nachwirkung beruht in der Festigung des katholischen Kirchenwesens im Stift Münster.

Auf kurbrandenburgische Initiative entfaltete sich im 18. Jahrhundert die Klingen-, Sensen- und Spatenschleiferei in der Grafschaft Mark.

Die Kohleförderung an der Ruhr und bei Ibbenbüren wurde noch mit menschlicher Kraft und einfachen technischen Mitteln bewältigt, vgl. die Darstellung des Bergwerks Buchholz bei Ibbenbüren (um 1760).

oben: Der um die Fürstin Amalie von Gallitzin († 1806) gebildete Kreis strebte nach religiöser Verinnerlichung in der Katholischen Kirche gegen Einflüsse der Aufklärung. Das Gemälde Theobalds von Oer zeigt die Fürstin (in der Mitte), umgeben von Mitgliedern der »Familia sacra«, im Hintergrund die Kirche von Angelmodde (heute Stadtteil von Münster), an der Amalie von Gallitzin, geb. Gräfin von Schmettau, ihr Grab fand.

links: Zur »Familia sacra« gehörte der münsterische Generalvikar und Minister Franz Freiherr von Fürstenberg, 1729–1810 (Gipsbüste von G. M. Klauer 1785, Weimar), Gründer der münsterischen Universität.

Der preußische Staatsmann und Reformer Karl vom und zum Stein (1757–1831) ordnete die 1803 an Preußen gefallenen westfälischen Länder. Nach 1815 stärkte er das Selbstverwaltungsprinzip in der neuen Provinz Westfalen.

Ludwig Freiherr Vincke (1774–1844), erster Oberpräsident der Provinz Westfalen, setzte die Reformen Steins in die Wirklichkeit um.

Mißernten und Arbeitslosigkeit führen in der ersten Hälfte des 19. Jahrhunderts zu mehreren Auswanderungswellen aus Westfalen, hauptsächlich nach Nordamerika. Das Bild zeigt das Treiben im Zwischendeck eines Auswanderungsschiffes.

Im 19. Jahrhundert belebte sich aber auch die Industrie an der Ruhr. Friedrich Harkort (1793–1880), einer der Industriepioniere, errichtete auf der alten Burg Wetter an der Ruhr eine Maschinenfabrik und ein Hüttenwerk (Stahlstich um 1850 nach einer Zeichnung von C. Schlickum).

Das Aufblühen von Industrie und Gewerbe förderte der preußische Staat durch Ausbau der Verkehrswege. Ein Stich von 1823 zeigt noch die herkömmlichen Verkehrsarten auf der Weserbrücke bei Minden.

In die moderne Zeit weist der Bau eines Eisenbahnviadukts bei Altenbeken auf der Strecke Paderborn–Warburg, 482 m lang, 1851/53 errichtet.

Der mit Schloten der Schwerindustrie besetzte Horizont von Dortmund (um 1880/90) erfüllte die Menschen mit Stolz. Sinnbildlich für die zurückgedrängte Natur fristete eine alte Linde ihr Leben zwischen den Bahngleisen (im Vordergrund des Bildes).

Zechen und Stahlwerke des Ruhrgebiets benötigten zahlreiche Arbeitskräfte, die meist aus anderen Teilen Deutschlands, vor allem den preußischen Ostprovinzen, einwanderten. Die Aufnahme um 1897 zeig Bergleute der Zeche Julia in Herne.

Die ungeheure Bevölkerungszunahme im Ruhrgebiet rief heute kaum noch vorstellbare, katastrophale Wohnungsverhältnisse hervor (Dortmund um 1900).

Festtagsbild aus einem dicht bevölkerten Stadtviertel Dortmunds (um 1900).

Auf die Reichsgründung von 1871 folgten lange Friedenszeiten. 1909 besuchte Kaiser Wilhelm II. zur Erinnerung an den vor 300 Jahren erfolgten Anfall der Grafschaften Mark und Ravensberg an das Kurfürstentum Brandenburg die Provinz Westfalen.

Fünf Jahre später brach der Erste Weltkrieg aus. In Münster eingezogene Reservisten ahnten weder die Länge noch die Schrecken des Krieges.

Seit 1916 verschlechterte sich die Lebensmittelversorgung der Bevölkerung rapide. Schlangestehen vor den Läden wurde zur Regel.

Große Kontingente von Kriegsgefangenen mußten in Lagern untergebracht und versorgt werden. Kurz vor Ende des Krieges (1918) besuchte der päpstliche Nuntius Eugenio Pacelli, später Papst Pius XII., italienische Kriegsgefangene in Münster.

1919 brach im Ruhrgebiet ein kommunistischer Aufstand aus. Das Bild zeigt die Vorführung eines modernen Maschinengewehres vor Rotarmisten 1920.

Im April 1920 schlug eine Reichswehrbrigade den Aufstand der Roten Armee nieder. Das Bild zeigt den Einmarsch der Brigade am 6. April 1920 in Dortmund.

Kriegsfolgekosten und von den Siegermächten erzwungene Reparationsleistungen führten zum völligen Zusammenbruch der deutschen Währung. Die Westfälische Landesbank druckte in immer kürzeren Abständen Notgeld, so Februar 1923 u. a. 10000-Mark-Scheine, August 1923 20 000 000-Mark-Scheine, November 1923 5 000 000 000-Mark-Scheine. Im November wurde schließlich eine Billion Mark auf eine Rentenmark (Goldmark) umgewertet.

Der Weimarer Republik bläst von Anfang an der Wind ins Gesicht. Der 1920 gegründete Jungdeutsche Orden bejaht die Republik, wirbt aber für antikapitalistische und autoritäre Ideen.

Wirtschaftliche Not treibt die Arbeiter den Kommunisten in die Arme, die eine Diktatur des Proletariats nach Sowjetmuster anstreben (Demonstration 1. Mai 1931).

oben links: Dem aus Münster stammenden Zentrumspolitiker Heinrich Brüning (1885–1970) gelingt es als Reichskanzler nicht, die wirtschaftliche Krise und politische Polarisierung zu überwinden. Er tritt am 30. Mai 1932 als Reichskanzler zurück. Im Februar 1933 übernehmen die Nationalsozialisten die Macht.

oben rechts: Zu den mächtigsten Männern der NSDAP gehörte der Gauleiter und 1938 zum Oberpräsidenten ernannte Dr. Alfred Meyer (1891–1945). Er nahm sich 1945 das Leben.

rechts: Der Gauleiter von Westfalen-Süd, Josef Wagner (1898–1945). Wegen abfälliger Äußerungen über die SS verlor er 1942 alle Ämter und wurde aus der Partei ausgeschlossen, wahrscheinlich kurz vor Kriegsende von den Nationalsozialisten ermordet.

oben links: Clemens August Graf von Galen (1878–1946), seit 1933 Bischof von Münster, wandte sich gegen das Neuheidentum Alfred Rosenbergs und die Tötung geistig und körperlich Behinderter.

oben rechts: In der evangelischen Kirche Westfalens übernahm Präses Paul Koch (1876–1951) seit 1934 den Kampf gegen die von der NSDAP begünstigten Deutschen Christen.

links: Bernhard Salzmann (1886–1959), erster Landeshauptmann von Westfalen nach dem 2. Weltkrieg, trug wesentlich zum Erhalt und Ausbau der westfälischen Selbstverwaltung bei.

Der Wiederaufbau der zerstörten Städte erforderte den höchsten Einsatz aller Bürger. »Trümmerfrauen« bargen noch benutzbare Ziegelsteine zur Wiederverwendung.

Unter einer bisher nicht bekannten Wohnungsnot litten Einheimische und Ostvertriebene in gleichem Maße.

Der Besuch des Bundeskanzlers Ludwig Erhard, »Vater des deutschen Wirtschaftswunders«, traf das Ruhrgebiet im Zustand seiner höchsten Leistungsfähigkeit.

Das Opel-Werk I in Bochum zeigte den Beginn der Umstrukturierung des von Zechen- und Stahlwerksschließungen bedrohten Ruhrgebiets an.

nungsvoll auf eine Wiederherstellung der alten fürstbischöflichen Zeiten gehofft haben, und sei es auch unter der gleichfalls katholischen Schutzherrschaft der Franzosen. Der Adel hoffte auf die Wiederherstellung der Ständevertretungen, Teile des Bürgertums auf liberale, bisher ausgebliebene Reformen.

Umgekehrt wurde die preußische Niederlage bei Jena in den altpreußischen und protestantischen Territorien als ein großes Unglück aufgenommen. Die Länder Mark, Ravensberg, Minden, Tecklenburg und Lingen trauerten der preußischen Herrschaft, die ihnen wirtschaftlichen Aufschwung und Wohlstand gebracht hatte, aufrichtig nach. Schon im Jahre 1805, als in Berlin der Plan eines Tausches der westfälischen Territorien gegen das Kurfürstentum Hannover ventiliert wurde, hatte sich in der Grafschaft Mark ein tiefer Schrecken verbreitet, der in Eingaben an den preußischen König zum Ausdruck kam. Nationale Gefühle schwangen bei der Ablehnung einer französischen Herrschaft sicherlich nicht mit. Es war die Trennung von Preußen, die die preußischen Westfalen erregte.

Die nun über Westfalen hereinbrechenden Reformen berührten tiefere Ebenen als die der Entschädigungsländer in den Jahren zwischen 1802 und 1806. Jetzt richteten sich die Ziele auf die Errichtung eines konstitutionellen Staates und die Verwirklichung der von der Französischen Revolution vorgezeichneten egalitärbürgerlichen Gesellschaft. Die in allen Rheinbundstaaten nach dem Willen Napoleons in gleichförmige Bahnen gelenkten Umgestaltungen sollten innerhalb des französischen Machtbereichs größtmögliche Gleichförmigkeit der öffentlichen Verhältnisse erzeugen und in den Menschen die Gewißheit der Zugehörigkeit zur führenden europäischen Macht hervorrufen, die nicht nur durch militärische Kraft und Wohlstand, sondern durch Fortschrittlichkeit in Verfassung und Wahrung der Menschenwürde alle anderen Staaten weit hinter sich ließ. Die auf diesem Wege wachsende innere Zustimmung der Menschen zum napoleonischen Staatswesen brachte nach Meinung des Kaisers von selbst eine Stabilisierung der Verhältnisse mit sich, die letzten Endes das Wohl Europas und seiner Einwohner gewährleisten würde. In diesem System war den besonders von Deutschen regierten und verwalteten Staaten, dem Königreich Westphalen und dem Großherzogtum Berg, die Rolle mustergültig geführter Modellstaaten zugedacht, die die Herzen ihrer Untertanen gewinnen, aber auch auf die Außenwelt ausstrahlen sollten. Niemand in den herrschenden französischen Kreisen hegte einen Zweifel daran, daß die seit Jahrhunderten unter rückständigen Regierungen seufzenden Menschen die Zukunft unter einem liberalen und fortschrittlichen Staatswesen mit vollem Herzen begrüßen würden.

Die Hoffnungen Napoleons konnten jedoch nur dann in Erfüllung gehen, wenn die tatsächlichen Zustände in den seiner Herrschaft unterworfenen Ländern mit dem Idealplan einigermaßen übereinstimmten. Zwischen Ziel und Wirklichkeit klafften aber tiefe Schluchten. Am weitgehendsten gelangte das französische System noch im Königreich Westphalen zur Durchführung, weniger im Großherzogtum Berg. Die zugesagte politische Mitwirkung der Bevölkerung verkam zu einem bloßen Schein von Konstitutionalismus. Wiederbelebung mancher Adelsprivilegien und Besetzung hoher Staatsämter mit Adeligen sprach der zugesicherten Gleichheit aller Bürger vor dem Gesetz Hohn. Alle diese Enttäuschungen verblaßten aber hinter der rücksichtslosen Ausbeutung der Satellitenstaaten durch Napoleon selber, seinen ständigen Eingriffen in Verwaltungsangelegenheiten, die die Souveränität dieser Länder zu einer Farce machten, vor allem aber durch die immer stärker anwachsenden Forderungen auf Stellung von Soldaten für den verlustreichen Krieg in Spanien und schließlich in Rußland. Tausende von Westfalen verloren im Dienste Napoleons ihr Leben.

Die ursprünglich als Waffe gegen England geschaffene Kontinentalsperre erfüllte nicht die in sie gesetzten Erwartungen. Im Gegenteil, sie führte in Nordwestdeutschland zu beträchtlichen Versorgungsschwierigkeiten und Teuerungen, auf die die Bürger heftig reagierten. Der Schmuggel erreichte einen bisher niemals gekannten Umfang. Zusammenstöße mit französischen Douaniers und der Polizei waren an der Tagesordnung. Wie sollte unter solchen Ausnahmezuständen ein wohlgemeintes Reformwerk, das einer ruhigen Umgebung bedurfte, gedeihen?

Die einschneidendsten Reformen fanden in der Verwaltung statt. Das bisher in Preußen und den meisten anderen Staaten übliche Kollegialsystem, bei dem ein Gremium von Beamten die Entscheidungen traf und durch gemeinsame Unterzeichnung bekräftigte, wich dem Bürosystem. Diese fortschrittlichere Verwaltungsform übertrug einem einzelnen Minister oder Beamten die Verantwortung und machte ihn gegenüber seinen Untergebenen und nachgeordneten Behörden weisungsberechtigt. Die Neuerung verbürgte größere Schnelligkeit im Geschäftsgang und im Handeln der Behörden, wie sie früher oft gefordert worden war.

Wie in Frankreich war der Staat in Departements eingeteilt, die annähernd gleich groß nach geographischen Prinzipien geschaffen wurden und an deren Spitze der für alle Bereiche zuständige, fast allmächtige Präfekt stand. Die untere Verwaltungsebene nahmen Maires (Bürgermeister) ein, die streng an die Weisungen des Präfekten gebunden waren. Die zwischen Präfekt und Maire geschobene Ebene der Unterpräfekten für ein Arrondissement (im Königreich Westphalen Distrikte genannt) war nur schwach entwickelt. Ihre Zuständigkeit erstreckte sich nur über bestimmte politische Aufgaben, zum Beispiel das Militärwesen. Das Gleiche galt für die Kantone, in denen mehrere Mairien zusammengefaßt waren und die von einem der Maires geleitet wurden. Der straffe hierarchische Aufbau der Staatsverwaltung duldete keinerlei Sonderrechte, städtische Freiheiten oder Patrimonialgerichte, um nur einige zu nennen. Auf ältere, historisch gewachsene Zusammenhänge nahmen die Organisatoren keine Rücksicht.

Die völlige Verstaatlichung der unteren Verwaltungsebene brachte einen außerordentlich tiefen Einschnitt in die bestehenden Verhältnisse mit sich. Die Reformen ließen sich auch deshalb nur schwer verwirklichen, weil die Zahl der für Maireposten geeigneten Persönlichkeiten gering war. Trotzdem waren es gerade die Veränderungen auf dieser Ebene, die sich am besten über den französischen Zusammenbruch bis in die folgende preußische Zeit erhalten haben, ein Zeichen, daß sie sich als praktisch und nützlich herausgestellt haben müssen.

Erst nach zwei bis drei Jahrzehnten erfolgte ihre Ablösung durch die preußische revidierte Städte- und Landgemeindeordnung.

Weniger glatt und erfolgreich verlief die Einführung des französischen Rechtssystems auf der Basis des Code Napoléon. Die zur Verfügung stehende Zeit bis 1813 erwies sich als zu kurz, um französisches Rechtsdenken und Praxis in der Bevölkerung zu verwurzeln, zum Unterschied vom linksrheinischen Deutschland, wo der Code Napoléon seit 1794 galt und innerhalb von zwanzig Jahren soweit zur vertrauten Rechtsgrundlage wurde, daß er auch nach der preußischen Besitzergreifung auf Wunsch der Einwohner bis zur Einführung des Bürgerlichen Gesetzbuches im Jahre 1900 bestehen blieb. In Westfalen gelangte dagegen nach 1815 wieder das frühere Allgemeine Preußische Landrecht zur Geltung.

Die französische Gerichtsorganisation orientierte sich in ihren Instanzen an der Gliederung des Staates in Departements, Arrondissements (Distrikte) und Mairien. Darüber standen oberste Appellationsgerichte. Die unterste Ebene repräsentierten die Friedensgerichte, die unbedeutendere Zivilsachen und Polizeiverfahren abhandelten.

Den heutigen Betrachter erstaunt die Bereitwilligkeit ehemaliger preußischer und anderer Beamter sowie eingesessener Adeliger, sich ohne Zögern in den Dienst des französischen Eroberers zu stellen. Das Phänomen läßt sich nur zum Teil aus der Sorge der Familienväter um den Broterwerb erklären. Überwiegend herrschte in allen Kreisen die Überzeugung, der Staat müsse als Garant für die Erhaltung der Ordnung und Sicherheit sowie zum Schutz des Eigentums unter allen Umständen erhalten bleiben, mochte nun an seiner Spitze ein angestammter Fürst, ein landfremder Deutscher oder gar ein Ausländer stehen. In jedem Falle geziemte es sich im Interesse aller Staatsbürger, dem Monarchen, der das Staatswesen leitete, in dem man lebte, seine Dienste zu leihen. Nationale Gesichtspunkte lagen den Menschen damals noch fern.

Die eigentlich in allen napoleonischen Staaten vorgesehenen »Reichsstände«, eine Art von gesetzgebender Nationalversammlung, kamen nicht zur Ausbildung und Wirkung. Auch die alten ständischen Vertretungen wurden nicht wieder hergestellt. Immerhin eröffnete sich auf diesem Wege die Möglichkeit zur Verwirklichung einer echten Steuerreform ohne Beeinträchtigung von ständischer Seite. Allgemein lagen die Steueranforderungen der napoleonischen Staaten weit höher als in den Vorgängerterritorien. Doch ließ sich nicht verkennen, daß die Lasten gleichmäßiger und gerechter auf die Zahlungspflichtigen verteilt wurden, nachdem alle Steuerprivilegien abgeschafft waren.

Nach wie vor blieb die Grundsteuer die Haupteinnahmequelle des Staates. Die dazu notwendige Landvermessung und Katastrierung wurde tatsächlich sofort in Angriff genommen. Daneben erfolgte die Veranlagung zu Kopf- und Personalsteuern, im Kaiserreich Frankreich noch einer Tür- und Fenstersteuer. Gewerbetreibende entrichteten für die Zulassung die Patentsteuer. Unangenehm von der Bevölkerung empfunden wurden besonders die indirekten Steuern auf Luxusgüter und Salz, Stempelgebühren und die Tabaksteuer. Dazu lasteten auf den Bürgern Abgaben für die Bedürfnisse der Departements und Kommunen.

Wenn trotz ordentlich verwalteter öffentlicher Kassen und einer anerkannt sauberen Rechnungsführung in allen napoleonischen Staaten chronische Ebbe in den Kassen herrschte, lag das nicht an den Lenkern dieser Staaten. Der Schuldige war kein anderer als Napoleon selber, der auf immer höhere Leistungen an das Kaiserreich, vor allem für militärische Zwecke, drängte. Verhängnisvoll wirkten sich auch seine Donationen an verdiente Generäle und hohe Staatsdiener zum Nachteil des Domänenbesitzes der Satellitenstaaten aus. Im Königreich Westphalen wurden auf diese Art dem Staat fast die Hälfte der Domänen entzogen. Zwangsanleihen folgten in schneller Folge aufeinander. Der Unwille der Untertanen wuchs.

Empörung rief in der katholischen Bevölkerung besonders die Gefangennahme des Papstes durch Napoleon hervor (1809). Die damit auf den Höhepunkt getriebene Entfremdung zwischen dem Oberhaupt der römischen Kirche und dem Kaiser der Franzosen verhinderte alle Gespräche über eine Neuordnung der Diözesen. Die Hoffnungen des Königreichs Westphalen und des Großherzogtums Berg auf Einrichtung eigener Erz- und Bistümer sanken dahin. In Münster übernahm der Domdechant Ferdinand August Freiherr Spiegel auf Befehl Napoleons das Bistum Münster, wurde aber natürlich vom Papst niemals bestätigt. Nach 1815 mußte er auf das Bistum verzichten. Spiegel gehörte zu den Männern, von denen bereits die Rede war und die im Interesse des Gemeinwohls unbedingt die Staatsordnung, welcher Art auch immer, aufrecht zu erhalten bemüht waren. Auch Spiegel bedeutete der nationale Gesichtspunkt zu diesem Zeitpunkt noch nichts. Er gehörte zu den Vertretern des Staatskirchentums, die die Aufgaben der Kirche auf den eigentlichen Kultus beschränkten und alle anderen Tätigkeitsgebiete dem Staat überließen. Sie widersprachen nicht, als der Staat das Aufsichtsrecht über die Schulen für sich in Anspruch nahm. Nach zwei Jahrzehnten sollte aus diesem Spiegel ein anderer geworden sein, der alle Übergriffe des Staates mit Bestimmtheit zurückwies.

Grundsätzlich galt im Kaiserreich und seinen Satelliten für alle christlichen Kirchen und die Anhänger mosaischen Glaubens völlige Gleichberechtigung, doch gelang es nur im Königreich Westphalen, die Juden zu rechtlich und politisch gleichberechtigten Staatsbürgern zu machen. Das Großherzogtum Berg stellte den Juden nur die »allmähliche« Überführung in einen gleichberechtigten Zustand in Aussicht. In den Frankreich im Jahre 1810 zugeschlagenen nordwestdeutschen Gebieten ereigneten sich auf diesem Gebiet bis 1813 keine wesentlichen Veränderungen mehr. Die Gleichberechtigung der Juden blieb bis zum Zusammenbruch der napoleonischen Staatenwelt ein unvollkommenes Zwischenspiel, das nach 1815 keine Fortsetzung fand, jedenfalls nicht sofort.

Zwiespältig sahen die französischen Leistungen auf dem Gebiet der grundherrlich-bäuerlichen Verhältnisse aus. Die persönliche Unfreiheit im Eigenhörigkeitssystem widersprach selbstverständlich den Grundsätzen der französischen Revolution von der persönlichen Freiheit des Menschen. Deshalb zielten die in allen französischen Staaten erlassenen Gesetze in diesem Bereich darauf, den Bauern die persönliche Freiheit zu verschaffen.

Entschädigungen an die Grundherren für den Verzicht auf ihre bisherigen Ansprüche waren hierfür nicht vorgesehen. Dagegen blieben die auf den Höfen lastenden Reallasten unverändert erhalten. Nur wurde in Aussicht gestellt, später eine Ablösung der Lasten durch Entrichtung des zwanzig- oder fünfundzwanzigfachen Betrages an die Grundherren zu erlauben. Am weitesten ging das Großherzogtum Berg, indem es den Bauern das uneingeschränkte Eigentum an ihrem Hof zuerkannte und versuchte, die Abgaben in zwei Kategorien einzuteilen: entschädigungslos verfallende Leistungen und ablösbare Abgaben. Im Königreich Westphalen sprach zwar die Verfassung die Abschaffung der Leibeigenschaft aus, doch kam es niemals zur Beseitigung des grundherrlichen Obereigentums. Die Regelung der grundherrlich-bäuerlichen Verhältnisse blieb ein unbefriedigender Torso. Die Gründe für den Mißerfolg lagen zum Teil in der komplizierten und vielschichtigen Materie, die von den Beamten nicht immer durchschaut wurde, teils aber auch in der Unentschlossenheit des Gesetzgebers, der es nicht wagte, sich mit den adeligen Grundherren zu entzweien, um deren Wohlwollen er gerade warb, nachdem diese Klasse durch den Wegfall aller Privilegien und Abschaffung der ständischen Vertretungen bisher am härtesten getroffen worden war. Nicht zu übersehen sind auch die Schwierigkeiten, die die Donationen Napoleons hervorriefen. Die Übertragung ganzer Grundherrschaften an Generäle und Beamte schob der Abschaffung der Eigenhörigkeit einen Riegel vor. Schließlich fanden sich die in der damaligen Zeit besonders finanzschwachen Bauern nicht in der Lage, irgendwelche Ablösungssummen aufzubringen. Es sollte noch zwanzig Jahre dauern, bis das Geschäft der Ablösungen endlich in Gang kam.

Ein Blick auf den Zustand von Handel und Gewerbe im napoleonischen Reich bietet kein vorteilhaftes Bild. Eine liberale Grundtendenz in der Gewerbepolitik bescherte zwar die Befreiung von überlebten Zunftschranken, doch litt der Handel unter einem staatlichen, dirigistischen Merkantilismus, der keinen freien Markt zur Entfaltung kommen ließ. Das große Ziel des Dirigismus richtete sich auf die Aussperrung englischer Waren vom europäischen Markt, um die Wirtschaft Großbritanniens zu treffen, auf der anderen Seite auf den Schutz einheimischer französischer Waren vor ausländischer Konkurrenz. Der Plan Napoleons mißlang. Die Kontinentalsperre wurde so vielfältig von Schmugglern unterlaufen, daß sie fast unwirksam blieb. Innerhalb des napoleonischen Machtbereichs sorgten zusätzlich neue Zollbarrieren dafür, daß der freie Handelsfluß behindert wurde. Am Rhein sollte eine Zollgrenze das Kernland vor der Konkurrenz aus den rechtsrheinischen Staaten schützen. Die Hanseatischen Departements und Holland wurden vom Gesamtstaat abgeriegelt. Westfalen lag diesen Zollbarrieren nahe. Man müßte annehmen, daß es deshalb besonders schwere Nachteile erlitt. Doch scheint das nicht der Fall gewesen zu sein. Zweifellos lag das an seiner noch überwiegend agrarischen Struktur und dem geringen Grad an Industrialisierung. Tatsächlich litten die gewerblichen Hauptgebiete in Westfalen stärker unter der verfehlten Wirtschaftspolitik.

Klagen erschollen besonders aus der Grafschaft Mark, aus Tecklenburg, Ravensberg-Minden und Osnabrück. Diesen Ländern schadete die Absperrung vom überseeischen Markt. Zwar ging die Konkurrenz durch englische Waren merklich zurück, doch stiegen bedauerlicherweise die Rohstoffpreise so stark an, daß ein Nutzen ausblieb.

Das Gesamtbild der französischen Zeit schwankt zwischen Licht und Schatten. Neben neuen Ideen und gutgemeinten Ansätzen standen die Mängel der tatsächlichen Verhältnisse, unfertige Konzepte zur Durchführung, ständige Veränderungen der Staatsgrenzen, eine gescheiterte Sozial- und Wirtschaftspolitik. Am schlimmsten wirkte aber die ins Unerträgliche anwachsende Belastung durch Rekrutierungen für die napoleonischen Armeen und der gerade von den Westfalen zu entrichtende hohe Blutzoll in Kriegen, die in keiner Verbindung zur Heimat standen, besonders in Spanien und schließlich in Rußland. Sie ließen die napoleonische Herrschaft »mehr und mehr als Bedrückung« (M. Lahrkamp) erscheinen.

Auf diesem Nährboden gedieh die Unzufriedenheit der Bevölkerung ausnehmend gut. Anfangs war das unterworfene Land unter den rigorosen Maßnahmen der französischen Generäle und Intendanten durchaus ruhig geblieben. Erst während des französisch-österreichischen Krieges wuchs die antifranzösische Stimmung besorgniserregend an. Zwar berührten die »Insurrektionen« hauptsächlich die Gebiete zwischen Elbe und Weser und ließen die altwestfälischen Länder unbetroffen, doch griffen sie schließlich bei der Kunde von einer Katastrophe in Rußland auch auf die Länder zwischen Weser und Rhein über. Mit großer Heftigkeit wurden Klagen über wirtschaftliche Mißstände und gegen die weitere Aushebung von Rekruten für die maßlosen Kriege des Kaisers der Franzosen laut. Unzufriedenheit und Kritik verbanden sich in dem Aufstand der Solinger Arbeiter vom Januar 1813. Die voreilige Flucht französischer Beamter aus Hamburg erschien vielen als Vorbote des nahenden Untergangs einer immer unbeliebter werdenden Fremdherrschaft.

Doch zog sich der Krieg noch einige Monate hin, bis der Kosakengeneral Tschernytschew Ende September des Jahres die Hauptstadt des Königreichs Westphalen, Kassel, besetzte. Jérôme Napoléon floh an den Rhein. Wenig später erfüllte sich das Schicksal der napoleonischen Herrschaft in der Völkerschlacht von Leipzig am 16. bis 18. Oktober 1813. Der Zusammenbruch war nicht mehr aufzuhalten. Überall bewegten sich die Züge französischer Soldaten und Beamten in Richtung Westen, in kurzem Abstand von den beweglichen Kosakenscharen verfolgt. Staunend sahen die Menschen dem fremdartigen Reitervolk entgegen, das als Befreier freundlich aufgenommen, dem aber wegen unverständlicher Sprache und wilden Aussehens auch mit Schrecken begegnet wurde. Requisitionen und Quartiernahme erfolgten nicht immer nach den Regeln europäischer Kriegführung. Ausgestellte Quittungen in kyrillischer Schrift waren unleserlich und konnten meist niemals eingelöst werden. Sie liegen noch heute gebündelt in den Archiven. Erst als preußische und an einigen Stellen schwedische Truppen folgten, machte sich in der verstörten Bevölkerung Erleichterung breit. Selbst die begeistertsten Anhänger unter den Fürsten des Rheinbundes beeilten sich nun, behende auf die andere Seite zu treten. Doch läßt sich eines nicht verkennen: Die Befreiung Westfalens von der französischen Fremdherrschaft erfolgte ausschließlich durch Anstrengungen Preußens und durch den Einsatz der verbündeten russischen Truppen, nicht aber durch Opfer der eingesessenen Bevölkerung. Bestenfalls konnten Sachleistungen und Quartiere für die alliierten Armeen als Beitrag zum Sieg über Napoleon in die Waagschale geworfen werden.

Wie zu erwarten war, löste die Rückkehr der Preußen in den altpreußischen Gebieten der Grafschaft Mark, von Minden-Ravensberg und Tecklenburg-Lingen große Begeisterung aus. Der am 27. Februar 1813 zwischen Preußen und Rußland geschlossene Bündnisvertrag sicherte König Friedrich Wilhelm III. den Rückgewinn der ehemals im Besitz der Monarchie befindlichen westlichen Provinzen zu, gewährte ihm aber auch das Recht, in Nordwestdeutschland darüber hinaus weitere Eroberungen zu machen. Eine Einschränkung in dieser Richtung bescherte Preußen nur der in Reichenbach am 14. Juni 1813 mit England geschlossene Subsidienvertrag, der die Wiederherstellung des Kurfürstentums Hannover forderte und diesem ebenfalls die Möglichkeit weiterer Erwerbungen vorbehielt.

Um eine geordnete Verwaltung in den nach der Schlacht von Leipzig eroberten deutschen Ländern zu gewährleisten, bestellten die Alliierten den Reichsfreiherrn Karl vom und zum Stein zum Chef des Deutschen Zentralverwaltungs-Departements, einer Militärverwaltungsbehörde, die alle Aufgaben übernehmen sollte, die zur endgültigen Niederwerfung des Korsen erforderlich erschienen. Nur Preußen und Österreich blieben mit ihren Besitzungen von der Zuständigkeit Steins ausgespart.

Aufgrund dieser Vereinbarungen wurden die altpreußischen Provinzen zwischen Rhein und Weser, dazu Ostfriesland, einem Militärgouvernement mit Sitz in Münster unterstellt, dessen Leitung der preußische Generalmajor von Heister übernahm. Ihm zur Seite trat Ludwig Freiherr Vincke als Zivilkommissar. Vincke errichtete in Münster, Minden, Bielefeld und Paderborn Provisorische Regierungskommissionen, in Dortmund für das bisherige Ruhrdepartement des Großherzogtums Berg eine Landesdirektion unter der Leitung des bisherigen Präfekten von Romberg. Die dringendste Aufgabe aller neuen Behörden lag in der Aufstellung von Linienregimentern und der Landwehr. Damit reihten sich auch westfälische Landeskinder in die Heere ein, die den Sieg über Napoleon sichern sollten. Sie kamen allerdings erst zum Einsatz, nachdem Napoleon von Elba geflohen und einen erneuten Feldzug nötig gemacht hatte.

Vincke griff seine Aufgaben als Zivilgouverneur zwischen Rhein und Weser begeistert auf. Er erblickte darin die große Chance, ein unter preußischer Herrschaft stehendes einheitliches Westfalen zu schaffen, das von keinen politischen Grenzen mehr durchschnitten wurde. Es gelang ihm auch gegen manche Widerstände, die bisher unter dem Zentralverwaltungs-Departement Steins stehenden nichtpreußischen Gebiete seiner Zuständigkeit zu unterwerfen. Damit traten die früheren Fürstentümer Salm, Croy, Rheina-Wolbeck und Arenberg, aber auch die oranischen Gebiete Dortmund und Corvey unter die Weisungen des Zivilgouverneurs. Die ehemaligen Fürsten sahen verblüfft, daß ihre Hoffnungen auf Wiederherstellung ihrer alten Souveränität von einem preußischen Beamten vom Tisch gewischt wurden. Sie hatten auf das Prinzip der Legalität gesetzt, das die Wiedergutmachung des von Napoleon angerichteten Unrechts beinhaltete. Vincke war offensichtlich aber nicht gewillt, davon Kenntnis zu nehmen. Nur das Haus Oranien fügte sich stillschweigend in den Verlust seiner westfälischen Besitzungen. Es fiel ihm auch leicht, nachdem ihm das Königreich der Niederlande, unter Einschluß des heutigen Belgien, zuerkannt worden war.

Der Konflikt zwischen Legalität und Politik ließ sich auf rechtlichem Wege nicht lösen. Selbstverständlich befanden sich die ehemaligen Souveräne im Recht, wenn sie sich auf das Motto der Wiederherstellung aller verlorenen Rechte und auf die Zusagen der Alliierten beriefen. Nur wäre damit die alte Kleinstaaterei erneut zum Leben erweckt worden. Die Zuversicht der ehemaligen Fürsten gründete sich zwar auf eine rechtliche Basis, und ihre Leistungen für die Kriegführung gegen Napoleon waren unter der Voraussetzung des Rückgewinns der Souveränität geleistet worden, doch verkannten sie die Zeichen der Zeit, die auf großräumigere Entwicklungen wiesen. Kein anderer erkannte das klarer als der Freiherr vom Stein, als er die Duodezfürsten aus seiner Zuständigkeit entließ und dem Zivilgouverneur Vincke unterstellte. Nur in einem Punkt unterschieden sich Stein und Vincke erheblich: Für Stein blieben die Fürsten eben Fürsten, denen der gebührende Respekt gezollt werden mußte. Vincke glaubte dagegen, ihnen gegenüber Befehle erteilen zu können. Er mußte es sich gefallen lassen, von Stein deswegen heftig getadelt zu werden. Damit wich dieser aber keinen Zentimeter von seiner Vorstellung ab, daß die Souveränität der kleinen Fürstenhäuser der Vergangenheit angehöre.

Steins Konzept behielt den Sieg. Die Kleinstaaten erfuhren keine Wiederauferstehung, doch sicherte die Bundesakte vom 8. Juni 1815 den ehemaligen Souveränen einen privilegierten Sonderstatus zu. Innerhalb des preußischen Staatsgefüges nahmen sie den Rang von »Standesherren« ein, die einige Hoheitsrechte behielten. Großzügige Steuerprivilegien und andere Zugeständnisse sollten ihnen den Verlust der alten Souveränität erträglicher machen.

Wenn Vincke in dieser Angelegenheit seine Anschauungen nicht voll durchsetzen konnte, so mußte er auf einem anderen Gebiet einen noch bittereren Wermutstropfen schlucken. Der Reichenbacher Subsidienvertrag billigte England die Wiederherstellung Hannovers unter der Möglichkeit zu, das Territorium durch Zuerwerb weiterer Gebiete abzurunden. So mußte der Zivilgouverneur wohl oder übel mit der Abtretung des altmünsterischen Amtes Meppen, das der Reichsdeputationshauptschluß dem Herzog von Arenberg zugebilligt hatte und das zuletzt zum Kaiserreich Frankreich gehörte, zufrieden sein. Auch der nördliche Teil des Fürstentums Rheina-Wolbeck fiel an Hannover. Das ehemalige Fürstentum Osnabrück gehörte schon seit langem in die Machtsphäre der Welfen. Der endgültige Übergang an das nunmehr zum Königreich erhobene Hannover vollendete nur eine längst eingeschlagene Entwicklung. Osnabrück schied damit aus dem altwestfälischen Bereich aus und wandte das Gesicht nach Niedersachsen, wie es die Einteilung der Bundesrepublik Deutschland dann auch bekräftigte. Osnabrück kam zum Lande Niedersachsen.

Für Vincke persönlich war der Verlust Ostfrieslands an Hannover beinahe noch schmerzlicher, zumal die Bevölkerung der Grafschaft hartnäckig an der Zugehörigkeit zu Preußen festhielt. Doch mußte in den sauren Apfel gebissen werden. Rücksichten auf die Großmacht England ließen keine andere Wahl. Die Vincke beschäftigenden gesamtwestfälischen Aspekte spielten bei diesen Regelungen keinerlei Rolle. Ja, Preußen spielte auf dem Wiener Kongreß sogar mit dem Gedanken, Westfalen ganz aufzugeben und dafür seine Kerngebiete durch den Erwerb des Königreichs Sachsen und des schwedischen Neuvorpommerns abzurunden. Zum Glück für Vincke blieben diese Pläne aber auf der Strecke. Die Wiener Schlußakte vom 9. Juli 1813 bestätigte die mit der Einrichtung des Zivilgouvernements zwischen Rhein und Weser getroffene Vorentscheidung.

Das Königreich Preußen behielt also seine alten westfälischen Territorien mit allen eingeschlossenen Enklaven, dazu das osnabrückische Amt Reckenberg mit der Stadt Wiedenbrück, das zuletzt in oranischem Besitz befindliche Dortmund und Corvey. Nach einigem Widerstand verzichtete schließlich auch Hessen-Darmstadt auf das Herzogtum Westfalen und die Grafschaften Wittgenstein zugunsten Preußens. Vincke konnte namens des Königs am 30. Juni 1816 Besitz vom südlichen Westfalen ergreifen. Damit war tatsächlich ein abgerundeter preußischer Besitz entstanden, der fast ganz Westfalen bedeckte. Preußen übernahm damit eine neue politische Rolle als deutsche Vormacht gegen Frankreich, wenn auch eine territoriale Verbindung zwischen den preußischen Kernlanden östlich der Elbe und den Westprovinzen in den Rheinlanden und Westfalen noch fehlte.

Außerhalb des preußischen Westfalen blieben nur das Fürstentum Lippe unter seiner erfolgreichen Fürstin Pauline und das Fürstentum Waldeck-Pyrmont. Sie hatten sich über alle Gefährnisse hinweggerettet und konnten ihre Selbständigkeit bis in das zwanzigste Jahrhundert bewahren.

Das 19. Jahrhundert

Die Gründung der Provinz Westfalen

Zum ersten Mal in seiner Geschichte fand der westfälische Raum nach dem französischen Intermezzo zu einem großen Teil zur politischen Einheit, deren Auswirkungen bis in die Jetztzeit wirken. Ja, der Begriff »Westfalen« verengte sich im Laufe der Zeit auf diesen zur Einheit gefundenen Teil Altwestfalens, der heute den Landesteil Westfalen im Bundesland Nordrhein-Westfalen bildet, für den der Landschaftsverband Westfalen-Lippe zuständig ist. In dem an sich unsinnigen Namen Westfalen-Lippe spiegeln sich sogar noch die auf die Jahre 1814/16 zurückgehenden Ereignisse, die das westfälische Fürstentum Lippe außerhalb der preußischen Provinz ließen.

Der Weg zur Gründung der preußischen Provinz Westfalen führte über den Zusammenbruch der napoleonischen Staatenwelt zur Besetzung des Landes durch die alliierte Nordarmee unter dem Kronprinzen von Schweden, ein russisches Korps des Generals von Wintzingerode und ein preußisches Korps unter dem General von Bülow. Überall verkündeten Proklamationen der alliierten Mächte den Bewohnern, daß der preußische König von seinen alten Besitzungen wieder Besitz ergreife. Militär- und Zivilgouverneure übernahmen, wie schon erwähnt, die Verwaltung mit der schweren Aufgabe, die durch weit überhöhte Anforderungen der Franzosen und die napoleonische Donationspolitik ausgebluteten Länder zu erneuten Leistungen für die verbündeten Armeen heranzuziehen. Hinter dieses Problem mußten alle anderen Fragen vorläufig solange zurücktreten, bis der Endsieg über Napoleon gesichert war.

Keine Schwierigkeiten bereitete die Aufstellung der Landwehr, die der Major Köhne von Jarsky übernahm, soweit es sich um die altpreußischen Provinzen handelte. Es meldeten sich mehr Freiwillige, als benötigt wurden. Auch die Linientruppen fanden sich schnell zusammen und rückten als Festungsbesatzungen nach Zutfen und Doesburg ab. Dagegen blieben die Freiwilligenmeldungen in den 1802/3 erworbenen Ländern, den früheren Fürstbistümern Münster und Paderborn, weit hinter den Erwartungen zurück. Am schlechtesten lagen die Verhältnisse in Paderborn.

Ebenso verhielt es sich mit den freiwilligen Spenden der Einwohner. Während einhundert Einwohner der Grafschaft Mark im Durchschnitt dreißig Taler spendeten, gab dieselbe Zahl von Bürgern in den früheren geistlichen Stiften nicht mehr als vier Taler. Vincke war freilich einsichtig genug, die schlechten Ergebnisse, besonders in Paderborn, nicht allein auf fehlendes Engagement für die Sache der Freiheit auszudeuten. Große Armut der zum Spenden Aufgerufenen und körperliches Unvermögen der zu früh zur Arbeit gezwungenen und schlecht ernährten Rekruten trugen einen wesentlichen Anteil an den enttäuschenden Ergebnissen. Desertionen der marschierenden Truppen ließen sich nicht verhindern.

Gerüchte sorgten dafür, daß in den ehemaligen Fürstbistümern die Hoffnung auf Rückkehr der alten Verhältnisse erneut auflebte. Im Adel bemühten sich reaktionäre Kreise, gewisse Privilegien und die landständischen Vertretungen wieder zur Geltung zu bringen. Tatsächlich verkündete der frühere Präfekt und jetzige Landesdirektor Gisbert von Romberg in Dortmund am 22. November 1813, daß »die wohltätige ständische Verfassung wieder in Wirksamkeit trete«. Darauf hin trat eine Landesrepräsentation der Grafschaft Mark im Februar des folgenden Jahres zusammen.

Publizisten lobten die Weisheit der landständischen Vertretungen über die Maßen, allen voran Friedrich Alexander von Hövel in der Zeitschrift »Hermann«, die in Hagen erschien. Jeglichem Liberalismus wurde eine scharfe Ablehnung zuteil. Die Landstände der übrigen westfälischen Territorien schlossen sich denen der Grafschaft Mark an und baten den König um Wiedereinführung der früheren landständischen Verfassung.

Die Verdienste der einheimischen Kräfte um das Zusammenwachsen der westfälischen Länder zu einer einzigen Provinz hielten sich in engen Grenzen. Letzten Endes fiel die Entscheidung über die Entstehung der Provinz auf dem Wiener Kongreß, nachdem es lange Zeit unentschieden geblieben war, ob Preußen überhaupt Besitz in Westfalen behalten würde. Mit welchen Enttäuschungen der Zivilgouverneur sich dabei abfinden mußte, ist bereits erläutert worden. Alle seine Schritte, die Erwerbungen Hannovers in Altwestfalen zu unterbinden, mußten an der politischen Großwetterlage scheitern. Zugeständnisse an England-Hannover ließen sich nicht vermeiden.

Kummer bereiteten dem Zivilgouverneur auch die Ansprüche der ehemaligen Souveräne auf dem Gebiet der Provinz Westfalen. Sie drohten, einen Fremdkörper im Staate zu schaffen, wenn der König den mediatisierten Fürsten zu weit entgegenkam. Wie ernst es Vincke damit war, offenbart sein Abschiedsgesuch vom 9. April 1815, nachdem der Staatskanzler, Hardenberg, den Erhalt weitgehender Rechte der ehemaligen Souveräne angekündigt hatte. Vincke fürchtete, daß »durch diese Maßregel die Einheit der Verwaltung, die unbeschränkte Disposition über alle militärischen Hilfs- und Geldmittel vernichtet« werden könnten. Er erklärte, unter diesen Umständen dem preußischen Staat nicht länger nützlich sein zu können, es sei denn »als freiwilliger Jäger«.

Dazu brauchte es nicht zu kommen. Die Bundesakte vom 8. und die Kongreßakte vom 9. Juni 1815 schoben die Souveränitätsansprüche der Mediatisierten beiseite und unterstellten die Fürsten der preußischen Monarchie. Damit stand Preußen in den Rheinlanden und in Westfalen fast allein als unangefochtene Macht da. Der Endpunkt eines Weges war erreicht, der von den ersten Erbansprüchen des Kurfürsten von Brandenburg auf das klevische Erbe im Jahre 1606 über die Säkularisierung des Hochstifts Minden auf dem Westfälischen Friedenskongreß im Jahre 1648, die Erwerbung von Tecklenburg und Lingen zu Anfang des 18. Jahrhunderts zur Einverleibung der Entschädigungsländer im Jahre 1802/03 führte.

Diese fast folgerichtig anmutende Entwicklung könnte das Bild einer konsequenten Politik der brandenburg-preußischen Herrscher nahelegen, doch täuscht dieser Eindruck. Fast widerwillig fand sich die Monarchie damit ab, nach der Niederwerfung Napoleons im Westen Erwerbungen zu machen, die sie viel lieber zwischen Elbe und Weichsel gemacht hätte. Jedoch ließen ihr die Beschlüsse des Wiener Kongresses keine Wahl. So ergriff König Friedrich Wilhelm III. am 21. Juni 1815 Besitz von seinen westfälischen Besitzungen. Die Erbhuldigung vom 18. Oktober desselben Jahres offenbarte noch einmal die bunte Vielfalt Westfalens in den Deputierten, die jede Provinz nach Münster entsandte, um den Eid auf den König zu leisten. Die ihrer Souveränität beraubten mediatisierten Fürsten lehnten zumeist ihr Erscheinen ab. Nur der Graf von Bentheim-Tecklenburg-Rheda leistete dem preußichen König seinen Eid.

Am 29. Juli 1815 hatte Preußen bereits vom ehemaligen Fürstentum Siegen Besitz ergriffen, unterstellte es aber vorerst dem Oberpräsidium des Niederrheins in Koblenz. Im folgenden Jahr kamen endlich auch die Verhandlungen mit Hessen-Darmstadt über das frühere Herzogtum Westfalen zum Abschluß. Ein Staatsvertrag zwischen Österreich, Preußen und Hessen-Darmstadt schlug das Herzogtum zur Provinz Westfalen. Am 15. Juli 1816 ergriff Vincke in Arnsberg namens des Königs feierlich Besitz, am 18./19. auch von den Grafschaften Wittgenstein, nachdem der Großherzog von Hessen-Darmstadt auf alle Hoheits- und Lehnsrechte verzichtet hatte. Als letztes Gebiet wurde nun auch das Fürstentum Siegen am 1. Juni 1817 der Provinz zugeordnet. Man hielt die Verkehrsverbindungen von Siegen nach Münster für günstiger als an den Rhein.

Endlich gelangte man auch zu einer Regelung der Verhältnisse der mediatisierten Fürsten, denen die Bundesakte (Art. 14) erhebliche Rechte und Privilegien eingeräumt hatte. König Friedrich Wilhelm III. bestätigte für Preußen die Gültigkeit dieser Bestimmungen am 21. Juni 1817. Damit behielten die Mediatisierten, auch Standesherren genannt, einen Teil der früheren Hoheitsrechte in Bezug auf die Rechtspflege, die Ortspolizei und das Recht, die Landräte in ihren Kreisen zu präsentieren. Sie wurden auch einem besonderen, günstigeren Steuerrecht unterstellt.

Vincke geriet in nicht geringe Verlegenheit, als die Mediatisierten am 1. August des Jahres bei ihm erschienen und erklärten, sich nun in Besitz der ihnen zustehenden Rechte zu setzen. Dem widersprechende Bestimmungen der Verordnung über die Einrichtung der Provinzialbehörden betrachteten sie als ungültig. Vincke klagte dem Staatskanzler ausführlich sein Leid. Der offen ausbrechende Konflikt veranlaßte Hardenberg, einen Spezialkommissar zur Regelung der standesherrlichen Verhältnisse in Westfalen zu bestellen. Auf die Dauer ließen sich die Sonderrechte der Mediatisierten natürlich nicht halten. Die politische Entwicklung lief ihnen entgegen. Trotzdem schuf Preußen noch 1820 eine neue Standesherrschaft für den Landgrafen von Hessen-Rotenburg in Corvey. Die meisten der ehemaligen Fürsten gingen nach und nach auf Drängen Vinckes auf den allmählichen Abbau ihrer Sonderrechte ein und bequemten sich seit 1824 zum Abschluß von Verträgen mit der Staatsregierung, die ihnen den Verzicht auf ihre Sonderrechte gegen jährliche Rentenzahlungen versüßten.

Sowenig die brandenburg-preußische Erwerbspolitik in Westfalen unter dem Gesichtspunkt einer konsequenten Verstärkung der Stellung im Westen zu sehen ist, so wenig entsprach auch die Bildung der Provinz Westfalen einer konsequenten Entwicklung. Die preußischen Pläne zur Verwaltungseinteilung des Besitzes am Rhein und in Westfalen schwankten zwischen der Einrichtung einer einzigen Westprovinz und sieben Einzelprovinzen. Erst im Februar 1815 gewann eine Provinz Westfalen deutlichere Konturen. Die »Verordnung zur besseren Einrichtung der Provinzialbehörden« teilte die gesamte preußische Monarchie in zehn Provinzen und fünfundzwanzig Regierungsbezirke. In den Rheinlanden entstanden zwei Provinzen: Jülich-Kleve-Berg und Großherzogtum Niederrhein. Westfalen bildete dagegen eine einzige Provinz. Sie sollte sich aus einer »Regierung im Münsterland« mit Sitz in Münster, einer »Regierung im Weserland« mit Sitz in Minden und einer »Regierung von Mark und Westfalen« mit Sitz in Hamm zusammensetzen.

Zum Oberpräsidenten der neuen Provinz wurde der bisherige Zivilgouverneur zwischen Rhein und Weser, Ludwig Freiherr Vincke, am 25. Mai 1815 ernannt. Gleichzeitig wurde ihm das Amt des Chefpräsidenten der Regierung in Münster übertragen. Doch fand Vincke die Neugliederung der Verwaltung verfrüht und erreichte ihre Aussetzung auf ein Jahr. Tatsächlich ließ sich noch nicht zuverlässig absehen, wie die Verhandlungen über das Schicksal des Herzogtums Westfalen und der Grafschaften Wittgenstein auslaufen würden. Dagegen konnte Vincke nicht verhindern, daß die zu seinem Zivilgouvernement gehörigen Altterritorien Kleve, Essen und Werden der Provinz Jülich-Kleve-Berg zugeschlagen wurden. Eine Niederlage erlitt er auch mit seinem Plan, die Regierung von Minden nach Paderborn zu verlegen. Er fand Paderborn als Sitz günstiger, damit die Bevölkerung »durch Etablierung der Centralbehörde in ihrer Mitte sich eher mit Preußen assimilieren« könnte. Dagegen konnte er sich mit diesem Argument bei der Verlegung des Regierungssitzes von Hamm nach Arnsberg durchsetzen. Hamm wurde durch die Ansiedlung eines oberen Landesgerichtes für den Weggang der Regierung entschädigt.

Die neueingerichteten Behörden nahmen planmäßig am 1. August 1816 ihre Tätigkeit auf. Alle bisherigen, provisorischen Behörden erloschen. Nach der Eingliederung des Kreises Siegen und der Abtretung der früher zum Herzogtum Westfalen gehörigen Stadt Volkmarsen an den Kurfürsten von Hessen erreichte die Provinz Westfalen die Gestalt, die sie bis zum Jahre 1945 behielt. Die inneren Grenzen nahmen weitgehend Rücksicht auf die geschichtlich gewachsenen Verhältnisse. Anachronistisch wirkte nur der Erhalt des Fürstentums Lippe, mit dem Preußen sich in der Hoheit über die Stadt Lippstadt teilen mußte.

Merkwürdig berührte im Vergleich mit den vorhergehenden, nach französischem System klar gegliederten Instanzen der Behörden die Einrichtung des Amtes eines Oberpräsidenten. Die Verordnung vom 30. April 1815 sah für ihn ausdrücklich keine Zwischeninstanz zwischen Ministerien und Bezirksregierungen vor. Ministerien und Regierungen sollten direkt miteinander verkehren. Der Oberpräsident sollte lediglich als Kommissar des Staatsministeriums einen koordinierenden Einfluß ausüben und die Verwaltungsbehörden in der Provinz kontrollieren. Man kann es Vincke nachfühlen, daß er mit den geringen Kompetenzen seines Oberpräsidentenamtes höchst unzufrieden war und folgerichtig gegen die Einrichtung des Amtes auftrat. Der König sagte zu, Vinckes Antrag auf Entlassung aus dem Staatsdienst entgegennehmen zu wollen, wenn dieser nach mehrmonatiger Erfahrung unzufrieden bleibe und an seinem Entschluß festhalte.

Auch andere Oberpräsidenten schlossen sich der Kritik Vinckes an, der in seinem Amte ein »wesenloses Gebilde ... ohne Sinn und Bedeutung« erblickte. Schließlich brachte die Instruktion für die Oberpräsidenten vom 31. Dezember 1825 die Auseinandersetzungen vorläufig zum Schweigen, indem der Betätigungsraum der Oberpräsidenten wesentlich erweitert wurde. In Münster wurde zur Entlastung Vinckes ein Vizepräsident zur Leitung der Bezirksregierung eingesetzt. Bedeutung erlangte die Aufgabe des Oberpräsidenten, den Monarchen gegenüber den Provinzialständen zu vertreten.

Fast alle inneren Verwaltungsangelegenheiten oblagen den Bezirksregierungen, eingeschlossen Kirchen- und Schulsachen. Jede Abteilung einer Regierung handelte weitgehend selbständig und verminderte dadurch die früher übliche Schwerfälligkeit des Verwaltungsgangs, als alle Entscheidungen nur im Plenum gefaßt werden konnten.

Als Unterbehörden wurden die Kreise eingerichtet, in Westfalen insgesamt 38, an deren Spitze Landräte traten, die der zweiten Abteilung der Bezirksregierungen unterstanden. Die Kreiseinteilung der Provinz bewährte sich so gut, daß sie im wesentlichen mit wenigen Veränderungen bis zur Jahrhundertwende erhalten blieb.

Daneben gab es Sonderbehörden, so die Oberbergämter in Bonn und Dortmund für das Berg-, Hütten- und Salinenwesen. Die Militärverwaltung lag seit 1818/20, nachdem das preußische Heer in Armeekorps gegliedert worden war, beim VII. Korps in Münster, das für die Provinzen Westfalen und Jülich-Kleve-Berg zuständig war. Erst im Jahre 1866, nach dem Anfall des Kurfürstentums Hessen an Preußen, wurde der Großteil des Regierungsbezirks Arnsberg dem XI. Korps in Kassel zugeteilt, schließlich im Jahre 1899 dem XIII. Armeekorps in Frankfurt am Main.

Unter der Leitung des Generaldirektors des Katasters, von Vincke wahrgenommen, gelangte man nun auch zu einer gerechteren Veranlagung der Grundsteuern. Seit 1822 wurde die Vermessung des Grundeigentums zur Anlage eines Grundkatasters mit großem Einsatz betrieben. Widerstand erhob sich aus den Kreisen der adeligen Grundbesitzer, denen an einem Bekanntwerden ihres umfangreichen Besitzes nicht gelegen sein konnte. Aus demselben Grunde wandte sich sogar der sonst so rechtlich denkende Reichsfreiherr vom und zum Stein in geradezu beleidigender Form gegen Vincke und seine wenigen Katasterbeamten. Doch ging die Vermessung uneingeschränkt voran, so daß im Jahre 1833 für die Provinz eine eigene Grundsteuerveranlagung eingeführt werden konnte, die angeblich frühere Ungerechtigkeiten gegenüber anderen Provinzen beseitigte. Nach dem Abschluß der Katastralarbeiten ordnete ein Gesetz die Veranlagung der Grundsteuer nach dem Reinertrag an und befahl gleichzeitig die ständige Fortschreibung des Grundkatasters. Eine ungeheure Leistung war damit vollbracht. Sie hatte auf den Schultern einer Handvoll von Beamten gelegen.

Besondere Probleme erweckten die Verfassungsangelegenheiten. Am 22. Mai 1815 hatte der preußische König im Hochgefühl nach dem Abschluß der Befreiungskriege das Versprechen abgegeben, in seiner Monarchie eine Verfassung einzuführen. Der Preis für die Nöte der französischen Zeit und die Entbehrungen der Freiheitskriege schien nähergekommen. Doch unterschieden sich die im Rheinland an das Versprechen geknüpften Erwartungen erheblich von denen der Westfalen. Den liberalen Einstellungen der rheinischen Bevölkerung standen in Westfalen eher konservative Tendenzen gegenüber. Friedrich Alexander von Hövel war einer ihrer beredtsten Propagandisten. Stein war in die Bestrebungen des Adels eingeweiht, hielt sich aber bedeckt. Seine Gedanken richteten sich mehr auf die Herstellung einer ständischen und kommunalen Verfassung als auf eine bloße Wiederbelebung überlebter Adelsprivilegien. Einen Höhepunkt fanden die adeligen Agitatoren in den Denkschriften über »die Verfassungsverhältnisse der Lande Jülich, Kleve, Berg und Mark«, die am 26. Februar 1818 dem Staatskanzler Hardenberg überreicht wurden. Die grundsätzlich von Stein gutgeheißene Schrift setzte das Weiterbestehen der ständischen Verfassung voraus und forderte ihre weitere Gültigkeit unter Anpassung an die augenblicklichen Verhältnisse. Alle Städte sollten landtagsfähig werden, bäuerliche Grundbesitzer eine Vertretung erhalten. Steuerprivilegien des Adels und seine Bevorzugung bei der Besetzung hoher Staatsposten mußten entfallen. Hardenberg nahm die Schrift entgegen und versprach, bei seinen Überlegungen die älteren Verhältnisse nicht aus den Augen zu verlieren.

Beunruhigt über die adeligen Machenschaften zeigte sich das Bürgertum. Die märkischen Städte legten beim Staatskanzler Protest gegen eventuelle Privilegierung der adeligen Grundbesitzer ein und verlangten eine Vertretung von Bürgern und Bauern in den geplanten Provinzialständen. Tatsächlich lehnte Hardenberg im Jahre 1821 endgültig die Wiedereinführung der alten Verfassung in der Grafschaft Mark ab, was aber den adeligen Kreis um den Freiherrn vom Stein nicht abhielt, im folgenden Jahr weitere Schritte zugunsten seiner reaktionären Ziele einzuleiten.

Die preußische Regierung hatte sich inzwischen auf die Errichtung einheitlicher Ständeversammlungen in den Provinzen des Staates geeinigt. Das Gesetz vom 27. März 1824 ordnete sowohl für Westfalen wie für die Rheinprovinzen Provinziallandtage an. Auf ihnen sollten die mediatisierten Fürsten mit fünfzehn Stimmen, Ritterschaft, Städte und sonstige Grundbesitzer mit je zwanzig Stimmen vertreten sein. Ein Übergewicht des Adels mit zusammen fünfunddreißig Stimmen gegenüber Bürgern und Bauern mit insgesamt vierzig Stimmen war nunmehr vermieden, wenn der Adel auch immer noch verhältnismäßig übervertreten blieb.

Den Provinzialständen war die Aufgabe gestellt, die Richtlinien zur Gestaltung der Provinzialpolitik zu entwerfen. Sie wurden den Anforderungen auf diesem Gebiet auch im allgemeinen gerecht, obgleich innere Zwistigkeiten die Arbeit erschwerten. Die Stände ergriffen aber auch das Wort, um die vom König zugesagte Vertretung des Gesamtstaates voranzutreiben. Im Dezember 1830 bat der Westfälische Provinziallandtag den Kronprinzen, beim König die Einberufung der Reichsstände zu beantragen, nachdem ein entsprechender Antrag vom Provinziallandtag mit fünfunddreißig gegen achtundzwanzig Stimmen angenommen worden war. Verfasser war der liberale Regierungsrat Bracht. Die eigentlich beabsichtigte direkte Bitte an den König konnte der Landtagsmarschall, Freiherr von Landsberg-Velen, zu Fall bringen und in eine Eingabe an den Kronprinzen abwandeln. Auch später verhinderten der Marschall und der Oberpräsident, der im Landtag als königlicher Kommissar fungierte, ähnliche Anträge liberaler Abgeordneter. Das änderte nichts daran, daß die Diskussion um die preußische Verfassungsfrage niemals verstummte.

Die Kreisordnung vom 13. Juli 1823 schuf den Provinzialständen nachgebildete Kreisstände mit einer gewissen Selbstverwaltungsfunktion. Vertreten in ihnen waren wiederum die Standesherren, Rittergutsbesitzer, Städte und aus Einzelgemeinden gebildete Samtgemeinden. Die Kreisstände sollten den Landrat in kommunalen Angelegenheiten unterstützen, bei der Verteilung der staatlichen Abgaben behilflich sein und Kandidaten für das Landratsamt vorschlagen.

Die Einführung einer neuen Städte- und Landgemeindeordnung stieß deswegen auf große Schwierigkeiten, weil die Kommunalverfassung in den preußischen Kernlanden von der in Westfalen grundsätzlich verschieden war. Die Stein'schen Ordnungen von 1808 ließen sich nicht ohne weiteres auf Westfalen und die Rheinprovinzen übertragen. So beließ man es vorläufig bei den französischen Kommunalordnungen. Im Jahre 1821 befahl der König endlich, die kommunale Neuordnung zu beraten. Es dauerte ganze zehn Jahre, bis die unter dem Vorzeichen der Restaurationszeit stehende Revidierte Städteordnung vom 17. März 1831 in einigen großen westfälischen Städten – Münster, Minden, Bielefeld und Herford – eingeführt werden konnte. Im Jahre 1835 gestattete man allen anderen Städten, die Einführung dieser Ordnung zu beantragen.

Zögernd und unentschlossen wirkte die Einführung der Revidierten Städteordnung, jedoch erging es der Landgemeindeordnung noch schlimmer. Sie scheiterte am hartnäckigen Widerstand der adeligen Grundbesitzer, die unbeirrt auf der im Allgemeinen Landrecht enthaltenen Bevorrechtigung der Rittergüter beharrten.

Mit der Wiedereinführung des Preußischen Allgemeinen Landrechtes im Jahre 1813 in den altpreußischen Gebieten und der Neueinführung in den 1803 und 1815 erworbenen Ländern verbunden war die Errichtung von Oberlandesgerichtskommissionen in Münster, Minden und Paderborn, die allesamt 1817 zu Oberlandesgerichten aufstiegen. Die Grafschaft Mark unterstand anfangs der Oberlandesgerichtskommission in Emmerich, dann dem Gericht in Kleve, bis 1820 in Hamm ein Oberlandesgericht eingerichtet wurde. Das ehemalige Herzogtum Westfalen, Siegen und Wittgenstein unterstanden dem alten Hofgericht in Arnsberg, das erst 1835 in ein Oberlandesgericht umbenannt wurde.

Als Untergerichte dienten kollegialisch organisierte Land- und Stadtgerichte. Einige Privat- und Patrimonialgerichte lebten wieder auf, gewannen aber bis zu ihrer endgültigen Aufhebung im Jahre 1849 keine Bedeutung mehr. Meistenteils wurden sie von staatlichen Richtern wahrgenommen.

Wohl oder übel mußte angesichts der verwickelten Lage das frühere uneinheitliche Steuersystem beibehalten werden. Erst in den Jahren 1818 bis 1822 gelang es, eine weitgehende Vereinheitlichung herzustellen. Binnenzölle wurden aufgehoben. Neben den direkt erhobenen Grundsteuern, der Klassensteuer und

Gewerbesteuer, kamen indirekte Grenzzölle, inländische Konsumtionssteuern, die Schlacht- und Mahlsteuer sowie die Stempelsteuer zur Erhebung. Die einschneidendste Veränderung bedeutete die Einführung der Klassensteuer als Hauptsteuer. Nur in den größeren Städten – in Westfalen gehörten dazu zwölf – erbrachte an ihrer Stelle die Mahl- und Schlachtsteuer den Hauptertrag. In einigen Städten wurde diese Steuer später von der Klassensteuer verdrängt. Die indirekten Steuern verwaltete seit 1823 die Provinzialsteuerdirektion in Münster, während sich die Bezirksregierungen um die direkten Steuern kümmerten.

Große Bedeutung erlangten einige Sonderbehörden, die ihre Entstehung teilweise dem Eintreten des Oberpräsidenten Vincke verdankten. So entwickelte er den Plan einer Provinzialhilfskasse, deren Anfangskapital aus den auf die Provinz Westfalen entfallenden Entschädigungen für Leistungen an nichtpreußische Truppen während der Befreiungskriege gebildet wurde. Die Kasse trat 1831 mit einem Kapital von fast 326 000 Talern ins Leben. Das Geld sollte zur Tilgung öffentlicher Schulden, zur Erleichterung bäuerlicher Ablösungen und zur Beförderung anderer öffentlicher Aufgaben dienen.

Als besonders dringlich erachtete Vincke den Ausbau des völlig ungenügenden Straßenwesens. Für den Ausbau sprachen sowohl wirtschaftliche als auch politisch-militärische Gründe. Jedoch hatte Vincke auch die Beschäftigung arbeitsloser und notleidender Einwohner im Auge, von denen es nach dem Ende des Krieges nicht wenige gab. In seiner Amtszeit entstanden 1225 Kilometer Chausseen in Westfalen. Vincke betrieb auch den Ausbau des Rheinhafens von Duisburg-Ruhrort, um die Schiffahrtsverbindung von der Lippe zu den Seehäfen zu verbessern. Kanalpläne wurden dagegen meist von Privaten betrieben, aber wenig gefördert.

Auch der seit dem Jahre 1825 bestehenden Generalkommission zur Regulierung der gutsherrlichen und bäuerlichen Verhältnisse drückte Vincke als Vorsitzender seinen Stempel auf. Wenn es um die Aufteilung der letzten noch ungeteilten Marken oder der Koppeljagden ging, stand der Oberpräsident stets auf der Seite der Bauern gegen den Adel. Freilich dankten ihm die Bauern seine Parteinahme kaum. Als er im Jahre 1824 die uneingeschränkte Teilung von Bauernhöfen verdammte, um einer Übervölkerung des Landes einen Riegel vorzuschieben, stieß er bei den Bauern auf Ablehnung. Auch das auf seine Anregungen zurückgehende Gesetz über die bäuerliche Erbfolge von 1836 fand keine Gnade vor den Augen der Bauern, wobei besonders die Kleinbauern ihre Empörung nicht verbargen. Das Gesetz kam deshalb 1848 wieder zur Aufhebung. Ebenso verständnislos stand der Bauernstand den Bemühungen Vinckes um das Grundkataster gegenüber, das doch eigentlich gerade ihnen zu mehr Gerechtigkeit bei der Verteilung der Grundsteuer verhelfen sollte. Doch konnte Vincke sich hier gegen Adel und Großgrundbesitz zum Vorteil der Bauern behaupten.

Wenig ausrichten konnte Vincke in der Universitätsfrage. In den Jahren 1802 bis 1806 verfocht Stein den Plan eines großzügigen Ausbaus der Universität Münster. Während der französischen Herrschaft wurde der Gedanke ventiliert, in Münster eine Landesuniversität des Großherzogtums Berg zu errichten. Nach 1815 schienen die Weichen anfangs günstig gestellt, doch kam es im Jahre 1816 zu einer Wendung. Pläne zur Errichtung einer Universität in Bonn, die die deutsche kulturelle Stellung im Westen gegenüber französischen Einflüssen stärken sollte, gruben notwendigerweise Münster das Wasser ab. Vielleicht hatten auch die Forderungen des münsterischen Generalvikars Droste zu Vischering auf Errichtung einer rein katholischen Universität in Münster der bestehenden kleinen Universität in Münster schwer geschadet. Preußen wandte sich von ihr ab. Um Bonn als Universität der preußischen Westprovinzen erscheinen zu lassen, kamen die Oberpräsidenten der Provinzen auf den Gedanken, der Bonner Universität den Namen Rheinisch-Westfälische Universität zu verleihen, doch lehnte der Kultusminister ab. Er fürchtete, die neue Universität mit diesem Namen zu einem provinziellen Institut zu deklassieren.

Wenn man das Hauptverdienst des nimmer müden, ausdauernden und nüchternen Oberpräsidenten, des Freiherrn Ludwig Vincke, umschreiben sollte, so verfiele man wohl am ersten auf die Integrierung der zusammengewürfelten, konfessionell zerrissenen Provinz Westfalen zu einer Einheit und ihrer Einfügung in den preußischen Gesamtstaat. Nicht zuletzt gelang ihm das große Werk durch seine verständnisvolle Haltung gegenüber den katholischen Einwohnern. Daran ändert die ungerechtfertigte Behauptung des münsterischen Oberbürgermeisters Hüffer nichts, Vincke sei ein »aufrichtiger, aber intoleranter Protestant« gewesen. Unduldsam war Vincke nicht, wenn er auch fest auf dem Boden seines evangelischen Glaubens stand. Berechtigter ist dagegen die Kritik Hüffers, daß Vincke sich häufig in Geschäften abgemüht habe, »die er ganz füglich von anderen hätte ausführen lassen können«. Schuld daran war Vinckes Gewissenhaftigkeit, die es ihm schwer werden ließ, andere mit Aufgaben zu betrauen, in der Furcht, sie könnten sie nicht ordentlich erledigen. So blieb ihm über der Fülle der Geschäfte keine Zeit zur Entfaltung wirklicher Größe. Vincke hat seinen Fehler selber erkannt und sein Wissen in die Worte gefaßt: »Ich war das Pferd, Stein war der Reiter.«

Trotzdem verdienen seine Leistungen um die Homogenisierung der Provinz Westfalen höchste Achtung. Die Aufgabe war überschwer. Es gelang ihm nicht, zum einheimischen katholischen Adel ein erträgliches Verhältnis zu finden. Die Dichterin Annette Droste-Hülshoff meinte bei seinem Tode: »Vincke starb und wurde begraben, ohne daß ein Hahn danach krähte.« Das hämische Wort darf gewiß nicht verallgemeinert werden, doch spiegelte es schon die Stimmung des münsterländischen Adels gegenüber dem Oberpräsidenten. Der münsterländische Adel, aber auch weite Teile des Bürgertums fühlten sich eigentlich noch als Kinder des alten Fürstbistums Münster, wie sich die katholischen Sauerländer noch immer als »kurkölnisch« fühlten. Das gefühlsmäßige Hineinwachsen in die preußische Monarchie brauchte längere Zeit, als Vincke beschieden war. Auch unter den stammesfremden Siegerländern besaß der Name Oranien noch einen hohen Klang. Freilich ging die Abneigung gegen Preußen hier mehr auf die augenblickliche wirtschaftliche Misere zurück, die auf der schlechten Lage der Eisenindustrie beruhte. Sobald die Not durch Vermittlung Vinckes überwunden war, setzte sich in kurzer Zeit eine sehr preußenfreundliche Stimmung durch, die sicherlich durch die konfessionelle Verwandtschaft merklich befördert wurde.

In den konfessionellen Unterschieden lag mehr Sprengstoff, als man anfänglich vermutet hatte. Hierin lag ein Problem, das den Gesamtstaat berührte. Nach 1815 zählte Preußen neben sieben Millionen evangelischen Einwohnern rund fünf Millionen Katholiken, von denen die Hälfte in den Westprovinzen lebte. Allzu unbekümmert gingen manche preußischen Beamten daran, das Problem mit einfachen Mitteln zu bewältigen und unterlagen dabei schweren Verstößen gegen Takt und Anstand. Unverzeihlich war etwa der Erlaß von 1832, der katholischen Soldaten die Pflicht auferlegte, evangelische Gottesdienste zu besuchen. Kritisch beobachtete man auf katholischer Seite die Bevorzugung von Protestanten bei der Besetzung hoher Staatsposten. Überall nahmen seit 1816 Beamte aus den Ostprovinzen die leitenden Stellen in den Westprovinzen ein, meist evangelischer Konfession.

Vincke erkannte die daraus erwachsenden Konflikte sehr wohl und forderte schon im Jahre 1816 »allersorgsamste Behandlung« und unterschiedslose Berücksichtigung evangelischer und katholischer Einwohner bei den Stellenbesetzungen, sei es in der Verwaltung wie in der Justiz, doch ließen sich die an anderer Stelle einmal gemachten Fehler nicht ohne weiteres gutmachen. Preußen verfolgte weiterhin die Praxis, landfremde Beamte in den Provinzen zu beschäftigen, vielleicht in der Hoffnung, dadurch das Zusammenwachsen der unterschiedlichen Landesteile zu befördern. Der Zugang zu den höheren Staatsstellen blieb aber den Katholiken weitgehend versperrt.

Mancher aus den Ostprovinzen stammende Beamte traf in Westfalen auf Verhältnisse, die ihm höchst eigenartig und befremdlich erschienen. Die Charaktereigenschaften der Einwohner unterschieden sich zu stark. Nur so läßt sich der »Katechismus der Münsterländer« eines Schlesiers aus dem Jahre 1835 verstehen, dessen Erstes Gebot lautet: »Du sollst keinen Fremden leiden neben Dir. Du sollst Dir kein gutes Bild machen von einem, der kein Münsterländer ist«, und das Achte Gebot: »Du sollst von niemand, absonderlich von Fremden und Ketzern, nichts Gutes reden«.

Der katholische Adel in den früheren Fürstbistümern hielt sich im allgemeinen von allem Preußischen fern und zog einen Militärdienst in österreichischen Diensten dem preußischen vor. Auch zum Bürgertum wurde Distanz gehalten. Der westfälische Adel besaß zwar meist keine übermäßigen Reichtümer, ruhte aber doch auf einer gesunden wirtschaftlichen Basis, die ihm eine beachtliche Selbständigkeit gewährte, ohne dem Zwang zu unterliegen, sein Brot im Staatsdienst erwerben zu müssen. Allerdings ging die geringe Zahl katholischer Adeliger im höheren Staatsdienst auch auf fehlende Qualifikation zurück. »Bei vielen von ihnen reichte das Wissen nicht einmal für ein Offiziersexamen« (H. J. Behr), wie es Stein einmal ausdrückte. »Hunde, Pferde, Tabakspfeifen, ... Vornehmtun« reichten nach Ansicht des Reichsfreiherrn nicht hin, um Staatsämter beanspruchen zu können. Mangelnde Neigung zum Eintritt in Königsdienst verband sich mit fehlender Eignung. Fälle, wie der des früheren Domdechanten Ferdinand August Freiherr Spiegel zum Desenberg, blieben die Ausnahmen.

Bei den adeligen Kritikern Preußens verbanden sich konfessionelle Animosität mit reaktionärer Haltung, in ausgeprägter Form in der Gestalt des Grafen Joseph von Westphalen und Werners von Haxthausen. Dieser tadelte die zentralistischen Tendenzen in der Verwaltung und verlangte für Westfalen größere

Selbständigkeit, jener stellte in einer Liste alle in den letzten achtzehn Jahren angeblich begangenen Fälle von »Willkür der Beamten« zusammen und verlangte, den Beamten »Schranken zu setzen«. Auf die scharfe Zurückweisung seines Ansinnens durch die Regierung in Münster folgte eine Untersuchung gegen Westphalen, die freilich ohne Ergebnis blieb. Beide Adeligen hatten das Land verlassen und waren nach Bayern umgesiedelt.

Die verbreitete Unzufriedenheit der unteren Schichten beruhte auf anderen Grundlagen. Mißernten und hohe Lebensmittelpreise riefen bereits in den Jahren 1816 und 1817 Unruhen hervor. In Iserlohn stürmte die aufgebrachte Menge ein Getreidedepot. Nach einer längeren, nur durch Einzelfälle gestörten Ruhe kam es im Jahre 1828 zu neuen Tumulten, wiederum durch eine Mißernte hervorgerufen. Die Unzufriedenheit bezog sich auf die Unklarheiten bei der Ablösung der bäuerlichen Gefälle, des bäuerlichen Erbrechts und des Jagdrechts. Die Lage sah immerhin so bedrohlich aus, daß Preußen vorsorglich Truppen nach Westfalen entsandte, nachdem in Paris die Julirevolution ausgebrochen war (1830) und in Hannover und Hessen soziale Unruhen entbrannten. Im wittgensteinschen Laasphe wurden Heilrufe auf Napoleon ausgebracht. In Bielefeld herrschte eine bedrückte Stimmung, als nach dem Ausbruch der Revolution in Belgien der Leinenhandel abgeschnitten wurde. Vincke warnte vor Überreaktion und wies die Regierung an, eine »gerechte Unzufriedenheit und Verstimmung« auf keinen Fall durch unbedachte Maßnahmen zu schüren. Auch Stein gab sich gelassen. Wer konnte seiner Ansicht nach an einem Umsturz interessiert sein? »In unserer Provinz sind keine Elemente des Demokratismus. Unser Adel ist reich, teils wohlhabend, unsere Städte treiben Ackerbau oder bedeutende Gewerbe, unser Bauernstand ist mit Ausnahme einzelner Teile kräftig und wohlbestanden … Hinzu kommt der fromme, besonnene, großmütige Charakter des Deutschen und insbesondere des Westfälingers«. Diese Anschauung hinderte Stein nicht daran, sich der besonderen Problematik der Westprovinzen bewußt zu sein, in denen noch 1830 die ungestörte Erinnerung »an einen älteren, bequemeren, weniger Abgaben und Anstrengungen fordernden Zustand« fortlebte. Der Reichsfreiherr machte Fehler der Verwaltung, »Ungeschick des Kultusministeriums, vornehmlich in der Behandlung der Katholiken und ihrer Belange« (H.-J. Behr) dafür verantwortlich, daß die Integration der Provinzen in den Gesamtstaat noch nicht weiter vorangekommen war. Das galt besonders für die katholischen Gebiete, die nach der Selbständigkeitserklärung Belgiens in den Einflußbereich des klerikalen Systems zu geraten drohten, der in dem neuen Staat die Herrschaft angetreten hatte. Schon verbreitete sich die Furcht, diese Kräfte könnten darauf hinwirken, am Rhein »einen Jesuitenstaat nach dem Vorbild des alten Burgund einzurichten« (J. Hansen). Solche Ängste waren übertrieben. Über eine latent antipreußische Stimmung hinaus gab es weder in Adel noch Bürgertum eine ins Gewicht fallende gefährliche Strömung.

Erst der Mischehenstreit riß tiefere Gräben auf, als es bei beiderseitiger Mäßigung nötig gewesen wäre. Alle Versuche von preußischer Seite, die römische Kurie zu einer Milderung ihrer harten Haltung in der Mischehenpraxis zu bewegen, hatten sich als vergeblich herausgestellt. Staatskirchenrecht und katholisches Kirchenrecht ließen sich nicht vereinbaren. Schließlich bestimmte ein preußisches Gesetz von 1825, daß alle Kinder aus Mischehen in der Religion des Vaters erzogen werden sollten. Rom entschloß sich vorerst, diese Ordnung zu dulden und nicht mehr auf der Forderung katholischer Erziehung für alle Kinder aus Mischehen zu bestehen, jedoch sollte eine katholische Eheschließung abgelehnt werden, wenn die Braut die katholische Erziehung der Kinder nicht geloben wollte, ohne daß in diesem Punkt auf der letzten Konsequenz bestanden wurde.

In der Provinz Westfalen, in der der Code civil zum Unterschied vom linksrheinischen Rheinland keine Gültigkeit mehr besaß, begründete die kirchliche Eheschließung gleichzeitig auch die weltliche. Wenn aber die von der katholischen Kirche geforderten Vorbedingungen in einer Mischehe nicht gegeben waren, mußten die Geistlichen unweigerlich in einen Gewissenskonflikt geraten. Ein Breve Papst Pius' VIII. vom 25. März 1830 räumte deshalb den Geistlichen die Befugnis ein, auch solche Eheleute kirchlich zu verbinden, die keine Zusagen über die Kindererziehung leisten wollten. Jedoch sollte ihnen kein Segen erteilt und beim Trauakt kein Gebet gesprochen werden. Die preußische Übereinkunft mit dem Episkopat vom 19. Juni 1834 interpretierte das päpstliche Breve sehr weitherzig und legte den Pfarrern die Pflicht auf, unterschiedslos alle Mischehen zu schließen. Der Schritt führte zu einer vorübergehenden Beruhigung der Gemüter. Gerade in den westlichen Provinzen stieg die Zahl der Ehen gemischter Konfession erheblich an. Evangelische Beamte und Offiziere aus den preußischen Kernlanden heirateten einheimische katholische Mädchen. Da das Gesetz von 1825 in diesen Fällen die evangelische Erziehung der Kinder forderte, wurde eindeutig die evangelische Konfession bevorteilt, sehr zur Beunruhigung der katholischen Geistlichkeit. Die römische Kurie pochte auf die Einhaltung des Breve von 1830 und erklärte das Übereinkommen Preußens mit dem Episkopat von 1834 für ungültig.

Im Rheinland goß das scharfe Vorgehen des Erzbischofs Clemens August Droste zu Vischering in Köln Öl in die Flammen konfessionellen Streites, als er die rationalistische Theologie des früheren münsterischen, jetzt in Bonn lehrenden Professors Georg Hermes ablehnte und über die Theologische Fakultät in Bonn ein Vorlesungsverbot verhängte. Damit überschritt er seine Kompetenzen erheblich. Ihm stand nur die geistliche Aufsicht über die Fakultät zu. Die Kurie bemühte sich, den mit dem Staat ausbrechenden Konflikt zu stillen, doch forderte die preußische Regierung vom Erzbischof die Anerkennung der Konvention von 1834. Zuletzt am 24. Oktober 1837 erging in ultimativer Form eine Aufforderung an den Oberhirten. Der Erzbischof lehnte strikt ab, worauf die Regierung ihn des Amtes enthob und in die Festung Minden führte.

Eine tiefe Erregung bemächtigte sich der Öffentlichkeit, allerdings im Rheinland und Westfalen in ganz verschiedener Form. Die starre und unbewegliche Haltung des Erzbischofs war schon vorher manchem einer freieren Geisteshaltung zugewandten Rheinländer lästig gewesen. Nicht wenige Geistliche empfanden über sein Schicksal stille Schadenfreude. Verhältnismäßig schnell beruhigten sich die Gemüter. Ganz anders in Westfalen! Der aus dem Münsterland stammende Erzbischof, früher Generalvikar in Münster, besaß hier eine zahlreiche Verwandtschaft. Im Dezember 1837 kam es in Münster zu Straßentumulten, die von General Wrangel entschlossen niedergeschlagen wurden. Die unzuverlässigen münsterländischen Soldaten ersetzte ein vorwiegend aus Protestanten bestehendes Mindener Regiment. Die Regierung glaubte hinter den an den Unruhen beteiligten Studenten und Gymnasiasten adelige Drahtzieher zu erkennen, möglicherweise auch zu Recht. Tatsächlich blieb in den münsterischen adeligen Kreisen die von antipreußischen Affekten getragene Stimmung gereizt und unfreundlich. Es war für die gesamte Öffentlichkeit ein Unglück, daß sich das Mißtrauen gegenüber dem Staat und die Einhaltung seiner rechtlichen Grundlagen ausbreitete, vor allem nachdem in Berlin vorgetragene Proteste brüsker Ablehnung verfallen waren. Mancher Adelige verließ empört den Staatsdienst, darunter der spätere Bischof Wilhelm von Ketteler, damals Regierungsreferendar. Er begründete seinen Entschluß, die Beamtenkarriere aufzugeben, damit, daß er »einem Staate, der die Aufopferung meines Gewissens fordert, nicht dienen« wolle.

Auf dem Sechsten Westfälischen Provinziallandtag kam es im Mai 1841 zu einem heftigen Zusammenstoß zwischen katholischen und evangelischen Adeligen in der Angelegenheit des Kölner Erzbischofs. Freiherr von Schorlemer scheiterte mit seinem Antrag, dem König eine Dankadresse zu senden, in der die kirchlichen Streitfragen zur Sprache kamen, am Widerstand der Protestanten. Daraufhin formulierte Clemens August Graf von Westphalen einen Antrag, »die ungesetzliche Beschränkung persönlicher Freiheit betreffend«, in dem die sofortige Freilassung des Erzbischofs und seines Kaplans Eduard Michelis in scharfer Form gefordert wurde. Der König erblickte in dem Antrag eine vollendete Majestätsbeleidigung. Westphalen verließ das Land und zog sich auf seine nassauischen Güter zurück. Er kehrte erst nach zwei Jahren zurück.

Der von beiden Seiten eingeschlagene Weg verhieß nichts Gutes. Politisch denkende Katholiken rückten gegen den Staat enger zusammen. Aber auch in evangelischen Kreisen setzte ein Prozeß der Fanatisierung ein, den Vincke höchst beunruhigt zur Kenntnis nahm. Er fürchtete, »daß von evangelischen Eiferern ... die Erbitterung zum Religionshaß angefacht« werden könnte. Allerdings trug die Hauptschuld an der Verschärfung des konfessionellen Gegensatzes und dessen Politisierung zweifellos der Staat. Unnötige Schroffheiten hätten sich vermeiden lassen, wenn Berlin früher den Standpunkt eingenommen hätte, den es in den Konventionen vom 23./24. September 1841 wählte. Nunmehr wurden praktisch alle kirchlichen Forderungen anerkannt, in der Mischehenfrage das alleinige Entscheidungsrecht der Bischöfe anerkannt und lediglich die Amtsenthebung Clemens August Drostes zu Vischering als rechtmäßig geschehen verteidigt.

Das Fürstentum Lippe in der ersten Hälfte des 19. Jahrhunderts

Die preußischen Truppen unter General von Borstell behandelten das Fürstentum beim Einmarsch als Feindesland, mit vollem Recht, da Fürstin Pauline in unerschütterlicher Napoleonverehrung am Rheinbund festhielt. Erst am 5. November 1813, nach der Schlacht von Leipzig, erklärte sie ihren Austritt aus dem Satellitenbündnis. Ein Abgesandter der lippischen Regierung vollzog eine Woche darauf in Frankfurt am Main im Hauptquartier der Alliierten den Beitritt zum antifranzösischen Bündnis. Gemeinsam mit Schaumburg-Lippe und Waldeck bildete das Fürstentum ein Regiment und versprach, 288333 Gulden zu den Kriegskosten zu zahlen. Da dem Fürstentum ein Anteil an den englischen Subsidien und französischen Entschädigungszahlungen zugebilligt wurde, konnte es sich bald darauf von den Belastungen erholen.

Es erscheint erstaunlich, daß das kleine Fürstentum nicht nur die französische Zeit – dank der Anhänglichkeit Paulines an Napoleon – überlebte, sondern nun auch die 1813 über die kleinen Fürsten hereinbrechende Mediatisierungswelle. Lippe verdankte seinen Erhalt diesmal weniger der Geschicklichkeit Paulines als der allgemein stärker hervortretenden restaurativen Tendenz in der österreichischen und russischen Politik, besonders seit dem Vertrag von Ried (8. Oktober 1813), der den Übertritt des bayerischen Königs auf die alliierte Seite mit der vollen Garantie des Besitzstandes und dem Erhalt der Souveränität belohnte. Was dem bayerischen König billig war, konnte den anderen Fürsten schlecht verweigert werden, sofern sie bis Ende November zu den Verbündeten übergegangen waren. Mit einigen anderen bisherigen Rheinbundstaaten erhielt das Fürstentum Lippe zwar keine offizielle Bestandsgarantie, kam aber trotzdem in den Genuß derselben Rechte wie alle anderen Staaten, die denselben Schritt vollzogen hatten. Steins Forderung, Lippe als erobertes Land zu behandeln und der Mediatisierung zuzuführen, drang nicht durch. Auf dem Wiener Kongreß erkannte das Fürstentum am 5. Juni 1815 mit der Mehrheit der deutschen Staaten vorbehaltlos die Deutsche Bundesakte an und vollzog am 18. Juli offiziell seinen Beitritt zum Deutschen Bund. Im Plenum verfügte es über eine Virilstimme und besaß im engeren Rat einen Anteil an der 16. Kuriatstimme.

Anfangs belasteten Streitigkeiten mit dem Fürsten von Schaumburg-Lippe um Blomberg und Alverdissen die Geschicke, doch konnten die Konflikte vorteilhaft zum Abschluß gebracht werden.

Seit ihrem Beitritt zum Rheinbund hatte Fürstin Pauline ihre Landstände nicht mehr zusammengerufen und das Land als »aufgeklärte Despotin« (H. Kiewning) regiert. Verständlicherweise versuchte die Ritterschaft nun unter dem Schutz des preußischen Militärs, im Jahre 1813 die alte Verfassung wieder herzustellen, wenn auch vergebens. Die Landstände verlangten dann anläßlich der Verhandlungen mit der Fürstin über die Verteilung der Kriegskosten die Einberufung eines Landtages. Sie gaben sich nicht damit zufrieden, daß Pauline ihnen versicherte, daß sie die ständische Verfassung nicht als aufgehoben betrachte. Die Landstände riefen den Wiener Kongreß und 1817 die Bundesversammlung an, um die völlige Wiederherstellung der ständischen Verfassung im Fürstentum Lippe zu erreichen.

Weil die Bundesakte in ihrem Artikel 13 die ständische Forderung aufnahm, bequemte sich die Fürstin, im Jahre 1819 ihre Gedanken zu diesem Punkt niederzulegen. Danach sollten die Stände in ganz Deutschland »einerlei Rechte haben« und bei »der Legislation gehört werden (wovon ich den Nutzen nie fand)«. Mit Rücksicht auf diesen Mangel hielt sie die andersartige Organisation von Landständen für unumgänglich. Niemand dürfe durch Geburt den Landständen angehören. Mitgliedschaft in ihnen könne nur eine Wahl begründen. »Der Prinz, der nichts versteht, ... werde zurückgewiesen, der Bauernsohn, wenn er geistig mehr leistet, ihm vorgezogen«. Wenn schon der Grundbesitz die Basis für die Mitgliedschaft in den Ständen bilde, so müsse auch das platte Land im Gremium vertreten sein. Nach ihrem Dafürhalten sollte die Volksvertretung sich aus je sieben Vertretern direkt zu wählender Grundbesitzer und der über Wahlmänner zu ermittelnden Bürger und Bauern bestehen. Die Stände sollten das Zustimmungsrecht bei Verfassungsänderungen, Steuerausschreibungen und staatlichen Kreditaufnahmen erhalten, sich aber im übrigen nur gutachtlich äußern dürfen.

Der lippische Landadel protestierte gemeinsam mit dem Fürsten von Schaumburg-Lippe gegen diesen Plan beim Bundestag, der die Klage dem Berufungsausschuß übergab. Dieser setzte im September 1819 eine Entscheidung aus und legte den Ständen Verhandlungen mit der Fürstin über die Verfassungsfrage nahe. Die Landstände kamen der Auflage nach, doch sprach die Wiener Schlußakte vom 16. Mai 1820 der Regierung des Fürstentums Lippe das Recht zu, die Landesverfassung nach freiem Gutdünken zu gestalten, da eine landständische Verfassung in Lippe seit dem Jahre 1806 nicht mehr wirksam gewesen sei. Enttäuscht legte Fürstin Pauline am 3. Juli 1820 die Regentschaft nieder.

Sofort nach seinem Regierungsantritt nahm Fürst Leopold II. neue Verhandlungen mit Rittern und Städten auf. Der Fürst betrachtete sich als Souverän berechtigt, die Landesverfassung unter Berücksichtigung der bestehenden ständischen Rechte festzulegen. Die Stände verteidigten dagegen die ständische Verfassung als »in anerkannter Wirksamkeit« fortlebend und deshalb nur auf verfassungsmäßigem Wege für abänderbar. Beide Standpunkte ließen sich nicht wohl vereinbaren. Hinzu kam, daß der Adel für sich eine eigene Kurie forderte. Erst im Jahre 1830 konnten die Verhandlungen zu einem Ergebnis gebracht werden.

Nach der französischen Julirevolution meldeten sich am 19. Januar 1831 Bauern aus dem Amte Schötmar und mahnten die Ausführung der von der Fürstin Pauline versprochenen Verfassung an. Fürst Leopold legte Ende Mai eine unterzeichnete Verfassungsurkunde vor, die die Zustimmung der meisten Stände fand. Demgemäß setzten sich die lippischen Landstände aus je sieben Landtags- und einem Ausschußabgeordneten der adeligen und bürgerlichen Besitzer landtagsfähiger Güter, der Bürger der Städte, der übrigen Gutsbesitzer und Bürger der Flecken zusammen. Soweit sie nicht inzwischen abgeändert worden waren, sollten die Rechte der Landstände in dem Umfang wiederhergestellt werden, wie sie im Jahre 1805 wirksam waren. Nach einigem Hin und Her konnte die Verfassung des Fürstentums im Jahre 1836 verkündet werden. Im übrigen änderte sich in dem kleinen Fürstentum nur wenig. Im Bereich von Verwaltung und Justiz gelangten nur geringe Reformen zur Durchführung.

Der Selbstverwaltungsgedanke in der Provinz Westfalen

Daß Westfalen in der Geschichte der Selbstverwaltung in Deutschland eine bedeutende Rolle genießt, verdankt es dem Genie des Reichsfreiherrn vom Stein, aber auch der kräftigen Verfassungsbewegung in den preußischen Westprovinzen, auf deren Grundlage die Ideen Steins zur Blüte gelangen konnten. Die Provinz Westfalen nahm auf diesem Wege einen besonderen Charakter an. Sie »blieb auf diese Weise nicht bloß staatlicher Verwaltungsbezirk, sondern wurde ein Gemeinwesen« (A. Hartlieb von Wallthor).

Schon im Jahre 1798 ließ Stein erkennen, daß ihm die hohe Bedeutung des Ständewesens in Westfalen als Besonderheit und konstruktives Element deutlich geworden waren. Ihren Hauptwert sah er darin, daß einer größeren Zahl von Untertanen die Mitwirkung in der Gestaltung des öffentlichen Lebens gewährt wurde. Folgerichtig trat der Freiherr nach der preußischen Besitzergreifung der Entschädigungsländer im Jahre 1802 mit Nachdruck dafür ein, die landständischen Vertretungen zu erhalten »als ein Mittel, das Publikum immer in Verbindung mit der Landesadministration zu erhalten« (Stein, 11. September 1802). Nachdem die französische Eroberung Westfalens bald darauf mit der Einführung des Bürosystems alle ständischen Verfassungen vernichtete, kehrte erst nach der Vertreibung Napoleons die Möglichkeit zurück, die ständischen Vertretungen wieder ins Leben zu rufen, ein Wunsch, der erklärlicherweise hauptsächlich im Adel Fuß faßte.

Die Bildung einer einzigen preußischen Provinz in Westfalen kam den adeligen Wünschen durchaus entgegen, da es im Interesse des Gesamtstaates lag, die Provinzen mit einem Eigenleben auszustatten. Die knapp zwei Monate später auf die Einrichtung der Provinzialbehörden folgende »Verordnung über die Repräsentation des Volkes« vom 22. Mai 1815 enthielt das sogenannte »Verfassungsversprechen« König Friedrich Wilhelms III., das auf den Reformgedanken Steins beruhte. Die neuen Provinzialverfassungen sollten schließlich von einer Vertretung für den Gesamtstaat, den »Reichsständen«, gekrönt werden. Der zweite Paragraph der Verordnung bestimmte nämlich: »Zu diesem Zwecke sind a) die Provinzialstände da, wo sie mit mehr oder minder Wirksamkeit noch vorhanden sind, herzustellen und dem Bedürfnis der Zeit gemäß einzurichten; b) wo gegenwärtig keine vorhanden, sind sie einzurichten«. Damit lag ein klarer Auftrag vor, der in den Besitzergreifungspatenten wiederholt wurde. In den ständisch gegliederten Deputationen der alten Territorien zur Erbhuldigung an den preußischen König schien die alte Ständeverfassung ihre Wiedergeburt zu erleben.

Doch lag darin eine Täuschung. Trotz dem Drängen Steins und einer überaus lebhaften Diskussion auf publizistischer Ebene begann erst zu Anfang der zwanziger Jahre Bewegung in die Angelegenheit zu kommen. Das »Allgemeine Gesetz wegen Anordnung der Provinzialstände« vom 5. Juni 1823 und das Durchführungsgesetz für die Provinz Westfalen vom 27. März 1824 erfüllten freilich die in sie gesetzten Erwartungen in keiner Weise. Den Provinzialständen wurden nur die Kommunalangelegenheiten als Kompetenz überlassen. Im übrigen besaßen sie nur beratende Funktionen und das Petitionsrecht.

Die westfälischen Provinzialstände gliederten sich in vier Stände. Dem ersten Stand gehörten die mediatisierten Fürsten, die Standesherren, mit elf Stimmen an. Zum zweiten Stand gehörten zwanzig Vertreter der adeligen Grundbesitzer und Besitzer ehemals landtagsfähiger Güter, dem dritten Stand ebensoviele bürgerliche Vertreter aus den Städten, zum vierten Stand ebensoviele Grundbesitzer aus den Landgemeinden. Alle Verhandlungen sollten unter Vorsitz des Landtagsmarschalls und unter Kontrolle des königlichen Landtagskommissars, normalerweise des Oberpräsidenten der Provinz, stattfinden.

Der Erste Westfälische Provinziallandtag trat am 29. Oktober 1826 in Münster zusammen. Stein verwies als Landtagsmarschall auf die Kontinuitäten von der alten landständischen Verfassung zu der neuen Ordnung. In der Tat ließ sich nicht verkennen, daß damals wie nunmehr die Befähigung zur Mitgliedschaft im Landtag allein auf dem Grundbesitz beruhte. Andererseits war aber auch deutlich, daß das frühere Übergewicht des Adels beseitigt worden war. Den 31 Adeligen, unter denen auch noch einige bürgerliche Besitzer ehemals landtagsfähiger Güter sein konnten, standen vierzig Vertreter des Bürger- und Bauerntums gegenüber. Eine eingreifende Neuerung bestand auch in den Wahlen, die die Mitgliedschaft der Vertreter des zweiten bis vierten Standes begründeten. Abgeschafft waren auch die getrennten Beratungen der alten Kurien. Es gab nur noch gemeinsame Beratungen aller vier Stände.

Die Ergebnisse des Ersten Westfälischen Provinziallandtages konnten sich sehen lassen. Kompetent waren zahlreiche Fragen zur Kommunalordnung, der Regelung der gutsherrlich-bäuerlichen Verhältnisse, von Handel und Verkehr, zum öffentlichen Kredit- und Versicherungswesen, zur Wohlfahrtspflege und zum Schulwesen abschließend diskutiert worden. Auf die Durchführung seiner Beschlüsse besaß der Landtag jedoch keinen Einfluß. Sie lag ausschließlich bei den staatlichen Organen, die die Anregungen des Landtags aufnahmen. Auf diesem Wege entstand unter anderen Einrichtungen die »Provinzialhilfskasse«, aus der die spätere »Landesbank der Provinz Westfalen« hervorging. Ebenso ging die Vereinigung einer Reihe älterer Institute in der Westfälischen Feuersozietät von 1826 auf Beratungen des Landtags zurück. Seit 1828 drängten sich die Fragen des Eisenbahnbaus zwischen Lippe und Weser immer mehr in den Vordergrund der Beratungen der Landstände.

Ein wenig stiefmütterlich behandelt sahen sich Handel und Gewerbe. Immer wieder hatte der Freiherr vom Stein die Förderung von »Fabriken, Handel und Bergbau« als »wichtigsten Quellen des Reichtums Westfalens« gefordert. Die fast alle aus den Kreisen der Grundbesitzer stammenden Mitglieder des Landtags besaßen aber an diesen Fragen nur ein geringes Interesse. Der Gutsbesitzer und Fabrikant Johann Caspar Harkort, ein älterer Bruder des bekannteren Friedrich Harkort, verlieh dem Mißstand auf dem Landtag von 1845 lebhaften Ausdruck. Er verlangte eine ausreichende Landtagsvertretung aus den Kreisen von Handel und Industrie.

Die vor sich hin schlummernde Verfassungsfrage erlebte nach der französischen Julirevolution einen neuen Anstoß. Der Dritte Westfälische Provinziallandtag von 1830/31 verhandelte über ein Verfassungsbegehren an den König, in dem um die Einberufung von »Reichsständen« gebeten wurde. Doch traf der

Antrag auf den höchsten Unwillen des Königs. Vincke und Stein bekamen es zu spüren. Doch brachte das die Forderungen auf »Aufhebung der bisherigen Bevormundung« (Stadt Dortmund, Februar 1845 an den Achten Westfälischen Provinziallandtag) nicht zum Schweigen, wie später gezeigt werden soll.

Kirchen und Religionsgemeinschaften

Große Veränderungen mußte die katholische Kirche in der ersten Hälfte des 19. Jahrhunderts verkraften. Der an sich rechtswidrige Akt der Säkularisationen hatte sie einer großen Zahl altehrwürdiger Einrichtungen, Stiften und Klöstern beraubt. Sie ging aber auch verjüngt und mancher nutzlos gewordener Belastungen aus dem Prozeß hervor. Viele Institutionen, vor allem die Damenstifte, hatten längst ihre geistliche Bedeutung verloren. Niemand erkannte das klarer als die hohe katholische Geistlichkeit selber. Erhalten blieben dagegen die Ausstattungen der Bistümer, deren endgültige Dotierung zu einem späteren Zeitpunkt festgelegt werden sollte. Auch Kirchen- und Schulfonds erfuhren keine Eingriffe. Karitative Stiftungen galten als Privateigentum. Sie blieben unter landesherrlicher Aufsicht bestehen.

Eine schwierige Frage bildete die Neubesetzung des Bistums Münster. Der letzte Fürstbischof, Kurfürst Maximilian Franz von Österreich, war 1801 verstorben. Sein gewählter Nachfolger, Erzherzog Anton Victor von Österreich, verzichtete auf das Bistum angesichts preußischen Widerstandes gegen seinen Amtsantritt. Nach der preußischen Besitzergreifung Münsters fand keine Bischofswahl statt. Durch die in französischer Zeit im Jahre 1811 vollzogene endgültige Aufhebung des Domkapitels drohte auch dem Bistum die Auflösung. Jedoch richtete Napoleon am 24. August 1812 nach französischem Vorbild ein neues Domkapitel ein, dem nur Priester und Landeskinder angehören durften.

Dignitäten waren nicht mehr vorgesehen. Der bisherige Domdechant Freiherr Spiegel resignierte daraufhin und wurde am 15. April 1813 unter Berufung auf das französische Konkordat von 1801 durch Napoleon zum Bischof bestimmt. Der Akt war rechtsunwirksam, da das Konkordat nicht für die rechtsrheinischen Gebiete des Kaiserreichs galt. Außerdem erteilte der Papst wegen seiner Gefangennahme durch den Kaiser der Franzosen der Ernennung Spiegels niemals seine Bestätigung. Um Spiegel trotzdem zu kirchenrechtlich gültigen Handlungen zu befähigen, wählte ihn das Domkapitel zum Zweiten Kapitelsvikar als Stellvertreter des Ersten Kapitelsvikars Clemens August Droste zu Vischering, des späteren Erzbischofs von Köln. Droste sah sich durch die quasi-bischöfliche Tätigkeit Spiegels praktisch seiner Funktionen entsetzt. Die Zurücksetzung konnte er seinem Widersacher niemals verzeihen.

Im Bistum Paderborn vollzog sich der Übergang glatter. Franz Egon Freiherr von Fürstenberg behielt seine bischöflichen Befugnisse bei, nachdem er seine landesherrlichen verloren hatte. Er residierte allerdings meist in seinem zweiten Bistum Hildesheim. Im Dezember 1810 verfiel das Paderborner Domkapitel der Aufhebung durch König Jérôme, der eine eigene Kirchenorganisation im Königreich Westphalen mit dem Bischofssitz in Kassel aufbauen wollte. Er scheiterte jedoch am Widerspruch seines kaiserlichen Bruders.

Komplizierter gestalteten sich die Verhältnisse in den ehemals kurkölnischen Gebieten. Die linksrheinischen Teile der Erzdiözese, einschließlich der Stadt Köln, hatte Napoleon dem neugegründeten Bistum Aachen zugeschlagen. Die Verwaltung der rechtsrheinischen Landesteile erfolgte anfangs von Arnsberg aus, wo das Kölner Domkapitel Residenz genommen hatte, seit 1804 von Deutz aus. Ständige staatliche Veränderungen ließen den Plan zur Gründung eines bergischen Bistums in der Schublade verschwinden.

Nach der preußischen Besitzergreifung stellte sich das Problem einer kirchlichen Neuordnung Westfalens. Der päpstliche Stuhl forderte die Wiederherstellung der Domkapitel in Münster und Paderborn. Besonders drang der Papst auf ein Ende der »staatsbischöflichen« Tätigkeit Spiegels in Münster. Der Kapitularvikar Clemens August Droste zu Vischering nahm ihm die Befugnisse des Bistumsverwesers ab. Spiegel fühlte sich gedemütigt. Vincke sah in dem Schritt Drostes eine rechtswidrige Handlung, da dafür keine königliche Genehmigung vorlag, und veröffentlichte etwas voreilig einen entsprechenden Erlaß im »Münsterischen Intelligenzblatt«. In Berlin bezog man aber eine vorsichtigere Stellung und verlangte von Droste die Rechtfertigung seines Vorgehens. Der Kapitularvikar legte ein päpstliches Breve vom 14. Oktober 1814 vor, das die Regierung als ausreichend anerkannte. Vincke stand im Regen. Merkwürdigerweise veröffentlichte Droste das Breve erst am 15. Dezember 1815 und teilte gleichzeitig dem Domkapitel mit, der päpstliche Wille richte sich auf die Erhaltung des alten Domkapitels, nicht aber des von Napoleon eingerichteten. Daraufhin trat Spiegel wieder als Domdechant an die Spitze des Kapitels, ohne daß sich indessen die Personalzusammensetzung änderte. Eine endgültige Regelung blieb vorbehalten, die die preußische Regierung auf später verschob.

Mit der Durchführung hatte es vorerst gute Weile. Es dauerte bis zum 6. April 1820, als der König den Staatskanzler beauftragte, mit der römischen Kurie in Verhandlungen zu treten. Dank des Geschicks des preußischen Kuriengesandten Niebuhr kamen sie schon nach acht Monaten zum Abschluß, ohne daß ein förmliches Konkordat vereinbart wurde. Preußen ging es dabei hauptsächlich um folgende Fragen: Die Grenzen der Bistümer sollten mit den staatlichen Grenzen in Deckung gebracht werden. Die Dotationen der Bistümer, Domkapitel und Priesterseminare waren zu regeln und die staatlichen Befugnisse bei Bistumsbesetzungen und Vergabe von Kanonikaten zu umschreiben.

Die Vorstellungen der Berliner Regierung zur Neuordnung der Diözesen unterlagen starken Schwankungen. Anfangs tendierte man dahin, die Bistümer Paderborn und Corvey zu unterdrücken und ihre Gebiete der Diözese Münster zuzuschlagen. In Paderborn sollte bestenfalls ein Weihbischof und das Priesterseminar verbleiben. Dann wieder glaubte man, daß eine Union Paderborns mit Köln die günstigere Lösung sei. Schließlich verfiel man darauf, aus den bisherigen Diözesen Paderborn und Corvey unter Einbeziehung des Herzogtums Westfalen, des Eichsfeldes und Erfurts ein neues Bistum Paderborn zu bilden, dem auch die Administration über die benachbarten evangelischen Gebiete von

Minden, Ravensberg, Magdeburg und Merseburg zustehen sollte. Gerade auf die zuletzt genannte Befugnis legte die preußische Regierung den größten Wert, hoffte sie doch, damit einem zu starken Einfluß der römischen Propagandakongregation einen Riegel vorschieben zu können.

Paderborn griff damit weit über die Grenzen Westfalens hinaus. Dasselbe Schicksal wurde aber auch dem Bistum Münster zuteil. Es sollte den (bis 1822 bestehenden) Regierungsbezirk Kleve und das Großherzogtum Oldenburg umfassen, dessen südlicher Teil von den altmünsterischen Ämtern Cloppenburg und Vechta gebildet wurde und eine rein katholische Bevölkerung aufwies. Innerhalb der Provinz Westfalen wurde dem Bistum Münster das ehemals kurkölnische Vest Recklinghausen zugelegt.

Nach diesem Muster umschrieb die päpstliche Bulle De salute animarum vom 16. Juli 1821 die neuen Diözesen. Münster und Paderborn gehörten mit den Diözesen Köln und Trier zur Kirchenprovinz Köln. Auch die Gestalt der Domkapitel erfuhr ihre Festlegung. In Münster und Paderborn sollte es jeweils zwei Dignitäre, den Propst und den Dechanten, geben, daneben acht Domherren und vier Ehrendomherren. Beide Kapitel erhielten das Recht, den Bischof zu wählen. Ein nicht veröffentlichtes Breve verlangte, daß der zur Wahl Anstehende nicht nur die kirchlichen Vorbedingungen erfüllen, sondern auch das Vertrauen des preußischen Königs besitzen müsse. Statt der ursprünglich vorgesehenen Dotation der Bistümer durch Staatsforste sollten Geldzahlungen erfolgen.

Die Besetzung des Bistums Münster brachte kirchenrechtliche Fragen mit sich. War Münster überhaupt als vakant anzusehen? Die Frage wurde bejaht. Preußen legte Wert darauf, daß keiner der beiden Brüder Droste zu Vischering zum Zuge kam. Weder der Weihbischof Caspar Maximilian, noch der Kapitularvikar Clemens August standen beim König in gutem Ansehen. Besonders der Letztere hatte mehrmals durch sein schroffes Auftreten gegenüber preußischen Behörden Anlaß zum Verdruß gegeben. Auf der andern Seite lehnte die Kurie den ihr verhaßten »napoleonischen Bischof« Spiegel strikt ab. So verfiel man auf den bisherigen Corveyer Bischof Ferdinand Freiherr von Lüninck. Er konnte in Münster nur noch wenige Jahre wirken. Eine schwere Krankheit mit geistiger Zerrüttung beendete das Leben des »guten, aber viel zu schwachen« Bischofs am 18. März 1835 in Corvey.

Auch der Bischof von Paderborn, Franz Egon von Fürstenberg, ein im Volke beliebter Mann und Förderer des Schulwesens, zeigte sich den Problemen der Zeit nicht gewachsen. Er stand bereits im neunten Lebensjahrzehnt. Die Bestallung des Generalvikars Richard Dammers sollte ihm die Amtsgeschäfte erleichtern. Vor allem sollte Dammers die neu zum Bistum geschlagenen Gebiete betreuen. Er sollte auch 1825 nach dem Tode Fürstenbergs im Bistum folgen, doch lehnte ihn Vincke wegen früherer Zusammenstöße ab. So kam der vom Oberregierungsrat Heinrich Schmedding im Berliner Kultusministerium empfohlene Hildesheimer Generalvikar Friedrich Clemens von Ledebur zum Zuge. Ledebur besaß weder Energie noch Kraft, die zum Aufbau der neuen, großen Diözese erforderlich gewesen wären. Die Regierung verlangte deshalb von ihm die Annahme des münsterischen Konsistorialrats Heinrich Drüke als Generalvikar, obgleich dieser im Klerus wegen seines herrischen Auftretens wenig Freunde besaß.

Bei der Bischofswahl in Münster erhielt 1825 der bisherige Weihbischof Caspar Maximilian Droste zu Vischering, der jetzt auch das Wohlwollen der Regierung besaß, die meisten Stimmen, ein »frommer Mann, aber keine Führerpersönlichkeit« (E. Hegel). Einige betrachteten ihn sogar als »charakterschwach und ängstlich« (J. v. Stolberg).

Im Grunde hatte sich die Besetzungspraxis der Bistümer im Vergleich mit den Verhältnissen im alten Reich kaum verändert. Wie damals einigte sich der Landesherr, früher der Kaiser, mit dem päpstlichen Stuhl und dem zuständigen Domkapitel auf einen genehmen Kandidaten. Auch der traditionelle Vorrang des Adels bei der Kandidatenwahl blieb unverändert bestehen. Erst seit den vierziger Jahren veränderte sich das Bild. Nunmehr gestand die Regierung dem Domkapitel die offizielle Initiative bei der Anfertigung der Kandidatenliste zu und sah auch nicht mehr auf die ständische Herkunft der Kandidaten. Doch behielt der König das Recht, ihm unwillkommene Namen in der Liste zu streichen.

Nach diesem Schema wurde erstmals am 27. November 1840 bei der Bischofswahl in Paderborn verfahren. Der König hatte alle sieben Kandidaten gebilligt, aber, unter eindeutiger Überschreitung seiner Befugnisse, den Generalvikar Drüke besonders empfohlen. Das Kapitel entschied sich jedoch für Dammers, der als Weihbischof amtierte, einen früher äußerst tatkräftigen Mann, jetzt aber im Alter von 78 Jahren ein bloßes Werkzeug in den Händen seiner Wähler, denen es allein darum ging, den unbequemen Generalvikar auszuschalten.

Ein anderes Bild bietet die evangelische Kirche. In den geistlichen Territorien blieb sie bis 1802 so gut wie unbekannt. Erst nach dem Einrücken der preußischen Truppen unter Blücher in Münster fand ein erster evangelischer Gottesdienst in der Aula der Universität statt. Der König überwies die unbenutzt stehende, ehemalige Minoritenkirche an die evangelische Gemeinde (25. Januar 1804). Doch hatte ihr Bestehen bald ein Ende. Mit der französischen Eroberung verschwanden die evangelischen Beamten und Soldaten wieder aus dem Lande.

Nach der preußischen Besitzergreifung von 1813 ergaben sich Möglichkeiten zur Bildung einer evangelischen Provinzialkirche. Dringend erforderlich erschien besonders die Beseitigung der Mißstände, die sich aus dem Nebeneinander einer Mehrheit lutherischer neben einer Minderheit reformierter Gemeinden ergaben. Sowohl in Berlin als auch in Westfalen lag der Gedanke einer Union beider Konfessionen nahe, wobei Lehrunterschiede ausgespart bleiben sollten. König Friedrich Wilhelm III., von rationalistischen Theologen erzogen, besaß ohnehin keinen Sinn für theologische Unterschiede. Er hoffte, die Einheit beider Kirchen über eine gemeinsame Gottesdienstordnung erzielen zu können, und glaubte, als Summepiscopus auch dazu berechtigt zu sein, eine gemeinsame Liturgie anzuordnen.

Schon in der Kabinettsordre vom 27. Mai 1816 sprach der König den Wunsch aus, die Union zum vierhundertjährigen Jubiläum der Reformation durchführen zu können. Wie die Union aber zu bewerkstelligen war, blieb offen. Am ehesten entsprach wohl die freiwillige Vereinigung, wie sie die beiden Synoden in Hagen vollzogen, seinen Vorstellungen. Eine königliche Agende wurde 1821 den Gemeinden beider Kirchen zur Annahme empfohlen, doch stieß sie auf fast einhellige Ablehnung. Das Konsistorium in Münster machte den König darauf aufmerksam, daß in der Grafschaft Mark eine presbyterial-synodale Verfassung gelte, die Veränderungen im Kirchenwesen nur aufgrund von Synodalberatungen gestatte.

Im Jahre 1828 entschloß sich der König zur Einführung des Amtes der Generalsuperintendenten in den Kirchenprovinzen, mit deren Hilfe er die einheitliche Agende durchzusetzen hoffte. Jedoch erlebte Friedrich Wilhelm III. mit der neuen Agende von 1829 dieselbe Enttäuschung wie früher, obgleich er darauf hinwies, es gehe ihm nur um die Beseitigung von Fehlentwicklungen und die Verwirklichung einer einheitlichen Liturgie. Durch die Ablehnung fühlte der König sich in seinen guten Absichten enttäuscht. In der Kabinettsordre für Schlesien und Pommern vom 28. Februar 1834 betonte er nochmals, ihn interessierten nicht die Glaubensbekenntnisse und Bekenntnisschriften beider evangelischer Konfessionen. Er wolle mit der Union »nur den Geist der Mäßigung und Milde« zum Durchbruch bringen. »Der Beitritt zur Union ist Sache des freien Entschlusses.«

Der erste westfälische Generalsuperintendent, der Rheinländer Roß, der in Berlin wirkte und sich in Westfalen durch Natorp vertreten ließ, arbeitete eine Rheinisch-Westfälische Kirchenordnung aus, die am 5. März 1835 eingeführt wurde. Danach sollte die Provinzialsynode lediglich beratende Funktionen besitzen. Durch ihre Stellungnahmen zu allen brennenden kirchlichen Fragen erlangte sie aber trotzdem später erhebliche Bedeutung. Um allen Schwierigkeiten aus dem Wege zu gehen, hatte Roß von einer Wesensbestimmung ganz abgesehen, auch Glaubensfragen und Bekenntnis ausgespart.

Die Lage der westfälischen Juden verschlechterte sich nach der preußischen Besitzergreifung. Die teilweise Emanzipation in der französischen Zeit wurde nach 1815 aufgehoben. Mit Ausnahme der Judenschaft im Herzogtum Westfalen, die sich bis 1847 am Leben hielt, bestanden in Westfalen keine Judenschaften mehr. Der preußische König, der sich als christlicher Herrscher betrachtete, konnte kein Interesse an der Stärkung rabbinischer Autorität besitzen. Jüdische Gemeinden blieben lediglich als private Vereine bestehen. Die Zahl der jüdischen Gemeinden in Westfalen wurde im Jahre 1834 mit 160 angegeben. Sie umfaßten 13000 Mitglieder. Die gesetzlose Zeit endete für die Juden erst mit dem Jahre 1846.

Kultur und Kunst

Die Bautätigkeit in der Provinz Westfalen litt zu Anfang des 19. Jahrhunderts unter dem Mangel an Aufträgen, die früher von den geistlichen Einrichtungen reichlich erteilt wurden. Andererseits waren auch die ehemals die Architektur beherrschenden Familien der Pictorius, Reinking und Lipper von der Bühne abgetreten. Bestimmend wurde nun der Einfluß Schinkels, des Chefs der »Technischen Ober-Bau-Direction« in Berlin in geradezu übermächtigem Umfang. Bereits im Jahre 1817 ließ er einen in gotischen Formen gehaltenen Entwurf für die katholische Kirche in Neheim anfertigen, der drei Jahre später in verkleinertem Maßstab ausgeführt wurde. Im Jahre 1818 folgte ein im romanischen Stil gehaltener Entwurf für die evangelische Kirche in Hemer. Weil dieser zu kostspielig war, blieb er unausgeführt. Um unnötige Kosten bei Kirchbauten zu unterbinden, entwarf Schinkel 1820 einen Plan für eine »Normalkirche«, die allen Konfessionen dienen konnte, doch wurde erst ein anderer Plan von 1825 schließlich für diesen Zweck ausgewählt und auch in Westfalen angewandt. Im weltlichen Bereich machte sich der Einfluß Schinkels vor allem in der früher sehr kleinen, durch den Regierungssitz aufgewerteten Stadt Arnsberg bemerkbar. Aus Arnsberg stammte auch Schinkels begabter Schüler Friedrich August Ritter, der die Kirche in Gevelsberg errichtete, in Hagen eine zweitürmige Kirche und das Rathaus. In Minden stechen die monumentalen Militärbauten in klassizistischem Stil nach den Plänen Schinkels als Zeitzeugen hervor. Von einem anderen Schüler Schinkels, Carl Ferdinand Busse, stammen die schönen Bauten in Bad Oeynhausen. Die in Münster errichteten Bauten des Militärdepartements sind dem letzten Kriege zum Opfer gefallen. Erhalten blieb nur ein kleines Torhaus am Mauritztor.

Einer der eindrucksvollsten Schloßbauten dieser Zeit begegnet in Herdringen bei Neheim. Der Bau wurde von dem Schinkelschüler Ernst Friedrich Zwirner als Stammsitz der westfälischen Grafen von Fürstenberg errichtet. Wahrscheinlich diente dem Bau das Schloß Babelsberg bei Potsdam zum Vorbild.

In der bildenden Kunst setzte sich dagegen nach 1815 zunehmend der Einfluß der Düsseldorfer Kunstakademie durch. Ihr Direktor Wilhelm von Schadow, zur katholischen Kirche übergetreten, vertrat in der Malerei eine romantisch-religiöse Tendenz. Sein Schüler, der Westfale Theobald von Oer, schuf das bekannte Bild der Fürstin Gallitzin im Kreise ihrer Freunde. Der Maler zog im Jahre 1839 nach Dresden, behielt aber auch weiterhin Verbindung mit Westfalen.

Zum Bekanntheitsgrad der Düsseldorfer Kunstschule trug nicht wenig der im Jahre 1829 gegründete »Kunstverein für die Rheinlande und Westfalen« mit Sitz in Düsseldorf bei. Durch ihn fand bürgerliche Kunstförderung in Ausstellungen, durch Ankauf von Gemälden und Erteilung öffentlicher und privater Aufträge, besonders für Kirchen, ihren Ausdruck. Dem Düsseldorfer Kunstverein folgte im Jahre 1831 die »Versammlung hiesiger Künstler und Kunstfreunde« in Münster, der spätere »Westfälische Kunstverein«. Ihm stellte sich vor allem die Aufgabe, die Sorge für die nach der Aufhebung der Klöster und Stifte herrenlos gewordenen mittelalterlichen Kunstwerke zu übernehmen, um ihren Untergang zu verhindern. Mit den geretteten Werken altwestfälischer Malerei sollte dann später der Grundstock für ein Museum in Münster gelegt werden. Gegenüber diesem Ziele trat die Förderung lebender Künstler zurück. Das verfügbare Geld reichte nicht, um auch dieser Aufgabe gerecht zu werden.

Die Rolle Westfalens in der Literatur des beginnenden 19. Jahrhunderts ist zwiespältig. Der Bökendorfer Kreis der Gebrüder von Haxthausen vereinte

Frömmigkeit, Auflehnung gegen Napoleon und romantische Gesinnung. Er zog erstmals im Jahre 1811 Wilhelm Grimm nach Westfalen, der den Brüdern in seiner Begeisterung für das Volkslied und volkstümliche Überlieferung nicht nachstand. Etwa ein Fünftel der von Wilhelm und Jakob Grimm gesammelten »Kinder- und Hausmärchen« gehen auf Überlieferungen des Bökendorfer Kreises zurück. Auf Bökendorf begegneten aber auch die Schwestern Annette und Jenny Droste-Hülshoff zum ersten Mal dem Geist der Romantik.

Der wohl begabteste Dichter Westfalens in jener Zeit war der in Detmold geborene Christian Dietrich Grabbe (1801–1836), den aber ungeachtet seiner »Hermannsschlacht« keine westfälischen Themen beschäftigten. Ihm lag mehr die Kritik an den restaurativen Zeittendenzen am Herzen. Er scheiterte an der inneren Zerrissenheit, die er in seinen Helden zur Anschauung brachte.

Die Dichterin Annette von Droste-Hülshoff (1797–1848) war in ihrer Jugend von der Aufklärung geprägt, gelangte aber mehr und mehr in eine romantisch-religiöse Richtung, der das »Geistliche Jahr« entsprang. Ein westfälisches Thema griff »Die Judenbuche« auf. Die »Westphälischen Schilderungen aus westphälischer Feder« wurden vielfach als unsachlich und tendenziös aufgenommen. Nicht alle konnten die Überzeugung der Dichterin teilen, daß der allgemeine Niedergang ein Resultat des Verfalls des Glaubens darstelle.

Dagegen erhoffte der aus Magdeburg stammende Protestant Karl Leberecht Immermann (1796–1840) in seinem Roman »Münchhausen« und besonders in dessen Teil »Der Oberhof«, durch Rückgewinnung alter Ursprünglichkeit »eine ideale poetische Wahrheit« zu erzielen (W. Huge). Das »Lob des Herkommens«, ein idealisierter »unvermischter Stamm« der Westfalen dienten Immermann als Gegenbild zur subjektivistischen Willkür der Zeit. Er fand damals mehr Anklang beim Publikum als die Droste.

Noch stärker prägte das Werk »Das malerische und romantische Westphalen« (1839/41) das Bild Westfalens. Urwüchsigkeit und ursprüngliche Bindung an die Natur stehen im Vordergrund des von Ferdinand Freiligrath begonnenen und von Levin Schücking mit Hilfe der Droste vollendeten Buches. Westfalen wurde als Land der »Weltabgeschiedenheit« geschildert, an dem »Zeit und Fortschritt nur leise und in großen Zwischenräumen angepocht haben ... Es ist ein derber, urkräftiger Menschenschlag, die Westphalen«. Ein solches Idealbild blieb bis auf den heutigen Tag lebendig.

Wenn es schon in der Literatur an wirklich großen Namen fehlt, so noch mehr in der Musik. Trotzdem läßt sich nicht verkennen, daß es in Westfalen eine rege Musikpflege gab. Nach dem Versiegen der Chormusik in den Klöstern und Stiften der alten Zeit traten zwischen 1816 und 1824 überall im Lande Musikvereine ins Leben, denen später weitere folgten und von denen viele noch heute bestehen.

In den katholischen Kirchen hatte die Musik niemals ihre Bedeutung verloren. Dagegen zeigten die evangelischen Kirchen unter dem Einfluß des Rationalismus starke Verfallserscheinungen in der Musikpflege. Es war das große Verdienst Bernhard Christoph Natorps, der evangelischen Kirchenmusik seit 1823 neue Impulse verliehen zu haben.

Vormärz, Revolution und Restauration

Wie sah aber die Wirklichkeit der Jahre zwischen den Befreiungskriegen und der Revolution von 1848 aus? Eines ist sicher: Die romantische und idealisierende Literatur spiegelt nicht die wirklichen Verhältnisse. Die Stimmung wurde von Unzufriedenheit über die ausbleibende Einlösung des Verfassungsversprechens, über die politische Unfreiheit in der Meinungsäußerung, wirtschaftliche Nöte und soziale Fragen in einem weit höheren Maße beherrscht, als es die Dichtungen der Droste und Immermanns erahnen lassen.

Gerade in den Gebieten mit der höchsten Bevölkerungsdichte und dem größten Anstieg der Bevölkerungszahlen geriet damals die Leinenindustrie in eine schwere Absatzkrise. Der Wert der westfälischen Leinenproduktion sank von über drei Millionen Talern auf ein Viertel des Wertes ab. Der Verfall auf diesem Gebiete zog andere Gewerbe nach. Der Eisenindustrie fehlte der Absatzmarkt. Im Siegerland verbreitete sich eine erschreckende Arbeitslosigkeit. Überall fraßen die Unterstützungsleistungen für verarmte Familien die Budgets der Gemeinden auf. Selbst in Nordamerika verbreitete sich der Ruf von der in Westfalen um sich greifenden Armut und regte zu Sammlungen für die Betroffenen an. Der als Arbeitsförderungsmaßnahme begonnene Eisenbahnbau verschaffte zwar nicht wenigen Beschäftigung und Broterwerb, konnte aber die Wurzeln der Armut nicht ausrotten.

Die Ernten der vierziger Jahre fielen übermäßig schlecht aus. In den Städten wurden traditionelle Feste und Bälle abgesagt, um mit den dafür vorgesehenen Geldern Armen zu helfen. Hungersnot zog die Ausbreitung von Tuberkulose und Typhus nach sich. In Iserlohn gingen die Arbeiter auf die Straße und protestierten gegen die Beschäftigung billiger arbeitender Frauen. Im Kirchspiel Brackwede richtete sich der Protest der Weber gegen die Einführung arbeitsraubender Maschinen. Auch beim Eisenbahnbau kam es zu Arbeitsniederlegungen. Die Bettelei nahm im Lande zu und führte zu einem gefährlichen Bandenwesen, zu dessen Bekämpfung sogar Militär eingesetzt werden mußte.

War es ein Wunder, daß vielen die Auswanderung als einziger Ausweg aus Jammer und Elend erschien? Die meisten Auswanderer bestiegen das Schiff nach Nordamerika. Die Auswanderungszahlen wuchsen in den vierziger Jahren sprunghaft an. Am stärksten betroffen waren die industrialisierten Gebiete Westfalens, vor allem die Stätten der Leinenindustrie.

Die sozialen Probleme in Gefolge der wirtschaftlichen Misere ließen sich nicht durch Verschweigen lösen. In liberalen und konservativen Kreisen wurde in Diskussionen die Bildung von Vereinigungen angeregt, die den Arbeiter zeitlebens begleiten sollten, um ihm im Notfall beizustehen. So richtete Friedrich Harkort im Jahre 1820 in seinen mechanischen Werkstätten in Wetter an der Ruhr Krankheits- und Invalidenkassen für die Arbeiter ein. Er schlug auch die Bildung von Konsumvereinen vor. In seinen »Bemerkungen über die Hindernisse der Civilisation und Emancipation der unteren Klassen« forderte er außerdem Auswanderungsmöglichkeiten, den Erwerb überseeischer Kolonien und Schaffung einer Kriegsmarine zu deren Schutz. Jedem müßte die Möglichkeit eröffnet werden, Eigentum zu erwerben.

Trotz der unbefriedigenden Lage herrschte um 1840 in Westfalen im allgemeinen noch eine königstreue preußische Haltung vor. Die Kriegsgefahr mit Frankreich steigerte 1840 sogar noch die vaterländische Gesinnung. Sozialistische Stimmen aus England und Frankreich fanden höchstens bei einigen Intellektuellen, aber nicht im Volke Gehör. Es bestanden auch keine Publikationsorgane, in denen politische Kritik sich hätte äußern können. Die einzige politische Zeitung, die in Westfalen erschien, war seit 1822 der »Westfälische Merkur« in Münster. Es gab zwar zahlreiche andere Blätter, doch besaßen diese nur lokale Bedeutung. Die Zensur verhinderte, daß in den Blättern politische Themen angeschnitten wurden. Wenn die Zensoren solche Gegenstände erlaubten, dann nur, um »die Liebe zu König und Vaterland ... und alle Tugenden eines guten Untertanen zu fördern und zu beleben« (L. Freiherr Vincke 1835).

Aggressiv agierte nur das seit 1844 in Lemgo gedruckte »Dampfboot«. Unverhüllt trat es für sozialistische und kommunistische Ideen ein. Seit 1845 erschien »Das Westphälische Dampfboot« dann in Bielefeld als Monatsschrift und unterlag als solche nicht mehr der Zensur. Der frühere Artillerieoffizier Joseph Weydemeyer griff Bürokratie, Klerus und Adel an. Er trat für einen kommunistischen Humanismus ein und hätte nur zu gern Marx und Engels als Bundesgenossen gewonnen, doch blieben solche Bemühungen vergebens.

Überhaupt konzentrierte sich die linke Agitation auf das östliche Westfalen. In Bielefeld sprach Carl Grün über seine sozialistischen Gedanken »zum Besten der armen Spinner«, die von der Zensur wegen »Unverständlichkeit der Sprache« für harmlos gehalten wurden. Aufsehen erregte eine am 14. Oktober 1845 in Bielefeld veranstaltete Feier aus Anlaß der Wiederkehr des Tages der preußischen Niederlage bei Jena und Auerstedt. Um den Fabrikanten Julius Meyer auf Schloß Holte bildete sich ein linksdemokratischer Kreis, an dessen Zusammenkünften gelegentlich auch Marx und Engels teilnahmen. Unter den Mindener Offizieren wurde im Jahre 1846 die Verhaftung von Kommunisten angeordnet.

Die Unzufriedenheit konnte nur deshalb auf weitere Bevölkerungskreise übergreifen, weil der König sein Verfassungsversprechen von 1815 noch immer nicht eingelöst hatte. Noch immer gab es außer den Provinzialständen nur kommunale Volksvertretungen in den meisten Städten. Erst im Jahre 1841 erhielt Westfalen eine neue Gemeindeordnung für Gemeinden unter 2500 Einwohnern. Größere Gemeinden sollten die Revidierte Städteordnung einführen. Nach wie vor beruhte die Mitgliedschaft in den Gemeindevertretungen auf Grundbesitz und einem bestimmten Steuersatz. Der Gemeindevorsteher wurde vom Staat ernannt. Adlige Güter unterlagen nicht seiner Polizeigewalt und besaßen in den Vertretungen eine Virilstimme. Auch das Fürstentum Lippe erhielt 1841 eine Landgemeindeordnung und zwei Jahre darauf eine der preußischen ähnliche Städteordnung.

Auf dem Westfälischen Provinziallandtag von 1845 nahm die Verfassungsfrage die beherrschende Stellung ein. Georg Vincke, der Sohn des früheren Oberpräsidenten, beantragte im März die Einführung von Reichsständen für das Königreich Preußen, verfehlte aber knapp die dafür erforderliche Zweidrittelmehrheit, da besonders die münsterländischen Adeligen eine Auflösung des ständischen Prinzips und den Verlust provinzieller Eigentümlichkeiten befürchteten. Erst am 3. Februar 1847 erging eine Aufforderung Friedrich Wilhelms IV. an die Provinzialstände, einen Vereinigten ständischen Ausschuß und einen Vereinigten Landtag für die gesamte Monarchie zu bilden. Dem Landtag sollten 307 Adelige und 306 Abgeordnete der Städte und Landgemeinden angehören. Mit seinem Zusammentritt am 11. April des Jahres setzten sofort heftige politische Auseinandersetzungen ein, die an den Grundfesten des Staates rüttelten. Der Landtag war gewiß nicht als eine Vertretung des Volkes anzusehen, da er aus keinen Wahlen hervorgegangen war, und doch entwickelte er sich zu einer politischen Repräsentation mit Fraktionen. Unter den Liberalen fanden sich auch die beiden Westfalen Georg Vincke und Florenz von Bockum-Dolffs.

Am königlichen Hof gab es nicht wenige, die es bitter bereuten, daß Preußen auf dem Wiener Kongreß die »fremdartigen Länder«, worunter man die Rheinlande, Westfalen und Posen verstand, erworben hatte. Mit königlichem Mißfallen wurde der Erste Vereinigte Landtag im Juni 1847 nach Hause entlassen. Erst zum Abschluß des Vereinigten Ausschusses am 5. März 1848, nun schon unter dem Schatten der französischen Februarrevolution, stimmte König Friedrich Wilhelm IV. der bisher stets versagten Periodizität des Vereinigten Landtags zu.

Die Nachrichten von den Pariser Ereignissen, mehr noch große wirtschaftliche Schwierigkeiten nach der Mißernte von 1846, weniger aber politische Gründe, führten im März 1848 zum Ausbruch von Unruhen in Preußen.

Noch im März 1878 richteten die alten Krieger aus der Grafschaft Mark auf die Nachrichten von den blutigen Straßenkämpfen vom 18. des Monats in Berlin eine Treueadresse an den König, in der sie sich entschieden gegen den »Primat der großen Städte und der jungen Provinzen des Reiches« wandten. Ein Neffe Friedrich Harkorts empörte sich auf die Kunde, König und Ministerium hätten abgedankt und die Republik sei ausgerufen worden: »Wenn das so ist, so gibt es Bürgerkrieg. Es marschieren noch Tausende in der Mark für den König!« Friedrich Harkort fügte hinzu: »Wir schlichten Provinzialen gestehen der Hauptstadt das Recht nicht zu, in Barrikaden die Nation zu vertreten.« Für die bei den Kämpfen mit den Revolutionären verwundeten Soldaten und die Angehörigen gefallener Soldaten wurden Unterstützungskassen gegründet, während man anderswo in Preußen die Aufständischen verherrlichte.

Wo es in Westfalen zu Unruhen kam, standen eindeutig wirtschaftliche Probleme im Vordergrund. Einem Redner, der in Elberfeld über Freiheit und Einheit Deutschlands sprechen wollte, rief man zu: »Was geht uns Pressefreiheit an? Freßfreiheit ist es, was wir verlangen!« Hier und dort wandte sich der Zorn der Arbeiter gegen die Arbeitsplätze vernichtenden Maschinen. Unbeliebte Angehörige des wohlhabenden Standes mußten Prügel einstecken. Auf dem Lande verlangten die Kleinbauern die Wiederherstellung alter Rechte in den Marken und Aufhebung der verhaßten Mahl- und Schlachtsteuer. In zahlreichen Fällen kam es zum Sturm auf adelige Häuser und zu Plünderungen, die hohe Schäden verursachten. In den bewaldeten Teilen des Kreises Wittgenstein zogen die

Forstbehörden die Volkswut auf sich. Juden wurden nur in einem Falle belästigt: In Peckelsheim stürmte die Menge die Wohnung eines Juden. Auffälligerweise nahmen die Studenten der münsterischen Akademie kaum Anteil an den Unruhen, mehr schon die Gymnasiasten in Hamm und Dortmund.

Das Fürstentum Lippe unterlag nicht weniger wirtschaftlichen und sozialen Problemen als die preußische Provinz Westfalen. Trotzdem richteten sich die Bestrebungen der Lipper in stärkerem Maße auf verfassungsrechtliche Ziele. Dem Fürsten wurde am 12. März eine Petition übergeben. Ohne die Regierung zu befragen, gewährte Fürst Leopold daraufhin Öffentlichkeit der Ständeversammlungen, Trennung von Regierung und fürstlicher Kammer, Zustimmungsrecht der Landstände bei der Verabschiedung von Haushalt und Gesetzen, Vereidigung des Militärs auf die Verfassung und anderes. Mit der Auswechslung der Regierung fand die lippische Revolution auch schon ihr Ende.

Während der auf die Märzunruhen folgenden Ruhepause besann man sich auf die gewonnenen Möglichkeiten, die die Pressefreiheit gewährte. Die westfälischen Blätter blieben freilich meist in ihren konservativen oder konstitutionellen Bahnen. Eigentlich demokratisches Gedankengut kam nur in Neugründungen von Zeitungen zu Wort, so in der »Westfälischen Volkshalle« in Münster. Noch radikalere Töne schlug der Bielefelder »Volksfreund« an. Zur demokratischen Gruppe von Presseorganen rechnete auch das »Recklinghäuser Wochenblatt« und der Paderborner »Volksbote«. Mehr an intellektuelle Kreise richtete sich die »Wage« in Detmold. In den südlichen Teilen der Grafschaft Mark kam es zu zahlreichen Neugründungen. Nur wenige dieser Zeitungen konnten sich halten. Dem sozialistischen »Westphälischen Dampfboot« liefen schon bald nach seinem Erscheinen die Leser davon. Sein Redakteur Weydemeyer ging nach Frankfurt am Main, wo er die »Neue Deutsche Zeitung« als Organ der äußersten Linken in der Nationalversammlung herausgab.

Konstitutionell gebärdeten sich der münsterische »Westfälische Merkur« und das »Mindener Sonntagsblatt«, anfangs auch die »Westfälische Zeitung« in Paderborn, die bald in demokratisches Fahrwasser geriet. Zum monarchisch-konservativen Lager rechneten sich der »Ravensberger Volksfreund« und mehrere Blätter beider Konfessionen.

Großen Eindruck hinterließ Friedrich Harkort mit seinen Arbeiterbriefen im »Hagener Kreisblatt«, in denen er versuchte, Illusionen allgemeiner Glückseligkeit in den einfachen Menschen zu zerstören und sie in die Realität zurückzuführen. »Die Zeit wird nie kommen, wo der Kluge und Fleißige für den Dummen und Faulen mitarbeiten will!« Auch er, Harkort, trete für den Fortschritt ein, »aber nur mit dem Gesetz in der Hand, nicht mit Pflastersteinen.«

Inzwischen hatten sich im Lande mannigfach gefärbte politische Vereine und Klubs gebildet. In den katholischen Gebieten entstanden die »Pius-Vereine«, die sich der Unterstützung durch die Bischöfe erfreuten. In den evangelischen Teilen Minden-Ravensbergs beeinflußte dagegen die pietistische Erweckungsbewegung des Pastors Johann Heinrich Volkening in Jöllenbeck die Bevölkerung in einer monarchisch-konservativen Richtung.

Nun bewegte die Frage der Vertretung Westfalens in der Frankfurter Nationalversammlung und im Berliner Vereinigten Landtag die Gemüter. In einem umständlichen Verfahren sollten in Westfalen vierzig Abgeordnete für die Nationalversammlung und 76 Abgeordnete für Berlin gewählt werden. Geistliche und Juristen genossen als Kandidaten im Volk die größte Achtung, wobei ihre religiöse Haltung in Rechnung gestellt wurde. Für das Berliner Parlament bevorzugte man als Praktiker bekannte Persönlichkeiten, denen man zutraute, im Lande Ruhe und Ordnung wiederherstellen zu können. Für Frankfurt räumte man Theoretikern den Vorrang ein. So wurden nach Berlin sechs Landwirte entsandt, nach Frankfurt aber kein einziger. Linke Vertreter aus Westfalen suchte man in der Nationalversammlung vergebens. Mitte und Rechte beherrschten das Feld, wie auch in Berlin die liberale Mitte unter den westfälischen Abgeordneten überwog. Sie waren in der kleinen, aber einflußreichen »Fraktion Harkort« zusammengeschlossen. Zum Unterschied von Frankfurt gab es in Berlin unter den Westfalen eine politische Linke, die der Obertribunalrat Benedikt Waldeck anführte. Waldeck nahm auf den von der Regierung vorgelegten Verfassungsentwurf großen Einfluß und setzte seine Umgestaltung in liberaldemokratischem Sinne durch. Das Ergebnis legte er in einer eigenen Vorlage als »Charte Waldeck« vor.

Parteien im späteren Sinne gab es im allgemeinen noch nicht. Am frühesten organisierte sich, wie bereits angedeutet, der politische Katholizismus nach einem Aufruf des »Westfälischen Merkur« am 13. April 1848 im »Katholischen Verein«, dem späteren »Pius-Verein«, der schnell überall in katholischen Gebieten Zweigvereine bildete. Schon im Sommer 1848 bestand eine »über ganz Deutschland reichende organisierte katholische Partei mit festem politischem Willen und klaren Zielen« (H.-J. Behr).

Die kirchentreuen Evangelischen standen dagegen fast geschlossen im konservativen Lager, bestärkt von der pietistischen Erweckungsbewegung der Pastoren Volkening und Huchzermeyer. Eine eigene Partei, wie die Katholiken, entwickelten sie nicht.

Proletarische, sozialistische Bewegungen vermochten in Westfalen nur vereinzelt und punktuell Fuß zu fassen. Arbeiter suchten vorwiegend ihre politische Heimat im »Demokratischen Verein«. Auch dem »Verein für die arbeitenden Klassen« standen nur bürgerliche Demokraten vor. Der radikalere Bielefelder Arbeiterverein Rempels konnte sich nicht behaupten und ging bald nach seiner Gründung wieder unter.

Westfalen bedeutete für die demokratische Bewegung kein bequemes Pflaster, obgleich es unter den Demokraten kluge und energische Führer gab. Ein Zeitgenosse bezeichnete das Land als »guten Boden für den Pumpernickel«, aber »als üblen Boden für die Demokratie« (Mirbach). Der Grund lag wohl in dem starken kirchlichen Einfluß auf die Menschen. Schon die Andeutung einer erwünschten Trennung von Staat und Kirche zog dem Herforder Arzt Hermann Schauenburg schmerzliche Prügel von den Elverdisser Bauern ein. Andere Demokraten mußten sogar um ihr Leben fürchten. Festen Fuß fassen konnte die Demokratie nur in den großen Städten, vor allem in Dortmund und Hamm. Ungeachtet der demokratischen Vorherrschaft dieser beiden Städte galt aber Bielefeld als demokratischer Vorort, vielleicht, weil dort radikalere Töne erklangen. In Bielefeld fand auch am 10. und 11. September 1848 der erste Kongreß der westfälischen Demokraten statt. Große Anziehungskraft ging von den linken Demokraten nicht aus.

Stärkeren Anklang fand die Gruppe der Konstitutionellen, der in erster Linie Angehörige des Besitz- und Bildungsbürgertums angehörten. Ihr Kongreß vom 7. bis 10. Juli 1848 in Dortmund bereitete einen Gesamtkongreß in Duisburg vor, auf dem ein »Zentralverein der konstitutionellen Vereine Rheinlands und Westfalens« gegründet wurde.

Man fragt sich nach den Wirkungen der revolutionären Ereignisse auf Staat und Öffentlichkeit. In der Tat wird nur zu oft vergessen, daß das Königreich Preußen in der Zeit nach der Revolution auf fast allen Gebieten tiefgreifende Veränderungen erlebte, die eine neue Zeit einleiteten. Es gab jetzt nicht nur eine Volksvertretung für die gesamte Monarchie, die von Intellektuellen seit langem geforderte Pressefreiheit und eine Bürgerwehr. Auch in der Agrargesetzgebung wurden erhebliche Verbesserungen in Angriff genommen, die Jagd auf fremdem Boden, immer wieder als ungerecht verklagt, verboten, Befreiungen von der Klassen- und Grundsteuer aufgehoben. Die unbeliebte Mahl- und Schlachtsteuer sollte durch andere indirekte Steuern, die als gerechter empfunden wurden, abgelöst werden. Das Gerichtswesen erfuhr eine durchgreifende Neuorganisation.

Die Wahl Erzherzog Johanns zum Reichsverweser durch die Frankfurter Nationalversammlung stieß in Westfalen auf gegensätzliche Reaktionen. In katholischen Landesteilen herrschte Jubel, in evangelischen überwog die Ablehnung, obwohl die Einheit des Reiches von allen freudig begrüßt wurde. Im Fürstentum Lippe machte sich im Herbst 1848 die Furcht breit, die staatliche Selbständigkeit könne ein baldiges Ende finden, nachdem in der Nationalversammlung Vorschläge zur Verminderung der Zahl deutscher Staaten eingebracht worden waren. Kurhessen rechnete schon ziemlich sicher mit der Eingliederung Lippes, Schaumburg-Lippes und Waldecks. Österreich beobachtete das Spiel mit Wohlgefallen. Eine Stärkung der Mittelstaaten als Gegengewicht gegen Preußen konnte ihm nur angenehm sein. Zahlreiche Petitionen aus Lippe richteten sich im Plenum gegen eine Auflösung des Fürstentums. Am 5. Dezember 1848 schob die Nationalversammlung alle Mediatisierungspläne beiseite. Auch die kleinen Staaten erhielten nun im Staatenhaus eine Virilstimme.

Die Wirtschaft in der ersten Hälfte des 19. Jahrhunderts

Wiederholt wurde bei der Erörterung politischer und sozialer Entwicklungen und Krisen auf wirtschaftliche Hintergründe verwiesen, die Einfluß ausübten, gelegentlich auch auf statliche Einflüsse auf die Wirtschaft. Wenden wir den Blick deshalb auf deren Entwicklung.

Zu Anfang des Jahrhunderts bot Westfalen noch das Bild eines agrarisch bestimmten Landes. Dabei überwog die bäuerliche Wirtschaft bei weitem die der großen Güter. An den mittelalterlichen, alles beherrschenden gutsherrlich-bäuerlichen Verhältnissen hatte sich noch nicht viel geändert. Noch immer bedeckten die Marken fast die Hälfte des Bodens und stellten einen wesentlichen

Anteil bäuerlicher Wirtschaft dar, wenn diese Gemeinheiten auch in einen bedauernswerten Zustand geraten waren. Die Marken boten die Grundlage für die Viehhaltung. Als ständiges Roggenland dienten dagegen die räumlich engbemessenen Esche, deren Fruchtbarkeit durch Plaggendüngung erhalten wurde. Auf den Kämpen wechselten Weide- und Ackerwirtschaft einander ab. Reformen beachtenswerten Umfangs waren bisher ausgeblieben.

Zwar hatten die Franzosen die Leibeigenschaft aufgehoben und damit alle Bindungen der Person beseitigt, aber die auf der Bodennutzung ruhenden Pflichten bestehen lassen oder diese als ablösbar erklärt. Erst Preußen ging über die Zwiespältigkeit der französischen Gesetzgebung hinaus, hob alle Bindungen der Person auf und beseitigte mit Gesetz vom 21. April 1825 die Eigenhörigkeit. Damit erloschen alle persönlichen und ungemessenen Dienste, der Gesindezwangsdienst, die Ehekonsense der Grundherren, Sterbfall, Gerichts- und Jagddienste. Erhalten blieben nur die am Boden haftenden Grundzinsen sowie Hand- und Spanndienste. Für diesen Bereich trat am 13. Juli 1829 eine Ablösungsordnung in Kraft.

Schwierigkeiten entstanden bei der Regelung des bäuerlichen Erbrechtes. In Westfalen kannte man, abweichend vom Preußischen Allgemeinen Landrecht, das sogenannte Anerbenrecht, das die unbegrenzte Teilbarkeit der Höfe ausschloß, von den Reformern aber als »Ruine des Lehnssystems« angesehen wurde. Viele Westfalen, unter ihnen der Oberpräsident Vincke, befürchteten bei der Übernahme der Bestimmungen des Allgemeinen Landrechtes die Entstehung vieler Kleinhöfe, die den Bebauern nicht mehr das Existenzminimum garantierten und damit die Bildung eines bäuerlichen Proletariats begünstigten. In etwas modifizierter Form erkannte schließlich das Gesetz vom 13. Juli 1836 die in Westfalen übliche Erbfolge im bäuerlichen Bereich an, traf aber auf schwerste Kritik der Bauern, die es gerade schützen sollte. Vielen gingen die Schutzbestimmungen für die den Hof nicht erbenden Kinder zu weit. Sie befürchteten, durch die Auszahlung der Geschwister zu stark belastet zu werden. Mit Rücksicht auf die allgemeine Unzufriedenheit verfiel das Gesetz 1848 wieder der Aufhebung, ohne daß die Diskussion um diesen Gegenstand aufhörte.

Einen deutlichen Fortschritt in der Besteuerung des Grundvermögens brachte die Parzellarvermessung des Landes und ihre Katastrierung zur Ermittelung des Reinertrages unter Leitung der »Generaldirektion des Katasters« für die westlichen Provinzen, deren Leitung seit 1822 in Händen Vinckes lag. Das gewaltige Arbeitspensum konnte mit wenigen Beamten und primitiven Mitteln in verhältnismäßig kurzer Zeit trotz energischem Widerstand des adeligen Großgrundbesitzes zu Ende geführt werden. Daraufhin erging das Grundsteuergesetz für die westfälischen Provinzen vom 21. Januar 1839, das alle Privilegien der adeligen Grundbesitzer beseitigte und endlich eine gerechte Besteuerung des Grundbesitzes gewährleistete.

Nach den revolutionären Ereignissen von 1848 schafften die Agrargesetze vom 2. März 1850 endgültig alles grundherrliche Obereigentum ab. Noch bestehende Abgaben und Dienste wurden in Renten umgewandelt, der dafür gültige Ablösesatz vom Fünfundzwanzigfachen auf das Achtzehnfache herabgesetzt.

Durch Bereitstellung von günstigen Darlehen sollten Rentenbanken den Bauern die Durchführung der Ablösungen erleichtern.

Inzwischen konnten auch die Marken oder Gemeinheiten aufgrund der preußischen Gemeinheitsordnung vom 7. Juni 1821 restlos in Einzeleigentum überführt werden. Damit war »die liberale Wirtschaftsordnung auf dem Lande gesetzgeberisch im wesentlichen vollendet« (Cl. Wischermann). Jedoch beanspruchte die Durchführung der Gesetze erklärlicherweise noch geraume Zeit. Bei den Aufteilungen der Marken erzielten die großen Güter, die früher die Markenherrschaft besessen hatten, die alten Schultenhöfe und Vollerben die umfangreichsten Landgewinne, da der Grad ihrer früheren Berechtigungen als Maßstab benutzt wurde. Kleinere Höfe erhielten wenig oder gar nichts. Auf ehemaligem Markenland entstanden zahlreiche Neubauerstellen mit geringem Landbesitz. In den Gebieten der Leinenindustrie kam es sogar zu einer Verstärkung des bäuerlichen Elementes, da die Leinenherstellung nichts mehr abwarf und die kleinen Leute sich wieder mehr der Landwirtschaft zuwandten. Insgesamt gesehen, stand die mittel- und kleinbäuerliche Schicht nach den Agrarreformen konsolidiert da.

Die Hofestypen verteilten sich nicht gleichmäßig über das Land. Groß- und mittelbäuerliche Stätten prägten vor allem das Münsterland. Im Hellweggebiet gab es dagegen mehr Höfe mittlerer Größe, die aber wegen der besseren Böden einen höheren Ertrag erzielten. In den alten Gebieten der Leinenindustrie, im Osnabrückischen, Minden-Ravensberg und Tecklenburg standen mittlere Höfe neben sehr zahlreichen Heuerlingsstätten. Der stärker gewerblich ausgerichtete Süden Westfalens wies vorwiegend ländlichen Kleinbesitz auf. Die Hofbesitzer arbeiteten im Nebengewerbe in Metallbetrieben oder im Bergbau.

In der Bodennutzung rief die Agrarreform einschneidende Veränderungen hervor. Die bisher wenig oder überhaupt nicht genutzten Flächen in den Marken gingen rapide zurück und unterlagen nunmehr der Bearbeitung. Der Ackerbau dehnte sich um ein gutes Drittel auf etwa 42 Prozent der Fläche aus und erfuhr gleichzeitig eine beachtliche Intensivierung. Die größte Steigerung des Ertrags verzeichnete der Weizen. Die Roggenernten verdoppelten sich. Hafer wurde nach wie vor für die Ernährung der Pferde benötigt. Seit der Agrarkrise der zwanziger Jahre setzte sich in Westfalen nun auch die schon um 1740 eingeführte Kartoffel durch, jedoch blieben die Erträge schwankend und unbefriedigend. Die Kartoffelkrankheit fügte der Pflanze schwere Schäden zu. Auf die Intensivierung der Viehhaltung ging die enorme Vermehrung des Anbaus von Futterpflanzen zurück.

Die Aufhebung der fast ausschließlich als Weide dienenden Gemeinheiten hatte die Bauern gezwungen, gute Grasweiden für ihr Vieh bereitzustellen. Kreuzungen des einheimischen Rinderbestandes mit niederländischen und ostfriesischen Sorten sowie bessere Fütterung führten zu einer wesentlichen Steigerung der Fleisch- und Milcherträge. Die Schweinehaltung verdoppelte sich, besonders in der Nähe von Städten. Die Zahl der Pferde blieb trotz vermehrten Ackerlandes etwa auf derselben Höhe. Kräftige und besser ernährte Tiere leisteten mehr als in früheren Zeiten. Die Schafhaltung unterlag den örtlichen Gegebenheiten. Ihre Entwicklung verlief uneinheitlich.

Als staatliche Förderungsmaßnahmen wurden anfangs die nach 1815 entstehenden »Ökonomischen Sozietäten«, »Landwirtschaftlichen Lesegesellschaften« und ähnliche angesehen. Sie schlossen sich in den vierziger Jahren zum »Provinzialverein« zusammen. Aufgabe der Vereine war es, bessere agrarische Kenntnisse zu vermitteln und neue landwirtschaftliche Methoden bekannt zu machen. In den katholischen Gebieten des Landes übernahm der Adel die Leitung dieser Vereine, der sie zu Anfang als Teil des politischen Katholizismus betrachtete. Nur allmählich wandelten sich die Vereinigungen in Interessenverbände der landwirtschaftlichen Bevölkerung. Die Erfolge, die die adeligen Vereinsleiter erzielten, fand bei den Bauern Anerkennung und veränderte deren Einstellung zum Adel gründlich. Aus früherer Animosität wurde Loyalität, ja Anhänglichkeit. Noch heute liegt die Leitung des »Westfälischen Bauernverbandes« in adeligen Händen.

Bekanntlich bezeichnet man diese Epoche, die so einschneidende Abwandlungen im agrarischen Bereich mit sich brachte, trotzdem nicht als agrarische, sondern als industrielle Revolution (A. Toynbee), wenn man auch inzwischen die Bezeichnung »Industrialisierung« vorzieht, um einer allzu engen Bindung an die revolutionären Vorgänge von 1830 und 1848 vorzubeugen.

Den Zeitgenossen fiel zu Anfang des 19. Jahrhunderts auf, daß Westfalen in wirtschaftlicher Hinsicht zwei Teile des Entwicklungsstandes aufwies: die ehemals geistlichen, noch vorwiegend von der Landwirtschaft bestimmten Gebiete und die stärker vom Gewerbe gekennzeichneten preußischen und Siegener Länder. Als besonders rückständig galt das Paderborner Land. Annette glaubte das in verletzender Sicht dem Volkscharakter zuschreiben zu müssen. Ihre Erklärung war sicherlich zu einfach. Regionale Unterschiede in der Wirtschaftsentwicklung Westfalens beruhten überall auf mehreren Faktoren.

Das Handwerk sah sich schon in der napoleonischen Zeit von den hergebrachten Zunftfesseln befreit. Auch die nach 1815 eingeführte preußische Gewerbereform beseitigte alle Schranken, die sich der Ausübung eines Gewerbes in den Weg stellten. Der Erwerb eines Gewerbescheins und Zahlung der Gewerbesteuer genügten zur Ausübung eines beliebigen Gewerbes. Unter den Handwerkern waltete nur noch das Konkurrenzprinzip. Weil man in Westfalen die völlige Gewerbefreiheit für manche wirtschaftlichen Schwierigkeiten verantwortlich machte, forderten weite Kreise die Rückkehr zu den alten Zuständen. Der Westfälische Provinziallandtag und Oberpräsident Vincke setzten sich in Berlin nachdrücklich für den Schutz der Handwerker vor den Folgen übermäßiger Konkurrenz ein. Ihr Drängen blieb ohne Ergebnis. Erst nach Unruhen von Gesellen und Lehrlingen kam man in der Berliner Regierung zu der Überzeugung, durch eine strengere Ordnung in den Gewerben politisch gefährlichen Strömungen begegnen zu sollen. Die endgültige Gewerbeordnung von 1845 führte deshalb die Meisterprüfung wieder ein und gestand den Innungen erweiterte Befugnisse zu. Noch weiter ging die Verordnung vom 9. Februar 1849, die das Recht zur Führung eines Betriebes an die Ablegung einer Prüfung knüpfte, die vor den Innungen abgelegt werden konnte. Die Handwerker selber zeigten jedoch wenig Interesse an den neuen Bestimmungen, da sie sich keine wirksame Beschränkung der Konkurrenz davon erhofften. Die ebenfalls damals eingerichteten Gewerberäte waren ein Kind der Revolution, boten aber den Arbeitern keine echten Mitbestimmungsmöglichkeiten. Die Gewerbeordnung des Norddeutschen Bundes kehrte später zur beinahe grenzenlosen Gewerbefreiheit zurück.

Die Zeitverhältnisse brachten, wie könnte es anders sein, eine Verlagerung der Schwergewichte unter den einzelnen Gewerbezweigen mit sich. Das Bauhandwerk mit allen Zweigen, einschließlich der Holz und Metall verarbeitenden Gewerbe, nahm beträchtlich zu, die Herstellung von Bekleidung dagegen ab. Die Tendenz lief auf längerfristige Investitionen hin.

Die in den letzten Jahrhunderten für große Teile Nord- und Nordostwestfalens, aber auch im westlichen Münsterland viele Existenzen sichernde Leinenindustrie erlitt in der ersten Hälfte des 19. Jahrhunderts einen katastrophalen Einbruch, an dem mehrere Faktoren mitwirkten. Der Versuch, dem Rückgang Einhalt zu gebieten, indem man die Qualitätskontrollen auf den Leggen wieder einführte, widersprach der preußischen liberalen Gewerbepolitik und war schon deshalb zum Scheitern verurteilt. Der Hauptgrund des Abstiegs lag aber in der Einführung immer weiter vervollkommneter Webmaschinen in der Baumwollverarbeitung in England. Die von dort kommenden hochqualifizierten Produkte überschwemmten den gesamten europäischen Markt. Verschärfend trat hinzu, daß die westeuropäischen Länder, früher Exportländer für westfälisches Leinen, sich durch Schutzzölle gegen Einfuhren absperrten. Die Folgen äußerten sich zuerst in einem gewaltigen Preisverfall, der viele Leinenweberfamilien an den Rand der Existenz drängte.

In Westfalen setzte die Einführung von Maschinen zuerst in den dreißiger Jahren in der Baumwollspinnerei ein, da Baumwollfasern sich mechanisch leicht verarbeiten ließen. Die Industrialisierung des Textilgewerbes führte zu seiner fast völligen Verlagerung vom Lande in die Städte, wo sich bessere Standortbedingungen boten. Die Nebenerwerbstätigkeit in den ländlichen Gemeinden erlosch etappenweise fast ganz. Im westlichen Münsterland drang die Mechanisierung von der Twente aus ein, in der die Niederländer nach der Abtrennung Belgiens ein neues Textilgebiet aufgebaut hatten. Im westlichen Münsterland fanden seit Mitte der vierziger Jahre die meisten Unternehmensgründungen statt. Immerhin nahm Westfalen in der Textilherstellung noch im Jahre 1848 die zweite Stelle nach Schlesien ein. In den Gebieten, in denen es zum Ausfall der Textilerzeugung gekommen war, suchten die Betroffenen zum Teil in der Wanderarbeit, meist als »Hollandgänger« in den Niederlanden, oder in der Landwirtschaft einen Ausgleich. Im Fürstentum Lippe lag der Anteil der Hollandgänger sehr hoch.

Der Kohlebergbau bildete in der zweiten Hälfte des 19. Jahrhunderts und danach ein solches Schwergewicht im mittleren Westfalen, daß es schwer vorstellbar erscheint, es sei einmal anders gewesen. Zwar liegen schon aus dem zwölften Jahrhundert Zeugnisse für den Abbau von Kohle vor, wie er später meist an den Hängen des Ruhrtales erfolgte, er stellte aber keinen nennenswerten Wirtschaftsfaktor dar, da genügend Holz zur Verfügung stand. Auch bei Ibbenbüren wurde mit bescheidenem Erfolg seit dem 16. Jahrhundert nach Kohle gegraben. Zu einer aufsteigenden Entwicklung kam es erst im 18. Jahrhundert, vor allem als Preußen im Jahre 1733 die Saline Königsborn bei Unna einrichtete. Der Staat lenkte damals seinen Blick auf die Steinkohle als Brennmittel für die Salzsieder. Damals gab es in der Grafschaft Mark 102 kleine Bergwerke mit 684 Bergleuten. Sie lagen vorwiegend um Wetter, Hörde, Bochum und Blankenstein. Im Jahre 1756 entwarf der Harzer Bergmeister Johann Friedrich Heintzmann eine »Revidierte Berg-Ordnung für Kleve, Moers und Mark«, die zehn Jahre darauf in Kraft trat. Alle Bergwerke wurden der Aufsicht des staatlichen Bergamtes unterstellt, das sich sowohl um die technischen wie kaufmännischen Seiten der Betriebe kümmerte. Auch Personal- und arbeitsrechtliche Fragen unterlagen der Entscheidung des Bergamtes. Eine damals eingerichtete Knappschaftskasse zur Linderung von Not und in Todesfällen diente Bismarck später als Vorbild für seine Sozialgesetzgebung. Alle Bergwerke wurden nach dem im Preußischen Allgemeinen Landrecht definierten »Direktionsprinzip« geführt, obgleich sie sich in vollem Besitz der Anteilseigner befanden. Wie schon gesagt, lag die technische und kaufmännische Leitung in der Hand des Bergamtes. Dafür hielt sich das Risiko der Kuxenbesitzer in engen Grenzen.

Im Jahre 1768 wurde in Berlin ein eigenes »Bergwerk- und Hütten-Departement« als Siebente Abteilung des Generaldirektoriums gebildet, dem alle Bergämter unterstellt waren. Das Departement sorgte bald für die Schiffbarmachung der Ruhr von Hardenstein bei Witten bis Mühlheim durch Anlage von Schleusen. Der Transport der Kohle zum Rhein wurde wesentlich erleichtert. Schon im Jahre 1789 rechneten die Kohlegruben der Grafschaft Mark zu den bedeutendsten Deutschlands. Der Export ging vor allem in die benachbarten deutschen Länder, über die Lippe aber auch in die Niederlande. Reichsfreiherr Karl vom und zum Stein, der von 1784 bis 1796 das Bergamt in Wetter leitete, legte den ersten Tiefbaustollen an und sorgte für manche anderen Verbesserungen im Bergbau. Aus den englischen Bergwerken in Cornwall brachte er von einer Reise 1787 neue Erkenntnisse mit, die sein Mitarbeiter Friedrich August Alexander Eversmann in die Praxis umsetzte. Hierauf geht zum Beispiel die Einrichtung einer Dampfmaschine auf der Saline Königsborn im Jahre 1799, einer andern auf der Zeche »Vollmond« bei Langendreer zurück. Stein legte im Grunde die Basis für die späteren großen Erfolge des Ruhrbergbaus.

Nach 1815 richtete sich die Aufmerksamkeit auf technische Verbesserungen in der Förderung. Im allgemeinen wurde damals die Kohle noch mit der Hand, auf Schlitten oder mit Schubkarren ans Tageslicht gebracht. Mehrrädrige Wagen, die auf Eichenbohlen fuhren, bedeuteten schon eine erhebliche Erleichterung. Erst im Jahre 1830 schritt man zum Bau von Eisenschienen, auf denen von Pferden gezogene Kohlenkarren liefen. Damit war die Vorbedingung für den Kohleabbau so verbessert, daß man der Konkurrenz der billigen englischen Kohle gewachsen war. Nun begann die Anlage von Tiefbauschächten, die die über den Kohlenflözen liegenden Mergelschichten durchstießen. Die damit verbundenen technischen Probleme ließen sich lösen, als Dampfmaschinen das Heben des Wassers ermöglichten. Belebt wurde der Absatz von Ruhrkohle in den dreißiger Jahren auch durch die Öffnung der niederländischen Märkte. Damals gelang es Franz Haniel, durch ein Deckgebirge von fast einhundert Metern Stärke auf darunter liegende Kohle zu stoßen. Immer tiefere und besser ausgestattete Zechen folgten. Wasserdichter Schachtbau ermöglichte den Bau von Großzechen.

Allmählich verschwanden nun die Kleinbergwerke in bäuerlichem Nebenbetrieb. Die großen Zechen traten ihre Wanderung nach Norden an und folgten den immer tiefer verlaufenden Flözen. Von 1830 bis 1847 erhöhten sich die Belegschaften der Zechen und die Förderungsmengen um das Zweieinhalbfache, während die Zahl der Zechen nur von 180 auf 226 stieg. Auf ganz Preußen bezogen förderte das Ruhrgebiet damals um 40-45 Prozent der gesamten Kohleausbeute.

Nicht zu übersehen war auch die mit dem Tiefbau einhergehende Qualitätsverbesserung der Kohle. Während in den alten Stollen nur Mager- und Eßkohle gewonnen werden konnten, gelangte man jetzt an die Lager der im Brennwert höheren Fettkohle, die die Herstellung hochwertigen Kokses ermöglichte. In größerem Umfang gelang das Verfahren der Zeche Sälzer-Neuack bei Essen im Jahre 1835/36. Sie belieferte die Gutehoffnungshütte in Sterkrade und die Gußstahlfabrik Friedrich Krupp in Essen. Erst jetzt war damit die Grundlage für die Roheisenproduktion im Ruhrgebiet gelegt. Die bisher übliche Holzkohle wurde allmählich ganz aus dem Verhüttungsverfahren verdrängt. Die Eisen- und Stahlindustrie sah einer glänzenden Zukunft entgegen.

Dem ungeheuren Kapitalbedarf, den der Tiefbau der Zechen erforderte, waren die Kuxeninhaber nicht mehr gewachsen. Notwendigerweise mußte dazu ein größerer Kreis von Teilhabern gebildet werden. Er stand in den während der dreißiger Jahre aufkommenden Aktiengesellschaften zur Verfügung. Als erste Gesellschaft dieser Gattung entstand 1838 die »Gesellschaft der Hardenbergischen Kohlenbergwerke«. Alle Aktiengesellschaften blieben konzessionspflichtig. Nur sehr langsam setzte sich diese neue Form der Kapitalbeschaffung durch. Im Jahre 1850 umfaßte sie erst ein Achtel Prozent der rheinisch-westfälischen Kohleförderung, und doch bildete sie die finanzielle Vorbedingung für die weitere Entwicklung. Den vollen Durchbruch in die neue Zeit brachte das sogenannte Miteigentümergesetz von 1851, das das überholte Direktionsprinzip im Bergbau ablöste und die Zechen in private Leitung überführte.

Noch weit älter als die Kohlegewinnung war die Erzeugung von Salz in der Hellwegzone. Sie reicht bis in die Vorzeit zurück. Im Mittelalter befanden sich bei Unna, Werl, Soest, Sassendorf, Western- und Salzkotten wichtige Solequellen in Nutzung. Mit einfachsten Mitteln konzentrierte man den Salzgehalt der Sole und kristallisierte schließlich durch Kochen das Salz in »Pfannen« aus. Teilweise wurde schon früh dazu Steinkohle verwendet. Seit dem 17. Jahrhundert erhöhte sich die staatliche Kontrolle über den ertragreichen Betrieb, bis es schließlich zur Gründung der ersten staatlichen Saline in Königsborn bei Unna kam. Sie stellte die modernste und ertragreichste Saline Westfalens dar. In ihr wurde auch im Jahre 1799 die erste Dampfmaschine Westfalens eingebaut. Königsborn erzeugte etwa ein Achtel der gesamten preußischen Salzerzeugung. Den Zusammenbruch des Salinenwesens bewirkte um die Mitte des 19. Jahrhunderts der Übergang zum Salzbergbau. Ein einziges Salzbergwerk, Staßfurt bei Magdeburg, erzeugte mehr Salz als Königsborn. Die mit dem Salzbergbau stark anwachsende Salzproduktion verwandelte das ehedem kostbare Salz in einen preiswerten, ja billigen Konsumartikel. Den Salinenorten blieb nichts anderes übrig, als sich eine andere Existenzbasis zu suchen. Königsborn entwickelte sich zu einem ausgesprochenen Modebad. Auch die anderen Salzorte bemühten sich, den Rang von Kurorten zu ersteigen. Die meisten schafften das und leben noch heute von ihren Solebädern.

Die Metallindustrie herrschte in Südwestfalen vor. Fast die Hälfte aller Gewerbetreibenden arbeitete um 1800 in der Mark in diesem Bereich in einer in ganz Deutschland in dieser Konzentration unbekannten Form. Der erste Schritt der Roheisen- bzw. Rohstahlverarbeitung erfolgte in Hammerwerken, die, um die Wasserkraft auszunutzen, an Flußläufen auf dem Lande lagen. Ihr Produkt, der sogenannte Osemund, eignete sich vorzüglich für die Drahtzieherei. Seit der Mitte des 18. Jahrhunderts hatten Reck- und Breithämmer die alten Osemundhämmer verdrängt. Die Drahtherstellung, nach Drahtsorten aufgeteilt, erfolgte in den Städten Lüdenscheid, Iserlohn und Altena. Das Gewerbe geriet Ende des 18. Jahrhunderts in eine Krise, als die in England und Frankreich entwickelte, überlegene Drahtherstellung zur übermächtigen Konkurrenz wurde. Es dauerte Jahrzehnte, bis die märkische Drahtzieherei sich aus der Talsohle retten konnte. Nur die Stahldrahtproduktion in Altena, die die Nähnadelfabrikanten belieferte, traf keine Gefahr. In Altena bestand seit 1782 als Abnehmer eine Nähnadelfabrik. Auf dem Lande wurden vorzüglich Breitwaren – Sensen, Schaufeln, Spaten, Pfannen usw. – angefertigt, in den Städten Schnallen, Haken, Ösen usw.

Da die Grafschaft Mark kein Roheisen besaß, auch die hier erzeugten Lebensmittel zur Versorgung der Bevölkerung nicht ausreichten, blieb das Land auf Importe angewiesen, während seine Produkte fast ausschließlich in den Export gingen. Eisen kam vorwiegend aus dem Siegerland, doch litt die Siegerländer Produktion zunehmend unter englischer und belgischer Konkurrenz, zumal das Siegerland mit der Übernahme moderner Produktionsformen in Rückstand geriet. Schuld daran trug auch die Regierung. Im Gegensatz zu seiner sonst geübten liberalen Wirtschaftspolitik hielt Preußen in den Ordnungen von 1819 und 1830 an überholten, gewerbehindernden Auffassungen fest. Sie trugen zum Niedergang der Siegerländer Eisenwirtschaft im 19. Jahrhundert nicht wenig bei. Auch die Hauberge verloren als Lieferanten der Holzkohle ihre Bedeutung. Als Energiequelle wurde nun Steinkohle verwendet. Damit wanderte die Eisen- und Stahlherstellung dorthin ab, wo Steinkohlevorkommen zur Verfügung standen, an die Ruhr.

»Der erste westfälische Eisenindustrielle, der zielbewußt den englischen Vorsprung aufzuholen gedachte und auch die politischen Instanzen der Provinz dazu anstachelte, war Friedrich Harkort« (Cl. Wischermann). Im Jahre 1818 eröffnete er auf der Burg Wetter an der Ruhr ein »Industrielles Etablissement«, holte englische Ingenieure und Facharbeiter dorthin und begann mit dem Bau moderner Dampfmaschinen für den Bergbau. 1826 führte er in seinem Werk das Puddelverfahren ein, erlitt damit aber einen finanziellen Mißerfolg. Trotzdem war damit das Tor zur Weiterentwicklung aufgestoßen. Erfolgreicher verlief die Einführung des Puddelverfahrens auf der Gutehoffnungshütte im Jahre 1835. Der spätere Hörder Bergwerks- und Hütten-Verein baute darauf auf. Das Puddelverfahren entwickelte sich zum erfolgreichsten Verfahren in der Eisenherstellung, bis in den sechziger Jahren das Bessemer-Verfahren mit ihm in Konkurrenz trat. Die Stabeisenproduktion stieg enorm an, nicht zuletzt aufgrund des hohen Bedarfs bei den Eisenbahnbauten. 8600 Tonnen im Jahre 1835 standen 1847 89 400 Tonnen gegenüber. Dagegen blieb die Roheisenerzeugung weit hinter dem Schmiedeeisen zurück. Die Zahlen für 1835 und 1847 blieben fast auf derselben Höhe: 9575 Tonnen zu 9442 Tonnen. Auf diesem Gebiet erfolgte der Durchbruch zu neuen Produktionsmethoden erst in den fünfziger Jahren, als die Holzkohle bei der Verhüttung durch Fettkohle ersetzt werden konnte. Erst dann setzte die Entwicklung des Ruhrgebietes zu Deutschlands schwerindustriellem Zentrum ein.

Restauration und Reichsgründungszeit

Wie die revolutionären Bewegungen, so ging auch der Anstoß zur Reaktion im Jahre 1848 von Frankreich aus. Die militärische Niederwerfung der Pariser Arbeiter im Juli des Jahres gab in Preußen das Signal zum Umschwung. Die Gründung der konservativen »Kreuzzeitung« drückte die zunehmend antirevolutionäre Stimmung weiter Kreise aus. Waldecks Antrag auf Unterstützung der Wiener Revolutionäre verängstigte das Bürgertum. Zahlreiche Adressen aus Westfalen an den König bestärkten ihn in seinem Entschluß, das Amt des Ministerpräsidenten am 8. November 1848 einem General zu übertragen. Auch in Berlin machte sich der Umschwung bemerkbar. Bei seinem Einmarsch in die Stadt traf Wrangel auf keinen Widerstand. Das Aufsehen war trotzdem groß. Im ganzen Lande erklärte man sich entweder für die Regierung oder für das Parlament. Die Mehrheit der Abgeordneten beschloß, der Regierung das Recht zu bestreiten, Staatsgelder auszugeben oder Steuern zu erheben, solange das Parlament nicht ungestört arbeiten könne.

Die Regierung verlegte daraufhin den Landtag nach Brandenburg und berief ihn zum 27. November ein. Unter den erscheinenden Abgeordneten waren die meisten westfälischen Abgeordneten. Sie gaben damit zu erkennen, daß sie die Maßnahmen der Regierung billigten und entsprachen damit durchaus der in Westfalen herrschenden Stimmung. Besonderen Unwillen in der Bevölkerung hatte der Steuerverweigerungsbeschluß des Parlamentes hervorgerufen, zumal sich auch die Frankfurter Nationalversammlung gegen einen solchen Beschluß ausgesprochen hatte. Doch blieb auch die Linke nicht still. Ein »Kongreß für die Sache und Rechte der preußischen Nationalversammlung und des preußischen Volkes« versammelte sich am 18. und 19. November 1848 in Münster, auf dem sich die politische Linke artikulierte und Entschließungen zugunsten des Parlamentes faßte. Doch hob der König unbeirrt am 5. Dezember den Vereinigten Landtag auf und oktroyierte dem Staat eine Verfassung auf der Basis der Waldeck'schen Vorlage, aber in wesentlichen Punkten in konservativem Sinne abgewandelt. Zahlreiche Teilnehmer des münsterischen Kongresses wurden verhaftet, darunter der Oberlandesgerichtsdirektor Temme.

Bei den Ende Januar bis Anfang Februar 1849 stattfindenden Wahlen zum preußischen Parlament errangen in der Zweiten Kammer die Demokraten von den 31 auf die Provinz Westfalen entfallenden Sitzen neun. Auffällig war ihre starke Präsenz sogar in katholischen Landschaften. In Ravensberg siegten die evangelischen Konservativen, in Minden die Konstitutionellen. In der Ersten Kammer drangen erwartungsgemäß aufgrund des vorgeschriebenen hohen Wahlalters und Steuersatzes die Konservativen und das rechte Zentrum durch. In der Zweiten Kammer standen sich Rechte und Linke in etwa gleicher Stärke gegenüber.

Die Absage König Friedrich Wilhelms IV., die Wahl der Frankfurter Nationalversammlung zum Deutschen Kaiser anzunehmen (3. April 1849), löste wie überall in Deutschland so auch in Westfalen »tiefe Aufregung der Gemüter in Verbindung mit einem gewissen Gefühl getäuschter Erwartung« (Regierungspräsident in Arnsberg) aus, besonders stark in den evangelischen Gebieten, weniger in den katholischen. Die Stimmung blieb allgemein gereizt. Man befürchtete den Einsatz der Landwehr gegen Revolutionäre. Einberufene Landwehrmänner verweigerten den Gehorsam. In Hagen kam es zur Meuterei einer Truppe von 1500 Mann (10. Mai), von denen viele mit aufgebrachten Bürgern das Zeughaus in Iserlohn erstürmten. Am 17. Mai rückten Linientruppen ein. Als ihr Kommandeur, von Schüssen getroffen, tot niedersank, gerieten die Soldaten außer Kontrolle und machten, ohne daß sich Widerstand regte, über einhundert wehrlose Menschen nieder. Die eigentlichen Anführer der Krawalle flüchteten nach Holland und wanderten nach Nordamerika aus. Zahlreiche Verdächtige wurden vor Gericht gestellt, aber später meist freigelassen. Im Lande empfand man meist Sympathie mit den Aufständischen, doch wurde andererseits ein nach Kamen zurückkehrender Teilnehmer von einer wütenden Menge fast zu Tode geprügelt. Die märkische Landwehr ließ sich nach den Wirren anstandslos einkleiden und kämpfte in der Pfalz und in Baden gegen die dortigen Revolutionäre.

Ein neues Wahlrecht in Preußen begünstigte das Besitzbürgertum. So gelangten in den beiden Kammern des am 7. August 1849 zusammentretenden preußischen Parlaments die Konservativen zur Herrschaft. Die demokratische Linke war aus Protest den Wahlen ferngeblieben. Die Erste Kammer beschloß sogleich die Auflösung der unzuverlässigen Landwehr. Auswanderungen aus der Monarchie wurden nur noch begrenzt zugelassen. Am 17./18. Dezember nahm das Parlament die Verfassung an, wie sie aufgrund eines »konservativrechtsliberalen Kompromisses« (E. R. Huber) formuliert worden war.

Im Fürstentum Lippe stand das Jahr 1848 unter dem Zeichen von Verhandlungen über das Wahlrecht. Unter dem Druck der öffentlichen Meinung verabschiedete der im Dezember noch einmal einberufene alte Landtag eine Wahl- und eine vorläufige Landtagsordnung. Die Wahlen sollten allgemein und gleich sein, aber nicht geheim. In der daraufhin gewählten Volkskammer standen im April 1849 je neun Abgeordnete der extremen Linken und des linken Zentrums zwei Konservativen und fünf Abgeordneten des rechten Zentrums gegenüber. Ein Regierungsentwurf zum Wortlaut einer Staatsverfassung wurde von der Kammer als unbrauchbar zurückgewiesen. Sie stellte einen demokratischen Entwurf entgegen, in dem das absolute Vetorecht des Fürsten beseitigt und dem Landtag die alleinige Entscheidung in der Gesetzgebung zugesprochen wurde.

Leicht abgeändert wurde dieser Entwurf am 8. Dezember 1849 und in zweiter Lesung am 13. Februar 1849 angenommen. Er besaß keinerlei Aussicht auf Verwirklichung. Fürst Leopold II. versagte ihm am 13. August 1850 »aus formellen und materiellen Gründen« seine Zustimmung. Der lippische Landtag bestand nun zwar, war aber verfassungsmäßig in keiner Weise abgesichert.

Die revolutionären Geschehnisse im Lande führten das Fürstentum Lippe an die Seite Preußens. Der große Nachbar stützte in Zukunft die reaktionäre Politik Fürst Leopolds III., der seit 1851 regierte. Dafür verzichtete Lippe am 24. März/1. April 1851 auf seine bisherigen Rechte in der Samtherrschaft Lippstadt zugunsten Preußens. Die Stadt unterstand nun uneingeschränkt dem preußischen König.

In Preußen äußerte sich die Reaktion am sinnfälligsten in der neuen Presseordnung vom 5. Juli 1850. Sie stellte die staatliche Kontrolle über alle Presseorgane wieder her. Mißliebige Blätter konnten vom Postversand ausgeschlossen werden. Allein im Regierungsbezirk Arnsberg fielen sieben Blätter darunter. Die »Westfälische Zeitung« und der Bielefelder »Volksfreund« mußten ihr Erscheinen ganz einstellen. Viele linke Demokraten wurden angeklagt, teils freigesprochen, teils zu Haftstrafen verurteilt oder ihrer Ämter enthoben. Einige wanderten aus. Das Interesse an öffentlichen Angelegenheiten sank allgemein auf einen Tiefpunkt. Viele durch die Revolution in Gang gebrachte Verbesserungen wurden in der Restaurationszeit auf die lange Bank geschoben. Schmerzlich war das Scheitern einer fortschrittlichen Kommunalverfassung, nachdem die für alle Gemeinden geltende preußische Ordnung 1853 aufgehoben wurde. Die beiden Ordnungen für die Provinz vom 19. März 1856 belebten die frühere Trennung von Stadt- und Landgemeinden aufs Neue. Beide Ordnungen übernahmen das Dreiklassenwahlrecht. Allen Städten wurde die Wahl zwischen Magistrats- und Bürgermeisterverfassung zugestanden. Unverändert erhalten blieb in der Gemeindeordnung die Zusammensetzung der Gemeinde- und Amtsvertretungen. Die Gemeinden wählten ihren Vorsteher frei. Diese trugen volle Verantwortung für ihre eigene Verwaltung. Die Provinzial- und Kreisverfassungen erlitten keine Veränderungen. Manche Adelsprivilegien lebten wieder auf und erzeugten ein verschlechtertes Verhältnis zwischen Adel und Bürgern, zumal der Adel zumeist auf der Seite der Reaktion seinen politischen Platz suchte.

Das Verhältnis zwischen Staat und katholischer Kirche gestaltete sich relativ ungestört. Allerdings führten die unveröffentlichten Erlasse des Innenministers von Raumer aus dem Jahre 1852, in denen die Volksmission der Jesuiten und der Besuch des Collegium Germanicum in Rom durch preußische Studenten eingeschränkt wurden, dazu, daß sich auf Initiative des Abgeordneten August Reichensperger erstmals eine katholische Fraktion im preußischen Landtag formierte, die später den Namen »Fraktion des Zentrum (Katholische Fraktion)« annahm. Sie sollte in späteren Zeiten zur entscheidenden politischen Kraft in den preußischen Westprovinzen werden.

Mit der Übernahme der Regierung durch Prinz Wilhelm anstelle des unheilbar erkrankten Königs Friedrich Wilhelm IV. ging die Ära der Reaktion zu Ende. Im Kabinett des Fürsten von Hohenzollern-Sigmaringen gab der liberale

Minister Rudolf von Auerswald den Ton an. Prinz Wilhelm entwickelte sein konservativ-liberales Programm. Konservative Beamte in den Provinzen erhielten ihre Entlassungen oder Versetzungen in den Ruhestand, darunter der Mindener Regierungspräsident Peters.

Die Wahlen von 1858 brachten der liberalen Richtung eine Mehrheit. Einer ihrer Wortführer war der Westfale Georg Vincke. Durch Nachwahl in Bielefeld kam 1861 auch Benedikt Waldeck ins Parlament, der sofort auf eine Stärkung des linken Flügels hinzuarbeiten begann. Mit einigen Anhängern trennte er sich von den Altliberalen unter Vincke und gründete eine eigene politische Gruppe, die als »Fortschrittspartei« mit eigenem Programm hervortrat. Der zwischen Regierung und Parlament ausbrechende Konflikt um Wehrpflicht und Wehretat verschaffte ihr großen Zulauf.

Nach der Ernennung Bismarcks zum Ministerpräsidenten wuchs in der Bevölkerung die Furcht, eine »eindeutig einseitige Parteirichtung« könne wieder das Geschick an sich reißen, da Bismarck die Auseinandersetzung mit den Liberalen mit aller Härte aufnahm. In einigen westfälischen Städten erschollen Aufrufe, sich an der Gründung eines Vereins der Verfassungsfreunde zu beteiligen. Die Polizei löste verdächtige Versammlungen auf. Die Stadt Herford lehnte sogar Mittel ab, die für einen geplanten Besuch des Königs bereitgestellt werden sollten. Sie fand dafür Lob im »Bielefelder Wochenblatt«. Das waren bedenkliche Zeichen steigender Verbitterung im Volke. Der katholische Adel zeigte sich mit der kleindeutschen Politik Bismarcks unzufrieden und tadelte die Bündnisverhandlungen mit Frankreich und Italien. Sogar vom Zentrum schlossen sich einige Herren den Konservativen an, so Hermann von Mallinckrodt, was seiner Partei jedoch 1862 eine schwere Niederlage bescherte.

Die immer drohender heraufziehende Kriegsgefahr überdeckte dann eine Zeit lang die innenpolitischen Gegensätze. In Westfalen herrschte eine gedrückte Stimmung. Liberale Stadtverordnete in Westfalen, beispielsweise aus Siegen, baten den König, Bismarck zu entlassen. Selbst die sonst so regierungstreue Grafschaft Mark trat mit einer Petition für die Errichtung eines »Ministeriums aus verfassungstreuen Männern« an den König heran. Der münsterische Magistrat tat kund, die Bürger der Stadt lehnten »in unzweideutiger Weise« einen Krieg gegen Österreich ab. In katholischen Kreisen ertönten sogar Sympathiekundgebungen für die Österreicher. Der »Dorstener Anzeiger« weigerte sich standhaft, den Aufruf des Königs »An mein Volk!« zu veröffentlichen. Wehrpflichtige folgten nur widerwillig den Einberufungen. Einige katholische Adelige entzogen sich dem Militärdienst sogar durch Auswanderung nach Österreich. Im Fürstentum Lippe herrschte insgesamt eine preußenfreundliche Stimmung vor, doch lehnten auch hier die Einwohner die »brudermörderische, ruchwürdige, volksfeindliche Untat« eines Krieges gegen Österreich ab. Als die Lage sich zuspitzte, trat der Fürst dem Bündnis mit Preußen bei. Eine andere Wahl blieb ihm im Grunde nicht. Er rettete damit abermals die Selbständigkeit seines Fürstentums.

Nach der Niederlage der Österreicher schlug die Stimmung im Lande schnell zugunsten Bismarcks um, doch taten sich viele Katholiken schwer, sich mit dem Ausscheiden des Kaiserreichs aus dem Deutschen Bunde abzufinden. Noch

1867 erklärte Hermann von Mallinckrodt im Norddeutschen Reichstag zu allgemeinem Erstaunen, Preußen habe gegen das Bruderland einen ungerechten Krieg geführt und damit den Grundsatz »Iustitia fundamentum regnorum« (Gerechtigkeit ist die Grundlage der Reiche) mit Füßen getreten. Das könne für die Zukunft nur Schlimmes verheißen. Allgemein erzeugte die durch den Austritt Österreichs aus dem Deutschen Bunde erzeugte Verschiebung zugunsten der Protestanten in katholischen Kreisen Mißbehagen und Ratlosigkeit, wie es weitergehen sollte.

In der Provinz Westfalen erweckte die Annektierung des Königreichs Hannover aber auch Hoffnungen auf Verwirklichung der 1815 begrabenen großwestfälischen Hoffnungen. Die konservative Kreuzzeitung schlug vor, »Neuhannover«, also das ehemalige Stift Osnabrück und das Emsland, als vierten Regierungsbezirk der Provinz Westfalen zuzuschlagen. In Lingen und vor allem in Ostfriesland erhoben sich zahlreiche Stimmen, die für eine solche Lösung sprachen. Dagegen wollten die Bewohner von Osnabrück lieber bei Hannover bleiben, ebenso das Emsland, wahrscheinlich weil man der konfessionell duldsameren Haltung des Welfenhauses vertraute. In Berlin verhielt man sich unentschieden. Bismarck neigte dazu, die alten »Stammesgebiete« wieder zu vereinen, doch setzte sich schließlich im Staatsministerium die Meinung durch, es sei besser, vorläufig von einer Änderung der Provinzialgrenzen abzusehen. Unbewußt war damit eine endgültige Entscheidung gefallen.

Mit Wirkung vom 1. Juli 1867 trat die Verfassung des Norddeutschen Bundes in Kraft, getragen von einer erdrückenden Mehrheit von Freikonservativen, Altliberalen und Nationalliberalen. Fortschrittspartei und Zentrum stimmten gegen die Verfassung, waren aber viel zu schwach, um etwas ausrichten zu können. Die meisten katholischen Abgeordneten gehörten übrigens zur Freikonservativen Partei.

Anstöße, die auseinandergebrochene Katholische Fraktion wieder zusammenzukitten, gingen von Westfalen aus. Hermann von Mallinckrodt hatte einen Soester Kreis gebildet, der sich am 28. Oktober auf ein vom Bauernführer Burghard von Schorlemer-Alst gestaltetes Wahlprogramm »Für Wahrheit, Recht und Freiheit« einigte. Kurz vorher hatte Peter Reichensperger in der »Kölnischen Volkszeitung« die Verteidigung der Selbständigkeit der Kirche, der konfessionellen Volksschule und des föderativen Charakters des Norddeutschen Bundes gefordert. Im Dezember verständigte man sich schließlich auf die Gründung einer neuen politischen Partei ohne konfessionelle Bindung, die aber trotzdem bald darauf den Charakter einer katholischen Konfessionspartei annahm. Ihr Name lautete »Zentrum« mit dem Zusatz »Verfassungspartei«. In ihr schlossen sich 48 Abgeordnete zusammen, darunter die Westfalen Hermann von Mallinckrodt, Burghard von Schorlemer-Alst, Freiherr von Heereman, Bischof Wilhelm Emanuel von Ketteler und andere.

Anfangs erblickte Bismarck in der Neugründung einen willkommenen Bundesgenossen im Kampf gegen die Liberalen, jedoch wurde die Partei, als sie sich gegen ihn stellte, schnell zum Reichsfeind abgestempelt, obgleich sich ihre Opposition keineswegs gegen Preußen oder das Reich richtete. Sie sah vielmehr ihre Feinde im Liberalismus und dessen Kirchenpolitik, Zentralismus und liberaler Wirtschaftspolitik. Der ihr gemachte Vorwurf der Reichsfeindlichkeit verhallte aber nicht ohne Echo, da das Zentrum unglücklicherweise mit den reichsfeindlichen Welfen, Polen und Elsässern zusammenging und mit ihnen in einen Topf geworfen wurde. Zwei politische Gruppierungen bildeten sich so heraus: Auf der einen Seite standen die Nationalliberalen mit Bismarck, auf der andern die Großdeutschen und Partikularisten. Eine Fortsetzung des preußisch-österreichischen Krieges kündigte sich unter anderen Vorzeichen an.

Vorübergehend entschärfte der Krieg gegen Frankreich die inneren Spannungen, doch brachen die genannten Gegensätze bald wieder auf. Erschwerend traten die Probleme der Integration der Industriearbeiter in die bestehende Staats- und Sozialordnung hinzu, die besonders schwer auf Westfalen lasteten.

Im Fürstentum Lippe hatte der Krieg von 1866 die preußische Präsenz verstärkt. Der lippische Landtag billigte die propreußische Haltung der Regierung. Bald machte sich aber die Befürchtung breit, das Fürstentum könne durch übermäßige Militärlasten überfordert werden. Einen Ausweg aus dieser Schwierigkeit bot nur eine Militärkonvention mit Preußen, wie sie andere deutsche Kleinstaaten schon geschlossen hatten. Gegen Geldzahlungen und Stellung der Wehrpflichtigen übernahm Preußen die militärischen Lasten Lippes. Ein Bataillon des preußischen Infanterie-Regiments 55 bezog in Detmold Quartier. Am 25. Juni bzw. am 14. August 1867 nahm der lippische Landtag die Verfassung des Norddeutschen Bundes und die Militärkonvention an. Ein gutes Stück Eigenstaatlichkeit des Fürstentums war dahin.

Innenpolitisch herrschten in Lippe recht unerfreuliche Verhältnisse. Noch immer bildete die anachronistische Verfassung von 1836 die Grundlage staatlicher Ordnung, ein »Gegenstand des Mitleids oder Spotts« (A. Falkmann 1871). Erst der von Bismarck empfohlene Landesdirektor Adalbert von Flottwell, ein Landfremder, nahm Reformen in Angriff. Er veranlaßte den Fürsten 1872, auf sein unbeliebtes Jagdregal zu verzichten, und stellte eine Regelung der Privatjagden auf fremdem Grunde in Aussicht. Eine Wahlrechtsreform wurde vorbereitet, jedoch gelang es Flottwell nicht, verfassungsmäßige Zustände herzustellen. Das erfolgte erst unter dem seit 1875 regierenden Fürsten Woldemar und seinem Regierungspräsidenten Eschenburg im Jahre 1876. Nunmehr verzichteten die Ritter auf ihre Privilegien. Zwei Gesetze vom 3. Juni 1876 regelten die Wahlen zum Abgeordnetenhaus und dessen Rechte, ohne daß die Verfassung von 1836 formell aufgehoben wurde. Drei Jahre später, am 1. Oktober 1879, erfolgte die anderwärts längst durchgeführte Trennung von Rechtsprechung und Verwaltung.

Eine schwere Krise bescherte dem kleinen Fürstentum das bevorstehende Aussterben der Detmolder Hauptlinie. Erbberechtigt war nach den Statuten die Linie Biesterfeld. Trotzdem schloß Fürst Woldemar im Jahre 1886 einen Geheimvertrag mit der Schaumburger Linie, der dieser die Nachfolge sicherte. Ohne Mitteilung an den Landtag ermächtigte er Prinz Adolf zu Schaumburg-Lippe, sofort nach seinem, Woldemars, Tode die Regierung anzutreten. Als Woldemar am 20. März 1895 starb, hielt man seinen Tod einige Stunden geheim, um die reibungslose Regierungsübernahme durch Prinz Adolf zu gewährleisten.

Ein Schiedsgericht, das den Thronstreit entscheiden sollte, sprach sich, wie nicht anders zu erwarten, für Graf Ernst zu Lippe-Biesterfeld aus. Sofort trat Fürst Adolf diesem das Thronrecht ab, bestritt aber allen Nachkommen Adolfs, erbberechtigt zu sein. Der Streit hielt, von lebhaftem öffentlichen Interesse begleitet, noch ein ganzes Jahrzehnt an, nachdem sich sogar Kaiser Wilhelm II. offen für seinen Schwager, Prinz Adolf, eingesetzt hatte. Dagegen begünstigte die öffentliche Meinung im Fürstentum Graf Ernst. Ein weiterer Schiedsspruch beendete die Wirren im Jahre 1905 zugunsten des Hauses Biesterfeld.

Kulturkampf und soziale Fragen

Wenn auch die Hauptrepräsentanten im sogenannten Kulturkampf der preußische Ministerpräsident Bismarck und die katholische Kirche darstellten, so stand doch dahinter eine tiefergehende, grundsätzliche Auseinandersetzung zwischen Liberalismus und Kirche.

Der Streit setzte verhältnismäßig harmlos um einige Theologen der Universität Bonn ein, die sich gegen das Unfehlbarkeitsdogma des Papstes gewandt hatten und vom Staat gegen den Erzbischof von Köln in Schutz genommen wurden. Das erste Kulturkampfgesetz, ein Reichsgesetz, vom 10. Dezember 1871 bedrohte alle Geistlichen, die von der Kanzel öffentliche Angelegenheiten »in einer den öffentlichen Frieden gefährdenden Weise« ansprachen, mit Gefängnis und Festungshaft.

Der preußische Kultusminister von Mühler, ein gemäßigter Konservativer, mußte gleichzeitig seinen Abschied nehmen, weil er die Auflösung der katholischen Abteilung im Kultusministerium ablehnte. An seine Stelle trat der Altliberale Adalbert Falk, der den kirchenfeindlichen Kurs durch ein Schulaufsichtsgesetz verschärfte, das die Ersetzung der geistlichen Schulinspektoren durch weltliche vorsah. Er schloß am 18. Juni 1872 alle Ordensgeistlichen von der Lehrtätigkeit an öffentlichen Schulen aus. Am 4. Juli wurden die Jesuiten aus dem Deutschen Reich ausgewiesen, ein Jahr später auch die Redemptoristen. Mit den Gesetzen vom 11. bis 14. Mai 1873 erreichten die Kulturkampfmaßnahmen ihren Höhepunkt. Der Staat mischte sich unverhohlen in kirchliche Angelegenheiten ein, so in die Ausbildung und Anstellung von Geistlichen, kirchliche Disziplinarsachen und Kirchenaustritte. Derartige Eingriffe konnte die Kirche unter keinen Umständen hinnehmen. Die Bischöfe verweigerten die Durchführung der Gesetze und untersagten Klerus und Gläubigen, daran mitzuwirken.

In Westfalen waren die Reaktionen womöglich noch schärfer als an anderen Orten, vielleicht, weil sie hier besonders scharf angewandt wurden. Der katholische Oberpräsident Friedrich von Kühlwetter widmete seine ganze Kraft dem Kampf gegen den ihm verhaßten »jesuitischen Ultramontanismus«. Da der münsterische Bischof Bernhard Brinkmann, wie andere Bischöfe auch, weiterhin Geistliche ohne staatliche Mitwirkung anstellte, wurde er mit Geldstrafen belegt und schließlich gepfändet. Gegen das empörte Publikum mußte Militär eingesetzt werden. Die Versteigerung der bischöflichen Mobilien verlief im Sande, weil ein münsterischer Kaufmann alle gepfändeten Güter ankaufte, ohne daß ein zweites Gebot erfolgt wäre, und dem Bischof zurückerstattete. Der Paderborner Bischof Konrad Martin kam solchen Mißhelligkeiten zuvor, indem er sein ganzes Eigentum einem Neffen übertrug.

Die Verhaftung Bischof Brinkmanns im März 1875 und seine Abführung zum Kreisgericht Warendorf gestalteten sich zu einem wahren Triumphzug für den Oberhirten. Bischof Martin entzog sich nach der Internierung in Wesel weiterer Demütigung durch Flucht in die Niederlande. Die preußische Regierung bürgerte ihn daraufhin aus dem Staatsverband aus. Auch Bischof Brinkmann nahm seinen Wohnsitz in den Niederlanden.

Nur zu bald wurde deutlich, daß alle Zwangsmaßnahmen den Widerstand der Kirche nicht brechen konnten, aber die Auseinandersetzungen verschärften und, was das Schlimmste war, Märtyrer schuf. Da Amtseinsetzungen von Pfarrern weithin nicht mehr erfolgen konnten, blieben Hunderte von Pfarreien unbesetzt. Der Staat stellte im Jahre 1875 alle Zahlungen an geistliche Stellen ein, doch gab kein Bischof oder Geistlicher die geforderte Gehorsamkeitserklärung ab, um wieder in den Genuß staatlicher Zuwendungen zu gelangen, wie man gehofft hatte. Die finanziellen Ausfälle konnten zum großen Teil durch »Opfergänge« der Gläubigen ausgeglichen werden.

Auf Drängen der Liberalen wurden am 31. Mai 1875 auch alle geistlichen Orden in Preußen aufgehoben. An vielen Orten kam es zu Tumulten der Bevölkerung. Als den Schulen die völlige Entkonfessionalisierung drohte, verlangten die Pfarrer von den Lehrern Erklärungen, den Religionsunterricht nur gemäß den Lehren der katholischen Kirche erteilen zu wollen. Daraufhin gab die Regierung nach und gestattete den Geistlichen, Katechismusunterricht in den Schulen zu erteilen. Die biblische Geschichte wurde jedoch weltlichen Lehrern übertragen.

Den größten politischen Nutzen aus den Streitigkeiten zog die Zentrumspartei, die sich nun zur Massenpartei entwickelte. Zusammen mit dem neuen »Mainzer Katholikenverein«, dessen Ortsvereinen allein im Gründungsjahr 1872 in den Westprovinzen 70 000 Mitglieder beitraten, bildete sich die Basis für die spätere, große Zentrumspartei.

Auch die katholische Presse nahm einen ungeheuren Aufschwung. Einige Blätter unterlagen heftigen Verfolgungen, wie der »Westfälische Merkur« in Münster. Sein Redakteur Süing kam ins Gefängnis, der Eigentümer des »Münsterischen Anzeigers«, Eduard Hüffer, in die Festung Wesel.

Der Ablauf des Kulturkampfes legt die Vermutung nahe, die evangelische Kirche habe unbeteiligt beiseitegestanden. Das trifft jedoch nicht zu. Die konservativen Evangelischen in Ravensberg-Minden stimmten stets mit allen Konservativen gegen die Kulturkampfgesetze und unterstützten die in Bedrängnis geratenen Katholiken. Überhaupt scheinen die staatlichen Maßnahmen gegen die katholische Kirche wenig populär gewesen zu sein. Bei den Reichstagswahlen von 1877 verloren die Nationalliberalen denn auch kräftig an Stimmen, die den Konservativen und dem Zentrum zugute kamen.

Seit 1876 stagnierte der Streit. Die Kirche hatte sich behauptet. Aber erst mit dem Sturz des Kultusministers Falk eröffnete sich der Weg zum Frieden. Bis zum Jahre 1887 konnten alle Steine aus dem Weg geräumt werden. Unter dem Druck der Konservativen lenkte nun auch das Zentrum auf den Pfad der Verständigung mit dem Staate ein. Dieser bereitete den Weg mit versöhnlichen Gesten vor. So gemeint war die Erlaubnis zur Bestattung des im Exil verstorbenen Paderborner Bischofs Konrad Martin im Paderborner Dom im Jahre 1879. 1882 wurde der König ermächtigt, amtsenthobene Bischöfe wieder in ihre Ämter einzusetzen. Unter dem Jubel der Bevölkerung zog Bischof Brinkmann am 11. Februar 1884 wieder in Münster ein. Damals war der Oberpräsident von Kühlwetter, berüchtigt durch »die Rücksichtslosigkeit, mit der er den Kulturkampf betrieb« (Kölnische Volkszeitung), bereits verstorben († 2. Dezember 1882), sogar in letzter Zeit von liberaler Seite getadelt. Als Kaiser Wilhelm I. an seinem Geburtstag mit dem münsterischen Bischof gemeinsam zu Tafel saß, war auch äußerlich der Friede zwischen Staat und Kirche zurückgekehrt. Das täuschte nicht darüber hinweg, daß die Stimmung gegen Bismarck in weiten Kreisen anhielt.

Im Vergleich mit dem politischen Katholizismus spielten Sozialismus und Arbeiterbewegung in Westfalen vor der Jahrhundertwende nur eine bescheidene Rolle. Unter den Delegierten zur Gründung des »Allgemeinen Deutschen Arbeiter-Vereins« Ferdinand Lassalles am 23. Mai 1863 in Leipzig befand sich bezeichnenderweise kein Westfale. Nur langsam konnte der Verein in den Städten Dortmund, Altena, Bielefeld, Iserlohn und Hagen Fuß fassen. Zu seiner Stärkung trug nicht gerade bei, daß sich von ihm 1866 der »Allgemeine Deutsche Arbeiterverein« der Sophie von Hatzfeld abspaltete.

Grundsätzlich verhielt sich der Arbeiterverein staatsbejahend auf der kleindeutschen Linie. Er strebte vor allem das allgemeine Wahlrecht und eine Verbesserung der wirtschaftlichen Lage der arbeitenden Massen an. Ein Konkurrenzunternehmen erwuchs ihm in den liberalen Arbeiterbildungsvereinen und der Selbsthilfebewegung von Schulze-Delitzsch. Eine marxistische Note trat erst in der »Sozialistischen Arbeiterpartei« hervor, die sich unter Wilhelm Liebknecht und August Bebel im Jahre 1869 in Eisenach konstituiert hatte.

Beide Richtungen waren im Reichstag vertreten. Ihre zutage getragene Gegnerschaft gegen die deutsche Einigung und Reichsverfassung raubte ihnen bei den Wahlen von 1871 sechs von acht Mandaten.

Trotzdem nahm die Agitation in den westfälischen Industriegebieten deutlich zu. Im Jahre 1875 bestanden bereits in allen Orten des märkischen Industriegebietes, im Ruhrgebiet und in Minden-Ravensberg Gruppen des Allgemeinen Deutschen Arbeiter-Vereins. Anders gestaltete sich die Lage im Siegerland, wo die krassen Gegensätze zwischen Unternehmern und Arbeitern fehlten. Dort traf die sozialdemokratische Propaganda auf keinen Widerhall. Gering blieb ihr Erfolg aber auch im Ravensbergischen, wo man den Sozialisten ihre Kirchenfeindlichkeit vorwarf.

Der »Allgemeine Deutsche Arbeiter-Verein« erholte sich von seiner Wahlniederlage im Jahre 1871 nicht mehr. Der naheliegende Zusammenschluß mit der »Sozialistischen Arbeiter-Partei« scheiterte aber noch 1873 auf einer Dortmunder Versammlung. Erst 1875 fand in Gotha der längst fällige Vereinigungsbeschluß Gehör. Als Vertreter der Sozialisten war wiederum unter den 56 Teilnehmern nur ein einziger Westfale, Heitbrink aus Bielefeld.

Von da an zeigte die Erfolgskurve der Sozialistischen Arbeiterpartei zwar nach oben, doch blieb das Wachstum verhältnismäßig schwach. Zurückzuführen ist dieses Phänomen wahrscheinlich auf die stark kirchliche Bindung der westfälischen Bevölkerung (A. Herzig). Im katholischen Münsterland konnte von einem sozialistischen Einfluß überhaupt nicht gesprochen werden. Nach dem Attentat auf den Kaiser im Jahre 1878 sanken in Westfalen die Stimmenzahlen der Sozialisten überdurchschnittlich stark. Bismarck fiel es leicht, das »Gesetz gegen die gemeingefährlichen Bestrebungen der Sozialdemokratie« durchzusetzen. Die schon schwer angeschlagene Partei wurde damit verboten und auf ein Jahrzehnt hinter ihren Stand von 1877 zurückgeworfen. Ihre Hauptagitatoren saßen im Gefängnis. Die im Jahre 1875 gegründete »Westfälische Freie Presse«, das erste sozialdemokratische Blatt im Ruhrgebiet, stellte ihr Erscheinen ein.

Erst nach 1885 belebte sich die sozialistische Agitation in Westfalen vom Rheinland her aufs Neue. Großen Einfluß auf die Bergarbeiter gewann seit 1888 die neue »Westfälische Arbeiterzeitung«, vor allem während des Streikes von 1889. Damals teilte August Bebel dem in London lebenden Friedrich Engels mit, daß alles auf das rheinisch-westfälische Industriegebiet ankomme, wo »wir das nächste Mal ... eine gehörige Stimmenzahl herausholen« werden. Tatsächlich vermehrten sich die sozialdemokratischen Stimmen erheblich.

Im Jahre 1890 kam das Sozialistengesetz über einem Streit zwischen Konservativen und Liberalen zu Fall und trat am 30. Dezember außer Kraft. Aufgrund dieses Gesetzes waren in den letzten zwölf Jahren über neunhundert Personen aus Preußen ausgewiesen und 1500 zum Teil zu hohen Strafen verurteilt worden. Westfalen war besonders schwer betroffen. Bismarck erinnerte sich 1895, daß die »extremen« Parteien Zentrum und Sozialdemokraten »nirgends schärfere Vertreter« hatten als in Westfalen. In diesem Lande habe er weit mehr Feinde als Freunde besessen, klagte er.

Nach der Aufhebung des Sozialistengesetzes belebte sich der sozialdemokratische Blätterwald erneut. Die Partei wechselte ihren Namen in »Sozialdemokratische Partei Deutschlands« und bildete für die Rheinlande und Westfalen getrennte Organisationen aus. 1891 fand der erste westfälische Provinzialparteitag in Dortmund statt. Der angestrebte Ausgleich mit den Kirchen mißlang. Die Soester evangelische Synode von 1890 bedauerte sogar ausdrücklich die Aufhebung des Sozialistengesetzes. Auch auf katholischer Seite war die Haltung nicht freundlicher. Papst Leo XIII. legte mit der Enzyklika »Rerum novarum« ihren scharf antisozialistischen Kurs fest. Das hinderte die Sozialdemokratische Partei aber nicht daran, immer mehr Anhänger zu gewinnen. Bei den Reichstagswahlen steigerte sie in Westfalen ihren Stimmenanteil in der Zeit von 1898 bis 1912 von 22,4 auf 28,8 Prozent. Selbst im katholischen Regierungsbezirk Münster stiegen die Zahlen von 1,8 auf 17,2 Prozent.

Langsam verlief der Aufstieg der Sozialisten im Fürstentum Lippe, einem Lande, in dem die Industrialisierung nur verspätet einsetzte. In Lippe kam es auch nicht zu ähnlichen Verfolgungen wie in Preußen.

Schwierig gestaltete sich die Verbindungsaufnahme der Sozialisten mit den Arbeitnehmer- und Berufsverbänden. Im Wege stand die vom Marxismus vertretene Doktrin der Weltrevolution, während die Gewerkschaften die Hebung des Lebensstandards der Arbeiter im Auge hatten. Beides wurde weithin für unvereinbar gehalten. Duncker, Hirsch und andere Mitglieder der Fortschrittspartei glaubten, diesem Ziele näher zu kommen, wenn sie nicht auf Konfrontation, sondern auf ein Miteinander von Kapital und Arbeit setzten. Die Sozialisten gerieten dadurch in Zugzwang. Sie mußten diesem Programm ein anderes entgegenstellen. So entschied sich die »Sozialistische Arbeiter-Partei« schon auf dem Gothaer Kongreß, Gewerkschaften zu bilden, weil nur die Sozialdemokratie in der Lage sei, »die politische und wirtschaftliche Stellung der Arbeiter in vollem Maße zu einer menschenwürdigen zu machen«. Die sozialdemokratischen Gewerkschaften stießen aber auf ernste Hindernisse und konnten nur langsam Anhänger gewinnen. Die katholischen Arbeitnehmervereine, der Westfälische Bauernverein und die evangelischen Arbeitervereine Adolf Stoeckers bildeten eine ernstzunehmende Konkurrenz, wenn diese Vereine auch nur bedingt als Gewerkschaften zu bezeichnen sind.

Auch von katholischer Seite gingen ebenso wie von den Sozialisten Bestrebungen aus, die Lage der Arbeiter zu verbessern. So beantragte Ferdinand Graf von Galen, Zentrumsabgeordneter im Reichstag, den Schutz der Arbeiter gegen Auswüchse des wirtschaftlichen Liberalismus von staatlicher Seite zu gewährleisten. Der Bismarck'schen Sozialgesetzgebung verweigerte sich das Zentrum aber aus grundsätzlichen Bedenken gegen einen Staatssozialismus.

Gegenüber den Gewerkschaften bemühte sich der Staat um eine möglichst neutrale Haltung, selbst in Fällen, in denen Streiks einen bedenklichen Umfang annahmen und hinter ihnen eine politische Agitation vermutet wurde. Den Einsatz von Militär beim großen Bergarbeiterstreik von 1889, der Todesopfer forderte, fand das Mißfallen des Kaisers ebenso wie Bismarcks. Einer Delegation der Bergarbeiter sagte der junge Kaiser seine Unterstützung zu, wenn sie sich nur von sozialistischen Umsturzplänen fernhielten. Nach dem Streik ordnete die preußische Regierung die reformbedürftigen Verhältnisse im Bergbau von Grund auf neu. Der Streik bewirkte aber auch die Gründung des überparteilichen, in Wirklichkeit aber stark sozialdemokratisch gefärbten »Verbandes zur Wahrung und Förderung der bergmännischen Interessen in Rheinland und Westfalen«, des sogenannten »Alten Verbandes«. Als christliche Gegengründung entstand der Gewerkverein »Glück auf«. Auf der Basis katholischer Vereine bildeten sich Vorstufen der späteren Christlichen Gewerkschaften. Bis zum Jahre 1911 gehörten zwei Drittel aller Bergarbeiter zu Gewerkschaften: 120 000 zum Alten Verband, 84 000 zum Christlichen Gewerkverein, 47 000 zur Polnischen Berufsvereinigung und 3000 zu den Hirsch-Duncker'schen Gewerkschaften.

Im Fürstentum Lippe sollte der »Christliche Gewerkverein der Ziegler« sozialdemokratischen Einflüssen auf die Wanderarbeiter das Wasser abgraben, konnte sein Ziel aber nicht erreichen.

Die Sozialdemokratie hatte trotz Behinderung durch den Staat und Gegnerschaft anderer Gruppierungen ihre Stellung gefestigt. Trotzdem ließ sich nicht verkennen, daß die stärkste politische Kraft in den Westprovinzen nach wie vor der politische Katholizismus war. Das Zentrum verbündete sich mit dem »Westfälischen Bauernverein«, dem Verband »Arbeiterwohl« Franz Hitzes und den Christlichen Gewerkvereinen. Größte Bedeutung erlangte der 1896 in Köln gegründete »Volksverein für das katholische Deutschland«, der sich zum Ziel setzte, »Irrtümer und Umsturzbewegungen auf sozialem Gebiet« zu unterbinden und für »die Verteidigung der christlichen Ordnung« zu kämpfen. Der Volksverein stellte die Führer der katholischen Arbeiterbewegung, die geistlichen Präsides und weltlichen Anführer der christlichen Gewerkschaften. Mit 650 000 Mitgliedern im Jahre 1910 übertraf der Volksverein bei weitem alle Gewerkschaften.

Mit den sich wandelnden politischen Verhältnissen veränderte sich auch das Feindbild des Zentrums. Nicht mehr der Liberalismus wurde als Hauptfeind betrachtet, sondern die Sozialdemokratie. Der Schutz der Monarchie, Ehe, Kirche und des privaten Eigentums galten als höchste Ziele. Die westfälischen Abgeordneten des Zentrums standen zumeist auf dem rechten Flügel der Partei, zumal viele von ihnen dem Adel entstammten. Das führte zu gelegentlichen Spannungen mit der Gesamtpartei. Im »Zentrumsstreit« traten Politiker aus Rheinland und Westfalen für eine Zusammenarbeit aller Konfessionen ein, unter ihnen die westfälischen Sozialpraktiker Franz Hitze, August Pieper und Heinrich Brauns.

Andere Parteien spielten in Westfalen vor dem Ersten Weltkrieg keine namhafte Rolle. In Minden-Ravensberg herrschten die evangelischen Konservativen, bis im Jahre 1906 im Wahlkreis Bielefeld-Wiedenbrück zum ersten Mal ein Sozialdemokrat, Carl Severing, mit Hilfe der Zentrumsstimmen die Wahl gewann. Im Regierungsbezirk Arnsberg spielte die Freisinnige Volkspartei eine gewichtige Rolle, im Wahlkreis Siegen-Wittgenstein, dem »Industriegebiet ohne Proletariat«, die Christlich-soziale Partei des Hofpredigers Stoecker. Konsequent linksliberal wählte man dagegen im Fürstentum Lippe, doch herrschten aufgrund des Dreiklassen-Wahlrechts im Landtag die Konservativen vor.

Alle wirtschaftlichen und politischen Elemente trugen dazu bei, die Entstehung des Ruhrgebietes zu einem »sozialgeschichtlichen Vorgang ersten Ranges« (W. Zorn) zu machen. Manchmal wird in diesem Zusammenhang sogar von der Bildung eines eigenen »Ruhrvolks« (W. Brepohl) gesprochen. Niemals zuvor hatte es in Deutschland innerhalb so kurzer Zeit einen derartig explosiven Anstieg der Bevölkerungszahlen gegeben. Im Regierungsbezirk Arnsberg, der doch nur zu einem kleinen Teil von der Industrialisierung erfaßt wurde, versechsfachten sich die Einwohnerzahlen in der Zeit von 1818 bis 1905. In früher kaum besiedelten Landstrichen entstanden Großstädte riesigen Ausmaßes.

Eine solche Bevölkerungsexplosion konnte nicht durch natürlichen Geburtenüberschuß, sondern nur durch Zuwanderung erfolgen. Die von den Arbeitsmöglichkeiten angezogenen Zuwanderer kamen anfangs aus kleinbäuerlichen Familien in agrarischen Gebieten Westfalens, die in der Heimat kein Auskommen fanden, später zunehmend aus den preußischen Ostprovinzen. Darunter befanden sich anfangs Menschen deutscher Abstammung, dann aber mehr und mehr Masuren, Kaschuben aus West- und Ostpreußen, schließlich auch Polen aus der Provinz Posen. Aus Russisch-Polen waren dagegen kaum Zuzüge zu verzeichnen. In vielen Ruhrgebietsstädten stiegen die slawischen Anteile über zehn, ja zwanzig Prozent an, am höchsten in Bottrop, wo 33 Prozent eine slawische Sprache gebrauchten.

In kirchlichen und kulturellen Vereinen bewahrten die fremden Einwanderer weitgehend ihre eigene Sprache und Kultur, ohne sich mit der einheimischen Bevölkerung zu vermischen. Eine wirkliche Integration der fremdsprachlichen Elemente fand nicht statt. Die »Polenfrage« bildete das erste Ausländerproblem in Westfalen.

Wandlungen erlebte auch die vorher so klare Gliederung Westfalens in konfessioneller Hinsicht. Standen sich im Jahre 1819 Katholiken und Evangelische in Westfalen im Verhältnis von sechs zu vier gegenüber, waren im Jahre 1925 beide Konfessionen fast gleich stark. Früher rein evangelische Gebiete, wie die Grafschaft Mark, besaßen nun eine starke katholische Minderheit, die sich oft dem Gleichstand näherte. Umgekehrt stieg der evangelische Anteil in dem früher rein katholischen Vest Recklinghausen.

Die Regierung bemühte sich, die Verwaltungsgrenzen den modernen Entwicklungen anzupassen. Vor allem gliederte man die die Landkreise sprengenden großen Städte aus. Die Stadt Dortmund machte den Anfang mit der Bildung eines eigenen Stadtkreises. Bochum, Hagen, Gelsenkirchen, Witten, Hamm, Recklinghausen, Herne, Iserlohn, Lüdenscheid, Hörde und Buer folgten bis 1912 nach. In Ostwestfalen erreichten dagegen nur Bielefeld und Herford die Kreisfreiheit.

Die über die Provinzgrenzen hinaus nach Westen fortschreitende Industrialisierung, die bald den Rhein erreichte und sogar darüber hinausging, rückte die beiden Westprovinzen noch näher zusammen, als sie schon immer, durch ihre Eigenheiten von den übrigen Provinzen Preußens abgehoben, verbunden waren. Seit langem umfaßte der Bezirk des Oberbergamtes Dortmund Teile beider Provinzen. Dasselbe gilt für die Generaldirektion, die Schiffahrtsverwaltungen und die Katasterdirektion. Für sie galt die rheinisch-westfälische Grenze nicht. Die im Zuge der Industrialisierung entstehenden Organisationen kümmerten sich schon gar nicht um staatliche Grenzziehungen, sei es nun, daß sie von Arbeitgeber- oder Arbeitnehmerseite gegründet wurden. Noch kurz vor dem Ersten Weltkrieg erfolgte der Zusammenschluß westfälischer und rheinischer Gemeinden in einer gemeinsamen Haftversicherung, auf dessen Boden der spätere Preußische Versicherungsverband der Gemeinden und Gemeindeverbände entstand.

Als negative Folge des Kulturkampfes war zu verbuchen, daß die beiden Westprovinzen von der Einführung einer neuen Kreisordnung im Jahre 1872 und der neuen Provinzialordnung im Jahre 1875 ausgeschlossen blieben, wie sie in den übrigen Provinzen durchgeführt wurde. Der Provinzialverband empfing zwar 1873 schon eine gewisse Dotation von seiten des Staates, um bestimmte Selbstverwaltungsaufgaben wahrnehmen zu können, doch konnte die neue Provinzialordnung in Westfalen erst mit Gesetz vom 1. August 1886 – ein Jahr vor dem Rheinland – in Kraft treten. Einen Tag vorher war die neue Kreisordnung verkündet worden. Der Oberpräsident nahm nunmehr eine wirkliche Zwischeninstanz zwischen Ministerien und Regierungen wahr, die er bisher nicht besessen hatte.

Auch die Justizverwaltung erfuhr eine durchgreifende Neuordnung. Das Appellationsgericht in Hamm erhielt den Rang eines Oberlandesgerichts für die

Provinz Westfalen. Im Steuerwesen gelangte eine einheitliche Einkommenssteuer zur Einführung, ergänzt durch eine Vermögenssteuer (1893). Die bisherigen Privilegien der Standesherren verschwanden. Alle diese Maßnahmen trafen im Bürgertum auf breite Zustimmung. Es hatte nach dem Abschluß des Kulturkampfes seinen Frieden mit dem Staate gemacht. Man fand keinen Anlaß, sich von den Jubelfeiern aus Anlaß der Zugehörigkeit zum Königreich Preußen fernzuhalten. Zumindest würdigte man derartige Anlässe durch kritische Stellungnahme. Vaterländische und Kriegervereine blühten allerorts auf. »Es hat wohl selten in Preußen ... eine so weitgehende Übereinstimmung zwischen breiten Schichten der Bevölkerung und der Monarchie gegeben wie unter ihrem letzten Repräsentanten, der nicht zuletzt auch den Westprovinzen und der katholischen Sache wieder verhältnismäßig viel Verständnis entgegenbrachte« (H.-J. Behr). Auf einem Festmahl in Münster am 31. August 1907 sprach der Kaiser versöhnlich und anerkennend über das gute Verhältnis zur westfälischen Bevölkerung. Er verkannte aber doch wohl die Brisanz, die in der bisher nicht bewältigten Eingliederung der Industriearbeiter in den Staat lag, und bemerkte nicht den zum »Klassenstaat« eingeschlagenen Weg.

Dem Wunsch der Regierung nach Abbau alter Gegensätze entsprang auch das Zugeständnis größerer Eigenständigkeit der Provinzen. Bismarck hoffte, besonders im Falle der neuen Provinz Hannover, damit den »Beweis zu liefern, daß Preußen alle deutschen Individualitäten in sich aufnehmen kann, ohne sie aufzuheben«. Die im Jahre 1867 der Provinz Hannover zugestandene Provinzialverfassung übertraf bei weitem alles, was den alten Provinzen bisher zugebilligt worden war. Hannover erhielt einen Landtag mit echten Verwaltungsbefugnissen, eine gute finanzielle Dotation und einen eigenen Verwaltungsapparat. Soziales und Kultur wurden unter den Aufgaben der Provinzialverwaltung besonders hervorgehoben.

Nicht zufällig beantragten einen Monat später, am 6. April 1868, die westfälischen Provinzialstände in einer Immediateingabe an den König ähnlich weitgehende Befugnisse. Die darauf angefertigte Vorlage des Innenministers Friedrich Graf von Eulenburg gelangte auf dem Provinziallandtag von 1871 zur Beratung. Mit einigen Abänderungen trat das »Regulativ für die Organisation der Verwaltung des Provinzialvermögens und der Provinzialanstalten der Provinz Westfalen« am 1. Januar 1872 in Kraft. Ein leitender Beamter an der Spitze des Provinzialverbandes wie in Hannover war in Westfalen nicht vorgesehen. Die Aufsicht sollte der jeweilige Leiter des Armenwesens führen. Die erforderliche Dotation des Provinzialverbandes sicherten dann Gesetze aus den Jahren 1873 und 1875. Danach standen jährlich zwei Millionen Taler zur Verfügung. Die Aufgaben des Provinzialverbandes erstreckten sich auf den Wegebau, die Landesmelioration, das Armen-, Gesundheits- und Wohlfahrtswesen, die Förderung von Kultur und Wissenschaft. Damit zeichneten sich die Felder landschaftlicher Selbstverwaltung ab, die auch heute noch im Vordergrund stehen. Da die finanzielle Ausstattung bald nicht mehr ausreichte, wurde sie im Jahre 1902 wesentlich vermehrt und durch eine Provinzialumlage ergänzt. Die Verwaltung nahm erheblich zu. Schon im Jahre 1908 beschäftigte der Provinzialverband rund 1800 Bedienstete.

Durch die Verfassung vom 31. Januar 1850 erhielt die evangelische Kirche in Westfalen das Recht, ihre Einrichtungen selber zu verwalten. Aus diesem Grunde wurde noch in diesem Jahre der Evangelische Oberkirchenrat geschaffen. In ihm wurden die bisherigen Abteilungen für das evangelische Kirchenwesen im Ministerium des Innern und im Kultusministerium zusammengefügt, blieben aber selbständig bestehen. In Westfalen zeigte man sich mit der Unterstellung unter den Evangelischen Oberkirchenrat unzufrieden, ging aber nicht soweit wie die Rheinische Provinzialsynode von 1850, die das landesherrliche Kirchenregiment rundweg ablehnte. Auch später konnte sich die westfälische Kirche nicht zu einer eindeutigen Haltung gegenüber dem Staate entschließen. Mit großer Besorgnis verfolgte man während des Kulturkampfes einen unübersehbaren Vorgang der Entchristlichung des Staatswesens, doch nur Friedrich von Bodelschwingh drückte seine Befürchtungen in klaren Worten aus: »Man muß es Bismarck ins Gesicht sagen, daß wir die evangelische Kirche, von der er nichts versteht, nimmermehr den Rücksichten der Politik opfern.« Mit größtem Unbehagen sah Bodelschwingh die von Bismarck betriebene Ausbreitung eines »bequemen Staatssozialismus« (R. Stupperich). Um die drängende Arbeiterfrage zu entschärfen, schien ihm ein christlich motivierter Sozialismus viel geeigneter. In eben derselben Form wandte sich der Hofprediger Adolf Stoecker, der 1877 die Berliner Stadtmission übernommen hatte, gegen Eingriffe des Staates in Kirchenangelegenheiten und jede Form des Liberalismus. Stoecker hielt Bismarck »in der Pflege der sittlich-religiösen Lebensmächte« für einen »verhängnisvollen Staatsmann«. Die Hauptstützen fand der Hofprediger in den konservativen Wahlkreisen von Minden-Ravensberg und Siegen.

Die Bedeutung beider Kirchen wurde durch das Personenstandsgesetz von 1873 aufs Schärfste betroffen. Die kirchliche Trauung verlor ihren rechtlichen, konstituierenden Wert. Von nun an begründete nur die Eintragung in das Standesamtsregister den Beginn einer rechtsgültigen Ehe. Der Kirche stand nur noch zu, eine bereits geschlossene Ehe einzusegnen. Selbst im sonst so kirchlichen Westfalen sank die Zahl der kirchlichen Trauungen erschreckend stark ab.

Im sozialen Bereich betätigte sich die Kirche in verstärktem Maße, um dem um sich greifenden »Pauperismus« entgegenzuwirken. Nicht zuletzt führte die hauptsächlich im Ravensbergischen, aber auch in anderen Teilen Westfalens wirksame Erweckungsbewegung des Pastors Johann Heinrich Volkening zur Einrichtung von zahlreichen »Rettungshäusern« zu Anfang der fünfziger Jahre, also zwei Jahrzehnte vor den neuen Anstößen Friedrichs von Bodelschwingh. Auch die 1851 erfolgte Gründung des Evangelischen Stiftischen Gymnasiums in Gütersloh geht auf die Erweckungsbewegung zurück. Den Vertrieb der Schriften der Bewegung übernahm der Verlag C. Bertelsmann. Außerdem gründeten die Erweckten Posaunenchöre unter Leitung des Pastors Eduard Kuhlo und später seines Sohns Johannes Kuhlo, der als »Posaunengeneral« großen Einfluß ausübte. Im evangelischen Gemeindeleben waren die Posaunenchöre unentbehrlich geworden.

Die Erweckungsbewegung belebte auch das Interesse an der äußeren Mission. Die westfälischen Gemeinden unterstützten meist die Goßner'sche Mission in Berlin und die Rheinische Mission. Aus dieser Zeit lebt bis heute das alljährliche Bünder Missionsfest fort. Seit 1890 trat in der Leitung der Missionen Friedrich von Bodelschwingh hervor. Er verpflichtete sich zur Entsendung von Diakonen und Diakonissen nach Sansibar. Im Jahre 1906 wurde sogar die Mission Berlin III nach Bethel bei Bielefeld verlegt und nannte sich von nun an Bethel-Mission.

Zur Unterstützung evangelischer Gemeinden in der Diaspora stellte der Gustav-Adolf-Verein bedeutende Mittel zur Verfügung. Im Jahre 1842 fand die Gründung eines Provinzialvereins dieser Organisation in Münster statt, dessen Leitung der Provinzialarchivar Dr. Heinrich August Erhard übernahm. An der Gründungsversammlung nahm der Oberpräsident teil. In allen westfälischen Landkreisen und Städten bildeten sich schnell nacheinander lokale Vereine.

Es überrascht nicht, daß die Bemühungen Wicherns in Westfalen einen günstigen Boden vorfanden. »Die für Westfalen charakteristische Verbindung von Wort und Tat, von Kirche und Diakonie begann Gestalt zu gewinnen« (R. Stupperich). Gefördert wurden hauptsächlich Krankenhäuser und Ausbildungsstätten für Krankenpflegerinnen, die Gefängnisfürsorge und Epileptikeranstalten. Zu einem weltweiten Vorbild wurden die »Bethelschen Anstalten« bei Bielefeld. Sehr viel und harte Arbeit fand die Diakonie bei den in zum Teil haarsträubenden Verhältnissen lebenden Arbeitern in den schnell wachsenden Großstädten des Industrireviers.

Trotz des großen Einflusses der Erweckungsbewegung in Westfalen darf nicht übersehen werden, daß sich der blasse Geist der Aufklärungszeit besonders in den Städten noch kräftig am Leben erhalten hatte. Seine Anhänger, »Rationalisten« genannt, wanderten meist zum Liberalismus ab. Um diesem Strom entgegenzuwirken, wurde im Jahre 1876 die »Positive Union« begründet, eine biblisch orientierte, vermittelnde Richtung, die Abstand zur Lutherischen Vereinigung hielt. Große Erregung in der Öffentlichkeit löste eine Vorlesung Adolf Harnacks im Wintersemester 1899/1900 aus, in der er das christliche Dogma als zeitbedingt und reformbedürftig erklärte. Hermann Cremer aus Unna, Theologieprofessor in Greifswald, beschuldigte Harnack, ein »anderes, angeblich auf dem Wege historischer Kritik erarbeitetes Evangelium« zu lehren. Der Kontroverse folgte eine heftige Polemik in der kirchlichen Presse. Zur Festigung des Glaubens trug sie nicht bei. Ihre Hauptwirkung bestand darin, viele Menschen der Kirche zu entfremden, ähnlich wie der »Apostolikumstreit« von 1882, in dem Harnack den Standpunkt vertrat, das Glaubensbekenntnis müsse neu formuliert werden. Cremer meinte dagegen, historische Erkenntnisse könnten keinen Einfluß auf Glaubenserkenntnisse ausüben. Er blieb damit gegen Harnack erfolgreich. Die Generalsynode von 1894 behielt das Apostolische Glaubensbekenntnis unverändert bei. Die Erregung über den Streit bebte noch lange in Westfalen nach. Bodelschwingh stellte sich voll hinter Cremer und faßte damals den Gedanken, eine »Freie kirchliche Fakultät« zu begründen. Sein Plan konnte im Jahre 1905 in Bethel in die Wirklichkeit umgesetzt werden.

Die evangelischen Jugendvereine erlebten zu Anfang des 19. Jahrhunderts eine beachtliche Blüte. Im Jahre 1909 gründete Wilhelm Stählin, später Professor an der Universität Münster, den »Bund deutscher Jugendvereine«. Wie die der evangelischen Kirche nahestehenden Bibelkreise unter höheren Schülern,

Mädchen-Bibelkreise und Christlichen Pfadfinder war auch der Bund stark von der Jugendbewegung geprägt. Die meisten westfälischen Theologiestudenten stammten aus diesen Kreisen, in der eine Verbindung von Idealismus und Christentum angestrebt wurde. Dagegen kam die von einem methodistisch-aktiven Grundzug getragene Gemeinschaftsbewegung besonders im Christlichen Verein Junger Männer (CVJM) und dem ebenfalls aus Amerika eingewanderten Jugendbund für entschiedenes Christentum zur Wirkung. Die älteren Jünglingsvereine wurden dadurch in den achtziger Jahren zusehends verdrängt. Ähnlich verlief die Entwicklung bei der Deutschen Christlichen Studentenvereinigung gegenüber den vorher tätigen Studentenverbindungen. Nicht immer blickte die Landeskirche mit Freude auf derartige Bildungen. Vielfach entstand die Sorge, die Entwicklung könne aus der Landeskirche herausführen. Doch kam es nur in vereinzelten Fällen zur Trennung. Dazu bedurfte es radikalerer Einstellungen, wie sie zum Beispiel bei den aus dem Osten eingewanderten Pfingstlern in Datteln und an anderen Stellen zu beobachten waren.

Verhältnismäßig spät fand die von der letzten Kaiserin begründete Evangelische Frauenhilfe in Westfalen Eingang. Im Jahre 1905 schlug Generalsuperintendent Zoellner den Zusammenschluß aller schon bestehenden Frauenvereine im »Provinzialverband der Westfälischen Frauenhilfe« vor, deren Zentrale dann im Jahre 1910 in Soest errichtet wurde. Von Zoellner ging auch die Anregung zur Gründung evangelischer Arbeitervereine aus, denen er die Rolle eines Gegengewichtes gegen die um sich greifende Entchristlichung der Industriearbeiterschaft und gegen den Sozialismus zudachte. Die erste Gründung fand im Jahre 1882 statt. Der Iserlohner Pfarrer Ludwig Weber wollte mit seinem »Deutsch-evangelischen Verein zur Förderung der Sittlichkeit« hauptsächlich den der Jugend in den Industriegebieten drohenden Gefahren vorbeugen.

Die Lage der Juden blieb noch immer gedrückt, obwohl das Gesetz vom 3. Juli 1869 den Angehörigen aller Glaubensbekenntnisse die volle staatsbürgerliche und private Gleichberechtigung zugesprochen hatte. Trotzdem stemmte sich die Regierung weiterhin gegen die Einstellung jüdischer Beamter. Sogar die Zulassung jüdischer Rabbiner zur Aufsicht über den jüdischen Schul- und Religionsunterricht wurde von der Regierung in Münster bis kurz vor der Jahrhundertwende verweigert, obgleich sich der hiesige Bischof für die Rechte der Juden einsetzte. Vor dem Ersten Weltkrieg wurde auch kein einziger jüdischer Wissenschaftler als Professor an die münsterische Universität berufen.

Freilich wandte sich der Staat energisch gegen offene Auftritte gegen Juden oder antisemitische Äußerungen. Sie waren verboten. Trotzdem gab es sie hie und da. Sie entsprangen keinem rassistischen Denken, sondern im allgemeinen einer christlich-konservativen Einstellung, die die Juden mit dem Liberalismus und Sozialismus in einen Topf warf und sie für deren Wirkungen verantwortlich machte. Es gab sogar Bestrebungen zur Gründung einer antijüdischen Partei, jedoch fand diese keine Anhänger.

Der jüdische Einfluß auf die Politik blieb in Westfalen gering und entsprach damit der verhältnismäßig geringen Bedeutung des jüdischen Elements im Lande. Am demokratischen Kongreß von 1848 in Münster hatten drei jüdische

Lehrer teilgenommen, von denen einer wegen Majestätsbeleidigung zu einer Gefängnisstrafe verurteilt wurde. Eine besondere Nähe zur Sozialdemokratischen Partei läßt sich nicht feststellen, eher das Gegenteil. Erst im Jahre 1905 trat in Westfalen das erste jüdische Mitglied in die Partei ein, Jeanette Wolff, die im Jahre 1919 Stadtverordnete in Bocholt wurde.

Um sich besser gegen Angriffe und Benachteiligungen wehren zu können, gründeten die Juden im Jahre 1893 in Berlin den »Centralverein deutscher Staatsbürger jüdischen Glaubens«, der auch in Westfalen zahlreiche Ortsgruppen bildete.

Ein Blick soll noch in aller Kürze auf Kunst und Literatur der Epoche geworfen werden. Dabei fällt in der Architektur der noch immer nachwirkende Einfluß Schinkels über seine begabten Schüler ins Auge. Erst um die Jahrhundertwende klangen neue, ungewohnte Töne an. Unter dem Schlagwort »Jugendstil« griff eine vor allem in der Ornamentik auffällige Rückbesinnung auf die Natur um sich, gepaart mit dem Wunsch, einem verfeinerten Geschmack durch handwerkliche Qualität gerecht zu werden. Mittelalterliche Herstellungsmethoden wurden »gegen die Entfremdung der modernen Industriegesellschaft« (G. Langemeyer) gesetzt. Damit entsprach der neue Kunststil auch einem gesellschaftspolitischen Programm.

Merkwürdigerweise war es kein Künstler, sondern der Mäzen Karl Ernst Osthaus (1874–1921) in Hagen, der in Architektur, Kunstgewerbe und Malerei entscheidende Anstöße gab, nicht zuletzt durch Berufung des belgischen Architekten und Künstlers Henry van de Velde und Errichtung des Museums Folkwang, dessen umfangreiche Sammlungen moderner Kunst im Jahre 1922 in den Besitz der Stadt Essen übergingen. Mindestens für eine gewisse Zeit verstand es van de Velde, Hagen zu einem Kristallisationspunkt moderner Kunstausübung zu machen. Der bedeutendste Maler, der sich dort einfand, war wohl Christian Rohlfs (1849–1938), der in höherem Alter in Hagen seinen ihm eigentümlichen Stil fand.

Unter den Künstlern der Jugendstilepoche stand der Maler und Buchgestalter Melchior Lechter (1865–1937), als Glasmaler in Münster ausgebildet und später zum Kreis Stefan Georges gehörig, an hervorragender Stelle. Lechter verband christliches und buddhistisches Ideengut und geriet dadurch in eine mystische, irrationale Welt. Dagegen widmete sich der in Münster geborene Bernhard Pankok (1872–1943) zunächst hauptsächlich der westfälischen Landschaft und der Porträtmalerei, illustrierte dann aber auch Bücher und schuf Entwürfe für Möbel und Bühnenbilder. Seit 1901 wirkte Pankok als Lehrer an der »Königlichen Lehr- und Versuchswerkstätte« in Stuttgart, wo er sein Talent besser als in der Heimat entfalten konnte.

Trotz dieser großen Namen läßt sich nicht leugnen, daß Westfalen neben den großen Kunstzentren in dem damals maßgebenden Frankreich, aber auch in Deutschland nur eine bescheidene Rolle spielte. Mancher große Künstler stammte wohl aus Westfalen, wirkte aber außerhalb der Heimat. Dazu gehört August Macke (1887–1914), »Protagonist des Westfälischen in der Malerei des Expressionismus« (G. Langemeyer). Auch Wilhelm Morgner (1891–1917) teilte dieses Schicksal. Beide Künstler fielen im Ersten Weltkrieg. Peter August Böckstiegel (1899–1951) wirkte meist in Dresden. Charakteristisch sind seine Landschaftsbilder und Szenen aus dem bäuerlichen Leben. Josef Albers (1888–1976) aus Bottrop gilt als »Huldiger ans Quadrat«. Er genoß seine Ausbildung im Dessauer Bauhaus, von dessen Idealen er sich aber später trennte. Er suchte nach einer Verbindung von Kunst, Gewerbe und täglichem Leben. Zur Zeit der nationalsozialistischen Herrschaft emigrierte Ernst in die Vereinigten Staaten von Amerika. Seine Farbtheorien legte er in seiner Didaktik »Interaction of Colour« nieder, die große Beachtung fand.

Neben diesen großen Namen wäre eine Reihe weiterer Vertreter der klassischen Moderne zu nennen, die nicht denselben Bekanntheitsgrad erlangten, jedoch kann das an dieser Stelle nicht geschehen. Auch auf eine Schilderung der Rolle von Musik und Dichtung in dieser Epoche muß aus räumlichen Gründen verzichtet werden. Die meisten westfälischen Künstler waren nur Objekt, so bedeutend ihre Werke im Einzelnen auch gewesen sein mögen.

Die Industrialisierung

Die erste Hälfte des 19. Jahrhunderts legte die Basis zur Industrialisierung Westfalens, vollzog aber die Schritte, wie gezeigt worden ist, nur langsam. Den eigentlichen Durchbruch um 1850 brachte erst die Übernahme fortgeschrittener Technik aus England. Eine Schlüsselstellung nahm dabei die Dampfmaschine ein, die seit etwa 1820 auch in Westfalen hergestellt wurde. Damit gewann Westfalen einen größeren Grad an Unabhängigkeit von den englischen Produzenten. Insgesamt nahm der Maschinenbau aus Metall auf maschinellem Wege den entscheidenden Rang im Industrialisierungsvorgang ein. Freilich forderte er auch von den Arbeitern eine weit höhere fachliche Befähigung als bisher.

Besonders steil stieg die Nachfrage nach Dampf- und Textilmaschinen an. Von den erstgenannten lief fast die Hälfte 1837 im Bergbau. Mit ihrer Hilfe konnte das beim Tiefbau auftretende Wasserproblem befriedigend gelöst werden. In der Eisenindustrie trieb später der Übergang zur Koksverhüttung den Einzug der Dampfmaschinen voran. Mühlen und Baumwollindustrie folgten diesen Zweigen um die Mitte des Jahrhunderts. Noch später traten die Eisenbahnen hinzu, die allerdings dann die stärksten Dampfmaschinen von allen Industriezweigen einsetzten. Der Eisenbahnbau wurde überhaupt zum kräftigsten Antriebsfaktor bei der Entwicklung der Schwerindustrie an der Ruhr.

Die Bevölkerungsstruktur der Provinz Westfalen um die Mitte des Jahrhunderts wies noch immer ein Übergewicht der agrarischen Berufsgruppen aus, daneben eine über dem deutschen Durchschnitt liegende gewerbliche Gruppe von fast vierzig Prozent, von denen die meisten Erwerbstätigen in handwerklichen und industriellen Kleinbetrieben, nur ganz wenige aber in großen Fabriken arbeiteten. Dienstleistungsberufe umfaßten nur rund sieben Prozent der Bevölkerung. Insgesamt stellte Westfalen damals nach dem Rheinland und Sachsen die bedeutendste frühindustrielle Landschaft in ganz Deutschland dar. Doch verharrte Westfalen, um es noch einmal auszudrücken, zumeist »noch in agrarwirtschaftlichen Strukturen ..., während im Rheinland und in Sachsen eine konsumgüterorientierte Industrialisierung bereits in vollem Gange war« (Cl. Wischermann).

Die industrielle Entwicklung rief eine bisher in diesem Umfang nicht gekannte Mobilität der Bevölkerung hervor. So schwoll die »Hollandgängerei« der lippischen Ziegeler bis zum Jahre 1910 auf das Fünfzehnfache der Zahlen aus der ersten Hälfte des 19. Jahrhunderts an, zweifellos als Folge der schlechten Verdienstmöglichkeiten in der Heimat. Zuletzt wandten sich die lippischen Wanderarbeiter nicht mehr nach Holland, sondern in das Ruhrgebiet, wo sich bessere Arbeitsmöglichkeiten boten.

Neben dieser Binnenwanderung mit Rückkehr stieg die Auswanderung auf Dauer um das Jahr 1850 sprunghaft an und erreichte im folgenden Jahrzehnt ihren Höhepunkt, nach einer Pause noch einmal um 1865/67. Fast alle westfälischen Auswanderer siedelten in die Vereinigten Staaten von Amerika über. So dürften zwischen 1850 und 1870 etwa einhunderttausend Westfalen für immer ihre Heimat verlassen haben, was im gesamtdeutschen Vergleich unter dem Durchschnitt liegt. Als Herkunftsland der Auswanderer standen die Heuerlingsgebiete und Stätten der alten Hausleinenproduktion weit im Vordergrund.

Dagegen zogen die Metropolen an der Ruhr Menschen an. Die gute Konjunktur begünstigte die Erwerbsmöglichkeiten in Bergbau und Industrie. Gegen Ende des 19. Jahrhunderts erreichte die Einwanderung in das Ruhrrevier ihren Höhepunkt. Allein zwischen 1880 und 1907 zogen 620 000 Menschen nach Westfalen zu, wogegen die Abwanderung nur einen Verlust von 300 000 Menschen erbrachte. Es ist schon davon die Rede gewesen, daß die meisten Zuwanderer aus den zum Deutschen Reich gehörigen Ostgebieten kamen.

Im Bergbau leiteten die technischen Verbesserungen einen sensationellen Aufschwung ein. Die Absatzmöglichkeiten weiteten sich erheblich aus. Die Schiffbarmachung der Lippe versprach eine Senkung der Transportpreise. Ein ausgesprochenes Gründungsfieber ließ immer neue Zechen entstehen. Die gewinnbringende Kokserzeugung für den Bedarf der Stahlindustrie breitete sich aus. Auch die Gewinnung von Nebenprodukten, wie Gas, Benzol, Teer und Ammoniak gewann an Bedeutung.

Endlich wurde nun auch das die Entwicklung hemmende »Direktionsprinzip« nach der Revolution von 1848, als Männer aus der rheinisch-bergischen Industrie in Berlin Einfluß gewannen, durch das liberalere »Gesetz über die Verhältnisse der Miteigentümer eines Bergwerks« vom 12. Mai 1851 abgelöst. Von nun an lag die technische und kaufmännische Leitung eines Bergwerks allein in der Verantwortung der Gewerken. Trotzdem blieben den staatlichen Bergämtern weiterhin Eingriffsmöglichkeiten, etwa bei der Festsetzung der »Normallöhne«, Einstellung der Knappen und bei der technischen Überwachung der Zechen. Erst im Jahre 1860 führte das Freizügigkeitsgesetz freie Arbeitsverträge im Berg-, Hütten- und Salinenwesen ein. Schließlich beschränkte ein Gesetz aus dem Jahre 1865 die Rechte der Bergbehörden auf Gegenstände des Gesundheits- und Sicherheitswesens. Damit war nun dem vollen, liberalen Wettbewerb das Tor geöffnet und der beginnenden Kartellierung in der Montanindustrie der Weg bereitet.

Um diese Zeit bestand bereits ein Interessenverband der Unternehmer, der »Verein für die bergbaulichen Interessen im Gebiet des Oberbergamtsbezirks Dortmund« von 1858. Er sah anfangs seine Hauptaufgabe im Kampf um billige Eisenbahntarife für die Kohletransporte. Daneben traten Auseinandersetzungen mit den erstarkenden Gewerkschaften mehr und mehr in den Vordergrund. In Gestalt des »Rheinisch-Westfälischen Kohlesyndikats« von 1893 gewann der Bergbau ein wirksames Werkzeug zur Beeinflussung der Preissituation. Das Syndikat kontrollierte fast alle Zechen an der Ruhr. Es trug wesentlich zur Belebung der Exporte in das Ausland bei. In ähnlichem Sinne wirkte das »Westfälische Kohlesyndikat« in Bochum. Zu spät erkannte der Staat, daß die Kohlesyndikate ihm die Herrschaft über den Bedarf der verstaatlichten Eisenbahnen aus der Hand genommen hatten. Durch Aktienankauf versuchte er, neuen Einfluß an sich zu bringen.

Bei abnehmender Zahl der Zechen stiegen in der Zeit von 1857 bis 1913 die Fördermengen von 2 200 000 Tonnen auf das Fünfzigfache an. Die Belegschaften vermehrten sich von 14 000 auf fast 400 000, die Zahl der Dampfmaschinen im Bergbau von 142 auf 6117 mit der einhundertdreißigfachen Krafterzeugung. Auch die Elektrifizierung der Zechen erhöhte sich merklich. 28 000 Kilowatt im Jahre 1900 standen im Jahre 1913 nicht weniger als eine Milliarde Kilowatt gegenüber. Abnehmer waren das »Elektrizitätswerk Westfalen« und eine ganze Reihe von Straßenbahngesellschaften. Die fünfhundert Koksöfen des Jahres 1850 vermehrten sich bis 1913 auf 18 000 mit einer kaum noch vergleichbaren Produktionsmenge. In den achtziger Jahren kam die Briketterzeugung hinzu. So produzierte man 1913 schon fünf Millionen Tonnen. An der gesamtdeutschen Kohleförderung, Kokserzeugung und der Gewinnung von Nebenprodukten war das Ruhrgebiet mit jeweils sechzig bis achtzig Prozent beteiligt.

Eine bescheidenere Rolle spielte neben den Zechen des Ruhrreviers der Ibbenbürener Kohlebergbau, der schon 1747 begonnen hatte. Hauptabnehmer waren die Eisenbahn und Straßenbahnen. Der Absatz unterlag stärkeren konjunkturellen Schwankungen. Im Jahre 1889 stieg er stark an, da sich die hiesigen Bergleute dem großen Bergarbeiterstreik nicht anschlossen.

Eng verbunden mit dem westfälischen Bergbau war seit jeher die Verhüttung von Erzen, insbesondere die Weiterverarbeitung von Eisen, früher weniger im Ruhrgebiet, sondern im Siegerland. Doch war das Schicksal der Siegerländer Eisenindustrie besiegelt, als im Zusammenhang mit dem Übergang von der Holz- auf die Steinkohle und schließlich der Einführung des Thomasverfahrens schlechtere, billigere Erze aus dem Ausland zur Verhüttung gebracht werden konnten. Nur durch Konzentration auf neue hochwertige Produkte und dem Aufbau eines regulierenden Kartells gelang es schließlich, die Lage der Siegerländer Industrie wieder aus der Talsohle herauszuführen. Die alte Führungsrolle konnte aber nicht wieder errungen werden. Ein in vieler Hinsicht ähnliches Schicksal ereilte die alte Eisenindustrie in der südlichen Grafschaft Mark.

Um in den Genuß des bei den Kohlezechen produzierten Kokses zu gelangen, ohne hohe Transportkosten bezahlen zu müssen, siedelten immer mehr Betriebe der Hüttenindustrie in deren Nähe über. Entdeckungen von Kohleneisensteinlagern im östlichen Ruhrgebiet verstärkten die Tendenz. An der Spitze standen der »Hörder Verein«, die »Phoenix AG« und die »Gutehoffnungshütte« mit etwa der Hälfte der gesamten Roheisenerzeugung. Als das nach 1850 an Stelle des alten »Frischens« eingeführte »Puddelverfahren« auf die Dauer die wachsende Nachfrage nach hochwertigem Eisen und Stahl nicht mehr befriedigen konnte, ersetzte man es in den sechziger Jahren durch das modernere »Bessemerverfahren«, zuerst im Jahre 1862 bei Friedrich Krupp in Essen eingesetzt. Es gestattete, nunmehr drei Tonnen Stahl in einem Konverter in zwanzig Minuten zu erzeugen, während man bisher dazu zwölf Stunden benötigt hatte. Vor allem profitierte die Gußstahlproduktion von dieser Neuerung. Das seit 1879 vordringende »Thomasverfahren« gestattete die Ausscheidung des brüchig machenden Phosphors aus dem Eisen. Gleichzeitig gewann man dabei das wertvolle Produkt der Thomasschlacke, das als hochwertiges Düngemittel reißenden Absatz fand. Nun erst konnte von einem ungebremsten Aufstieg der Ruhrstahlindustrie gesprochen werden. Neben den genannten Verfahren setzte sich auch das »Siemens-Martin-Verfahren« durch, mit dessen Hilfe Schrott in Roheisen verwandelt werden konnte.

Günstig auf die Entwicklung der Eisenindustrie wirkte sich auch die Ansiedlung von verarbeitenden Betrieben aus, die einen Teil der Hüttenprodukte in unmittelbarer Nähe übernahmen. Ein großer Teil der Produkte ging jedoch ins Ausland. In dieser Hinsicht genossen die dem Rhein näher gelegenen Gebiete unzweifelhafte Standortvorteile vor dem östlichen Ruhrgebiet. Dort waren die Transportbedingungen weitaus günstiger. Auch in diesem Industriezweig ließ sich die Kartellbildung nicht übersehen, doch erlangte sie niemals die marktbeherrschende Funktion, die ihr manchmal angedichtet wird.

Trotz der allgemeinen Liberalisierung der Wirtschaftspolitik konnte das Handwerk seine Stellung in Westfalen verhältnismäßig erfolgreich behaupten. Der befürchtete Untergang durch die Übermacht der Großbetriebe blieb aus. Im Gegenteil: Viele Kleinbetriebe stellten sich auf die neuen Gegebenheiten ein und nahmen am allgemeinen wirtschaftlichen Aufschwung teil. Zwar stagnierte die Zahl der Handwerksbetriebe, die Zahl der in ihnen Beschäftigten stieg aber steil an. Am umfangreichsten nahm das Baugewerbe an der wirtschaftlichen Aufwärtsentwicklung teil. Ihm folgten Betriebe der Lebensmittelindustrie. Günstige Folgen ergaben sich auch für alle Kleinbetriebe, die nicht oder nur schwer industrialisiert werden konnten. Auf der Verliererseite standen alle, deren Produkte ebensogut oder noch besser in großen Fabriken hergestellt werden konnten.

Die in staatlichen Kreisen zunehmend verbreitete Überzeugung, daß Exporterfolge wesentlich von der Qualität der Waren abhängig waren, führte zu einer veränderten Haltung gegenüber den Interessen des Handwerks. Vor allem meinte man, der Ausbildung der Handwerker größeren Wert beimessen zu müssen. Jedoch stieß die dazu notwendige Bildung von Handwerksverbänden im Handwerk selber anfangs nur auf geringe Gegenliebe. So blieb auch der am 28. Februar 1881 gegründete »Provinzial-Handwerkerverein« zunächst wirkungslos. Das änderte sich mit der Novelle vom 26. Juli 1897 zum Gewerbegesetz. Von nun an stellten die Innungen öffentlich-rechtliche Einrichtungen dar, die für das handwerkliche Ausbildungs- und Prüfungswesen, Kranken- und

Sterbekassen der Handwerker zuständig zeichneten. Nur Innungsmitglieder durften fortan die Leitung selbständiger Betriebe übernehmen. Den Gesellen wurde ein Mitspracherecht eingeräumt. Lehrlinge traten in den Genuß einer Pflichtversicherung, in die die Meister ein Drittel einzahlten.»Der Schwerpunkt der handwerklichen Interessenvertretung verlagerte sich in die Bürokratie der neuen Handwerkskammern« (H. J. Teuteberg). Sie allein betrieben in der Folgezeit Handwerkspolitik. Die mancherorts angestrebte Wiederherstellung des alten Zunftmonopols gehörte damit für immer der Vergangenheit an.

Mochte das Kleingewerbe bis zur Jahrhundertwende noch eine beachtliche Stellung einnehmen, so ließ sich doch nicht verkennen, daß die maschinelle Güterherstellung zusehends an Boden gewann. Fast immer knüpfte diese aber an alte Handwerkszentren an: Im Norden und Nordwesten Westfalens herrschte die Textilherstellung vor, südlich der Ruhr dagegen das Metallgewerbe. Damit war in jedem Falle der Rückgriff auf vorhandene, fachlich qualifizierte Mitarbeiter gesichert. Insgesamt gesehen stieg die Zahl der Beschäftigten an. Nur im Textilgewerbe brachte der Einsatz von Maschinen einen schnellen Rückgang der Beschäftigtenzahlen mit sich, aber gerade in ihr trat der höchste Zuwachs in der Produktion zutage, neben dem Steinkohlenbergbau, der Eisen- und Stahlerzeugung. Der Anstoß zur Maschinisierung der Textilbetriebe ging von der benachbarten Twente aus, wo die niederländischen Behörden nach der Abtrennung Belgiens im Jahre 1831 mit staatlichen Mitteln eine exportorientierte Baumwollindustrie aufgebaut hatten. Auf deutscher Seite verlief der Gang der Dinge langsamer. In Nordhorn, Rheine und Gronau waren niederländische Unternehmer maßgeblich an Neugründungen beteiligt. Im Münsterland hatte die Baumwollindustrie bereits in den sechziger Jahren die alte Leineweberei verdrängt.

Ein zweites Textilzentrum entstand in der Grafschaft Ravensberg. Mit staatlicher Unterstützung entstand dort im Jahre 1852 in Gadderbaum bei Brackwede eine Flachsmaschinenspinnerei. Zum Teil stieß die Gründung auf heftigen Widerstand der Kaufleute und Handspinner. Betreiber waren die aus Ungarn stammenden Gebrüder Bozi. Zwei Jahre später folgte die »Ravensberger Spinnerei AG« in Bielefeld. Sie stieg zu einem der größten und modernsten Betriebe in ganz Norddeutschland auf. In gewissem Umfang blieb daneben mit Förderung durch die Maschinenspinnerei in Bielefeld die alte Hausweberei erhalten. Bis zur Jahrhundertwende blieben auch die Jute-, Plüsch- und Seidenhersteller der althergebrachten Handarbeit treu. Die Textilfärbereien stellten sich dagegen vollständig auf modernen Maschinenbetrieb um.

Nicht im einzelnen erörtert werden kann hier der Einzug immer weiterer technischer Verbesserungen in der metallverarbeitenden Industrie. Auch dieser Gewerbezweig beruhte meist auf alten Basen, wie etwa die Drahtzieherei, die Nadel- und Schraubenherstellung, die sich sämtlich in der Grafschaft Mark konzentrierten und in Kleinbetrieben die Industrialisierung überdauerten. Die Nagel- und Sensenschmiede verpaßten dagegen den Anschluß an die neue Zeit und wurden ganz von den Fabrikbetrieben aufgesogen.

In der Maschinenfabrikation wuchs die »Deutsche Maschinenfabrik AG« (Demag) zu einem Weltunternehmen heran. Sie war aus den bescheidenen »Mechanischen Werkstätten« Friedrich Harkorts in Wetter hervorgegangen. In Bielefeld entwickelte sich auf der Basis der Textilindustrie, die auf dem Lande bessere Standortbedingungen fand und aus der Stadt auswanderte, eine Wäsche- und Nähmaschinenindustrie. Von hier aus war es zur Herstellung von Fahrrädern nur noch ein kleiner Sprung. Weitere Spezialitäten, wie die Herstellung von Zentrifugen, Registrierkassen, Geldschränken, ja Automobilen, ergänzten das breite Spektrum der Bielefelder Maschinenindustrie.

Alle anderen Gewerbzweige traten weit hinter den genannten zurück, wenn sie auch für die örtlichen Verhältnisse zuweilen größte Bedeutung auswiesen. Die Intensität der einzelnen Gewerbzweige läßt sich bequem an der Zahl der eingesetzten Dampfmaschinen ablesen. Weit voran ging darin der Regierungsbezirk Arnsberg.

Gegen Ende des 19. Jahrhunderts gewann die Erzeugung von Elektrizität erhöhte Bedeutung, vor allem im Ruhrgebiet. Vielerorts stand man damals der Elektrizität ablehnend gegenüber, um den gerade eingerichteten Gaswerken eine gefährliche Konkurrenz zu ersparen, die billigere Produkte lieferten. Außerdem war das elektrische Bogenlicht zu hell und flackernd, bis die Edison'sche Kohlenfadenlampe eingeführt wurde. Einen großen Anstoß gab dann die Einführung des Elektromotors, in erster Linie bei den Straßenbahnen. Mehrere meist kommunale Kraftwerke wurden eingerichtet. Die Gründung der »Elektrizitätswerke Westfalen AG« in Bochum im Jahre 1906 legte dann den Grundstein für die »Vereinigten Elektrizitätswerke Westfalen in Dortmund« (VEW), deren Aktien sich in der Hand von Städten und Landkreisen befanden. Anfangs betätigte sich dieses Werk nur in der Verteilung fremderzeugten Stromes, ging aber bald zum Bau eigener Kraftwerke über, wie es schon das älteste Elektrizitätswerk des Ruhrgebiets, das »Rheinisch-Westfälische Elektrizitätswerk AG« (RWE) getan hatte. Vor allen anderen Kraftquellen besaß die Elektrizität den großen Vorteil, daß sie bequem zu transportieren war und ihre dazu erforderlichen Anlagen keine umständliche Wartung erforderten. Im Ruhrgebiet konnte schließlich die zu ihrer Produktion erforderliche Kohle ohne lange Transportwege an Ort und Stelle verbrannt werden.

Es war kein Wunder, daß die Zahl der Elektrizitätswerke in Westfalen innerhalb kurzer Zeit, von 1890 bis 1913, von einem auf 184, deren Leistung gar um das Zweitausendfache, von 0,1 Megawatt auf 201 Megawatt stieg. Die Hälfte aller westfälischen Elektrizitätswerke und achtzig Prozent der Leistung entfielen auf den Regierungsbezirk Arnsberg.

Die Notwendigkeit, dem Absatz der neuen Industrieprodukte auf die Beine zu helfen, zwang zum Ausbau der Verkehrsverbindungen und Kommunikationsmittel. Unter Einsatz von staatlichen Geldern wurde der schon im Anfang des 19. Jahrhunderts begonnene Chausseebau forciert. Örtliche Straßensysteme wurden dagegen von den Kommunen oder durch Umlagen finanziert. Straßengebühren sollten die Unterhaltskosten decken. Erst im Jahre 1875 wurde die den Verkehr behindernde Gebührenerhebung an den Staatsstraßen eingestellt. Trotz aller Verbesserungen blieben die Transporte mit beschränkt belastbaren Pferdewagen aber mühselig.

Für Massenwaren besaßen die Eisenbahnen erheblich bessere Voraussetzungen als die Straßen. Seit 1843 arbeiteten bereits zwei Eisenbahngesellschaften in Westfalen, die Köln-Mindener und die Bergisch-Märkische. Neben diesen bemühte sich eine ganze Reihe kleinerer Gesellschaften, einen Teil des lohnenden Transportgeschäftes auf ihre Gleise zu lenken. Maßgebend für die weitere Entwicklung des Eisenbahnnetzes war der Aufbau des Bergwerkswesens. Im Jahre 1856 stellte die Köln-Mindener Gesellschaft schon die Verbindung zum niederländischen Gleisnetz in Arnheim her. Damit wurde der Kohleexport vom langsameren Schiffstransport auf dem Rhein unabhängig. Auch nach Gießen wurde eine Verbindung in den mitteldeutschen Raum ausgebaut. Der Anschluß des Siegerlandes an das westfälische Eisenbahnnetz im Jahre 1861/62 warf das auf Untergang der dortigen Industrie stehende Steuer sogar herum und begründete eine neue Zeit besserer Konjunktur. Auch die Stadt Hagen profitierte von der neuen Ruhr-Sieg-Bahn.

Einerseits folgten immer neue Eisenbahnlinien den entstehenden Zentren der Industrie, andererseits suchten aber auch die neuen Unternehmungen die Nähe zu bereits bestehenden Gleisanlagen. So entstand im Ruhrgebiet das dichteste Eisenbahnnetz Europas. Konkurrierende Gesellschaften bauten zuweilen ihre Gleise in wenigen Kilometern Entfernung voneinander, ohne daß sie sich gegenseitig Abbruch taten. Im Gegenteil: Das bestehende Eisenbahnnetz stieß um 1900 an die Grenze seiner Leistungsfähigkeit. Die anfallenden Kohletransporte konnten nicht mehr bewältigt werden.

Eisenbahnbauten wurden grundsätzlich von privater Seite getragen. Von Anfang an zogen die Betreiber große Gewinne aus dem Betrieb. Erst als der Staat des lohnenden Geschäftes inne wurde, entschloß er sich zur Beteiligung, was in diesem Falle durch Übernahme von Eisenbahngesellschaften geschah. Als erste wurde die auch militärisch wichtige Köln-Mindener Eisenbahn im Jahre 1879 verstaatlicht. Im folgenden Jahr übernahm der Staat die Rheinische Bahn, im Jahre 1882 die Bergisch-Märkische. Von nun gab es einen einheitlichen Frachttarif. Wer allerdings auf eine Verbilligung der Transporte gerechnet hatte, sah sich getäuscht.

Im übrigen Westfalen setzte der Eisenbahnbau in den fünfziger Jahren ein, zuerst auf der Strecke Löhne–Osnabrück–Rheine mit Anschluß an das niederländische Netz im Jahre 1856. Gleichzeitig stellte die Verbindung von Münster nach Emden mit Anschluß nach Hamm den Transportweg vom Ruhrgebiet zu den Emshäfen sicher. Im Jahre 1870 schloß sich die Strecke Wanne–Recklinghausen–Dülmen–Münster als weitere Verbindung in das Ruhrgebiet an. Die Strecke Venlo-Hamburg schuf im Jahre 1874 auch einen Zugang zu den Nordseehäfen. Bis zum Jahre 1913 war das westfälische Eisenbahnnetz im wesentlichen abgeschlossen.

Zum Unterschied von den Schienenwegen konnte Westfalen aber noch immer kein leistungsfähiges System von Wasserwegen aufweisen. Die Konkurrenz der Eisenbahnen verhinderte eine Blüte der Kohletransporte auf der Ruhr, wie sie zu erwarten gewesen wäre. Im Jahre 1890 hörte die Ruhrschiffahrt sogar ganz auf. Auf der Lippe war die Schiffahrt schon vorher zum Erliegen gekommen. Kanalpläne wurden zwar erörtert, schliefen aber wegen mangelnden staatlichen Interesses wieder ein.

Erst nach der Reichsgründung erkannte man den Wert einer Kanalverbindung der westlichen mit den östlichen Provinzen nicht nur in wirtschaftlicher Hinsicht, sondern auch als Maßnahme zur Verschmelzung der verschiedenartigen Landesteile. Daneben spielte die Versorgung der im Aufbau begriffenen Reichsmarine und ihrer Häfen keineswegs eine untergeordnete Rolle. Auch die Stärkung der Emshäfen für den Kohleexport fiel ins Gewicht, um größere Unabhängigkeit von den Nordseehäfen Rotterdam und Antwerpen zu erlangen. Im Preußischen Landtag wurde seit 1882 sehr kontrovers über die Kanalpläne verhandelt. Der Riß ging mitten durch die Fraktionen und Parteien. Mit äußerster Knappheit wurde 1886 ein Entschluß zur Erbauung des Dortmund-Ems-Kanals gefaßt. Der Bau begann im Jahre 1890. Im Jahre 1899 fand die Einweihung statt. Großen Nutzen zog die Stadt Münster aus dem neuen Kanal. Früher fast ohne jede Industrie, siedelten sich nunmehr in der Provinzialhauptstadt Holz-, Nahrungsmittel- und Steinindustrien an. In der Nähe des Kanals ließen sich auch die städtischen Gas- und Elektrizitätswerke nieder und bildeten den Kern eines Industrieviertels zwischen Bahnhof und Kanal. Allerdings entwickelte sich der Kohleexport über die Emshäfen recht schleppend. Dagegen blühte der Erzimport aus Spanien, Nordafrika und Schweden gewaltig auf.

Es dauerte noch bis zum Jahre 1904, in dem der große Plan des Westen und Osten Deutschlands verbindenden Mittellandkanals zur Ausführung kam. Bis zum Kriegsbeginn 1914 konnten einige Stücke fertiggestellt werden. Durchgehend befahrbar war der Kanal noch nicht.

Das umfassende Eisenbahn- und Kanalnetz Westfalens bewirkte eine völlige Umstellung der Handelsgewohnheiten. Nunmehr standen überall und zu jeder Zeit alle erwünschten Waren zur Verfügung. Dem alten Hausierhandel war damit der Boden entzogen. Einzelhandelsgeschäfte und Kaufhäuser befriedigten die Bedürfnisse der Bevölkerung in hinreichender Weise. Zu den ältesten westfälischen Kaufhäusern gehört die Firma Althoff in Essen, aus der sich die Karstadt AG entwickelte. Daneben behielten bestimmte Jahrmärkte, manchmal spezialisiert auf einzelne Waren oder Tiere, bis in die Jetztzeit ihre Bedeutung.

Die neuen Eisenbahnverbindungen waren der Post eine willkommene Hilfe. Im Jahre 1867 kaufte Preußen dem früheren Reichspostmeister, dem Fürsten von Thurn und Taxis, seine verbliebenen Rechte ab. Daraufhin entstand im folgenden Jahr die Norddeutsche Bundespost. Nach und nach ersetzten übersichtliche Organisationen die früheren, verwickelten Verhältnisse. In Münster, Minden und Dortmund wurden Oberpostdirektionen errichtet, deren Grenzen unabhängig von den staatlichen Grenzen verliefen.

Ganz neue Entwicklungen griffen im Telegraphenwesen um sich. Die alten optischen, nur dem Staat dienenden Einrichtungen wurden im Jahre 1849 durch einen elektromagnetischen Telegraphen entlang der Eisenbahnstrecke Köln–Minden ersetzt, die nach einiger Zeit in Hamm und Minden auch Privatleuten zur Verfügung gestellt wurde. Münster wurde auf Drängen des Militärs im Jahre 1850 angeschlossen. In den sechziger Jahren fand eine erhebliche Erweiterung des Telegraphennetzes statt und erfaßte 1885 auch den ländlichen Bereich. Freilich setzte sich auf dem Lande der Fernsprecher in stärkerem Maße durch, wie er im Jahre 1877 bei der Reichspost eingeführt worden war. Hier dauerte es gute zehn Jahre, bis das Telephon alle Kinderkrankheiten überwunden hatte. Eine schnellere Verbreitung setzte erst seit 1887 ein. In Münster wurde am 20. Dezember des Jahres die erste örtliche Telephonzentrale mit fünfzig Teilnehmern eröffnet. Ein Anschluß an das Ruhrgebietsnetz erfolgte im Jahre 1893.

Die Stadt Münster bildete seit dem Anfang des 19. Jahrhunderts den Bankenmittelpunkt von Westfalen. Hier unterhielt auch die Preußische Bank ein Bankkontor. Im Jahre 1855 bestanden hier bereits sieben Banken und Wechselgeschäfte. Merkwürdigerweise war dagegen die Grafschaft Mark trotz ihres Gewerbereichtums und hoher Industrialisierung mit Banken schlecht ausgestattet. Das hängt vermutlich mit ihrer Ausrichtung auf das Rheinland zusammen. Köln und Elberfeld dominierten im Bankgeschäft in ganz anderer Weise als die westfälischen Banken.

Ihre große Zeit erreichten die Banken in der Epoche der Industrialisierung, in der ein gewaltiger Kapitalbedarf entstand. Da deutsche Quellen nicht ausreichten, traten in zunehmendem Maße ausländische Kapitalgeber in die Bresche. Belgier, Engländer und Franzosen investierten am meisten. Ihr Anteil betrug in der Zeit von 1850 bis 1870 fünfzehn Prozent, sank danach aber stark ab.

Der gemeine Mann hatte mit den Banken allerdings im allgemeinen nichts zu tun. Für ihn standen die öffentlichen Sparkassen zur Verfügung, die anfangs mehr als sozialpädagogische Maßnahme und zur Vorsorge für Krankheit und Alter dienen sollten. Später gingen die Sparkassen aber auch dazu über, Kredite an Gewerbetreibende auszugeben.

Es bleibt noch die Aufgabe, einen Blick auf die Landwirtschaft vor der Jahrhundertwende zu werfen, die im allgemeinen neben den explosiven Entwicklungen in Industrie und Gewerbe die Aufmerksamkeit weniger auf sich zu ziehen pflegt. Doch zeigten sich auch in ihrem Bereich stärkere Veränderungen, die schon allein durch die veränderte Umwelt hervorgerufen wurden. Der riesige Anstieg der Industriearbeiterschaft in den Ballungsgebieten rief auch einen entsprechenden Bedarf an agrarischen Erzeugnissen hervor, der von den Arbeitern selbst nicht gedeckt werden konnte. Dazu stand zuwenig landwirtschaftlicher Raum in den Städten zur Verfügung. Der Anreiz zur Erzeugung landwirtschaftlicher Produkte, deren Preise damals anstiegen, wuchs und forderte zur Steigerung der Produktion auf den Höfen auf. Selbst von den Zentren entfernt wohnende Bauern konnten durch die verbesserten Eisenbahn- und Straßenverbindungen in den Genuß einer bis dahin nicht gekannten Konjunktur kommen. Einer dem Absatz schädlichen, meist aber billigeren ausländischen Konkurrenz schob die Schutzpolitik der achtziger Jahre einen Riegel vor. Wissenschaftliche Erkenntnisse, durch die Bauernvereine weitergegeben, bessere Fachausbildung der Landwirte und neuartige, künstliche Düngemittel trugen zur Steigerung der landwirtschaftlichen Erträge bei. Der »Westfälische Bauernverein« sorgte durch seine örtlichen Vereine aber nicht nur für Verbreitung des Fachwissens. Er bildete auch ein landwirtschaftliches Genossenschaftswesen aus. Im Jahre 1899 übernahm die »Westfälische Centralgenossenschaft« (WCG) in Münster das gesamte ländliche Warengeschäft. Sie brachte für den einzelnen Bauern bedeutende Absatz- und Bezugserleichterungen. Der Bauernverein rief auch ein Netz von ländlichen Spar- und Darlehnskassen ins Leben, wie es Wilhelm Raiffeisen entworfen hatte.

Gesteigert wurde in der Landwirtschaft vor allem der Anbau der Kartoffel, nachdem ihre Krankheiten abgeklungen waren. Sie diente der menschlichen Nahrung ebenso wie der Viehfütterung. Als intensivste Form des Futtermittelanbaus galt aber die Runkelrübe. Auch sie erfuhr eine erhebliche Steigerung. Alles das deutet auf eine Verstärkung der Viehhaltung auf den Höfen hin. Ihr diente auch eine intensivere Bearbeitung der Weiden und Wiesen. Trotzdem betrachtete der westfälische Bauer des ausgehenden 19. Jahrhunderts noch immer den Getreideanbau als Hauptbestandteil seiner Wirtschaft. Roggen verzeichnete dabei höhere Zuwächse als Weizen. Der Haferanbau vermehrte sich wegen der verstärkten Pferdehaltung. Der verhältnismäßig geringe Arbeitsaufwand beim Körnerbau gegenüber den arbeitsintensiven Hackfrüchten legte dem Bauern nahe, bei der hergebrachten Ausrichtung zu verbleiben.

Die Mechanisierung kam bis zum Ersten Weltkrieg in der Landwirtschaft nur wenig voran. Im allgemeinen bediente man sich der alten, schweren und unbequemen Geräte und Werkzeuge. Die Hauptarbeit verrichtete die menschliche Hand. Nur der Pferdegöpel wurde vor 1870 schon zum Dreschen eingesetzt und behielt seine Bedeutung bis weit in das zwanzigste Jahrhundert bei. Ein Sonderfall war die schnelle Einführung der Milchzentrifuge.

Stark ansteigende Bevölkerungszahlen und zunehmende Verstädterung führten in der Viehhaltung einen Wandel herbei. Das bisher hauptsächlich der Milch-, Butter- und Käseherstellung dienende Rind gewann nun hohen Wert als Fleisch- und Fettlieferant. Entscheidend für diese Umstellung war die Anwendung moderner Fütterungsmethoden, wie sie in noch stärkerem Maße in der Schweinehaltung zum Einsatz kamen. Sowohl bei Rindern als auch Schweinen konnten durch Kreuzungen mit anderen Rassen fruchtbarere, größere und widerstandsfähigere Rassen herangezogen werden.

So konnte die Landwirtschaft in der zweiten Hälfte des 19. Jahrhunderts ihre Produktion zum Teil auf das Doppelte oder mehr erhöhen. Ihr Anteil an der gesamten Volkswirtschaft sank dagegen. Ein besonderes Problem im bäuerlichen Bereich stellte die anhaltende Diskussion um das Anerbenrecht dar. Die völlige Liberalisierung des Erbrechts hatte vielen Höfen den Todesstoß versetzt. Doch hielten sich die Folgen in Westfalen, wo man weithin freiwillig am alten Erbrecht festhielt, in verhältnismäßig engen Grenzen. Im Jahre 1898 erfolgte schließlich eine gesetzliche Regelung. Im Gesetz wurden die Vorstellungen des »Westfälischen Bauernvereins« weitgehend berücksichtigt. Offensichtlich hatte sich das Festhalten am Anerbenrecht in vorteilhafter Weise ausgezahlt. In keiner preußischen Provinz wiesen die landwirtschaftlichen Betriebe einen so niedrigen Grad an Verschuldung auf wie in Westfalen, abgesehen von Hannover. In welcher Hinsicht sich die preußische Wirtschaftspolitik sonst positiv oder negativ auf die Landwirtschaft auswirkte, läßt sich kaum sagen.

Vom Ersten zum Zweiten Weltkrieg

Der Erste Weltkrieg und die Nachkriegszeit

Wie in ganz Deutschland führte der Kriegsausbruch im Jahre 1914 auch in Westfalen zu einem Burgfrieden der Opposition mit der Regierung. Alle Abgeordneten der SPD stimmten am 4. August im Reichstag für die Kriegskredite. »Besonders kooperativ zeigten sich die um ihre Auflösung fürchtenden Gewerkschaften, die schon am 2. August ohne Konsultation der Partei erklärt hatten, daß sie alle Streiks für die Kriegsdauer beenden, keine Streikgelder mehr zahlen und die Regierung voll unterstützen wollten« (H. J. Behr).

Während des Krieges setzte sich der rechte Flügel des Zentrums, zu dem die westfälischen Abgeordneten rechneten, eindeutig für eine Annexionspolitik ein. Graf von Galen gehörte zu den fünf Abgeordneten, die am 19. Juli 1917 die Erzberger'sche Friedensresolution ablehnten. Andere hielten sich der Abstimmung fern. Der katholische Adel stemmte sich mit allen Kräften gegen die von Erzberger eingeleitete Zusammenarbeit mit linken Kräften und gegen jede Änderung des Dreiklassenwahlrechts, wie sie in der Bevölkerung in zunehmendem Maße gefordert wurde, besonders nachdem der Kaiser in seiner Osterbotschaft dieses Jahres eine Änderung in Aussicht gestellt hatte. Zwischen Basis und Führung der Zentrumspartei entwickelten sich starke Spannungen, ohne daß es freilich zu einem offenen Bruch kam.

Mit der von niemandem erwarteten Länge des Krieges wuchs selbst in den konservativ gestimmten ländlichen Gebieten Westfalens die Friedenssehnsucht. Ganz und gar verschlechterte sich die Stimmung, nachdem die Vereinigten Staaten von Amerika gegen Deutschland in den Krieg eingetreten waren. Überall machte sich das Gefühl breit, daß innenpolitische Veränderungen größeren Ausmaßes näherrückten. Besonders schlecht waren die Verhältnisse unter der Arbeiterschaft. In ihr wirkten sich die durch die Blockade verschärft auftretenden wirtschaftlichen Nöte in vollem Umfang aus. Auf dem Gründungsparteitag der »Unabhängigen Sozialdemokratischen Partei Deutschlands« (USPD) im April 1917 in Gera traten bereits die größten westfälischen Wahlvereine der Sozialdemokraten, Hagen und Schwelm, zu der neuen, radikaleren Partei über. Die Mehrheitspartei verzeichnete massenhafte Austritte. Als dann im Januar 1918 in Berlin ein großer Streik ausbrach, schlossen sich ihm die Bergarbeiter im östlichen Ruhrgebiet an. Der Streik hielt sich nur wenige Tage. Zur Strafe wurden 520 Streikende innerhalb von 48 Stunden zum Heer einberufen. Trotzdem flammten von nun an immer wieder neue Streiks auf, wobei es auch hier und da zu Ausschreitungen kam.

Um den Ausbruch einer umfassenden Revolution nach dem Muster Rußlands zu unterbinden, schlossen sich Gewerkschaften aller Richtungen und Arbeitgeber zu Arbeitsgemeinschaften zusammen, an denen sich auch Vertreter der Behörden und des Militärs beteiligten. Die USPD konnte bei öffentlichen Veranstaltungen in verstärktem Maße eine Mittlerrolle spielen.

Von der einheimischen radikalen Linken ging zwar eine beachtliche Agitation aus, die zum Sturz von Kaiser und Regierung aufforderte, der Anstoß zum Ausbruch der Revolution kam jedoch von außen. In Westfalen einreisende Matrosen gaben das Signal zum Beginn des Aufstandes. Das Zentrum stellte sich dagegen noch Anfang November eindeutig auf die Seite der Monarchie, als die Matrosen aus Wilhelmshaven und Kiel ohne nennenswerte Beteiligung der Sozialdemokratischen Partei am 8. November die Offensive ergriffen, ohne Widerstand zu finden. In Osnabrück und Haltern bildeten sich Arbeiter- und Soldatenräte. Am 9. November brach die Revolution auch in Münster aus. Die militärischen Einheiten empfingen vom Generalkommando die Weisung, gegen die Aufständischen nicht mit Waffen vorzugehen. Noch am selben Tage schloß sich die Garnison in Bielefeld der Revolution an und zog am Nachmittag auch Detmold nach sich.

Überall übernahmen die Arbeiter- und Soldatenräte nunmehr die Gewalt und kontrollierten die Kommunalverwaltungen. Ihre Sicherheitswehren sollten die öffentliche Ordnung gewährleisten. In Detmold erklärte Fürst Leopold IV. seine Bereitschaft zum Verzicht auf den Thron, wenn die Landesversammlung diesen Schritt für richtig halte. Am 12. November sprach er den Thronverzicht für sich und sein Haus aus. Sofort wurden die Domänen auf Beschluß des Volks- und Soldatenrats dem Lande übergeben. Die bisherigen Beamten erhielten Bestallungen zur kommissarischen Weiterführung ihrer Ämter.

Am 30. November wurden im ganzen Reich Wahlen zu einer verfassunggebenden deutschen Nationalversammlung ausgeschrieben, die am 16. Februar 1919 zusammentreten sollte. Die Versammlung hatte die Aufgabe, vorerst eine allgemein anerkannte Reichsregierung einzusetzen, die Friedensverhandlungen führen konnte und die Einheit des Reiches erhielt.

Tatsächlich hatte es Anzeichen für eine Verselbständigung von Teilen des Reiches oder zumindest Preußens gegeben. In Westfalen flammte größter Mißmut gegen die Berliner Regierung auf, weniger um einen selbständigen Westfalenstaat zu schaffen, sondern aus Sorge über den wachsenden Einfluß religionsfeindlicher Kräfte in der sozialistischen Regierung. Die Mehrzahl der Katholiken empfand die schon vier Tage nach dem Umsturz in höchst ungeschickter Weise vorgelegten Punkte eines Kulturprogrammes als Beginn eines neuen Kulturkampfes. Die propagierte Trennung von Staat und Kirche, Entkonfessionalisierung der Schulen und Einführung der Einheitsschule sowie die Beendigung aller staatlichen Zuschüsse an die Kirchen rief zum Widerstand auf. Verantwortlich für den radikal-sozialistischen Plan war der Atheist Adolf Hoffmann, der neben dem Mehrheitssozialisten Haenisch das Kultusministerium leitete. Seine Vorstellungen nährten durchaus Pläne von einer »Rheinisch-Westfälischen Republik«, in der der katholische Landescharakter unter Führung des Zentrums erhalten bleiben konnte. In der Dortmunder Zeitung »Tremonia« erscholl zum ersten Mal der Ruf »Los von Berlin!«. Er wurde von vielen aufgenommen, nachdem wohlgemeinte Warnungen in Berlin auf taube Ohren gestoßen waren. Statt dessen ordnete eine Verfügung vom 27. November die Aufhebung der geistlichen Ortsschulaufsicht an. Die Zeitungen riefen Katholiken und Protestanten zum Protest »gegen diese Vergewaltigung« auf. Der »Westfälische Merkur« erinnerte die Leser an die traditionell antipreußische Gesinnung der Bevölkerung. Damals schrieb der münsterische Soziologieprofessor Johann Plenge an den zweiten Kultusminister Haenisch: »Sie ahnen nicht, in welchem Maße das Los von Berlin, Selbständiges Rheinland-Westfalen, hier Resonnanz bekommen hat. Und fast die ganze Verantwortung fällt dem preußischen Kultusministerium zu.«

Andere Kreise hielten wiederum die Errichtung einer Rheinisch-Westfälischen Republik für die beste »Alternative zu einer französischen Annexion« (H. J. Behr). Unter ihnen befand sich der Kölner Oberbürgermeister Konrad Adenauer. Das Westfälische Zentrum zögerte, sich zu entscheiden, erteilte aber schließlich am 12. Dezember 1918 solchen Plänen eine Absage. Die Reichsleitung der Partei wurde jedoch aufgefordert, endlich für die Herstellung geordneter Verhältnisse in Preußen zu sorgen, um nicht doch noch eine Loslösung einzelner Landesteile von Preußen zu provozieren. Auf einer am nächsten Tage in Elberfeld von der aufgeschreckten preußischen Regierung veranlaßten Konferenz von Behördenvertretern, Arbeiter- und Soldatenräten, Parteivertretern und Repräsentanten der Wirtschaft mit dem der USPD angehörigen Minister Breitscheid verlas der Oberpräsident Prinz Ratibor eine gleichlautende Erklärung des rheinischen Zentrums und beschuldigte den Kultusminister Hoffmann, mit seinen undurchdachten Erlassen das religiöse Empfinden der Menschen zutiefst verletzt zu haben. Tatsächlich mußte Hoffmann den Hut nehmen, nachdem die Erlasse zurückgezogen worden waren. Haenisch hatte die preußische Staatsregierung auf die »schwerwiegenden« Konsequenzen hingewiesen, die sonst eintreten könnten. Hoffmanns ungeschickte Schulpolitik rief anläßlich der Wahlen auch scharfe Stellungnahmen der Bischofskonferenzen und Aufrufe gegen Sozialdemokratie und Sozialismus hervor.

Nach dem Abbruch der sozialistischen Schulexperimente gingen erwartungsgemäß alle Loslösungsbestrebungen zu Ende. Vor allem war das in Westfalen der Fall. Dagegen gab es im Rheinland noch weiterhin eine echte Separatismusbewegung. Nur im westfälischen Ruhrgebiet trat zwischen 1919 und 1923 eine kleine Gruppe auf, die für eine Loslösung von Preußen eintrat. Sie war vollständig von der Besatzungsmacht abhängig.

Sehr bedenkliche Züge zeigten die auf eine Radikalisierung der Arbeiter hinlaufenden politischen Unruhen der Arbeiter im Ruhrgebiet. Im Dezember einsetzende Streiks erreichten ihren Höhepunkt am 11. Januar 1919. Der Achtstundentag und Lohnerhöhungen waren den Arbeitern bereits zugestanden worden. Nun drängten sie auf Sozialisierung des Bergbaus, Aktionseinheit des Proletariats, Errichtung der Rätemacht und Entwaffnung aller konterrevolutionären Kräfte.

Nunmehr überzeugt von einem bevorstehenden bolschewistischen Umsturz im Industriegebiet, zögerte die Reichsregierung nicht länger, militärische Einheiten gegen die Umstürzler einzusetzen. Schon hatte das VII. Armeekorps in Münster begonnen, Freiwilligenverbände aufzustellen, da die regulären Truppen zu gering waren. Der neue Kommandeur des Korps, Generalleutnant von

Watter, löste kurzentschlossen den Generalsoldatenrat auf und ließ die Mitglieder verhaften. Im Ruhrgebiet brach eine ungeheure Empörung aus. Als dann noch das Freikorps Lichtschlag Recklinghausen und Hervest-Dorsten besetzte, begann gegen den Widerstand der Sozialdemokraten der Generalstreik. Watter marschierte in das Aufstandsgebiet ein. Zusammenstöße mit den Aufständischen forderten 71 Todesopfer. Aber die daraufhin eintretende Ruhe war nur trügerisch. Im April streikten erneut 35 000 Bergleute. Darauf begab sich der von der Regierung ernannte Sozialdemokrat Carl Severing als Staatskommissar in das Ruhrgebiet. Nachdem der Zechenzentralrat verhaftet worden war, fand auch dieser Aufruhr sein Ende. Von jetzt an standen wieder mehr soziale Fragen im Vordergrund des Interesses der Arbeiter. Bald jedoch führten die von der Regierung geforderten Überstunden zu erneuten Arbeitsniederlegungen und Zusammenstößen.

In die gespannte Stimmung platzte die Nachricht vom Ausbruch des Kapp-Putsches in Berlin wie eine Bombe. Am 13. März 1920 riefen Mitglieder der nach Dresden geflüchteten Reichsregierung die Arbeiter zum Generalstreik auf. Überall brachen sofort im Ruhrgebiet Unruhen aus, doch fanden die Streikenden wegen sehr unterschiedlicher Ziele zu keinem gemeinsamen Handeln. Während die Sozialdemokraten als Hauptziel die Niederwerfung der Putschisten und die Verteidigung der Republik bezeichneten, wollten USPD und Kommunisten die Diktatur des Proletariats errichten und das Rätesystem durchsetzen. Generalleutnant von Watter nahm eine abwartende Haltung ein. Erst als Reichswehrminister Noske am 16. März den Streikaufruf verleugnete, stellte sich der General voll hinter die verfassungsmäßige Reichsregierung.

In den Städten Hagen, Wetter, Witten, Bochum, Herne und Haltern kam es zu Entwaffnungen der Bürgerwehren. Die Arbeiter strömten zu den Sammelplätzen Hagen und Remscheid. Teile des Freikorps Lichtschlag konnten von ihnen überwältigt werden. Damit gelangten umfangreiche Waffenbestände in die Hände der Aufständischen. Bei Dortmund ereigneten sich die ersten harten Kämpfe. Zwar endete nach dem Zusammenbruch des Kapp-Putsches am 17. März auch der Generalstreik, womit sich die bürgerlichen Parteien höchst zufrieden zeigten, doch fuhr die während der letzten Kämpfe gebildete Rote Armee unbeirrt fort, das gesamte Ruhrgebiet unter ihre militärische Gewalt zu bringen. Im Norden drangen die Roten über die Lippe bis nach Dülmen, Lüdinghausen und Ascheberg in Sichtweite der Stadt Münster vor. Eine sozialistische Konferenz in Hagen beschloß, die Entwaffnung der Reichswehr durchzusetzen und ein Volksheer aufzustellen. Die Stärke der Roten Armee wurde zu diesem Zeitpunkt auf achtzig- bis einhunderttausend Mann geschätzt. General von Watter konnte diesen Massen nur etwa dreizehntausend Soldaten entgegenstellen, die freilich das Kriegshandwerk besser beherrschten. Erschwerend für ihn kam hinzu, daß das Ruhrgebiet zum größten Teil zur demilitarisierten und neutralisierten Zone gehörte, in die die Reichswehr nur noch bis zum 10. April mit beschränkten Kräften einrücken durfte. Verhandlungen mit den Siegermächten über eine Erweiterung der deutschen Befugnisse zogen sich in die Länge und führten zu nichts.

Inzwischen kreiste die Reichswehr das ganze Ruhrgebiet mit ihren Verbänden ein. Severing berief zum 23. März eine Konferenz nach Bielefeld, an der auch der Chef des Stabes der Roten Armee, der Lehrer Stemmer, teilnahm. Schon zwei Tage später wurde ein Abkommen getroffen, das den sofortigen Abbruch des Aufruhrs und Abgabe der Waffen innerhalb der nächsten zehn Tage vorsah. Dafür wurden alle, die sich während der Kämpfe mit Schuld beladen hatten, mit der Zusicherung von Straffreiheit beruhigt. Außerdem sagte Severing den weiteren Ausbau der Sozialgesetzgebung, die Sozialisierung der Wirtschaft und Auflösung der konterrevolutionären Verbände zu. Wurden diese Bedingungen angenommen, so sollte von einem Einmarsch der Reichswehr in das Ruhrgebiet abgesehen werden.

Jedoch erfüllten sich die Hoffnungen auf Frieden nicht. Nur ein Teil der Rotarmisten legte die Waffen nieder. Ein neuer, radikalerer Zentralrat legte der Regierung am 27. März einen eigenen Waffenstillstandsplan vor, der mit dem Ultimatum beantwortet wurde, bis zum 30. März alle Bestimmungen des Bielefelder Abkommens zu erfüllen. Diese Frist war eindeutig zu kurz gegriffen. Noch einmal ließ sich deshalb Severing mit den Aufständischen in Verhandlungen ein, die mit dem sogenannten Frieden von Münster am 31. März endeten. Die Fristen wurden bis zum 2. April verlängert, wiederum viel zu kurz, um eingehalten werden zu können. Die Reichswehr setzte inzwischen ihren schon begonnenen Vormarsch in das Ruhrrevier fort. Teile der Roten Armee kämpften erbittert weiter. Ohne die Siegermächte zu konsultieren, ordnete Reichskanzler Cuno an, auch in die entmilitarisierte Zone einzumarschieren. Rückzugsgefechte der Roten Armee konnten ihre Niederlage nicht aufhalten. Greueltaten waren auf beiden Seiten verübt worden. Sie vergifteten noch auf Jahre das Klima im Ruhrgebiet. Ungeheurer Sachschaden lastete auf der Zukunft.

Auch jetzt sollte der Frieden noch nicht an die Ruhr zurückkehren. Als das Reich im Frühjahr 1921 mit den in Versailles erzwungenen Kohlelieferungen an Frankreich in Verzug geriet, rückten französische Verbände in das Gebiet um Düsseldorf, Duisburg und Ruhrort ein. Mit der Drohung, das gesamte Ruhrgebiet zu besetzen, wurde die Anerkennung einer astronomisch hohen Reparationsschuld von 122 Milliarden Goldmark erzwungen. Als es trotzdem zu einem erneuten Rückstand an Lieferungen kam, begann am 11. Januar 1923 der Einmarsch belgischer und französischer Divisionen in Stärke von sechzigtausend Mann. Ihr offizieller Auftrag lautete, einige wenige Ingenieure zu beschützen, die die Kohlelieferungen überwachten.

Der Willkürakt rief sofort einen gemeinsam von Unternehmern, Arbeitern und Behörden getragenen Widerstand ins Leben. Das Rheinisch-Westfälische Kohlesyndikat, das alle Reparationslieferungen an Kohle organisierte, siedelte nach Hamburg um. Der Reichskommissar für die Kohleverteilung befahl die Einstellung aller Lieferungen an die Siegermächte. Die Reichsregierung stellte sich hinter alle Maßnahmen des passiven Widerstandes und entschädigte alle Opfer, die durch den französisch-belgischen Einfall zu Schaden gekommen waren. Am 4. Februar reiste Reichskanzler Cuno sogar geheim in das besetzte Gebiet. Der folgende Tag sah eine große Solidaritätskundgebung in Münster in Anwesenheit des preußischen Ministerpräsidenten Braun. Mit allen möglichen Repressalien, Verhaftungen, Beschlagnahmungen und Ausweisungen versuchten die Besatzungstruppen, den passiven Widerstand zu brechen. Hinter den Widerstand hatten sich die SPD und die Gewerkschaften ohne jeden Rückhalt gestellt. Dagegen versuchte die KPD, die gescheiterte Revolutionierung der Massen nun doch noch auf diesem Wege zum Erfolg zu führen. Die NSDAP Hitlers versagte sich dagegen einer Beteiligung am gemeinsamen Widerstand. Die Folgen der Auseinandersetzung mit den Besatzungstruppen waren erheblich. Viele Polizisten und Beamte, aber auch andere Personen, insgesamt etwa einhundertundfünfzigtausend, erlitten das Schicksal der Ausweisung.

Als die Franzosen die vorhandenen Koksbestände beschlagnahmten, wurde das mit der Stillegung aller Hochöfen beantwortet. Am Karsamstag besetzten die französischen Verbände die Kruppwerke in Essen. Dabei wurden zwölf wehrlose Arbeiter erschossen. Die Empörung über die Gewalttat führte zu scharfen Gegenaktionen rechter Kreise und Völkischer, doch bröckelte dadurch die Einheitsfront merklich ab. Der Widerstand gegen die Besatzung ließ nach. Den Arbeitern wurden soziale Probleme dringender.

Frankreichs Hoffnungen auf hohe Lieferungen erfüllten sich nicht, aber auch die deutsche Wirtschaft kam zum Erliegen. Der Reichshaushalt für 1923 konnte nur noch zu einem Zwölftel gedeckt werden. Alle Reparationszahlungen mußten völlig eingestellt werden. Reichskanzler Cuno trat zurück. An seiner Stelle nahm Gustav Stresemann Verhandlungen mit allen Parteien, Wirtschafts- und Berufsvertretern auf. Am 26. September erklärte er den Abbruch des passiven Widerstandes. Alle Parteien stimmten zu. Nur DNVP und DKP stimmten dagegen, wenn auch aus sehr verschiedenen Gründen. Die Deutschnationalen verurteilten den Beschluß als erneute Kapitulation vor den Siegermächten, die Kommunisten sahen ihre national verbrämten Umsturzpläne davonschwimmen. In den sogenannten MICUM-Verträgen, benannt nach der »Mission Internationale de Contrôle des Usines et des Mines«, nahm die Ruhrindustrie die Pflicht auf sich, einen Teil ihrer Produktion als Reparationen an die Alliierten zu liefern. Eine politische Lösung, wie sie Frankreich angestrebt hatte, war nicht erreicht worden.

Nach der Annahme des Dawes-Planes gegen Ende August 1924, in dem die Reparationszahlungen geregelt wurden, erlangte die Reichsregierung von Frankreich die Zusage, das Ruhrgebiet räumen zu wollen. Nach und nach verließen die Besatzungstruppen das Land. Am 31. Juli 1925 stand kein fremder Soldat mehr auf westfälischem Boden.

Die wirtschaftlichen Folgen von Krieg und Nachkriegszeit waren verheerend. Nichts war nachher noch so, wie es vorher gewesen war. Schon zu Beginn des Krieges ging die Kontrolle über alle kriegswichtigen Industrien an das Militär über. Zentrale Kriegswirtschaftsstellen griffen tiefer und tiefer in die Produktion ein. Angesichts längerer Kriegsdauer leitete man die Sparwirtschaft ein, da die Rohstoffe zu Ende zu gehen drohten. Immer mehr Materialien unterlagen der Zwangsbewirtschaftung. Mit Planungs- und Zuteilungssystemen versuchte man, der Mangelerscheinungen Herr zu werden. Nach dem Eintritt Hindenburgs und Ludendorffs in die Oberste Heeresleitung begann die letzte Phase, die Notwirtschaft mit völliger »Durchstaatlichung« der Wirtschaft (G. Stolper). Um den Wirrwarr unter den zahlreichen, nebeneinander arbeitenden Planungsämtern zu beseitigen, trat am 1. November 1916 das »Kriegsamt zur zentralen Beschaffung des Munitions- und Waffenbedarfs« ins Leben. Ein Gesetz über den vaterländischen Hilfsdienst vom Dezember 1916 sollte mehr Arbeitskräfte der Rüstungsindustrie zuführen und dort tätige Arbeiter für den Frontdienst freimachen. Zugeständnisse an die Gewerkschaften sicherten deren Zustimmung und den sozialen Frieden.

Gewiß zog die westfälische Industrie zu großen Teilen auch Nutzen und Gewinn aus den staatlichen Aufträgen, doch ging die Produktion insgesamt beträchtlich zurück. »Gesamtgesellschaftlich setzte ein Verarmungsprozeß ein« (P. Borscheid). Die Schwerindustrie ging dagegen gestärkt aus dem Krieg hervor. Auch die Chemie stand gut da. Jedoch zeigten sich im Konsumgütersektor und im Baugewerbe starke Rückschritte.

Erstmals traten damals Frauen in größeren Zahlen in den Arbeitsprozeß ein, aber auch Jugendliche und ungelernte Arbeiter. Da auch damit der Arbeitskräftemangel nicht behoben werden konnte, sah man sich gezwungen, belgische Arbeitskräfte anzuwerben. Auch das half nicht weiter. So schritt man zu einer Deportation von 60000 Belgiern. Sie erwies sich als politischer wie wirtschaftlicher Fehlschlag. Entweder verweigerten die Deportierten die Arbeit oder sie waren für die vorgesehene Arbeit untauglich. Deshalb kehrte man zur freiwilligen Anwerbung zurück. Damals kamen 130000 Belgier in das Reichsgebiet, vier Fünftel davon in das Ruhrgebiet.

Das größte Problem bot aber die Rohstoffbeschaffung. Die Eisen- und Stahlproduktion sank wegen Erzmangels von 1913 bis 1918 auf die Hälfte. Der Textilsektor mußte sogar einen Abstieg auf ein Sechstel hinnehmen. In Gronau und Bielefeld ging man daran, Papierkleider anzufertigen. Auch die Landwirtschaft litt unter dem Mangel an arbeitsfähigen Männern. Die meisten Pferde mußten für den Heeresbedarf abgegeben werden. Futtermittel waren nicht mehr auf dem Markt. Die Umstellung der bäuerlichen Höfe auf die Maschinisierung kam vollends ins Stocken. Düngemittel ließen sich kaum beschaffen. Sie sollten durch erhöhte Kaligaben ersetzt werden. Jeder Fachmann wußte, daß damit der Ausgleich nicht gelingen konnte.

Infolge der Verknappung agrarischer Erzeugnisse stiegen die Lebensmittelpreise stark an. In den Städten gingen die Menschen zur Kleintierhaltung über, um des Hungers einigermaßen mächtig zu werden. Das Geld verlor seinen Wert, da kein entsprechendes Warenangebot vorhanden war. Lohnerhöhungen brachten da keinen Nutzen. Noch stärker als die Arbeiter, die die Reallöhne ungefähr halten konnten, sahen sich Beamte und Angestellte geschädigt. Sie büßten teilweise die Hälfte der Kaufkraft ihrer Bezüge ein. Gefragt war eben nicht mehr die geistige Kraft. Alles wurde daran gesetzt, den Bedarf für die großen Materialschlachten im Westen zu decken. »Die Proletarisierung der Kopfarbeiter setzte ein« (P. Borscheid). Im Jahre 1918 kam es vor, daß ganze Eisenbahnzüge von Beamten und Angestellten ausgeraubt wurden. Niemand kannte mehr moralische Bindungen. Die Achtung vor dem Gesetz war dahin.

Am erträglichsten ging es noch den Bauern, die ihre begehrten Produkte zu guten Preisen verkaufen konnten. Auch Unternehmer in den kriegswichtigen Betrieben brauchten sich keine Einschränkungen in der Lebenshaltung zuzumuten. Das rief in den von äußerster Not und Hunger geplagten Schichten das böse Wort vom »Kriegsgewinnler« hervor und schürte den Haß. Darunter fielen auch Spezialarbeiter in Rüstungsbetrieben und vor allem die Schwarzhändler. Unzufriedenheit und Empörung über die Ungerechtigkeiten führten 1917/18 zu Streiks, die sich vorwiegend auf soziale und wirtschaftliche Belange bezogen. Politische Motive standen damals noch ganz im Hintergrund. Auch wirkte die Oktoberrevolution eher abschreckend auf die deutschen Arbeiter, die die bürgerliche Revolution in Rußland noch mit Freude begrüßt hatten. Der Spartakusbund fand unter ihnen kaum Anhänger, selbst noch in den Revolutionstagen des November 1918. Erst später trat unter anderen Vorzeichen ein Wandel ein.

Die Weimarer Republik

Viele hatten nach dem Thronverzicht des Kaisers und dem Umsturz eine völlige Neugliederung des Reichsgebietes unter Beseitigung des großen Übergewichtes Preußens erwartet. Nichts davon trat ein. Es gab wohl entsprechende Pläne, jedoch verschwanden sie vom Tisch, ohne Spuren zu hinterlassen. Fast alle bisherigen Beamten behielten ihre Funktionen bei, darunter viele, die die Monarchie nicht vergessen wollten. So hatte der Landrat von Lüdinghausen, Graf von Westphalen, noch 1921 das Kaiserbild nicht aus dem Sitzungssaal des Kreishauses entfernt. Nur eine gewisse Demokratisierung und Stärkung der Selbstverwaltungskräfte ließ sich nicht übersehen. Westfalen besaß nun auch eine Vertretung im preußischen Staatsrat in Stärke von zehn Abgeordneten, die der Provinziallandtag entsandte.

Im Lande Lippe wurde durch die Verfassung vom 21. Dezember 1920 ein Landespräsidium als oberste Landes- und Justizverwaltungsbehörde errichtet, der die Regierung unterstand, dieser wiederum die Unterbehörden. Maßgebender Mann im Landespräsidium war der Sozialdemokrat Heinrich Drake, seit 1925 auch offiziell Vorsitzender des Landespräsidiums. Er war es, der bis 1933 die Geschicke des Landes bestimmte. Die Rechte des Fürstenhauses wurden nach einer gerichtlichen Auseinandersetzung geregelt. Ein neues einheitliches Gemeindeverfassungsrecht fand 1927 seine Verabschiedung. Später wurde es aufgrund eines Gutachtens des Reichssparkommissars noch weiter dem preußischen System angeglichen. Das Gutachten bot auch die Basis dafür, das Landespräsidium im Jahre 1932 mit der Regierung zu vereinigen.

Auch alle in den zwanziger Jahren vorgelegten Pläne von Wissenschaftlern und Politikern zur Neuordnung des Reichsgebietes fanden keine Verwirklichung. In einigen Fällen sahen sie die Zerschlagung Westfalens, in andern eine Vergrößerung oder einen Zusammenschluß mit anderen Gebieten vor. Gegen solche Vorhaben wandte sich der im Jahre 1916 gegründete »Westfälische Heimatbund«. Er machte es sich zur Aufgabe, Westfalen in den Grenzen der Provinz von 1815 zu erhalten und die westfälische Eigenart zu pflegen. Die von ihm veranstalteten jährlichen Westfalentage gestalteten sich jedesmal dann zu politischen Demonstrationen, wenn die Einheit des Landes wieder einmal gefährdet schien.

Die wegen der wirtschaftlichen Sonderentwicklung naheliegende Einrichtung einer eigenen Ruhrprovinz wurde von westfälischer Seite abgewehrt. Gewissermaßen als Ersatz wurde im Jahre 1920 der »Siedlungsverband Ruhrkohlenbezirk« errichtet, der die speziellen Bedingungen des Gebiets unter seine Obhut nehmen sollte. Urheber dieser Einrichtung war der Oberbürgermeister von Essen, Hans Luther. Ohne daß eine politische Änderung vorgenommen werden mußte, ermöglichte der Verband die Regelung kommunaler und regionaler Planungsaufgaben. Schon damals standen Aufgaben des Naturschutzes in der arg verwüsteten Landschaft des Ruhrreviers im Vordergrund, daneben ein planmäßiger Straßenbau. Die Lebensbedingungen der Ruhrbevölkerung erfuhren durch das Wirken des Verbandes nach und nach eine beachtliche Verbesserung. Die heutige Parklandschaft des Industrierreviers geht allein auf die Tätigkeit dieser Einrichtung zurück.

Man versuchte zwar, auch sonst die Verwaltungsgrenzen und Einrichtungen der industriellen Entwicklung anzupassen, doch führte das, abgesehen von einigen Grenzänderungen der Landkreise und der Ausgliederung einiger größerer Städte, zu keinen wesentlichen Veränderungen.

In der Parteienlandschaft blieb das Zentrum auch nach dem Ersten Weltkrieg die bestimmende politische Kraft in Westfalen. Die Herabsetzung des Wahlalters und die Verleihung des Wahlrechts an die Frauen hatten in dieser Hinsicht keine Änderung gebracht. Bei den Reichstagswahlen lagen die Ergebnisse der Partei fast unverändert bei 35 bis 28 Prozent der Stimmen. Hauptstütze des Zentrums war die katholische Landbevölkerung. In manchen ländlichen Kreisen erzielte es achtzig Prozent der Stimmen und mehr. Von 1919 bis 1932 befand sich die Partei ununterbrochen in der Regierung vertreten. Maßgebliche westfälische Politiker waren etwa der münsterische Professor für Kirchengeschichte, Georg Schreiber, der Bauernführer Karl Herold, der Industrielle Rudolf ten Hompel und der Reichskanzler Heinrich Brüning. Seit dem Jahre 1920 stellte das Zentrum die westfälischen Oberpräsidenten. Auch der Nachfolger Brünings, Franz von Papen, war Westfale und kam aus dem Zentrum, trat aber aus der Partei aus, um einem Ausschluß zuvorzukommen. Papen besaß im westfälischen Adel durchaus Anhänger, die mit der Zentrumspolitik in der Weimarer Zeit nicht mehr so zufrieden wie früher waren. Sie beklagten vor allem die Anlehnung des Zentrums an Linksparteien und bestimmte sozialpolitische Tendenzen. Eher schwebte dem Adel die Gründung einer katholisch-konservativ orientierten Gruppierung vor.

Weniger stark erwies sich auf dem westfälischen Parkett die Sozialdemokratische Partei. Sie blieb hier unter dem Reichsdurchschnitt. Nur im Lande Lippe besaß sie die meisten Stimmen. Sogar die KPD erreichte in Zeiten wirtschaftlicher Not mehr Stimmen als die SPD. Nur in den ruhigen Jahren 1924 bis 1930 überwogen die Sozialdemokraten.

Völkische und Nationalsozialisten gründeten schon 1923 einige Ortsverbände in Westfalen, sanken aber nach dem Münchener Putschversuch vom November des Jahres zur Bedeutungslosigkeit herab. Nach der Neugründung der

NSDAP im Jahre 1925 erstarkte die Bewegung jedoch zusehends. Im genannten Jahre zählte die Ortsgruppe Hattingen bereits dreihundert Mitglieder. Sie war eine der stärksten im Ruhrgebiet. Die Wirtschaftskrise 1928/29 brachte ihr weiteren Zulauf.

In den nordwestdeutschen Parteigruppen der NSDAP herrschte allerdings ein anderer Geist als in Franken und Bayern. Der Antisemitismus spielte hier fast keine Rolle. Gregor Strasser zielte mehr auf einen nationalen Sozialismus mit stark antikapitalistischer Prägung. Der Zusammenschluß der beiden Parteigaue Westfalen und Rheinland-Nord unter Leitung von Franz Pfeffer von Salomon, Joseph Goebbels und Karl Kaufmann hätte in diesem Sinne Bedeutung erlangen können. Hitler sah sich vor vollendete Tatsachen gestellt, doch gab ihm die Uneinigkeit unter den drei Führern Gelegenheit zum Eingreifen. Er bestimmte Kaufmann zum alleinigen Gauleiter. Der Gau wurde wieder geteilt und Westfalen dem Lehrer Josef Wagner übertragen. Hauptstadt des Gaus sollte Bochum sein, um nicht das katholische Münster wählen zu müssen. Als die Mitgliederzahlen weiter anstiegen, teilte man den Gau in Westfalen-Süd und Westfalen-Nord. Der letztere erhielt seinen Hauptsitz in Gelsenkirchen, dann in Münster. Gauleiter wurde der Nationalökonom Alfred Meyer.

Hitlers Vortragsveranstaltungen bescherten der Partei große Erfolge. Der eigentliche Aufschwung setzte aber erst 1929 ein. Bis dahin blieb der Prozentsatz der Nationalsozialisten an der Bevölkerung unter zwei Prozent. Nur Barntrup in Lippe machte mit 32 Prozent eine Ausnahme. Eine unbeschreibliche Verarmung des Mittelstandes und der Anstieg der Arbeitslosenzahlen über sechs Millionen im Jahre 1932 bereiteten den Extremisten von links und rechts einen günstigen Boden. NSDAP und KPD nutzten rigoros ihre Chancen. Etwa ein Drittel der NSDAP-Mitglieder im Gau Westfalen-Süd stammte aus Arbeiterkreisen.

Bei den Reichstagswahlen vom 31. Juli 1930 schnellten die Stimmenzahlen dieser beiden Parteien in die Höhe. Sie gingen zu Lasten der bürgerlichen Mitte. Zentrum und SPD konnten sich dagegen einigermaßen behaupten. Es folgten noch weitere Wahlen, denen ähnliche Ergebnisse zu entnehmen waren. Im Reichstag wurde die NSDAP stärkste Partei. Beide westfälischen Gaue lagen aber erheblich unter dem Reichsdurchschnitt. Nur im Lande Lippe sowie in den Kreisen Halle, Siegen und Wittgenstein erreichten die Nationalsozialisten höhere Zahlen, in Wittgenstein 64 Prozent. Unbeschädigt blieb das Zentrum in den katholischen Gebieten. Im Ruhrgebiet ging die KPD als stärkste Partei aus den Wahlen hervor.

Bei den Reichstagswahlen vom 6. November 1932 erlitt die NSDAP eine Schlappe. Nur im Kreis Wittgenstein konnte sie noch zwei Prozent hinzugewinnen. Der Glaube der Wähler an die Fähigkeiten der Partei war weitgehend erloschen. Die Partei geriet in eine ernste Krise. Gregor Strasser legte alle Ämter nieder. Aus diesem Grunde setzten die Nationalsozialisten alles daran, bei den lippischen Wahlen am 15. Januar 1933 einen Vorzeigeerfolg zu erzielen. Hitler sprach selber nicht weniger als fünfzehnmal vor den Lippern. Seine Partei wurde zwar stärkste Fraktion im Landtag, vermochte aber nicht die absolute Mehrheit zu gewinnen. Die SPD hatte ihre früheren Verluste weitgehend wieder wettgemacht.

Insgesamt gesehen blieb der Anteil Westfalens am Aufstieg der NSDAP gering. Eine Parteischrift des Gaus Westfalen-Süd bekannte zu späterer Zeit: »So schwer um die Seele der Menschen ringen« habe man nirgends müssen, »wie im westfälischen Industrie- und Landgebiet«. Als man anderswo schon große Erfolge erzielte, »waren in Süd-Westfalen noch Marxismus und zentrümlich-katholischer Konservatismus tonangebend«.

Keineswegs im Einklang mit der allgemeinen politischen Entwicklung im Reich, aber auch weiter Kreise in Westfalen befand sich der Westfälische Provinziallandtag. Bei seiner Eröffnung im März 1919 gebrauchte der Oberpräsident, Prinz Ratibor, noch folgende Formulierung: »Von stolzer Höhe, die es unter seinem Kaiser gewonnen hatte, ist Deutschland jäh herabgestürzt«. Der erneut zum Vorsitzenden des Landtags gewählte Fürst zu Salm-Horstmar fügte die Dolchstoßlegende hinzu, daß das Deutsche Reich, »gefürchtet und bewundert von der ganzen Welt«, der »Maulwurfsarbeit internationaler Agitatoren« zum Opfer gefallen sei. Darin drückten sich politische Einstellungen aus, die nicht nur im Adel, sondern auch im Bürgertum und unter den Bauern weit verbreitet waren. Einwendungen gegen solche Äußerungen brachte bezeichnenderweise nur der der Deutschen Demokratischen Partei angehörige Hagener Oberbürgermeister, Willy Cuno, in sehr milder Form vor.

Den im November des Jahres zusammentretenden Provinziallandtag durchwehte freilich schon ein anderer Wind. Der neue, der Zentrumspartei angehörige Oberpräsident, Bernhard Würmeling, verwies stolz auf die »Vertretungen des Volkes auf breiter demokratischer Grundlage«, die nunmehr die Verantwortung trugen. Von den 123 Abgeordneten gehörten 54 dem Zentrum, 24 der SPD, 21 der DVP, 12 der DNVP, 6 der DDP und 3 der USPD an. Alle Abgeordneten wurden von den Kommunen in den Landtag entsandt. Vom 63. Provinziallandtag an, der im März darauf zusammentrat, beruhte dagegen die Mitgliedschaft auf der unmittelbaren Wahl durch die Einwohner der Provinz. Trotzdem blieb die Zusammensetzung nach Parteien fast unverändert. Bemerkenswert war nur, daß mehr Arbeiter unter den Abgeordneten und die Kommunisten mit zehn Abgeordneten in den Landtag eingezogen waren. Der Umgangston veränderte sich durch die polemischen Ausfälle der radikalen Linken in negativer Weise. Auch trug die stärkere Politisierung des Gremiums nicht gerade zu seiner Effektivität bei. Diese ging von nun an mehr von der Verwaltung des Provinzialverbandes aus.

Aufgaben gab es gewiß genug: Der Krieg hatte ein schweres soziales Erbe hinterlassen. Die Fürsorge für die zahllosen Kriegsbeschädigten und Hinterbliebenen, die Jugendpflege und der Ausbau der psychiatrischen Heilanstalten verschlangen siebzig Prozent der zur Verfügung stehenden Mittel. Da fiel es schwer, auch der Kulturpflege den gebührenden Platz zu schaffen. Daß auf diesem Gebiet vorbildliche Aktivitäten entfaltet und viele neue Institutionen gegründet werden konnten, ist das große Verdienst der Landesräte Karl Zuhorn und Ernst Kühl.

Es braucht kaum einer Erwähnung, daß die Nationalsozialisten im Jahre 1933 auch den Provinzialverband gleichschalteten. Der zum Landeshauptmann gewählte Karl Friedrich Kolbow gehörte der Partei bereits seit 1921 an, geriet aber wegen seines energischen Eintretens für westfälische Belange, auch gegen Parteiinteressen, bald mit der Partei in Konflikt, die bis zur inneren Trennung führte. In Zusammenhang mit dem Attentat auf Hitler am 20. Juli 1944 wurde Kolbow seines Amtes enthoben und aus der Partei ausgeschlossen. Seltsamerweise beauftragte man den bewährten Landesrat Bernhard Salzmann mit der Fortführung der Geschäfte, obgleich Salzmann der Partei nicht angehörte, bei ihr auch in keinem guten Rufe stand. Entscheidend für diesen Auftrag mag gewesen sein, daß Salzmann dieselbe unerschrockene Haltung hinsichtlich der Erhaltung der Provinz Westfalen vertrat wie der nationalsozialistische Gauleiter und Oberpräsident Alfred Meyer, ein entschiedener Parteimann, aber charakterlich einwandfrei und auf das Wohl seiner Provinz bedacht. Die schwere Bürde, die Salzmann in den letzten Kriegsmonaten zu tragen hatte, wurde ihm durch die Ernennung zum kommissarischen Landeshauptmann weder erleichtert noch erschwert. Salzmann behielt auch weiterhin alle Fäden in der Hand und steuerte den Provinzialverband nach dem Zusammenbruch des nationalsozialistischen Regimes in eine bessere Zukunft.

Obgleich die katholische Kirche traditionellerweise dem konservativen Lager näherstand als dem linken Demokratieverständnis, fanden sich nach 1918 sofort Zentrumspolitiker bereit, am Aufbau des neuen Staatswesens mitzuarbeiten. Unter den Westfalen aus dieser Partei ragten Joseph Mausbach, Johannes Linneborn und Georg Schreiber hervor. Alle drei besaßen bei der Formulierung der Verfassung oder im Reichstag erheblichen Einfluß. Eine einseitige Trennung von Staat und Kirche, wie sie der atheistische Kultusminister Hoffmann angestrebt hatte, konnte verhindert werden. Dagegen ließ sich die Konfessionsschule nicht im erwünschten Umfang erhalten. Simultanschulen galten als die Regel. Daneben wurden »weltliche« Schulen eingerichtet, an denen kein Religionsunterricht erteilt wurde. An der schwierigen Schulfrage wäre beinahe das Preußische Konkordat vom 14. Juni 1929 gescheitert.

In Westfalen führte das Konkordat zur Erhebung der Paderborner Kirche zum Erzbistum, dem die Suffragane Hildesheim und Fulda unterstellt wurden. Die bisherige landesherrliche Mitwirkung bei der Ernennung von Bischöfen erlosch bis auf einen formalen Rest. Ausdrücklich erlangten die Katholische Theologische Fakultät in Münster und die Erzbischöfliche Akademie die Anerkennung als wissenschaftliche Ausbildungsstätten des Priesternachwuchses. Freiheitliche Bestimmungen für Orden und Kongregationen glichen denen für alle sonstigen Vereine und Gesellschaften. Sie beförderten eine Blüte der Ordenshäuser, besonders solcher, die für karitative Zwecke bestimmt waren.

Der Ausgangspunkt für die evangelischen Kirchen nach der Revolution unterschied sich nicht wesentlich von dem der katholischen Kirche. Auch die evangelische Kirche stand in enger, vielleicht sogar noch engerer Beziehung zur Monarchie. Ihre Repräsentanten rechneten eher konservativen als fortschrittlich-demokratischen Richtung. Mehr als die Katholiken, die sich auf feste Dogmen stützen konnten, beschäftigte die Evangelischen das rechte Glaubensverständnis. Damals ging es hauptsächlich um das Verhältnis von Glauben und

Denken. Nicht zufällig beschäftigte sich auch der erste Systematiker an der kurz nach Kriegsausbruch gegründeten Evangelisch-Theologischen Fakultät der Universität Münster, Karl Heim, besonders mit dieser Frage in seinem Werk »Glaubensgewißheit«, mit dem er unter den westfälischen Studenten viele Anhänger gewann. Wegen der Kriegsverhältnisse trat die Fakultät erst 1918 in ihre volle Wirksamkeit. Die Berufung Karl Barths und Wilhelm Stählins im Jahre 1925 brachte der Fakultät einen großen Aufschwung, bis im Jahre 1933 ein Rückschlag erfolgte.

In der Kirchenorganisation ging es hauptsächlich darum, die landesherrlichen Rechte in der westfälischen Landeskirche abzuschaffen. Das stieß anfangs auf Hemmnisse, da die Verfassung der Evangelischen Kirche altpreußischer Union abgewartet werden mußte. Erst danach konnte die neue Rheinisch-Westfälische Kirchenordnung vom 16. September 1924 verabschiedet werden. In ihr wurde der synodale Aufbau betont und die Unabhängigkeit der Synoden von den Konsistorien festgelegt. Grundsätzlich blieb das Pfarrerwahlrecht der Gemeinden erhalten. Der Staat behielt sich nur noch in finanzieller Hinsicht ein Aufsichtsrecht vor.

Im Zuge der Wirtschaftskrise von 1928/29 traten auch an die evangelische Kirche ernste Nöte heran. Eine Entfremdung von der Kirche erfaßte weite Kreise. Die Jugend geriet in immer radikalere Politisierungen hinein, die kirchenfeindlich wirkten. Religiöse Sozialisten und Deutsche Christen traten in den Presbyterien hervor und beanspruchten den Alleinvertretungsanspruch.

Von Bethel wurde in diesen Jahren, was meist unbekannt ist, der Aufbau eines Freiwilligen Arbeitsdienstes betrieben, um die arbeitslosen Jugendlichen von der Straße und schädlichen Einflüssen wegzuziehen. Er kam jedoch über bescheidene Anfänge nicht hinaus.

In sozialer und wirtschaftlicher Hinsicht belasteten die Folgen des Ersten Weltkriegs Westfalen überdurchschnittlich schwer. Mehr als 110 000 Westfalen waren als Soldaten gefallen, zahllose schwer verwundet. Mit dem Nahrungsmittelmangel war die Sterblichkeitsrate um die Hälfte gestiegen, die Zahl der Geburten ebenso stark gesunken. Während der Dauer des Krieges trat so ein Geburtendefizit von 256 000 ein. Nach dem Kriege setzte sich nach kurzer Unterbrechung der Rückgang der Geburten fort, am stärksten in den industriellen Gebieten. Zur Zeit der Weltwirtschaftskrise wurde die Marke unterschritten, die zum Erhalt des Volkes gewahrt bleiben mußte. Die nationalsozialistischen Ideologen bezogen die Erscheinung später ganz zu Unrecht auf das »System von Weimar«.

Die Bauern zeigten sich nach Kriegsende verbittert über die anhaltende staatliche Zwangswirtschaft, den Mangel an Düngemitteln, allen voran Phosphor, und die hohen Reparationslieferungen an wertvollem Zuchtvieh und Pflanzensamen. Dabei war die Zwangsbewirtschaftung praktisch schon im Jahre 1920 zusammengebrochen. Bauern, die in der Nähe des Industriegebiets oder großer Städte wohnten, hatten keine Schwierigkeiten, ihre Produkte zu guten Preisen an die Bevölkerung zu verkaufen, zumal die Importwaren relativ teuer waren. Auch die Inflation fügte den Bauern nicht solche Schäden zu, wie sie andere Schichten erlitten. Nur in der letzten Hochphase des Geldverfalls spitzte sich die Lage der Bauern zu, da sie nicht in der Lage waren, das eingenommene Geld schnell genug wieder auszugeben, bevor es verfallen war. So fehlte schließlich jedes Betriebskapital. Hochgetriebene Steuern belasteten die entkräfteten Betriebe über die Maßen. Hinzu kam ein unübersehbarer Rückgang der Erträge und schwindende Kaufkraft besonders der unteren Volksschichten, die sich in gewaltsamen »Selbstversorgungsaktionen« auf den Äckern und in den Ställen entlud. Schon die unreifen Kartoffeln fielen den zu Tausenden auf den Feldern »erntenden«, verhungerten Menschen zum Opfer. Auch das Vieh wurde rücksichtslos vom Hofe weg geschlachtet. In der von Belgiern und Franzosen besetzten Zone herrschten die schlimmsten Zustände. Als die Besatzung abzog, herrschte eine Arbeitslosigkeit von fast neunzig Prozent. Fleisch- und Milchverbrauch waren auf ein Minimum gesunken.

Als sich die Wirtschaft nach dem Ende der Inflation langsam konsolidierte, machte endlich die Motorisierung der Landwirtschaft die längst überfälligen Fortschritte. Die Einführung des für viele Zwecke einsetzbaren Traktors, der »fahrenden Kraftzentrale«, wie er bezeichnet wurde, bedeutete eine Revolution in den landwirtschaftlichen Arbeitsvorgängen. Der Einsatz von Mineraldüngern trug in hohem Maße zur Erhöhung der Erträge bei. Neue Züchtungen von Getreidesorten und Futterpflanzen wurden in das Programm aufgenommen. Trotzdem gelang es erst im Jahre 1928, die Höhe der Erträge des Vorkriegsjahres 1913 zu erreichen. Bei allen negativen Erscheinungen muß aber berücksichtigt werden, daß die Lage der westfälischen Landwirtschaft im Verhältnis zu der in entfernten Provinzen, wie etwa in Ostpreußen, als recht erträglich bezeichnet werden muß. Innerhalb des Bauernstandes gab es allerdings Unterschiede. Kleinere Betriebe befanden sich im allgemeinen in größerer Not. Bei ihnen lag der Verschuldungsgrad nicht selten über dem Tragbaren.

Nachteilig für die Landwirtschaft wirkten sich die beiden Weltwirtschaftskrisen von 1928/29 und 1931/32 sowie die Brüning'schen Sparverordnungen aus. Die Bevölkerung begann zwangsläufig, auf teurere Fleischwaren zu verzichten. Die Einnahmeausfälle durch gesteigerten Absatz von Milch oder Feldfrüchten auszugleichen, gelang nicht. Die Bauern gerieten in eine schwere Krise, mußten aber trotzdem die Rückkehr vieler Arbeitsloser aus der Industrie auf das Land verkraften, die hier die Hungerjahre immer noch besser zu überstehen hofften als in den großen Städten an der Ruhr. Es setzte geradezu eine, wenn auch vorübergehende, Reagrarisierung Westfalens ein.

Die allgemeine Unzufriedenheit unter den Bauern konnte sich, da es an einer Lobby fehlte, nicht parlamentarisch Luft verschaffen. Sie führte deshalb zu der 1929 gegründeten sogenannten »Grünen Front«, einem lockeren Verband bäuerlicher Spitzenorganisationen, die sich ein Jahr später im »Reichsverband der deutschen Landwirtschaft – Raiffeisen« zusammenschlossen. Die Reichsregierung erkannte die verbreitete wirtschaftliche Not der Landwirte wohl und versuchte auch, Abhilfe zu schaffen, jedoch scheiterten wirksame Maßnahmen am Geldmangel. Die Verbände drängten vor allem auf die Errichtung von Schutzzöllen, obgleich die eigentliche Ursache des Absatzmangels gar nicht in der ausländischen Konkurrenz, sondern in der auf astronomische Zahlen angewachsenen Arbeitslosigkeit und dem dadurch verursachten Geldmangel der

Käufer lagen. Die Notlage der Landwirtschaft war ja keine isolierte Erscheinung einer bestimmten Volksschicht, sondern eine allgemeindeutsche. Der Versuch Brünings, das Steuer durch Notverordnungen herumzureißen, beinhaltete tiefe Eingriffe in die liberale Ernährungswirtschaft, wie sie seit dem Kriegsende vorherrschte. An diese Versuche knüpften die Nationalsozialisten nach der Machtergreifung an, wie noch zu zeigen ist.

Im Bergbau, einer der Schlüsselindustrien, behielten nach der Revolution von 1918 die besonnenen Stimmen die Oberhand. Der Bergarbeiterführer Otto Hue sah die Sicherung der Kohleversorgung als sein Hauptziel an und wandte sich vorerst gegen eine Sozialisierung der Bergwerke, ohne dieses Endziel aus dem Auge zu lassen. Damit wollte er der drohenden Gefahr entgehen, daß die Siegermächte eine vor dem Abschluß des Friedensvertrages sozialisierte Industrie als Staatseigentum beschlagnahmten. Trotzdem kam es zu umfangreichen Arbeitsniederlegungen und Unruhen, wie bereits beschrieben worden ist. Sie fügten der Ruhrwirtschaft, aber darüber hinaus der gesamten deutschen Wirtschaft unsagbare Schäden zu. Im Grunde mußten die Streikenden am Schluß die durchgesetzten Arbeitszeitverkürzungen und überdurchschnittlichen Lohnerhöhungen aus der eigenen Tasche bezahlen. Die hervorgerufenen Förderausfälle zogen die Stillegung ganzer Hüttenwerke nach sich. Da Kohlenexporte nicht mehr möglich waren, fehlte das Geld für Investitionen und Importe. Als Antwort auf die ausbleibenden Kohlelieferungen sperrten die Niederlande 1919 die Kartoffelausfuhr nach Deutschland. Die Mark begann ihren nur kurz unterbrochenen, unaufhaltsamen Abstieg. Ein wirtschaftlicher Negativfaktor verstärkte den andern. Einen Ausweg aus dem Teufelskreis wußte niemand.

Kuriose Züge nahm der von Frankreich erzwungene Export von Ruhrkohle zu festgesetzten Billigpreisen an. Die Franzosen verkauften diese Kohle zu weit höheren Preisen auf dem Weltmarkt. In Deutschland fehlte dagegen die Kohle. Als Ersatz mußte teure englische Kohle gekauft werden, die zum Teil mit denselben Schiffen ankam, auf denen die Reparationskohle exportiert worden war. Nach dem Ende des Ruhrkampfes trat dann das Gegenteil ein. Durch hohe Produktions- und Lohnkosten in die Höhe getriebene Preise der Ruhrkohle bereiteten der billigeren Auslandskohle einen bequemen Weg ins Reich. Die Kohlehalden wuchsen unaufhörlich in die Höhe. Mehrere Zechen mußten die Tore schließen.

Ganz allmählich verhalfen Rationalisierungen und Modernisierungen dem Bergbau wieder auf die Beine, unterbrochen von mehreren Rückschlägen. Ein großes Hindernis für eine durchgreifende Gesundung lag im politischen System begründet. Rücksichten auf die Wählermassen führten dazu, daß »der Staat aus politischen Zwängen« heraus über seine Verhältnisse lebte« (P. Borscheid). Der Anstieg der Löhne war zu steil und fraß den Freiraum für dringend notwendige Investitionen auf. Die erforderliche Kapitalbildung der Betriebe kam viel zu kurz. Auf solche Verhältnisse traf die 1931 einsetzende Weltwirtschaftskrise. Politische Störfaktoren durch das Anwachsen der NSDAP verschlimmerten die Lage. Ausländisches Kapital trat die Flucht aus dem unsicher werdenden Deutschland an. Eine Reihe von Ruhrzechen mußte schließen. Die Löhne fielen zurück. Massenentlassungen waren an der Tagesordnung.

Kaum unterschieden von der Entwicklung an der Ruhr war die des Ibbenbürener Kohlereviers. Dort hatte die »Preußische Bergwerks- und Hütten-Aktien-Gesellschaft« (Preussag) am 1. November 1924 die aufgrund reicher Kohlelager attraktive Kohleförderung übernommen. Gegen Ende 1932 setzte sogar eine merkliche Konjunkturbesserung ein, die sich später die Nationalsozialisten als Verdienst anrechneten.

Auch die Stahl- und Eisenproduktion mußte nach dem Ende des Ersten Weltkriegs einen katastrophalen Rückgang auf die Hälfte der Vorkriegsproduktion hinnehmen. Die Schwerindustrie verlor, wie sich schon seit Jahrzehnten angedeutet hatte, an Bedeutung gegenüber den neueren Industrien im chemischen und Elektrosektor. Allerdings bewirkte der Versailler Vertrag, der eigentlich die wirtschaftliche und industrielle Vormacht Frankreichs sichern sollte, ungewollt durch seine enormen Reparationsforderungen den Zwang, die deutschen Werke zu modernisieren, um zu Leistungssteigerungen zu kommen. Aus einer starken Stellung heraus konnten die deutschen Industriellen sogar Frankreich auf seinen Minetteerzen sitzen lassen. Sie zogen die besseren Erze aus Schweden vor.

Zwingend notwendig blieb nach dem Kriegsende für die Wirtschaft der staatliche Einfluß. Er hatte aber nicht verhindern können, daß vorerst ein völliges Chaos eintrat. Führende Wirtschaftskreise befürworteten deshalb einen »engen Zusammenschluß« der Großunternehmen, da »die unfähige Haltlosigkeit der führenden Regierungsstellen in wirtschaftlichen Fragen« in den Untergang führe. Nur durch Selbsthilfe könne dem Niedergang entgegengetreten werden. »Ein Wirtschaftsprogramm, das allen Interessen nachkommen kann, ist nur für einen vertikal integrierten Complex sämtlicher Industriezweige, von den Rohstoffen Kohle und Erz über Eisen und Stahl bis einschließlich zur Fertigware, aufzustellen. Erst in einer solchen Zusammenfassung wird es möglich sein, Ausfuhr und Einfuhr des Complexes, seine Handels- und Zahlungsbilanz so zu regeln, daß alle Interessen einen würdigen Ausgleich finden können« (H. Jastrow, Direktor der Siemens-Schuckert-Werke, am 7. April 1920). Damit drohte ein Wirtschaftsstaat im Staate zu entstehen, ein unübersehbares Indiz für den Autoritätsverlust, dem die Weimarer Republik unterlag. Doch bildete sich ein solcher harmonisch arbeitender Verband niemals. Der Unterschied der Produkte und Interessen erwies sich als zu groß. Nur in einzelnen Sparten gelang eine Abstimmung, wenn beispielsweise die Eisenindustrie Einfluß im Schiffsbau oder bei den Eisenbahnen (Henschel-Konzern) suchte und fand.

Nach der außergewöhnliche Verhältnisse schaffenden Ruhrbesetzung stand die dortige Schwerindustrie vor dem Dilemma, wegen der über dem Weltniveau liegenden Preise Arbeiter zu entlassen und ganze Betriebe zu schließen. Hohe Kapazitäten waren zwar vorhanden, aber bei weitem nicht ausgelastet. Die Schwerindustriellen sahen die Lösung der Frage in einer umfassenden Kartellierung. Am 1. November 1924 schloß sich die gesamte deutsche Stahlindustrie in der Rohstahlgemeinschaft zusammen, die neunzig Prozent der Gesamtproduktion erfaßte. In ähnlicher Weise schloß sich auch der Bergbau zusammen, doch folgte dem Beispiel nur ein Viertel der Eisen-, Stahl- und Metallwarenindustrie. Die schließlich begründete »Vereinigte Eisen- und Stahl-Aktien-Gesellschaft« (VESTAG) entwickelte sich zum zweitgrößten Stahl- und Eisenproduzenten der Welt nach der »United States Steel Corporation«. Spezialisierung und Rationalisierung sollten zu einem entscheidenden Durchbruch führen, der allein durch Kostensenkung zu erreichen war. Trotz aller Bemühungen wiesen die Eisen- und Stahlwerke im Jahre 1925 nur etwa sechzig Prozent Auslastung auf. In ihrer Leistung reichten sie fast an die amerikanischen heran und übertrafen die britischen bei weitem. Zu hohe Löhne im Vergleich zum Ausland, Kapitalmangel und fehlende Exportmöglichkeiten gestalteten die Rentabilität der deutschen Schwerindustrie in höchst unvorteilhafter Weise. Die Wirtschaftskrise verschärfte die Lage noch erheblich. Die Löhne blieben auf ihrer Höhe, während der Absatz sank.

Gegenüber der Schwerindustrie spielte die eisenverarbeitende Industrie keine politische Rolle von Bedeutung. Sie beschäftigte zwar mehr Arbeiter als die Schwerindustrie, jedoch größtenteils in kleineren Betrieben. Alle waren von der Belieferung mit Kohle, Eisen und Stahl abhängig. Bei Schwierigkeiten blieb den meisten nur die Schließung oder der Anschluß an einen großen Konzern. Andererseits bildeten sich gerade in dieser Zeit neue spezialisierte Betriebe, besonders in der Grafschaft Mark, die sich zum Beispiel mit der Herstellung landwirtschaftlicher Maschinen, aber auch Textil- und Wäschereimaschinen beschäftigten. In Dortmund bildete sich ein neues Zentrum des Werkzeugmaschinenbaus. Nach der Währungsreform zeigte sich aber, daß viele der Neugründungen überbesetzt waren und Verluste erwirtschafteten. Erst stärkere Investitionen in der Großeisenindustrie, der Aufstieg der chemischen Industrie und Staatsaufträge führten zu einem langsamen wirtschaftlichen Aufschwung, ohne daß der Konzentrations- und Verdrängungsvorgang aufhörte. Bevor die zweite Weltwirtschaftskrise im Jahre 1931 einsetzte, war die märkische Kleineisenindustrie schon wieder in eine Stagnation geraten. Der Export sank rapide ab.

Ganz ähnlichen Entwicklungen sah sich auch die Siegener Eisenindustrie unterworfen. Hier versuchte man, durch Veredelung und Verfeinerung der Produkte dem drohenden Abstieg zu begegnen.

Die westfälische Textilindustrie vermochte sich nach dem Kriege wegen des anhaltenden Rohstoffmangels lange Zeit nicht zu erholen. Noch immer gab man sich mit der Herstellung von Papiergarn ab. Bis zum September 1921 mußte die Zwangsbewirtschaftung der Leinenindustrie ungeschmälert beibehalten werden. Durch unkontrollierte Einfuhren aus dem Westen konnte sich die Baumwollindustrie dagegen etwas früher von den Zwängen befreien. Die münsterländischen Betriebe ersetzten bald den Ausfall der Elsässer Werke. Schon im Jahre 1921/22 konnte die Baumwollindustrie als vollkommen regeneriert gelten. Die teureren Produkte der Leinen- und noch mehr der Wollindustrie konnten sich gegen die Baumwolle nur mühsam behaupten. Mit allen möglichen Kunstgriffen kamen diese Zweige über die Inflationszeit hinweg. Nur die Bielefelder Wäscheindustrie traf ins Schwarze: Mit einer auf kaufkräftige Schichten zielenden Produktion von modischen Waren erzielte sie selbst in den schlechtesten Zeiten eine erhebliche Ausweitung. Grundsätzlich galt aber die Erkenntnis, daß die Blüte der Baumwollindustrie auf Kosten des Leinens ging. Außerdem nahm auch die Juteverarbeitung zu. In der Zeit der Weltwirtschaftskrisen sanken die Absatzmöglichkeiten stark ab, aber keinesfalls so katastrophal wie in der Schwerindustrie. Die Betriebe arbeiteten zeitweise mit Verlust, bis sich die wirtschaftliche Lage mit den Arbeitsbeschaffungsmaßnahmen der Regierungen von Schleicher und von Papen langsam zu bessern begann.

Im Handwerk und in den anderen Industriezweigen läßt sich keine einheitliche Linie erkennen. Alle litten unter den im Kriege entstandenen und nur schwer wieder abbaubaren Anomalien der Zwangswirtschaft. Das Übergewicht der Schwerindustrie wirkte sich negativ aus. Zu stärkerer Bedeutung gelangten die westfälischen Brauereien, die schon während des Krieges in einen Konzentrationsprozeß eintraten. Allein in Dortmund sank die Zahl der Brauereien von 28 im Jahre 1895 auf zwölf im Jahre 1923. Marktführer war die Dortmunder Unions-Brauerei (DUB). Schlechter entwickelten sich die Branntweinbrennereien. Sie litten unter dem staatlichen Branntweinmonopol, das keine Erweiterung der Betriebe gestattete. Die Herstellung von Alkohol bildete übrigens nur einen Nebenzweig, während das Hauptprodukt in der zur Fütterung von Rind und Schwein dienenden Schlempe bestand. Der weitaus größte Teil des produzierten Branntweins ging in das Ruhrgebiet. Die traditionelle westfälische Tabaksindustrie mit dem Zentrum in Bünde produzierte dagegen Tabak und Zigarren für ganz Deutschland.

Die Energiewirtschaft Westfalens stand in der Zeit nach dem Ersten Weltkrieg vor einem schweren Weg. Den mächtigen Rheinisch-Westfälischen Elektrizitätswerken (RWE) in Essen standen auf westfälischer Seite nur kleinere kommunale Unternehmen gegenüber. In den RWE hielt Hugo Stinnes das Ruder fest in der Hand, obgleich an ihnen auch Städte und Gemeinden beteiligt waren. Sein Expansionswille hatte schon zu einigen Einbrüchen in Westfalen geführt. Das war nur möglich, weil der Provinzialverband sich der Elektrizitätswirtschaft gegenüber eher skeptisch verhielt und keine finanziellen Einsätze riskieren wollte. Nur in Einzelfällen war er aktiv geworden. Heftig widersetzten sich die Westfalen dem Sozialisierungsgesetz vom 31. Dezember 1919, weil dieses den geplanten Elektrizitätsbezirk Rheinland-Westfalen ganz der Federführung der RWE ausgeliefert hätte. Das Gesetz kam niemals zur Durchführung, aber in Westfalen war man wach geworden. Im Gegenzug schlossen sich im Oktober 1920 zehn rheinische und westfälische Elektrizitätswerke zu einem losen »Kommunalen Elektrizitätswerks-Verband Westfalen-Rheinland« zusammen. Innerlich blieb der Verband ein Torso.

Nunmehr gab der Provinzialverband Westfalen seine bisherige Zurückhaltung auf und trat im März 1921 dem KEV bei, nicht nur um den RWE gegenüber eine selbständige Linie zu betonen, sondern auch, um der Steinkohle Westfalens für die Zukunft den Absatz zu sichern, während die RWE größeres Gewicht auf die rheinische Braunkohle legten. Zu Anfang des Jahres 1925 nahmen die damit zustande gekommenen Vereinigten Elektrizitätswerke von Westfalen (VEW) ihre Tätigkeit auf. In ihnen gingen die KEV, das städtische Elektrizitätswerk Dortmund und das Verbands-Elektrizitätswerk Dortmund auf. Damit beschritt die VEW denselben Weg der Rationalisierung und der Verbundwirtschaft, den die RWE bereits eingeschlagen hatten. Nur auf diesem Wege war es möglich, billigen Strom zu liefern und den schwankenden Strombedarf auszugleichen. Beide Großunternehmen erwarben zur Sicherung ihres Bedarfs eigene Kohleflöze. Auch Wasserkraftwerke, das größte an der Möhne, wurden angeschlossen. Im Jahre 1930 versorgten die VEW schon zu sechzig Prozent Westfalen, während die RWE rund zwanzig Prozent belieferten. Die kleineren städtischen Betriebe hatten das Rennen verloren und gaben nacheinander auf.

Der Provinzialverband Westfalen beteiligte sich sowohl bei den RWE wie bei den VEW finanziell. Damit wurde der Weg zu einer engen Zusammenarbeit beider Firmen eingeschlagen, der schließlich zu einer umfassenden Verbundswirtschaft auf der Basis aller Energiequellen führen sollte. Die großen Vorteile einer solchen Energiepolitik erwiesen sich bereits während der Weltwirtschaftskrise. Noch weitergehende Pläne zum Anschluß ganz Europas bis zum Ural mußten mit dem Machtantritt der Nationalsozialisten zu Grabe getragen werden.

Der bereits vor dem Ersten Weltkrieg begonnene Ausbau eines Fernversorgungsnetzes für Gas konnte nicht in dieser Weise konzentriert werden. Trotzdem besaß dieses Netz erhebliche Vorteile: Teure Kohletransporte konnten vermindert und der Güterverkehr entlastet werden. Fünf Sechstel des Gasverbrauchs wurden zudem von den Zechen und Ruhrkonzernen selber verbraucht.

Zu einem großen Problem war schon damals im Ruhrgebiet die Wasserversorgung von Bevölkerung und Industrie geworden. Trinkwasser stand an Ort und Stelle nicht mehr zur Verfügung, da das Grundwasser infolge des Bergbaus versickert war. Die Flüsse eigneten sich durch die starke Verschmutzung nicht mehr zur Entnahme von Trinkwasser. Der Mangel ließ sich nur durch den Bau von Talsperren an der Ruhr vor ihrem Eintritt in das Industriegebiet beheben. Die Ruhr war auch von der Verschmutzung nicht so stark betroffen, da ein Gebirgszug die schädlichen Abwässer aus dem nördlichen Ruhrgebiet abhielt. Dagegen fiel die Hauptlast der Abwässer der kleinen Emscher zu, in zunehmendem Maße mit dem Fortschreiten des Bergbaus nach Norden auch der Lippe. Dieser Fluß kam aber wegen seines hohen Salzgehalts aus den Lagern um Lippstadt für die Trinkwasserentnahme nicht in Frage. Hier wurden auch schon früh Gegenmaßnahmen getroffen. Der 1926 gegründete Lippeverband kümmerte sich aufmerksam um den Schutz der gefährdeten Gewässer. Die Trinkwasserversorgung des nördlichen Ruhrgebiets erfolgte nicht aus der Ruhr, sondern aus der aufgestauten Stever vor Haltern und aus Grundwasser in der Hohen Mark.

Mit zunehmender Industrialisierung nahmen verständlicherweise auch Handel und Verkehr zu. Von 1907 bis 1939 versiebenfachte sich im Regierungsbezirk Münster die Zahl der hier Beschäftigten, in ganz Westfalen stiegen die Zahlen um das Zweieinhalbfache. Auffälligerweise zeigte sich aber der Handel gerade im Industriegebiet nur schwach ausgebildet. Die für seine Versorgung zuständigen Handelszentren lagen an der Peripherie in Köln und Düsseldorf. Beide Städte besaßen für das Ruhrgebiet weit höhere Bedeutung als Essen, Dortmund oder Münster. Duisburg stellte die Drehscheibe für den Handel mit Erz, Kohle und Getreide dar. Großhandelsketten, Kartelle, aber auch der Aufkauf von Großhandlungen und Reedereien durch die Schwerindustrie sollten Rohstoffmangel und Absatzschwierigkeiten beheben helfen. Dasselbe System wurde beim Absatz der Nebenprodukte eingesetzt. Unter den in Frage kommenden Unternehmen stieg der Benzol-Verband zu einem der größten auf.

Die Zahl der Einzelhandelskaufleute erhöhte sich in den zwanziger Jahren, jedoch nicht, weil die Konjunktur zur Geschäftseröffnung einlud, sondern weil dieser Schritt nicht selten der einzige war, der Möglichkeiten zum Erwerb des täglichen Brotes bot. Eine hohe Zahl von Konkursen zeigte bald, daß sich die in das Geschäft gesetzten Hoffnungen nicht erfüllten. Der Staat erkannte die Bedrohung des Einzelhandels durch Großunternehmen sehr wohl; besonders nützten aber die Nationalsozialisten die Nöte des Mittelstandes für ihre Propaganda aus, um ihn auf ihre Seite zu ziehen. Im Jahre 1932 erfolgte eine Beschränkung hinsichtlich der Einrichtung weiterer Waren- und Kaufhäuser. Der einmal eingeschlagene Weg ließ sich dadurch aber nicht umkehren. Dazu kam, daß werkseigene Konsumanstalten Waren unter Umgehung des Handels direkt an ihre Beschäftigten verkauften, dadurch den Arbeitern attraktive Zusatzleistungen anbieten konnten, aber den Einzelhandel empfindlich schädigten.

Auch im Verkehr begannen sich die Schwergewichte zu verlagern. Schon in den zwanziger Jahren deutete sich die absinkende Bedeutung der Eisenbahn an. Die im Jahre 1920 aus dem Zusammenschluß der bestehenden Staatsbahnen gebildete Reichsbahn litt sehr unter den durch Reparationslieferungen hervorgerufenen Belastungen. »Die Ruhrbesetzung, die damit verbundenen Kämpfe und die Geldentwertung haben die wirtschaftliche Basis der Bahn zerstört« (P. Borscheid). Aufgrund des Dawes-Plans verwandelte sich die Deutsche Reichsbahn in eine vom Reich verhältnismäßig unabhängige »Deutsche Reichsbahn-Gesellschaft«. Sie übernahm eine Last von jährlich 660 Millionen Mark Zinsen für auferlegte Obligationen, die zum Ruin führen mußten. Aber auch ohnedem sah sich die Eisenbahn gezwungen, das Feld anderen Konkurrenten zu überlassen. Das Streckennetz erfuhr kaum noch Erweiterungen. Ständig gingen die transportierten Gütermengen zurück. Gerade hierauf basierte aber das westfälische Eisenbahnnetz. Von 1919 bis 1932 verminderte sich die Gütermenge um etwa ein Drittel. Dagegen erhöhte sich die Zahl der motorgetriebenen Lastkraftwagen in Westfalen von 1600 auf fast 10 000, die der Personenkraftwagen von 3000 auf 29 000. Die zukünftige Entwicklung trat deutlich in Erscheinung.

Die Gesellschaft, die alle diese Wandlungen trug, unterschied sich kaum von der der Vorkriegszeit. Selbst in der Führungsschicht hielten sich die Veränderungen in Grenzen. Dagegen schlug die staatliche Sozialpolitik neue Wege ein. Mit der Einführung des Achtstundentags, der Erwerbslosenfürsorge und überbetrieblich gültiger Tarifverträge wurden Marksteine gesetzt. Das Betriebsrätegesetz von 1920 schuf ungewohnte Grundlagen. Gewerkschaften und Arbeitnehmer erkannten sich gegenseitig als Partner an. Es lag nicht an der Unvollkommenheit dieser Prinzipien, daß sich die wirtschaftliche Lage der arbeitenden Bevölkerung nicht wesentlich besserte. »Letztendlich« war eben nicht mehr zu verteilen, »als erwirtschaftet wurde« (P. Borscheid). Es war nicht möglich, den Lebensstandard zu erhöhen, wenn die Löhne stiegen, aber die Arbeitsleistung sank, Streiks und Unruhen den Betrieben schwere Schäden zufügten. Man konnte zufrieden sein, wenn die Demobilmachung mit der Rückführung der Soldaten an die alten Arbeitsplätze und die Lebensmittelbeschaffung einigermaßen funktionierten. Wer mochte da noch an die Errichtung einer ganz und gar neuen Wirtschaftsordnung denken? Enttäuschte Hoffnungen auf die neue Staatsordnung und Ausweglosigkeit der notleidenden Menschen schürten ein Klima der Angst und Gewalt, das sich im kommunistischen Aufstand von 1920 und in nicht enden wollenden Streiks Luft verschaffte. Hauptleidtragende waren aber nicht die Arbeiter, sondern der Mittelstand. Ohne Einkünfte allein gelassen, mußte er von der noch übriggebliebenen Substanz leben. Ältere Menschen, die früher von ihren Ersparnissen existieren konnten, sanken auf die Stufe von Sozialrentnern herab. Für sie mußte das Reich noch im Jahre 1921 eine Sonderfürsorge einrichten. Die Schuld für diesen Mißstand wurde dem republikanischen Staat zugeschoben. Die schärfste Kritik an der Weimarer Republik äußerte der »Deutsche Rentnerbund« bis hin zum Vorwurf des Betruges an den Bürgern.

Jedoch zogen auch die Arbeiter als anfängliche Nutznießer des Umsturzes nur kurze Zeit Vorteile aus den erhöhten Löhnen. Die Zahlen der Lohnsummen täuschten. In Wirklichkeit stand dahinter kein gewachsener Kaufwert. Seit dem Jahre 1922 verminderte sich sogar der Kaufwert auf ein Niveau, das weit unter dem der Vorkriegszeit lag. Dabei traf die Entwicklung die besser Verdienenden stärker als die unteren Lohnstufen. Genau derselbe Vorgang spielte sich auch bei den Beamten und Angestellten des öffentlichen Dienstes ab. Höhere Beamte verloren zwei Drittel, untere ein Drittel des Kaufwertes ihrer Bezüge.

In ihrer letzten Phase erzeugte die Inflation fast unwirklich zu nennende Verhältnisse. Man mußte schließlich dazu übergehen, Löhne und Gehälter täglich auszuzahlen. Wenn die Empfänger das Geld nicht auf der Stelle ausgeben konnten, war der größte Teil des Wertes dahin. Das Geld verlor praktisch seinen Wert. Tauschgeschäfte ließen sich nur in begrenztem Umfang durchführen. Bessere Erfolge versprachen Hamsterfahrten auf das Land und offene Plünderungen von Geschäften und Bauernhöfen. Ganze Belegschaften organisierten derartige Unternehmen. In seinem ganzen Leben habe er nicht, so schrieb der Bürgermeister von Bochum im Jahre 1923, »derartige Scharen von Menschen, die hungern und herumziehen«, gesehen. Die unmittelbar die Existenz bedrohende Not weiter Schichten überdeckte alle Wünsche nach tariflichen Verbesserungen und machte sie zur bloßen Theorie.

Nach der Inflation kamen auch wieder die Belange der Wirtschaft zu Wort. Hohe Arbeitslosigkeit und steigende Zahlen unorganisierter Arbeiter rieten den Gewerkschaften, Streiks nach Möglichkeit zu vermeiden. Das staatliche Schlichtungsverfahren, das damals eingeführt wurde, zwang die Arbeiter, sich auf die Fürsorge des Staates zu verlassen. Dieser baute seine sozialpolitischen Initiativen erheblich aus. Nachdem durchgreifende Änderungen längst gescheitert waren, beschränkten sich die Maßnahmen allerdings auf einige Korrekturen. Die Zahl der Tarifstreitigkeiten ging jedenfalls infolge der staatlichen Eingriffe zurück. Größeren Umfang gewann nur der Streik in der rheinisch-westfälischen Eisen- und Stahlindustrie Ende 1928, in dessen Verlauf über 240 000 Arbeiter einen Monat lang ausgesperrt wurden. Im Grunde ging es bei der Auseinandersetzung um die staatliche Arbeitszeitregelung und Zwangsschlichtung. Die Arbeitgeber bestritten deren Rechtmäßigkeit und zwangen die Regierung, in einen Kompromiß einzuwilligen. Die Arbeiter mußten wohl oder übel erkennen, daß sie außer dem Staat keine Stütze besaßen.

Die Verschiebung der Einkommensverhältnisse zu Ungunsten der besitzenden Schichten setzte sich in den zwanziger Jahren unvermindert fort. Die Arbeitnehmer standen dagegen auf der Gewinnerseite. Erstmals erreichten die Realeinkommen in den Jahren 1927/29 wieder die Höhe der Vorkriegszeit. Lohnunterschiede innerhalb vergleichbarer Berufsgruppen gingen zurück. Die allgemein zu hohen Löhne konnten von den Betrieben nur unvollkommen durch Rationalisierungsmaßnahmen aufgefangen werden. Die Folge bestand in einer stetigen, etwa gleichbleibenden Arbeitslosigkeit. Am stärksten wirkte sie sich unter den Bergarbeitern und den Beschäftigten der Schwerindustrie aus. Seit dem Jahre 1930 stiegen die Arbeitslosenzahlen dann steil an. Die Arbeitsämter konnten den Anstieg nur noch kommentarlos zur Kenntnis nehmen, ohne die geringste Hilfe leisten zu können.

Der im Jahre 1931 neben dem kirchlichen, freiwilligen Arbeitsdienst geschaffene staatliche Freiwillige Arbeitsdienst war anfangs wohl als eine Fürsorgemaßnahme für Arbeitslose gedacht. Er nahm aber bald arbeitsmarktbedingte Züge an. Eingeleitete Meliorationen in Südwestfalen und anderen ländlichen Gebieten verrieten die Absicht, möglichst viele Arbeitslose aus den Industrie- und Ballungsgebieten auf das Land zurückzuführen.

Aber nicht nur die Arbeiter wurden von der Arbeitslosigkeit schwer getroffen. Auch die Beamten und Angestellten des öffentlichen Dienstes blieben nicht verschont. Sie mußten sich mit rigorosen Stellenstreichungen und merklichen Gehaltskürzungen abfinden. Unter den Freiberuflichen sanken die Einkünfte der Ärzte auf ein Fünftel der früheren Beträge, die Taxen der Rechtsanwälte sogar auf ein Zehntel des Vorkriegsstandes. Volksverhetzer brauchten sich nicht sonderlich zu mühen, um die in die Armut getriebenen Menschen durch betrügerische Verlockungen für sich zu gewinnen.

Die Zeit der nationalsozialistischen Herrschaft

Zwei Weltwirtschaftskrisen, nachdem sich die Wirtschaft nach der Inflation kaum erholt hatte, und eine gewaltige Arbeitslosigkeit bereiteten den Nationalsozialisten den Weg, um den geschwächten Staat seit 1932 soweit zu unterlaufen, daß er ihnen nach einem Jahr ganz zum Opfer fiel.

Die entscheidenden Männer des neuen Regimes in Westfalen waren zwei Gauleiter. Im Gau Westfalen-Süd regierte der lothringische Bergmannssohn Josef Wagner, der zeitweise mehrere hohe Parteiämter in seiner Hand vereinigte und zu einem mächtigen Mann im Reich aufstieg. Er stürzte aber im Jahre 1942 über eine Intrige, die Goebbels, Himmler und Bormann angezettelt hatten, wurde aus der Partei ausgeschlossen, inhaftiert und wahrscheinlich im Frühjahr 1945 ermordet. Als Gauleiter folgten ihm die unbedeutenden Paul Giesler (1942–1943) und Albert Hoffmann (1943–1945).

Dagegen stammte der Gauleiter von Westfalen-Nord, Alfred Meyer, aus dem Bürgertum. Sein Vater war Regierungs- und Baurat in Göttingen. Meyer studierte Nationalökonomie und schloß sich im Jahre 1928 Hitler an. Er stieg zum Oberpräsidenten von Westfalen, Staatssekretär und Reichsverteidigungskommissar auf. Nach dem Zusammenbruch beging er im Jahre 1945 Selbstmord.

Auf die Rolle, die der lippische Wahlkampf vom Januar 1933 für den Aufstieg der Partei in Westfalen spielte, ist bereits eingegangen worden. Trotz eines gewissen Mißerfolgs konnten die Nationalsozialisten in Lippe mit Hilfe von je zwei Abgeordneten der DNVP und der DVP die neue Landesregierung bilden. Nach dem Reichstagswahlgesetz vom 5. März des Jahres besserten sie die Ergebnisse in ihrem Sinne nach. Das auf die KPD gefallene Mandat wurde aufgehoben. Die fünf Sozialdemokraten konnten wegen massiver Behinderung an den Sitzungen des Landtags nicht teilnehmen. Schließlich trat dieser am 21. Juni seine Rechte an die Landesregierung ab und wurde durch Gesetz vom 30. Januar 1934 über den Neuaufbau des Reiches ganz aufgehoben. Die zu Anfang des Jahres 1933 gebildete lippische Regierung war schon im Mai 1933 durch den Landwirtschaftsrat Riecke ersetzt und 1936 praktisch aufgehoben worden. Die Macht lag nun allein in den Händen Alfred Meyers, der nach dem Amt des Reichsstatthalters in Lippe auch das Amt des lippischen Landespräsidenten übernahm.

In der Partei genoß der angebliche Wahlsieg in Lippe eine fast mythische Verehrung und wurde weiterhin als ein Fanal für den Durchbruch der nationalsozialistischen Bewegung herausgestellt. Die Erinnerung daran sollte durch im Sinne der Partei verstandene Kulturfeste am Leben erhalten bleiben. Am Hiddeser Berg bei Detmold war eine gewaltige Festhalle geplant, in der Feiern unter dem Vorzeichen einer Verbindung germanischer Vorzeit mit dem neuen Deutschland veranstaltet werden sollten. Das »germanische Kernland«, das man in Parteikreisen in Ostwestfalen erblickte, wertete man durch eine Glorifizierung des Siegs Armins über die Römer, durch die Irminsul der Engern, die rätselhaften Externsteine und das Grab des Sachsenführers Widukind in Enger künstlich auf. Das Tausendjährige Reich Adolf Hitlers sah hier seine Wurzeln. Besonders unterstützt wurden solche Pläne vom »Ahnenerbe« Heinrich Himmlers, der sich bemühte, die Burg Schwalenburg zum Sitz des Rasseamtes der SS auszubauen. Jedoch zerschlugen sich die Verhandlungen darüber, worauf die Wewelsburg im Kreis Büren ausgewählt wurde, um die Reichsführerschule der SS und eine Kultstätte aufzunehmen. Die Bauarbeiten wurden sofort in Angriff genommen und ziemlich weit vorangetrieben.

Auch in der Provinz Westfalen besetzten die Nationalsozialisten nach der »Machtergreifung« vom 31. Januar 1933 nach und nach alle politischen Schaltstellen. An die Stelle der bisherigen Amtsinhaber traten Funktionäre der Partei mit mehr oder weniger Befähigung. Sämtliche Regierungspräsidenten wurden ausgewechselt, alle »unzuverlässigen«, mißliebigen und nichtarischen Beamten aus den Regierungspräsidien entfernt.

Die Neubesetzung des Oberpräsidiums verlief allerdings untypisch. Der dem Zentrum angehörende Oberpräsident Johannes Gronowski wurde am 17. Februar 1933 seines Amtes enthoben, aber nicht durch einen Parteigenossen ersetzt, sondern durch den Freiherrn Ferdinand von Lüninck, der Mitglied der

DNVP war, einen überzeugten Katholiken und bisher Präsident der Landwirtschaftskammer von Westfalen. Auch Lünincks Bruder wurde damals Oberpräsident im Rheinland. Darin kann man ein Zugeständnis Hitlers an die DNVP erblicken, aber auch den Versuch, einen Konflikt zwischen den beiden gleich ehrgeizigen Gauleitern von Westfalen-Süd und Westfalen-Nord zu vermeiden. Schließlich dürfte die Hoffnung eine Rolle gespielt haben, die dem Nationalsozialismus abgeneigte Provinz durch einen Akt der Versöhnlichkeit für die Partei zu gewinnen. Im Augenblick fuhr Westfalen bei dieser Regelung nicht schlecht. Lüninck beugte sich nicht allen Wünschen der Partei und hielt unqualifizierte Parteileute vom Eintritt in den höheren Dienst zurück. Trotz seiner katholischen Konfession zeigte Lüninck viel Verständnis für die Anliegen der evangelischen Bekennenden Kirche. Im Jahre 1938 mußte er jedoch sein Amt an Alfred Meyer abgeben. Lüninck trat mit Widerstandskreisen in Verbindung und wurde nach dem Anschlag auf Hitler vom 20. Juli 1944 verhaftet und hingerichtet.

Unübersichtlicher als an den oberen Stellen verlief die Machtergreifung der Nationalsozialisten in den Kommunen. Bei den Oberbehörden bekannte Methoden mischten sich hier mit Elementen der persönlichen Sphäre. Gegen mißliebige Bürgermeister und Parlamentarier wurde der Terror von unten mobilisiert. Mißhandlungen, Drohungen und Verleumdungen trieben die Angegriffenen zum Rücktritt. Selbst Mord und Totschlag setzte man ein. Die kommunalen Parlamente führten nur noch ein Schattendasein und wurden dann von Göring am 4. Februar 1933 aufgelöst. Neuwahlen sollten die Parteienverhältnisse in ihnen grundlegend verändern. Der erhoffte nationalsozialistische Sieg fiel jedoch wenig glänzend aus. In der Provinz konnte die Partei nur 27 Prozent der Stimmen auf sich vereinen. Das war das schlechteste Ergebnis in allen preußischen Provinzen, vom Lande Hohenzollern abgesehen. Wohl oder übel mußten sich die Nationalsozialisten zu Koalitionen bequemen. Durch die Aufhebung der KPD-Mandate gelang es, in den Ruhrgebietsstädten das schlechte Ergebnis umzumünzen. Mit allen möglichen Tricks, aber auch Gewalttaten strebte die Partei die Alleinherrschaft in den Kommunen an. Hilfreich für sie war aber auch die Schwäche der anderen Parteien, die, um Zusammenstößen zu entgehen, eher die Zusammenarbeit mit der NSDAP suchten, als sich ihr entgegenzustellen. Sogar das Zentrum ließ sich in Koalitionen mit der NSDAP ein. Nachdem die KPD durch Gesetz ausgeschaltet worden war, konzentrierten die Nationalsozialisten ihren Kampf ganz auf die SPD. Auch diese Partei wurde am 22. Juni 1933 verboten. Nun wurden auch die bürgerlichen Parteien nicht mehr benötigt. Sie zogen die einzige, ihnen verbleibende Konsequenz und lösten sich auf. Nur die NSDAP blieb als Staatspartei übrig.

Keine Ausnahme in der Gleichschaltung der Institutionen machte der Landschaftsverband Westfalen. Auf seine Schicksale unter der nationalsozialistischen Herrschaft ist bereits hingewiesen worden.

Entsprechend dem Verlauf der Machtergreifung in den politischen Gremien verlief der Vorgang auch in Vereinen und Verbänden. Alle mußten sich dem Führungsanspruch der Partei beugen, selbst wenn es sich um einen Kaninchenzüchterverein handelte. Die Museen wurden von »entarteten« Kunstwerken

»gesäubert«, die Bibliotheken von »undeutscher und volksvergiftender Literatur« befreit. Theater und Bühnen durften keine jüdischen und sozialistischen Autoren spielen. Dem einfachen Bürger wurde begreiflich gemacht, daß es sich nur um die Wiedergewinnung nationaler Würde handele. Eindrucksvolle Feste und Feiern sollten die Menschen von der Größe des neuen Geistes überzeugen. Zweifellos blieb eine solcher Art gestaltete Propaganda nicht immer erfolglos. Nationale und patriotische Töne fanden in bürgerlichen Kreisen, aber auch anderswo ein Echo. Gegenströmungen lassen sich nur an einigen wenigen Stellen feststellen.

Eine der schlimmsten Einrichtungen des Regimes war das Überwachungssystem, das sich in den Händen der im April 1933 geschaffenen Geheimen Staatspolizei (Gestapo) befand. Ein knappes Jahr später wurde die Gestapo von der staatlichen Polizei organisatorisch getrennt. In Westfalen richtete sie drei Stellen ein: Recklinghausen mit den Außenstellen Gelsenkirchen, Gladbeck, Buer und Bottrop für den Regierungsbezirk Münster; Dortmund mit Außenstellen in Bochum, Hagen, Hamm und Siegen für den Regierungsbezirk Arnsberg sowie Bielefeld mit den Außenstellen Paderborn, Detmold und Bückeburg für den Regierungsbezirk Minden und die Länder Lippe und Schaumburg-Lippe. Eine besondere Zielrichtung auf die Menschen im Ruhrgebiet und die »rote Arbeiterschaft« ist unverkennbar. Die Recklinghäuser Stelle übersiedelte im Jahre 1935 nach Münster, um die Vorgänge um den Bischof Clemens August Graf von Galen besser im Auge zu behalten.

Den personell auffällig schwach ausgestatteten Gestapo-Dienststellen, deren Leitung zumeist in den Händen von jungen, ehrgeizigen Beamten lag, gelang es mit Hilfe eines wenig Kosten verursachenden Agentennetzes, die Bevölkerung hinreichend zu überwachen, wenn auch nicht vollkommen. Hindernd standen Kompetenzstreitigkeiten mit anderen Behörden im Wege, die die Wirksamkeit der Gestapo schmälerten. Besonders zu den Regierungspräsidenten konnte infolge sich widersprechender Gesetze und Verordnungen niemals ein befriedigendes Verhältnis aufgebaut werden.

An den Mitteln zur Unterdrückung jeder Opposition fehlte es dagegen nicht. Hausdurchsuchungen, Beschlagnahmen und Sicherheitshaft für Verdächtige fanden besonders in der Anfangszeit ausgedehnte Anwendung. Da die Geheime Staatspolizei nicht der Kontrolle der Gerichte unterlag, sah sich der Schutzhäftling völliger Willkür ausgeliefert. Nicht selten folgte auf die Schutzhaft eine Einweisung in ein Konzentrationslager.

Nach dem Reichstagsbrand vom 27. Februar 1933 fiel die Arbeiterbewegung gänzlicher Vernichtung anheim. Auf das sofortige Verbot der KPD folgte am 2. Mai die Aufhebung der Gewerkschaften und am 22. Juni das Verbot der SPD. Damit gingen auch alle Vereine und Einrichtungen der Arbeiterschaft zugrunde. Die sozialdemokratische Presse mußte ihr Erscheinen einstellen. An einer darauf folgenden Enteignungsaktion bereicherten sich die NSDAP, ihre Gliederungen und auch die Behörden. Die Verhaftung aller Funktionäre lähmte die Arbeit aller aufgehobenen Verbände. Die KPD richtete sich auf ein Leben im Untergrund ein. Ängstlich bemüht, keinen Anstoß zu erregen, verpaßten aber Gewerkschaften und SPD die Zeit, in der noch die Organisation eines Widerstandes möglich gewesen wäre. Die tiefe Spaltung zwischen SPD und KPD ließ in der jeweils anderen sozialistischen Partei eher den Feind als den Verbündeten erkennen.

Die schärfsten Untergrundaktionen gegen den nationalsozialistischen Staat gingen von der Bezirksleitung Dortmund der KPD aus, doch waren die Organisatoren auch ständig durch Spitzel und Unterwanderung bedroht. Mehrmals wurden die Widerstandsgruppen zerschlagen, die Funktionäre verhaftet und zum Teil in den Selbstmord getrieben. Mitglieder der Gruppe erfuhren schwerste Bestrafungen. Noch kurz vor dem Einmarsch der Alliierten erschoß die Gestapo 28 Männer und Frauen einer Gruppe, die ein Spitzel verraten hatte, in der Nähe von Dortmund, ohne daß eine Gerichtsverhandlung stattgefunden hätte.

Auch in anderen Ruhrgebietsstädten gab es kommunistische Widerstandsnester, die teilweise mit Sozialdemokraten zusammenarbeiteten, doch blieben sie eine verschwindende Minderheit ohne jedes Machtmittel und von der übrigen Bevölkerung isoliert. Der kommunistische Traum von einem Millionenheer, das sich dem NS-Staat entgegenstellte, blieb Illusion.

Weniger kämpferisch als die Kommunisten verhielten sich die Sozialdemokraten. Meist begnügten sie sich damit, ältere persönliche Beziehungen aufrecht zu erhalten. In kleineren Zirkeln und gemeinsamen Interessen dienenden Vereinen, wie etwa Sport-, Radfahr- und Taubenzüchtervereinen, pflegten sie eine gewisse Geselligkeit in vertrautem Kreise und bemühten sich, das Tausendjährige Reich möglichst unbeschädigt zu überleben. Einige der schwer identifizierbaren Gruppen flogen trotz ihrer Tarnung auf und wurden verhaftet. Nach 1937 gab es keinen erkennbaren Widerstand mehr.

Anders geartet zeigte sich das »nonkonformistische Verhalten der katholischen Textilarbeiter« im Westmünsterland (A. Klein-Reesink). Ihre Heimat gehörte zu den deutschen Gebieten, in denen die Parteiorganisationen der NSDAP nur schwache Positionen einnahmen. Anfangs gab das Verschwinden der kommunistischen und sozialdemokratischen Konkurrenz eher Anlaß zur Zufriedenheit, doch sorgten die Ausrichtung auf die Haltung des münsterischen Bischofs Clemens August und die allmähliche Verschlechterung der Lebensverhältnisse bald dafür, daß die katholische Arbeiterschaft mehr und mehr in Frontstellung gegenüber der NSDAP ging. Besonders trugen die Übergriffe von Parteifunktionären im kirchlichen und schulischen Bereich zu einer scharfen Distanzierung bei. Deshalb verbot die Gestapo am 14. September 1935 alle katholischen Arbeitervereine im Regierungsbezirk Münster mit 170 Vereinen und mehr als 30 000 Mitgliedern. Die Aktion war ausgelöst durch entdeckte polemische Äußerungen ihres Diözesanvorsitzenden gegen die Deutsche Arbeits-Front (DAF). Proteste gegen die Auflösung der Vereine blieben ohne Ergebnis.

Derartige Vorfälle belasteten das Verhältnis der katholischen Kirche zur NSDAP und dem von ihr beherrschten Staat. Nach dem Abschluß des Reichskonkordats 1933 hatte die Kirche sich anfangs der Hoffnung hingegeben, auf einer gesicherten Grundlage ein erträgliches Verhältnis zum nationalsozialistischen Staat aufbauen zu können, doch zeigte sich bald, daß diese Hoffnung trügerisch gewesen war. Immer wieder setzten sich Partei- und staatliche Dienststellen über die Bestimmungen des Konkordats hinweg. In künstlich angezettelten Sittlichkeitsprozessen und Verfahren gegen angebliche »Devisenschieber« sahen sich einzelne Priester und kirchliche Organisationen verächtlich gemacht. Eingriffe in den Religionsunterricht an den Schulen folgten. Schließlich wurden Klöster und Ordenshäuser geschlossen.

»Der größten Herausforderung aber sah sich die Kirche in den Fragen der Zwangssterilisierung, der sogenannten Euthanasie und der Judenverfolgung gegenüber« (B. Hey). Keiner sprach die Empörung über die Untaten so klar aus wie der münsterische Bischof Clemens August, doch dürfen darüber nicht die vielen anderen Priester und Laien vergessen werden, die an ihrer Stelle eindeutige Stellung bezogen und oft genug dafür schwer büßen mußten. Viele von ihnen bezahlten ihre Haltung mit einer Einweisung in das KZ, nicht wenige von ihnen kamen darin um. Immer beschränkte sich dieser Widerstand aber auf innerkirchliche Angelegenheiten. Allgemeinpolitische Gründe lagen ihm fern. Die breite Öffentlichkeit hätte auch kein Verständnis dafür aufgebracht, wenn Priester damit die Kirche in äußerste Gefahr geführt hätten.

Sehr energisch äußerte sich Bischof von Galen schon bald nach seiner Ernennung durch Papst Pius XI. und der Vereidigung durch Hermann Göring zu dem von den Nationalsozialisten propagierten »Neuheidentum«. Die von Galen herausgegebenen »Studien zum Mythus des XX. Jahrhunderts« lehnten die Lehren Alfred Rosenbergs mit aller Deutlichkeit ab. Bei einer Kundgebung der den Nationalsozialisten nahestehenden »Deutschen Glaubensbewegung« am 16. Mai 1935 in Münster kam es zu Auseinandersetzungen und »schweren Schlägereien«. Als Rosenberg auf dem Gauparteitag vom 5.–7. Juli 1935 in Münster eine Rede hielt, reagierte die Einwohnerschaft mit einer um die Hälfte höheren Beteiligung an der Großen Brandprozession am folgenden Tage in demonstrativer Weise auf die antichristlichen Parolen. Die Gestapo nahm den Vorfall zum Anlaß, ihre Dienststelle von Recklinghausen nach Münster zu verlegen.

Unbeirrt setzte der Bischof aber seine offene Kritik fort. Er äußerte sich zu der religiösen Jugenderziehung in der HJ, zum »Oldenburger Schulstreit«, bei dem es um die Beseitigung der Kreuze aus den Klassenzimmern ging, und zur Aufhebung der Konfessionsschulen, die er jedoch nicht verhindern konnte. Als die Druckerei Regensberg in Münster die päpstliche Enzyklika »Mit brennender Sorge« druckte, wurde das Kirchliche Amtsblatt für die Diözese Münster auf drei Monate verboten und der Verlag beschlagnahmt. Spätestens im September 1940 erfuhr Galen aus einem Brief des Chefarztes der Bethel'schen Anstalten an den Direktor der Genossenschaft der Krankenanstalten vom Hl. Franziskus von dem Anlaufen des Euthanasieprogramms. Er informierte sofort Kardinal Bertram, Vorsitzenden der Fuldaer Bischofskonferenz, der, wenn auch erfolglos, beim Chef der Reichskanzlei protestierte. Aber auch andere Schritte vermochten keine Änderung zu bewirken. Als alle Hoffnungen auf einen Sinneswandel der Verantwortlichen aufgegeben werden mußten, protestierte Galen in aller Öffentlichkeit und verband damit einen Einspruch gegen den »Klostersturm«. Freilich mußte er hilflos zur Kenntnis nehmen, daß inzwischen schon 70 000 Geisteskranke getötet worden waren.

Unterstützung fand der mutige münsterische Bischof bei anderen katholischen Bischöfen und von evangelischer Seite. In der Bevölkerung wuchs die Unruhe über die vom Bischof angeprangerte Gewaltherrschaft der Gestapo und die Untergrabung der Rechtsbegriffe. Im August 1941 sah sich die Staatsführung schließlich veranlaßt, die Euthanasiemaßnahmen vorläufig einzustellen. Auch die Auflösung der Klöster fand vorläufig ein Ende. Die Brüchigkeit der angeblichen »Volksgemeinschaft« hatte sich gegenüber einer konsequenten Stellungnahme weiter Kreise in aller Deutlichkeit erwiesen.

Wie in katholischen, so regte sich auch in evangelischen Kreisen, die traditionell einer staatstreuen Gesinnung huldigten, steigende Empörung über die »Vernichtung lebensunwerten Lebens« aufgrund des Euthanasieprogramms. Der Leiter der Bodelschwinghschen Anstalten in Bethel, Friedrich von Bodelschwingh, und der spätere westfälische Präses Wilm traten nicht weniger unerschrocken als Galen gegen die Verbrechen auf. In Bethel weigerte man sich, die zugesandten Fragebögen auszufüllen. Eine Kommission des Innenministeriums, die 1940 Bethel aufsuchte, mußte unverrichteter Dinge wieder abreisen. Bodelschwingh fand Kontakt zu Professor Karl Brandt, der an der Leitung der Euthanasieaktion beteiligt war, verhandelte aber auch mit anderen Stellen in Berlin und mit dem Gauleiter Alfred Meyer in Münster. Niemals erhielt er eine Zusage, daß die Aktion eingestellt werden würde, doch konnte er verhindern, daß weitere Geisteskranke aus Bethel abtransportiert wurden. Nur acht jüdische Kinder ließen sich nicht retten.

Im Vergleich mit dem die Öffentlichkeit ansprechenden Protest des münsterischen Bischofs setzten die evangelischen Kirchenvertreter offensichtlich ihre Hoffnung stärker auf Verhandlungen mit den Verantwortlichen. Einige Pfarrer warnten ihre Gemeinden, wenn Abtransportierungen drohten. Pfarrer Ernst Wilm in Mennighüffen, der spätere Präses, wurde dafür von 1941 bis 1945 im Konzentrationslager Dachau festgehalten. Sein Hilfsprediger Ulrich Dähne mußte Westfalen und Lippe verlassen, weil er die Umstände beim Tod einer geisteskranken Frau bekanntgemacht hatte.

Wenn auf diesem Gebiet die Leistungen der Evangelischen Kirche doch beschränkt blieben, so gingen die Anstrengungen bei der Verteidigung der Kirchenverfassung, ihrer Leitungsgremien und Einrichtungen erheblich über das normale Maß hinaus. Freilich war die evangelische Kirche bereits gewarnt. Schon vor dem Jahre 1933 waren die Nationalsozialisten in die kirchlichen Einrichtungen der evangelischen Kirche als Deutsche Christen (DC) eingedrungen. Die Eindringlinge nutzten die Gunst der Stunde, um nach der Machtergreifung auch in den kirchlichen Gremien ihren Einfluß zu verstärken, wie es in den politischen Einrichtungen gelungen war. Anders als in den übrigen preußischen Provinzen organisierte sich jedoch hier ein energischer Widerstand gegen die Deutschen Christen.

Schon der Eingriff in die preußischen Landeskirchen vom Juni 1933 erregte die Gemüter über die Maßen. Er löste alle kirchlichen Vertretungen auf und setzte Neuwahlen an. Dagegen wandte sich die Liste »Evangelium und Kirche«, um die Rheinisch-Westfälische Kirchenordnung zu verteidigen. Die Deutschen Christen errangen bei den Wahlen zwar etwa zwei Drittel der Stimmen, doch schlug sich dieser Erfolg in den Presbyterien und Kreissynodalvorständen nicht nieder, da die alten Gremien noch mitwählten. So errang die Liste »Evangelium und Kirche« in der westfälischen Provinzialsynode eine Mehrheit von achtzig gegen sechzig Stimmen. Damit war Westfalen die einzige preußische Kirchenprovinz, in der die in Bildung begriffene »Bekennende Kirche« (BK) die Deutschen Christen überwog. Der bisherige Präses Karl Koch konnte wiedergewählt werden. Daran änderte wenig, daß die Nationalsozialisten die evangelische Kirchenprovinz Westfalen in ein Bistum Münster umwandelten und dieses dem deutsch-christlichen Pfarrer Adler übertrugen. Erst als im März 1934 die soeben gewählten Provinzialsynode und Kirchenräte aufgelöst und durch vom Bischof abhängige Vertreter ersetzt wurden, lehnte Koch jeden Eingriff in seine Rechte ab. Daraufhin löste die Gestapo die Synodalversammlung kurzerhand auf. Noch am selben Abend des 16. März trat die westfälische Bekenntnissynode zusammen und übertrug ihre Leitung einem Bruderrat. Hinter ihr stand die große Mehrheit der Pfarrer und des Kirchenvolks. Adler stand verlassen und fast machtlos da, als die Bekennende Kirche Kirchensteuern und Kollekten sowie die Besetzung der Pfarreien an sich zog. Die Gerichte bestärkten die Bekennende Kirche sogar noch in ihrer Weigerung, die aufgezwungene Ordnung anzuerkennen. Zu Ende des Jahres 1934 wurde die alte rechtliche Lage wieder hergestellt. Die Bekennende Kirche konnte einen vollständigen Sieg verbuchen.

Doch gaben die Nationalsozialisten so schnell nicht auf. Dem Scheitern der Deutschen Christen in Westfalen folgte bald ein weiterer Versuch, die evangelische Kirche mit ihrer »neuheidnischen« Ideologie zu unterwandern. Diesem Ziel sollten die Gründung eines Reichskirchenministeriums im Jahre 1935 und die Einrichtung von Kirchenausschüssen in den Provinzen dienen. In Westfalen verhinderte die nun äußerst wachsame Bekennende Kirche vorerst die Einrichtung von Kirchenausschüssen. Hierzu kam es erst im März 1936, ohne daß der Ausschuß bis zu seiner Auflösung am 2. Juli 1937 Bedeutung gewonnen hätte. Seine weiterreichende Leistung bestand allein in der Gründung einer Doppelten Geistlichen Leitung: Am 15. April 1936 übernahm Präses Koch die Leitung aller Pfarrer und Gemeinden, die sich zur Bekennenden Kirche hielten oder »neutral« waren, während Pfarrer Walter Fiebig die Leitung der Deutschen Christen antrat. Das staatliche Konsistorium geriet in eine Zwickmühle, weil beide Seiten ihre Vorstellungen durchzusetzen versuchten. Der unerfreuliche Zustand, der allerdings der Bekennenden Kirche einen Freiraum gewährte, blieb bis zum Ende des Zweiten Weltkriegs bestehen. Nach der Besetzung des Landes durch die Alliierten nahm Koch wieder sein Amt als Präses der westfälischen Provinzialsynode auf. Damit fand die Doppelte Geistliche Leitung ihr Ende, aber auch der in vielen Gemeinden mit äußerster Verbitterung ausgetragene Kampf beider Richtungen, bei denen es im wesentlichen um die Verfügungsgewalt über kirchliche Gebäude und Räume, Pfarrbesetzungen, Kirchensteuern und Einrichtungen der Gemeinden ging. Die Spaltung hatte auch die Männer- und Frauendienste erfaßt, während das Evangelische Jugendwerk schon Ende 1933 in die Hitler-Jugend (HJ) überführt worden war. Unter der ständigen Beobachtung der HJ und Gestapo konnte sich die Jugendarbeit nicht fortführen lassen.

Dabei muß jedoch berücksichtigt werden, daß die staatlichen Behörden durchaus nicht immer mit den Vorstellungen der NSDAP in Kirchenfragen konform gingen. Vor allem bewies der streng kirchliche, obgleich katholische Oberpräsident von Lüninck großes Verständnis für die Haltung der Bekennenden Kirche. Sogar innerhalb der Gestapo zeigten sich Schwankungen in der Taktik, wenn auch die Schikanen aller Art bei weitem die manchmal zu beobachtende Gleichgültigkeit überwogen. Selbst Einweisungen in die Konzentrationslager kamen vor, die den Tod der Inhaftierten nach sich zogen.

Mit der Verteidigung der Rheinisch-Westfälischen Kirchenordnung nahm die westfälische Kirche eine einzigartige Stellung in Preußen ein. Trotzdem bekannte sie sich im Jahre 1946 schuldig, nicht immer gegenüber der totalitären Macht mit der notwendigen Energie aufgetreten zu sein. Das Bekenntnis galt besonders für die Judenverfolgungen in einem solchen Maße, »daß der Blick auf den lebendigen Herrn verdunkelt wurde« (Betheler Schuldbekenntnis).

Die Lage in der reformierten lippischen Landeskirche gestaltete sich ähnlich, war aber zusätzlich erschwert durch ständig drohende Anschlüsse an die Evangelisch-Reformierte Landeskirche der Provinz Hannover oder an die unierte Landeskirche der Provinz Westfalen. Ein bereits erlassenes Gesetz vom 27. Juni 1934 kam nicht zur Durchführung, nachdem aus den Kreisen der Bekennenden Kirche Widerspruch laut wurde. An der Spitze der lippischen Kirche in den schwersten Jahren stand der neue Landessuperintendent Wilhelm Neuser, anfangs der Bekennenden Kirche nicht sonderlich willkommen. Doch gelang es ihm, seine Kirche unbeschadet durch die Wirren der Zeit zu steuern und Lippe zu einem Refugium für westfälische Pfarrer der Bekennenden Kirche zu machen.

Das schreckliche Kapitel der Judenverfolgungen während der nationalsozialistischen Herrschaft weist in Westfalen keine besonderen Seiten auf. Immer waren die Aktionen, auch wenn sie als Ausfluß des »Volkszornes« hingestellt wurden, einheitlich von oben angeordnet und geleitet. Wie überall gab es auch hier Einzelfälle von mitleidiger Hilfsbereitschaft für die Verfolgten, aber keinen spürbaren Widerstand gegen die himmelschreienden Ungesetzlichkeiten. Auch die Kirchen schwiegen zu dem Geschehen. Nur wenig ins Gewicht fällt, daß die Bekennende Kirche in Westfalen die Einführung des Arierparagraphen im innerkirchlichen Bereich ablehnte.

Von weniger tiefgreifenden Maßnahmen für das Leben der in Westfalen lebenden Juden ging die SS im Jahre 1941 zu Zwangsdeportationen größerer Gruppen über. Auch hiergegen erhob sich kein Protest. Eine über Jahrhunderte geduldete und schwelende Judenfeindlichkeit zeigte nun ihre Folgen, auch bis in die Kirchen hinein. In diesem Punkte gibt es nichts zu beschönigen. Das Betheler Schuldbekenntnis hat das unumwunden anerkannt. Im Bürgertum war die Vorstellung verbreitet, daß Organisationen von Staat und Partei unmöglich an den Pogromen beteiligt sein könnten, und daß es sich um Ausschreitungen von Rabauken handeln müsse, die die SA und SS unterwandert hätten. Die besonders schlimmen Vorkommnisse in Lünen schienen dafür den Beweis zu liefern. Die oberen, inszenierenden Instanzen konnten solchen Irrtümern nur befriedigt zuschauen.

In manchen Städten schien sich das Leben der Juden anfangs in erträglicheren Formen abzuspielen. Unglücklicherweise verleitete das aber nur viele Juden, auf die Andauer dieser Verhältnisse zu vertrauen und die Auswanderung hinauszuschieben. Es konnte gar nicht anders kommen, als daß die offiziell von den Zentralen der Macht geleitete Verfolgung auch in diese Refugia eingriff und viele zum Opfer machte, die bis zuletzt nicht an ihr Schicksal glauben wollten. In einheitlichen Linien vollzog sich die Vernichtung des deutschen Judentums bis hin in die Konzentrationslager des Ostens.

Die am 4. Juli 1939 gegründete »Reichsvereinigung der Juden in Deutschland«, eine Zwangsorganisation, der alle Juden angehören mußten, erhielt den Auftrag, sich um die jüdischen Schulen zu kümmern, mußte aber auch die Deportationen organisieren. In Westfalen richtete die Reichsvereinigung zwei Bezirksstellen ein, eine in Bielefeld, die andere in Dortmund. Im Dezember 1941 gingen die ersten großen Transporte nach Riga ab. Andere, nach Auschwitz und Theresienstadt, folgten. Die Zahl der noch in Westfalen lebenden Juden ging fast auf den Nullpunkt zurück. Meist handelte es sich um Ehepartner nichtjüdischer Personen. Nur wenige der Deportierten überlebten die Haft in den Ghettos in Lettland und Polen.

In Westfalen gab es nur ein einziges Konzentrationslager: Niederhagen bei der Wewelsburg. Die Häftlinge wurden hier für den Ausbau der Burg zu einer Führerschule der SS, verbunden mit einer pseudoreligiösen Kultstätte, eingesetzt. Heinrich Himmler beabsichtigte nach eigenen Worten, aus der Wewelsburg den »Mittelpunkt der Welt« zu machen. Doch scheint der wahnwitzige Plan in den Anfängen stecken geblieben zu sein. Eine Schule für SS-Führer entstand offensichtlich nicht. Vielleicht gedachte man die Burg auch nur zu einem Treffpunkt auszugestalten, der zu ideologischen Gesprächen einlud. Darauf könnte die dort eingerichtete Bibliothek über vor- und frühgeschichtliche Gegenstände hindeuten.

Nach der Niederlage von Stalingrad wurde der ganze, reichlich verworrene Plan zu den Akten gelegt und die Arbeit eingestellt. Die KZ-Häftlinge wurden für dringendere kriegswichtige Aufgaben eingesetzt. Beim Näherrücken der Alliierten steckten SS-Leute die gesamte Anlage am 31. März 1945 in Brand. Die Burg brannte vollkommen aus. Wenige Tage später befreiten die Amerikaner die Häftlinge. Etwa ein Drittel von ihnen waren den Strapazen und Mißhandlungen zum Opfer gefallen und gestorben.

Außer Niederhagen gab es Zweiglager des KZ Neuengamme bei Hamburg, eins an der Porta Westfalica und eins bei Lengerich. Die Häftlinge arbeiteten hier in unterirdischen Fabriken an der Fertigung von Motoren und Munition.

Der Kriegsbeginn hatte zu Anfang August 1939 in Westfalen eine dumpfe Betroffenheit ausgelöst, der sich selbst Parteigenossen nicht entziehen konnten. Noch lebten die Erinnerungen an den Ersten Weltkrieg zu stark in den Menschen. Bald wiegten aber die schnellen Erfolge der Wehrmacht in Polen und Frankreich die Besorgten in den Wahn, daß der Krieg diesmal schnell zu Ende gehen und nicht so starke Belastungen mit sich bringen werde, zumal die Verluste an Menschen während der ersten Feldzüge verhältnismäßig gering blieben. Erst der aufsehenerregende Flug des »Stellvertreters des Führers«, Rudolf

Heß', nach England ließ Bedenken aufkommen. Unsicherheit über einen möglichen Verrat machte sich breit. Das Vertrauen zur Führung schwand dahin, ganz und gar nach den Mißerfolgen in Rußland, die einen Sieg in unabsehbare Ferne rückten.

Trotzdem verlief die Lebensmittelversorgung noch immer in zufriedenstellender Weise. Lebensmittel und andere Artikel waren zwar rationiert, aber irgendwie doch erhältlich. Die noch aus dem Ersten Weltkrieg stammenden Befürchtungen fanden keine Bestätigung. Wo Engpässe in der Versorgung entstanden, blühte der Schleichhandel auf. Beziehungen verhalfen zu knapp gewordenen Waren. Umgehungen der Bezugsvorschriften fanden schwere Bestrafung, wenn sie entdeckt wurden, konnten aber trotzdem nicht unterbunden werden. Gerüchte über Begünstigungen für Parteifunktionäre schürten den Mißmut gegen die Machthaber.

Durch Masseneinziehungen arbeitsfähiger Männer trat bald nach Kriegsausbruch ein starker Arbeitskräftemangel ein. Die wachsende Beschäftigung von Frauen konnte dem Übel nicht abhelfen. In ständig verstärktem Umfang mußten Kriegsgefangene, zuerst Polen, dann Franzosen und später Russen eingesetzt werden, um die kriegswichtigen Betriebe am Leben zu erhalten. Aber auch das hatte seine Tücken. Die meist schlecht ernährten und häufig nur in bedingtem Maße für die Arbeiten geeigneten Gefangenen leisteten nicht entfernt das, was die früheren Facharbeiter geleistet hatten. Schlechte Behandlung der Kriegsgefangenen, die in größeren Lagern lebten, kam hinzu. Dagegen trafen die einzeln auf Bauernhöfen und in kleineren Betrieben eingesetzten Gefangenen meist ein erträgliches Los. Besonders ungünstig verlief das Schicksal gefangener Russen und Ukrainer, die von den Nationalsozialisten als »Untermenschen« eingestuft wurden, obgleich die meisten von ihnen dem sowjetischen System ablehnend oder kritisch gegenüberstanden. Sie waren der Willkür der Bewacher preisgegeben, was sich nach Kriegsende bitter rächen sollte. Die größten Kriegsgefangenenlager Westfalens befanden sich in Stukenbrock bei Bielefeld und in Hemer bei Iserlohn. In beiden lag die Todesrate sehr hoch. Selbst nach der Befreiung durch die Amerikaner starben viele Kriegsgefangene an den erlittenen Entbehrungen.

Zunehmend erfaßten Zwangsverpflichtungen auch die Zivilbevölkerung. Die Jugendlichen dienten als Flakhelfer, ältere Männer der Bildung eines Volkssturms und der Polizeireserve. Der praktische Wert dieser Einheiten blieb gering, kostete aber nicht wenige ihrer Mitglieder das Leben.

Als der Krieg immer aussichtsloser wurde, nahm die Neigung zu, sich beim Abhören ausländischer Sender über die wirkliche Lage zu informieren. Besonders in den westlichen Provinzen war das ohne Schwierigkeiten möglich. Doch standen darauf harte Strafen, die auch im Falle von defaitistischen Äußerungen angewandt wurden. Schon die Anregung zur Sicherung von Kulturgut vor den Bombardierungen konnte in diesem Sinne von der Partei ausgedeutet werden. Militärische Dienststellen sahen dagegen die Lage sehr viel realistischer. Hier wußte man sehr gut, daß gegenüber den zum Terror der Zivilbevölkerung gesteigerten Luftangriffen der Alliierten die »Heimatfront« nicht gehalten werden konnte. Hinzu kamen Nachrichten über hohe Menschenverluste an der Ostfront, nach der Landung der Alliierten an der Küste der Normandie auch im Westen. Die größeren Städte Westfalens lagen bereits ausnahmslos in Schutt und Asche. Alle Eisenbahnverbindungen waren zerstört. Die Bombardierung der Möhnetalsperre am 17. Mai 1943 forderte nicht weniger als 1200 Todesopfer unter der Zivilbevölkerung. In Münster lebte kurz vor Kriegsende nur noch ein Zehntel der Vorkriegsbevölkerung, ganz ähnlich auch in Paderborn. Aber auch Kleinstädte wie Dülmen und Coesfeld wurden fast völlig vom Erdboden vertilgt. In Westfalen gingen im Kriege weit über fünfzig Prozent aller Wohnungen verloren. 190 Kirchen fielen ganz, 346 zum größten Teil den Bomben zum Opfer.

Die Endphase des Krieges umfaßte die Eroberung Westfalens durch die alliierten Truppen. Nach dem Plan des amerikanischen Generals Eisenhower überschritten Amerikaner, Briten und Kanadier den Rhein und setzten zu einer Zangenbewegung an, um das Ruhrgebiet einzuschließen. Wegen der starken Bebauung und Unübersichtlichkeit sollte dieser Bereich vorerst umgangen werden. Die dort postierte deutsche Heeresgruppe blieb vorläufig unbehelligt.

Am 23. März 1945 traten die alliierten Verbände zum Angriff an, überschritten den Rhein südlich und nördlich von Wesel, ohne nennenswerten Widerstand zu finden. Über Borken und Haltern konnten schon am 28. März Beckum, Ahlen und Rheda erreicht werden, am 1. April Gütersloh und Lippstadt. Das anfangs links liegengebliebene Münster wurde am 2. April, Bielefeld am 4. April besetzt. Von Süden rückten Amerikaner unter General Hodge nach Marburg (28. März), von da nach Brilon und Paderborn vor. Die Domstadt fiel ihnen am 1. April in die Hände. Der Kessel um das Ruhrgebiet war damit geschlossen.

Doch ließen die Alliierten es nicht dabei bewenden. Gleichzeitig mit der beginnenden Eroberung des Ruhrgebiets stießen sie auch weiter nach Osten vor, um den hart umkämpften Teutoburger Wald zu überschreiten, den die Nationalsozialisten zu einer zweiten Varusschlacht ausgestalten wollten. Gegenüber den weit überlegenen und hervorragend ausgestatteten Truppen der Alliierten bestand dazu aber nicht die geringste Aussicht. Am 4. April wurde von diesen die Weser bei Minden erreicht.

Andererseits zerspalteten sie in mehreren Bewegungen rückwärts gewandt den Ruhrkessel. Im westlichen Teil des Kessels erstarb der letzte Widerstand am 17. April, im östlichen Teil am 22. in Dortmund. Mehr als dreihunderttausend deutsche Soldaten gingen in die Gefangenschaft. Ihr Oberbefehlshaber, Generalfeldmarschall Model, erschoß sich einen Tag vorher.

Längst bevor der Kampf um das Ruhrgebiet begann, hatte die Bevölkerung die Sinnlosigkeit des Krieges erkannt. Ein SD-Bericht vom 30. März spricht die Wahrheit ganz offen aus. Im Ruhrgebiet mache jetzt die Auffassung Schule, »daß nämlich die einzige Möglichkeit, den verfahrenen Karren halbwegs flott zu bekommen, darin liege, daß man die Anglo-Amerikaner so schnell wie möglich durchlasse, ehe die Sowjets noch weitere Reichsteile unter ihre Kontrolle gebracht hätten. Vom Durchhalten und ernstlichem Widerstand wird kaum noch geredet.«

Um so erschütternder erscheint der Tod vieler Soldaten und Zivilisten noch in den letzten Kriegstagen, die meinten, ihrem Soldateneid treu bleiben zu müssen, oder ganz einfach dem grausamen Schicksal widerstandslos zum Opfer fielen. Kaum einer von ihnen glaubte noch an die Wunderwaffe und den Endsieg des Führers, der ein Verführer gewesen war. Vielerorts rief der Ausbau kleinerer Städte zur Festung sogar offene Kritik hervor, so in Bocholt. Die Maßnahme wurde »von der Einwohnerschaft deshalb als zwecklose Bemühung angesehen, die nur den Zorn des Feindes und Luftangriffe auf die bunkerlose Stadt provoziere« (SD-Bericht vom 20. März 1945). In manchen Städten fanden sich beim Herannahen der alliierten Verbände beherzte Männer, die mit Partei- und Wehrmachtsstellen eine kampflose Übergabe aushandelten. Das gelang zum Beispiel dem Feldarzt Rosenbaum in Ahlen. Andere wurden dagegen beim Versuch, Unheil von ihrer Stadt abzuwenden, erschossen oder hingerichtet, wie es dem Bürgermeister Bitter in Brackwede erging, oder dem Bürgermeister Gräfe von Lemgo.

Beim Näherkommen der Alliierten ergriffen viele Parteigrößen die Flucht und versteckten sich. Einige von ihnen nahmen sich das Leben. Auch die feige Flucht der Parteileute erkannte der SD-Bericht sehr gut: »Jeder Fall von Torschlußpanik bei Parteigenossen und Exponenten des Staats wird mit Kritik und Ironie sehr scharfsinnig in der Bevölkerung verzeichnet und als Beweis für die Unabwendbarkeit einer deutschen Niederlage ausgedeutet«.

Das Ende der nationalsozialistischen Herrschaft in Westfalen glich in eigentümlicher Weise ihrem Anfang. Durch brutalen Terror und Vernichtung der Gegner war sie 1933 an die Macht gekommen. Die Vorgänge hatten hohe Verluste in der Bevölkerung gefordert. Auch das Ende ihrer Herrschaft stand unter dem Zeichen von Blut und Tod und riß zahllose Menschen, die allzu harmlos dem System gefolgt oder ihm auch innerlich kritisch gegenübergestanden hatten, mit sich in den Untergang. Wirklich entscheidender Widerstand war in Westfalen dem System nicht geleistet worden. Nur im Bereich der Kirche hatten westfälische Menschen beherzt dem Regime widerstanden, ohne damit das politische Geschick wenden zu können. Westfalen wurde wie alle anderen Landschaften Deutschlands in den Untergang hineingezogen. Der für zwölf Jahre Unrechtsstaat zu zahlende Preis war sehr hoch. Deutschland mußte den Verlust von Millionen Menschenleben, »den Verlust politischer Moral, die Zerstörung der Städte und Dörfer und der Vernichtung jahrhundertealten Kunst- und Kulturguts« (B. Hey) hinnehmen.

In der Kunst- und Literaturpolitik verliefen die Bahnen in Westfalen nicht anders als im übrigen Deutschland. Die Wissenschaft litt unter der pseudowissenschaftlichen Tendenz, die dem Regime eigen war. Sie kam besonders in der an den Universitäten zum Pflichtfach erklärten »Rassenlehre« zum Ausdruck, deren Grundlage der NS-Ideologe Alfred Rosenberg in seinem 1930 erschienenen Machwerk »Mythos des 20. Jahrhunderts« gelegt hatte. Er vertrat darin eine auf Rasse und Blut aufgebaute Pseudoreligion und versuchte den Eindruck zu erwecken, für seine Erkenntnisse ausschließlich wissenschaftliche Erkenntnisse zu verwenden. Doch konnten ihm Professoren der Bonner katholisch-theologischen Fakultät nachweisen, daß in Wirklichkeit nur eine dubiose Sekundärliteratur herangezogen worden war, aber keinerlei stichfeste Quellen benutzt waren. Dieser Mann wurde 1934 zum Leiter der gesamten weltanschaulichen

Schulung ernannt. Bedauerlicherweise wurde sein Buch ebensowenig gelesen wie Hitlers »Mein Kampf«. Andernfalls hätten wohl mehr Menschen von der inneren Brüchigkeit des Systems und seiner utopischen Pläne Kenntnis genommen.

Hauptrichtung der nationalsozialistischen Ideologie war die katholische Kirche und ihre Einrichtungen. In ihnen vermutete man mit Recht die widerstandsfähigsten Bastionen. Die Haltung des münsterischen Bischofs Clemens August von Galen zeigt, daß die Angriffsrichtung erkannt wurde. Galen veröffentlichte die Erkenntnisse der Bonner Professoren in Münster, was die erwähnte Beschlagnahme des Verlags Regensberg nach sich zog.

In der evangelischen Kirche sahen einsichtige Männer die heraufziehenden Gefahren nicht weniger deutlich, doch spielte sich hier der Kampf, entsprechend den von der katholischen Kirche abweichenden Organisationsformen, mehr in den Gemeinden ab. Zu Pfingsten 1934 veröffentlichten westfälische Pastoren, die aus der Schule Karl Barths kamen, ein »Wort und Bekenntnis westfälischer Pastoren zur Stunde der Kirche und des Volkes«. Den Verfassern ging es nicht nur »um Treue gegen das Erbe der Väter, es geht um die Vollendung der Reformation«. Reformierte Pastoren schlossen sich wenig später im »Tecklenburger Bekenntnis« dem Schritte an. Ihre ernsten Worte gegen politische Schlagworte waren nicht zu überhören. Sie richteten sich in erster Linie gegen Rosenbergs unheilvolles Machwerk. Die Stellungnahmen mündeten in den Kirchenkampf ein, dessen Verlauf bereits geschildert worden ist.

Über die Unterdrückung moderner Kunstrichtungen durch die Nationalsozialisten braucht hier nicht gesprochen zu werden. Sie ist eine Erscheinung der allgemeinen Geschichte und stellt kein westfälisches Thema dar. Trotzdem darf nicht vergessen werden, daß eine Reihe westfälischer Künstler, deren Werk heute hohes Ansehen genießt, unter das Verdikt der Partei fiel.

Es bleibt noch, einen Blick auf die soziologische und wirtschaftliche Entwicklung der nationalsozialistischen Zeit zu werfen. Die in den letzten zwanziger Jahren eintretende Verminderung des Geburtenüberschusses nahm die Partei zum Anlaß, die Schuld daran dem Weimarer Staat anzulasten. Sofort wurden Maßnahmen ergriffen, um die Zahl der Eheschließungen und der Geburten zu erhöhen. Jedoch hielten sich die Erfolge in bescheidenen Grenzen. Die Zahlen stiegen nicht über die der Jahre 1920–1928 an und blieben weit hinter denen der Zeit vor dem Ersten Weltkrieg zurück, soviel materielle Mittel man zum Anreiz auch aufwandte.

Im Lande setzte sich die Verstädterung fort. Die aus wirtschaftlichen Gründen vollzogene Auswanderung ging zwar zu Ende, doch verließen nun die Juden das Land. Von fast 19 000 Juden im Jahre 1933 blieben im Jahre 1943 nur noch knapp achthundert übrig. Etwa sechstausend jüdische Bürger waren wohl durch Deportationen in den Osten verloren gegangen.

In der Landwirtschaftspolitik konnten die Nationalsozialisten an die Maßnahmen der letzten Regierungen aus der Weimarer Zeit anknüpfen. Vor allem sollte die Not der Landwirtschaft durch Behebung der Kreditbelastung beseitigt werden. Tatsächlich gelang es bis zum Jahre 1938, die Schulden der Höfe durch Zinssenkungen und gleichzeitige Preissteigerungen für landwirtschaftliche Produkte zu vermindern. Die abnehmende Arbeitslosigkeit bewirkte eine Stärkung der Kaufkraft der Bevölkerung, die den Landwirten zugute kam. Schwerer zu beheben war der Mangel an Arbeitskräften in der Landwirtschaft. Besonders in der Nähe von industriellen Zentren konnten Arbeiter nur zu überhöhten Löhnen gewonnen werden. Ein Ausweg aus der Misere lag in der weiteren Mechanisierung der Agrarwirtschaft, doch fehlte dazu nicht selten das Geld.

Insgesamt gesehen blieb die Landwirtschaft damals weit hinter den Einkommensverhältnissen in anderen Wirtschaftszweigen zurück. Hinzu kam, daß das öffentlich gezeigte Wohlwollen des Staates die Bauern einen Teil ihrer Bewegungsfreiheit kostete. Freizügigkeit der Arbeitskräfte und des Kapitals sowie die Verfügbarkeit über den Boden erfuhren strenge Einschränkungen. Mit dem Reichserbhofgesetz vom September 1933 erfolgte die Anerkennung des Anerbenrechtes als bäuerliche Erbfolge auf den zu dieser Klasse gerechneten Höfen. Der Erbhof durfte nicht belastet und nicht verkauft werden. Abfindungen von Geschwistern durch Hypotheken waren nicht mehr möglich.

Unfähige Wirtschafter konnten vom Hof entfernt werden. Im Jahre 1937 machte man schließlich den gesamten Grundstücksverkehr von einer staatlichen Genehmigung abhängig.

Im Bergbau zogen die Nationalsozialisten aus der seit Ende 1932 einsetzenden verstärkten Nachfrage Nutzen und schrieben sich den Rückgang der Arbeitslosigkeit der Bergleute eigenem Verdienst zu, wenn auch die Besserung sehr langsam vor sich ging. Der Grund lag in der von der Partei bevorzugten Stahl- und Eisenindustrie, die genügend Roheisen auf Lager führte und erst allmählich zur Verhüttung weiterer Erze auf Steinkohle zurückgreifen mußte. Auch herrschte auf den meisten Zechen eine personelle Überbesetzung, an deren Abbau die Unternehmer aus Ertragsgründen interessiert waren und diesen auch durchsetzten. So ging die Arbeitslosigkeit im Ruhrgebiet weit schwächer zurück als im übrigen Deutschland. Dagegen verstärkte sich der staatliche Einfluß im Bergbau erheblich. Auch für ihn wurde ein staatlicher »Treuhänder der Arbeit« eingesetzt. Damit setzte die auf die Kriegswirtschaft hinzielende Entwicklung ein.

Seit dem Jahre 1937 wuchs dann allerdings die Kohleförderung durch höhere Anforderungen für den Hausbrand, Landwirtschaft und Gewerbe, während sich die damals in Gang gesetzte Kohleveredelung in Hydrierwerken noch nicht auswirkte. Ihre Produkte Benzin, Dieselkraftstoffe, Paraffin und künstlicher Kautschuk erlangten erst etwas später für die Kriegswirtschaft entscheidende Bedeutung. Die Arbeitslosigkeit schlug nun in einen Arbeitermangel um. Die Förderleistung der Bergwerke ging zurück und brachte die Unternehmen in die Verlustzone. Der Mangel ließ sich gegen die Konkurrenz der Rüstungsbetriebe, die höhere Löhne zahlten, nicht beheben.

Die Eisen- und Stahlindustrie im westfälischen Industriegebiet hatte im Sommer 1932 ihren tiefsten Punkt erreicht. Allmählich belebte sich die Konjunktur seit dem September des Jahres. Im Jahre 1933 schlug die günstige Entwicklung auch auf den Maschinenbau und, wie schon gesagt, auf die Kohleförderung durch. Die Nationalsozialisten bedienten sich der seit 1932 angelaufenen Arbeitsförderungsmaßnahmen und konnten die Rüstungsindustrie ankurbeln, ohne daß die Betriebe personell überbelastet wurden. Zwar war diese Entwicklung in die Ideologie eines Autarkiestrebens eingebettet, doch stand für Hitler die faktische Aufrüstung im Vordergrund. Er verzichtete deshalb vorerst auf staatliche Eingriffe in die Industrie und betonte den Wert der Privatwirtschaft für den Staat. So ging die Welle der »Gleichschaltung« aller Bereiche des Lebens glimpflich an der Schwerindustrie vorbei. Erst als im Jahre 1936 der Devisenmangel katastrophale Ausmaße annahm, mehrten sich die Anzeichen, daß der Staat mit diesem System brechen werde. Während die Vertreter der Privatwirtschaft Deutschland den Untergang vorhersagten, wenn die staatliche Wirtschaftspolitik sich nicht ändere, drohte Hitler als Antwort den Privatwirtschaftlern den Untergang an und verkündete, der Staat sei sehr wohl in der Lage, alle Probleme zu lösen, die die Privatwirtschaft als unlösbar erkläre. Allen Warnungen Hjalmar Schachts vor den schädlichen Folgen des von der Partei auf die Fahnen geschriebenen Autarkieprogramms wurden in den Wind geschlagen. Schacht zog sich daraufhin 1937 zurück.

Zwar besaß die Schwerindustrie von der Natur der Sache her ein Interesse an der Rüstungsindustrie, doch verstand sie darunter etwas ganz anderes als die Partei. Die Industrie setzte in erster Linie ihre Hoffnungen auf Aufträge von der Reichsbahn und aus den Tiefbaubetrieben und dachte an Freigabe der Rüstungsexporte, um Devisen in das Land zu holen. Für sie stand die notwendige Kapitalbildung im Vordergrund, nicht aber die Rüstung als Selbstzweck. Ihr lag daran, die ungenutzten Produktionsanlagen voll auszulasten und das drückende Selbstkostenproblem zu lösen.

Eine Schwierigkeit für die Schwerindustrie bestand auch in der seit 1923 von der Reichswehr gegenüber dem Ruhrgebiet geübten Zurückhaltung. Das an der Grenze des demilitarisierten Rheinlandes gelegene Industriezentrum galt den Offizieren als allzu offen für Sanktionen der ehemaligen Siegermächte. Erst nach dem Austritt des Deutschen Reichs aus der Abrüstungskonferenz im Oktober 1933 wurde das Ruhrrevier ganz in das Rüstungsprogramm eingebunden, nahm daran aber in einer gegenüber den früheren Verhältnissen gänzlich veränderten Form teil. Noch immer ragten Krupp und Rheinmetall-Borsig aus den Rüstungsbetrieben hervor, doch beteiligten sich an der Aufrüstung auch viele andere Betriebe, besonders Spezialunternehmen in Solingen, Lüdenscheid und Bielefeld. Sie lieferten entweder Einzelteile oder besorgten die Endmontage. Dabei ist festzustellen, daß die kleineren Betriebe der spezialisierten, weiterverarbeitenden Industrie erheblich höhere Gewinne aus den Rüstungsaufträgen zogen als die Schwerindustrie aus ihren Kanonen, Munition, Karosserien und Schiffbauteilen. Hier lag der Produktionswert niedriger.

Die im Rahmen des Vierjahresplans von 1936 geforderte Ausweitung der Eisen- und Stahlindustrie kam anfangs nicht recht voran, da die Industrie selber vor einer zu befürchtenden Überproduktion zurückscheute, um nicht in dieselbe Kalamität wie in der Weimarer Zeit zu geraten. Hinzu kam, daß die quälende Devisenknappheit den Ankauf weiterer Erze verhinderte. Da die Industrie sich gegen die Verarbeitung minderwertiger deutscher Erze sperrte, gründete Hermann Göring im Jahre 1937 die »AG für Erzbergbau und Eisenhütten Hermann Göring«. Einige Großbetriebe, darunter Mannesmann und Röchling, versuchten, sich mit dem staatlichen Konzern zu arrangieren, um auf den Konzern einen gewissen Einfluß zu gewinnen, andere unter Poensgen verteidigten dagegen hartnäckig ihre Selbständigkeit. Ihr Kurs mußte auf die Dauer scheitern, die Schwerindustrie sich dem Willen des Staates beugen, zumal dieser ein enges Bündnis mit der chemischen Großindustrie eingegangen war. Freilich mußte sich Göring zu einigen Zugeständnissen bequemen, als die Stahlindustrie auf seine Erpressung mit der Einschränkung von Investitionen reagierte. Wenn bisher die Bauindustrie als Abnehmer des Stahls im Vordergrund gestanden hatte, so trat nun die Wehrmacht an ihre Stelle, als die Partei die »traditionellen Eliten« im Mai 1938 ausschaltete und endgültig den Weg der Aggression beschritt. Dahinter stand die Notwendigkeit, die hohe Stahlproduktion auf dem deutschen Binnenmarkt abzusetzen, da Exportmöglichkeiten in die westeuropäischen Länder infolge des Preisverfalls in der amerikanischen Stahlindustrie auf ein Minimum geschrumpft waren. Um wenigstens die Kosten stabil zu halten, führte die Industrie ihrerseits umfassende Rationalisierungen und Zusammenschlüsse durch. Alle nicht in den organischen Aufbau der Konzerne passende Unternehmen wurden als Tochtergesellschaften fortgeführt. Technische Modernisierungen erfaßten vor allem die Walzwerke, die dadurch zu den leistungsfähigsten Werken ihrer Zeit wurden.

Auch in geographischer Hinsicht zeigten sich Wandlungen im Ruhrgebiet. Die Betriebe der Schwerindustrie wanderten in beschleunigtem Tempo in den westlichen Teil des Reviers, um die kostengünstigeren Transportmöglichkeiten auf dem Rhein in Anspruch nehmen zu können. Dagegen verlagerte sich die verarbeitende Industrie mehr in den mittleren und östlichen Teil des Ruhrgebiets, zum Teil auch in die angrenzenden Landschaften, wobei mannigfache Spezialisierungen zu beobachten waren. So siedelte sich in Ahlen die Emailleindustrie, in Hamm die Draht-, in Bielefeld die Nähmaschinen- und Fahrradindustrie an, um nur einige zu nennen. Einige benutzten ältere Wurzeln.

Seit 1932 verzeichnete auch die Textilindustrie Westfalens unter den letzten Regierungen der Weimarer Republik infolge der Arbeitsbeschaffungsprogramme eine leichte Aufwärtsentwicklung. Behördenaufträge nach der Machtübernahme durch die Nationalsozialisten brachten vor allem der Leinenindustrie einen besseren Absatz. Dagegen litt die Baumwollindustrie unter den im Rahmen des Autarkieprogramms eintretenden Einfuhrschwierigkeiten. Sie versuchte, die Engpässe durch zunehmenden Einsatz von Ersatzstoffen auszugleichen, die der Baumwolle beigemischt wurden. Der Staat schrieb schließlich bestimmte Prozentsätze an Beimischungen vor.

Dagegen befand sich die chemische Industrie infolge des Autarkiestrebens der Nationalsozialisten eindeutig auf der Gewinnerseite. In Westfalen wurde in Gelsenkirchen das Hydrierwerk Scholven AG gegründet, das von seiner Gründung im Jahre 1935 zu einem der bedeutendsten Werke dieser Gattung aufstieg und bis zum Ausbruch des Zweiten Weltkriegs seine Produktion auf 180000 Tonnen Benzin steigerte. Weitere Werke entstanden in Castrop-Rauxel, Wanne-Eickel, Dortmund und Bergkamen. Im Jahre 1938 begann der Bau der Chemischen Werke Hüls GmbH, die sich mit der Herstellung künstlichen Kautschuks befaßten. Da das Werk auf die Abgase der Hydrieranlagen angewiesen war, suchte es seinen Standpunkt in deren Nähe. Im Jahre 1940 wurden bereits 40 000 Tonnen Buna produziert.

Die Zahl der in der aufblühenden chemischen Industrie Westfalens Beschäftigten stieg explosionsartig an. Waren es im Jahre 1933 erst 6700, so stieg die Zahl auf 20 700 im Jahre 1939 an. Die Entwicklung setzte sich im Kriege weiter fort. Die mächtigen Vertreter der bevorzugten chemischen Industrie lenkten die Investitionen an der mittelständischen Unternehmerschaft vorbei, so daß mittlere und kleinere Betriebe in noch schnellerem Tempo als in den zwanziger Jahren zugrundegingen. Das alles vollzog sich vor dem Hintergrund von Programmen zur Förderung des Mittelstandes. Verhältnismäßig glimpflich kamen nur die Betriebe davon, die für Rüstungsaufträge arbeiteten, vornehmlich in der Bauwirtschaft im Auftrage der Reichsbahn, der Kraftfahrzeugindustrie und des Schiffbaus.

Die schon vor 1933 in einem großen Verbundnetz zusammengeschlossene Energiewirtschaft steigerte von 1932 bis 1937 ihre Leistungen fast auf das Doppelte. In den ersten Kriegsjahren bewies sie ihre ungewöhnliche Leistungskraft, litt aber seit 1941 in zunehmendem Umfang unter den Folgen des Bombenkrieges. Die Gasversorgung lag zumeist bei der Ruhrgas AG, die ihr Netz vom Ruhrgebiet bis Hannover im Osten, Dorsten im Norden, Krefeld im Westen, Siegen und Köln im Süden erweiterte. Im Jahre 1936 durfte sie sogar eine Ferngasleitung nach Frankfurt am Main einrichten. Die 1928 gegründete Westfälische Ferngas AG (WFG) baute dagegen ein eigenes Netz in der Mark, im Siegerland und Teutoburger Wald auf. Beide Gesellschaften vereinbarten gegenseitige Gaslieferungen, aber auch mit den VEW, die die Versorgung des Münsterlandes und des Hellweggebietes übernahmen. Die Gasfernversorgung besaß den außerordentlichen Vorteil, die Verkehrsträger von Kohletransporten zu entlasten und der Industrie eine gewisse Dezentralisation zu gestatten.

Bei Ausbruch des Zweiten Weltkriegs erkannte die Reichsführung durchaus die Schwierigkeiten, die sich bei Versorgungsengpässen ergeben würden. Die Parole »Kanonen statt Butter« ließ sich auf die Dauer nicht durchhalten. Alarmierende Vorzeichen zeigten sich in der seit 1938 wieder absinkenden Förderleistung in den Bergwerken des Ruhrgebiets und der Abwanderung zahlreicher Spitzenkräfte. Daraus ließ sich nur allzu leicht die Warnung vor einem sinkenden Lebensstandard ablesen. Die Lebenshaltung mußte vielmehr auf einem möglichst hohen Niveau gehalten werden und »den Eindruck einer friedensähnlichen Kriegswirtschaft ... vermitteln« (P. Borscheid). Diesem Ziel fügten sich auch die »Milcherzeugerschlachten« ein, zu denen die Bauern angefeuert wurden. Trotz aller Aufmunterungen ließen sich die negativen Folgen der Einberufungen zum Dienst in der Wehrmacht und der langsam verschärfte Mangel an Treibstoffen in der Landwirtschaft nicht verhindern. Die Leistungen gingen zurück. Ganz ähnlich sanken auch die Fördermengen der Bergwerke zuerst langsam, dann aber im letzten Kriegsjahr schon um siebzig Prozent. Hier zeigten sich die Folgen einer Fehlplanung, die die Kohleveredelung zu stark in den Vordergrund gerückt hatte, aber die Belange des Bergbaus außer acht ließ. Wenn überhaupt in den ersten Kriegsjahren die erwarteten Leistungen einigermaßen erbracht werden konnten, so lag das an der Verlängerung der effektiven

Arbeitszeit und am Einsatz ausländischer Arbeitskräfte und Kriegsgefangener. Aber auch das hatte seine negative Seite. Die einmalige Anwerbung von 16 400 arbeitslosen Belgiern und Franzosen für den Ruhrbergbau erregte unter den einheimischen Arbeitern sehr viel böses Blut, weil den Angeworbenen hohe Trennungsentschädigungen gezahlt wurden, von denen die deutschen Arbeiter nur träumen konnten. Der Einsatz osteuropäischer Kriegsgefangener – im Jahre 1943 waren es bereits 800 000 – brachte überhaupt keinen Nutzen. Entweder besaßen die Gefangenen keinerlei Ausbildung für ihre Arbeit, litten an Krankheiten und Unterernährung oder zeigten sich ganz einfach arbeitsunwillig. Ein sinnvoller Einsatz war unter diesen Umständen ausgeschlossen.

Im Jahre 1944 erklangen die Klagen der Rüstungsindustrie über Kohlemangel immer unverhohlener. Das Verkehrsnetz erfüllte seine Aufgaben angesichts der zunehmenden Zerstörungen durch den Luftkrieg längst nicht mehr. Nur ein Viertel bis ein Drittel der geförderten Kohle konnte das Ruhrgebiet verlassen, im März 1945 nur noch ganze drei Prozent. Unaufhaltsam wuchsen seit dem Sommer 1944 die Kohlehalden an. Damit brach auch die Elektrizitäts- und Gasversorgung von Industrie und ziviler Bevölkerung zusammen. Alle Wirtschaftszweige wurden in Mitleidenschaft gezogen.

Für die Kriegführung wirkte sich besonders schmerzlich aus, daß die Hydrierwerke den Bedarf der Luftwaffe und der mächtig ausgeweiteten Panzerarmeen nicht mehr befriedigen konnten, zumal die Planung gerade in dieser Hinsicht recht verworrene Wege beschritt. Seit Mai 1944 setzten sich die alliierten Luftflotten die Zerstörung der deutschen Hydrierwerke zum Hauptziel. Nun rächte sich, daß diese Werke bei ihrer Gründung aus kaufmännischen und technischen Gründen in möglichst große Nähe zu den Ruhrzechen gelegt worden waren. Damit gerieten sie in die unmittelbare Reichweite der amerikanischen und britischen Bomber. Schon im November 1944 ging die Mineralölproduktion auf ein Fünftel, im Januar 1945 auf ein Zehntel zurück. Im März betrug die Produktion kaum noch drei Prozent. Auch die Chemischen Werke Hüls AG, die im Jahre 1944 noch 40 000 Tonnen künstlichen Kautschuk (Buna) herstellten, fielen den Luftangriffen zum Opfer und mußten am 28. März 1945 gänzlich stillgelegt werden. Das »Siegesprogramm«, im März 1944 in völliger Verkennung der Kriegslage aufgestellt, sollte die Verdoppelung der Waffenproduktion bewirken. Es blieb nicht mehr als ein lächerliches Papier. Im Gegenteil, der Rückgang der Waffenproduktion verstärkte sich.

Bei der Versorgung der Bevölkerung mit Lebensmitteln sah die Lage nicht so katastrophal aus. Auch im Ruhrgebiet blieben die Verhältnisse bis kurz vor Ende des Krieges erträglich. Schwerer wogen die seelischen und gesundheitlichen Belastungen, die der Bombenkrieg zur Folge hatte. Ständige Störung der Nachtruhe, fehlende Erholungsmöglichkeiten und schlechte Nachrichten von der Front verfehlten auf die Dauer ihre demoralisierende Wirkung nicht. »Die Not, die der zweite Weltkrieg über alle Teile Deutschlands brachte, wirkte sich im rheinisch-westfälischen Industriegebiet, wie bereits während des vorangegangenen Krieges, mit besonderer Schärfe aus. Das Revier war in herausgehobenem Sinne das, was vielfach als ›Heimatfront‹ bezeichnet wurde. Die Zusammenballung der kriegswichtigen Industriezweige führte hier zu einer vermehrten Einspannung der Arbeitskräfte. Zwar war die Bevölkerung prozentual weniger von Einberufungen betroffen, dafür traf sie der Bombenkrieg länger und härter. Evakuierungen und Kinderlandverschickungen erfolgten im Revier in überdurchschnittlichem Ausmaße« (P. Borscheid). In der Endphase breitete sich auch wieder der solange erfolgreich bekämpfte Hunger aus, mit allen unerfreulichen Folgen, wie Hamsterfahrten, Schwarzschlachtungen, Plünderungen, allgemeiner Rücksichtslosigkeit gegen den Schwächeren und Verfall der Moral. Die bürgerliche Ordnung löste sich auf. Arbeitslosigkeit trat verschärfend hinzu. Das schwere Erbe des Krieges blieb der nachfolgenden Ordnung überlassen.

Westfalen im Lande Nordrhein-Westfalen

Die politische Neuordnung nach dem Zweiten Weltkrieg

In den Verhandlungen der alliierten Mächte während der Endphase des Krieges, abschließend auf der Konferenz in Jalta vom 4. bis 11. Februar 1945, setzte die britische Regierung durch, daß ihr der ganze Nordwesten Deutschlands, mit Ausnahme Bremens, als Besatzungszone überlassen blieb. Dazu gehörte auch Westfalen. Zwischen Briten und Amerikanern bestanden zwar gewisse Absprachen über die einzurichtende Zivilverwaltung, mit Rücksicht auf die Sowjets aber keinerlei eindeutige politische Zielsetzungen hierfür. Grundsätzlich waren aber »die britischen Pläne ... insgesamt vom Geist eines konstruktiven Pragmatismus geprägt« (U. Schneider). Gesichtspunkte der Rache und Vergeltung traten dagegen in den Hintergrund, anders als in den übrigen Besatzungszonen.

Da der größte Teil Westfalens bei Kriegsende von den Amerikanern besetzt war, mußten diese nach und nach von britischen Militärverwaltungen abgelöst werden. Der Vorgang zog sich bis zum Sommer 1945 hin. Das Hauptquartier der westlichen Alliierten unter General Eisenhower wurde am 14. Juni aufgelöst. In der britischen Zone trat die Control Commission for Germany/British Element (CCG/BE) mit Sitz in Bad Oeynhausen an ihre Stelle. Militärgouverneur und Oberkommandierender wurde Feldmarschall Montgomery. Hemmend wirkten in den ersten Monaten die Gegensätze in der interalliierten Kontrollkommission und die mangelnde Abstimmung der Arbeit der einzelnen Stellen. Erst allmählich fand eine Straffung der Maßnahmen statt. Ein wichtiger Schritt auf diesem Wege war die am 10. September 1945 vollzogene Vereinigung der britischen Kontrollkommission mit dem Zonenhauptquartier. Der Sitz der britischen Kontrollkommission (CCG/BE) wurde nach Berlin verlegt.

Den nördlichen Teil der preußischen Rheinprovinz und die Provinz Westfalen unterstellten die Briten dem Kommando des I. Corps-District in Düsseldorf, jedoch errichteten sie für Nordrhein bzw. Westfalen jeweils eine eigene Provinzial-Militärregierung. Die für Westfalen zuständige Militärregierung nahm ihren Sitz in Münster. Sie nannte sich 307/308 (P) Military Government Detachment. In den Regierungsbezirken, Städten und Landkreisen entstanden nachgeordnete Dienststellen. Die Leitung übernahm der britische Oberst George Alexander Ledingham. Nachdem ihm eine andere Aufgabe übertragen worden war, trat der Brigadegeneral Cecil A. H. Chadwick an seine Stelle. Es war ein Glück für Westfalen, daß beide Kommandeure politisches Feingefühl besaßen und ihren Blick auf das Wesentliche richteten.

Die Schwierigkeiten, mit denen die Militärregierung zu kämpfen hatte, waren nicht leicht zu überwinden. Es fehlte an den einfachsten Vorbedingungen für die Arbeit. In der zerstörten Stadt Münster fehlten Büroräume und Wohnungen. Dem Kommandeur standen aber auch nicht genügend befähigte Mitarbeiter zur Verfügung. Viele Offiziere drängten nach dem langen Krieg in die Heimat zurück. Bei den meisten, die sich zur Verfügung stellten, mangelte es an Kenntnissen der deutschen Verhältnisse. Mitte Juni 1945 mußte das Detachment noch mit 367 Offizieren und Mannschaftsgraden auskommen. Im Dezember standen aber bereits 1461 zum Einsatz verfügbar. In England häuften sich die kritischen Stimmen an dem teuren, hohen Personaleinsatz, dem angeblich keine entsprechende Effektivität gegenüberstand. Derartige Klagen entbehrten nicht der Begründung. Die Arbeit des Detachments drohte mehr und mehr in Bürokratie zu ersticken. Das Anfertigen und Lesen von Berichten stand vor der aufbauenden Tätigkeit. Trotzdem muß anerkannt werden, daß die Briten eine beachtliche verwaltungsmäßige Aufbauleistung erzielten, zumal die Zusammenarbeit mit den deutschen Dienststellen noch recht mangelhaft funktionierte und des allmählichen Aufbaus eines vertrauensvollen Miteinanders bedurfte. »Bis Anfang 1946 glaubte die Mehrheit der deutschen Bevölkerung, daß die britische Zone die am besten verwaltete Zone sei« (K. Teppe).

Als Hauptaufgaben stellten sich der Besatzungsmacht die Wiederbelebung des zusammengebrochenen öffentlichen Lebens, die Sicherstellung der Ernährungsgrundlagen für die Bevölkerung, Garantie der öffentlichen Sicherheit und Ordnung. Schul- und Gerichtswesen mußten ganz neu errichtet werden. Daneben galt es, die zahlreichen Fremdarbeiter, die zum Teil nicht in ihre unter kommunistische Herrschaft geratenen Heimatländer zurückkehren wollten, zu betreuen. Viele dieser »displaced persons« traten in die Dienste der Besatzungsmacht. Aus den Verwaltungen mußten politisch belastete Beamte und Angestellte entfernt werden. Die Bevölkerung sollte durch politische Erziehungsarbeit auf die Errichtung eines demokratischen Staatswesens vorbereitet werden. Eine solche Aufgabenfülle ließ sich, wie die Briten erkannten, nur in Zusammenarbeit mit deutschen Dienststellen verwirklichen. In dem dazu ausgebildeten System des »indirect rule« erhielten die deutschen Behörden den Status von Auftragsverwaltungen. In Weisungen und Entscheidungen waren sie völlig von den britischen Offizieren abhängig. Der Übergang zu einer vertrauensvollen Zusammenarbeit benötigte eine gewisse Zeit.

Die ersten Wochen nach seinem Amtsantritt benutzte Ledingham zu ausgedehnten Erkundungsfahrten durch Westfalen, um sich ein Bild von der Lage der Provinz zu machen und Verbindung zu deutschen Politikern aufzunehmen, die nicht mit dem nationalsozialistischen Staat in Zusammenarbeit gestanden hatten. Besonders bevorzugte er als Gesprächspartner Amtsträger der Kirchen und Priester, die den Ruf genossen, in keiner Hinsicht in das nationalsozialistische System verwickelt gewesen zu sein. Tatsächlich gingen von dieser Seite viele Vorschläge zu personalpolitischen Entscheidungen aus. Besonders die Bischöfe Clemens August von Galen in Münster und Lothar Jäger in Paderborn nützten diese Gelegenheit, um ihnen geeignet erscheinende Persönlichkeiten an die richtigen Stellen zu befördern.

Das erste Gespräch, das Ledingham führte, fand mit dem Bischof von Münster am 13. April statt. Am nächsten Tag suchte er in Bad Driburg den Regierungsvizepräsidenten Rudolf Klein auf, der die Geschäfte des Oberpräsidiums und des Regierungspräsidenten von Münster weiterführte. Am 17. April informierte sich der Oberst bei Bernhard Salzmann, der stellvertretend den Provinzialverband Westfalen leitete. Die nationalsozialistischen Stelleninhaber hatten sich entweder in den Untergrund begeben oder das Leben genommen. Schließlich konferierte Ledingham am 1. Mai in Bielefeld mit dem früheren preußischen Innenminister und SPD-Politiker Carl Severing. Das vorsichtige Verfahren des Briten gerade in Personalentscheidungen zahlte sich aus. Keiner der von ihm in Führungsämter berufenen Personen erwies sich als Fehlgriff.

Mit großer Sorgfalt kümmerte sich Ledingham um die Besetzung des Oberpräsidiums. Rudolf Klein wurde beauftragt, »unverzüglich eine Provinzial-Regierung« zu bilden, doch kam der frühere Zentrumsmann Klein, ein Gefolgsmann von Papens, als Oberpräsident nicht infrage. Am geeignetsten erschien dafür Dr. Hermann Pünder, der als langjähriger Chef der Reichskanzlei in der Weimarer Republik und Regierungspräsident in Münster (1932/33) große Erfahrung besaß, doch konnte Pünder in Italien, wo er sich noch befand, nicht ausfindig gemacht werden. Da der frühere Oberpräsident Johannes Gronowski aus gesundheitlichen Gründen die erneute Übernahme des Amtes ablehnte, entschied sich Ledingham am 5. Juli für Dr. Rudolf Amelunxen und betraute diesen kommissarisch mit der Leitung des Oberpräsidiums, was demnach »bis zu einem gewissen Grad ein Zufall« war (W. Först). Die Entscheidung war indessen keineswegs unbegründet, da Amelunxen in den Ministerien der Weimarer Zeit große Erfahrungen gesammelt und von 1926 bis 1932 als Regierungspräsident in Münster gewirkt hatte. Von Bedeutung für die Entscheidung war auch, daß Amelunxen überzeugter Katholik war.

Von deutscher Seite war das angebliche Zögern Ledinghams bei der Besetzung des höchsten Verwaltungsamtes in Westfalen mit Kritik begleitet worden, doch lagen die Gründe für sein Verhalten in den Umständen begründet. Sein vorsichtiges Vorgehen erwies sich als durchaus berechtigt. Eine schnellere Entscheidung ließ sich nicht bewerkstelligen. Schneller konnte Ledingham die Ernennungen der Regierungspräsidenten und des Landespräsidenten des Landes Lippe über die Bühne bringen.

Die Entscheidung in Lippe brachte keine Komplikationen mit sich. Außer Heinrich Drake kam kein anderer infrage. Er hatte das Amt vor 1933 über viele Jahre erfolgreich ausgefüllt. Die Regierungspräsidien wurden mit früheren Zentrums- und SPD-Mitgliedern besetzt. In vielen Fällen betrachtete man die Ernennungen als Akt der Wiedergutmachung an Politikern, die unter den nationalsozialistischen Machthabern gelitten hatten. Alle erfüllten die Bedingungen, politisch unbelastet zu sein und Erfahrungen im Verwaltungsdienst zu besitzen, ohne daß damit gesagt ist, daß ihnen ausnahmslos die höchste Qualifikation zuzusprechen war.

Auf der Ebene der Städte und Landkreise standen die Personalentscheidungen nicht so sehr im Vordergrund des Interesses. Die akuten Notstände in den zerstörten Städten und Orten sowie die Bannung der von der Besatzungsmacht außerordentlich gefürchteten Seuchengefahr bedrängten die Ämter in viel stärkerem Maße. So kam es, daß in wenigen Einzelfällen sogar leitende Beamte aus der nationalsozialistischen Zeit in ihren Ämtern belassen wurden, wenn sich gerade kein unbelasteter Politiker als Ersatz bot. Im allgemeinen kamen aber erfahrene Kommunalpolitiker zum Einsatz, die dem höheren Dienst angehörten, aber nicht Funktionsträger des nationalsozialistischen Staates gewesen waren.

Bei der Auswahl der Persönlichkeiten verließen sich die Briten weitgehend auf Ratschläge aus kirchlichen oder bürgerlichen Kreisen. Die vereinzelt gebildeten Antifa-Ausschüsse gewannen dagegen im personellen Bereich kaum Einfluß. Dementsprechend gehörten von 51 Oberbürgermeistern an Rhein und Ruhr 35 dem Zentrum, 15 der sozialdemokratischen bzw. sozialistischen Richtung und nur einer – in Witten – der kommunistischen Partei an. Bis zum Juli 1945 waren alle Verwaltungsspitzen in der Provinz ausgewechselt. Unter der Aufsicht der Besatzungsbehörden konnte nun mit dem Aufbau einer neuen Verwaltung begonnen werden. Besonders belastete Amtsträger aus der nationalsozialistischen Zeit wanderten in Internierungslager, von denen in Westfalen drei errichtet wurden: Recklinghausen, Staumühle und Hemer.

Den Aufbau der Provinzialregierung betrieb Amelunxen streng nach den Anweisungen Ledinghams vom 6. Juli 1945, in denen es hieß: »Die Militärregierung wird die deutsche Verwaltungsmaschinerie kontrollieren, aber nicht betreiben, es sei denn, daß direkte Verwaltungsarbeit notwendig wird.« Trotzdem ließen sich Konflikte mit Ledingham nicht immer vermeiden, der allzu penibel auf der buchstabengetreuen Befolgung seiner Weisungen bestand.

Auch sein Nachfolger Chadwick befolgte diese Maxime, gab sich aber entsprechend seiner persönlichen Veranlagung umgänglicher. Zu Amelunxen gewann er nach und nach ein vertrauensvolles Verhältnis. Auch verbesserten die von Chadwick Ende September angeordneten gemeinsamen Konferenzen von Militär- und Provinzialregierung spürbar die Atmosphäre, wenn auch der sachliche Ertrag der Besprechungen gering blieb. Konflikten ging der Brigadier gern aus dem Wege, indem er sich umstrittene Entscheidungen persönlich vorbehielt. Nach eigenem Bekenntnis wollte er Westfalen zur »besten Provinz der britischen Zone entwickeln«, ein Zeichen für die Aufrichtigkeit seiner Gesinnung.

Die Amelunxen zugestandenen großen Kompetenzen erweckten in ihm den Wunsch, Westfalen zu einem selbständigen deutschen Staat zu machen und das Oberpräsidium zu einer Regierungszentrale auszubauen. Die dazu zu schaffenden zehn Ressorts sollten von »Generalreferenten« geleitet werden. Chadwick lehnte den Plan ab, weil er der Provinz Westfalen die Kraft zur Bildung eines eigenen Staates absprach. »Sie als Oberpräsident und ihre Beamten«, schrieb er an Amelunxen, »sind lediglich ausführende Behörde, die zur Ausführung der Anweisungen der Militärregierung eingesetzt ist.« Er forderte Amelunxen auf, den Plan zu überarbeiten und ihm Vorschläge für die Ernennung von Generalreferenten als Abteilungsleitern am Oberpräsidium zu unterbreiten.

Erst am 7. Januar 1946 genehmigte die Militärregierung den von Amelunxen umgestalteten Organisationsplan für das westfälische Oberpräsidium mit neun Generalreferenten. Das ursprünglich vorgesehene Ressort »Justiz« entfiel. Die Referate betrafen 1. Innere und allgemeine Verwaltung, 2. Finanzen, 3. Wirtschaft, 4. Verkehr, 5. Ernährung und Landwirtschaft, 6. Arbeit, 7. Wohlfahrt und öffentliche Gesundheitspflege, 8. Kultus und 9. Wiederaufbau und

Wohnungswesen. Nach den Vorschlägen von Amelunxen entstammten vier der Generalreferenten dem Zentrum, drei der SPD. Einer stand der Liberalen Partei nahe, einer war parteilos. Das Verhältnis der Parteizugehörigkeit entsprach in etwa dem der politischen Parteien in Westfalen vor 1933, obwohl der Oberpräsident für die von ihm getroffene Auswahl stets die fachliche Eignung absolut in den Vordergrund rückte. Auffälligerweise befand sich unter den Generalreferenten kein einziger Angehöriger der CDU, was diese Partei Amelunxen niemals verzeihen konnte. Seine Entscheidung erscheint um so merkwürdiger, als er selber lange Zeit schwankte, ob er beim Zentrum bleiben oder sich der CDU anschließen sollte. Erst im Jahre 1947 beschloß er endgültig, bei der Zentrumspartei zu bleiben. Sein Ansehen in der größeren CDU blieb denn auch umstritten. Konrad Adenauer sagte einmal zu ihm: »Herr Amelunxen, Sie sind ein Sozialist mit gewissen weltanschaulichen Vorbehalten«.

Als ständiger Vertreter des Oberpräsidenten fungierte der Regierungsvizepräsident Clemens Freiherr von Oer, früher Zentrumsmitglied, jetzt aber der CDU nahestehend. Die damit aus neun Generalreferenten gebildete Provinzialregierung durfte den Anspruch erheben, eine höchst qualifizierte Mannschaft darzustellen, die den Aufgaben der Zeit gewachsen war. Alle Mitglieder hatten in der Weimarer Republik Verdienste als Politiker oder Beamte erworben. Doch blieb sie ein bloßes Instrument der britischen Militärregierung, nur zur Ausführung von deren Entscheidungen bestimmt und ohne jede Souveränität. Wenn sie auch den traditionellen Titel »Oberpräsidium« führte, so glich sie doch der früheren Behörde in keiner Weise.

Letzten Endes wurde »die Verfassungs- und Verwaltungswirklichkeit ... von aktuellen macht- und sicherheitspolitischen Interessen diktiert« (K. Teppe). So zeigte das Oberpräsidium schon rein äußerlich in der Zahl seiner Bediensteten den Unterschied gegen früher. Im Jahre 1932 arbeiteten im Oberpräsidium der Provinz Westfalen nicht mehr als 42 Beamte, Angestellte und Lohnempfänger. Im Juni 1946 standen diesen wenigen Bediensteten schon 1084 im neuen Oberpräsidium gegenüber.

Eines der Hauptprobleme, dem sich die Militärregierung sogleich mit fast missionarischer Begeisterung zuwandte, stellte die »Entnazifizierung« dar. Doch kam die Durchführung nur schleppend in Gang, da es an einem feinmaschigen Netz zur Beurteilung der Einzelfälle mangelte. Außerdem richtete die Militärregierung allzu sehr ihre Aufmerksamkeit auf die vermeintliche Wurzel der nationalsozialistischen Herrschaft, das preußische Beamtentum, dessen beste Kräfte gerade beim Widerstand gegen den Unrechtsstaat zugrunde gegangen waren. Damit schuf sich die Militärregierung eine höchst mangelhafte Schablone, die in die Irre führen mußte. Eher hätte die Wiederherstellung der Prinzipien der Unbestechlichkeit und Treue, Gerechtigkeit und Moral den Neuaufbau beseelen können, doch wurde das nicht erkannt. Damit wurden Beamte mit den von der NSDAP in den Behördenapparat geschleusten Parteileuten ohne fachliche Vorbildung anfangs in einen Topf geworfen. Es wurde auch nicht genügend erkannt, daß zahlreiche Beamte nach 1937 aus bloßem Selbsterhaltungstrieb und um die Versorgung ihrer Familien zu sichern, in die Partei eingetreten waren. Gewiß lag auch in deren Verhalten eine bedauerliche Schwäche vor den Machthabern, aber wer wollte über ihr Verhalten urteilen?

Es dauerte denn auch nicht lange, bis die Militärbehörden erkannten, daß es ohne Kompromisse nicht abgehen werde, wenn das Ziel, eine funktionierende deutsche Verwaltung aufzubauen, nicht in unabsehbare Ferne rücken sollte. Ohnehin verursachte die pauschale Verurteilung aller Mitglieder von Partei und nationalsozialistischen Gliederungen in der Bevölkerung zunehmende Unruhe. So lenkte die britische Militärregierung Anfang 1946 die bisher chaotisch geführte Entnazifizierung in geordnetere Bahnen, indem sie Sonderstäbe bildete, die sich bei deutschen Ausschüssen Rat holten. Mit dieser Maßnahme erfolgte die Einbeziehung der Deutschen in den Prozeß der Säuberung des gesamten öffentlichen Lebens von den Anhängern des Nationalsozialismus, und zwar in verantwortlicher Weise.

Anfangs waren die deutschen Verwaltungschefs nur berechtigt gewesen, Vorschläge über Entlassung oder Weiterbeschäftigung von Beamten zu unterbreiten. Diese Befugnis wurde indessen vom Oberpräsidenten, den Regierungspräsidenten, Oberbürgermeistern und Landräten in höchst unterschiedlicher Weise wahrgenommen. Amelunxen neigte eher zur Anlegung eines scharfen Maßstabes, um die Entnazifizierung als unentbehrlichen Prozeß zum Aufbau eines demokratischen Staatswesens zu einem durchgreifenden Erfolg zu machen. Sein Generalreferent Menzel von der SPD bestärkte ihn in seiner Auffassung. So erntete der neue Rektor der münsterischen Universität, der frühere Zentrumspolitiker und Kirchengeschichtler Georg Schreiber, der selbst empfindlich unter den Willkürmaßnahmen der Nationalsozialisten gelitten hatte, bei Amelunxen eine glatte Abweisung, als er auf die »schädliche Beunruhigung im Lehrkörper und in der Beamtenschaft der Universität« hinwies, obgleich Amelunxen die bisherigen Verfahrensmängel bei der Entnazifizierung keineswegs verkannte und Schreiber in seiner Antwort vom 12. Januar 1946 versicherte, es solle »an keiner Stelle der Provinz Westfalen eine Entscheidung getroffen werden, die den Grundsätzen der Gerechtigkeit nicht standhält«.

Noch schärfere Maßstäbe als der Oberpräsident legte der Regierungspräsident von Arnsberg, Fries, an. Er entließ kurzerhand alle Beamte, die seit dem 30. Januar 1933 Beamte geworden waren, ohne die laufbahnrechtlichen Bedingungen zu erfüllen, aber auch die, die vor dem 30. April 1933 der Partei beigetreten waren. Alle ehemaligen Mitglieder der NSDAP sollten in Listen erfaßt und mit Vermerken versehen werden, aus denen hervorging, ob sie fanatische Anhänger des Systems oder bloß »aus politischer Dummheit in die Partei gelaufen« waren, oder aber »aus rein taktischen Gründen« in die NSDAP eintraten, »um sich und ihre Familie vor Arbeitslosigkeit und Not zu schützen«. Fries beschränkte sich nicht auf die Säuberung der Behörden, sondern leitete Maßnahmen auch für die Wirtschaft ein. Damit löste er gerade unter den »kleinen Leuten« eine Welle von Massenentlassungen aus, die die Leistungsfähigkeit von Behörden und Wirtschaft aufs Höchste beeinträchtigte. Der Regierungspräsident mußte seinen Mißgriff eingestehen und bereits vorgenommene Entlassungen rückgängig machen, um die Holzversorgung der Bevölkerung vor einem Zusammenbruch zu bewahren. Letzten Endes blieb sein Handeln inkonsequent, ja er mußte sich den Verdacht zuziehen, mit seinen scharfen Maßnahmen persönliche Rechnungen mit politischen Gegnern begleichen zu wollen, so verständlich seine Empörung über die Untaten des zusammengebrochenen NS-Staates und die fürchterlichen Folgen des von Hitler ausgelösten Krieges auch war.

Das über den Erfolg der Entnazifizierung gefällte Urteil: »Wer in Wirtschaft oder Verwaltung dringend gebraucht wurde, konnte ruhig ein alter Parteigenosse sein« (I. Lange), ist sicherlich überspitzt formuliert, »trifft aber den Kern der Sache« (K. Teppe). Sogar Amelunxen, entschiedener Anhänger der Säuberungsaktion, faßte den Gesamteindruck folgendermaßen zusammen: »Die Entnazifizierung liegt also in den letzten Zügen. Ist sie tot, wird niemand ihr nachtrauern« (Münsterische Zeitung vom 28. Oktober 1950). Das vom nordrhein-westfälischen Landtag am 5. Februar 1952 verabschiedete Gesetz zog den Schlußstrich unter den unvermeidlichen und notwendigen, aber äußerst heiklen und von Ungerechtigkeiten begleiteten Vorgang.

Der anfangs gehegte Traum, die Verwaltungsbehörden in einem großen Aufwaschen von allen Anhängern des Regimes befreien zu können, erwies sich nur zu bald als eine Illusion. Realistischer stellte sich die vorerst wichtigste Aufgabe der Neubesetzung leitender Stellen mit demokratisch gesinnten und unbelasteten Beamten dar. Sie bildete die Vorbedingung für die darauf folgende allmähliche Umwandlung des Staatsapparats in den nachgeordneten Stellen. An Bewerbern für unbesetzte Stellen fehlte es wahrlich nicht. Aus den Gefangenenlagern strömten ehemalige Soldaten zurück. Ihre Zahl vergrößerte sich durch Flüchtlinge aus den deutschen Ostprovinzen, deren Vorleben vielfach nur unvollkommen überprüft werden konnte. Hinzu traten Ansprüche der politischen Parteien, die ihre personalpolitischen Vorstellungen durchsetzen wollten. Die in der Not der ersten Tage eingestellten »Seiteneinsteiger« ohne fachliche Vorbildung fürchteten angesichts des gewaltigen Stroms von Laufbahnbeamten, wieder entlassen zu werden. Die Dortmunder SPD erblickte in ihrer Entlassung sogar »die Ausschaltung des politischen Sicherheitsfaktors in der Beamtenschaft auf der einen und die Verankerung der reaktionären Bürokratie auf der anderen Seite und damit die Wegbereitung für ein neues reaktionäres Deutschland« (SPD Dortmund an Amelunxen 13. September 1945). Die etwas dramatische Empörung ging zweifellos auf das Drängen von »Außenseitern« zurück, die um so mehr in Angst um ihre Posten gerieten, als mit zunehmender Verflachung der Entnazifizierung nun auch die »Mitläufer« aus der NSDAP-Zeit wieder in den öffentlichen Dienst drängten. Der Raum der »Außenseiter« gestaltete sich gegenüber den Laufbahnbeamten immer enger und ließ sich auf die Dauer nicht halten.

So gelangten sogar ehemalige Parteimitglieder wieder in den öffentlichen Dienst, vor allem bei den technischen Behörden, wenn kein unbelasteter Bewerber zur Verfügung stand. Allgemeiner Ablehnung unterlagen dagegen ehemalige Offiziere und Wehrmachtsbeamte in der Befürchtung, sie könnten zur »militärischen Durchsetzung des Beamtenkörpers« beitragen. Darunter fielen ehemalige Mitglieder der Deutsch-Nationalen Volks-Partei und des Stahlhelms, die sich nur widerstrebend in die Parteiorganisationen der NSDAP hatten überführen lassen.

Merkwürdigerweise verhinderte die britische Militärverwaltung nach Kräften die Teilnahme von Beamten am politischen Leben. Auftritte bei Parteiveranstaltungen und anderen Gelegenheiten waren verboten. Nach dem Willen der Militärverwaltung sollte das deutsche Beamtentum unpolitisch sein, was allerdings eine ganze Bevölkerungsgruppe der normalsten politischen Rechte beraubte. Vehement wandten sich alle in Bildung begriffenen politischen Parteien gegen diese Deklassierung des Beamtentums. Amelunxen stieß mit seinem Prinzip strenger Befolgung der britischen Anordnungen auf den Unmut der Parteien, zumal er es nicht für notwendig erachtete, sich mit ihnen über diesen Punkt zu beraten. Am 20. Dezember 1945 stellten alle Parteien einmütig fest, »daß sich Dr. Amelunxen sowohl mit den Prinzipien der Demokratie als auch mit den demokratischen Kräften im Widerspruch« befinde, stießen aber mit ihrem Protest auf taube Ohren. Nur in der Frage der Schaffung eines eigenen Parlaments zeigte sich der Oberpräsident dem Drängen der Parteien geneigt, weil das wahrscheinlich seinen eigenen Wünschen entgegenkam.

Die britischen Bestrebungen nach Errichtung eines unpolitischen Beamtentums entsprachen zwar weitgehend den Vorstellungen der Weimarer Zeit, mußten aber auf die Dauer zu einem Übergewicht der Verwaltung gegenüber den beiseitegeschobenen politischen Parteien als eigentlichen Trägern des demokratischen Gedankengutes führen. Das wäre dem neuen Verständnis von Staat und öffentlicher Ordnung zuwidergelaufen und ließ sich ernstlich nicht halten. Das bewies schon die Berufung der Generalreferenten der Provinzialregierung, die im Gegensatz zu den britischen Vorstellungen durchaus in Absprache mit den politischen Parteien erfolgte. So gab die Militärregierung auch im Herbst 1945 ihre ablehnende Haltung auf, zuerst bei der Personalausstattung der nachgeordneten Behörden. Gerade auf der lokalen Ebene hatte sich die Enttäuschung breitgemacht, daß die von den Briten geforderte Zurückdrängung politischer Mitspracherechte bei Personalfragen im Grunde genommen nur die restriktive Politik der Nationalsozialisten in der kommunalen Selbstverwaltung fortsetzte, wenn auch unter veränderten politischen Vorzeichen.

Der Übergang vollzog sich in kleinen Schritten, um die Demokratisierung der Kommunalverfassung zu erreichen. Zuerst fand im Sommer 1945 die Bildung kommunaler Beiräte statt, die beratende Funktion besaßen, aber keine Entscheidungen fällen konnten. Am 1. April 1946 folgte die Einführung der revidierten deutschen Gemeindeordnung, nachdem schon Stadtverordnete ernannt worden waren. Schließlich fanden im Herbst 1946 Kommunalwahlen statt und stellten die Kommunen mit ihrer Selbstverwaltung auf eine rechtliche Basis.

Damit traten nun auch die politischen Parteien aktiv in das politische Geschehen ein. Sie unterschieden sich tiefgreifend von ihren Vorgängern während der Weimarer Zeit, wenn auch nicht zu übersehen ist, daß die Neubelebung des politischen Lebens nach Kriegsende hauptsächlich von ehemaligen Mitgliedern der alten Parteien ausging. An hervorragender Stelle betätigten sich Vertreter des ehedem in Westfalen so mächtigen Zentrums, begünstigt durch die Besatzungsmacht, die dem politischen Katholizismus wegen seiner unbelasteten Vergangenheit wohlwollend gegenüberstand. Doch offenbarten diese Kreise nach der Überwindung eines kirchenfeindlichen Totalitarismus, verschiedener Färbungen des Sozialismus und Liberalismus eine gegenüber früher veränderte Grundhaltung. Im Vordergrund der richtungsbestimmenden Überlegungen stand jetzt die Frage, ob es nicht an der Zeit sei, die Partei auch evangelischen Christen zu öffnen, um einen festen Block gegen alle antichristlichen Strömungen aufzubauen. Besonders in Westfalen und den Rheinlanden erzeugte dieses Problem harte innere Kämpfe, die einerseits von den Anhängern eines traditionell katholischen Zentrums und andererseits von den Befürwortern einer gemeinsamen christlichen Partei mit Erbitterung geführt wurden.

In evangelischen, an der Politik interessierten Kreisen stießen die Anregungen aus katholischem Lager auf offene Ohren. Nur zu bitter waren die Erfahrungen, die der in viele Kleinparteien zersplitterte politische Protestantismus in der Weimarer Republik sammeln mußte. Ihre Arbeit im parlamentarischen Bereich war dadurch zur Erfolglosigkeit verdammt worden. Hinzu kamen gemeinsame Erfahrungen im Abwehrkampf gegen die Nationalsozialisten bis hin zu verbindenden Erlebnissen in den Konzentrationslagern. Die Anreize zur Zusammenarbeit in einer überkonfessionellen, christlichen Partei begeisterten viele Protestanten unbeschadet ihrer Glaubensüberzeugung. Schon bevor die offizielle Bildung von Parteien erlaubt wurde, fanden sich in diesem Sinne spontan Männer und Frauen zusammen, die in Zirkeln und Arbeitskreisen die Vorarbeit für die angestrebte Partei leisteten. »Die CDU entstand also weder nach einem einheitlichen Plan, noch wurde ihre Gründung von einer zentralen Stelle aus in Gang gesetzt« (K. Teppe). Es war eine Volksbewegung, die einem tiefen Bedürfnis vieler Menschen entsprach.

Entscheidende Anstöße gingen dabei vom Ruhrgebiet aus, wobei der frühere Metallarbeiter-Sekretär Anton Gilsing aus Bochum und der Verleger Lambert Lensing aus Dortmund im Vordergrund standen. Von Anfang an stieß in diesen Kreisen die Neugründung einer rein katholischen Partei auf heftigen Widerstand, weil ein solcher Schritt mit ziemlicher Sicherheit die Entstehung einer evangelischen Partei nach sich zu ziehen drohte, womit der konfessionelle Graben erneut aufriß. Schon am 15. April 1945 entstand ein Zirkel in Gelsenkirchen, der zur Parteigründung führte. In Paderborn bildete sich um den Diözesanpräses der katholischen Arbeitervereine, Kaspar Schulte, ein gleichgesinnter Kreis, dem auch der frühere Oberpräsident Gronowski beitrat. Dagegen verlief der Prozeß im Münsterland, der Hochburg des früheren Zentrums, erheblich komplizierter. Die Bildung einer gemeinsamen christlichen Partei betrieben vor allem der münsterische Rechtsanwalt Georg Jöstingmeier und Johannes Peters, stellvertretender Direktor des Verbandes der ländlichen Genossenschaften der Provinz Westfalen. Ein entscheidender Erfolg gelang ihnen durch die Gewinnung des münsterischen Bischofs Clemens August Graf von Galen für ihre Ideen.

Aber auch die Gegenseite versammelte ihre Truppen. Das Ziel der Neugründung einer traditionell katholischen Partei fand in dem Lehrer Johannes Brockmann und Rechtsanwalt Bernhard Reismann ungewöhnlich energische Verfechter.

Erst nachdem sich am 2. September in Bochum ein Landesverband der Christlich-Demokratischen Partei (CDP) konstituiert hatte, entstand zwei Wochen darauf auch in Münster eine Ortsgruppe der CDP, deren Vorsitz Hermann Pünder übernehmen sollte.

Doch wirkte in vielen katholischen Politikern der innere Zwiespalt nach, ob sie sich für die eine oder andere Partei entscheiden sollten. Sie trugen die Sorge mit sich, ob nicht die Gründung von CDP und Zentrum letzten Endes eine Zersplitterung der politischen Kräfte des Katholizismus hervorrufen werde und damit dem christlichen Element in der Politik einen Bärendienst erweisen könnte. Es ist verständlich, daß etwa der frühere Oberpräsident Johannes Gronowski dem Zentrum aufrichtig nachtrauerte, in dem er seine politische Heimat gefunden hatte, aber trotzdem »aus Vernunftgründen« den Entschluß faßte, der CDP beizutreten, in der er sich die Bildung einer gemeinsamen Front aller »gut gesinnten Christen« erhoffte.

Die Parteibildung gestaltete sich durch das Hinzutreten der »gut gesinnten Christen« aus dem evangelischen Bereich nicht gerade einfacher. Diese Politiker kamen zumeist aus dem gemäßigt nationalen, bürgerlichen Lager, doch fanden sich unter ihnen auch Vertreter einer konservativeren Richtung. Andere wiederum vertraten eine soziale Reform, nicht aber in sozialistischem Sinne, des öffentlichen Lebens. Allen gemeinsam war der Vorrang, der dem christlichen Vorzeichen eingeräumt wurde.

So wurden am 2. September 1945 in Bochum fünfzehn Katholiken und neun Protestanten in den Vorstand gewählt. Erster Vorsitzender wurde der Katholik Lambert Lensing, zweiter der Protestant Friedrich Holzapfel, früher Syndikus einer Handwerkskammer. Obgleich die Militärregierung aus formalrechtlichen Gründen die Parteigründung untersagte, erfaßte die Bewegung weite Kreise und zählte bereits nach einem halben Jahr 80 000 Mitglieder. Die Nachfolge Lensings, den die Briten aus dem Amt gedrängt hatten, übernahm Johannes Gronowski am 26. Juli 1946. Er führte den Vorsitz über fünf Jahre. Da er bei Übernahme des Amtes bereits 73 Jahre alt war, hegte der frühere Oberpräsident keinen persönlichen Ehrgeiz mehr und ließ seine ganze Kraft dem Aufbau der Partei zugute kommen. Niemals wurde er müde, immer wieder die Notwendigkeit des Zusammengehens katholischer und evangelischer Christen in der Politik anzumahnen.

Die neue Zentrumspartei vollzog ihre Neuordnung am 14. Oktober 1945 im für sie traditionsreichen Soest, wo das Zentrum 1870 das »Soester Programm« verabschiedet hatte. Den Vorsitz des westfälischen Verbandes übernahm der Rechtsanwalt Bernhard Reismann. Bei der Gründung des neuen Zentrums mögen persönliche Animositäten gegen Anhänger der CDP, emotionale Anhänglichkeit an die traditionelle katholische Partei eine Rolle gespielt haben, doch standen hinter den Entscheidungen jedes Einzelnen ganz gewiß auch abweichende Einschätzungen in wirtschaftlicher, sozial- und kulturpolitischer Hinsicht. Sie rührten an die Grundfrage, wie katholische Überzeugungen am besten in der Politik durchgesetzt werden sollten. Die katholischen Politiker, die sich für das Zentrum entschieden, glaubten, den geeigneten Weg zu diesem Ziel auf dem Boden einer entschieden katholischen Partei beschreiten zu können, die politisch nach allen Seiten offen war. Sie übersahen oder nahmen in Kauf, daß sie damit Vorwürfe, einer klerikalen Richtung zu huldigen, auf sich zogen und längst überwunden geglaubte konfessionelle Gegensätze in der Politik erneut aufrissen.

Die Mitgliedschaft ehemaliger Zentrumsangehöriger aus dem linken Bereich bewirkte in der Parteiarbeit die Betonung der sozialen Note, rief aber auch zum Teil gehässige Angriffe auf die CDP hervor, die sich um die Eingliederung früherer konservativer Politiker aus der evangelischen Bürgerschaft bemühte und die das Zentrum als »Steigbügelhalter des Terrorregimes der Nazipartei« einstufte. Solche Entgleisungen aus dem Munde christlicher Politiker ließen die Härte erkennen, in die der Existenzkampf des Zentrums bereits getreten war. Andererseits erweckte diese Partei mit Forderungen nach Beschränkung des Großgrundbesitzes, Verstaatlichung der Bodenschätze und Sozialisierung der Großindustrie den Eindruck, sie wolle sozialistische Bestrebungen unterstützen, doch sollten diese Ziele nur einen Einbruch in das Wählerpotential der SPD und in die Anhängerschaft der Gewerkschaften vorbereiten, der ohnehin zum Scheitern verurteilt gewesen wäre. Konfessioneller und wirtschaftspolitischer Ansatz waren nicht geeignet, dem Zentrum einen Erfolg zu bescheren. Die Zeitumstände begünstigten allein die Ideen von Volksparteien, wie sie in der CDP und SPD verkörpert waren. Hinzu kam erschwerend, daß die katholische Amtskirche in Erkenntnis dieser Tendenz und in dem Willen, die Beziehungen zur evangelischen Kirche zu verbessern, auf die Seite der CDP (CDU) trat. Eine daraufhin von einigen Zentrumspolitikern angestrebte Verschmelzung mit der CDU mißlang. Übertritte führender Mitglieder zur CDU, aber auch zur SPD, brachten das Zentrum seit 1948 in ständige Gefahr der Auflösung. Zum letzten Male konnte die Partei, wenn auch nur mit Wahlhilfe der CDU, im Jahre 1954 Abgeordnete in den nordrhein-westfälischen Landtag entsenden. Im Jahre 1958 verschwand sie praktisch von der politischen Bühne.

Im Gegensatz zur CDP, die die Schwierigkeiten einer Neugründung auf sich nehmen mußte, konnte die SPD an die 1933 brutal unterbrochene Entwicklung anknüpfen und auf bewährte alte Ideale zurückgreifen, die sich als so kräftig erwiesen, daß radikal-sozialistische Gruppen, wie etwa die Union Deutscher Sozialisten in Bochum, keinerlei Erfolge unter der Bevölkerung verbuchen konnten. Wie in der Vorkriegszeit bildete die Partei in Westfalen zwei Bezirke, Westliches und Östliches Westfalen, der erste mit Sitz in Dortmund, der zweite in Bielefeld. Erstaunlicherweise standen nach zwölf Jahren Unterdrückung und Verfolgung noch immer genügend Persönlichkeiten zur Verfügung, um Führungsaufgaben zu übernehmen. Nicht wenige von ihnen stiegen später in hohe Staatsämter auf. Die beherrschende Figur im Bezirk Westliches Westfalen bildete der gelernte Schriftsetzer Fritz Henßler aus Dortmund, der bis zu seinem Tode am 4. Dezember 1953 den Vorsitz neben seinem Amt als Oberbürgermeister von Dortmund innehatte. Ein Vorteil für die SPD war es, auf der alten Grundlage frühzeitig eine Parteiorganisation vorbereiten zu können, noch bevor die Bildung politischer Parteien von der Militärregierung erlaubt worden war und ehe sich die CDP überhaupt konstituieren konnte. Man verfuhr nach

»altem Muster« (H. Grebing) unter der gegen Radikale gerichteten Parole »Keine Revolution!« Jede Andeutung einer Zusammenarbeit mit den Kommunisten stieß bei Henßler auf absolute Ablehnung. Dagegen sah er es gern, wenn Kontakte zu den christlichen Kirchen geknüpft wurden.

Der Bezirk Östliches Westfalen stand dagegen zu Anfang unter dem unumstrittenen Einfluß des früheren preußischen Innenministers und hochangesehenen Politikers Carl Severing. Er wurde von Briten und Deutschen gern als Berater herangezogen, fiel aber im September 1945 einer Verleumdungskampagne zum Opfer, von der er sich nicht wieder erholen konnte, obgleich die Grundlosigkeit der Vorwürfe nachgewiesen wurde. Man hatte ihm nämlich vorgeworfen, mit den Nationalsozialisten kollaboriert, von ihnen eine Pension erhalten und sogar den Eintritt in die NSDAP vollzogen zu haben. Die böswillige Kampagne knüpfte an die Tatsache an, daß Severing in einem Gerichtsverfahren eine monatliche Rente erstritten hatte. Gleichwohl mißtrauten die Briten Severing von nun an in einem solchen Maße, daß sie seinen Eintritt in ein Amt in jedem Falle verhinderten. Überhaupt verhielt sich die Militärregierung von nun an sehr viel zurückhaltender gegenüber SPD-Politikern, die aus der Vorkriegszeit stammten. Andere wiederum trauten Severing, der schon siebzig Jahre alt war, nicht mehr zu, der Partei neue Anstöße zu vermitteln und suchten nach jüngeren Kräften, die ihn ersetzen sollten. Zwar konnte sich Severing in Bielefeld behaupten, entbehrte aber völlig der Unterstützung der hannoverischen Parteizentrale unter Schumacher, obgleich doch gerade er es war, der den lebenserhaltenden Anstoß zur Umbildung der SPD von einer Arbeiter- zu einer Volkspartei gegeben hatte. Schon verliefen die zu diesem Zwecke mit Vertretern der evangelischen Kirche angeknüpften Kontakte recht vielversprechend, konnten aber nicht gelingen, nachdem sie aus den Reihen der SPD selber zum Scheitern gebracht wurden. Um entsprechende Gespräche mit der katholischen Kirche führen zu können, bedurfte es der Schaffung von Vorbedingungen, die damals noch nicht zur Verfügung standen. Für gemeinsame Aktionen mit den Kommunisten gab es in Bielefeld wie in Dortmund keinerlei Möglichkeiten.

Im Lande Lippe vermochte die SPD an ihre alten, beherrschenden Positionen anzuknüpfen und ihre Rolle auch in der Folgezeit zu behaupten.

Die Kommunisten entfalteten nach dem Ende des Zweiten Weltkriegs besonders unter der Arbeiterschaft des Ruhrgebietes eine erhebliche Betriebsamkeit, noch bevor die Bildung von politischen Parteien von der britischen Militärverwaltung zugelassen war. Damit gelang es ihnen, einen zeitlichen Vorsprung vor den anderen Parteien zu sichern. So konnte die KPD, nachdem die Militärregierung am 15. Dezember 1945 politische Parteien auf Kreisebene zugelassen hatte, unverzüglich an die Öffentlichkeit treten. Die Resonanz im Ruhrgebiet war nicht schlecht, dagegen im Münsterland, mit Ausnahme von der Stadt Bocholt, fast gleich Null. Sogleich zeigte sich auch die Schwäche der Partei. Es gelang ihr nicht, jüngere Menschen für sich zu gewinnen. Die bis zum Jahre 1948 im Ruhrbergbau erzielten Erfolge bei den Betriebsratswahlen täuschten darüber hinweg, daß der Niedergang der Partei bereits eingesetzt hatte. Einzelne Betriebsräte, die sich geschickt und energisch für die Arbeiter einsetzten, konnten den Abstieg nur verzögern. Der Partei blies der unerträgliche Wind des Führungsanspruchs des Berliner Zentralkomitees ins Gesicht. Noch mehr Schaden fügte ihr die politische Großwetterlage zu. Die Blockade Berlins, der Koreakrieg und die sowjetische Gewaltpolitik in Osteuropa öffneten auch dem verblendetsten Kommunisten die Augen und machten die KPD unglaubwürdig. Wer mochte schon einer Partei angehören, die als bloße Gehilfin Moskaus und Vertreterin einer gegen Deutschland gerichteten Politik anzusehen war. Seit dem Jahre 1954 verschwand die KPD aus dem Landtag. Bei den Wahlen im Juni 1954 erreichte sie nicht einmal mehr vier Prozent.

Die Kreise und Gruppen, die sich als Träger liberalen Gedankengutes betrachteten, standen vorwiegend in der Tradition der alten Deutschen Demokratischen Partei (DDP) und der Deutschen Staatspartei. Eine engere Verbindung zwischen ihnen bestand nicht. Verhältnismäßig früh gelang es Wilhelm Weyer in Hagen, dort eine liberale Parteigruppe zu bilden, deren Mitglieder hauptsächlich dem mittelständischen Unternehmertum zugehörten. In Dortmund bildete sich im August 1945 eine »Demokratische Partei«. In Münster rief der Kaufmann Helmut Friederich eine »Liberal-Demokratische Partei – Berufsständische Union« ins Leben. Er verfügte über vorzügliche Beziehungen zur britischen Militärregierung. Der damals in Münster wohnende, hochangesehene liberale Politiker Hermann Höpker-Aschoff, Finanzminister der Weimarer Zeit, hielt sich bedeckt. Vielleicht erachtete er es für angebracht, sich als Generalreferent der Provinzialregierung politisch abstinent zu zeigen.

Der eigentliche Gründungsvorgang der »Liberal-Demokratischen Partei, Landesverband Westfalen« erfolgte auf der Dortmunder Versammlung vom 9. November 1945. Der Landesverband gliederte sich in vier Gruppen, zu der später noch eine fünfte für das Land Lippe trat. Anfang 1946 nahm der Landesverband, offenbar formlos, den Namen »Freie Demokratische Partei« an. Aus welchem Grunde der Begriff »Liberal« als unzweckmäßig getilgt wurde, ist nicht bekannt.

Die Probleme dieser Partei lagen von Anfang an in der zu schwachen Basis. Niedrige Mitgliederzahlen und mangelhafte Einkünfte aus Beiträgen bildeten kein solides Fundament. Die Folgen zeigten sich in einer chronischen Finanzmisere, die durch Ausbleiben der erhofften Spenden aus der Wirtschaft nicht gerade erleichtert wurde. Weitere Erschwerungen brachten die inneren Auseinandersetzungen zwischen nationalliberalen und sozialliberalen Richtungen, aber auch die Gründung der CDP (CDU) als großer Volkspartei, die zahlreiche Anhänger liberalen Gedankenguts wegzog, weil sie sich in einer großen Partei besser vertreten fühlten. Die unbefriedigenden Wahlergebnisse spiegelten die Klemme, in der sich die Partei befand. Der Sprung der mittelständischen Partei zu einer echten Volkspartei mißlang. Die FDP blieb eine »klassische Mittelstandspartei, die für jene bürgerlichen Gruppen attraktiv war, denen die teils christlichen, teils kirchlichen Bindungen der CDU nicht behagten oder die von den sozialen bzw. sozialistischen Postulaten der SPD abgeschreckt wurden« (K. Teppe).

Einen noch steinigeren Weg als die politischen Parteien mußten nach Kriegsende die Gewerkschaften beschreiten. Der ihnen von der Militärregierung zugebilligte Spielraum erwies sich als außerordentlich eng. Wenn gewerkschaftliche Gruppen glaubten, die Besatzungsmacht durch Streiks unter Druck setzen zu können, so fanden sie eine überaus harte Antwort. Nahrungsmittelrationen wurden gesenkt oder andere Sanktionen verhängt, manchmal sogar Waffengewalt eingesetzt.

Einen Kristallisationspunkt gewerkschaftlichen Neubeginns bildete der in Köln wohnende ehemalige Bezirksleiter des Allgemeinen Deutschen Gewerkschaftsbundes (ADGB), Hans Böckler. Eine entsprechende Autorität konnte Westfalen nicht aufweisen. So kam es hier vorerst nur zur Bildung kleinerer Gruppen, die im Ruhrgebiet mehr eine sozialistische, in der Textilindustrie und im Ibbenbürener Revier mehr eine christliche Orientierung aufwiesen. Dagegen machte sich in Buer ein starker kommunistischer Einfluß bemerkbar, der sogar eine Sozialisierungsforderung für die gesamte Wirtschaftsordnung hervorbrachte.

Die britische Politik reagierte auf das Entstehen neuer Gewerkschaften anfangs restriktiv. Der Aktionsbereich von Betriebsgruppen erfuhr eine Einschränkung. Besonders scharf stemmte sich die Militärregierung gegen die Bildung einer »Einheitsgewerkschaft«. Sie mißtraute der Ballung wirtschaftlicher und politischer Macht, wo sie doch gerade die Dezentralisation auf allen Gebieten des öffentlichen Lebens anstrebte. Freilich manövrierten die Briten sich mit dieser Haltung in ungeahnte Schwierigkeiten. In Arbeiterkreisen nährte sie den Argwohn, die Versprechen, gewerkschaftliche Arbeit wieder zuzulassen, seien leere Worte gewesen. Das lenkte das Wasser auf die Mühlen kommunistischer Vertreter in den Betrieben, die rücksichtsloser die angeblichen Interessen der Arbeiterschaft vertraten. Die Briten fühlten sich höchst unangenehm berührt. Sie machten nun sozialdemokratischen und christlichen Gewerkschaftlern Zugeständnisse, die sie bisher verweigert hatten.

Im Oktober 1945 legte die Militärregierung ein Modell für die Neubegründung von Gewerkschaften vor, das am 12. April 1946 als »Industrial Relation Directive No 16« in Kraft trat. Demnach sollte auf eine Phase, in der lokale Organisationen entwickelt wurden, eine »vorläufige Entwicklung« folgen, die schließlich zum Zusammenschluß lokaler Verbände auf der Ebene der britischen Zone führen sollte, sobald eine entsprechende Verfassungsstruktur vereinbart war. Da die tatsächliche Entwicklung dieses Modell überholte, zog die Militärregierung ihre Vorschläge Ende 1946 zurück.

Die erste Phase war nämlich schnell durchlaufen worden. Der Übergang zur zweiten scheiterte am Widerstand der Briten, solange die deutschen Gewerkschafter am Ziel der Einheitsgewerkschaft festhielten. Erst als Böckler den Gewerkschaftsvertretern schweren Herzens den Verzicht auf dieses Ziel abrang, erlaubten die Briten im Juli 1946 die Bildung von neunzehn Industriegewerkschaften und den Eintritt in die zweite Phase. Ende des Jahres schlossen sich die Gewerkschaften innerhalb der Provinz Westfalen zusammen. Ende April 1947 tagte bereits in Bielefeld der Gründungskongreß des Deutschen Gewerkschafts-Bundes (Britische Zone) mit fünfzehn Einzelgewerkschaften und etwa zwei Millionen Mitgliedern. Die dezentralisierten Industriegewerkschaften in der deutschen Gewerkschaftsverfassung bilden ein Denkmal britischer Besatzungspolitik, das bestehen blieb. Ein solches Ergebnis entsprach keineswegs den Wünschen der deutschen Gewerkschaftler. Hans Böckler formulierte das sehr hart: »Der Begeisterungssturm« der deutschen Arbeiter nach dem Zusammenbruch des Nationalsozialismus sei damals »im Trommelfeuer der Besatzungsbehörden« zunichte gemacht worden. Merkwürdig, daß sich dem Kriege durchaus abgeneigte Männer, wie Böckler, sich einer so kriegerischen Sprache bedienten. Dagegen konnte die Militärregierung recht zufrieden auf die Durchsetzung aller ihrer Vorstellungen blicken. Demokratisch verfaßte, dezentralisierte Gewerkschaften waren gebildet worden, die keinerlei kommunistischem Einfluß Raum boten.

Wenn im zerstörten Westfalen wieder ein normales Leben einsetzen sollte, so mußten vor allem Landwirtschaft, Industrie und Handwerk erneut zur Funktion gebracht werden, Handel und Verkehr in Gang kommen. Dazu gehörte auch die Schaffung der dazugehörigen Organisationen. So knüpften die Industrie- und Handelskammern unter Umgehung der im Jahre 1942 eingerichteten Gauwirtschaftskammern, die kaum zur Wirkung gekommen waren, an die vor 1933 liegenden Verhältnisse an. Die Militärregierung vertraute dabei vor allem den Hauptgeschäftsführern. Die Präsidenten standen eher im Verdacht, politisch belastet zu sein. Die Hauptgeschäftsführer entwickelten deshalb Pläne für den Aufbau des Kammerwesens. Ihre eingehenden Kenntnisse der wirtschaftlichen Verhältnisse in ihrem Kammerbezirk und der Personalien bildete die solide Basis für die Wiederbelebung des zusammengebrochenen Wirtschaftslebens in gemeinsamem Bemühen mit den neu gebildeten Wirtschaftsausschüssen, den britischen Ortskommandanten und kommunalen Vertretern. Den Briten lag an einem pragmatischen Verfahren, das rechtliche Festlegungen vorerst ausklammerte. Zeitweise nahmen die Kammern auch hoheitliche Aufgaben bei der Bewirtschaftung, Produktion und Verteilung der Güter sowie bei der Ausstellung von Passierscheinen wahr, bis im Februar 1946 die neuen Bezirkswirtschaftsämter an ihre Stelle traten.

Schon im August 1945 beschlossen die westfälischen Industrie- und Handelskammern unter Federführung von Münster, eine Arbeitsgemeinschaft zu bilden. Eine Verbindung mit den rheinischen Kammern kam dagegen nicht zustande, vielleicht um keine Fakten zu schaffen, die der endgültigen Regelung der Verhältnisse im Ruhrgebiet im Wege stehen konnten. So trat eine Dachorganisation der nordrheinischen und westfälischen Kammern erst nach der Gründung des Landes Nordrhein-Westfalen ins Leben.

Sehr schnell fand nun auch eine Neuregelung der Verfassung der Industrie- und Handelskammern statt. Die von den Briten favorisierte freiwillige Mitgliedschaft schoben die Kammern geschickt beiseite, indem sie in ihren Satzungen die Mitgliedschaft an bestimmte Voraussetzungen knüpften, womit praktisch das Ziel der hergebrachten Zwangsmitgliedschaft erreicht wurde. Für die Forderungen der Gewerkschaften nach paritätisch besetzten Wirtschaftskammern fanden sich weder bei den Briten noch bei den Kammervertretern Befürworter. Der Weg zur Schaffung neuer Satzungen und Einberufung von Vollversammlungen war frei. Bis zum Monat Juli 1947 besaßen die acht westfälischen Kammern – Arnsberg, Bielefeld, Bochum, Detmold, Dortmund, Hagen, Münster und Siegen – wieder alle erforderlichen Organe. Das Kammerwesen in Westfalen war zu neuem Leben erstanden.

Ähnlich schnell organisierten sich die Handwerkskammern mit ihren Unterorganisationen, Unternehmerverbände und Fachverbände.

Schwieriger gestaltete sich aber die Neubelebung der Organisationen im landwirtschaftlichen Bereich. Eingriffe in die noch unentbehrliche Zwangswirtschaft drohten, unabsehbare Schäden hervorzurufen. Deshalb ließ man die Einrichtungen des »Reichsnährstandes« ungewöhnlich lange, bis zum 21. Januar 1948, bestehen. Die Landesbauernschaft unterstand anfangs dem Oberpräsidium, dann dem Kommandeur »Regional Food Team«. Daraus geht hervor, welche zentrale Bedeutung diesem Sektor von der Militärregierung zugemessen wurde. Erst im Juli 1948 gelang es, gegen den Willen der Briten wieder Landwirtschaftskammern einzurichten, nachdem sich die früheren bäuerlichen Organisationen auf örtlicher Ebene bereits erneut konstituiert hatten. Am 31. Juli 1948 ordnete Landwirtschaftsminister Heinrich Lübke die Errichtung der Landwirtschaftskammer Westfalen-Lippe mit Sitz in Münster an. Die Kammer hielt ihre erste Hauptversammlung am 18. November des Jahres. Erster Präsident wurde der Landwirt Hermann Meyer zu Bentrup.

Nachdrücklich und bleibend schlugen die britischen Konzeptionen der »Demokratisierung« und »Dezentralisierung« in der Kommunalverfassung durch. Wie es in England üblich war, sollte nun auch in Westfalen die politische Verantwortung in den Kommunen bei einem ehrenamtlich tätigen Oberbürger- oder Bürgermeister und dem Rat der Gemeinde liegen, während die Verwaltung unter die Leitung eines Oberstadtdirektors bzw. Stadtdirektors oder Gemeindedirektors gestellt werden sollte. Damit wurden Legislative und Exekutive im kommunalen Bereich von einander getrennt. Die zu Anfang auf Vorschlag der Oberbürgermeister usw. aus Vertretern der Parteien, Berufsverbänden und sonstigen Bürgern gebildeten Räte stellten die Vorstufe zu den späteren kommunalen Parlamenten dar. Mit dem Zusammentreten der Räte im Januar 1946 machte die Wiedergewinnung der politischen Autonomie auf der untersten Verwaltungsstufe nach britischer wie deutscher Auffassung einen großen Schritt nach vorn.

Skeptischer standen die Deutschen der Aufteilung des traditionellen Bürgermeisteramtes in ein politisches und Repräsentationsamt auf der einen und ein Verwaltungsamt auf der andern Seite gegenüber. Doch ließ sich die Militärregierung durch Einwände nicht beeindrucken. Auch nach der Einführung der revidierten Deutschen Gemeindeordnung hielt sich die Auseinandersetzung über diese Entscheidung unvermindert am Leben, die nach Meinung des Allgemeinen Beirats in Münster »den deutschen Verhältnissen nicht gerecht« wurde. Doch führten auch diese Diskussionen zu keiner Revision. Fast alle amtierenden Oberbürgermeister, Bürgermeister und Landräte entschieden sich nach der Aufteilung ihrer Ämter für das Verwaltungsamt, das ihnen am ehesten die bisherigen Befugnisse zu umfassen schien. Eine gleichartige Aufteilung der Führungsämter in den Provinzen und Regierungsbezirken, wie sie die Militärverwaltung beabsichtigte, kam jedoch nicht zustande, obgleich die Vorbereitungen zur Bildung von Bezirkslandtagen bereits weit vorangekommen waren. Für die Provinz Westfalen trat am 30. April ein Provinzialrat zusammen, der pathetisch gefeiert wurde, aber der einzige seiner Art blieb. Offensichtlich hatten die

Briten inzwischen ihre Meinung geändert, um einer hervorstehenden Neuorganisation der britischen Zone nicht vorzugreifen.

Diese Neuordnung vollzog sich, wie hieraus bereits hervorgeht, ausschließlich nach dem Willen der Besatzungsmacht. Ebenso uneingeschränkt stellte sie ein Ergebnis der Großen Politik dar. Dabei drehte es sich um die Verfügungsgewalt über die größte Industrieballung Europas mit den Schlüsselindustrien Bergbau und Schwerindustrie. Das Ballungsgebiet an Rhein und Ruhr lag zwar allein in der britischen Zone, doch beanspruchten Frankreich und die Sowjetunion Mitspracherechte. Die Franzosen schoben dafür ihre Sicherheitsinteressen vor und hätten am liebsten einen von Deutschland unabhängigen Staat »Rhenania« ins Leben gerufen. Die Sowjetunion wollte das Wiederaufleben einer deutschen Macht auf der Basis der Ruhrindustrie verhindern, aber auch selber aus ihrem Verfügungsrecht Nutzen ziehen. Solchen Wünschen stand der britische Außenminister ablehnend gegenüber, hätte aber wohl eine Internationalisierung des Industriegebietes in Kauf genommen, die eine politische Kontrolle gestattete. Aufgrund eines Vorschlags des englischen Rechtsanwalts Geoffrey Vickers tauchte ganz plötzlich der Gedanke auf, mit der Bildung eines neuen Landes Nordrhein-Westfalen allen Schwierigkeiten entgehen zu können. Auf der Pariser Konferenz der Außenminister erhoben die Franzosen und Sowjets Einwände, konnten sich aber nicht durchsetzen. Damit fiel praktisch die Entscheidung für die Bildung des neuen Landes.

Gegner des Plans saßen auch im britischen Außenministerium. Ihre Einsprüche konnten mit gewichtigen Gründen entkräftet werden. Die Anhänger der Idee verwiesen darauf, daß Nordrhein-Westfalen ein wirtschaftlich ausgeglichenes und deshalb von Krisen verhältnismäßig unabhängiges Land werde, dessen Grenzen auf bereits bestehenden Scheidelinien verliefen, das damit alte Zusammenhänge wahre und landschaftliche Zusammengehörigkeitsgefühle der Deutschen nicht störe. Die ausgeglichene Struktur versprach, die Demokratisierung zu begünstigen und ein Anwachsen des kommunistischen Einflusses zu blockieren. Schon am 21. Juni 1946 beschloß die britische Regierung die Bildung von Nordrhein-Westfalen als selbständiges Land mit Regierungssitz in Düsseldorf. Mitte Juli erhielten die deutschen Parteiführer hierüber Informationen, die auch der Presse zugingen.

Damit nahmen die in Westfalen laufenden Diskussionen um den Bestand der Provinz als selbständiges Land ein Ende, nicht aber um die Grenzen und die Art der Eingliederung in Nordrhein-Westfalen. Es bildeten sich zwei Kreise, die grundsätzlich verschiedene Haltungen einnahmen. Auf der einen Seite stand Amelunxen mit seinem Generalreferenten Menzel, die den ungeteilten Erhalt Westfalens auf ihre Fahnen geschrieben hatten. Nur auf diesem Wege konnte sich der Oberpräsident die Vertretung westfälischer Interessen vorstellen. Auf der anderen Seite standen die führenden Männer aus dem Landeshaus, Bernhard Salzmann, Helmut Naunin und Karl Zuhorn, die mit den anderen darin einig waren, daß Westfalen nicht geteilt werden dürfe, am besten aber in einem Land Nordrhein-Westfalen aufgehoben sei, weil sich dann die provinzielle Selbstverwaltung erhalten lasse, was aber Amelunxen und Menzel ablehnten. Als angebliche Pläne zu einer Aufteilung Westfalens kursierten, ergriffen

Naunin und Zuhorn die Offensive und formulierten den »Entwurf eines Rahmengesetzes«, der später als »Rahmenplan« bezeichnet wurde. Er schlug die Bildung eines neuen Landes aus Nordrhein, Westfalen, Lippe und »dem altwestfälischen Regierungsbezirk Osnabrück« vor. In den beiden Landesteilen Nordrhein und Westfalen sollten jeweils Provinzialverbände als Selbstverwaltungskörperschaften geschaffen werden, die sich aus den rheinischen bzw. westfälischen Landtagsabgeordneten zusammensetzten. Die Verfasser glaubten, auf diesem Wege die Loslösung des Ruhrgebietes am wirksamsten verhindern zu können.

Die nordrheinische Provinzialregierung und der Deutsche Städtetag begrüßten den Rahmenplan. Allein die westfälische Provinzialregierung stufte ihn als »reine Privatarbeit« ein und ließ durch den Generalreferenten Menzel einen eigenen Plan aufstellen, der die Bildung eines selbständigen Landes Westfalen unter Einbeziehung von Lippe und Osnabrück vorsah. Merkwürdigerweise argumentierte Menzel hinsichtlich der Ruhrfrage, die nun einmal gewollt oder ungewollt im Mittelpunkt der Diskussion stand, genau umgekehrt wie Naunin und Zuhorn. Man sollte nach seiner Ansicht die Probleme um die Ruhr nicht zu sehr betonen, um nicht die Loslösung geradezu herauszufordern. Gerade aber das sollte ja der »Rahmenplan« verhindern.

Wie Amelunxen, so hielt auch Menzel den Provinzialverband in einem selbständigen Land Westfalen für entbehrlich. Nur auf der kommunalen Ebene wollte er Selbstverwaltung zulassen. Dafür gab es sicherlich gute Gründe. Neben der staatlichen Verwaltung eine zweite komplizierte Verwaltung aufzurichten, nährte den Verdacht der Verschwendung, zumal doch auch die Militärverwaltung mit dem Gedanken spielte, die Regierungspräsidien als Mittelinstanz aufzuheben. Allerdings vermied Menzel die starre Haltung Amelunxens. Sollte seine Absicht, ein Land Westfalen mit Osnabrück und Lippe zu schaffen, mißlingen, sah er durchaus auch Möglichkeiten, zu einer Zusammenarbeit mit Nordrhein in einem Land Nordrhein-Westfalen zu kommen. Da Koordinierungsschwierigkeiten zwischen den britischen Dienststellen die Lage einige Zeit im Dunkeln gehalten hatten, machte sich Amelunxen bis kurz vor der endgültigen Entscheidung noch immer Hoffnung auf Durchsetzung seiner Ideen.

So traf die britische Entscheidung, die, wie erwähnt, am 17. Juni 1946 in Berlin bekanntgegeben wurde, den Oberpräsidenten und Provinzialrat völlig unvorbereitet. Die Parteiführer konnten nichts anderes tun, »als diese schicksalhafte Erklärung zur Kenntnis zu nehmen«. Der zutiefst enttäuschte Amelunxen erhielt eine Woche darauf seine Ernennung zum Ministerpräsidenten des neuen Landes, ausgerechnet er als schärfster Gegner Nordrhein-Westfalens. In dieser Wahl der Briten lag sicherlich nicht allein der Wunsch, dem westfälischen Oberpräsidenten seine Enttäuschung zu versüßen, sondern die Anerkennung seiner hohen Qualifikation und seiner uneingeschränkten Loyalität gegenüber der Besatzungsmacht. Eine Rolle mag auch gespielt haben, daß Amelunxen damals noch keiner politischen Partei angehörte, was dem britischen Denken entgegenkam. Doch machten sie ihn bald darauf aufmerksam, daß er seine Regierungstätigkeit auf die Dauer nur führen könne, wenn er einer Partei angehöre.

Amelunxen entschied sich darauf Anfang 1947 für das Zentrum, obgleich die Militärregierung ihn als Sympathisanten der CDU vermutet hatte.

Mit der britischen Entscheidung zur Bildung des Landes Nordrhein-Westfalen, ob nun von deutscher Seite beeinflußt oder nicht beeinflußt, errang die von Naunin und Zuhorn vertretene Linie einen vollkommenen Sieg. Es ging den Verfassern sicherlich nicht allein um das Ruhrgebiet, sondern ebenso sehr um die Erhaltung der bewährten westfälischen Selbstverwaltung in Gestalt des Provinzialverbandes. In einem aus rheinischen und westfälischen Teilen zusammengefügten Land ließ sich eine Selbstverwaltungskörperschaft neben der Staatsverwaltung viel leichter rechtfertigen als in einem kleineren und nur aus Westfalen bestehenden Staatsgebilde.

Westfalen im Lande Nordrhein-Westfalen

Auf staatlicher Ebene bedeutete die Bildung des neuen Landes keinen Zugewinn an Souveränität. Der britische Landesbeauftragte, William Asbury, ließ in seiner Verlautbarung vom 1. August 1946 an Amelunxen keinen Zweifel daran, daß die Landesregierung nur in dem von ihm zugestandenen Umfang Befugnisse besitze und daß die Regierungstätigkeit ausschließlich nach den von seinem Hauptquartier bestimmten Grundsätzen zu erfolgen habe. Auch die Entscheidung über die Kabinettsliste behielt sich Asbury vor. Unter den zehn Ministern befanden sich je fünf Rheinländer und Westfalen. Die Parteiverhältnisse sollten ebenfalls berücksichtigt sein, doch war die CDU nicht vertreten, eine Folge von deren Weigerung, in das Kabinett einzutreten, nachdem ihr das Innenministerium nicht zugestanden worden war. Die Gemeinde- und Kreistagswahlen vom 15. September und 13. Oktober zeigten aber bald, daß die Parteienverhältnisse im Kabinett nicht mit der Wirklichkeit übereinstimmten. Die CDU gewann bei weitem die meisten Stimmen, zwischen 45 und 46 Prozent. Amelunxen mußte sein Kabinett umbilden und vier Minister der CDU aufnehmen. Das Ergebnis bestätigte in etwa die folgende Landtagswahl vom 20. April 1947. Die CDU errang 92 von 216 Mandaten, das Zentrum mit seinem Spitzenkandidaten Amelunxen zwanzig Sitze. Damit endete die Tätigkeit Amelunxens als Ministerpräsident. Er war der erste und letzte Amtsinhaber, der von der Militärregierung ernannt wurde.

Ihm folgte der gewählte Ministerpräsident Karl Arnold von der CDU, der das Land bis zum Februar 1956 regierte. Erstmals verschob sich unter ihm das landschaftliche Gewicht im Kabinett zugunsten der Rheinländer, als Justizminister Sträter dem Essener Rechtsanwalt Gustav Heinemann weichen mußte. Nach ultimativen Forderungen der westfälischen Abgeordneten kehrte Sträter ein Jahr später in sein Amt zurück. Allgemein wurde mit Argusaugen von beiden Seiten auf Einhaltung des landschaftlichen Proporzes geachtet.

Am 19. August 1947 stellte die Militärregierung ihre Tätigkeit ein. Die beiden Oberpräsidien waren schon neun Monate früher aufgelöst worden. In Westfalen blieben Abwicklungsstellen bis zum 31. März 1949 bestehen. Eine hochangesehene, seit 1815 bestehende Verwaltungsbehörde war damit von der Bildfläche verschwunden. Sehr zum Leidwesen westfälischer Politiker fielen von nun an alle politischen Entscheidungen in Düsseldorf. Der CDU-Abgeordnete Georg Jöstingmeier faßte das in die resignierenden Worte: »Was in Münster erledigt werden kann, soll man nicht in Düsseldorf machen. Sie sollen in Düsseldorf regieren, aber nicht verwalten.« Diese Stimmung bildete den Hintergrund, auf dem in Westfalen mit Nachdruck der Fortbestand des Provinzialverbandes gefordert wurde. Er sollte ein Gegengewicht gegen die von den Düsseldorfer Ministerien ausgehende Zentralisierung bilden. Auch drängte man auf die Ansiedlung von Zentralbehörden auf westfälischem Boden, jedoch mit geringem Erfolg. Von fünfzehn dieser Behörden verlegte man nur vier nach Westfalen. Um die Interessen des westfälischen Landesteiles stets wach zu halten, bildete sich der 1952 gegründete »Westfalenkreis für öffentliche Angelegenheiten«, in dem Repräsentanten aus Wirtschaft, Kultur, Wissenschaft und aus den Kirchen vertreten waren. Der Kreis wollte nach eigener Bekundung ein »Sprachrohr« Westfalens bilden. Der Provinzialverband sah solche Aktivitäten mit Sympathie, beteiligte sich aber nicht daran.

Wie in der Regierung des neuen Landes fanden sich auch im Landtag die beiden Landesteile paritätisch vertreten. Alle Abgeordneten waren von den Parteien vorgeschlagen und von der Militärregierung ernannt worden. Zugrunde lagen die Wahlergebnisse aus dem Jahre 1932. Dabei besaßen die Rheinländer unter den Abgeordneten der CDU und SPD ein Übergewicht, die Westfalen dagegen in der FDP, im Zentrum und in der KPD. Doch gestalteten sich die tatsächlichen Verhältnisse anders. Wie bereits erwähnt, kam bei den Landtagswahlen vom 20. April 1947 der erheblich größere Anteil der CDU zutage.

Ein im Jahre 1945 unerledigtes und heiß umstrittenes Problem bildete die politische Zukunft des Landes Lippe. In dieser Frage mischten sich auch die Besatzungsbehörden ein. Erschwerend wirkte, daß die Nationalsozialisten ein Durcheinander von Zuständigkeiten erzeugt hatten, viele Kompetenzen auch auf Stellen der Provinz Westfalen übergeleitet worden waren. Damals deutete sich schon eine spätere Vereinigung Lippes mit der Provinz Westfalen an. Zudem bekleidete der westfälische Oberpräsident und Gauleiter von Westfalen-Nord, Alfred Meyer, zugleich das Amt des Reichsstatthalters von Lippe und Schaumburg-Lippe. Damit stand er auch als Chef an der Spitze der lippischen Landesregierung. Kurioserweise befestigte aber gerade diese Personalunion die Stellung Lippes, da Meyer, wie alle Gauleiter, auf keine Ämter und Titel verzichten wollte. Er erweiterte sogar seine lippischen Kompetenzen durch die Hinzufügung bisheriger Reichsbefugnisse.

Als Heinrich Drake am 17. April 1945 sein altes Amt in Lippe wieder antrat, seit dem 15. Juni auch für Schaumburg-Lippe, behielt er alle von Meyer angehäuften Kompetenzen bei, verkannte aber keineswegs, daß die Jahre der Kleinstaaten gezählt waren. Zur Wahl für den Anschluß der nicht lebensfähigen Kleinstaaten standen Nordrhein-Westfalen und Hannover zur Verfügung. Beide Kandidaten boten alles auf, um die Stimmung in Lippe und Bückeburg zugunsten der eigenen Interessen zu verschieben. Dem Oberpräsidenten von Hannover, Heinrich Kopf, gelang es bald, die britische Militärregierung davon zu überzeugen, daß die Verbindung von Schaumburg-Lippe zu Westfalen lediglich ein Ergebnis nationalsozialistischer Personalambitionen gewesen war, wogegen Drake auch nichts Ernstliches einwandte. Die Briten handelten daraufhin schnell und unterstellten Schaumburg-Lippe dem Oberpräsidenten von Hannover.

Dagegen erwies sich die Entscheidung in Lippe weit schwieriger. Hier gingen die Meinungen über die richtige Lösung weit auseinander. Traditionell liefen die stärkeren Verbindungen nach Minden-Ravensberg, nicht nach Niedersachsen. Doch hielt Drake alle Möglichkeiten in der Schwebe, um bei den Verhandlungen über den Anschluß möglichst viele Vorteile für sein Ländchen herauszuhandeln. Als aufgrund einer Radiosendung am 17. Juli 1946 das Gerücht auftauchte, die Briten stünden im Begriff, Lippe Hannover zuzuschlagen, Minden-Ravensberg aber bei Westfalen zu belassen, ergriff Drake die Offensive und forderte die Briten unter Hinweis auf ihre vorbildlich demokratische Gesinnung auf, über diese Fragen zuerst einmal Verhandlungen mit dem lippischen Landtag und mit ihm aufzunehmen, mit vollem Erfolg. Nunmehr entschied Drake sich eindeutig für den Anschluß an Nordrhein-Westfalen, wobei er die lebhafte Unterstützung von Amelunxen fand. Am 5. Dezember des Jahres legte Drake eine »Punktation« mit sechzehn Einzelpunkten vor. Der nordrhein-westfälische Landtag nahm zehn Tage später alle Forderungen an. Darunter befanden sich die Verlegung des Sitzes der Bezirksregierung von Minden nach Detmold, der Erhalt des Landesvermögens in einem dafür zu gründenden Zweckverband, ein eigenes Staatsarchiv und anderes. Die Militärregierung erhob keine Einwände und verfügte am 21. Januar 1947 die Vereinigung des Landes Lippe mit dem Lande Nordrhein-Westfalen.

Der Vereinigungsprozeß war verhältnismäßig glatt verlaufen, doch stellten sich nun Schwierigkeiten bei der praktischen Durchführung ein. In Minden entstand unter den betroffenen Beamten und in der ganzen Einwohnerschaft erhebliche Unruhe. Wohnungs- und Verkehrsschwierigkeiten bereiteten die größten Sorgen. Regierungspräsident Zenz wußte auch nur zu gut, daß er bei einem Umzug sein Amt an Drake verlieren würde. Zenz gelang es, die britische Militärregierung in Minden und sogar Asbury von der Unzweckmäßigkeit der Verlegung zu überzeugen. Erst nach erregten Auseinandersetzungen Amelunxens mit Asbury gab der Engländer nach und ließ dem Ministerpräsidenten freie Hand. Unbeeindruckt von allen Widerständen, ja Drohungen, bestimmte die Landesregierung am 1. April 1947 Detmold zum neuen Sitz der Bezirksregierung und ernannte Drake zum Regierungspräsidenten. Zenz wurde in den Warte-, dann in den Ruhestand versetzt. Der nordrhein-westfälische Landtag beschloß am 5. November 1948 ein Gesetz über den Anschluß des Landes Lippe und die Errichtung des Landesverbandes Lippe. Allmählich beruhigten sich die Wogen. Der nach Ablauf von fünf Jahren eigentlich vorgesehene Volksentscheid konnte entfallen.

Mit dem Anschluß des Landes Lippe gewann Nordrhein-Westfalen seine endgültige Gestalt. Westfalen mit dem stammesverwandten Lippe bildete einen gewichtigen Landesteil. Trotzdem fiel es den Westfalen sehr schwer, von ihrer seit 1815 in der Provinz gewachsenen Eigenständigkeit Abschied zu nehmen.

Territoriale Verluste waren abgewendet worden, wie sie etwa in Minden-Ravensberg gedroht hatten, doch erschien die Gründung des Landes Nordrhein-Westfalen vielen Westfalen als eine von der Besatzungsmacht gegen die Volksstimmung aufgezwungene Lösung. Damit zeichnete sich die Hauptaufgabe der kommenden Zeit im Lande ab: Die Eingliederung Westfalens in das Land Nordrhein-Westfalen mußte auch innerlich gestaltet und vertieft werden. Das galt sowohl in verwaltungsmäßiger, kultureller wie wirtschaftlicher Hinsicht. Als Endziel stellte sich der Westfale als Bürger des Landes Nordrhein-Westfalen, auch aus innerer Überzeugung dar.

An der Aufgabe mußten demnach die Verwaltungsbehörden des Landes, der Landtag und Verbände die Hauptrollen spielen, während die bisherigen Provinzialverbände und der Landesverband Lippe die politische und kulturelle Kontinuität wahren sollten, um den ungeliebten Übergang erträglicher zu gestalten. Sie alle sollten dazu beitragen, das »Doppelland« in ein einziges Land zu verwandeln.

Besonders weit schritt die Einheit im Landtag voran, in dem westfälische Abgeordnete zwar die Interessen ihrer Wähler im Auge behielten, aber doch an Gesetzen mitwirkten, die das Wohl und Wehe des gesamten Landes betrafen.

In der Verwaltungsorganisation stand der Landesregierung eine schwere Arbeit bevor. NS-Staat und Zwänge der Kriegswirtschaft hatten ein fast unentwirrbares Durcheinander von Sonderbehörden und Kompetenzen hinterlassen, das die Militärregierung in pragmatischem Verfahren vorläufig bestehen ließ und nutzte. Sie erkannte aber ebenso schnell wie die deutsche Seite, daß ein Neuaufbau der Verwaltung unvermeidbar war, um so mehr, nachdem die Gründung des Landes Nordrhein-Westfalen erfolgt war.

Die Parteienverhältnisse im Landtag, aber auch Widerstände aus den bestehenden Behörden und aus der Bevölkerung gestatteten keinen radikalen Umbau. Die von den Briten empfohlene Abschaffung der Regierungsbezirke als Mittelbehörden unterblieb ebenso wie die vom nordrhein-westfälischen Innenministerium betriebene Abschaffung der Landschaftsverbände, worauf noch zurückzukommen sein wird.

Die westfälische Selbstverwaltung nach dem Zweiten Weltkrieg

Als außerordentlich vorteilhafter Umstand für Westfalen erwies sich, daß bei Kriegsende die Verantwortung für den Provinzialverband nach dem Untertauchen des von den Nationalsozialisten berufenen kommissarischen Landeshauptmanns in den Händen des Landesrats Bernhard Salzmann lag, der nicht nur über große Verwaltungserfahrung verfügte, sondern auch über einen Behördenapparat, mit dem dringendste Aufgaben zu bewältigen waren. Die schwersten Probleme boten sich im Fürsorge- und Gesundheitswesen sowie im Straßenbau. Salzmann kam es zustatten, daß die Briten ihm in seiner direkten Art und Offenheit hohe Achtung entgegenbrachten. Mit ihrer Hilfe gelang es verhältnismäßig schnell, die ausgelagerten Dienststellen des Provinzialverbandes nach Münster zurückzuführen. Die Militärregierung ernannte Salzmann am 2. Juni 1945 zum derzeitigen (temporary) Landeshauptmann in der Provinzialverwaltung.

Ungeklärt blieb vorerst das Verhältnis der Provinzialverwaltung zum Oberpräsidenten, den das nationalsozialistische Gesetz von 1933, das »Oberpräsidentengesetz«, zum Chef der Verwaltung des Provinzialverbandes gemacht hatte. Ungünstig wirkte sich in der ungeklärten Rechtslage die Einstellung des Oberpräsidenten Amelunxen aus, der nicht zu den Freunden des Provinzialverbandes rechnete. Anfangs versuchte dieser, Salzmann mitsamt seiner Verwaltung der Provinzialregierung einzugliedern. Als das zurückgewiesen wurde, versuchte Amelunxen, sein Ziel mit Gewalt durchzusetzen. Mehr als kurios stellte es sich dar, wenn der Oberpräsident und sein Generalreferent für Inneres, Menzel von der SPD, ausgerechnet das nationalsozialistische »Oberpräsidentengesetz« als Argument für ihren Standpunkt benutzten. In einer sehr harten Auseinandersetzung gelang es Salzmann, die eigenartigen Manöver der Gegenseite abzuwehren und die Kommunen für sich zu mobilisieren. Der Streit hinterließ tiefe Gräben, die nach der Bildung des Landes Nordrhein-Westfalen bestehen blieben und bis in die persönliche Sphäre reichten. Unüberbrückbar standen die von Amelunxen und Menzel auf den Erhalt der Selbständigkeit eines Landes Westfalen ohne Provinzialverband gerichteten Bestrebungen und die von Salzmann, Naunin und Zuhorn angestrebte Eingliederung Westfalens in das neue Land Nordrhein-Westfalen mit zwei Provinzialverbänden nebeneinander. Die Entwicklung auf staatlicher Ebene ist bereits geschildert worden.

Notgedrungen weiteten sich die Aufgabenbereiche des Provinzialverbandes nach Kriegsende gewaltig aus. Die Fürsorge mußte die Obhut über die im NS-Staat mißhandelten Geisteskranken und Behinderten übernehmen. Das wiederum hatte eine erhebliche Ausdehnung der Psychiatrie zur Folge. Auch die Tuberkulosefürsorge gewann nach Zeiten unzureichender Ernährung und schlechter Wohnverhältnisse große Bedeutung. Mit Einrichtungen der Landes-Versicherungsanstalt wurden die entsprechenden Dienststellen des Provinzialverbandes in einer »Zentralstelle für Tuberkulosehilfe« zusammengeschlossen. Der Hauptfürsorgestelle fiel außerdem die Betreuung der heimkehrenden Soldaten und Gefangenen, der Flüchtlinge und Vertriebenen aus Ostdeutschland und deutschen Siedlungsgebieten in osteuropäischen Staaten zu. Sie kümmerte sich auch um Kriegsbeschädigte, Hinterbliebene von Gefallenen und andere Schwerbeschädigte. Erhalten gebliebene Krankenhäuser und Pflegeanstalten erleichterten die sofortige Wahrnehmung aller dieser Aufgaben, wobei eine Zusammenarbeit mit anderen Trägern der Wohlfahrtspflege den Erfolg begünstigte. Schon im Jahre 1946 wurde zu diesem Zweck der »Westfälische Wohlfahrtsausschuß« gebildet, im Jahre darauf die im Jahre 1934 aufgehobene »Vereinigung der Fürsorgeverbände Westfalens« erneut ins Leben gerufen.

Das zweite, nicht weniger dringende Aufgabengebiet umfaßte den Straßenbau, worunter nach Anweisung der Militärregierung nun auch der Autobahnbau fiel. Die Wiederherstellung des im Kriege durch Zerstörung oder Überbeanspruchung völlig ruinierten Straßennetzes lag im Interesse der Besatzung, stellte aber auch eine lebensnotwendige Voraussetzung für die ordnungsgemäße

Versorgung der Bevölkerung mit Lebensmitteln und anderen Notwendigkeiten dar. Die Briten stellten entgegenkommenderweise dafür technisches Gerät zur Verfügung, das auf deutscher Seite fehlte, und halfen bei der Ersetzung zerstörter Brücken durch Neubauten. Mehr als ein Drittel aller Brücken, darunter die wichtigsten und teuersten, mußten wiederhergestellt werden.

In der Kulturpflege des Provinzialverbandes eröffneten sich durch die Kriegszerstörungen ganz neue Bereiche. Umfangreiche Erhaltungsmaßnahmen gefährdeter Kunstwerke, deren Restaurierung oder auch nur die Registrierung verlorener Objekte luden der westfälischen Denkmalpflege große Lasten auf, mit deren Bewältigung sie in der Wissenschaft und in der Öffentlichkeit viel Lorbeer erntete. Dagegen kümmerte sich das im Jahr 1947 errichtete »Amt für Landespflege« um die Beseitigung von Zerstörungen der Landschaft und um deren Gesunderhaltung. Das Amt arbeitete dazu mit der Landwirtschaftskammer und Fachstellen der Landkreise zusammen. Die bis zum Jahre 1945 vom Statistischen Reichsamt wahrgenommenen Aufgaben führte in Bezug auf Westfalen das schon 1938 eingerichtete Landesamt für Statistik fort.

Noch war jedoch der Schritt zur vollständigen Ausbildung des Provinzialverbandes nicht erfolgt. Ihm fehlte vor allem das parlamentarische Vertretungsorgan aus Stadt- und Landkreisen als Mitgliedskörperschaften, das Haushalts- und andere bindende Beschlüsse fassen konnte. Ebenso fehlte der Provinzialausschuß, der gemeinsam mit dem Landeshauptmann die Angelegenheiten des Provinzialverbandes verwaltete. Beide Organe verfielen 1933 der Auflösung. Salzmann stellte sich auf den Standpunkt, da er das Gesetz von 1933 als unrechtmäßig ansah, nun auch für den fehlenden Provinzialausschuß handeln zu dürfen, während die Befugnisse des Parlaments bei der Militärregierung und später bei der Provinzialregierung, schließlich beim Lande Nordrhein-Westfalen lagen, dessen Landtag den Haushalt des Provinzialverbandes Westfalen in dieser Zwischenzeit gesondert verabschiedete. Die Bestellung eines parlamentarischen Organs scheiterte am Widerstand Amelunxens, der hartnäckig die Meinung vertrat, alle Aufgaben des früheren Provinzialverbandes seien auf seine Regierung übergegangen.

Salzmann rief daraufhin in Münster einen Kreis von Kommunalpolitikern zusammen, der den Landeshauptmann am 24. Oktober 1946 veranlaßte, bei Landtag und Landesregierung die Einrichtung eines Provinzialausschusses zu beantragen. Menzel lehnte den Antrag unter Hinweis auf eine fehlende gesetzliche Grundlage ab. Salzmann setzte sich über den Bescheid hinweg und verkündete im Juli 1947, er habe ein von ihm gebildetes Gremium als »Vorläufigen Provinzialausschuß« eingesetzt und werde dessen Beschlüsse als rechtlich bindend betrachten. Die Wahl durch Vertreter der Städte und Landkreise verlieh dem Gremium im März 1948 die parlamentarische Legitimation. Der »Vorläufige Provinzialausschuß« fand nun merkwürdigerweise auch die Duldung durch den Innenminister, tagte bis zum Jahre 1953 und gestattete die Fortsetzung der Arbeit des Provinzialverbandes ohne Einschränkung der Befugnisse. Die später vom Provinzialverband herausgegebene Schrift »Wiederaufbau in Westfalen 1945–1951« dokumentiert in eindrucksvoller Weise die schwierige und verantwortungsvolle Leistung, die von Salzmann und seinen Mitarbeitern in dieser Zeit erbracht wurde.

Eine der Hauptleistungen des verdienten Landeshauptmanns bestand in der bereits erwähnten Abwehr der von Düsseldorf immer wieder vorgetragenen Angriffe auf den Fortbestand des westfälischen Provinzialverbandes und in der Überleitung von dessen Aufgaben in eine neue Ordnung, die am 12. Mai 1953 verkündet wurde und am 1. Oktober d. J. in Kraft trat. Damit bestanden nunmehr im Lande Nordrhein-Westfalen zwei Landschaftsverbände als öffentlichrechtliche Körperschaften und Kommunalverbände, getragen von den Städten und Landkreisen als Mitgliedskörperschaften. Der Landschaftsverband Rheinland war für den nördlichen Teil der alten preußischen Rheinprovinz, der Landschaftsverband Westfalen-Lippe für die frühere Provinz Westfalen und das Land Lippe zuständig. Der etwas unglückliche Name »Westfalen-Lippe«, da doch Lippe ebenfalls ein westfälisches Land darstellt, geht auf die Sonderrechte zurück, die sich Lippe in den Drakeschen Punktationen zu sichern gewußt hatte und ihm innerhalb von Westfalen eine besondere Stellung verliehen.

Im Grunde genommen änderte sich durch die neue Organisation in der Selbstverwaltung Westfalens nichts. Sie lief ungestört weiter. Nur die Bezeichnungen wechselten. Der bisherige »Beratende Ausschuß« nannte sich nun »Landschaftsausschuß«. Der leitende Verwaltungsbeamte nahm statt des bisherigen Titels »Landeshauptmann« die Bezeichnung »Landesdirektor« an, wenn der alte Titel auch weiterhin einige Zeit gern gehört wurde. Eine neue Schöpfung stellte die Landschaftsversammlung dar, nachdem der frühere Provinziallandtag als parlamentarisches Beschlußorgan im Jahre 1933 aufgelöst worden war. Dabei ließ man die in der Weimarer Zeit übliche direkte Wahl unberücksichtigt und griff auf die vor 1919 geltende indirekte Wahl der Mitglieder durch Vertretungen der Städte und Landkreise zurück. Dadurch erfuhr der Verbandscharakter des Landschaftsverbandes eine stärkere Betonung.

Jedoch waren einige Abstriche in den Befugnissen zu verzeichnen. Während die Reichsverfassung von 1919 und die preußische Verfassung von 1920 die Provinzialverbände rechtlich verankerten, fehlen die Landschaftsverbände sowohl im Grundgesetz der Bundesrepublik Deutschland wie in der Verfassung des Landes Nordrhein-Westfalen. Obwohl die Landschaftsverbände offensichtlich Gebietskörperschaften darstellen, wird ihnen dieser Charakter an keiner Stelle ausdrücklich zuerkannt. Ebenso fehlt ihnen die Möglichkeit, auf personalpolitische Entscheidungen Einfluß zu nehmen, wie sie die preußischen Provinzialverbände durch Beschickungen des Reichsrates und preußischen Staatsrates besaßen.

Die Tätigkeitsbereiche des Landschaftsverbandes änderten sich in der Zukunft nicht wesentlich, doch traten einige Ab- und Zugänge ein. So entfiel schon im Jahre 1953 durch ein Bundesgesetz zur gesetzlichen Sozialversicherung die Verbindung zwischen Landesversicherungsanstalt und Provinzialverband, der früher als ihr Gewährsträger aufgetreten war. Im Jahre 1975 endete durch das Landschaftsgesetz auch die Mitwirkung beim Naturschutz. Andererseits erhielten die Landschaftsverbände die Aufgabe zugewiesen, Landschaftspläne der Kreise und Städte auszuarbeiten. Zusätzliche Aufgaben traten auch in der Jugendwohlfahrt und Sozialhilfe hinzu. In die Substanz der Selbstverwaltung griff dagegen die Auflösung der Landesplanungsgemeinschaft Westfalen im Jahre

1975 ein, deren Geschäftsführung bisher beim Landschaftsverband gelegen hatte. Auch im Kredit- und Versicherungswesen ergaben sich empfindliche Terrainverluste. An der im Jahre 1969 aus der Fusion der Landesbank für Westfalen, deren Gewährsträgerschaft beim Landschaftsverband und dem Westfälisch-Lippischen Spar- und Giroverband lag, mit der Rheinischen Girozentrale gebildeten Westdeutschen Landesbank war der Landschaftsverband Westfalen-Lippe nur noch mit einem Sechstel beteiligt. Ähnlich verlief die Entwicklung bei der 1970 vollzogenen Fusion der Westfälischen Provinzial-Feuersozietät mit der Westfälischen Provinzial-Lebensversicherungsgesellschaft zu den »Westfälischen Provinzial-Versicherungen«. Im selben Jahre schlossen sich auch die »Westfälische Heimstätte« und die »Gemeinnützige Siedlungsgesellschaft Rote Erde« der »Landesentwicklungsgesellschaft Nordrhein-Westfalen für Städtebau, Wohnungswesen und Agrarordnung« an.

Ungeachtet des Rückzugs aus manchen bisherigen Tätigkeitsbereichen erhöhte sich das Haushaltsvolumen des Landschaftsverbandes stetig. Von 1952 bis 1978 stieg die Summe von 242 Millionen DM auf über vier Milliarden DM. Sie beträgt heute sieben Milliarden DM.

Die Meinung über Nutzen und Notwendigkeit der Landschaftsverbände war in den letzten Jahrzehnten geteilt. Manche allzu positiven Bekundungen seitens der Landschaftsverbände selber schlugen meist in der Öffentlichkeit negativ zu Buche. Immer wieder wird argumentiert, Straßenbau und Sozialwesen könnten ebenso gut von staatlichen Behörden wahrgenommen werden, die teilweise schon bestehen. Andererseits erkannte gerade die staatliche Instanz die großen Vorteile der Selbstverwaltung. Das sogenannte »Rietdorf-Gutachten« zur Neugliederung des Landes Nordrhein-Westfalen aus dem Jahre 1968 forderte, »alle Aufgaben der leistenden Verwaltung bei den Regionalverbänden zu konzentrieren, und zwar dergestalt, daß sich die Anreicherung der Leistungsaufgaben zugunsten der Regionalverbände vornehmlich auf solche zu erstrecken hat, die den vorhandenen Aufgabenbestand der Landschaftsverbände sinnvoll ergänzen und abrunden«. Ordnungs- und Aufsichtsaufgaben sollten dagegen bei den Regierungspräsidien verbleiben. Nur im Falle des Straßenbaus sah das Gutachten Vorteile, wenn der Straßenbau auf eine zu errichtende Landesbehörde verlagert würde. Das ist jedoch bis heute nicht geschehen. Überhaupt hat sich an dem etwas heiklen Verhältnis von Staat und Selbstverwaltung nichts geändert. Erneut bemächtigt sich in letzter Zeit die öffentliche Diskussion der Frage, wie regionale Selbstverwaltung und staatliche Mittelinstanzen im Rahmen einer Rationalisierung des Verwaltungsapparats in Zukunft gestaltet werden sollten. Bei den noch ausstehenden Entscheidungen über Fortdauer oder Aufhebung einzelner Institutionen wird das Prinzip des Althergebrachten und Traditionellen kaum beachtet werden, auch nicht der Grundsatz, wie die anfallenden Aufgaben ordnungsgemäß erledigt werden können. Die Bearbeitung aller Angelegenheiten kann selbstverständlich auch in anderen Organisationsschemata gesichert werden. Entscheidend für den Erhalt der Landschaftsverbände werden die großen geistigen Anstöße sein, die von ihren leitenden Persönlichkeiten ausgehen, wie es beispielsweise unter Bernhard Salzmann und seinen Mitstreitern der Fall war. Routine und Festhalten am Bestehenden wären schlechte Ratgeber. Die Erstickung wegweisender Ideen unter dem Wust der Einzelheiten birgt die größten Gefahren, die den Verantwortlichen drohen.

Der Anstieg der Aufgaben und des Bedienstetenapparates beim Landschaftsverband ist beeindruckend. Von 14792 Bediensteten im Jahre 1991 waren 7808 im sozialen und pädagogischen Dienst tätig. Davon entfielen 1986 auf den technischen Dienst, 1652 auf die Straßenunterhaltung, 354 auf Spezialdienste im kulturellen Bereich. 2572 waren in der allgemeinen Verwaltung tätig. Dazu traten 400 Sonstige.

Die Gesamtausgaben von 6921 Millionen DM verteilten sich mit 2484 Millionen auf die Sozialhilfe, wozu noch 85 Millionen für Sonderschulen, 319 Millionen für Kriegsopfer und Schwerbehinderte, 323 Millionen für Jugendhilfe, 20 Millionen für das Gesundheitswesen und 673 Millionen für Krankenhäuser traten. Die Gesamtausgaben für Soziales erreichten mit 3905 Millionen mehr als die Hälfte des gesamten Etats.

Der Straßenbau verschlang 1733 Millionen. Für Versorgungskassen standen 845 Millionen, für die allgemeine Verwaltung 338 Millionen, für die Kommunalwirtschaft 14 Millionen zur Verfügung. Die gesamte Kulturpflege, eines der Renommierschilder der regionalen Selbstverwaltung, mußte sich mit 86 Millionen begnügen.

Von 1953 bis 1989 hatten sich die Beschäftigtenzahlen um das Dreifache erhöht. Sogar die Kulturpflege beschäftigte statt 138 nunmehr 513 Bedienstete.

Die Kirchen nach dem Zweiten Weltkrieg

Die mit dem Untergang der nationalsozialistischen Herrschaft eintretende Befreiung vom politischen Druck bestärkte viele Menschen, die unermeßlichen Kriegsverwüstungen im materiellen und seelisch-moralischen Bereich nicht apathisch und demoralisiert hinzunehmen, sondern entschlossen zum Neuaufbau in allen Sphären zu schreiten. In wenigen Jahren konnten die schwersten äußeren Schäden an den Kirchen beseitigt werden. Darüber hinaus kam es zu zahlreichen Neubauten, besonders an den Orten, an denen sich die konfessionellen Verhältnisse durch Zuwanderer aus dem Osten verschoben hatten. Neue Pfarreien wurden errichtet, vielfach auch neue Organisationsformen gefunden.

Innerhalb der katholischen Kirche fällt darunter besonders die Errichtung des Ruhrbistums Essen am 1. Januar 1958, das von den Diözesen Köln und Paderborn sieben Städte und zwei Landkreise übernahm. Nach älteren evangelischen Beispielen errichteten nun auch die Katholiken verschiedene Bildungsanstalten zur Durchführung von Seminaren und Tagungen, auf denen soziale Fragen und geistige Probleme der Zeit Erörterung finden konnten. Zukunftsweisend wirkte auf diesem Gebiet vor allem der Bischof von Münster, Michael Keller (1947–1961). Er nahm manche Anregungen des 2. Vatikanischen Konzils vorweg.

Schon im 19. Jahrhundert trat eine Vermischung von Katholiken und Evangelischen in ihren Siedlungen ein. Sie führte zu einer Abflachung der konfessionellen Gegensätze, die früher das Land geprägt hatten. Nach 1918 verstärkte sich die Tendenz, bis schließlich die nationalsozialistische Kirchenpolitik einen ungewollten, aber umso kräftigeren Anstoß zur ökumenischen Verständigung gab und alle Christen in den unterschiedlichsten Kirchen zur gemeinsamen Abwehr kirchenfeindlicher Angriffe zusammenführte.

In diese Entwicklung gehört auch die Befreiung der theologischen Wissenschaft von konfessionellen Vorurteilen. Der Paderborner Kirchenhistoriker Adolf Herte bot 1935 in einem vielbeachteten Buch ein sachliches und von alten Belastungen befreites Lutherbild. Joseph Lortz erkannte in seinem Werk »Die Reformation in Deutschland«, das 1939 erschien und mehrere Auflagen erreichte, den Reformator als eine der überragenden religiösen Gestalten Deutschlands an. Seine Auffassungen belebten das interkonfessionelle Gespräch maßgebend und positiv.

Unmittelbar nach Kriegsende, im Jahre 1945, nahmen Dompropst Paul Simon und Professor Joseph Höfer in Paderborn die ersten Verbindungen zu evangelischen Christen auf. Unter wesentlicher Mitwirkung des Paderborner Erzbischofs Lorenz Jaeger (1961–1975) und des evangelischen Landesbischofs von Oldenburg, Wilhelm Stählin († 1975), entstand ein »Ökumenischer Arbeitskreis evangelischer und katholischer Theologen«, auch »Jaeger-Stählin-Kreis« genannt, der das Gespräch zwischen den Konfessionen in ganz Deutschland in Gang brachte, zumal die Una-Sancta-Bewegung im deutschen Katholizismus an Boden gewann, wenn diese auch in Rom mit Zurückhaltung beobachtet wurde. Das von Jaeger angeregte römische Institut zur Klärung aller mit einer Wiedervereinigung der Kirchen zusammenhängenden Fragen kam erst gar nicht zustande. Deshalb schuf er im Jahre 1957 das »Johann-Adam-Möhler-Institut« zur Aufarbeitung drängender ökumenischer Fragen, »eine mutige Tat« (E. Hegel), die sich über römische Bedenken hinwegsetzte. Einen Erfolg konnte der Erzbischof verzeichnen, als er im Jahre 1960 nach der Ankündigung des 2. Vatikanischen Konzils den Papst erneut bat, in Rom ein »Sekretariat für die Einheit der Christen« zu begründen. Die Paderborner Initiativen in der ökumenischen Bewegung zeigten ihre ersten, weitgehenden Konsequenzen, wenn auch in der Folgezeit in Rom Stille auf diesem Gebiet eintrat. In den evangelischen Kirchen wurden die Anregungen bereitwillig aufgenommen und vor allem auf der Ebene der Gemeinden in die Wirklichkeit umgesetzt. Zusammenarbeit benachbarter katholischer und evangelischer Gemeinden gehört heute fast zur Selbstverständlichkeit.

Sorgen bereiten der katholischen Kirche in letzter Zeit der Rückgang des früher traditionellen Besuchs der sonntäglichen Gottesdienste und die Abkehr weiter Bevölkerungsteile von hergebrachten Wertvorstellungen. Ehe und Familie stehen nicht mehr so im Mittelpunkt des gesellschaftlichen Lebens wie früher. Kirchliche Eheschließungen werden oft nur noch als feierliches Beiwerk betrachtet. Die Kirche hat mit zahlreichen Ehescheidungen und ihren schlimmen Folgen zu kämpfen. In der Geistlichkeit ist die Ehelosigkeit kein Tabu mehr. Bisher wurden alle Anstöße zur Abschaffung des Zölibats jedoch von Rom zurückgewiesen. Ob dadurch der Priestermangel vergrößert wird oder nicht, bleibt eine umstrittene Frage.

In einer ganz anderen Position als die katholische Kirche sah sich nach Kriegsende die evangelische Kirche. Sie stand völlig führerlos da. In einem Aufruf vom 13. Juni 1945 an Gemeinden und Pfarrer erklärte Präses Koch, »daß die Kirche ohne Leitung sei. Als einziges Kirchenordnungs- und verfassungsmäßiges Amt der provinzialkirchlichen Selbstverwaltung besteht in Westfalen noch das Amt des Präses der Provinzialsynode, an dessen Ausübung ich gehindert wurde und das ich nach Fortfall der Behinderungen ... wiederaufgenommen habe«. Koch berief eine vorläufige Kirchenleitung, die bis zur Konstituierung einer ordentlichen Provinzialsynode tätig sein sollte. Als maßgebliche Grundlage aller kirchlichen Arbeit galten die Bekenntnisparagraphen der Rheinisch-Westfälischen Kirchenordnung. Doch stellten das große Worte in einer von moralischem Verfall und Verzweiflung geplagten Zeit dar.

Verständlicherweise richteten die Kirchen in Westfalen wie anderswo in dieser außerordentlich schwierigen Situation vorwiegend ihre Blicke auf eigene Probleme. In ihren Augen hatte mit dem Untergang des Landes Preußen auch die Evangelische Kirche altpreußischer Union zu bestehen aufgehört. Die Zukunft erblickte man in der Bildung selbständiger Kirchen innerhalb der bisherigen Provinzen. Schon auf der Kirchenversammlung vom Oktober 1945 einigte man sich auf die Regelung wichtiger Finanzfragen unter diesen Voraussetzungen.

Da die westfälische Kirche synodalen Charakter trug, mußten Neuwahlen angesetzt werden. Dazu wurde, wie auch im Rheinland, eine »Ordnung für die Übertragung des Presbyteramtes« errichtet, die das passive Wahlrecht nur solchen Kirchenmitgliedern zuerkannte, »die sich zu der um Wort und Sakrament gesammelten Gemeinde halten und bereit sind, der Gemeinde zu dienen«. Zur Debatte stand auch die Gestaltung der Spitze der westfälischen Kirche. Entweder konnte diese durch einen Bischof, einen Präses oder einen Kirchenpräsidenten gebildet werden. Die Entscheidung der Synodalen fiel schließlich zugunsten des Präses aus.

Nachdem Präses Koch im Jahre 1948 zurückgetreten war, wählte die Landessynode mit knapper Mehrheit Pfarrer Wilm aus Mennighüffen zu seinem Nachfolger vor seinem Mitbewerber Superintendent Kunst aus Herford. Die wichtigste Aufgabe des Präses stellte sich in der Schaffung einer neuen Kirchenordnung. Ein zu diesem Zwecke eingesetzter Ausschuß forderte in seinem Bericht vor allem »Bekenntnis und Einheit der Kirche«, mit eindeutiger Übereinstimmung von Schrift und Bekenntnis. Eine Veränderung erfuhr die bisherige Stellung der Pfarrer. In der Gemeindeleitung trat ihnen das Presbyterium zur Seite. Das meiste war zwar aus der Rheinisch-Westfälischen Kirchenordnung aus dem Jahre 1923 übernommen, doch stellte sich nun die Frage der Einheit des Bekenntnisses neu. Innerevangelische Konfessionsunterschiede sollten keine Bedeutung mehr besitzen. Man forderte nur, die Schriftlesungen nach Luthers Bibelübersetzung vorzunehmen. Gleiches Bekenntnis wurde nur für die Ordinationsakte verlangt. Ordinator und Ordinand mußten im Bekenntnis übereinstimmen.

Später traten kaum noch Veränderungen ein. Mitte der sechziger Jahre erfolgte als Zugeständnis an die Frauenbewegung die Neubestimmung, daß in Gemeinden mit mindestens drei Pfarrstellen eine Stelle mit einer Pastorin besetzt werden dürfe. Bis zum Jahre 1992 stieg der Frauenanteil unter den westfälischen Theologen von acht auf neunzehn Prozent. Von insgesamt etwa 1800 Pfarrstellen sind knapp fünfzehn Prozent mit Frauen besetzt.

Im übrigen befaßten sich die Landessynoden der Folgezeit mit der immer im Vordergrund stehenden Frage der rechten Verkündigung. Man erkannte sehr wohl die anwachsenden Probleme, die mit einer zunehmenden Entkirchlichung der Umwelt zusammenhingen, suchte die Lösung aber auf ganz verschiedenen Wegen, wie es auch anders nicht zu erwarten war.

Nicht in allen Kreisen anerkannt, gewannen die Kirchentage in der Nachkriegszeit eine hohe Bedeutung, um die aus dem hergebrachten kirchlichen Umfeld herausgeführten Menschen erneut auf ihre Glaubensgrundlagen aufmerksam zu machen. Rainold von Thadden-Trieglaff erwarb sich bei der Organisierung dieser Veranstaltungen große Verdienste. In Westfalen fand erstmals im Jahre 1963 ein evangelischer Kirchentag statt. Er stand in Dortmund unter dem Motto »Mit Konflikten leben«. Auf ihm kamen Redner aus Politik, Wirtschaft und Wissenschaft zu Wort. Der Tag zog Tausende von Interessierten, besonders aus den jüngeren Schichten der Bevölkerung, an. Wie groß der beabsichtigte Erfolg am Ende ausfiel, läßt sich kaum bestimmen. Auch die Befragung der Teilnehmer könnte darüber keine verläßliche Antwort geben. Zumindest stärkte der Kirchentag das kirchliche Bewußtsein in weiten Kreisen Westfalens. Er gehört seitdem zu den selbstverständlichen Veranstaltungen der Kirche, die auch von Menschen angenommen werden, die sich vom traditionellen Wirken der Kirche fernhalten.

Auf Kritik in evangelikalen Kreisen stieß die manchmal auf den Kirchentagen zu beobachtende allzu starke Anpassung an Zeiterscheinungen. Evangelische Christen, die in der Tradition der Erweckungsbewegung standen, konnten sich damit nur schwer abfinden. Sie suchten in der 1966 begründeten »Bekenntnisbewegung kein anderes Evangelium« ihre geistliche Heimat. Mit Vehemenz wandten sie sich gegen die hier und da von den Kanzeln verkündigte modernistische Theologie, die häufig eine erkennbar politische Prägung aufwies. Besonders erregte eine von einunddreißig Theologieprofessoren veröffentlichte Erklärung die Massen. Präses Wilm versuchte, in dem der Kirche schädlichen Streit eine vermittelnde Haltung einzunehmen und die Wogen zu glätten. Eine Beruhigung trat aber erst ein, als die studentische Revolution zu Ende der sechziger Jahre ganz andere Fragen in den Vordergrund schob und den Kirchenstreit verblassen ließ.

Die Verselbständigung der Landeskirchen nach dem letzten Kriege führte allerdings nicht zu einer Vereinsamung. Mit der Rheinischen und der Niedersächsischen Landeskirche gehörte die Westfälische zu einem Dachverband, zu der auch vier Kirchen in der damaligen Deutschen Demokratischen Republik zählten. Sie bildeten einen Zusammenschluß, der in beschränkter Form die Evangelische Kirche altpreußischer Union fortführte. Nach dem Bau der »Berliner Mauer« sahen sich die Gremien gezwungen, diesseits und jenseits getrennt zu tagen. Trotzdem führte die Westfälische Landeskirche ihre finanzielle Unterstützung der mitteldeutschen Schwesterkirchen weiter fort. Bei gemeinsamen Tagungen der zusammengeschlossenen Landeskirchen führten westfälische Präsides wiederholt den Vorsitz. Ein westfälischer Theologe arbeitete auch regelmäßig in der Kirchenkanzlei der Evangelischen Kirche der Union (EKU), der Nachfolgerin des früheren Evangelischen Oberkirchenrats (EOK). Er nahm zumeist das Ökumene-Referat wahr. Erst die Wiedervereinigung Deutschlands ermöglichte erneut die ungestörte Zusammenarbeit der evangelischen Kirchen. Sie erleichterte auch die finanzielle Hilfe aus dem Westen für den materiellen und geistlichen Wiederaufbau des schwer angeschlagenen kirchlichen Lebens in Mitteldeutschland.

Die Kunst seit dem Kriegsende

Das Ende der nationalsozialistischen Herrschaft bescherte den Künstlern den Wiedergewinn freien Schaffens, unbeeinflußt von staatlichen Reglementierungen und ohne Furcht vor Berufsverboten. Eine Welle von Neugründungen künstlerischer Interessengemeinschaften lief durch das Land. In ihrer Struktur zeigten die Vereinigungen große Vielfalt. Manche von ihnen dienten allein der materiellen Sicherung der Künstler, andere verfolgten bestimmte Kunsttendenzen oder blieben ganz einfach offen für alle möglichen Zeitströmungen auf künstlerischem Gebiet.

Zu den bekanntesten Gruppen gehört die »Freie Künstlergemeinschaft Schanze« in Münster, die schon seit 1919 bestand und alle Kunstrichtungen in sich aufnahm. Dagegen bildete die 1945 in Hagen begründete »Westfälische Sezession« einen völligen Neuanfang. Ihr erster Vorsitzender war Peter August Böckstiegel. In Recklinghausen entstand im Anschluß an die von den Gewerkschaften eingeführten »Ruhrfestspiele« eine Künstlervereinigung, die sich »junger westen« nannte und in ihren öffentlichen Ausstellungen auch auswärtige Künstler berücksichtigte.

Unter den um Anerkennung ringenden Kunstrichtungen befand sich nach der Überwindung des Totalitarismus die von diesem unterdrückte gegenstandslose Kunst. Gegenständliche Darstellungen unterlagen dem Verdacht, der von der nationalsozialistischen Kulturpolitik geförderten Richtung zu huldigen. Gänzlich unverdächtig war dagegen die abstrakte Kunst, wie sie etwa in der in Paris entwickelten Richtung des »Informel« entwickelt worden war. »Die Künstler konzentrierten sich auf die Lösung künstlerischer Probleme, zogen sich auf die eigne Subjektivität zurück« (G. Langemeyer).

Um die Mitte der sechziger Jahre kam mit der Gruppe »B 1« eine Gegenbewegung zum Durchbruch, die ihre künstlerischen Bemühungen im Verhältnis zur industriellen Umwelt zu lösen versuchte. Unter Weiterentwicklung des Konstruktivismus verwendete sie hauptsächlich industrielles Material, zum Teil auch industriell vorgefertigte Elemente.

Grundsätzlich blieb aber der Gegensatz zwischen Verfechtern der abstrakten Kunst und denen, die sich dem Gegenständlichen widmeten, bestehen. Er äußerte sich in der Gründung entsprechender künstlerischer Vereinigungen. So bevorzugte die »Dortmunder Gruppe« das Abstrakte, der »Dortmunder Künstlerbund« dagegen das Gegenständliche. Beide Gründungen fielen in das Jahr 1956. Das hinderte keine dieser Gruppierungen daran, gemeinsame Veranstaltungen zu pflegen und auf den seit 1970 stattfindenden Ausstellungen realistische und abstrakte Werke zu präsentieren, die die Gegensätze weniger scharf erscheinen ließen. Eine dritte Gruppe, die »Dortmunder Sezession«, bemühte sich um Zugang zu diesen Veranstaltungen. Neben diesen Richtungen gewann in zunehmendem Umfang die naive Kunst Anerkennung, nicht zuletzt im Ruhrgebiet.

Die Museen bemühten sich nach Kriegsende darum, die seit 1933 verfemten Vertreter der »entarteten Kunst« wieder aus der Versenkung zu holen und in das Bewußtsein der Menschen zu rücken. In umfangreichen Ankäufen derartiger Kunstwerke, ihrer Präsentation in großen und spektakulären Ausstellungen, in der Eröffnung neuer Abteilungen in den Museen verriet sich nicht zuletzt der Wunsch der öffentlichen Hand, eine in der nationalsozialistischen Zeit mitgetragene und ungerechte Behandlung der modernen Künstler wiedergutzumachen. Dabei wurde meist der Blick auf das allgemeine Erscheinungsbild gelenkt und über die Grenzen Westfalens hinausgeführt, da sich moderne Kunstrichtungen in keinem Falle vereinzeln und auf eine bestimmte Region beschränken lassen. Einen Sonderfall bildet das Bottroper »Quadrat«, das sich dem Gedächtnis Josef Albers' und der Pflege konstruktivistischer Kunst widmet.

In ihrer Bedeutung für die Kunstentwicklung sind die zahlreichen, regelmäßig verliehenen Kunstpreise nicht zu unterschätzen. Sie dienen vor allem der Förderung junger Künstler. So stiftete die Stadt Hagen im Jahre 1947 den »Karl-Ernst-Osthues-Preis« für deutsche Künstler, die Stadt Recklinghausen im folgenden Jahr den Kunstpreis »junger westen«, die Stadt Soest im Jahre 1953 den »Wilhelm-Morgner-Preis« und die Stadt Iserlohn ihren »Kunstpreis«. Überregionale Würdigungen im internationalen Rahmen stellen der »Große Kunstpreis des Landes Nordrhein-Westfalen« aus dem Jahre 1953 und der »Rubens-Preis« der Stadt Siegen für berühmte Künstler dar. Der Landschaftsverband Westfalen-Lippe verleiht seit 1950 alle zwei Jahre den »Konrad-von-Soest-Preis« zur Anerkennung einer künstlerischen Gesamtleistung. Voraussetzung ist, daß der Künstler aus Westfalen stammt oder im Lande lebt. Unter den auf diese Weise Geehrten finden sich hochberühmte Namen.

Alle diese von der öffentlichen Hand geförderten Maßnahmen können freilich die modernen Kunstrichtungen nicht davor bewahren, mit den ihnen zugewandten Künstlern und Kunstsachverständigen in die rauhe Luft der Öffentlichkeit zu geraten, die der Moderne weithin mit Unverständnis gegenübersteht. Die Ausstellung des Westfälischen Landesmuseums für Kunst und Kulturgeschichte »Skulptur 77« machte zwar Erzeugnisse der neuesten Kunst weiten Kreisen bekannt, aber keineswegs vertraut. Viele im Stadtgebiet von Münster aufgestellte Skulpturen mußten vor dem Druck der öffentlichen Meinung ihren Standpunkt wieder verlassen. Selbst die der klassischen Moderne zugerechnete Skulptur des von den Nationalsozialisten ermordeten Bildhauers Otto Freundlich vor dem neuen Stadthaus wanderte nach manchen Anfeindungen im Jahre

1992 auf einen abseits gelegenen Platz. Die Erregung über das von der Westdeutschen Landesbank der Stadt Münster zum zwölfhundertjährigen Jubiläum geschenkte Kunstwerk des Basken Chillida, bestehend aus zwei stählernen Sofas, das im Innenhof des Rathauses aufgestellt wurde, hält unvermindert an, obgleich von höchster Stelle Beschwichtigungsversuche erfolgten. Dagegen werden andere Kunstwerke, die zuerst auf Anlehnung der Öffentlichkeit stießen, inzwischen geduldet oder doch zumindest nicht beachtet.

Wirtschaft und Verkehr

Die wirtschaftlichen und sozialen Verhältnisse nach dem letzten Kriege erweckten in Westfalen, wie in ganz Deutschland, das Bild eines durch Sturm aufgewühlten Sees, in dem alles durcheinander wirbelte. »Alles ist in Bewegung geraten: Menschen, Güter, Vorstellungen, Werte« (E. Pfeil). Verschlimmert wurden die Zustände durch den Zustrom von Millionen Flüchtlingen und Vertriebenen aus den deutschen Ostgebieten. Sie verschärften den Überlebenskampf der Menschen in einem weithin zerstörten Lande. Die zugewanderten Heimatlosen suchten freilich nicht die in Schutt und Asche liegenden Großstädte des Industriegebietes auf, sondern bevorzugten die ländlichen Gebiete Westfalens. Im Vergleich zu anderen deutschen Landschaften hielt sich die Belastung durch Zuwanderer in Grenzen. Am stärksten waren noch die Kreise Büren, Warburg, Halle und Bielefeld im Osten, Wittgenstein, Lippstadt, Meschede, Brilon und Siegen im Süden betroffen.

Der plötzliche und heftige Zustrom heimatloser Menschen mußte bewältigt werden, obgleich die einheimische Bevölkerung selber unter Wohnungsnot litt. Im Ruhrgebiet hatten die Bomben mehr als die Hälfte des Wohnraums zerstört. Die meisten erhaltenen Wohnräume waren beschädigt und nur in eingeschränktem Maße benutzbar. Aber auch in den anderen westfälischen Großstädten, Münster, Paderborn und Bielefeld, standen nur noch wenige Unterbringungsmöglichkeiten zur Verfügung. Hinzu kam die katastrophale Versorgung mit Lebensmitteln. Die Bevölkerung reagierte darauf mit Verbitterung, zumal es den Nationalsozialisten bis in die letzten Kriegstage gelungen war, einen verhältnismäßig hohen Lebensstandard aufrechtzuerhalten. Er lag weit über dem in Frankreich und England.

Die Lage verschlimmerte sich sogar in den ersten Nachkriegsjahren. Zwei Jahre nach Kriegsende drohte die Versorgung völlig zusammenzubrechen. Am besten erging es noch bestimmten Gruppen der Arbeiterschaft. Ihnen flossen Zulagen für schwierige Arbeit zu. Als Merkmale für die Zuerkennung derartiger Vergünstigungen galten nicht nur die Schwere der Arbeit, sondern auch »politisch gesetzte Prioritäten« (D. Petzina). Für einige Jahre schob sich der Beruf des Bergmanns auf diese Weise an die Spitze aller Berufe. Von der nicht begünstigten Bevölkerung gelang es nur wenigen, ihren Lebensunterhalt auf reguläre Weise zu beschaffen. Die meisten Menschen befanden sich auf Hamsterfahrten und Schwarzmärkten ständig auf der Jagd nach Lebensmitteln. Geld spielte dabei nur eine untergeordnete Rolle. Gefragt waren Sachwerte mit weit höherem Kaufwert.

In krassem Gegensatz zur trostlosen Lage der Bevölkerung im Ruhrgebiet stand trotz heftiger Klagen die Schwerindustrie da. Die Flächenbombardierungen der letzten Kriegsjahre hatten in weit höherem Maße Wohngebiete und Verkehrsanlagen getroffen als die Rüstungsindustrie. Der Rückgang ihrer Produktion gegen Kriegsende ergab sich weniger aus der Zerstörung ihrer Anlagen als aus der Vernichtung des Verkehrssystems. Die Industrieanlagen blieben zumeist erhalten. Das gab Anlaß zur Hoffnung auf bessere Zeiten, da der Wiederaufbau des Verkehrsnetzes keine unüberwindlichen Schwierigkeiten bereitete. Die Neueinrichtung der Industrieanlagen wäre erheblich schwieriger gewesen.

Am kompliziertesten gestaltete sich die Wiederbelebung der Produktion im Bergbau. Er hatte zwischen 1936 und 1943 nicht von den großen Investitionen profitiert, wie sie der Rüstungsindustrie zuflossen. Auch ließ sich der Abzug der Kriegsgefangenen und ausländischen Arbeitskräfte, die im Kriege die größten Lasten in der Kohleförderung getragen hatten, nicht so leicht ausgleichen. Der Engpaß im Bergbau gestaltete sich dadurch zum Dreh- und Angelpunkt aller wirtschaftspolitischen Bemühungen der Militärbehörden und bald auch der neuen deutschen Verwaltungsstellen in Westfalen, besonders in den ersten drei Nachkriegsjahren.

Die tatsächlichen Folgen der Reparations- und Demontagepolitik der Besatzungsmacht standen in einem gewissen Gegensatz zu den politisch-psychologischen Eindrücken in der Bevölkerung. Sie wurden weit höher eingeschätzt, als sie in Wirklichkeit waren. Genau schätzen lassen sich die tatsächlichen Verluste der Industrie durch Demontage nicht, doch scheinen sie keineswegs so einschneidend gewesen zu sein, wie es manchmal beklagt wurde. Viel negativer wirkte sich die dadurch hervorgerufene Unsicherheit aus. In bedrohten Betrieben war keine wirkliche Planung möglich. Viele hatten inzwischen längst die Produktion wieder aufgenommen, als sie zum Demontageobjekt erklärt wurden. In der deutschen Bevölkerung breitete sich Verbitterung darüber aus, daß vier Jahre nach Kriegsende die Demontagepolitik eine Verschärfung erfuhr. Sie ließ sich nicht mehr als Bestrafung oder Wiedergutmachung erklären. Erst das »Abkommen über verbotene und beschränkte Industrien«, das die westlichen Besatzungsmächte am 19. April 1949 schlossen und das die endgültige Liste der Demontagebetriebe enthielt, schuf für viele Unternehmen Klarheit über ihre Zukunft. Das hauptsächlich betroffene Ruhrgebiet erlitt durch die Jahre der Unsicherheit einen erheblichen Rückstand im Wiederaufbau gegenüber anderen deutschen Landschaften.

Von der Demontage betroffen waren vor allem die Unternehmen der Schwerindustrie, die Rüstungsgüter produziert hatten. So wurden die Gelenkschmiede und das Elektrostahlwerk des Bochumer Vereins im Jahre 1949 demontiert. Auch die Deutschen Edelstahlwerke in Bochum verfielen dem Abbau, ebenso die Ruhrstahl AG in Witten, die Grobblechstraße des Dortmund-Hörder Hüttenvereins und viele andere Unternehmen der stahlverarbeitenden Industrie, chemische Werke und Maschinenbaubetriebe.

Auf dem Höhepunkt der Demontagen, im Jahre 1949, erlitt die Glaubwürdigkeit des Verfahrens durch das Anlaufen des Marshall-Plans einen schweren Schlag. Bereits zur Demontage bestimmte Betriebe konnten in einem merkwürdigen Tauschhandel durch Lieferung anderer Waren vor dem Abtransport gerettet werden. Erstaunlicherweise erreichte die deutsche Stahlproduktion schon in diesem Jahre 1949 die Höhe der französischen Produktion, deren Vorsprung doch für alle Zeiten durch die Demontagepolitik gesichert werden sollte.

Die Bevölkerungsentwicklung verlief nach Kriegsende uneinheitlich. Die generelle Zunahme beruhte weniger auf Geburtenüberschüssen als auf Zuwanderung. Anfangs standen unter den Zuwanderern die Flüchtlinge aus dem deutschen Osten und anderen Ländern Osteuropas im Vordergrund. Später traten die aus der sowjetischen Besatzungszone und der aus ihr hervorgegangenen Deutschen Demokratischen Republik an ihre Stelle; schließlich kamen ausländische Arbeitnehmer aus südeuropäischen Staaten, die den Arbeitskräftemangel in der Bundesrepublik ausgleichen sollten. Ihnen folgten die »Asylanten« aus Staaten der Dritten Welt, die meisten unter ihnen von den wirtschaftlich besseren Verhältnissen in Deutschland angezogen.

Die Geburtenziffern pendelten sich dagegen auf einem sehr niedrigen Stand ein. Er genügte nicht mehr, ein Volk in seinem Bestand zu erhalten. Die Gründe dafür liegen in sehr verschiedenen Bereichen. Wahrung eines materiell sehr hoch angesetzten Lebensstandards, Auflösung hergebrachter Bindungen im religiösen und moralischen Bereich in Verbindung mit einer in der Jugend verbreiteten Perspektivlosigkeit rechnen sicherlich nicht allein zu den Gründen, gehören aber doch wohl zu den wirkungskräftigsten. Dabei läßt sich feststellen, daß im Gesamtbild des Landes Nordrhein-Westfalen das Rheinland einen stärkeren Zuwachs aufweist. Die Regionen um Köln und Düsseldorf erstarkten zusammen mit dem westlichen Ruhrgebiet in weit stärkerem Umfang als das östliche Ruhrgebiet und die alten Industriezentren um Bielefeld, in der Mark und im Siegerland. Dasselbe Schicksal traf auch die Textilgebiete im westlichen Münsterland. Seitdem der Ruhrbergbau im Jahre 1960 in eine permanente Krise geriet, verlor das Ruhrgebiet mit schwindenden Arbeitsplätzen auch Menschen. Die Bevölkerungszahlen sanken unter die Fünfmillionen-Grenze. Dagegen gehörten Gebiete mit bisher gering ausgebildeter Industrie oder auch neuen Industriezweigen in Westfalen zu den Gewinnern. Überhaupt entwickelte sich die Tendenz: Weg von den Ballungsgebieten in den Großstädten in bisher rein ländliche Bereiche. Der Anteil der Stadtbevölkerung an der Gesamteinwohnerschaft ging zurück. Er sank unter die Zweidrittel-Marke. Möglicherweise wird sich die damit eingeschlagene Dezentralisierung künftig in einer »postindustriellen« Siedlungsweise fortsetzen. Wirtschaftsansetzungen erfolgen schon heute nicht selten unter dem Gesichtspunkt der »Freizeitorientierung«. Sie benötigen nicht mehr wie früher die Nähe zu Kohle und Stahl als Rohstoffen, sondern Informatik und Elektronik. Ländliche und städtische Siedlungsformen nähern sich damit an.

Erheblichen Veränderungen unterlagen die Qualifikationen der Arbeitnehmer. Entsprechend den Entwicklungen in der Industrie stieg der Bedarf an Mitarbeitern, die nicht nur über die traditionelle Fachausbildung verfügten, sondern ein Studium an wissenschaftlichen Hochschulen und Ingenieurschulen aufwiesen. Entsprechend stieg der Anteil der Studierenden an der Gesamtbevölkerung fast auf das Zehnfache an. Auch innerhalb der Arbeiterschaft vollzog sich eine revolutionäre Umschichtung. Die in der Industrialisierungsphase entstandene Gliederung in Facharbeiter, angelernte und ungelernte Arbeiter verschwand. An ihre Stelle traten Inhaber von Kontroll-, Überwachungs- und Ausbildungsfunktionen in einer sich ständig wandelnden Umwelt. Ungelernte Arbeiter verloren fast jede Möglichkeit, einen Broterwerb zu finden, aber auch erlernte Fähigkeiten garantierten keine Dauerbeschäftigung mehr, wenn die Anforderungen der Betriebe sich änderten.

In der bereits früher eingeschlagenen Richtung lag es, wenn sich die Beschäftigtenzahlen in der Landwirtschaft weiter drastisch verringerten. Die seit 1950 einsetzende Mechanisierung im agrarischen Bereich beschleunigte diese Einwicklung noch. Von 1950 bis heute sank die Beschäftigtenzahl in der Landwirtschaft fast auf ein Fünftel. Im produzierenden Gewerbe setzte der Stellenabbau erst zwanzig Jahre später ein, war aber ebenfalls nicht aufzuhalten. Rationalisierung, Mechanisierung und im Ganzen zu hohe Lohnabschlüsse programmierten die einsetzende Arbeitslosigkeit vor, aus der beim eingespielten System kein Weg herausführt.

Einen Zuwachs an Beschäftigten wies allein der tertiäre Sektor auf. Schon bis 1982 stieg sein Anteil an der Beschäftigtenzahl auf über fünfzig Prozent an. Staat und Gemeinden, aber auch Privatbetriebe im Dienstleistungsbereich, die aus der hohen Kaufkraft der Massen Gewinn zogen, stellten Bedienstete ein, die in Industrie und Gewerbe nicht mehr benötigt wurden. Besonders der kommunale Sektor zeichnete sich dabei aus. Verantwortlich dafür war die Ausweitung des Bildungswesens und der Sozialleistungen. Sie führte zu einer überdurchschnittlichen Erhöhung der Beschäftigtenzahlen. Wie sich diese Tendenzen in der Zukunft fortsetzen werden, läßt sich kaum sagen. Eine Verstärkung des tertiären Sektors ist wahrscheinlich. Von manchen wird eine Höhe von achtzig Prozent prophezeit, doch machen sich auch hier Rationalisierungserscheinungen bemerkbar, die durchaus in eine andere Richtung führen können.

Eine weitere, unübersehbare Verschiebung innerhalb der sozialen Gliederung der Bevölkerung trat in der Nachkriegszeit zugunsten der Abhängigen und zu Lasten der Selbständigen ein. Die Richtung ließ sich längst vor dem Zweiten Weltkrieg erkennen, beschleunigte sich nun aber. Die Zahl der Selbständigen sank von 1950 bis heute weit unter die Hälfte ab. Besonders stark sank die Zahl der selbständigen Handwerksbetriebe, doch stieg die Zahl der jeweils in ihnen Beschäftigten. Bisherige reine Familienbetriebe nahmen die Gestalt von Kleinbetrieben an, die neben der Produktion auch Aufgaben der Dienstleistung und Verteilung wahrnehmen. Diese Entwicklung verschonte auch die landwirtschaftlichen Betriebe nicht. Von drei selbständigen Bauernhöfen verschwanden bis heute zwei. Nur noch jeder Zehnte unter den Selbständigen ist Landwirt.

Dagegen erhöhte sich, wie gesagt, der Anteil der abhängig Tätigen. Der Anstieg kam aber nicht mehr wie in der Hochindustrialisierung der Arbeiterschaft zugute, sondern den Angestellten, »die sich bis in die Gegenwart in ihrem Selbstverständnis und in ihren privaten und politischen Verhaltensweisen nachhaltig von den Produktionsarbeitern« unterscheiden (D. Petzina). Weit über neunzig Prozent aller Erwerbstätigen rechnen heute zu den Abhängigen, ein Faktum, das von größter Bedeutung ist und mit Sorgen hingenommen werden muß, weil die Zahl der Verantwortung Tragenden schrumpft. Es fehlt der frühere solide Mittelstand in Westfalen, wie er in anderen Bundesländern noch immer zu den tragenden Schichten gehört. Die an sich ungesunde Struktur ergibt sich aus der traditionellen, einseitigen Ausrichtung Westfalens auf die Schwer- und Grundstoffindustrien.

Allerdings muß berücksichtigt werden, daß die Unterscheidung zwischen Selbständigen und Abhängigen nur das Verhältnis wiedergibt, nach dem die Produktionsmittel verfügbar sind. Die wirklichen sozialen Unterschiede kommen darin nicht zum Ausdruck. Sie spielen sich innerhalb der Klasse der abhängig Tätigen ab. Der Abstand zwischen einem am Kontrolltisch eines hochtechnisierten Betriebes Arbeitenden und dem Angestellten an der Datenbank einer Behörde oder Finanzgesellschaft reduzierte sich auf ein Minimum, vom Selbstverständnis des Arbeiters und des Angestellten einmal abgesehen. Denselben Angestellten trennen aber Welten von seinem Behördenchef oder dem Generaldirektor seines Großunternehmens, obgleich auch diese leitenden Personen zu den abhängig Tätigen rechnen.

Unvermeidlich bildeten sich tiefe Kluften zwischen den sozialen Bedingungen, in denen die einheimische Bevölkerung lebte, und denen, denen die Flüchtlinge und Vertriebenen aus dem Osten unterworfen waren. Die berufliche Eingliederung der Zuwanderer entwickelte sich zu einem der brennendsten Probleme der Nachkriegszeit. Eine besondere Erschwerung ergab sich durch die Konzentration der Vertriebenen in ländlichen Bereichen, in denen nur geringe Erwerbsmöglichkeiten bestanden. Die meisten Zuwanderer mußten deshalb mit einer Tätigkeit in berufsfremden Bereichen vorlieb nehmen, wenn sie überhaupt in das Erwerbsleben eingegliedert werden konnten. Der überaus starke Druck, eine Stelle zu finden, weckte in den Zuwanderern allerdings große Energien, um im Wettstreit mit den Einheimischen einen ihrer Begabung angemessenen Arbeitsplatz zu erlangen. Der Wettbewerbsgedanke drängte hergebrachte Leitbilder zurück und schob die Zugewanderten in die Rolle eines treibenden Elementes in der Nachkriegsgesellschaft, ganz ähnlich der Rolle, die das Proletariat im 19. Jahrhundert gespielt hatte. Leistungsorientierung, Konzentration auf den Wiederaufbau und große Mobilität bildeten auf diesem Hintergrund die wirksamsten Triebkräfte der damaligen Epoche.

In die neuformierte Unterschicht der Arbeiter strömten seit den sechziger Jahren, gelenkt von den wirtschaftlichen Erfordernissen und dem Bedarf an Arbeitskräften, Südeuropäer ein, denen sich etwas später Türken anschlossen. Über diese Arbeitskräfte konnte der Arbeitsmarkt frei verfügen. Ohne daß eine Planung zugrunde gelegen hätte, ja ungewollt entwickelte sich Westfalen im Rahmen der ganzen Bundesrepublik zu einem Einwanderungsland mit allen damit zusammenhängenden Problemen. Eingliederungsschwierigkeiten bestanden bei den dem westlichen Kulturkreis zuzurechnenden Südeuropäern kaum, um so mehr bei den aus dem Orient und einer islamischen Umgebung kommenden Türken. In der Bevölkerung tauchten erste Ängste vor einer Überfremdung ihrer Heimat auf. Verbunden damit war die Furcht, gegenüber den anspruchslosen und an ein niedriges Lohnniveau gewöhnten Fremden im Wettbewerb um die Arbeitsplätze zu den Verlierern zu gehören. Das oft gebrauchte Wort von der »Fremdenfeindlichkeit« ist dagegen unberechtigt und trifft nicht den Kern der Ängste, die gerade in einfacheren Kreisen der Bevölkerung auftauchten und durch die ungehemmte Zuwanderung von Angehörigen aus noch fremderen Gegenden nicht gerade verringert wurden. Darin kommen vielmehr atavistische Gefühle der Abwehr gegen alles Ungewohnte zum Ausbruch, vermischt mit ganz realen Befürchtungen, materiellen Schaden zu erleiden und dem Zustrom Fremder nicht gewachsen zu sein. Die Unmöglichkeit, allen eingewanderten Gruppen angemessenen Wohnraum zu gewähren, und die dadurch bedingte Unterbringung in »Asylantenheimen« verschlimmerte die Lage noch. Die Einheimischen sahen sich ihnen bedrohlich erscheinenden Gruppen gegenüber. Zudem konnten die meist ungelernten Arbeitskräfte in keine Stellen vermittelt werden, da schon deutsche ungelernte Bewerber kaum Erfolg bei der Suche nach einem Arbeitsplatz hatten. Die Übernahme der Zuwanderer auf den Sozialfonds von Staat und Kommunen darf nur zu einer vorübergehenden Lösung der Probleme werden, wenn diese nach Deutschland gekommenen Menschen nicht zu einer isolierten, problemgeladenen Sondergruppe werden sollen. Ausschreitungen radikaler Jugendlicher gegen Fremde stellen mit Sicherheit nicht eine in der Gesamtbevölkerung schlummernde Tendenz dar. Sie können aber die Lage vergiften und einen gefährlichen Sprengstoff schaffen, wenn das Zuwandererproblem nicht eine umfassende Lösung findet, zu der die Politiker aufgerufen sind. Mit Verwaltungsmitteln ist nichts auszurichten. Die selbstverständliche Aufnahme von Flüchtlingen aus nahegelegenen Kriegs- und Krisengebieten ist dagegen eine Selbstverständlichkeit, über die kein Wort verloren werden muß. Der Aufenthalt dieser Hilfesuchenden wird auch nur in den seltensten Fällen zur Dauer werden.

Bisher konnte die öffentliche Hand noch immer solche Probleme mit Finanzmitteln aus der gefährlichen Zone heraushalten. Das war nur möglich auf dem Boden eines Wohlstandes, der in der gesamten Bundesrepublik besteht, und von Einkommensverhältnissen, die trotz aller Klagen von Funktionären weit über dem Niveau der meisten Länder der Erde liegen. Damit wurde ein früher kaum vorstellbarer Wohlstand erreicht. Freilich zeigen sich auch hier Wolken, die den Himmel nicht mehr in strahlendem Blau erscheinen lassen. Ständig gestiegene Lohn- und Soziallasten zwingen die Unternehmer zu weitgehenden Rationalisierungen im Zusammenhang mit Entlassungen großen Stils. Ganze Produktions- und Dienstleistungsbetriebe werden in das Ausland verlagert, weil dort die Bedingungen günstiger sind. Ein allzu sehr auf die inneren Verhältnisse gerichteter Blick, der die Konkurrenz des Auslandes zu wenig beachtet, rächt sich. Anzeichen dafür, daß die in der Wirtschaft entscheidenden Kräfte die Gefahren erkannt haben, sind vorhanden und könnten in letzter Minute durch Einsicht eine Wende einleiten.

Drückend wirken sich die hohen Lohn- und Soziallasten auch in der öffentlichen Verwaltung aus. Staat und Kommunen bleibt in ihren Haushalten zu wenig Raum für dringend erforderliche Investitionen und Erneuerungsmaßnahmen. Aufträge an die private Wirtschaft müssen begrenzt werden und verstärken die Rezession.

Der Einschnitt der Währungsreform und das sich in den fünfziger Jahren anschließende »Wirtschaftswunder« beruhten zwar auf ganz realen Grundlagen und sind erklärbar, bilden aber trotzdem ein in der Welt bestauntes »Wunder«, selbst in den Augen von Sachverständigen. Nirgends auf der Erde, vielleicht abgesehen von Japan, hat es ein derart schnelles wirtschaftliches Wachstum gegeben wie in Deutschland. Zum ersten Mal in der deutschen Geschichte kam es zur Ausbildung eines Massenwohlstandes. Erst zu Anfang der sechziger Jahre zeigten sich Anzeichen für eine Verlangsamung des Tempos. Trotzdem muß im Auge behalten werden, daß sich die Entwicklung in der Bundesrepublik im Umfang des Aufschwungs von den anderen europäischen Ländern unterschied, aber nicht in der allgemeinen Tendenz. Alle empfingen damals neue Impulse aus den wissenschaftlich-technologischen Fortschritten in der Atomtechnik, Elektronik, Datentechnik und manchen anderen modernen Bereichen. Trotz weltwirtschaftlicher Krisen in den Jahren 1974/75 und 1982/83 konnte die staatliche Wirtschaftspolitik den sozialen Wohlstand in Deutschland über alle Klippen hinwegsteuern und im wesentlichen erhalten. Ob das bei der noch andauernden Krise zu Anfang der neunziger Jahre gelingen wird, läßt sich schwer sagen. Die deutschen Verhältnisse liegen besonders kompliziert, weil die Volkswirtschaft die von keinem Sachverständigen vorausgesehenen und auch nicht voraussehbaren Kosten für die Behebung der Folgen einer beispiellosen sozialistischen Mißwirtschaft in den mitteldeutschen Ländern tragen muß. Diese Kosten als Opfer für die Wiedervereinigung zu bezeichnen, ist ungerecht und verzerrt den Tatbestand. Zu den Lasten gehören auch Aufwendungen, die durch Abordnung von Beamten und Angestellten in die neuen Bundesländer entstehen. Westfalen beteiligt sich an solchen Schritten in sehr intensiver Weise.

Das industrielle Ballungsgebiet an Rhein und Ruhr erschien nach 1945 in besonderer Weise als Motor für den wirtschaftlichen Neuaufbau. Grundstoffindustrien und Bergbau garantierten hier die Verfügbarkeit der erforderlichen Energie. Der Förderungssteigerung im Bergbau räumten fast alle britischen und deutschen Stellen den absoluten Vorrang ein. In zweiter Linie stand dahinter die Wiederherstellung des Energie-Verbundsystems und der angeschlagenen Verkehrsstruktur. Damit sah sich das Ruhrgebiet in den ersten Jahren der Bundesrepublik im Zentrum aller wirtschaftlichen Aktivitäten. Arbeitslose gab es praktisch nicht. Die Löhne lagen deutlich über denen in anderen deutschen Ländern. Hierin verbarg sich eine Schwäche, die sogleich ans Licht des Tages kam, als ein Energieüberschuß eintrat und der Bedarf an Grundstoffen hinter den Produkten der chemischen und Elektroindustrie zurückfiel. Die eintretenden Verluste gingen hauptsächlich auf das Konto der westfälischen Industrie. Im Lande Nordrhein-Westfalen vergrößerte sich das Wohlstandsgefälle zugunsten des rheinischen Teiles. Aber selbst das gesamte Bundesland, das im Jahre 1955 mit seinem Bruttosozialprodukt unter den Bundesländern, abgesehen von den Stadtstaaten Hamburg und Bremen, an der Spitze lag, mußte zehn Jahre später schon hinter Hessen und Baden-Württemberg zurücktreten. Vom größten Geberland zum Bundesausgleich stieg Nordrhein-Westfalen zum Empfängerland herab. Schon zu Beginn der achtziger Jahre bildete das Bundesland »das Schlußlicht des wirtschaftlichen Geleitzuges« und hat damit einen vollständigen Rollenwechsel gegenüber der vorhergehenden Nachkriegszeit vollzogen. Die Arbeitslosigkeit begann ihren schrecklichen Siegeszug durch das Land. Von knapp fünf Prozent im Jahre 1975 stieg die Zahl auf siebeneinhalb Prozent im Jahre 1981 und fast fünfzehn Prozent im Jahre 1984 im Ruhrgebiet. Sie liegt heute noch höher und bedrückt besonders die Einwohner von Städten mit einseitig ausgerichteter Schwerindustrie. Die Stahlkrise der beginnenden neunziger Jahre verschärfte die Lage noch erheblich. Gegen die Konkurrenz billiger ausländischer Produktion hat sich bisher kein Konzept finden lassen. Nachdem der Bedarf der Rüstungsindustrie gesunken ist, findet sich kein Abnehmer für die deutsche Produktion. Aus politischen Gründen verhängte Ausfuhrbeschränkungen für Rüstungsgüter tragen nicht dazu bei, die Lage der Stahlarbeiter zu verbessern.

In dieser Entwicklung spiegelt sich sehr deutlich die Wachstumsschwäche Westfalens, für die das Ruhrgebiet der entscheidende Faktor ist. Im Münsterland und im Siegerland treten ähnliche Probleme auf, wenn auch in abgeschwächter Form.

Aufmerksamen Beobachtern entging schon zu Anfang der fünfziger Jahre trotz florierender Industrie, hohen Löhnen und hohem Beschäftigungsgrad nicht, daß die Struktur der Ruhrwirtschaft nicht ganz gesund war. Ihr fehlten vor allem Wirtschaftszweige, von denen bekannt war, daß sie international und in der Bundesrepublik große Zuwächse verzeichneten. Ganz anders sah die Lage in Baden-Württemberg und in Hessen aus. So kam denn auch das, was zu befürchten war. Nach dem Auslaufen der aus politischen Gründen betriebenen Förderung des Bergbaus und der Grundstoffindustrien fehlte es der Ruhrwirtschaft an der notwendigen Dynamik. Das Ruhrgebiet wehrte sich gegen den Abstieg, mußte aber einen stetigen Rückgang seines Anteils an der Gesamtproduktion der Bundesrepublik hinnehmen.

»Dies besagt nicht, daß Nordrhein-Westfalen von der Entwicklung ›neuer‹ Industrien gänzlich ausgeschlossen gewesen wäre: Fahrzeugbau, Elektrizitätserzeugung und Mineralölverarbeitung wuchsen an Rhein und Ruhr überproportional. Stärker noch als vor dem Zweiten Weltkrieg konzentrierte sich hier die Erzeugung ›veredelter‹ Energie dank der Verfügbarkeit von Stein- und Braunkohle. Davon abgesehen blieben jedoch die Anstöße für industrielles Wachstum insgesamt geringer als in anderen Bundesländern« (D. Petzina).

Möglicherweise lassen sich die geringeren Auftriebstendenzen in der chemischen und Elektroindustrie, im Maschinenbau, in der Feinmechanik und Optik wenigstens zum Teil auf die geringeren Zahlen von mobilen und hochqualifizierten Vertriebenen und Flüchtlingen nach dem Kriege zurückführen. Damit fehlten dem Land wichtige Antriebskräfte, die sich in den anderen Ländern so positiv auswirkten. Überall an den Stellen, wo dieses verheißungsvolle Reservoir an Arbeitskräften in Nordrhein-Westfalen vorhanden war, wurde es von den alten, ansässigen Industriezweigen aufgesogen.

Verhältnismäßig deutlich läßt sich die Empfindlichkeit der westfälischen Wirtschaft am Verlust einer großen Zahl von Arbeitsplätzen schon in den fünfziger Jahren ablesen, in einer Zeit, in der in Bayern und Baden-Württemberg viele neue Arbeitsplätze geschaffen werden konnten. In den siebziger Jahren beschleunigte sich dieser Vorgang noch. Während im Bundesgebiet die Zahl der in der Industrie Beschäftigten noch um zwölf Prozent stieg, sank sie in Westfalen um zehn Prozent, im Ruhrgebiet sogar um dreiundzwanzig Prozent. Als Hauptursache galt die Schrumpfung des Bergbaus, doch erwuchsen auch der südwestfälischen Eisenindustrie erhebliche Probleme. Von Jahr zu Jahr vergrößerten sich die Wachstumsrückstände gegenüber dem übrigen Bundesgebiet. Hartnäckig verteidigte Positionen auf Seiten der Arbeitgeber wie Arbeitnehmer trugen nicht gerade dazu bei, einen Ausweg aus der sich zu einer Dauerkrise in Bergbau und Stahlindustrie entwickelnden Lage zu finden. Beide beeinflußten sich gegenseitig in höchst negativer Weise. In den neunziger Jahren wurde deutlich, daß ohne den rigorosen Abbau von Produktionsstätten in der Stahlindustrie und der Schließung von Zechen kein anderer Weg bleibt. Zu spät wurde erkannt, daß die Umstellung auf andere Industriezweige viel früher hätte einsetzen müssen. Es nützt nichts, für die schlechte Situation ausländische Maßnahmen verantwortlich zu machen, auf die kein Einfluß möglich ist.

Freilich darf nicht geleugnet werden, daß sich seit den siebziger Jahren auch zukunftsweisende Neuerungen Bahn gebrochen haben. Wenn auch die schweren Probleme des Bergbaus und der Schwerindustrie noch immer im Vordergrund des Interesses stehen und die Politik beschäftigen, so entstanden doch in den Kammerbezirken Arnsberg und Hagen, teilweise auch unmittelbar im Ruhrgebiet, bisher nicht ansässige Industriezweige, allen voran in der Elektroindustrie. Die Elektronik bewies sich gegenüber einer weiterentwickelten ausländischen Konkurrenz durchaus als lebensfähig.

Bemerkenswerte Kraft zeigte auch die westmünsterländische Textilindustrie im Konkurrenzkampf mit den asiatischen Billigproduzenten. Unumgänglich erwies sich aber auch hier eine energische Konzentration und Rationalisierung. Sie kostete von den bis dahin 47 000 Arbeitsstellen innerhalb der siebziger Jahre mehr als ein Drittel der Plätze. Entsprechend stark sank auch die Zahl der Betriebe. Trotzdem stieg der Umsatz in derselben Zeit von zwei Milliarden auf fast das Doppelte. Beachtenswert ist hieran, daß der politisch kaum zur Kenntnis genommene Gesundungsprozeß ohne jede staatliche Hilfe und Eingriffe vor sich ging, wie sie im Bergbau und in der Schwerindustrie angeblich unabdingbar sind. Die Vorgänge in der westmünsterländischen Textilindustrie verdienen auch deswegen zur Kenntnis genommen zu werden, um zu verstehen, daß die Wirtschaft und damit der Wohlstand Westfalens nicht allein vom Ruhrgebiet abhängig ist, so schwer dieser Faktor noch immer in die Waage fällt.

Traditionelle Schwerpunkte, wie Bergbau und Schwerindustrie, bilden nun aber einmal die Lieblinge der Politik. Man will nicht einsehen, daß die Kohleförderung sich nicht auf der alten Höhe halten läßt, wenn andere, billigere und umweltverträglichere Energiequellen zur Verfügung stehen. Der Kohleabsatz muß sinken, wenn Stahl und Eisen nicht mehr im bisherigen Umfang für Rüstungsgüter benötigt und für viele Produkte andere Rohstoffe als Stahl und Eisen verwandt werden. Es ist nur natürlich, wenn der Anteil der Industrie selbst im Ruhrgebiet ständig sinkt. Die Koppelung des Wohlstandes an die großen Industriestandorte schwächt sich ab. Die tertiäre Wirtschaftstätigkeit breitet sich an ihrer Stelle aus.

Innerhalb Westfalens verschob sich das hergebrachte soziale Gefälle bisher nur in beschränktem Umfang. Städte stehen, gemessen am Bruttosozialprodukt, besser da als die mit wenig Industrie besetzten ländlichen Kreise. Trotz aller Umschichtungsvorgänge ist das Ruhrgebiet deshalb, ungeachtet vieler zweckgerichteter Unkenrufe, weit davon entfernt, zum »Armenhaus« Deutschlands zu werden. Noch immer zeichnet sich auch das alte Industriegebiet um Bielefeld durch beträchtlichen Wohlstand aus, wenn dieser auch nicht mehr auf der Textilherstellung und Verarbeitung, sondern mehr auf der Elektroindustrie und dem Maschinenbau beruht. Daß der Übergang zu neuen, vielversprechenden Industrien nicht immer die Rettung aus aller Not bedeutet, zeigt das Beispiel von Paderborn. Die plötzliche, verblüffende Blüte des Computer-Riesen Nixdorf hielt nicht an.

Ein vielfältigeres Bild als in der Industrie bietet sich im Handwerk. Allerdings läßt sich eine strenge Trennungslinie zwischen Industrie- und Handwerksbetrieben nicht immer ziehen. Handwerkstypische Erzeugungsmerkmale finden sich auch in der Industrie und umgekehrt. Eigentlich ist die Unterscheidung nur formal aufgrund des »Gesetzes zur Ordnung des Handwerks« aus dem Jahre 1953 möglich. Danach gehören zum Handwerk selbständige Betriebe, die ein Handwerksmeister leitet und die in die Handwerksrolle eingetragen sind.

Die Entwicklung verlief im Handwerk nach dem letzten Kriege in zwei Richtungen: Einerseits sank die Zahl der selbständigen Betriebe ständig. Dagegen stieg die Betriebsgröße auf über das Doppelte an. Die Zahl der Beschäftigten hielt sich etwa auf derselben Höhe. Damit unterschied sich das Handwerk grundlegend von der Industrie, in der mehr als ein Drittel der Arbeitsplätze verloren ging. Dem Handwerk kommt damit eine stabilisierende Wirkung innerhalb der Gesamtwirtschaft zu, die sich auf den Arbeitsmarkt günstig auswirkt. Das ist um so beachtlicher, als die Stellung des Handwerks gegenüber der Industrie in Westfalen insgesamt schwieriger war als etwa in Süddeutschland, wo ein ausgeglicheneres Verhältnis herrschte. Im Ruhrgebiet war deshalb das Handwerk auch nur schwach vertreten. Großindustrielle Produktion und Vorherrschaft großer Unternehmen im Handel verhinderten die Ausbildung eines differenzierten Dienstleistungs- und Produktionshandwerks, wie es anderswo bestand. Innerhalb des Handwerks verschob sich das Schwergewicht von den produzierenden zu den Dienstleistungsbetrieben. Dabei bewies das Handwerk im Umstellungsprozeß eine erstaunliche Anpassungsfähigkeit und Beweglichkeit, wie sie in manchen Industriezweigen nur erträumt werden können. Für die Zukunft des westfälischen Handwerks liegen darin große Verheißungen.

Die einschneidendsten Veränderungen erlebte die westfälische Landwirtschaft. Seit 1950 sank die Zahl der in ihr Beschäftigten auf weniger als ein Viertel, während die Zahl der insgesamt erwerbsmäßig Tätigen anstieg. Das bedeutet, daß der Umfang des Agrarbereichs innerhalb der Gesamtwirtschaft von zwölf auf zwei Prozent zurückfiel. Die Zahl der selbständigen Betriebe verringerte sich auf ein Viertel. Damit fand innerhalb einer einzigen Generation auf dem Lande ein in der Öffentlichkeit kaum beachteter Umsturz statt, der »nachdrücklich alle idyllisierenden Vorstellungen von der Dauerhaftigkeit und Stabilität bäuerlicher Existenz« widerlegte (D. Petzina). Nirgendwo in Deutschland vollzog sich der Vorgang in so ausgeprägter Form wie in Westfalen. Für die Gesamtwirtschaft fällt die Veränderung allerdings kaum ins Gewicht. Darüber darf nicht vergessen werden, daß die Bruttowertschöpfung je Erwerbstätigen in den siebziger Jahren in keinem wirtschaftlichen Bereich so stark anstieg wie in der Land- und Forstwirtschaft. Hier wurde ein Zuwachs auf das Doppelte verzeichnet, während produzierendes Gewerbe, Handel, Verkehr und Dienstleistungen nur ein Drittel zulegten. Später verschärfte sich die Kostensituation in der Landwirtschaft erheblich. Billige Importe und die Politik der Europäischen Gemeinschaft brachten Schwierigkeiten mit sich, deren Bewältigung zugunsten einer funktionsfähigen Landwirtschaft noch aussteht. Die ökologisch unumgängliche Zurückdrängung chemischer, für die Natur unverträglicher Mittel, Beschränkung der Anbauflächen und hohe Beträge für die weitere Mechanisierung bringen weitere Schwierigkeiten, die aber auch ohne die immer wieder geforderten staatlichen Hilfen überwunden werden müssen.

Landwirtschaft ist im übrigen nicht gleich Landwirtschaft. Innerhalb des agrarischen Bereichs bestehen große Unterschiede in den Einkommensverhältnissen, die sich eher noch verschärfen. Sie sind abhängig von den Betriebsgrößen und der Bodenqualität, aber auch von der Lage der Betriebe zu den Absatzmärkten und der Kaufkraft der benachbarten Bevölkerung. Vollerwerbsbetriebe konzentrieren sich vorwiegend im südlichen und westlichen Münsterland, dem Hellweggebiet und in Lippe, während sie in Südwestfalen und im Kreis Minden-Lübbecke weniger als ein Drittel der vorhandenen Höfe ausmachen. Besitzer kleinerer Höfe waren fast immer auf einen Nebenerwerb angewiesen. Aber auch Besitzer größerer Höfe nutzten in der letzten Zeit in zunehmendem Maße die Möglichkeit, aus dem Fremdenverkehr Einkünfte zu ziehen. Besonders in Familien mit Kindern folgt man gern dem Motto »Ferien auf dem Bauernhof«.

Die Agrarpolitik setzte nach dem Ende des letzten Krieges, vielleicht allzu einseitig, auf die Steigerung der landwirtschaftlichen Produktivität, anfangs auch notgedrungen. Damit wurden die großen, technisierten Betriebe übermäßig begünstigt, während viele mittlere und kleine Betriebe in eine aussichtslose Position gerieten. Ein Ausweg bot sich nur, wenn auch sie sich der Technisierung unterwarfen. So drang besonders im Münsterland die technisierte Schweine- und Geflügelzucht in einem Maße vor, daß das Gleichgewicht zwischen den verschiedenen agrarischen Regionen ins Wanken geriet. Auch die Kälbermastbetriebe spiegelten keine gesunde Entwicklung wider. Die manchmal an der Grenze des Legalen liegenden Mittel, die den Ertrag der Betriebe steigern sollten, gerieten ins Zwielicht und führten innerhalb der Bevölkerung zu einem Vertrauensverlust, der der gesamten Landwirtschaft schadete.

Unterstützt wurde die gefährliche Entwicklung durch die staatlichen »Grünen Pläne«, gefolgt von der Politik der Europäischen Wirtschaftsgemeinschaft, die jeweils nur den produktivstärksten Bereich förderten. Um diesen ungesunden Tendenzen entgegenzuwirken, standen im Lande nur wenige Möglichkeiten zur Verfügung, um die ländliche Infrastruktur zu verbessern. Der begrenzte

Nutzen von Flurbereinigungen ist heute längst erkannt. Zinsverbilligte Investitionsförderung, Wohnungsbau und Sanierung von Althöfen verschlangen zwar erhebliche finanzielle Mittel, brachten aber nur bescheidene Erfolge. Besonders für die gefährdete Landwirtschaft im Sauer- und Siegerland bedeuteten die gutgemeinten Hilfen nicht mehr als den sprichwörtlichen Tropfen auf dem heißen Stein.

Um wenigstens die Lebensverhältnisse auf dem Lande attraktiver zu gestalten, versuchte man, die dortigen Verhältnisse denen der Städte anzugleichen. Die Fragwürdigkeit des Ansatzes wurde nur zu bald erkannt. Das Verfahren übertrug nur Probleme der städtischen Lebensformen auf das Land, ohne diesem wirksam zu helfen. Die Motorisierung des Straßenverkehrs entzog sogar dem Land die gewohnten Verkehrsverbindungen mit der Bahn.

Gegenüber der angestrebten »Verstädterung« wurde zur Gestaltung einer neuen Rolle der Landwirtschaft in der Industriegesellschaft aufgerufen. Ihr wurde in der Landschaftserhaltung die ökologische Hauptverpflichtung zugewiesen, die freilich bei den Bauern bis dahin ganz in Vergessenheit geraten war. Doch dauert die Diskussion darüber an, wie eine solche verantwortliche Aufgabe mit den berechtigten und lebensnotwendigen finanziellen Interessen der Landwirte in Einklang gebracht werden kann.

Von Wirtschaftswissenschaftlern wird seit einiger Zeit die These vertreten, die Gesellschaft befinde sich in der zweiten Hälfte des zwanzigsten Jahrhunderts im Übergang von der Industrie- zur Dienstleistungsgesellschaft. Manche Daten der westfälischen Industrielandschaft scheinen das zu bestätigen. Die Beschäftigtenzahlen im Dienstleistungsgewerbe stiegen in wenigen Jahrzehnten auf über das Doppelte an. Auf der andern Seite betrugen die Wertschöpfungsbeträge im verarbeitenden Gewerbe im Jahre 1980 über 96 Milliarden Deutsche Mark. Sie waren damit höher als in Handel, Banken, Versicherungen und privaten Dienstleistungsbetrieben zusammengenommen. Diese erbrachten nur neunzig Milliarden. Gerade in Westfalen beanspruchten Industrie und Gewerbe noch immer einen herausragenden Platz. Diese wenigen Hinweise auf die jetzigen Entwicklungen müssen genügen. Es handelt sich nicht um spezifisch westfälische, sondern allgemein zu beobachtende Vorgänge, die nicht einmal auf den nationalen Bereich begrenzt sind.

Im Einzelhandel hat sich in Westfalen durch die Aufwertung der kleineren Städte ein ausgewogeneres Bild als früher durchgesetzt. Ein ganz anderes Bild bietet dagegen die zunehmende Konzentration des Großhandels in einigen wenigen Städten, wie etwa Dortmund, Bielefeld, Münster und Bochum. Auffällig ist dabei der Gegensatz zum rheinischen Landesteil. Gegenüber den dortigen Handelsmetropolen Köln, Düsseldorf, Essen und Mülheim kann Westfalen nicht annähernd Gleichwertiges aufweisen. Nicht so stark wirkt sich die Konzentration im Gastgewerbe aus. In ihm verbinden sich Handel und Dienstleistungsgewerbe. Sogar kleinere Schankwirtschaften konnten sich überall da behaupten, wo sie dem Geschmack des Publikums entgegenkamen. Gerade hier fällt der überaus häufige Wechsel von Besitzern und Pächtern auf, worin sich sicherlich unter anderem finanzielle Probleme spiegeln. Auch kleinere Hotels, Pensionen und Fremdenheime vermochten sich in günstiger Lage im allgemeinen zu behaupten. Besonders in den Erholungsgebieten des Sauerlandes und in Ostwestfalen gehören sie zu den kräftigeren Zweigen des Wirtschaftslebens. Große Hotels bilden in diesen Gegenden eher die Ausnahme. Die in der Bevölkerung wachsende Empfindlichkeit für Störungen der Natur und gewohnten Umwelt macht die Ansiedlung größerer Hotels heute schwieriger als früher. Das gescheiterte Projekt eines großen Kongreßhotels in Münster, das von der Sache her durchaus erforderlich ist, illustriert die damit verbundenen Probleme in deutlicher Weise.

Der Verkehr erfuhr nach 1950 eine bisher nicht gekannte Umformung. Der Siegeszug des individuellen Straßenverkehrs setzte ein. Die bisherige Hauptstütze des Verkehrs, die Eisenbahn, geriet mehr und mehr ins Abseits. Innerhalb eines Jahrzehnts hatte der Straßenverkehr bei Personen- und Güterbeförderung bereits die Vorrangstellung erstritten, obgleich in Westfalen ein hervorragendes und andere Landschaften weit übertreffendes Schienensystem zur Verfügung stand, das auch die durch die Grenzziehung gegenüber der sowjetisch besetzten Zone bedingte Umpolung des Verkehrs von der Ost-West-Richtung auf die Nord-Süd-Richtung mühelos hätte verkraften können. Überdies wurde das westfälische Netz, schneller als in anderen deutschen Ländern, in den sechziger Jahren auf einen hohen Elektrifizierungsstand gehoben. Das westfälische Schienennetz ist heute etwa zur Hälfte elektrifiziert.

Trotz dieser günstigen Vorbedingungen und aller von der Bahn unternommenen Versuche, ihre Attraktivität zu erhöhen, schrumpfte die Personenbeförderung bald auf die Hälfte. Nur an einer Stelle, durch den Ausbau des S-Bahn-Netzes im Ruhrgebiet, gelang es, die Befördertenzahlen auf einer gleichbleibenden Höhe zu halten. Dort scheint der richtige Weg konsequent beschritten worden zu sein. Wirtschaftlich noch drückender wirkte sich bei der Bahn der Rückgang des Güterverkehrs aus, wobei der geradezu katastrophale Abbau der Kohletransporte die entscheidende Rolle spielte. Gleich starke Verluste brachte der später einsetzende Schwund der Transporte von Stahl und Eisen mit sich. Verluste mußte auch die Schiffahrt auf dem gut ausgebauten westfälischen Kanalsystem hinnehmen. Die Zahl der Güterschiffe sank unter die Hälfte des alten Bestandes.

Nicht ganz so kraß, aber doch in derselben Richtung, wirkte sich der Rückgang des öffentlichen Personenverkehrs auf den Straßen aus. Der Individualverkehr stellte alles Bekannte in den Schatten. Die Zahl der zugelassenen Personenkraftfahrzeuge stieg auf eine kaum vorstellbare Höhe. Dadurch wurden freilich auch bisher industrieferne und ungünstig gelegene Gebiete erschlossen und konnten an der wirtschaftlichen Entwicklung teilnehmen. Andererseits erwuchsen für die Kommunen städtebauliche, gesundheitspolitische und ökologische Schwierigkeiten, die schon früh erkannt wurden, aber bisher vergeblich einer Bewältigung harrten. Im allgemeinen beschränkten sich die damit befaßten Ämter darauf, den ständig wachsenden Kraftfahrzeugverkehr in verbesserten Straßensystemen aufzufangen. Einschränkungen des innerstädtischen Verkehrs scheiterten meist an den Interessen der Kaufmannschaft und an dem Wunsch der Kunden, Fußwege unter allen Umständen zu vermeiden. Der Bau von Untergrundbahnen, wie er vorbildlich in Dortmund durchgeführt worden ist, bereitet Kosten, die von Mittelstädten nicht getragen werden können, wenn hier wahrscheinlich auch der einzige erfolgreiche Weg beschritten werden kann, der zu einer Entlastung der Innenstädte führt.

Innerhalb Westfalens vermehrte sich das klassifizierte Straßennetz in der Nachkriegszeit um mehr als die Hälfte. Das Autobahnnetz stieg auf mehr als das Fünffache an, wobei die Anlage neuer Fahrspuren nicht berücksichtigt ist. Dagegen sahen die Verkehrsplaner wenig Anreize, im Eisenbahn- und Kanalnetz Verbesserungen durchzuführen. Es setzte sich eine Eigendynamik durch, die vom Straßenbau ausging, sich auf die Siedlungsweise auswirkte und eine dringend erforderliche Neuorientierung der Verkehrspolitik immer wieder in den Hintergrund schob. Die katastrophalen Folgen sind jedermann sichtbar, aber kaum noch zu beheben.

Wie überall wuchs auch in Westfalen die Dichte des Nachrichtennetzes, an der Spitze die Telefonverbindungen, die allmählich zum selbstverständlichen Zubehör jedes Haushaltes wurden und in wachsendem Umfang durch das Fernschreibnetz (Telefax) ergänzt wird. Gegenüber den Entwicklungen in den »neuen« europäischen Industrieregionen nimmt Westfalen aber hier nur einen bescheidenen Platz ein.

In noch höherem Maße trifft das für den Stand des Banken- und Versicherungswesens zu. Keine einzige der deutschen Großbanken und großen Versicherungsgesellschaften hat ihren Hauptsitz in Westfalen. In dieser Hinsicht übertrifft der rheinische Landesteil den westfälischen um ein Erhebliches. Die Ansiedlung der Bundesregierung und der nordrhein-westfälischen Landesregierung mit ihren Zentralbehörden am Rhein verstärkt das rheinische Übergewicht noch weiter. Dabei darf nicht verschwiegen werden, daß in der westfälischen Wirtschaft schon in älterer Zeit die Tendenz vorherrschte, Kapitalgeschäfte in Düsseldorf und in anderen Städten am Rhein abzuwickeln. Die britische Besatzungspolitik führte nur zu einer weiteren Kräftigung der rheinischen Vormachtstellung im Bankenwesen. Der hohe Kapitalbedarf nach der Währungsreform festigte den eingetretenen Zustand. Der Zusammenschluß der westfälischen und rheinischen Landesbanken zur Westdeutschen Landesbank mit Hauptsitz in Düsseldorf ließ eine der größten deutschen Bankinstitute entstehen. Sie ist in Münster durch eine Zweigstelle vertreten, ließ die alte Aufgabe als Bank eines Landes weit hinter sich und betreibt heute alle klassischen Bankgeschäfte, selbst im internationalen Rahmen.

In Westfalen konnten sich dagegen die Genossenschaftsbanken recht gut behaupten. Ihr Anteil am Bankgeschäft lag hier höher als in anderen deutschen Ländern. Dasselbe gilt für die Sparkassen, die manchmal als »Banken der kleinen Leute« bezeichnet werden. Der Geschäftsanteil der Privatbanken verringerte sich jedoch.

Unbestritten überbrückte die Sozialgesetzgebung nach dem Kriege in einem früher kaum vorstellbaren Ausmaß gesellschaftliche Gegensätze und minderte die Not Erwerbsloser, Behinderter und alter Menschen. Doch rief sie auch in der Bevölkerung ein Anspruchsdenken hervor, sogar in Kreisen, die keineswegs von äußerer Not betroffen waren. Die Selbstverantwortung trat allzu sehr in den Hintergrund. Die Entwicklung führte die Kommunen und gesetzlichen Sozialversicherungen in eine Finanzierungskrise. Die Finanzreform von 1919 forderte schon eine bessere finanzielle Ausstattung besonders für die Gemeinden. Betroffen nach dem Zweiten Weltkrieg waren Kommunen in strukturschwachen Gebieten Westfalens und die von Krisen geschüttelten Großstädte des Ruhrgebietes. Das Steueraufkommen der Stadt Dortmund lag damals etwa bei zwei Drittel des Satzes in anderen Großstädten Deutschlands. Ähnlich bot sich das Bild in den westfälischen Mittelstädten Bottrop, Hamm und Herne dar. Dagegen lag Dortmund mit über zweihundertzwanzig Deutschen Mark je Einwohner an Bruttoausgaben für Sozialhilfe an der Spitze aller nordrhein-westfälischen Städte. Zum Vergleich diene der Kreis Lippe, der nur achtzig Mark aufbringen mußte. Ein Drittel des Bruttosozialproduktes wurde in den betroffenen Großstädten für soziale Aufwendungen ausgegeben.

In weiterem Sinn rechnet hierzu auch die öffentliche Bildungspolitik, deren Folgen weniger den Staat als die Gemeinden belasteten. In einem nie dagewesenen Ausmaß kam es zur Gründung neuer Universitäten und Hochschulen. Seit Beginn der sechziger Jahre entstanden die Universitäten Bochum, Hagen, Siegen, Dortmund und Paderborn. Hinzu kamen Fachhochschulen in Bielefeld, Detmold, Gelsenkirchen, Hagen, Dortmund und Münster.

Das Berufs- und das höhere Schulwesen erfuhren eine erhebliche Ausweitung. Derartige Leistungen der öffentlichen Hand auf dem Gebiete des Bildungswesens stellten die anderer Staaten weit in den Schatten. Sie machten Westfalen aus einem an Bildungseinrichtungen armen zu einem in dieser Hinsicht bestversorgten Land in Deutschland. Die Kosten waren entsprechend hoch. Die Aufwendungen für Bildung und Wissenschaft nahmen im Haushalt des Landes Nordrhein-Westfalen den größten Sektor, etwa ein Drittel aller Ausgaben, ein. Eine gerechte Beurteilung der dadurch in Gang gesetzten Umwälzungen in der geistigen Haltung der Einwohner des Landes kann sicherlich erst nach Generationen erfolgen. Doch scheint schon jetzt die bessere Ausbildung und ein höherer Bildungsstand zumindest »eine Chance für demokratische Stabilität« (D. Petzina) zu gewährleisten. An die Stelle hergebrachter Privilegierungen durch Herkunft und Besitz traten durch bessere Ausbildung ermöglichte höhere Leistungen. Freilich birgt auch diese Entwicklung ihre Gefahren in sich. Die in der »Leistungsgesellschaft« um sich greifende Härte läßt den geringer Begabten und Außenseitern nur wenig Raum. Wie die Gefährdungen für den sozialen Frieden vermieden oder zumindest eingeschränkt werden können, vermag ein Historiker nicht zu sagen.

Dasselbe gilt auch für die bereits beschriebenen Krisen im Bergbau und in der Schwerindustrie. Das Investitionshilfegesetz aus dem Jahre 1952 hatte beiden und der Energiewirtschaft einen riesigen Finanzschub beschert, der aus dem Konsum- und Investitionsgüterbereich umgeleitet wurde. Allein der Bergbau erhielt damals zusätzlich 228 Millionen DM, die Energiewirtschaft sogar 425 Millionen. Die Maßnahme bestärkte jedoch die einseitige Ausrichtung des Ruhrgebiets als Sitz der Montanwirtschaft und erschwerte auf die Dauer den Übergang zu »neuen« Industriezweigen. Zwangsläufig folgte die Kohlekrise des Jahres 1958, als genügend billiges Öl zur Verfügung stand. Trotzdem wurde mit verschiedenen Begründungen die Illusion genährt, der Kohleabsatz werde sich eines Tages wieder steigern. Kohleförderung sei national unabdingbar. Es ließ sich nicht verhindern, daß ungeachtet der Importzölle auf ausländische Kohle, der Heizölsteuer, ja selbst des »Verstromungsgesetzes« von 1965 und des zwei Jahre später erlassenen »Koksbeihilfegesetzes« die Kohleförderung drastisch gedrosselt werden mußte und weiter zurückgeht. Das Zechensterben ist nicht aufzuhalten. Private Investitionen kamen wegen schlechter Absatzlage nicht der Kohle, sondern zukunftsorientierteren Unternehmen zugute. Das »Kohleanpassungsgesetz« von 1968 gestaltete schließlich den Ruhrbergbau grundlegend um und gründete die »Ruhrkohle AG«.

Aber auch sie konnte den alten Glanz des Kohlebergbaus nicht wieder zurückführen.

Erfolgreicher gestaltete sich das vom Land Nordrhein-Westfalen eingeleitete »Entwicklungsprogramm Ruhr« von 1968, das sich keinem einzelnen Industriezweig zuwendet, sondern die Verbesserung der allgemeinen Standortbedingungen im Ruhrgebiet im Auge hat. Damit übernahm erstmals der Staat die Verantwortung für eine ganze Region. Das Programm wurde in der »Gemeinschaftsaufgabe regionale Wirtschaftsförderung« und im Nordrhein-Westfalen-Programm weiterentwickelt und brachte im Verkehrs- und Bildungswesen durchaus beachtliche Erfolge. Sie schufen die Voraussetzung für eine von den alten Wirtschaftsstrukturen unabhängige Weiterentwicklung.

Auch im westlichen Münsterland regten sich neuartige Kräfte. Ausgehend von der in der Grundverfassung gleichartigen Wirtschaftsstruktur in den angrenzenden niederländischen Gebieten entstanden »Euregio«-Programme, die auf Zusammenarbeit und gegenseitige Befruchtung abzielen. Regelmäßige Konferenzen von Wirtschaftsfachleuten und Politikern aus beiden Teilen der Euregio gehören schon zu den Selbstverständlichkeiten. Auch die Verwaltungsbehörden stehen nicht abseits.

Zu den großen Erfolgen rechnet auch die Gründung des Verkehrsverbundes Rhein-Ruhr. Ihre Auswirkungen wären noch positiver ausgefallen, wenn sie nicht von der schweren Krise der eisenschaffenden Industrie überlagert worden wären. Darunter litt auch das vom Lande Nordrhein-Westfalen mit einem Einsatz von fast sieben Milliarden Deutsche Mark in Gang gesetzte »Aktionsprogramm Ruhr«. In ihm standen die Modernisierung der Wirtschaft durch Technologieförderung, die Hebung der kommunalen Investitionskraft, Verbesserung der Wohn- und Lebensqualität im Ruhrgebiet im Vordergrund. Die positiven Auswirkungen lassen sich noch nicht abschließend bewerten, sind aber sicherlich vorhanden. Negative Urteile fehlen nicht, doch kommen sie vorwiegend aus Gebieten, die keine so nachdrückliche Förderung erfahren haben. Hoffnung vermag besonders »die historische Erfahrung der Anpassungs- und Leistungsfähigkeit in der Vergangenheit« (D. Petzina) zu erwecken. Wenn den Menschen des Ruhrgebietes die früher mehr als einmal bewiesene Eigenverantwortung erhalten bleibt, bestehen heute, im Jahre 1993, grundsätzlich keine Bedenken für die Zukunft.

Rückblick und Vorausschau

Nach langer Wanderung durch die Jahrtausende, mag sie sich auch in Siebenmeilenstiefeln vollzogen und viele wissenswerte Einzelheiten unbeachtet am Wege zurückgelassen haben, drängt es den Berichterstatter zur kurzen, verweilenden Betrachtung, um sich noch einmal über das Gesamtbild Gedanken zu machen.

Vor allem stellt sich die Frage, ob der Ablauf der westfälischen Geschichte Eigentümlichkeiten aufweist, die sie von der Geschichte anderer deutscher Landschaften wesentlich unterscheidet. Die Antwort fällt nicht leicht, wenn eine oberflächliche und leichthin formulierte Deutung vermieden werden soll. Wie in der Natur und anderen Bereichen entdecken wir hier und da vertraute Züge und Gebilde, die in uns, je nach unserer Herkunft und unserem Bildungsgang, Empfindungen vertrauter Geborgenheit erwecken – oder andererseits fremdartig anmutende Erscheinungen, die wir mit Staunen und Verwunderung zur Kenntnis nehmen und mit unserem eigenen Weltbild in Verbindung zu setzen versuchen.

Dabei steht die prägende Wirkung der geographischen Lage des heutigen Westfalen im meernahen mitteleuropäischen Flachland unübersehbar im Vordergrund. Ihre Offenheit nach allen Seiten hinterließ tiefe Spuren. Selbst der bergigere Süden bot keinerlei unüberwindliche Schwellen. Einwanderern oder Durchziehenden standen keine ernsten Hindernisse entgegen, viel weniger dem Einströmen kultureller und geistiger Entwicklungen, es sei denn, die jeweiligen Bewohner des Landes trafen künstliche Abwehrvorrichtungen gegen unerwünschte Eindringlinge. Für die ältere Zeit läßt sich kein zuverlässiges Bild für die vorherrschende Richtung solcher Strömungen entwerfen. Erst um Christi Geburt heben sich die Nebel, als der römische Druck aus dem Westen in politischer und kultureller Hinsicht eindeutig im Vordergrund stand. Wenige Jahrhunderte später wandelte sich die Richtung in ihr Gegenteil, wenn auch der Wind aus dem Westen niemals zum Schweigen kam. Jedenfalls ging die militärische und politische Unterwerfung des römischen Nordgallien durch die »Franken« eindeutig von Westfalen und dem Niederrhein aus.

Sie entleerte das Land in einem solchen Maße, daß es den aus dem Norden nach Süden vorstoßenden »Sachsen« bis weit in das Mittelgebirge hinein fast widerstandslos anheim fiel. Erst in dieser Zeit treten dem Historiker bestimmte, die inneren Machtverhältnisse offenbarende Machtzentren vor Augen, um nur das für Westfalen in der Epoche der fränkisch-sächsischen Kriege und danach bedeutende widukindische Wildeshausen oder die im neunten Jahrhundert ausgebildete Basis der Ekbertiner im östlichen Münsterland als Beispiele zu erwähnen.

Zwar klangen die großen Volksbewegungen mit den massenhaften Deportationen widersetzlicher Sachsen in westlichere und südlichere Teile des großen

Fränkischen Reiches, andererseits auch die Zuwanderung von bereits christianisierten Germanen in karolingischer Zeit aus, doch führte wenige Jahrhunderte später die vom Deutschen und anderen Ritterorden in Gang gesetzte Eroberung altgermanischer, während der Völkerwanderungszeit von slawischen Stämmen besiedelter Gebiete zwischen Elbe und Weichsel sowie die Unterwerfung des Baltikums bis an den Finnischen Meerbusen zu erneuter Bewegung, verstärkt durch eine in ihren Ursachen noch wenig erforschte, plötzliche Bevölkerungszunahme im Hochmittelalter. Westfalen stellten das Hauptkontingent unter den nach Osten Wandernden. Sie prägten nachdrücklich das Gesicht der neugegründeten Städte an der Ostseeküste zwischen Lübeck und Reval, dem heutigen Tallinn. Aber auch die Landbevölkerung erfuhr eine derartige Zuwanderung aus dem Nordwesten des Reiches, daß die verbliebenen Slawen nach kurzer Zeit ihre alte Identität aufgaben.

Zwischen London im Westen und Nowgorod im Osten entwickelte sich ein vorwiegend von westfälischen Kaufleuten bestimmtes, in dieser Intensität bisher nicht erkennbares Handelssystem, das unter dem Namen der Hanse in die Geschichte einging. Der über weite Entfernungen laufende, mit hohen Risiken belastete Handel warf hohe Gewinne ab, wie sie der Lokalhandel niemals erwarten ließ. Diese hansische Ostwestschiene, um ein modernes Schlagwort zu gebrauchen, bestimmte die Geschicke Westfalens im Hoch- und Spätmittelalter in weit höherem Maße als der Nordsüdhandel mit den Mittelmeerländern und dem vorderen Orient. Zu einer ins Gewicht fallenden politischen Organisation ließ sich aber die mächtige Hanse nicht ausbauen, in Westfalen so gut wie überhaupt nicht. Dazu fehlten ihr, als sie in der Spätzeit einen lockeren Bund von Handelsstädten bildete, die Voraussetzungen einer straffen Organisation.

Politische Macht konzentrierte sich vielmehr in den Händen des Adels und der Adelskirche auf dem Boden des Lehnswesens. Den großräumig angelegten Handelsbeziehungen standen nunmehr die eher kleinräumig angelegten Tendenzen der Territorialisierung entgegen und trugen letzten Endes den Sieg davon. Westfalen zerfiel in eine Fülle kleiner und kleinster Herrschaften, unter ihnen im Vordergrund die in geistlicher Hand befindlichen Länder Münster, Paderborn, Osnabrück, Minden und das kurkölnische Herzogtum Westfalen. Die deutschen Könige bzw. Römischen Kaiser ließen sich in den »niederen Landen«, zu denen auch der gesamte Nordwesten des Reiches rechnete, seit dem Hochmittelalter immer weniger sehen. Ihre politischen Interessen verlagerten sich in den Süden, womit nicht gesagt sein soll, daß die Bindungen der westfälischen Fürsten an das Heilige Römische Reich aus dem Bewußtsein verschwanden. Gerade diese kleineren Reichsfürsten erinnerten sich in Notfällen gern an die Möglichkeit, das Reich um Hilfe zu bitten. Die Ausbildung der westfälischen Fehme mit ihren heimlichen Gerichten lag sicherlich im Interesse des Deutschen Königs, wenn auch der Erfolg gering ausfiel, bedeutete aber auch den Versuch, am Orte schwach ausgeprägte Autoritäten durch die des Königs zu stärken.

Merkwürdigerweise hielt sich über die Zeiten größter territorialer Zersplitterung hinweg in Westfalen stets das Bewußtsein westfälischer Gemeinsamkeiten am Leben, ohne daß diese jemals konkret umschrieben wurden. Die »Raumforschung« des zwanzigsten Jahrhunderts unternahm den Versuch, diese verborgenen Zusammenhänge des »Raumes Westfalen« aufzuspüren und als bindende Elemente in allen Lebensbereichen herauszuarbeiten. Bestimmte Züge im »Volkscharakter« der Westfalen vor dem Einsetzen der allgemeinen modernen Mobilität der Menschen lassen sich in der Tat nicht leugnen, doch steht man heute den Thesen von einer typisch westfälischen Geisteshaltung oder eines speziell westfälischen Kunststils eher zurückhaltend gegenüber. Die Einbindung Westfalens als gebender wie nehmender Teil in die allgemeinen Entwicklungen und Strömungen der jeweiligen Epoche erwies sich kräftiger als Sondertendenzen. Hierzu hätte es in Westfalen eines beherrschenden Zentrums in politischer ebenso wie in kultureller Hinsicht bedurft. In weit höherem Maße als alle westfälischen Zentralorte übernahm aber Köln in jeder Hinsicht die Funktion eines Vorortes nicht nur für das südliche Westfalen. In Köln besuchten westfälische Studenten die Universität. In dieser rheinischen Metropole tätigten die westfälischen Kaufleute auch ihre größeren Bank- und Handelsgeschäfte.

Die dieser Struktur zugrundeliegenden uralten Bindungen Westfalens an Köln und das benachbarte Rheinland verstärkten sich noch mit der beginnenden Ausbeutung der Rohstoffschätze auf der rheinisch-westfälischen Grenze, besonders der Steinkohlenlager, und dem ihr folgenden, gewaltigen Aufschwung der Schwerindustrie an Rhein und Ruhr. In anderen deutschen Landschaften setzte man weithin die sich bildende größte Industriekonzentration im Unterbewußtsein mit Westfalen gleich oder verstand Westfalen doch wenigstens als Herzstück der deutschen Montanindustrie, obgleich es doch umgekehrt richtiger war.

Dem entsprach andererseits eine Schwächung der Bezüge der westfälischen Kerngebiete, die seit dem frühen neunzehnten Jahrhundert in der preußischen Provinz Westfalen vereinigt waren, zu den altwestfälischen Ländern im Emsland, um Osnabrück und im sogenannten Oldenburger Münsterland bis vor die Tore der Stadt Bremen, ein Vorgang, der von bewußten Westfalen – etwa dem ersten Oberpräsidenten der Provinz Westfalen, dem Freiherrn Ludwig Vincke – schmerzlich empfunden wurde. Emotionslos schritten freilich die Großmächte nach dem Untergang Napoleons bei der Neugestaltung der deutschen Landkarte über die alten Zusammenhänge hinweg. Unbewußt bereiteten sie damit späteren Entwicklungstendenzen den Boden.

Nicht nur auf dem Gebiet der staatlichen Neuordnung hinterließ die Epoche nach dem Wiener Kongreß in Westfalen tiefe Spuren. Während seiner westfälischen Wirksamkeit hatte der Reichsfreiherr Karl vom und zum Stein den Nutzen der Selbstverwaltung für das Gemeinwohl kennen und schätzen gelernt. Die Westfälischen Provinziallandtage arbeiteten in seinem Sinne an der Beteiligung der Bevölkerung im Rahmen des damals Möglichen am Aufbau einer Selbstverwaltung innerhalb der Provinz Westfalen. Die späteren Provinzial-, dann Landschaftsverbände genannten Selbstverwaltungsbehörden in Westfalen und im Rheinland setzten die Bestrebungen fort, bestimmten öffentlichen Aufgaben unter Wahrung der provinziellen Besonderheiten gerecht zu werden. Wie hervorragend sich diese Organisationsform bewährte, zeigen die bisher trotz wiederholt neu belebter Diskussionen gescheiterten Versuche, die Aufgaben der

Landschaftsverbände staatlichen Instanzen zu übertragen, was rein theoretisch durchaus möglich wäre. Mit dem Verschwinden der Landschaftsverbände gingen aber höchst eigenständige und bewährte Einrichtungen des öffentlichen Lebens verloren, die im Bewußtsein der Bürger als Element demokratischen Bewußtseins hohe Wertschätzung genießen.

Der Verlust der deutschen Ostgebiete – Ostpreußen, Schlesien, Hinterpommern mit Teilen Brandenburgs – sowie die Abschnürung der Sowjetischen Besatzungszone, der späteren Deutschen Demokratischen Republik, vom übrigen Deutschland zwangen nach dem Ende des Zweiten Weltkrieges auch zu einer Neuorientierung des Verkehrsnetzes in Westfalen. An die Stelle der bisher in Preußen vorherrschenden Verkehrs- und Handelsströme in westöstlicher Richtung und umgekehrt trat nun die Nordsüdrichtung entsprechend der schmal gewordenen Bundesrepublik. Das schon immer im nunmehrigen Bundesland Nordrhein-Westfalen vorhandene wirtschaftliche Übergewicht am Rhein gegenüber Westfalen verstärkte sich weiter. Die Landesregierung und die meisten ihrer Organe, Zentralen von Großunternehmen der Industrie und des Bankenwesens betonten noch kräftiger als bisher die Führungsposition der rheinischen Metropolen. Westfalen konnte dieser Konzentration nichts Vergleichbares gegenüberstellen.

Unvermeidlich genoß die Schwerindustrie in der Wiederaufbauphase nach dem Zweiten Weltkrieg eine Sonderrolle. Von ihr gingen die stärksten Anstöße zur Gesundung der Wirtschaft aus. Niemand konnte voraussehen, daß gerade sie unter dem Einfluß weltwirtschaftlicher Entwicklungen eines Tages in schwere Krisen geraten würde. Doch lagen die Wurzeln der Schwierigkeiten teilweise auch im Lande selbst. Traditionelle Vorstellungen von der Rolle der Montanindustrie, Rücksichten der Politiker auf bestimmte Bevölkerungs- und Wählerschichten, genauso verständlich wie die Furcht ganzer Berufsstände vor Arbeitslosigkeit und Verlust hergebrachter Privilegien, vermischten sich mit der ebenso begründeten Angst weiter Kreise vor neuen, von Menschen möglicherweise nicht mehr beherrschbaren Energiequellen. Den Verantwortlichen fiel die schwere Aufgabe zu, einen Ausweg aus dem manchmal sehr emotional geführten Streit um die Nutzung heimischer, fremder oder neuartiger Energiequellen bei größtmöglicher Wahrung sozialer Besitzstände und der gefährdeten Natur zu ebnen. Neue Erzeugnisse sollten die Konkurrenzfähigkeit der nordrhein-westfälischen Industrie auf lange Zeit sichern, während ältere Wirtschaftszweige mit immer höheren und kostspieligen Aufwendungen der öffentlichen Hand mühselig am Leben erhalten werden mußten. Eine fast unlösbare Aufgabe! Nur ein Zusammenwirken von Politik und Wirtschaft im weitesten Sinne läßt in dem noch unbewältigten Problem auf einen Ausweg hoffen.

Dem Historiker steht keine Rolle als Prophet zu. Ihm fehlen dafür die Voraussetzungen. Eine Patentlösung für die das Land Nordrhein-Westfalen aufgrund seiner Struktur besonders stark belastenden Schwierigkeiten gibt es ohnehin nicht. Zweifellos müßten aber in dem Bündel der zu ergreifenden Maßnahmen eine wesentliche Entlastung der Staatsorgane, anderseits eine Stärkung wirtschaftlicher Eigenkräfte und Initiativen eine bedeutende, wenn auch nicht alleinige Rolle spielen. Ob zaghafte Neuansätze von Gestaltungsprinzipien in strukturell verwandten »Regionen« über heutige staatliche Grenzen hinweg – etwa in der niederländisch-westfälischen »Euregio« – Hilfe in manchen Nöten bringen könnten, muß sich noch zeigen. Zumindest wird damit der Blick über den eigenen Bereich hinaus gelenkt.

Nach der Gebietsreform, sie mag nun als gelungen oder verfehlt angesehen werden, steht noch immer die Funktionalreform im Lande aus. Über die Grenzen der Parteien hinweg sind bestimmte bürokratische Mißstände unumstritten. Es fehlt auch nicht an Vorschlägen zur Besserung. Mit Recht wird aber den Befürwortern einer schnellen Umgestaltung der Verwaltung entgegengehalten, daß das Neue seine Bewährungsprobe erst noch erbringen müßte, bevor man es als das Bessere loben kann. Grundsätzlich zu empfehlen wäre dagegen eine etwas elastischere Handhabung von Gesetzen und Vorschriften. Ein solcher Weg erforderte aber ein höheres Verantwortungsbewußtsein der Amtsträger und deren bessere Schulung.

Ein solcher Weg könnte möglicherweise auch in der Wirtschaft Wunder wirken. Der manchmal an die Wand gemalte unvermeidliche Niedergang der größten europäischen Industrieregion an Rhein und Ruhr braucht keineswegs einzutreten. Noch immer besteht eine solide Basis an Bodenschätzen, besonders in Form der Steinkohle. Ob allerdings dieser in Jahrmillionen abgelagerte Schatz zu nichts anderem taugt, als in kurzer Zeit verbrannt zu werden und dabei noch die Umwelt zu belasten, darf bezweifelt werden. Spätere Generationen werden die kurzsichtige Vernichtung dieses überaus wertvollen Rohstoffes kopfschüttelnd bedauern.

Um Möglichkeiten einer intelligenteren Nutzung zu erkunden, bedarf es, wie schon in der Verwaltung, einfallsreicher, geschulter Fachkräfte und Wissenschaftler, die ihr Rüstzeug in einem modernen, effektiven Bildungssystem erworben haben. Breitenwirksame Schul- und Hochschulsysteme bilden in Nordrhein-Westfalen wie anderswo lobenswerte Einrichtungen, auf die kaum verzichtet werden kann. Jeder Einsichtige weiß aber, daß sie die Gefahr der Nivellierung in sich bergen. Hohe Zahlen von Studienabbrechern stimmen bedenklich. Mittelmäßigkeit erdrosselt schließlich die besten Schulen. Hier müssen energische Beschlüsse gefaßt werden, auch wenn diese weniger populär sein sollten. Dem Willen zur Beseitigung von Mißständen darf sich kein Tabu in den Weg stellen. Nicht das Wohl und Wehe einzelner Gruppen steht auf dem Spiel, sondern das des gesamten Landes und seiner Bevölkerung. Gemeinsam mit dem rheinischen Landesteil wird Westfalen bei dieser Aufgabe seine Rolle annehmen und auch zu seinem Recht kommen. Einen bescheidenen Beitrag soll auch die »Kleine Westfälische Geschichte« leisten, indem sie historische Abläufe ins Gedächtnis ruft, die zum Verständnis der heutigen Lage unumgänglich notwendig sind.

Wilhelm Kohl

Literaturhinweise

Die »Westfälische Geschichte in drei Textbänden und einem Bild- und Dokumentarband«, hrsg. von Wilhelm Kohl, Düsseldorf, Vlg. Schwann 1982–1984, bietet den Forschungsstand bis etwa 1980/82 dar. Über ältere Darstellungen der westfälischen Geschichte im Mittelalter unterrichtet Franz-Josef Schmale (ebd. Band 1, Düsseldorf 1983, S. 1–14), über neuzeitliche Darstellungen Leopold Schütte (ebd. S. 15–34). Den einzelnen Abschnitten der »Westfälischen Geschichte« sind jeweils Übersichten über die wichtigste Literatur zu Epoche oder Gegenstand beigefügt.

Ein vollständiges Verzeichnis aller Werke und Aufsätze zur westfälischen Geschichte bis 1939 enthält die »Westfälische Bibliographie zur Geschichte, Landeskunde und Volkskunde«, hrsg. von der Historischen Kommission für Westfalen, bearb. von Alois Bömer und Hermann Degering, zum Druck gebracht von Rudolf Schetter und anderen, erschienen in den Jahren 1955–1990 (Verlag Regensberg, Münster). Erscheinungen seit 1945 nennt die von der Stadt- und Landesbibliothek Dortmund herausgegebene »Westfälische Bibliographie« (Band 1[1954]–28[1983]). Von 1983 an gilt die »Nordrhein-Westfälische Bibliographie«, hrsg. von den Universitätsbibliotheken Düsseldorf und Münster (Band 1, 1984).

Für das Land Lippe ist außerdem heranzuziehen die »Lippische Bibliographie«, hrsg. vom Landesverband Lippe, bearb. von Wilhelm Hansen Band 1, 1957, und Band 2 (für 1954–1975 und Nachträge), erschienen 1982.

Alle Veröffentlichungen des Vereins für Geschichte und Altertumskunde Westfalens werden in dessen »Systematischem Verzeichnis der Veröffentlichungen. Festgabe anläßlich des 150. Jahrestages der Gründung des Vereins am 19. Juli 1824« …, hrsg. von Klemens Honselmann, bearb. von Gertrud Lüke, Paderborn, Vlg. Bonifatius-Druckerei 1981, bis zum Jahre 1975 erfaßt, insbesondere der Inhalt der »Westfälischen Zeitschrift« und der Zeitschrift »Westfalen«.

Für die westfälische Kirchengeschichte, vorwiegend den protestantischen Bereich, ist das »Jahrbuch für Westfälische Kirchengeschichte«, früher unter etwas abweichenden Titeln erschienen, letzterschienener Band 87, 1993 (Verlag F. Klinker in Lengerich/Westf.), zu berücksichtigen.

In den »Westfälischen Forschungen«, die seit 1938 erscheinen und einen umfangreichen Besprechungs- und Anzeigenteil enthalten, schlägt sich die allgemeine Landes- und Volksforschung betreffend Westfalen nieder.

Alle von der Historischen Kommission für Westfalen herausgegebenen Werke werden in einem vom Verlag Aschendorff ständig aktualisierten Prospekt, »Historische Kommission für Westfalen. Veröffentlichungen«, bekannt gemacht.

Verwiesen wird auf die im Auftrage des Max-Planck-Instituts für Geschichte in Göttingen bearbeiteten Bände der Reihe »Germania Sacra. Historisch-statistische Beschreibung der Kirche des Alten Reiches«.

In der Reihe »Historische Stätten Deutschlands« des Alfred Kröner Verlags, Stuttgart, bezieht sich Band 3 auf Nordrhein-Westfalen (2. Auflage 1970). Er enthält Abrisse der geschichtlichen Entwicklung des rheinischen und des westfälischen Landesteils, ferner Einzelartikel für die geschichtlich bedeutsamen Städte und Örtlichkeiten.

Eine Karte »Die westfälischen Länder im Jahre 1801. Politische Gliederung.« Bearb. von Günther Wrede. Übersichtskarte, Maßstab 1:500000, erschien im Jahre 1953 (Veröffentlichungen der Historischen Kommission für Westfalen XXVI 1) im Verlag Aschendorff. Die Karte ist zur Zeit vergriffen.

Nachweis der Abbildungen

1. Westfälisches Museum für Archäologie, Amt für Bodendenkmalpflege, Münster. 2. ebd. 3. ebd. 4. Römisch-Germanisches Museum, Köln 5. wie 1. 6. ebd. 7. Museen Preußischer Kulturbesitz, Kunstgewerbemuseum Berlin. 8. Westfälisches Amt für Denkmalpflege. 9. ebd. 10. ebd. 11. ebd. 12. Patmos Verlag, Düsseldorf. 13. wie 8. 14. ebd. 15. ebd. 16. ebd. 17. ebd. 18. ebd. 19. ebd. 20. Stadtarchiv Soest. 21. Westfälisches Museum für Kunst und Kulturgeschichte, Münster. 22. ebd. 23. ebd. 24. Patmos Verlag, Düsseldorf. 25. Kardinal-von-Galen-Stiftung, Münster. 26. wie 21. 27. Bayerische Staatsgemäldesammlungen, München. 28. wie 8. 29. ebd. 30. aus: L. van Bosch, Schauplatz des Krieges. 1675. 31. wie 21. 32. Nordrhein-Westfälisches Staatsarchiv Münster. 33. wie 8. 34. aus: Goethe und der Kreis von Münster, hrsg. von Erich Trunz. 2. Aufl. Münster, Vlg. Aschendorff 1974. 35. wie 21. 36. wie 32. 37. Deutsches Schiffahrtsmuseum, Bremerhaven. 38. aus: Ferdinand Freiligrath und Levin Schücking. Das malerische und romantische Westphalen. 39. Mindener Museum für Geschichte und Landeskunde, Minden. 40. aus: Das alte Westfalen, hrsg. von August Kracht, Vlg. Weidlich, Frankfurt a. M. 1969. 41. Stadtarchiv Dortmund. 42. wie 21. 43. wie 41. 44. Werksarchiv Estel-Hoesch Werke, Dortmund. 45. wie 41. 46. Stadtarchiv Münster. 47. wie 41. 48. wie 25. 49. aus: Hans Spethmann, Die Rote Armee an Rhein und Ruhr. Berlin 1930. 50 wie 41. 51. wie 21. 52. Privatbesitz. 53. wie 46. 54. ebd. 55. Nordrhein-Westfälisches Staatsarchiv Detmold. 56. aus: Volk und Kultur im Gau Westfalen-Süd. Dortmund o. J. 57. wie 25. 58. wie 55. 59. Landschaftsverband Westfalen-Lippe. 60. wie 41. 61. Nordrhein-Westfälisches Hauptstaatsarchiv Düsseldorf. 62. ebd. 63. Adam Opel AG.

Vorsatzseiten:
Karte der Fürstbistümer Münster und Osnabrück von Tobias Conrad Lotter, Augsburg (nach 1734).
© Nordrhein-Westfälisches Staatsarchiv Münster.
Nachsatzseiten:
Karte des Niederrheinisch-Westfälischen Reichskreises von Johann Baptist Hohmann (1734).
© Nordrhein-Westfälisches Staatsarchiv Münster.

Abkürzungen

ADGB	Allgemeiner Deutscher Gewerkschaftsbund
BK	Bekennende Kirche
CCG/BE	Control Commission for Germany/British Element
CDP	Christlich-Demokratische Partei
CDU	Christlich-Demokratische Union
CVJM	Christlicher Verein Junger Männer
DAF	Deutsche Arbeits-Front
DC	Deutsche Christen
DDP	Deutsche Demokratische Partei
DEMAG	Deutsche Maschinenfabrik AG
DNVP	Deutschnationale Volkspartei
DUB	Dortmunder Unions-Brauerei
DVP	Deutsche Volkspartei
EKU	Evangelische Kirche der Union
EOK	Evangelischer Oberkirchenrat
FDP	Freie Demokratische Partei
Gestapo	Geheime Staatspolizei
HJ	Hitler-Jugend
KEV	Kommunaler Elektrizitätswerks-Verband
KPD	Kommunistische Partei Deutschlands
KZ	Konzentrationslager
LPD	Liberale Partei Deutschlands
MICUM	Mission Internationale de Contrôle des Usines et des Mines
NSDAP	Nationalsozialistische Deutsche Arbeiterpartei
Preussag	Preußische Bergwerks- und Hütten-AG
RWE	Rheinisch-Westfälische Elektrizitätswerke
SA	Sturmabteilungen (der NSDAP)
SD	Sicherheitsdienst
SPD	Sozialdemokratische Partei Deutschlands
SS	Schutzstaffeln (der NSDAP)
USPD	Unabhängige Sozialdemokratische Partei Deutschlands
VESTAG	Vereinigte Eisen- und Stahl-AG
VEW	Vereinigte Elektrizitäts-Werke
WCG	Westfälische Central-Genossenschaft
WFG	Westfälische Ferngas-AG